Volker Werb

HEINZ NIXDORF

Der Sportsmann und der Förderer des Sports

Ein Stück Biographie

Ferdinand Schöningh

Paderborn · München · Wien · Zürich

Titelbild:

HEINZ NIXDORF, Vorsitzender des Vorstands der Nixdorf Computer AG, Paderborn.
Geboren 09.04.1925 in Paderborn, gestorben am 17.03.1986 auf der Hannover Messe Welt-Centrum der Büro-, Informations- und Kommunikationstechnik (CeBIT).

Der Autor:

Dr. Volker Werb, geb. 1928 in Paderborn. Abitur 1946 am Gymnasium Theodorianum, Paderborn, Studium in den Fächern Germanistik, Philosophie, Psychologie, Urheberrecht u.a. in Würzburg, Bonn, Köln, Berlin. Promotion zum Dr. phil. in Kunstgeschichte, Deutscher Literaturwissenschaft und Griech.-röm. Archäologie. Ab 1954 Reiseleiter für Dr. Hubert Tigges, Journalist, Bildredakteur und Layouter für Tageszeitungen und Illustrierte in Köln. Von 1960–1993 im Verlag Ferdinand Schöningh in Paderborn, zunächst als Schulbuchredakteur, dann als Verlagsleiter und schließlich als Geschäftsführer. 1991 verlegte Dr. Werb mit seiner an PSP erkrankten Frau Rosemarie († 1994) seinen Hauptwohnsitz nach Berlin.

Impressum:

Bibliografische Information der Deutschen Nationalbibliothek
Die Deutsche Nationalbibliothek verzeichnet diese Publikation in der Deutschen Nationalbibliografie; detaillierte bibliografische Daten sind im Internet über http://dnb.d-nb.de abrufbar.

Text-, Bild- und Umschlaggestaltung:
INNOVA Werbe- und Verlagsagentur GmbH, D-33178 Borchen

Gedruckt auf umweltfreundlichem, chlorfreiem und alterungsbeständigem Papier.

© 2007 Ferdinand Schöningh, Paderborn
(Verlag Ferdinand Schöningh, Jühenplatz 1, D-33098 Paderborn)

Internet: www.schoeningh.de

Alle Rechte vorbehalten. Dieses Werk sowie einzelne Teile desselben sind urheberrechtlich geschützt. Jede Verwendung in anderen als den gesetzlich zugelassenen Fällen ist ohne vorherige schriftliche Zustimmung des Verlages nicht zulässig.

Printed in Germany, Herstellung Ferdinand Schöningh, Paderborn

ISBN 978-3-506-71330-8

Widmung

*In Erinnerung an einen einzigartigen Freund und in großer Dankbarkeit
widme ich dieses Buch allen,
die Heinz Nixdorf bei seinem eigenen Sport und
bei seinen vielfältigen Sportförderungen begleiten konnten,
insbesondere aber all denen,
die heutzutage bei der Ausübung ihres eigenen Sports
von dem profitieren, was Heinz Nixdorf angeregt und
unmittelbar sowie durch seine Stiftungen gefördert hat.
– Und darüber hinaus ist es all jenen Mitbürgern gewidmet,
die sich im Sinne dieses überragenden deutschen Unternehmers
für Wettbewerb, Wettkampf und höchste Leistungen begeistern,
und auch das fördernde Helfen als Leistung schätzen können.*

Volker Werb

König Juan Carlos I. und Heinz Nixdorf. Der seinerzeit wohl bekannteste deutsche Unternehmer hatte in Toledo ein großes Werk gebaut und in Madrid seine Zentrale für Spanien errichtet. Persönlich verband beide Männer eine Leidenschaft – der Segelsport. Der König gilt als der „Oberste Regattasegler" seines Landes, seit er als Chef de Mission die spanischen Olympioniken bei den olympschen Segelregatten in Kiel 1972 angeführt hat. Jährlich lassen König Juan Carlos I. und Königin Silvia im Frühjahr vor Mallorca Regatten veranstalten (Palma Week), an denen auch Heinz Nixdorf und seine Segelfreunde öfter teilgenommen haben. Das Photo entstand am 08.05.1985 in der Residenz des Königs in Madrid. Der König sammelt Modelle alter Segelschiffe und demonstriert damit den Stolz und die Tradition einer Seefahrernation. Das von Heinz Nixdorf organisierte Mallorca Training deutscher Starbootsegler ist im Kap. „Segeln" beschrieben. Dort ist auch das ganze Photo (inkl. Begleiter) zu finden.

So kam es zu diesem Buch

Der Vorsitzende der Tennisabteilung des „SC-Grün-Weiss 1920 Paderborn e.V.", Peter Böttcher (von 1995–2003), hatte einen seiner früheren Vorgänger, Klaus Franke, gefragt, ob er einen Beitrag zum Thema „Förderung der Tennisabteilung durch Heinz Nixdorf" für die „Club-Info 2003" liefern könne. Klaus Franke verwies auf seinen damaligen Stellvertreter, Dr. Volker Werb, der die alten Geschichten mitgemacht habe und der überdies mit Heinz Nixdorf enger als er befreundet gewesen sei.

Ich machte mich an das Thema, doch es schien mir zu eng zu sein, und zwangsläufig ging ich am Rande auf die vielen anderen von Heinz Nixdorf selbst betriebenen und die von ihm geförderten Sportarten und -bereiche ein. Der Beitrag von wenigen Seiten konnte in der Tennis-Club-Info wegen einer Fülle aktueller Berichte der vielen Turnier-Mannschaften und auch, weil er über das Thema Tennis hinausging, keinen Platz finden.

Als ich den Beitrag in Einzelheiten mit Renate Nixdorf durchging, regte sie an, daraus eine ausführlichere, eigene Publikation zu machen und behauptete ermunternd: *„Alle wollen Dir helfen!"*

Die ersten Manuskriptfassungen zu einzelnen Kapitel gab ich Freunden und Bekannten, die Heinz Nixdorfs Engagement für die betreffenden Sportbereiche begleitet hatten oder Förderungen erfuhren, also Zeitzeugen, und bat um Korrekturen und um Ergänzungen in Wort und Bild. Ohne die anspornende Hilfsbereitschaft wäre dieses Buch nicht zustande gekommen. Allen, die geholfen haben, danke ich – auch im Sinne der geneigten Leser – an dieser Stelle sehr herzlich und bitte um Nachsicht, wenn hier nicht alle, die Informationen beigetragen haben, namentlich hervorgehoben, und die genannten in alphabetischer Reihung aufgeführt sind:

- Kurt Bendlin (Leichtathletik etc.)
- Lothar von dem Bottlenberg (Leichtathletik etc., etc.)
- Klaus Franke (Tennis)
- Günter Gockeln (Reitsport)
- Dietmar Halbig (Luftsport)
- Prof. mult. Dr. med. Wildor Hollmann (Sportmedizin)
- Mathias Hornberger (Einrichtungen für Sport, Golfakademie, etc.)
- Gerd Huttrop-Hage (Reitsport)
- Horst Keese (Luftsport)
- Hermann-Joseph Kluth (Tanzsport)
- Martin König (Ahorn-Sportpark)
- Werner H. Köpping (Skatspielen)
- Prof. Dr. Heinz Liesen (Sportmedizin, Golfakademie)
- Willi Lenz (Ahorn-Sportpark etc., etc.)
- Wolf-Dietrich Müller (Archivmaterial, Stadt-Archiv Paderborn)
- Martin Nixdorf (Segeln, Stiftungen)
- Renate Nixdorf (Tennis etc., etc.)
- Ralf Palsmeier (Bildmaterial etc.)
- Josef Pieper (Segeln etc.)
- Andreas Preising (Squash)
- Toni Rimrod (Volleyball)
- Hubert Schäfers (Azubi-Sport etc.)
- Rudolf Schmidt (Tennis)

> Paul Seiffert (Luftsport etc.)
> Hartmut Voigt (Segeln)
> Jürgen Wegwart (Leichtathletik)

> Horst Wiczynski (Sportzentrum Grün-Weiß 1920 e. V.)
> Anneliese Wolf (Biographie etc.)

Quellen, Informationsgeber und Literatur sind ggfls. jeweils am Schluß der einzelnen Kapitel zusammengestellt. Im übrigen sei auf das Verzeichnis „Allgemeine Literatur" und das „Personenverzeichnis" am Schluß verwiesen.

Ausgehend von vielen eigenen Erinnerungen ging es dem Autor darum, möglichst viele Informationen, die Zeitzeugen authentisch beitragen konnten, festzuhalten. Das führte zum Umfang des Buches, seiner Stärke wie seiner Schwäche. Da sich nicht alle Leser z. B. für jede der ausgewählten Sportarten interessieren können, sind die Kapitel in sich ziemlich abgeschlossen, und damit Überschneidungen in Kauf zu nehmen. Diese ergeben sich auch durch die thematische Gliederung, die keine rein chronologische Folge zuläßt. Die Inhaltsübersicht auf den folgenden Seiten soll denen, die das Buch zur Hand nehmen, erleichtern, herauszupicken, was sie vielleicht interessiert. Insbesondere mit Rücksicht auf jüngere Leser ist das sportgeschichtliche Umfeld mit einbezogen, wie es Heinz Nixdorf erlebte, wie es die nachfolgenden Generationen allenfalls als Vergangenes erfahren. Ein Beispiel: Heinz Nixdorfs Erinnerungen an die Olympischen Wettkämpfe 1936 in Berlin kommen fünfzig Jahre später, 1986, in einer Einladung der Sportveteranen in den Ahorn-Sportpark zum Tragen.

Bei der Erstellung des Manuskriptes war mein Freund Lothar von dem Bottlenberg ein aktiver und treuer Weggefährte. Schließlich gilt mein Dank Angelika Bentfeld für Geduld und Mühe bei der Texterfassung, und nicht zuletzt dem Verlag Ferdinand Schöningh, in dem ich selbst mehr als drei Jahrzehnte tätig war, für die Betreuung des Werkes und für die Veröffentlichung, zu der freundlicherweise die Heinz-Nixdorf-Stiftung mit einem Druckkostenzuschuß beigetragen hat. Nochmals an alle, die geholfen haben: Danke, danke, danke!

Volker Werb

Zuschriften, ergänzende Darstellungen, zusätzliches Bildmaterial, Verbesserungsvorschläge etc. bitte an folgende Adresse:
Dr. Volker Werb c/o Verlag Ferdinand Schöningh, Jühenplatz 1, D-33098 Paderborn.
Eine unwahrscheinliche, aber mögliche 2. Auflage des Buches sollte eine verbesserte werden, kein unveränderter Nachdruck.

Inhaltsübersicht

Teil 1: Grundsätze und Perspektiven, Impulse und Leidenschaften

„Der eigene Sport ist der beste!" — 19

Wettbewerbsmentalität in der Schule, im Sport, im Beruf, im Alltag — 21

- Wetteifern und Wettstreiten im Wettbewerb, im Wettkampf und bei Wetten — 21
- Grundforderung: Chancengleichheit und gleiche Regeln — 21
- Wettbewerb – *„ein Quell des Vergnügens"* — 22
- Vom Zweck des Wettstreitens — 22
- Rang und Stellung exakt gemessen, wie im Sport, so in der Wirtschaft — 23
- Kleine sportliche Herausforderungen im Alltag — 24
- Kleine Wetten – belebende Impulse — 24

Als Unternehmer wie als Sportler in der Leistungsgesellschaft — 29

- Eine Bilderbuchkarriere für die Marktwirtschaft — 29
- Ein Aufstieg aus *„blanker Not"* — 30
- Selbstwertgefühl durch Leistung in der Schule und im Sport — 30
- Im Gelehrten- und Politikerstreit über Leistungsgesellschaft — 31
- Der Triumph des Leistungsprinzips im Sport — 32
- Anerkennung und Belohnung für Leistungen im Sport: Preise und Trophäen — 33
- Mit dem obersten Sportpräsidenten im Porzellanladen — 37

Skatspielen – eine Leidenschaft — 39

- *„Scheiß"* im Stau am Brenner — 39
- Die legendäre Skatrunde — 39
- Heinz Nixdorfs rote Merkbücher — 40
- Segelsport mit Skateinlagen — 41
- Über die Dörfer zum Doppelkopf — 50
- Skatspielen und wirtschaftliches Handeln — 51
- Heinz Nixdorfs Skatspielen im Lichte der Spieltheorie — 52
- Die offenen „Nixdorf-Skat-Turniere" — 53
- Skat – eine Sportart? — 59

Sport für Gesundheit, Fitness für Leistungsbereitschaft — 61

- Begriffe und erlebter Wertewandel — 61
- Normales Gewicht für Gesundheit und Fitness — 65
- Der erste Herzinfarkt und Konsequenzen — 66
- Fitnesstraining mit akribischer Kontrolle — 67

Sportförderung – das große Vorbild Bayer AG und eigene Wege — 73

- „Seitensprünge" — 73
- Die Bayer AG, in der Sportförderung „das Maß aller Dinge" — 73
- Tradition und Dimension der Bayer Sportvereine — 75
- Bayer- und Nixdorf-Sportförderung im Vergleich — 76
- Spontane Entscheidungen, minimalste Verwaltung — 76
- Sportförderungsaufwand in Paderborn im Überblick (Tab.) — 79

Firmenvereine und Firmenwerbung im Sport 79
Identität von Namen, Werk, Verein bei Bayer und Nixdorf 80

„Sport für alle!" – Breiten- und Leistungssport! 83

Heinz Nixdorf gewinnt einen Weltrekordler 83
Breitensport zur allgemeinen Aktivierung der Paderborner Bevölkerung 84
Unterstützung der Breitensportbewegung in Paderborn 85
Stärkung des Vereinssports. – Im Sportverein ist Sport nicht alles! 87
Ein besonderes Anliegen: Sport für Behinderte und Reha-Sport 89
Mehr Sport für Azubis: *„Sport muß sein wie Zähneputzen"* 90
Leistungsport und Leistungssportler 91
Weiterreichende Ziele für Sport und Sportförderung in Paderborn 92

Gespräche und Erinnerung 95

„Wer reich stirbt, stirbt in Schande" 95
Der Sport wurde zur Leidenschaft 96

Teil 2: Ausgewählte Sportarten.
Eigene Aktivitäten und aktivierende Förderungen

Fußball 101

Vom Fußball zur Leichtathletik 101
Auch Dorffußball ist Wettkampf 101
Die Ergebnisse der Bundesliga im Kopf 102
Die heimische Fußballwelt 102
Paderborner Fußball, Neuhäuser Afghanen bei Nixdorf 104
Die 100.000-DM-Spende für die Fußballer-Fusion 106
Eine „Arminia Ostwestfalen" mit der Nixdorf Computer AG? 106
Kein Nixdorf-Computer-Logo auf Fußballtrikots 108
Der Firmenchef als Fußballspieler 108

Leichtathletik 111

Leistungen, die exakt zu messen sind: Schneller, weiter, höher 111
Eigene Erfolgserlebnisse und Familienstolz 111
1947 als Leichtathlet in der Sportgemeinschaft des SC Grün-Weiß 1920 e. V. 112
Vater Walter 1924 und Sohn Heinz 1948 beim Staffellauf
    „Rund um Paderborn" 116
Mit SC-Grün-Weiß-Freunden 1960 zu den Olympischen Spielen nach Rom 117
Zur Heiligen Stadt pilgern und Olympische Spiele feiern 117
Unvergeßliche Erinnerungen an die Leichtathletik-Wettkämpfe in Rom 1960 120
Verbindungen von Rom 1960 nach Berlin 1936 und Paderborn 1986 121
Dabeisein beim Zehnkampf-Weltrekord in Heidelberg 1967 121
„Alle reden vom Sport, wir treiben Sport!" – Das erste Azubi-Sportfest, 1970 125
Steigerung des Azubi-Sportfestes zu einer nationalen Sportschau, 1971 125
Vorbild sein, sich integrieren! – Der Sportler unter Sportlern 131
Eine „Konzentration der Kräfte" und der DLV-Anstoß zu LGs 131
Trotz vieler Widerstände: Eine LG Paderborn kommt zustande 132
Nixdorf-Leute im Vorstand der umstrittenen LG Paderborn 133
Heinz Nixdorf hilft der LG zu überleben 136
Keine Kooperation mit Wattenscheid 137

Die LG wird ein selbständiger Verein: Die Gründung des LC Paderborn 137
Die „heimatlosen" Leichtathleten des LC planen eine vereinseigene Sportstätte . 139
„Ihr bekommt Licht in den Wald!" 141
Die „Steinschmeißer"-Vorführung im Garten 143
Paderborn wird Hochburg des Rasenkraftsports 144
Leichtatheltik Wettkämpfe – der Zuschauer und Förderer 146
Heinz Nixdorf und die Könige der Leichtathletik 150
Das Pflanzen von Zehnkämpfer-Eichen im Ahorn-Sportpark 151
Die Fete mit Starbootseglern und Zehnkämpfern 154
Der Traum und das Ziel : Ein Bundesleistungszentrum und/oder
 ein Olympiastützpunkt für Zehnkämpfer und weitere Sportarten 154
Persönliche Begegnungen mit dem Sportler und Sportförderer 156

Luftsport 165

Der erste Berufswunsch: Flugzeugtechniker 165
Bruch: Kein Lehrer sondern Naturwissenschaftler und Unternehmer 165
Die drei Segelflugscheine 165
Weitere Ausbildung Richtung Jagdflieger 166
Pilotenausbildung – eine fast sportliche Beschäftigung 167
Abbruch der Pilotenausbildung 169
Mit der Flugzeugführerausbildung Glück gehabt 169
Neubeginn der Paderborner Segelfliegerei seit 1951 170
Vertreibung vom Flugplatz Bad Lippspringe 170
Aufgalopp zur Verkehrsfliegerei in Paderborn 171
Die Haxterhöhe und die Feldflur bei Ahden 171
Mitglied und Förderer der Luftsportgemeinschaft 172
Von Landesmeisterschaften zu Deutschen Meisterschaften 173
Der Austragungsverein gewinnt an Renommee 173
Der Zuschlag für die Segelflugweltmeisterschaften 1981 175
Die Weltmeisterschaften 1981 in Paderborn 175
Nach den Weltmeisterschaften – Übergabe der Supermaschine 179
Die „Fieseler Kunstflugtrophäe" und der Stifter auf dem Haxterberg 184
In Paderborn 1984: Die 1. Europameisterschaften im Segelkunstflug 187
Deutsche Segel-Kunstflug-Meisterschaften 1987 194
Flugbegeisterte: Der Künstler und der Unternehmer 194
Die Weltmeisteschaften 1981 – ein Jahrtausendereignis für den Flugsport
 in Paderborn 197
Zum Jubiläum eine weitere Supermaschine: Die „Heinz Nixdorf" 197
Zur „Heinz Nixdorf" mit einem Wankelmotor 199
Die Elsbett-Nixdorf-Achsialmotoren-Gesellschaft b. R. 199
Luftsportereignisse von hohem Rang auf dem Haxterberg (Tab.) 201

Tennis 205

Zur Paderborner Tennis-Vereins-Geschichte 205
Heinz Nixdorf im Tennis Club Grün-Weiß 205
Grün-Weiß ist nicht Grün-Weiß 205
Das Herrendoppel samstagvormittags 207
Das Mix Nixdorf und Werb sonntagvormittags 207
Förderung beim Bau der Grün-Weiß-Tennishalle 209
Erweiterung des Clubhauses der Tennisabteilung 210
Die 1. Damenmannschaft mit dem Flugzeug in Trainingslager 211
„Paderborner Damen-Doppel-Turnier um den Nixdorf-Computer-Pokal 213
Der Stifter gestaltet die Nixdorf-Pokale 213

Das Damen-Doppel-Turnier gab Auftrieb 215
Tennisspielen bei ADIDAS in Herzogenaurach 215
Der Freund und Tennislehrer in New York 220
Die Tennisanlage gegenüber Manhattan 221
Als Zuschauer in Wimbledon 223
Tennisspielen zum 60. Geburtstag auf Capri 224
„Weltmeister ist Weltmeister" 226
Wieso sponsert Nixdorf den „Cologne-Tennis-Cup?" 227

Reitsport 231

Erste Förderung eines Reitsportereignisses 231
Für jeden in der Familie „eigenen Sport"! 233
Erste Ausrüstung und das erste eigene Pferd 234
Die Reithalle des Hövelhofer Vereins 234
Das eigene Stallgebäude 235
Sohn Michaels Leistungssport: Springreiten 238
Der Sponsor bei Hövelhofer Turnieren 239
„Mich kriegt keiner auf ein Pferd" und das Wappentier Westfalens 242
Zur Paderborner Reiter-Geschichte 243
Das „große Himmelfahrtsturnier" 1949 246
Die Reitanlage auf dem Paderborner Schützenplatz 250
Vereins-Hick-Hack und keine Höchstleistungen 250
Der große Sponsor der Schützenplatz-Reitturniere, 1977 bis 1982 251
Bündelung der Kräfte – Druck zum Zusammenschluß 251
Kräftige Förderung des Reitsportzentrums Vüllersheide 260
Vüllersheide: Reitturniere von internationalem Rang 261
Der Hövelhofer „Heinz Nixdorf-Gedächtnispreis" 265

Skifahren 267

Ohne Mittel kein Zugang zu jedem Sport 267
Wandern im Alpenverein 267
Eine erste Sportförderung: Der Schlepplift des Ski-Club Paderborn im Dunetal 267
Skifahren am steilen Arlberg 271
Das gerühmte Oberengadin 271
Zum Skisport nach Maloja 274
Der begeisterte Langläufer 277
Beim Engadiner Skimarathon 277
Ein Langlauf-Test für Heinz Nixdorf 278
Apres-Ski in der Chesa Veglia in St. Moritz 280
In einer Felsenhöhle voller Köstlichkeiten 280
Direkter Telefonanschluß im Skiurlaub 282
Mit braunem Teint zur CeBIT nach Hannover 284

Volleyball 285

Der einfache Zuschauer und große Förderer in der Sporthalle
    am Maspernplatz 285
Die Anfänge von Volleyball in Paderborn 286
Die ersten Volleyball-Turniere und -Erfolge 287
Durch „Heirat" in der Bundesliga 290
Die 1. Herrenmannschaft, das Aushängeschild des VBC 69, und die Übrigen 291
Heinz Nixdorf und der Streit zwischen Volley- und Basketballern 292
Von denen, die da baggern, zuspielen und schmettern 296
Der Ehrenspieler mit der Nummer 12 298

Squash 301

Vorbemerkungen zum Thema Squash und Heinz Nixdorf ... 301
Das importierte Wandballspiel ... 301
In Paderborn neu und schnell stark ... 302
Aufstieg in aufgestockte Spitzenklasse ... 302
Der neu gegründete PSC steigt weiter hoch ... 303
Ein erstes Gespräch mit einem jungen Freund, 1981 ... 303
Die erste Idee für eine größere Squashanlage scheitert ... 308
Eine neue Idee wird für den PSC Wirklichkeit ... 309
Der Bauherr erzwingt möglichst viel Sport ... 312
Optimale Anlage, höchstes sportliches Niveau ... 313
Spitzenplätze der PSC-Sportler bei allen möglichen Wettbewerben ... 313
Starker oder schwacher Vorstand bei Sportvereinen ... 316
Erfolgreiches, professionelles Vereinsmanagement beim PSC ... 317
Fluktuationen, Abgänge und Zugewinne ... 317
Toptrainer der internationalen Klasse und Weltmeister/innen im Verein ... 318
Wettkampferfahrungen von Klein an ... 319
Ein Wettstreiten unter Mannschaften und Sportarten ... 324
Das Kadersystem, eine Erfolgspyramide ... 325
Bei Nixdorf Azubiplätze und Arbeitsstellen für Leistungssportler ... 325
Der PSC kooperert mit Schulen ... 326
PSC-Talentförderung, NRW Leistungsstützpunkt ... 326
„Das GRÜNE BAND für vorbildliche Talentförderung im Verein" ... 327
Spitzenerfolge des PSC bei Mannschafts- und Einzelwettbewerben (Tabellen) ... 335

Tanzsport 341

Vom geselligen Tanzvergnügen ... 341
Vereins-Tanzsport in Paderborn ... 341
Ein „Blau-Weißer" Vorschlag und ein sportbegeisterter Querdenker ... 342
Der DJK-Tanzsport und der Nixdorf-Vorstand ... 343
Tanzturniere in der Ahorn-Sporthalle ... 344

Segeln 349

Interesse am Segelsport erst mit 43 Jahren geweckt ... 349
Im Urlaub der Anfang mit dem Segelschein ... 349
Ein kleines Handykap im Wasser ... 350
Von der Jolle zum anspruchsvolleren Starboot ... 350
Die Einheitsklasse Starboot, eine Rennyacht ... 351
Die „Zulassungsnummern" der Yachten mit dem Stern ... 351
Erstes Training mit dem Starboot auf dem Möhnesee ... 352
Hierarchie von Organisation und Wettkämpfen ... 352
Die Vorschoter – eine Absage, eine Zusage ... 356
Erster Erfolg bei einer internationalen Regatta ... 356
Anfang der Ära gemeinsamen Segelns mit Josef Pieper ... 357
Das Starbootsegeln wurde zur Leidenschaft ... 357
Ein Vize-Weltmeister als Trainer ... 360
Britische Olympiateilnehmer in einem deutschen Boot? ... 360
Zwei Bootsrümpfe aus Kanada, Stuart Jardin bei der Olympiade 1972 ... 361
Termine für Sport und Unternehmen ... 361
Ein Slipkran für die Segler auf dem Paderborner Lippesee ... 362
Heinz Nixdorf und Josef Pieper stoßen 1974 in die Weltspitze vor ... 362
Computer-Segeln und die Hure Wind ... 366
Erstes Frühjahrstraining 1980 vor Mallorca ... 367

Deutscher Triumph bei den „North American Championship" 1980 382
Verbessertes Training, deutsche Erfolge bei den Weltmeisterschaften1981 382
Aktien-Doping, Erfolge bei den Weltmeisterschaften 1983
    und der Olympiade 1984 383
„Man züchtet nicht die eigene Konkurrenz!" 383
1 Mio. für einen Segel-Leistungsstützpunkt an der Ostsee!? 384
Heinz Nixdorf fehlt 386
Der spanische König Juan Carlos I. und Heinz Nixdorf 388
Das Image des Seglers Heinz Nixdorf in Paderborn 388
Auch Martin Nixdorf im Starboot 390
Der „Heinz Nixdorf Verein zur Förderung des Segelsports e. V." 390
Die „Heinz Nixdorf Memorial Trophy" bei den Weltmeisterschaften 391
Erinnerungen: Bescheidenheit und Träume 393
Starbootwettkämpfe an denen Heinz Nixdorf als Skipper mit seinem Vorschoter
    Josef Pieper teilgenommen hat (Tab.) 394

Teil 3: Bereiche, Organisationen, Einrichtungen und Stätten für den Sport

Sport für Azubis, Betriebssport, Nixdorfer in Sportvereinen — 401

Die „Ersatzberufsschule" 401
Neu in Deutschland: Sport für Azubis 401
Die Schützenhalle in Dahl, Mehrzweckhalle für Azubisport 402
Berufsausbilder werden zusätzlich Sport-Übungsleiter 402
Die „Grüne Halle" in den Werksgebäuden 402
Verdoppelung der Sportstunden für die Azubis 403
Die jährlichen Azubi-Sportfeste 403
Ansporn und Belohnung für sportliche Leistungen der Azubis 404
Wütende Kritik des obersten Lehrherrn 408
Azubi-Werkstücke für den Sport 410
Probleme mit dem Trägerverein für Schule und Sportlehrer 410
Kooperation von Schul- und Betriebssport 411
Multifunktionale Sportlehrer und Übungsleiter 411
Angebotspalette des Schul- und Betriebssportes für Azubis (Tab.) 412
Betriebssport, nicht in Konkurrenz gegen Vereinssport 413
Betriebssport, Betriebssportgemeinschaften 413
Viele Nixdorfer in Sportvereinen aktiv 421
Für leistungsorientierte, junge Sportler: Azubistellen 426

Heinz Nixdorf und die ArGe Sport — 427

Ein Netzwerk von Beziehungen zu Sport-Organisationen und -Funktionären 427
Das „Subsidiaritätsprinzip" bei der Organisation von Sport 428
Desolate Eigenvertretung der Paderborner Sportler bis 1971 429
Unbefriedigende Sport-Instanzen bei Stadt und Kreis bis in die 1970er Jahre 430
Heinz Nixdorf und Hermann-Josef Kramer, die Initiatoren der ArGe Sport 431
Kein Nixdorf- und kein Universitäts-Sportverein 432
Die ArGe Sport bei der Nutzung und Planung von Sportstätten 433
Die ArGe Sport bewirkt erstmalig „Ferienspiele" und „Feriensport" 439
Die ArGe Sport bei der Ausrichtung des nationalen Sportfestes 1971 439
Die ArGe Sport mahnt Sportkompetenz in der Stadtverwaltung an 440
Das Kuratorium der ArGe Sport 442

Kritik und Streitereien in der ArGe Sport ... 443
Das Ende der ArGe Sport 1975 ... 447

Das Sportzentrum des SC Grün-Weiß und die vertrackte Vorgeschichte   451

65 Jahre! Rechnet Heinz Nixdorf nicht genau? ... 451
Verbindungen zu SC Grün-Weiß und zu DJK-Vereinen ... 451
1919, das Gründungsjahr des Sportvereins „Mark", Paderborn ... 454
1920, das Gründungsjahr des Reichsverbandes DJK ... 455
Drei Stationen: Sportstätten der Paderborner DJK-Vereine ... 457
1933 – trotz Hitler und Verbot – Einweihung des „DJK Stadion ‚Inselbad' " ... 463
1934 Gründung des Sportklub Grün-Weiß e. V., Paderborn ... 468
Das „Inselbadstadion". Anspruch, Zerstörung, Wiederaufbau der Heimstätte ... 469
Ein neues, größeres, Inselbadstadion mit SC Grün-Weiß und DJK/SSG ... 471
Das Großprojekt des Großvereins: Der Sport- und Freizeitpark am Springbach ... 477
Die Bowling-Abteilung bringt den Großverein in Not ... 479
Der Computer-Unternehmer fördert eine *„Heimstätte für den Breitensport"* ... 480

Der multifunktionale Ahorn-Sportpark   487

Heinz Nixdorf größtes Sportförderungsprojekt ... 487
Ursprung 1: Der Bedarf für den Azubisport ... 487
Ursprung 2: Der Bedarf für allgemeinen Betriebssport ... 488
Ursprung 3: Der Bedarf für den Leichtathletik Club (LC) Paderborn ... 489
Ursprung 4: Der Bedarf für den Paderborner Squash Club (PSC) ... 490
Ursprung 5: Der postulierte Bedarf infolge einer optimalen Sportstätte ... 490
Lebensdauer von Sportanlagen – Bauen auf eigenem Grund und Boden ... 491
Ein kreativer, leidenschaftlicher Bauherr mit Interessen für Sportstätten ... 492
Der Ahorn-Sportpark in der Paderborner Sportstättenentwicklung ... 493
Beginn mit dem Trimmpfad und die Probefahrt ... 493
Gefühle: *„Ich liebe diese kleinen Flüsse!"* ... 498
Baukostenzuschüsse von Bund und Land ... 500
Bauen ohne Genehmigung und das Richtfest ... 501
Gründung einer gemeinnützigen GmbH als Tochter und die Namensgebung ... 504
Der Traum: Ein Athletendorf mit alten Fachwerkhäusern im Ahorn-Sportpark ... 505
Die 198,80-m-Laufbahn – *„Ich bin nur von Arschlöchern umgeben"* ... 511
Die hervorragende Infrastruktur der Immobilie Ahorn-Sportpark ... 514
Die große Sporthalle – auch eine Versammlungshalle ... 514
Ausbaustufen der Immobilie Ahorn-Sportpark ... 515
Große Besucherzahlen und der Breitensport ... 515
Gemischte Erfolge im Leistungssport ... 528

Lehrerausbildung im Fach Sport und das Sportmedizinische Institut   531

Zwei Entwicklungsstränge ... 531
Ein Anfang mit Turnlehrerinnen Ausbildung ... 532
Vom Schulturnen zur Sportwissenschaft, von der PA zur UNI ... 533
Sportwissenschaften mit vier Arbeitsbereichen ... 534
Des Unternehmers gesammelte Interessen an Sportwissenschaften
    und im speziellen an der Sportmedizin ... 535
Fördermittel für den Ahorn-Sportpark und die Folgerung ... 539
Die Stiftung des Sportmedizinischen Instituts. Der Stiftungsvertrag ... 540
Die Bedeutung der Stiftung des sportmedizinischen Lehrstuhls ... 550

Der zügige Ausbau des Sportmedizinischen Instituts 554
Sportmedizinische Forschung und Wissenschaft 555
Sportmedizinische Lehre für Studium, Fort- und Weiterbildung 558
Sportmedizinische Praxis: Die Betreuung von Sportlern 558
Kein Olympiastützpunkt in Paderborn 560
Internationaler Ruf durch knallenden Sektkorken 562
Der aufgeblähte Toni Schumacher und Franz Beckenbauers Dank 562
Die bereitwilligen und erfolgreichen Hockeyspieler 564
Die Gründung der „Stiftung Jugendfußball" 565

Die Golfakademie an der Universität Paderborn — 569

Die „Heinz Nixdorf Stiftung" hilft entscheidend 569
Was hat Heinz Nixdorf mit Golfen zu tun? 569
Gründe für die Gründung und die Aufgaben der Golfakademie 570
Die relative Autonomie der Golfakademie 574
Die Anlagen und Einrichtungen 574
Forschungsergebnisse und –vorhaben 578
Lehre, Fortbildung, sportmedizinische Betreuung 578
Die Golfakademie – ein Kronjuwel 580

Teil 4: Ehrungen und Gedenken

Die Ehrenplakette für besondere Verdienste im Sport — 583

Sportlerehrung und -auszeichnung in Paderborn 583
Nimmt Heinz Nixdorf die Ehrung an? 583
Die Ehrenveranstaltung im Paderborner Rathaus 585
Nebeneffekt der Ehrung: Levitenlesung für die Stadtregierung 588
Die Ausgezeichneten, die von der Stadt Paderborn die
    „Ehrenplakette für besondere Verdienste im Sport" erhalten haben (Tab.) 589

Gedenken und Verpflichtung — 593

Traueransprache 593
Acht Sportler brachten den Sarg zu Grabe 594

Teil 5: Anhang

Allgemeine Literatur — 601

Bildquellen — 602

Personenregister — 603

Teil 1: Grundsätze und Perspektiven, Impulse und Leidenschaften

„Der eigene Sport ist der beste!" 19

Wettbewerbsmentalität in der Schule, im Sport, im Beruf, im Alltag 21

Als Unternehmer wie als Sportler in der Leistungsgesellschaft 29

Skatspielen – eine Leidenschaft 39

Sport für Gesundheit, Fitness für Leistungsbereitschaft 61

Sportförderung – das große Vorbild Bayer AG und eigene Wege 73

„Sport für alle!" – Breiten- und Leistungssport! 83

Gespräche und Erinnerung 95

„Der eigene Sport ist der beste!"

Heinz Nixdorf hatte einige einfache Grundsätze, die er mit großer Konsequenz als Richtschnur befolgte und die so zu Ergebnissen führten. In Sachen Sport stellte er obenan: *„Der eigene Sport ist der beste!"* Das „eigene" bezog er zunächst wie eine Verpflichtung auf sich selbst, dann auf seine Familie, auf Frau und Kinder. *„Die Begeisterung für den Sport fängt damit an, daß man selbst aktiv ist und auch die eigene Familie dazu animieren kann."* (Allgemeine Literatur. Dreesbach, S. 78). Sodann richtete Heinz Nixdorf den Grundsatz bestätigend oder auffordernd an seine Kameraden in den Sportvereinen, an seine Mitarbeiter, insbesondere die Auszubildenden, an alle seine Mitbürger.

Wie Odysseus zwischen Skylla und Charybdis, so segelte er mit seiner Maxime vom „eigenen Sport" durch die Klippen zwischen Für und Wider von Hobby-, Amateur- und Breitensport auf der einen, und Leistungs-, Höchstleistungs- und höchstbezahltem Sport auf der anderen Seite hindurch, denn für jeden Sporttreibenden galt derselbe pragmatische Grundsatz.

Mit dem Spruch *„Der eigene Sport ist der beste!"* war ein Bedauern an jene gerichtet, die selbst keinen Sport treiben, die sich lediglich als Sportbegeisterte oder gar als fanatische Zuschauer vor dem Fernsehen und in den Stadien, insbesondere beim Fußball, hervortaten. Fußball, so er als eigener Sport betrieben wurde, fand Heinz Nixdorf wunderbar, besonders wenn bei Jugendlichen Wettbewerb und Ehrgeiz, Identifizierung mit Mannschaft, Schulklasse, Verein, Heimatort oder Firma Sinn machten.

Die Forderung nach „eigenem Sport" schloß keinesfalls aus, daß Heinz Nixdorf ein begeisterter Zuschauer bei sportlichen Wettkämpfen war. Am liebsten waren ihm Leichtathletik-Meetings.

„Der eigene Sport ist der beste!" können alle Sportler zitieren: der Hobby-Sportler, der etwas für seine Gesundheit tut oder der bei der Bewegung Lebensfreude empfindet, der Jogger, der sich auf dem Waldpatt als Teil der Natur erfährt ebenso wie der Leistungs- oder gar der Höchstleistungssportler, gleich ob er Amateur oder Scheinamateur ist, doch insbesondere dann, wenn er sich von Zuschauermassen geliebt weiß und jubelnder, strahlender Millionär wird.

An dem Leitspruch orientieren sich auch die einzelnen Kapitel dieses Buches zu ausgewählten Sportarten. Was Heinz Nixdorf und seine eigene Familie selbst an Sport trieben, ergab für ihn eine persönliche Beziehung, aus der in der Regel auch eine besondere Förderung bestimmter Sportarten folgerte, so bei der Leichtathletik, beim Luftsport, beim Tennis, beim Reitsport, beim Segeln.

Wie für viele Jungen begann auch für den kleinen Heinz Nixdorf der „eigene Sport" mit Fußball. Doch schon sehr bald wandte er sich der Leichtathletik zu und kam auf Lokal- und Kreisebene zu Erfolgen, die einerseits sein Selbstbewußtsein stärkten und andererseits dazu führten, daß er in Olympiasiegern und Weltmeistern

Heinz Nixdorf und Josef Pieper, beide Paderborn auf dem Gardasee, bei Riva-Italien, im Juli 1972

Heinz Nixdorf (weiße Mütze) in seinem Starboot 5684 mit Vorschoter „Jupp" vor der Steilküste im Norden des Gardasees. Im Jahr zuvor, 1971, hatten die beiden Segler hier erstmals an einer internationalen Regatta, der „Coppa internationale" teilnehmen können und einen guten Platz im Mittelfeld erkämpft. Heinz Nixdorf beschriftete die Rückseite des Bildes und schenkte es seiner lieben „Mama". Diese sollte stolz sein können auf den Sohn, der sich nun diesen „eigenen Sport" nicht nur leisten konnte, sondern auch hierbei, wie im Beruf, internationales Niveau erreichte.

Idole sah und der Königin aller Sportarten als ein großer Förderer treu blieb. Nach seiner eigenen Leichtathletikzeit betrieb Heinz Nixdorf Tennis und später daneben auch Skifahren, beides als eigenen, geselligen Freizeit- und Fitnesssport, gemeinsam mit seiner Frau und mit Freunden sein Leben lang. Mit 43 Jahren, 1968, hatte der sportbegeisterte Unternehmer eine Karriere als Starbootsegler begonnen. Dies wurde mehr als „eigener Sport", es wurde Leidenschaft. Wettbewerb war für die Kämpfernatur Heinz Nixdorf im Sport wie im Beruf ein Quell des Vergnügens und die Methode, die eigenen Leistungen bis in die Weltspitze zu steigern.

Wettbewerbsmentalität in der Schule, im Sport, im Beruf, im Alltag

Wetteifern und Wettstreiten im Wettbewerb, im Wettkampf und bei Wetten

Der Freund, mit dem Heinz Nixdorf drei Jahre gemeinsam die Bank einer höheren Internatsschule gedrückt hat, Paul Seiffert, charakterisierte ihn so: „Heinz Nixdorf war immer ein Kämpfer, der Wettbewerb mit anderen spielte schon damals für ihn eine große Rolle, so kannte er immer die genaue Rangfolge aller seiner Mitschüler." (Allgemeine Literatur. Kemper, S. 17)

Die Bereitschaft, ja der Wille und gar die Lust, wettzueifern, waren eine eigentümliche Leidenschaft, eine Triebkraft von Heinz Nixdorf. Er mußte sich oft Mühe geben, und es gelang ihm auch, sich unter Mitmenschen zurückzuhalten, sich nicht hervorzuheben. Wenn er kam, spürten die Anwesenden seine Bereitschaft, wettzueifern, und so konnte sein bloßes Auftreten das Gefühl auslösen, gemessen zu werden, und seine Präsenz eine Herausforderung werden. Das war eine Ausstrahlung, eine Übertragung seiner psychischen Anspannung, da er sich selbst mehr als andere im Beruf, in der Wirtschaft, herausgefordert fand zum Wettbewerb, zum Konkurrieren (lat. concurrere = zusammen laufen, kämpfen). Ähnlich auch im Sport herausgefordert zum Wettbewerb, hier eher als Wettkampf bezeichnet, wogegen ein Wettbewerb im Sport in der Regel eine Disziplin meint.

Dann gab es noch das Wetten im Sinne von Recht haben. Kleine Wetten, mit denen Heinz Nixdorf den Alltag würzte, waren für ihn nicht nur vom Wortstamm mit Wettbewerb und Wettkampf verwandt. Und Skat gehörte im Alltag zur Freizeit, damit es dieser nicht an geselligen Aktivitäten und Wettbewerb mangelte. Ohne Wettbewerb, wie er im Sport bildhaft vorgezeichnet ist, konnte Heinz Nixdorf nicht existieren und forderte in vielfältiger Weise sich selbst und andere zum Sich-Messen heraus.

Der SPIEGEL (1984, Nr. 31, S. 42 ff.) sprach von einer „knapp gezügelten Ungeduld" und einem „zwanghaften Vorwärtsdrang" des Heinz Nixdorf. Menschen, die ihm begegneten, fühlten sich in seinen ansprechenden wie anspruchsvollen Bann gezogen. Er konnte auf sie wie eine Droge stimulierend wirken. Das war seine auf Menschen bezogene „Impulstechnik".

Grundforderung: Chancengleichheit und gleiche Regeln

Wettbewerb und Wettkampf waren für Heinz Nixdorf ein Lebenselexier, das insbesondere zu den Erfolgen seines Unternehmens führte, aber auch zur Faszination für jedweden Wettkampf, vom Sport bis zum Skat und bis zu Wetten, die er unerwartet zu inszinieren liebte. Voraussetzung waren gleiche Chancen. So hat er z. B. gegen die im Telephonbereich zwischen Siemens und dem damaligen Staatsmonopol-Betrieb Deutsche Bundespost bestehende, fast kartellartige Liaison lauthals opponiert, da sie seinem Unternehmen für bessere, digitalisierte Telefonanlagen, für neue Techniken, den Wettbewerb verschloß. Er hat gegen den schlafenden Riesen und den Postminister gekämpft, um diese Wettbewerbsblockade zu knacken, denn nach seiner Einschätzung brachte Digitalisierung eine Verzehnfachung der Leistung und eine Umstellung von Kupfer auf Glasfiber nochmals das Zehnfache. Als „Lahm-Ärsche" beschimpfte der Paderborner Unternehmer die Post- und Siemensleute und dann hat der Telefonmonopolist sich mit ihm vertragen und kaufte von ihm digitalisierte Nebenstellenanlagen. Wie in einem sportlichen Wettbewerb kämpfte Heinz Nixdorf gegen die „deutsche Langsamkeit" und profitierte von ihr.

Wettbewerb – *„ein Quell des Vergnügens"*

Ein sehr generelles Bekenntnis zum Wettbewerb machte Heinz Nixdorf 1985 in einem Vortrag, zu dem ihn die Hüter des Wettbewerbs, das Kartellamt, nach Berlin eingeladen hatten: *„Mir geht es wirklich nicht darum, daß ein Konkurrent Nachteile hat. Ich, in gewisser Weise, liebe die Konkurrenten, denn sie erhalten uns frisch. Ich liebe den Wettbewerb auch im täglichen Leben. Sie können sich gar nicht vorstellen, mit welcher Intensität ich als Sechzigjähriger mit den Olympiateilnehmern bei der Kieler Woche im Olympischen Stadion segle. Mir ist Wettbewerb wirklich ein Quell des Vergnügens. Es ist eine Herausforderung für mich, zu überprüfen, ob ich auf dem richtigen Weg bin. Mein Wettbewerber darf also nicht geschädigt werden. Aber es muß dafür gesorgt werden, daß alle Wettbewerber nach gleichen Regeln antreten können."* (Allgemeine Literatur. Kemper, S. 207 f.)

Vom Zweck des Wettstreitens

Der Zweck des Wettstreitens war für Heinz Nixdorf zunächst einmal, die eigenen Leistungen und die der Konkurrenten zu messen, die eigenen Fähigkeiten bestätigt zu bekommen und exakt einzuschätzen. Wettbewerb wie Wettkampf waren sodann Methoden zur Leistungssteigerung, um bessere Ergebnisse und mehr Erfolge zu erzielen. Die Firma hatte 1968 einen Umsatz von 100 Millionen DM festgestellt. *„In zehn Jahren werden wir das Fünffache, also 500 Millionen DM umsetzen!"* So Heinz Nixdorf, und sein Biograph Klaus Kemper kommentiert dies als Fehlprognose, da der Umsatz sich verzehnfachte. Das war aber nicht das Eigentliche. Bemerkenswerter war, wie Heinz Nixdorf das Erreichte weniger als Anlaß zum Jubeln und lautem Feiern, sondern als Bestätigung der eigenen Stärke und sogleich für sich und seine Mitarbeiter als Herausforderung zur Leistungssteigerung in Anspruch nahm. *"Selbstzufriedenheit ist ein Luxus, den wir uns nicht leisten können!"*

Rang und Stellung exakt gemessen, wie im Sport, so in der Wirtschaft

Heinz Nixdorf hat stets gemessen und hatte mehr Zahlen als alle anderen im Kopf. So stellte er die Ränge fest, in der Schulklasse, beim Sport im Verein, im Kreis, im Land, in Deutschland, dann in Europa und obendrein in der Welt. Die Paderborner Luftsportgemeinschaft steigerte die Austragung von Wettbewerben ganz in seinem Sinne, erst Landes-, dann Deutsche-, dann Europa- und schließlich das Höchste: Weltmeisterschaften. Bei sportlichen Leistungen ebenso eine Skala: Vereinsmeister, Stadionrekord, Kreismeister, Landesmeister, Deutscher Meister, Europameister und dann das Allerhöchste: Weltmeister, Weltrekordler, Olympiasieger. Nach diesem Muster stellte er auch die Erfolge seiner Firma im Vergleich zur Konkurrenz fest. 1970 waren die ersten Nixdorf-Bankterminals bei einer Bankgruppe in Deutschland installiert worden, 290 Stück. Anfänger! Jahr um Jahr, Stufe für Stufe war vier Jahre später mit 48.000 Stück auf diesem Sektor vor IBM der Rang eines Weltmeisters erreicht! Eine ähnliche sportliche Wertung: 1976 auf dem deutschen Bürocomputermarkt mit 27 % für Nixdorf der erste Rang (Gold), vor Olivetti mit 13 % auf dem zweiten Rang (Silber).

Die führende US-amerikanische Computer-Zeitschrift „Datamation" setzte 1984 nach IBM auf Platz 1 und Siemens auf Platz 10 die Nixdorf Computer AG mit 3,3 Mio. DM Umsatz bereits auf Platz 21 der größten Elektrounternehmen der Welt. Viele andere, zuvor größere Unternehmen in Deutschland und Europa, z. B. Mannesmann-Kienzle, früher Vermarkter von Geräten des „Heinz Nixdorf, Labor für Impulstechnik", hatte die Nixdorf Computer AG auf Platz 60 weit hinter sich gelassen.

Als um 1979 die Nixdorf Computer AG in Kreisen deutscher Wirtschaftsfachleute als auffällig wahrgenommen wurde, war von „Senkrechtstarter" die Rede und manche Unternehmer in anderen Sparten, die nicht ähnliche Erfolge aufzuweisen hatten, erklärten dies mit: „Völlig neue Branche!". Doch in dieser waren viele alteingesessene tätig, im Bereich Büromaschinen Exakta, Wanderer, Triumph, Adler, Kienzle, Ruf, im Bereich Computer allgemein IBM, Philipps, Siemens, Telefunken, Bull etc. Als nun auch japanische Wirtschaftsfachleute das „Phänomen" Nixdorf Computer AG untersuchten, fanden sie „Senkrechtstarter" falsch. Das Unternehmen habe sich Stufe für Stufe emporgearbeitet. Es sei von der untersten Liga von Saison zu Saison in die nächst höhere Liga aufgestiegen, weil es kontinuierlich besser und größer geworden sei. Mit Senkrechtstart, wie beim Lottogewinn an Millionen zu kommen, hätte das nichts zu tun.

Kleine sportliche Herausforderungen im Alltag

Beispielhaft sei hier von drei kleineren, an und für sich belanglose Begebenheiten berichtet, die Heinz Nixdorfs stete Bereitschaft zu Wettbewerb und Wettstreit selbst in kleinen Dingen belegen.

1. Beispiel: Wir hatten im Kreis von Freunden eine Geburtstagsfeier mit einem Mittagessen in einem Restaurant an der Weser eingeleitet und machten anschließend, wohlgesättigt und plaudernd, einen Spaziergang in frischer Luft am Ufer des Flusses entlang. Heinz Nixdorf unterbricht mit der Frage: *„Wer kann einen Stein bis auf die andere Seite des Ufers werfen?"* Damit ist unerwartet ein kleiner, sportlicher Wettbewerb inszeniert. Alle heben mal größere, mal kleinere Steine auf, strengen sich ohne Begrenzung der Zahl der Versuche fast unermüdlich an. Schließlich wurde die Rangfolge festgestellt und es war Zeit zum Nachmittags-Kaffee.

2. Beispiel: Im Freundeskreis hatten wir abends eine Sportveranstaltung (1. Bundesliga Volleyball in der Maspernhalle) besucht. Nach Spielende stellt Heinz Nixdorf unverhofft die Frage: *„Wer ist als erster an der nächsten Straßenecke?"* Alle fühlen sich etwas überrascht herausgefordert, starten los, rasen so schnell sie können. Es gibt einen strahlenden Sieger, eine strahlende Siegerin, fröhliche Zweit-, Dritt- etc.-plazierte. Bei dem kühlen Wetter war allen wärmer geworden, das Lokal (Weinkrüger) schneller erreicht. Für alle „Wettkämpfer" spendiert Heinz Nixdorf die erste Runde.

3. Beispiel: Einweihung eines neuen Gebäudes für die Geschäftsstelle in den Niederlanden. Abendessen mit dem Wirtschaftsminister des Landes, dem Geschäftsstellenleiter NL und, von der Paderborner Zentrale, Heinz Nixdorf, Jürgen Wegwart, Leiter des technischen Service im In- und Ausland, und der Controller Kreutzer. Rückflug der drei Paderborner am nächsten morgen nach Paderborn-Ahden. Dort holt die Fahrbereitschaft die Herren ab. In Paderborn gibt der Chef Anweisung, nicht zur Firma zu fahren, sondern zu den Fischteichen, zum Frühsport auf dem Waldsportpfad, bei strömendem Regen. In den Businessanzügen völlig durchnäßt und verdreckt, stellt Heinz Nixdorf nach einem strammen Dauerlauf fest: *„Jetzt haben wir etwas geleistet!"* Nach Hause, umziehen und dann sofort in den Betrieb an die Arbeit! Solch kleine, aber harte Aktivitäten sprachen sich in der Firma herum, wurden zu Anekdoten und trugen zur Mentalität der Mitarbeiter bei, die sich als „Nixdorfer" verstanden.

Kleine Wetten – belebende Impulse

Ebenso wie bei seinem Skat, dem ein eigenes Kapitel einzuräumen ist, ging es Heinz Nixdorf bei Wettangeboten nicht um reine Glücksspiele, sondern um den Wettbewerb bei sich widersprechenden Behauptungen oder um Prognosen. Wer Recht behält oder bekommt, dem steht der ausgelobte Gewinn zu.

Vor- und Rückseite eines Wettdokuments über den Dollarkurs. Zum Zeitpunkt der Wette, im August 1983 stand der Dollarkurs bei 2,67. Er stieg zwar bis zur Kieler Woche im Juni 1984 auf 2,74, war also nicht über 3,00 gegangen! Diese Marke wurde erst im September 1984 mit 3,02 überschnitten und im März 1985 wurde mit 3,31 ein Höchststand erreicht. Heinz Nixdorf hat also mit Risiko die Wette durch seine Kenntnisse, aber auch mit etwas Glück gewonnen.

Hier drei Beispiele:

1. Beispiel: Nach einer Segel-Regatta sitzen die Sportfreunde in einer Kneipe zusammen – in den USA, und da wird schnell gefragt und beredet, was die Getränke – insbesondere Bier – umgerechnet und vergleichsweise in DM kosten, was der Dollar wert ist. Für Heinz Nixdorf ist das Anlaß, eine Wette über die Entwicklung des Dollarkurses anzubieten. Auf dem Tisch steht ein sogenannter Werbeträger für ein Rumgetränk. Der Pappkarton wird zerrissen und auf der Rückseite eines bierdeckelgroßen Stücks die Wette schriftlich fixiert: „10 Tafeln Tobler (Schokolade), 10 Fl (aschen) Königs-Pilsener, 10 Fl (aschen) Sekt Mu (mm oder) MM (Mathäus Müller), – US-Dollar geht bis zur Kieler Woche 1984 nicht bis auf DM 3.00 H.N. (Heinz Nixdorf) – Zeugen der Wette vom 18.08.83". Es folgen vier Unterschriften, links oben der Coach „Franz Untersberger" links unten „Nixdorf", rechts oben sein Vorschotmann „Josef Pieper". (Unterschrift rechts unten nicht identifiziert.)

2. Beispiel: Die Ausbilder der Nixdorf-Azubis in Paderborn hatten im Rahmen des Betriebssports ein Fußballturnier organisiert, für das verschiedene Ausbildungsbereiche in Köln, München, Hamburg, Paderborn etc. jeweils mit Azubis und Ausbildern Mannschaften gebildet hatten. Im Endspiel ging es zwischen einer Kölner und einer Paderborner Mannschaft um den Sieg! Die athletischeren Kölner schienen favorisiert zu sein und Heinz Nixdorf forderte mit seiner Wette den Mannschaftskapitän der Paderborner Kaufmännischen Ausbildung, den Ausbilder Ulrich Plattmann, heraus. Der Firmenchef setzte auf die Kölner, der Herausgeforderte sollte sich für seine Paderborner Truppe stark machen. Wer die Wette verliert, hat die Getränkekosten für das ganze Turnier zu übernehmen. Der Kapitän der Paderborner Endspielmannschaft war durch das Wettangebot überrascht und nahm es nicht an: *„Das übersteigt meinen Geldbeutel!"* Mit der Wettherausforderung hatte der Chef den Ehrgeiz der Paderborner Mannschaft angestachelt, denn seine Behauptung bedeutete, die Paderborner verlieren. Mit so angestacheltem Ehrgeiz haben sie die Kölner besiegt. Und die Kosten für die Turniergetränke hat die Firma so oder so übernommen.

3. Beispiel: Heinz Nixdorf hatte 1983 einige Freunde, seinen Bruder Walter und die Frauen zu einer Weintour an Rhein und Mosel eingeladen, darunter Dierk Thomsen und dessen Frau Ingrid. Thomsen, Kaufmann in Kiel, war einer der Segelfreunde. Heinz Nixdorf war sehr dafür, daß im Interesse der deutschen Starbootsegler auch Deutsche in der internationalen Organisation eine führende Rolle übernehmen, damit dort nicht immer die US-Amerikaner und andere Nationen dominierten. Ingrid Thomsen berichtet (siehe Faksimile) über eine von ihr gewonnene Wette. Damit hatte Heinz Nixdorf seinerseits bei ihr „einen Stein im Brett" gewonnen. Ihr Mann, Dierk Thomsen, wurde 1983 Präsident der Weltorganisation (ISCYRA) und bekleidete dieses Amt fünf Mal, 1983/84/85 sowie 1996 und '97.

Top, die Wette gilt

Ort des Geschehens: ein Rastplatz irgendwo in der Pfalz anlässlich einer kurzen Weinverkostungsreise mit Heinz und kleinem Freundeskreis.

Um die kleine Rastpause kurzweilig zu gestalten, hatte sich Heinz mal wieder ganz schnell einen kleinen Wettbewerb ausgedacht. Er nannte das Kennzeichen (VS) eines etwas entfernter geparkten PKW's und versprach, einen Karton Wein zu verwetten, wenn eine/r von uns ihm die Herkunft dieses Fahrzeuges sagen könne. Er blickte sich siegessicher um und meinte, auch er kenne dieses Kennzeichen nicht bzw. den Herkunftsort dieses Fahrzeuges.

Umso erstaunter reagierte Heinz auf meine Erklärung, dass VS für Villingen/Schwenningen (Schwarzwald) stünde, und dass dort bereits 1908 meine Mutter geboren wäre. Natürlich gab es zu jener Zeit eher Kutschen mit Pferdestärken davor, denn Kutschen mit Pferdestärken darunter.

Spontan machte sich Heinz auf den Weg zum Fahrzeug mit dem Kennzeichen (VS), um am Stempel abzulesen, ob es denn stimme, was ich da behauptete.

Eilig kam er zurück, gratulierte, öffnete den Kofferraum seines Wagens und drückte mir einen Karton edelsten Pfälzer Weines in die Arme.

Heinz strahlte, obgleich er dieses mal ausnahmsweise nicht gewonnen hatte. Er freute sich mit mir aber auch darüber, dass er seiner, ihn stets begleitenden Wettbewerbsidee, seinem ideellen Sport selbst auf einem Rastplatz „irgendwo", frönen konnte.

Im Mai 2005   Ingrid Thomsen

Sehr geehrter Herr Werb,

selbst wenn es für meine Geschichte um und mit Heinz zur Veröffentlichung in Ihrem Buch zu spät sein sollte, es hat mir außerordentlich Spaß gemacht, diese Geschichte zu schreiben und mich mit Heinz und unseren gemeinsamen Erlebnissen zu befassen.

Vielen Dank, dass Sich mich dazu ermuntert haben denn, wer nicht vergessen wird, lebt in uns weiter.

Viel Freude auch weiterhin beim Recherchieren und natürlich ganz viel Erfolg beim Verlegen. Wir freuen uns auf dieses Buch. Grüßen Sie bitte Renate und die Piepers von uns und seien Sie besonders herzlich gegrüßt aus dem Seglerparadies an der Ostsee

Ihre Ingrid Thomsen

Bericht über die Wette anläßlich einer Weintour 1983. (Die Gebietsreformen und sich daraus ergebende neue Autokennzeichen waren noch wenig bekannt.)

Als Unternehmer wie als Sportler in der Leistungsgesellschaft

Eine Bilderbuchkarriere für die Marktwirtschaft

Mit 60 Jahren stellte Heinz Nixdorf fest: *„Beruflichen Erfolg hab' ich, den im Sport will ich!"* Allzu gerne hätte er in seinem Sport, dem Starbootsegeln, noch den Titel eines Weltmeisters errungen. Mit seinen Leistungen als Unternehmer konnte er wahrlich zufrieden sein. Das „Leistungsprinzip" ist das Schlüsselwort, das beide Bereiche verbindet, in denen er Erfolg suchte. Nach den bürgerlichen Revolutionen, beginnend mit der französischen und im Zuge zunehmender Industrialisierung hatte sich die „Leistungsgesellschaft" entwickelt und die frühere Standesgesellschaft abgelöst, in der der Status der Eltern, deren Zugehörigkeit zu einer der gesellschaftlichen Schichten (Fürstenhäuser, Adelige, Bauern, Handwerker, Tagelöhner etc.) das Leben des einzelnen vorzeichnete und bestimmte. Zentrales Kriterium des gesellschaftlichen Prozesses wie der wirtschaftlichen Entwicklung infolge der Industriealisierung wurde das Leistungsprinzip für Maschinen und für Menschen. Die eigene persönliche Leistung – weder Stand noch Reichtum der Eltern – war der wichtigste Faktor für Rang und Ansehen jedes Menschen in der Gesellschaft geworden.

Heinz Nixdorf wurde als Unternehmer zum Paradebeispiel eines erfolgreichen Menschen in der Leistungsgesellschaft, was z. B. in den öffentlich bekundeten Bewertungen durch hochrangige Politiker wie auch im Titel der inzwischen unverändert neu aufgelegten Biographie von Klaus Kemper: „HEINZ NIXDORF – eine deutsche Karriere" zum Ausdruck kam. Das politische und wirtschaftliche System in der Bundesrepublik Deutschland sah sich nach der vorangegangenen Diktatur und im Vergleich zum Kommunismus in der DDR durch erfolgreiche Unternehmensgründer wie Max Grundig, Josef Neckermann und Heinz Nixdorf beispielhaft legitimiert. Wenn es *„einen Unternehmer gibt"*, so äußerte Bundespräsident Richard von Weizsäcker, *„der im 21. Jahrhundert etwas zu bieten hat, dann ist es Heinz Nixdorf"*. (SPIEGEL, 1984, Nr. 31.)

Auch in kommunistischen Systemen, so in der DDR, war das Leistungsprinzip relevant. Hier durch den Druck, der mit den Planzielen ausgeübt wurde und den folglichen Ehrungen zu „Helden der Arbeit". Zentralistisch wurde das Leistungsprinzip im Sport propagiert und durchgesetzt. Und auch beim Rang und Ansehen der Mächtigen wurde das Leistungsprinzip mit dem Hinweis auf deren Herkunft aus unteren Schichten und entlegenen Orten in der UdSSR wie in der DDR hochgehalten.

Ein Aufstieg aus „*blanker Not*"

Je höher die mit seinem Namen persönlich verbundene „Nixdorf Computer AG" aufstieg, je mehr Arbeitsplätze er schuf, je größer sein Vermögen und sein Ansehen wurden, umso betonter nahm nicht nur Heinz Nixdorf selbst das Leistungsprinzip für sich und seine Erfolge in Anspruch. Auch sein Biograph, Klaus Kemper, versucht, die Größe der persönlichen Leistung zu verdeutlichen, indem er intensiv auf die möglichst niedrige Ausgangsbasis, auf die sehr bescheidenen wirtschaftlichen Verhältnisse der Eltern eingeht und dabei gar mit Aussagen von Heinz Nixdorf, der ihm etliche Stunden für Informationsgespräche eingeräumt hatte, über Kreuz kommt.

So überzieht Kemper, wenn er zitiert, mit wie wenig Geld die Familie mit „sieben Kindern" auskommen mußte (S. 16). Es waren fünf – eine siebenköpfige Familie, aber nicht sieben Kinder. Und wenn Heinz Nixdorf berichtet, daß sein Vater um 1935 noch arbeitslos gewesen sei, korrigiert Kemper seinerseits in Klammern „(Eine Übertreibung aus der Erinnerung heraus)". Fakt war: Der Vater wurde 1931 arbeitslos, erhielt gesetzlich nach einer Karenzzeit zunächst 20 Wochen als „Stempelbruder" Arbeitslosenunterstützung (Alu) und danach allenfalls und befristet Krisenunterstützung (Kru). Erst 1939 bekam er wieder eine feste Anstellung, bei der Reichsbahn. In der Zwischenzeit hatte er keine feste Arbeit und war insofern nicht nur ein halbes Jahr, in der er Alu und Kru bekam, arbeitslos, wie Kemper behauptet. Heinz Nixdorfs Vater – „ein außerordentlich fleißiger Mann" wie der Sohn feststellte – konnte die Familie nur durch Gelegenheitsarbeit ernähren, als Pferdeputzer bei den Offizieren der nahegelegenen Infantriekaserne oder als „Reisender", im Volksmund „Hausierer", indem er an Haustüren Radiozeitungen, Nähmaschinen, Fahrräder etc. verkaufte und dafür von den Einzelhändlern eine Mini-Vermittlungsprovision erhielt. Heinz Nixdorf hätte seinen Vater nie abfällig als einen „Hausierer" bezeichnet, sondern verstand sich als „Arbeiterkind". Doch die Mutter fühlte sich beleidigt, weil sie im SPIEGEL als „Arbeiterin" bezeichnet wurde. Sie war gelernte Schneiderin.

Kempers sehr verdienstvolle Biographie erschien übereilt nach dem Tode von Heinz Nixdorf, am 17. März 1986, rechtzeitig zum Weihnachtsgeschäft des Buchhandels. Die Mutter hat das Buch über ihren großen Sohn sorgfältig gelesen. Bei der in Klammern gesetzten Parenthese „(So manchmal mußten die Nachbarn helfen, damit bei den Nixdorfs etwas auf den Tisch kam)", schrieb Mutter Änne an den Rand „Lüge!" (S. 21).

Selbstwertgefühl durch Leistung in der Schule und im Sport

Jedenfalls ließ die wirtschaftliche Situation der Familie es 1935 nicht zu, daß der 10-jährige älteste Sohn Heinz nach vier Jahren Volksschule mit guten Noten auf das Gymnasium wechselte. *„Ich habe geweint, weil ich nicht zur höheren Schule durfte."* Die 8-jährige Volksschule schließt Heinz Nixdorf so erfolgreich ab, daß er ein Stipendium zum Besuch einer höheren Lehranstalt bekommt, einem 4-jährigen Kurs, der zur Fachhochschulreife für das Volksschullehrer-Studium führt. Mit diesem Stipendium konnte Heinz Nixdorf erstmals einen Meilenstein seiner eigenen individuellen Leistung verzeichnen, die in der Leistungsgesellschaft der entscheidende Faktor ist.

Weitere leistungsorientierte Erfolgserlebnisse waren für Heinz Nixdorf seine „Befreiung" aus dem nur zum Lehrerstudium berechtigenden Kurs und das Erreichen seines Ziels, ein Gymnasium besuchen zu können, das er mit dem Abitur abschloß und so ein Universitätsstudium seiner Wahl beginnen konnte. Weniger auffällig spielten daneben jedoch für den jungen Heinz Nixdorf, für sein Selbstwertgefühl und sein Zutrauen in die eigene Kraft, seine Erfolgserlebnisse im Sport die wichtigste Rolle. (Siehe Kap. „Leichtathletik" und „Segeln".) Primär erfuhr Heinz Nixdorf im Sport unabhängig von Armut oder Reichtum der Eltern den Wert eigener Leistung, die Geltung des Leistungsprinzips.

„Sein nahezu religiöses Verhältnis zur Leistung..." (SPIEGEL 1984, Nr. 31, S. 44) findet bei Heinz Nixdorf in Schule und Beruf und ebenso im Sport und in der Sportförderung ein Betätigungsfeld für seine Selbstverwirklichung. Er hat als aufstrebender Unternehmer die heftigen Diskussionen über die „Leistungsgesellschaft" und „Wettbewerbswirtschaft" intensiv verfolgt. Ich erinnere mich noch an Gespräche über den Beitrag des Bankiers Freiherr von Bethmann „Wider die Kritiker des ‚Kapitalismus'" mit dem Untertitel „Die Wettbewerbswirtschaft ist die einzige Voraussetzung für eine humane Gesellschaft". (Sonderdruck aus der Zeitschrift „Blick durch die Wirtschaft" vom 21.02.1972). Daß Heinz Nixdorf gegenüber dem damaligen Ministerpräsidenten Johannes Rau, dem späteren Bundespräsidenten, von „Scheiß-Republik" gesprochen hat, wird heute als Beispiel für unerschrocken deutliche Äußerungen und für die Betriebstemperatur des Paderborner Unternehmers amüsiert zitiert, ohne viel zu hinterfragen.

Im Gelehrten- und Politikerstreit über Leistungsgesellschaft

Einige Wissenschaftler behaupteten, der Mensch ist auf Leistung programmiert, und dies werde durch Mitleids- und Fürsorgeethik zerstört. Infolge der unterschiedlichen Perspektiven von Soziologen, Wirtschaftswissenschaftlern, Theologen gab es keinen einheitlichen Begriff von Leistung und der Streit über Leistungsprinzip und Leistungsgesellschaft füllte ganze Bibliotheken. Der Soziologe Helmut Schelsky, dessen Gutachten in der Standortfrage einer neuen Universität in Ostwestfalen 1965 gegen Paderborn und für Bielefeld entscheidend war, nannte die „Leistungsdiffamierung" durch die „geisteswissenschaftlich – literarisch – ästhetische Berufsgruppe" eine „Funktion des neuen Klassenkampfes" zur Verteidigung des eigenen

„Unproduktivitätsprinzips". Heinz Nixdorf war an der Etablierung einer Universität in Paderborn sehr interessiert und verfolgte so auch, was Schelsky nicht nur in der Standortfrage, sondern allgemein vertrat. Der Unternehmer hat sich an der Diskussion über Leistungsgesellschaft kaum beteiligt. Statt sich von der Gedanken Blässe ankränkeln zu lassen, war seine Sache praktisches Handeln und als Lösung des Problems postulierte er das pragmatische Motto: *„Leistung muß sich lohnen!"* Der bekannte Publizist Joachim Fest (1926–2006), also Zeitgenosse von Heinz Nixdorf, hat formuliert, was auch dieser unterschrieben hätte: *„Für mich gibt es ... kein Glück außer durch Leistung. Alle reden von Leistungsdruck, keiner redet von Leistungsglück."* (Stern, Nr. 18, 2006, S. 90.)

Der Triumph des Leistungsprinzips im Sport

In keinem anderen Lebensbereich war und ist persönliche Leistung unter Menschen so augenfällig und eindeutig zu messen und zu bewerten wie im Sport. Hier liegt eine der Wurzeln für die Sportbegeisterung des auf Leistung programmierten Heinz Nixdorf. Hierin liegt auch einer der Gründe, warum Sport so schnell wie kein Staat zur Weltmacht aufgestiegen ist, in nur einem halben Jahrhundert, wie Alex Natan 1956 in seinem Buch „Sport aus Leidenschaft" vermerkt. Sport hat sich über Grenzen und Konflikte politischer Systeme und unterschiedlicher Glaubensinhalte hinweg schneller wie je eine religiöse oder eine politische Herrschaft über den Erdball verbreitet. Trotz vieler Schattenseiten, von denen auch Sport nicht ausgenommen ist, hat sich der friedliche Wettstreit im Kontrast zu mörderischen Kriegen, hat sich das dem Sport implizierte Gebot der Fairness über unterschiedliche Moral- und Gesetzgebungen hinweg weltweit ausgebreitet. Nach der beeindruckenden Entwicklung im 20. Jahrhundert ist die Sportbewegung zu einem einigenden Band geworden, was trotz vieler politischer und religiöser Konflikte bei Olympischen Spielen an der zunehmenden Zahl der Staaten, aus denen die Athleten gleich welcher Religion oder Hautfarbe kommen, und bei Weltmeisterschaften, z. B. im Fußball an der Zahl der Zuschauer in den Stadien und vor den Bildschirmen, evident wird. Heinz Nixdorf hat als sportbegeisterter Zeitgenosse vieles von dem erlebt, was Sport in der zweiten Hälfte des vergangenen Jahrhunderts bewirkt und durchgemacht hat. Hier einige Stichworte: Sport unter nationalsozialistischer Herrschaft. – Olympische Spiele 1936 in der Reichshauptstadt. – Sportförderung in den Hitlerjugendorganisationen. – Sport für die Wehrerziehung. – Segelfliegerscheine als Vorbereitung zur Luftwaffen-Pilotenausbildung. – Eine letzte Gesamtmannschaft von DDR und Bundesrepublik 1960 bei den Olympischen Spielen in Rom. – Im Kalten Krieg Leistungsmessung sportlicher Erfolge als Mittel des Systemvergleichs von DDR und BRD. – Boykott der Olympischen Spiele 1980 in Moskau durch die USA. – Streit in der Boykottfrage zwischen DOG und DSB. – Infolge des Boykotts keine Chance für Heinz Nixdorfs Starbootfreunde. – Als Ersatz für die Starbootsegler Beteiligung an Nordamerikanischen Meisterschaften etc.

Unbeirrt war Heinz Nixdorf von der großen Bedeutung der Sportbewegung überzeugt, hat sie daher nicht nur passiv miterlebt, sondern aktiv mitgemacht als Sportler und Sportförderer, sein Leben lang.

Anerkennung und Belohnung für Leistungen im Sport: Preise und Trophäen

Getreu seinem Motto *„Leistung muß sich lohnen!"* und dem Grundsatz entsprechend *„Wir fordern Leistung und wir fördern Leistung"* hat sich Heinz Nixdorf in ungewöhnlichem Maße darum gekümmert, durch Preise und Trophäen beim Sport den Leistungswillen zu fördern und das Selbstwertgefühl der Erfolgreichen zu stärken. Wo immer er sich Zeit dafür nehmen konnte, überreichte er Preise und Urkunden persönlich und nahm am Erfolgserlebnis der Sieger herzlichen Anteil. Er freute sich und strahlte wie die Sieger, wenn er gratulieren und auszeichnen konnte. Den massiv silbernen „Nixdorf-Pokal" hat der Paderborner Unternehmer nach seinen Vorstellungen von dem Hofjuwelier M. Hansen in Kiel anfertigen lassen, auf den er anläßlich einer Kieler Woche aufmerksam wurde.

Bei einer Geschäftsreise in den USA hatte sich Heinz Nixdorf moderne Bauwerke insbesondere von Mies van der Rohe angeschaut und seine so entwickelten Vorstellungen von moderner Architektur im neuen Verwaltungsgebäude an der Fürstenallee (heute HNF) mit Hilfe des Architekten Hans Mohr realisieren können. Der Wandel im Stilwillen des Bauherrn wird im Vergleich mit dem vorangegangenen Betriebs- und Verwaltungsgebäude an der Pontanusstraße (heute „Technisches Rathaus") vor Augen geführt. Für sich privat hatte Heinz Nixdorf Sessel von Mies van der Rohe angeschafft (Modell Barcelona, 1929 für den deutschen Pavillon auf der Weltausstellung in Barcelona) und in der Malerei fand er Gefallen am geometrisierenden Stil des Lyonel Feininger und dem konstruktiven des Robert Michel. Gestalterisch wirkte Heinz Nixdorf schon auf die Arbeitstische in der Pontanusstraße ein und später wurden Tausende von Tischen, deren Konstruktion und Form er selbst neu festlegte in seinem Betrieb und der Fa. Karl Werner für die Arbeitsplätze von ca. 23.000 Mitarbeitern in Paderborn und den Geschäftsstellen in der Welt hergestellt. Auch die Schrankwände, von denen viele tausend laufende Meter gebaut wurden, entsprachen mit ihrem Rasterprogramm und in ihrer strengen Formgebung den gestalterischen Vorstellungen von Heinz Nixdorf. Seine Stilbildung nach dem Prinzip einfach oder gar streng und funktional, der Bauhausidee entsprechend, hat auch die Form des Silberpokals bestimmt: Die gerade Linie als kürzeste Verbindung und die Vollkommenheit des Kreises ergaben den geometrischen Zylinder ohne jeden Schnörkel, sehr zu unterscheiden z. B. vom Barock eines Davis-Pokals und vieler anderer Sporttrophäen. Da Heinz Nixdorf seinen Pokal erstmals für das „Damen-Doppel-Turnier um den Nixdorf-Computer-Pokal" hatte anfertigen lassen, ist er im Kap. Tennis abgebildet und beschrieben. Zwei weitere

Strahlende Siegerin und strahlender Heinz Nixdorf. Eine der liebsten Beschäftigungen von Heinz Nixdorf war das Belohnen von Leistungen, das Überreichen von Urkunden, Pokalen, Blumensträußen und Ehrenpreisen an erfolgreiche Wettkämpfer und Wettkämpferinnen. Hier überreicht der Unternehmer einer Drittpazierten die Urkunde.

Geschenkkarton des Hofjuweliers M. Hansen. Die silbernen NIXDORF-POKALE wurden in solchen Behältnissen aufbewahrt. Auch viele andere erlesene und kostbare Silberwaren, die Heinz Nixdorf stiftete und überreichte, waren in solchen Schatullen seines „Hofjuweliers" verpackt.

Heinz Nixdorf und seine Frau Renate vor dem Gebäude des Juweliers M. Hansen in Kiel 1982. Nach seinen eigenen Vorstellungen hatte Heinz Nixdorf von diesem Juwelier den „Nixdorf-Pokal" gestalten lassen, den er erstmals 1975 bei einem Tennisturnier überreichte. Anläßlich der Kieler Wochen hat der Unternehmer und Sportförderer fast jährlich bei Hansen Silberwaren eingekauft, wie Trinkpokale, Schnapsbecher, Tabletts, Kerzenhalter, Brieföffner etc., um sportliche Leistungen belohnen zu können. In der Hand hält Heinz Nixdorf den Katalog einer „Lyonel-Feininger Ausstellung". Einige Feininger-Bilder hat Heinz Nixdorf für sich erworben.

Heinz Nixdorf und seine Frau mit Lyonel-Feininger-Katalogen. Anläßlich der Kieler Woche 1982 besuchte Heinz Nixdorf eine Ausstellung mit Werken des Amerikaners und Bauhauskünstlers, dessen Stil er wegen der kubistischen und geometrisierenden Klarheit schätzte und die ihn, den Mineraliensammler, an kristalline Formgebungen erinnerte.

gleiche Nixdorf-Pokale werden jährlich zum Gedächtnis an den Sportförderer als Wanderpokale in Hövelhof ausgeritten und auf der Möhne ausgesegelt (Kap. Reitsport sowie Segeln). Die gleiche Form, aber eine sehr viel größere Dimension hat der Silberpokal, der jährlich bei den Weltmeisterschaften der Starbootsegler als Wanderpokal, als „Heinz-Nixdorf-Memorial-Trophy" dem Sieger der fünften Regatta überreicht wird. Dieser an den erfolgreichen Starbootsegler und großen Förderer dieser Sportart erinnernde Pokal ist also von ihm selbst gestaltet worden. (Siehe auch „Heinz Nixdorf-Gedächtnis-Pokal" im Kap. Skat.)

Für das erste große Azubisportfest, 1970, hatte sich Heinz Nixdorf außer Urkunden und Pokalen, für die die Ausbilder zuständig waren, etwas Besonderes ausgedacht: Achttägige Reisen zu den Olympischen Spielen 1972 in Rom für die Erstplazierten und dreitägige für die Zweit- und Drittplazierten und dazu den entsprechenden Sonderurlaub. Die gleichen Preise wurden noch einmal beim nachfolgenden Azubisportfest 1971 vergeben. Damit war der Unternehmenschef beispielhaft in Vorlage gegangen und bei allen Azubisportfesten der folgenden Jahre mußten sich seine leitenden Leute neben der Fülle von Urkunden und Pokalen noch etwas Besonderes einfallen lassen: Ferienreisen, Reisen zu Sportveranstaltungen, Bücher über Sport und Fitness, Frotteetücher mit dem aufgestickten Motto „fit mit Nixdorf", rote Schweizer Taschenmesser mit dem Firmenlogo etc. Wenn eben möglich übernahm Heinz Nixdorf selbst, begleitet von den Leitern der Ausbildung und später von dem ehemaligen Zehnkampf-Weltrekordler Kurt Bendlin, die Preisverleihung, desgleichen bei Wettkämpfen im Rahmen des Betriebssportes.

Für den Reitsport hat Heinz Nixdorf zahlreiche Preisgelder und Ehrenpreise gestiftet, in der Regel für die jeweils am höchsten dotierte Prüfung (siehe Kap. Reitsport). Sponsor war offiziell seine Firma „Nixdorf Computer AG", doch machte Heinz Nixdorf deutlich, daß ihm diese Sportförderung ein persönliches Anliegen war. Wenn er selbst die Ehrenpreise nicht überreichen konnte, überließ er das nicht einem seiner Vorstandsmitglieder, sondern bat seine Frau oder ausnahmsweise einen seiner Söhne, dies für ihn zu übernehmen. Als Heinz Nixdorf für ein CSI in Neumünster (Schleswig-Holstein) Preisgeld und Ehrenpreis für eine Prüfung gestiftet hatte, bat er eine befreundete, im Reitsport engagierte Bekannte, Ingrid Thomsen, an seiner Stelle den Ehrenpreis zu überreichen.

Um bei den von ihm initiierten Trainingsregatten vor Mallorca den Wetteifer der Starbootsegler anzuspornen und Leistung zu belohnen, stiftete Heinz Nixdorf als Preis für die Regattensieger jeweils eine Aktie der Nixdorf Computer AG (siehe Kap. Segeln).

Als eine Belohnung, die beispielhaft für Heinz Nixdorf, aber ansonsten ohne Beispiel für eine Trophäe für sportliche Leistungen ist, sei hier das Versprechen erwähnt, der Luftsportgemeinschaft Paderborn ein Segelflugzeug des modernsten und leistungsfähigsten Typs zu schenken, wenn ihr die Austragung einer Weltmeisterschaft gelingt (siehe Kap. Luftsport).

Mit dem obersten Sportpräsidenten im Porzellanladen

Zum ehemals obersten Sportsherrn in Nordrhein-Westfalen (Innenminister 1962 – 1975) und Präsidenten des Deutschen Sportbundes (DSB) von 1974 bis 1986, Willi Weyer, pflegte Heinz Nixdorf ein gutes Verhältnis. Einerseits ging es um Anerkennung von Leistungszentren, Zuschüsse für Sportstätten und Förderung hochrangiger Meisterschaften. Im Gegenzug half der Unternehmer. Als z. B. die Vorbereitung einer Weltmeisterschaft im Modernen Fünfkampf im westfälischen Warendorf anstand, bedankte sich Weyer bei der „Nixdorf Computer AG" für die Zusage der Förderung der Wettkämpfe in dieser elitären olympischen Diziplin.

Wenn der Präsident nach Paderborn kam, nahm Heinz Nixdorf ihn gelegentlich zu „Wieseler" mit (Glas- und Haushaltswaren, Rathausplatz 10, heute Schuhhaus Klauser). Weyer sollte sich einige Präsente, Geschenke und Preise aussuchen, für die ein Sportpräsident immer Bedarf, aber einen zu geringen Etat hat, und die ihm von der „Nixdorf Computer AG" spendiert wurden. Also geleitete der Geschäftsführer, Erich Peters, die beiden Herren durch die Räumlichkeiten zu Vitrinen und Regalen. Der Präsident wählte dieses und jenes aus und dann stachen ihm einige auf Porzellan gemalte Ikonen von „Villeroy & Boch" in die Augen und er fragte nach dem Preis. Pro Ikone 390 DM! Weyer meinte, das sei zu viel und suchte weiter. Versteckt knuffte Heinz Nixdorf dem Geschäftsführer in die Rippen und flüsterte: *„Einpacken!"* Als der Ladeninhaber dem Unternehmer nebenbei erzählte, daß für Segelregatten auf der Möhne Herr Bunte schon zwei Mal je acht wunderschöne große Becher aus bestem portugiesischen Zinn gekauft habe, die Rechnung jedoch noch nicht bezahlt sei, bat Heinz Nixdorf, die Rechnung ihm zu schicken und auch gleich eine für die nächste Regatta. Während der Sportpräsident sich noch umsah, fiel Heinz Nixdorf ein, auf der letzten Hannover Messe *„haben uns Cognac-Schwenker gefehlt."* – *„Ja, die sind recht! Wir brauchen zehn. – Zehn gehen kaputt, also zwanzig! – Zehn werden geklaut, also dreißig! Und zehn brauchen wir als Reserve. – Wieviele haben Sie noch?"* „Zweiundvierzig." „Schicken sie alle!" Inzwischen hatte der Präsident seine Auswahl beendet. Nixdorf: *„Bitte die Sachen für Herrn Weyer einpacken. Herr Pieper holt die Pakete ab und übergibt sie dem Chauffeur! Auf Wiedersehen!"*

Skatspielen – eine Leidenschaft

„Scheiß" im Stau am Brenner

Ob jemand eine Spielernatur ist, ob für jemanden Kartenspielen eine Leidenschaft wird oder ob er damit überhaupt nichts am Hut hat, darin scheinen sich Charaktere und Geister zu scheiden:

Heinz Nixdorf war mit seinem Fahrer und Vorschoter Jupp Pieper und in Begleitung seines Skatbruders Heinrich Jolmes eines Frühjahrs für ein paar Tage zu einer Starbootregatta nach Garda an die Nordspitze des Gardasees gefahren. Heinrich konnte hier die ersten warmen Sonnenstrahlen genießen, während die beiden anderen beim Segeln um die vordersten Plätze kämpften.

Am Morgen der Rückreise, beim Frühstück, meldet der Verkehrsfunk Stau vor dem Brenner infolge einer Schneelawine. Jupp als Fahrer des Volvo-Combi mit dem Boot auf dem Hänger schlägt vor, zunächst nach Süden zu fahren, um dann östlich oder westlich einen freien Pass zu nehmen. Heinz Nixdorf, der Chef, erklärte und Heinrich, der Metzgermeister, pflichtete sogleich bei: *„Wir sind nicht verrückt, wir wollen nach Norden und fahren nicht erst nach Süden!"* Also mußte Jupp mit Wut im Bauch gen Brenner chauffieren und dann hingen die Drei im Stau. Sie standen und standen. Der Fahrer kochte innerlich, wagte nicht, sich zu äußern. Da bemerkt Heinrich: *„Wie schade, daß Jupp kein Skat spielt!"* Der kannte die Leidenschaft der beiden, insbesondere seines Chefs, zur Genüge und es platzte aus ihm hinaus: *„Diesen Scheiß fang ich nicht auch noch an!"*

Die legendäre Skatrunde

Die Skatrunde des hoch angesehenen „Computerpioniers" hatte 1959 begonnen, gleich nachdem er sein Labor in seine Heimatstadt Paderborn in eine ehemalige Schreinerei an der Kasseler Mauer/Ecke Kasseler Straße verlegt hatte. Nun traf er sich mit zwei alten Freunden aus Schulzeiten wöchentlich am Donnerstagabend abwechselnd in den Wohnungen zum Spielen: Mit Heinz Jolmes, den Nixdorfs Heinz von der Volksschule her kannte und der inzwischen als Metzgermeister den elterlichen Betrieb mit dem Laden an der Ecke Königstraße/Kuhgasse führte. Nicht weit davon, An der Warmen Pader 7, hatten die Nixdorfs eine Zeitlang gewohnt. Um bei Nennung des Namens Heinz nicht fragen oder überlegen zu müssen, welcher von den beiden Heinz gemeint ist, bestand der Nixdorf darauf, daß der Jolmes stets Heinrich genannt und so angeredet wurde. Die Freundschaft mit dem anderen in der Dreierrunde, mit dem Lehrer Paul Seiffert (nicht Seyfart, wie Kemper schreibt, S. 17 ff.), rührte aus der gemeinsamen Zeit nach Abschluß der achtjährigen Volksschule. Die beiden aus Paderborn stammenden Jungen besuchten als

Stipendiaten gemeinsam einen Internatskurs in Vallendar, der nach Boppard und schließlich nach Alfeld verlegt worden war. Heinz Nixdorf hatte den vierjährigen Kurs vorzeitig ohne Abschluß nach drei Jahren verlassen, doch blieb er mit Paul verbunden. Beide machten nach der gemeinsamen Alfelder Zeit z. B. noch zusammen den dritten Segelflugschein.

Da bei drei Spielern, wenn einer fehlte, der Skat ausfiel, kam nach einigen Jahren, zwischen 1965 und 1968, als vierter in der Runde noch Ludwig Fletcher hinzu, in Delbrück Sonderschulrektor und in Paderborn Mitglied des Kreisrates und viele Jahre Vorsitzender dessen u. a. für Sport zuständigen Ausschusses. Ludwig Fetcher erzählte gern allenthalben von der Skatrunde, der zuliebe Heinz Nixdorf selbst wichtige Geschäftstermine vom Donnerstagabend ausklammerte oder gar die Hannoversche Messe unterbrach. Bei den vielen Mitarbeitern und in der Bevölkerung trug die Kenntnis von diesem Skatspielen dazu bei, in Heinz Nixdorf nicht nur einen hoch aufgestiegenen Unternehmer, sondern einen sympathischen Mitmenschen zu sehen, der auf dem Boden und alten Freunden treu blieb.

Heinz Nixdorfs rote Merkbücher

An einem der ersten Skatabende bei Heinrich Jolmes bat Heinz Nixdorf, wie üblich, um ein Stück Papier, um die Ergebnisse aufzuschreiben. Der Metzgermeister holte ein in rote Plastik gebundenes, d. h. abwaschbares „Merkbuch" hervor, dessen Blätter im Bund perforiert waren und also herausgerissen werden konnten. Heinz Nixdorf schätzte sofort das karierte Rechenpapier, das er stets für all seine handschriftlichen Zahlenwerke und auch für die Notizblöcke der Firma bevorzugte. Er riß aber kein Blatt für den Skatabend heraus, sondern nahm das ganze Buch, dessen Taschenformat ihm obendrein zweckdienlich erschien, für sich in Anspruch. Denn er ließ es sich nicht nehmen, stets selbst die „Buchführung" zu machen, beim Skat wie beim Doppelkopf, und hatte so die Ergebnisse immer genauestens in seinem Überblick.

Zu den Jahreswenden bekam der Metzgermeister von seiner Gewürzfirma jeweils ein rotes „Merkbuch" geschenkt mit einer Kalenderübersicht auf dem ersten Blatt. Alle weiteren Blätter sollten dazu dienen, zu notieren, festzuhalten oder festzulegen, wieviel und welche Gewürze oder Gewürzmischungen an die verschiedenen Wurst- oder Bratensorten gegeben waren oder gegeben werden sollten und ggfls. die Rezepturen herauszureißen und den Gehilfen als Anweisung zu geben.

Im Laufe von 25 Jahren hat Heinz Nixdorf sechs dieser Merkbücher, die er sich von seinem Skatbruder geben ließ, angelegt und sie auch als „Skatchronik" bezeichnet. Wenn nach einigen Monaten das geführte Merkbuch nicht zur Hand war, wurde ein neues begonnen, und wenn das ältere wieder zum Vorschein kam, wurden dessen noch leere Blätter zwischendurch genutzt. Die Bücher folgten daher nicht in strenger chronologischer Folge aufeinander, doch konnte Heinz

Nixdorf noch nach vielen Jahren oder Jahrzehnten die Ergebnisse jeden einzelnen Spiels und die jeden Skatabends und insbesondere die Pfennigbeträge, die dabei herauskamen, nachschlagen. Er konnte feststellen, an welchem Abend, in welchem Monat und Jahr – es war kurz vor Weihnachten – er beim letzten Spiel einen 16-fachen Ramsch verloren hatte (18.12.1984). So etwas war in seinem Skatleben ein historisches Ereignis und die „Skatchronik" in den Merkbüchern – die er nicht wegwarf, sondern sorgsam hütete – hatte ihre Funktion. Bei jedem Skatabend wurde eine neue rechte Seite begonnen. Am Kopf blieben die Abkürzungen stets gleich, je nach Sitzordnung „Hei" = Heinrich Jolmes, „Pau" = Paul Seiffert, „Lu" = Ludwig Fletcher und stets zuletzt „H.N." für den Aufschreiber.

Die Merkbücher dienten nicht ausschließlich für die bekannte Skatrunde, sondern auch bei den Doppelkopfspielen von Heinz und Renate Nixdorf, Rosemarie und Volker Werb, die in der Regel an einem Wochenendabend abwechselnd in den Wohnungen der Familien ausgetragen wurden. Diese gesellige Freizeitgestaltung gehörte zur privaten Sphäre und im Unterschied zu der berühmten Skatrunde verlautete davon kaum etwas nach außen.

Daß Heinz Nixdorf an Doppelkopf- und Skatabenden sein Merkbuch dabei hatte, war selbstverständlich. Doch als wir z. B. nach New York flogen, auch da holte er sein Merkbuch im Flugzeug aus der Jackentasche, und ein Doppelkopfblatt aus der Handtasche seiner Frau. Beim Datum „6.8.83" ist vermerkt „Lufthansa Pb-NY". Die Ergebnisse der Spiele sind festgehalten unter „Volk" = Volker, „Re" = Renate, „Ros" = Rosemarie und wie stets auch beim Skat unter „H.N." = Heinz Nixdorf. Nach 20 Spielen wurden die Verluste und Gewinne: + 1,20; -1,60; + 1,20 und -,80 DM im Flug sogleich gezahlt bzw. kassiert.

Gelegentlich wurden die roten Merkbücher auch genutzt, wenn zufällig beim Besuch von Freunden oder mit Kindern Karten gespielt wurden oder wenn einem Kleinkind, der Enkelin, ein Merkbuch in die Hände fiel und sie mit Kritzeleien den Großvater nachahmte.

Segelsport mit Skateinlagen

Für seine Leidenschaft des Skatspielens fand Heinz Nixdorf beim Segelsport verhältnismäßig viel Zeit und einige seiner Segelfreunde waren ebenfalls Skatspieler, allerdings nicht ganz so passionierte. Wenn die Firmenmaschine zu den Trainingsregatten nach Mallorca abhob und ebenso beim Rückflug begannen Heinz Nixdorf und zwei oder drei seiner Freunde mit den Skatspielen bevor die Maschine abhob. Da nicht alle Segler Kartenspielen wollten, waren für die Spieler Plätze reserviert – zwei und zwei gegenüber mit kleinem Tisch in der Mitte, und Heinz Nixdorf hatte seinen Stammsitz.

An den Regattatagen gab es abends viel Zeit zum Skatspielen und auch dann, wenn das Wetter wegen Flaute oder Sturm keine Wettbewerbe zuließ. Heinz

Fortsetzung S. 50

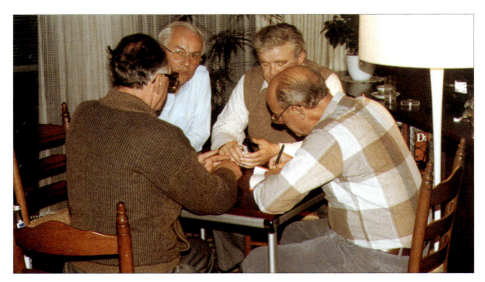

Heinz Nixdorfs Skatrunde, die er mit großer Treue und außergewöhnlicher Beständigkeit 25 Jahre pflegte. Von links, von hinten Lehrer Paul Seiffert, Sonderschulrektor Ludwig Fletcher, Metzgermeister Heinrich Jolmes und im karierten Hemd Heinz Nixdorf. Die Skatrunde spielte nie in Gaststätten, sondern in privater Atmosphäre abwechselnd in den Wohnungen. Freizeitkluft war obligatorisch zur Abgrenzung von Spiel und Arbeit. Heinz Nixdorf übernahm stets die Buchführung in einem seiner roten Merkbücher. (Der Tisch hier mit demselben Aluprofilrohr für Zargen und Beine stammte aus der Nixdorf-Produktion.)

Skatspielen – eine Leidenschaft 43

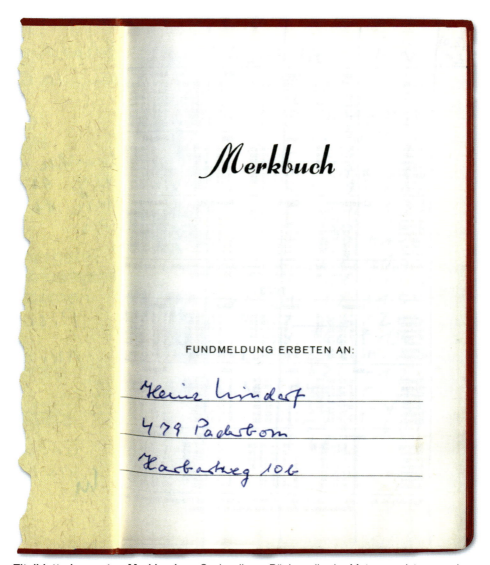

Titelblatt eines roten Merkbuches. Sechs dieser Bücher, die der Metzgermeister von dem Gewürzwerk Hermann Laue, Hamburg, als Werbegeschenke erhielt, hat Heinz Nixdorf in erster Linie als „Skatchronik" seiner Skatrunde geführt, aber auch für familiäre Doppelkopfabende genutzt.

Links: **Spielkarten mit dem Logo der Nixdorf Computer AG.** Bei den kleinen Werbegeschenken der Firma – Schweizer Taschenmessern, Flüssigkristall-Thermometern, Benzinfeuerzeugen etc. – durften Spielkarten für Skat und Doppelkopf nicht fehlen. Hier vom üblichen französischen Blatt die Könige. Von links: Kaiser Konstantin mit Schild und Zepter, das vom Kreuz gekrönt ist („In diesem Zeichen wirst du siegen!"), König David mit der Harfe, Karl d. Gr. mit dem Reichsapfel, dem Reichsschwert und einem Brustkreuz, und Caesar, mit dem grünen Lorbeerkranz des siegreichen Feldherrn an der Krone und dem Schwertknauf in der Rechten.

Skatspielen – eine Leidenschaft

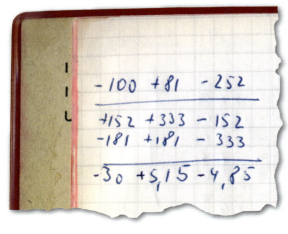

Skatspielen in der Dreierrunde, die sich seit 1959 regelmäßig am Donnerstagabend traf. Hier die Spiele der Freunde aus Schulzeiten am 5.11.1964: Pau (Paul Seiffert), Hei (Heinrich Jolmes) und H.N.

Bild oben die rechte Seite im Merkbuch, links die Abrechnung auf gegenüberliegender linker Seite. H.N. verlor 4,85 DM. Erst nach einigen Jahren kam ein vierter Mann, Ludwig Fletcher, hinzu, damit der Abend nicht ausfiel, wenn einer fehlte.

Hei	Lu	Pau	H.N.	30.10.72
+ 27	+100	− 64	± 80	
− 42	±144	−129	− 28	
+ 78	− 8	−513	± 92	
+238	− 71	−657	+212	
+358	− 5		+100	
+398	−173		+580	
+478	−241		+404	
+558	−121		+341	
+798	−305		+193	
	−397		+335	
	−482		−175	
	−688		−257	
	−694		−332	
			− 92	
			−152	
			−392	
+ 80	− 64	− 66	− 39	
+146	+ 2	0	+ 27	
+144	−144	−146	−119	
+1,19	− 25	− 2	+ 25	
		− 2,1		
+4,09	−1,67	−1,75	,67	
+4,10	−1,70	−1,80	− ,60	

Heinz Nixdorfs Skat-Buchführung. In den rot gebundenen Merkbüchern ist jeder Skatabend dokumentiert, hier der am 30.10.72. Am Kopf stets die gleichen Abkürzungen: „Hei" = Heinrich Jolmes, „Lu" = Ludwig Fletcher, „Pau" = Paul Seiffert und „H.N.". An diesem Abend hatte allein Heinrich gewonnen. Gespielt wurde stets nur um Zehntel-Pfennige. Zum Schluß, beim Bezahlen, wurde auf Groschen gerundet. Das karierte Rechenpapier erleichterte dem Buchhalter H.N. die Ordnung des Zahlenwerks.

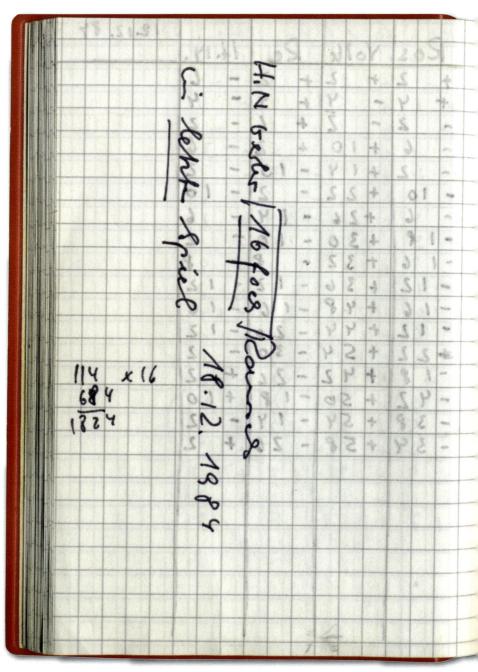

Ein historisches Ereignis im Skatleben des H.N. Da die Schrift von Kuli- oder Tintenschreiber bei dem dünnen Papier durchschlug, nutzte Heinz Nixdorf für seine Buchführung in der Regel nur die rechte Seite. Die linke wurde nur ausnahmsweise genutzt.

Pau	Lu	H.N.	Lu
+ 48	+ 48	+ 240	- 1436
+ 168	+ 92	+ 320	- 1504
+ 240	+ 172	+ 200	- 1654
+ 384	76	+ 254	- 1782
+ 584	+ 142	+ 290	- 1894
+ 176	+ 186	+ 362	
- 152	+ 258	+ 442	
- 304	+ 458	+ 682	
- 452	+ 494	+ 922	Pa
- 527	+ 586	+ 843	2872
- 584	+ 634	+ 769	
- 656	+ 558	+ 697	Lu.N
- 1036	+ 370	+ 632	1824
- 1214	+ 182	+ 236	746
- 1324	- 26	+ 476	2570
- 1438	- 350	+ 250	
- 1624	- 502	44	-28 -19 -26
- 1814	- 580	- 108	-9 0 -7
- 2178	- 644	+ 132	-2 +16 +2
- 2386	- 732	+ 76	-11 -5
- 2522	- 874	- 92	
- 2664	- 923	- 232	-2,19 450
- 2792	- 1000	- 338	+369
|||||	||||| |||||	- 746	

Verlauf des Spielabends am 18.12.1984. Heinrich Jolmes war an diesem Abend ausgefallen, sodaß in Dreierrunde gespielt wurde.

(Vergrößerte Abbildung der Merkbuchseiten im Verhältnis 125 : 100)

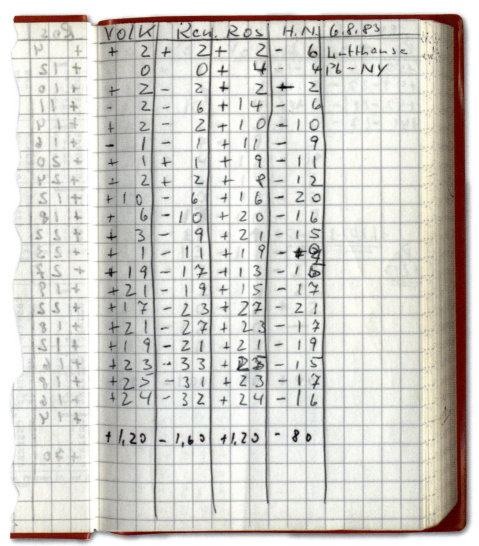

Doppelkopf auch im Flugzeug. Selbst bei einer USA-Reise hatte Heinz Nixdorf sein rotes Merkbuch dabei. Rechts oben ist notiert: „6.8.83", „Lufthansa Pb-NY". Hier sind die Ergebnisse von 20 Spielen festgehalten. Dabei verloren Heinz Nixdorf 0,80 DM und seine Frau Renate 1,60 DM. Die Werbs gewannen je 1,20 DM. Gezahlt wurde wie stets sofort.

Skatspielen – eine Leidenschaft 49

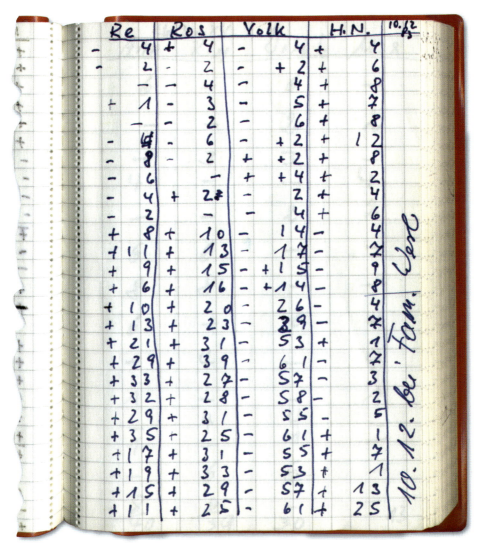

Dokumentation eines familiären Doppelkopfabends. Es wurde abwechselnd in häuslicher Atmosphäre in der Eßküche bzw. in der Eßecke gespielt. Nur ausnahmsweise hat Heinz Nixdorf notiert, bei wem. Hier „10.12. bei Fam. Werb".

Nixdorf guckte sich schnell zwei oder drei Mitspieler aus, die sich an einem Tisch zusammenhockten. Weitere Spieler fanden sich an den Nachbartischen ein, andere Segler schwatzten lediglich und tranken eine Runde nach der anderen.

Seit Ende der 1970er Jahre lud Heinz Nixdorf jeweils so um Nikolaus eine Gruppe befreundeter Starbootsegler, die mit ihm an internationalen Regatten teilnahmen, für ein verlängertes Wochenende nach Paderborn ein. Über die Wettkämpfe des vergangenen und die des nächsten Jahres wurde gesprochen. Sodann gehörten Konditions-Trainingseinheiten mit dem ehemaligen Zehnkampf-Weltrekordler Kurt Bendlin sowie Skatabende zum Programm. Hierzu lud Heinz Nixdorf auch seine Skatbrüder ein und zog gelegentlich den besten Skatspieler unter seinen Mitarbeitern, Werner H. Köpping, hinzu. Skat sollte an Regattatagen die sinnvollste Freizeitbeschäftigung möglichst für alle Segler werden.

Als es um einen neuen Sporthafen an der Ostsee ging, den Heinz Nixdorf mit erheblichen Mitteln sponsern wollte, wurde nicht nur über Einrichtungen für die Boote, Unterkünfte und Gastronomie nachgedacht. Der Sponsor wollte auch einen Raum für das Skatspielen haben. Er war überzeugt, junge Segler würden nicht die Gewohnheit allzuvielen Schnapstrinkens annehmen, wenn sie beim Skatspielen einen hellen Kopf behalten wollten.

Über die Dörfer zum Doppelkopf

Die Ehepaare Nixdorf und Werb hatten bei einer gemeinsamen Reise im neu eröffneten vornehmen Hotel Maritim in Würzburg eingecheckt und zu Abend gegessen. Heinz Nixdorf holt sein rotes Merkbuch hervor, und die Doppelkopfkarten kamen auf den Tisch. Kaum waren die Karten gemischt und verteilt, trat der Chef des Saales, oder war es ein Ober, an den Tisch: *„Bei uns ist Kartenspielen nicht gestattet!"* Hausrecht. Heinz Nixdorf wollte seinen Wunsch, ein paar Runden zu spielen, nicht aufgeben und so schlug ich vor, zum Zehntkeller nach Iphofen zu fahren, den die anderen drei nicht kannten. Das Lokal war infolge seines historischen Ambientes und guter Weine bei Professoren der mainfränkischen Uni, bei Tagungsteilnehmern, Studentenverbindungen, Hochzeiten und anderen Familienfesten sehr beliebt. In dem 1436 erstmals erwähnten Gebäude liegen Weinkeller bis zu drei Stockwerken unter der Erde. An der Tür des historischen Ambientes trifft uns das Schild „Ruhetag". Heinz Nixdorf beharrte: *„Wir wollen unseren Doppelkopf spielen!"* Nach einer Irrfahrt über die Gäudörfer landeten wir in einem sehr, sehr einfachen Lokal in Marktbreit a. M. Die flackernden Spielautomaten im Eingangsbereich signalisierten, daß hier niemand etwas gegen Kartenspielen hat und dabei konnten wir einen eben so guten wie preiswerten Frankenwein trinken. Immerhin kamen dank des Beharrungsvermögens von Heinz Nixdorf ein paar Runden Doppelkopf zustande. Wir mußten zurück in das sehr vornehme Hotel mit seinen guten Betten, um am nächsten Morgen frisch im Vogel-Verlag aufzuwarten, dessen Zeitschrift „Management Wissen" einen Beitrag über die Nachfolgefrage des bekannten, nun aber in die Jahre kommenden Unternehmers vorbereitete (1985, Heft 10).

Skatspielen und wirtschaftliches Handeln

Wie passen in einem Charakterbild leidenschaftliches Skatspielen und die Bürde der Unternehmensführung zusammen? Für Heinz Nixdorf wurde beides äußerlich betont getrennt. Skatspielen war Erholung nach angestrengter Arbeit. Er legte Wert darauf, aus dem Business-Dress herauszukommen. Freizeithemd und –hose, evtl. auch Pullover oder andere Schuhe waren für ihn obligatorisch bei den Abenden in seiner Skatrunde wie auch beim Doppelkopf. Bei aller Abgrenzung von Freizeit und Arbeit, die Zusammenhänge zwischen Skatspieler und Unternehmer bewegten sich im geistigen, im mentalen Bereich.

Der holländische Kulturhistoriker Johan Huizinga hatte den „Homo sapiens" in seinem bekannten und vielfach neu aufgelegtem Buch „Homo ludens" als spielenden Menschen neu interpretiert (1938). Schon 1928 war von J. von Neumann der Zusammenhang zwischen Spielen und wirtschaftlichem Handeln entdeckt worden. 1944 erschien das Standardwerk „Theorie of games and economic behavior" (von J. von Neumann und O. Morgenstern). Da so der Begriff „Spieltheorie" von der Volkswirtschaftslehre in Anspruch genommen war, rangierte alles, was die Gelehrten verschiedener philosophischer Disziplinen über das Spiel erforschten, unter „Spielbetrachtung". Das war ein weites Feld: Das Spiel höher entwickelter Lebewesen, bei Mensch und Tier, bei Kindern und Erwachsenen. Schauspiel, Schachspiel, Skatspiel, Glücksspiele, Puppen- oder Indianerspielen, Spielfilm, Fußball- und Tennisspielen, Spielfilme etc., etc.

Zwischen Spiel und dem für das Leben notwendige Handeln wurden vielfältige Beziehungen festgestellt. Für das Spiel sind die „Als-ob-Situation" gegenüber den anderen, notwendigen Tätigkeiten und ein davon abgetrennter Bereich konstituierend.

Glückspiele, wie Zahlenlotto oder Fußball-Toto oder gar Roulett übten auf Heinz Nixdorf nur sehr geringen Reiz aus. Als Mathematiker war ihm Zufallsrechnen kein Fremdwort, und er äußerte, daß die Roulett-Kugel das Dümmste sei, was er kenne, denn die habe überhaupt kein Gedächtnis.

Beim Skat und Doppelkopf dagegen spielen Glück und Pech zwar eine gewichtige Rolle, doch, ist das Blatt gut oder schlecht, die eigene Leistung trägt zum Ergebnis bei, und Heinz Nixdorf liebte den Wettstreit, der sich mit exakten Ergebnissen austragen ließ, mit Gewinnen und Verlieren in Mark und Pfennig. Voraussetzung war Chancengleichheit. Ohne sie war es kein rechter Wettbewerb. Stellte sich nach Mischen, Geben und Aufnehmen der Karten heraus, daß einer der Spieler anscheinend ein überlegenes Blatt auf der Hand hat, bot Heinz Nixdorf schnellstens an „geschenkt!", und er warf die Karten hin.

Ohne Risiko hatte das Spiel keinen Reiz und erfolgreiches, wirtschaftliches Handeln war ohne Risiko nicht denkbar. Beim Skat konnte man wie beim Management nicht nur gewinnen, sondern auch erfahren, Verluste in Kauf zu nehmen. Taktieren gegenüber den anderen, im Berufsleben gegebenenfalls bei Verhandlungen sich bedeckt zu halten, den Gegenüber und erst recht nicht den Konkurrenten in die eigenen Karten schauen zu lassen. Seine Trümpfe erst im rechten Moment einsetzen u.s.w..

Für den Zahlenmenschen Heinz Nixdorf war Skat auch mit Zahlen und Zählen verbunden, nicht nur bei der „Buchführung", die er stets für sich beanspruchte. Er hatte im laufenden Spiel die Zahlen nicht nur der eigenen Augen, sondern auch die der beiden anderen Mitspieler im Kopf, ob er nun Alleinspieler war oder ob er gegen diesen mit dem anderen Gegenspieler den vermutlich Stärkeren besiegen wollte.

Gegenüber dem geselligeren Doppelkopf ging es beim Skatspielen strenger, härter und kämpferischer zu. Der vermeintlich Stärkere spielt gegen zwei vermutlich Schwächere, die jedoch auch ihre Chancen suchen, zu gewinnen, und Risiko eingehen. In der Nixdorf-Skatrunde war die amtliche Spielordnung des deutschen Skatverbandes allenfalls Grundrezept. Unabhängig davon wurden nach „Biertischregeln" alle möglichen Variationen als alternative und zusätzliche Herausforderungen gesucht: Contra, Re, Ramsch, Schieberamsch, Revolution, Bockrunden sowie das Schenken.

Für Heinz Nixdorf war Skatspielen Erholung und Training. Während ein Lehrer, wie Paul Seiffert, oder ein Metzger, wie Heinrich Jolmes, wenig Möglichkeiten hatten, aus dem Spiel Konsequenzen für wirtschaftliches Handeln einzuüben, war Heinz Nixdorf fähig, bei allem Tun mehr zu lernen als die anderen.

Heinz Nixdorfs Skatspielen im Lichte der Spieltheorie

Bei vielen Geschäftsbesprechungen und Verhandlungen erzählte der Unternehmenschef in den Pausen beiläufig, entweder strahlend, daß er beim letzten Skatabend z. B. 1,70 DM gewonnen oder etwas betrübt, daß er z. B. vierzehn Tage zuvor 4,35 DM verloren hatte. Da es bei den Besprechungen und Verhandlungen oft um Entscheidungen über Werte von Hunderttausenden oder gar Millionen bei einem Eigenkapital von letzthin über zwei Milliarden ging, lächelten die Gesprächspartner höflich, wenn der hochgeschätzte Unternehmer so engagiert über die Pfennigbeträge seiner Verluste und Gewinne beim Skat berichtete. Einige hielten das für eine Marotte, andere wähnten, Heinz Nixdorf sei von einem anderen Stern. Die Zahlen der kleinen Beträge waren ihm genau so wichtig und geläufig wie die von großen Summen – wie ihm ebenso die kleinen Leute genau so wichtig waren wie die Großen und wie in Computern millimetergenau bemessen und andererseits in großen Stückzahlen gedacht wurde. Erstaunlich einfach konnte der mathematisch begabte Computerpionier mit den simplen Grundrechenarten sehr weit kommen: Ein Ei und ein Ei sind zwei Eier, eine Milliarde und eine Milliarde sind ebenfalls zwei. Daß Heinz Nixdorf beim Skat spielerisch stets Erfahrungen machte, Strategien und Taktiken einübte, merkten seine Geschäftspartner kaum. Selten spielte er bei Verhandlungen seine Trümpfe zuerst aus. In der Regel ließ er erst einmal die anderen kommen und zog im rechten Augenblick die Trümpfe, die das Ergebnis der Verhandlungen in seinem Sinne entschieden. Wenn er als Chef dadurch langes Palavern vermeiden konnte, spielte er sofort seine Trümpfe aus.

Beim Skat trainierte Heinz Nixdorf auch stets seine Bereitschaft zu schnellen Entscheidungen. Bei jedem Spiel, bei stets neu gemischtem und verändertem Blatt in den eigenen und den Händen der anderen Mitspieler, sind Entscheidungen zu treffen beim Reizen, beim Einschätzen von Stärken und Schwächen der anderen, beim Aufnehmen oder Liegenlassen des Skats. Welche Karte spiele ich aus, welche halte ich zurück, mit welcher bediene oder trumpfe ich? Schnelle Entscheidungen sind gefragt, kein langes Überlegen: Karte oder ein Stück Holz! Entscheidungen zu treffen, Risiken einzugehen, gehörte zu den täglichen Herausforderungen, die Heinz Nixdorf im Unternehmen selbst an sich stellte. Der Unterschied zu vielen anderen Skatspielern war allerdings, daß er aus seiner Spielerfahrung für seinen Beruf mehr machte als andere. Seinen Grundsatz *„ich will meine Erfahrungen benutzen"* konnte er vom Spiel auf unternehmerisches Handeln übertragen. Erfahrungen, daß bei Aktivitäten auch Risiken einzugehen sind, die Verluste bewirken können, machte er liebend gern beim Skatspielen und sehr ungern im Unternehmen. Seine Risikobereitschaft konnte er beim Skatspielen austoben.

Vor nicht allzulanger Zeit machte bei einem Grand-Slam Tennisturnier in den USA ein großes Unternehmen auf einer Riesenfläche Reklame mit dem Slogan: „Buissiness is our game": Für das Thema „Theorie of games and economic behavior" gibt Heinz Nixdorf mit seinem Skatspielen und seinem Segelsport und deren Verhältnis zu seinem unternehmerischen Handeln ein herausragendes Beispiel, und dies eben in ein und derselben Person.

Die offenen „Nixdorf-Skat-Turniere"

Als passionierter Skatspieler in privater Atmosphäre und gleichbleibender beständiger Runde hatte Heinz Nixdorf eines Tages – es war um 1975 – davon gehört, daß ein größeres, offenes Skatturnier in der Paderborner Schützenhalle ausgetragen wurde. Er bat seine Skatbrüder und auch meine Frau und mich, mit ihm daran teilzunehmen, denn er wollte sich einmal einen Eindruck von solch einem Turnier verschaffen. Die Turnierteilnehmer freuten sich über den prominenten Gast, der eifrig mitdrosch und der, wie die anderen Skatspieler – ohne Krawatte und im Pullover erschien.

Einige Zeit später stand auf einem Ackerland links der Alme, das die Nixdorf

Das „1. Nixdorf-Skat-Turnier" in der Halle des Ahorn-Sportparks, 1985. Rechts am Bildrand, am Mikrophon, der Geschäftsführer des Sportparks, Willi Lenz, in der Mitte Heinz Nixdorf, hinter dessen rechter Schulter Werner H. Köpping, Gründungsmitglied und Vorsitzender des „Skat Club AHORN ASSE Paderborn". Der 1. Preis des Turniers war eine London-Reise.

Rechte Seite: **Brief des Vorstandes der AHORN-ASSE.** Der Briefkopf zeigt die vier Asse auf einem Ahornblatt. Anlaß des Schreibens an den Autor dieses Buches war das „4. Nixdorf-Skatturnier", 1986. Die internen Mitarbeiterturniere, die 1983 einsetzten, sind hier weitergezählt worden. Ein offenes Turnier wurde im Todesjahr 1986 nicht ausgetragen.

Heinz Nixdorf begrüßt die Damen und Herren, die sich zum offenen „1. Nixdorf-Skat-Turnier" zahlreich in der Sporthalle eingefunden haben. Wie üblich hatte er darauf geachtet, daß Leistungen gut belohnt werden. Während Willi Lenz als Geschäftsführer korrekt mit Krawatte und Jacket auftritt, gesellt sich der Unternehmenschef in Freizeitkluft zu den Teilnehmern.

Skat-Club "AHORN-ASSE" Paderborn

Skat-Club `Ahorn-Asse´·4790 Paderborn · E.-Rommel-Str. 7

Herrn
Dr. V. Werb
Schöningh Verlag
Jühenplatz 1

4790 Paderborn

Paderborn, 14.10.1986

Sehr geehrter Herr Dr. Werb,

das 4. Nixdorf-Skatturnier am 10.10.1986 war nicht zuletzt Dank Ihrer großzügigen Spende ein voller Erfolg.

Mehr als 150 Teilnehmer stritten im 4 1/2-stündigen fairen Kampf um Pokale und Preise.

Der Skat-Club Ahorn-Asse, als Ausrichter und Organisator, möchte Ihnen und Ihrem Hause nochmals seinen herzlichen Dank, besonders jedoch Ihnen für Ihr Engagement, aussprechen.

Wir würden uns freuen, wenn wir auch in Zukunft bei unseren Bemühungen in Sachen Freizeit und Sport mit Ihrer Unterstützung rechnen könnten.

Mit freundlichen Grüßen
Skat-Club Ahorn-Asse Paderborn

W.H. Köpping   F. Müller

Vorstand
Vorsitzender	Werner H. Köpping	4790 Paderborn	E.-Rommel-Str. 7	05251/ 4606
Stellvertreter	Jürgen Bewernitz	4790 Paderborn	Am Richterbusch 13	05254/68058
Kassenwart	Wolfgang Schmack	4795 Delbrück	von Stein Str. 11	05250/ 1447
Sportl.Leiter	Franz-J.Rosenblatt	4790 Paderborn	Fürstenallee	05251/152554
Schriftführer	Frank Müller	4790 Paderborn	Lange Trift 2	05293/ 1348

Bankverbindung
Volksbank Paderborn e.V.
Konto 870 5800 100
(BLZ) 472 601 21

Computer AG als Tauschfläche für die Erweiterung ihres Terrains rechts des kleinen Flusses gekauft hatte, ein Bauerngehöft leer und Heinz Nixdorf bot seinen Mitarbeitern an, die Räume für Freizeitaktivitäten zu nutzen. Einige Mitarbeiter fanden sich hier zum Skatspielen und zu Turnieren im Kollegenkreis ein. Es hatte sich eine Art Betriebssportgemeinschaft gebildet, wie z. B. auch für Squash-, Tennis-, Fußball-, Schach-, Tischtennis-, Ski-Slalom oder Triathlon-Turniere.

Heinz Nixdorf beteiligte sich sogleich an den Skatturnieren. Beim ersten und beim zweiten belegte einer seiner leitenden Mitarbeiter, Werner H. Köpping, jedesmal überlegen den ersten Platz. Das Gehöft verkaufte der Unternehmer dem Leiter der „Sport- und Ausbildungsförderung", dem ehemaligen Weltrekordler Kurt Bendlin, der sich dort eine rustikale Heimstätte schuf.

Nachdem die neue Halle im Ahornsportpark von einer Reihe von Sportarten in Nutzung genommen war, regte Heinz Nixdorf Werner H. Köpping und dessen Skatfreunde dazu an, einen Club zu gründen und Turniere in der Ahorn-Sporthalle auszutragen. So wurde der „Skat Club AHORN-ASSE Paderborn" ins Leben gerufen und einmal jährlich sollte er ein größeres, nicht nur auf Nixdorfmitarbeiter beschränktes, offenes Turnier organisieren. Bei dem „1. Nixdorf-Skat-Turnier" 1985 war sogleich auch Heinz Nixdorf als einer der vielen Teilnehmer dabei und er war über Zuspruch und Gelingen dieses ersten Turniers hocherfreut. Als Heinz Nixdorf unerwartet 1986 verstarb, fiel das große Turnier aus.

Nach dem Tod des sportbegeisterten Unternehmers mit der Skatleidenschaft mußte der Vorsitzende der AHORN-ASSE leider feststellen: *„Skat wird ungerechterweise nicht als Sport anerkannt."* Mit zunehmendem Betrieb anerkannter Sportarten in der Ahorn-Sporthalle war dort für die Nixdorf-Skat-Turniere keine Bleibe mehr. Die große Teilnehmerzahl erforderte einen besonderen Aufwand bei Bestuhlung, Tischen etc. und viele Spielerinnen und Spieler rauchten ständig, was bei der Holzkonstruktion der Ahorn-Sporthalle als Brandgefahr gesehen wurde.

Das Skatturnier wurde 1987 erneut veranstaltet und in der Paderborner Schützenhalle als „1. Heinz Nixdorf-Gedächtnis-Turnier" ausgetragen. Hierfür wurde ein silberner Nixdorf-Pokal als Wanderpokal gestiftet, ein gleicher wie er von Heinz Nixdorf selbst 1975 für ein Tennisturnier gestaltet worden war. Für die weiteren Turniere waren erneute Ortswechsel nötig. Sie wurden auch in der Schützenhalle in Marienloh oder in der Mehrzweckhalle des inzwischen eingemeindeten Dorfes Dahl fortgesetzt, die etliche Jahre zuvor für den Azubi-Sport der Nixdorf Computer AG angemietet worden war. Die Turniere wurden weitergezählt als „Heinz-Nixdorf-Gedächtnis-Pokalturniere". Der Wechsel der Austragungsstätte bedeutete für die Auswärtigen umständliche Sucherei. Aus ganz Deutschland trafen Teilnehmer ein.

Rechte Seite und deren Rückseite: **Einladung zu einem „Heinz Nixdorf-Gedächtnis-Turnier".** Hier die Ausschreibung für das letzte, offene Turnier 2002 in Dahl. Vorder- und Rückseite. Intern trägt der „Skat-Club AHORN ASSE Paderborn" weiterhin Vereinsturniere aus. Die Namen der Sieger der sechzehn offenen Turniere von 1987 bis 2002 sind im Wanderpokal eingraviert.

  **Paderborn**

Heinz Nixdorf Gedächtnis Turnier

zu diesem Turnier laden wir alle Skatspieler und -spielerinnen
recht herzlich ein

am:	**27. April 2002**
in:	**Paderborn**, Ortsteil Dahl, Schützenhalle
Einlaß:	**8.00 Uhr**
Spielbeginn:	**9.00 Uhr**

Startgeld: 15 Euro, inklusive 2 Getränke nach Wahl und 1 Tombola-Los
Fehlgeld pro Serie: 1. - 3. verlorenes Spiel jeweils 0,50 Euro,
ab dem 4. verlorenem Spiel jeweils 1,- Euro
Gespielt werden 3 Serien à 48 Spiele nach den DSKV-Regeln

Heinz Nixdorf Gedächtnis Turnier:

1. Preis: 750,- € + Pokal
2. Preis: 350,- € + Pokal
3. Preis: 200,- € + Pokal

sowie viele Qualitäts - Sachpreise
für die bestplatzierte Dame zusätzlich
Sonderpreis + Pokal

Tombola mit Superpreisen:
1. Preis: 1 Farbfernseher

Anmeldung: bis **19. April 2002** durch
Überweisung der Startgebühr von 15,- € pro Spieler auf das Konto
Ahorn Asse 870 5800 100 Volksbank Paderborn (BLZ 472 601 21)
<u>Jede bezahlte Voranmeldung erhält zusätzlich 1 Tombola-Los</u>
Nichtraucher bitte NR angeben (Startkarten werden nach Eingang der Meldungen vergeben)
Eventuell noch verfügbare Startkarten bis **8.30 Uhr** an der Tageskasse

Info: F. Müller Tel. 05293-1348 (nach 19.00 Uhr)
Veranstalter: Ahorn Asse Paderborn

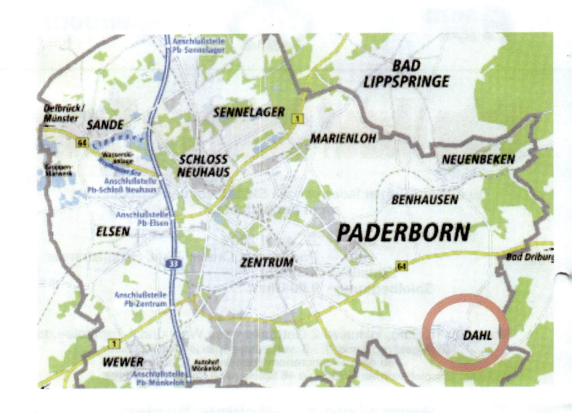
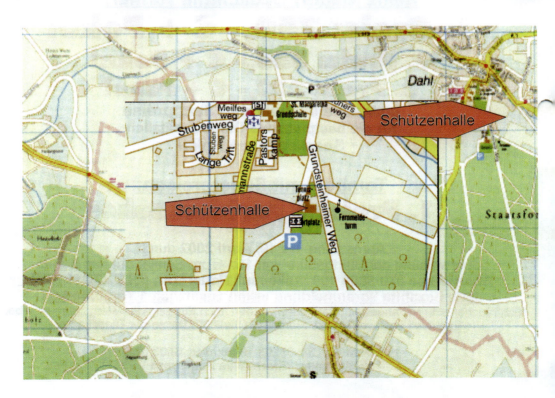

1990, beim 4. Turnier wurden 458 Teilnehmer gezählt. Beim 6. Turnier 1992 waren es z. B. 346 und bei der 9. Austragung kamen 370 passionierte Spieler und Spielerinnen zusammen. Neben der Lust und dem Spaß am Spiel und am Wettbewerb gab es jeweils Pokale und Preisgelder, was insbesondere den von weither Angereisten wegen der Fahrtkosten Anreiz bot, zu reizen, zu trumpfen und möglichst zu gewinnen.

Im Jahre 2002 wurde ein offenes Skatturnier als Gedächtnis-Turnier ein sechzehntes Mal, zum letzten Mal, ausgetragen. Seitdem wandert der Gedächtnis-Pokal nicht mehr. Die Trophäe ruht.

Skat – eine Sportart?

Der Autor dieses Buches hat überlegt, ob er das Kapitel „Skat" in den Teil 2 bei dem „Ausgewählten Sportarten" eingliedern sollte. Es handelt sich um Spielen, wie beim Tennisspielen oder Fußballspielen um einen leistungsorientierten Wettbewerb, und Turniere werden in Ligen ausgetragen. Da Heinz Nixdorf sein Skatspielen in erster Linie als erholsame und belebende Freizeitbeschäftigung betrieb, ist Skat unter allgemeinen Aspekten in den Einleitungskapiteln als eine charakteristische Leidenschaft in seinem Leben thematisiert worden. Die Streitfrage, ob Skat eine Sportart ist oder nicht, hat Heinz Nixdorf überhaupt nicht bewegt. Für ihn hatte das Skatspielen seinen eigenen Wert.

Quellen/Literatur

Eigene Erinnerungen. Informationen von Werner H. Köpping, Willi Lenz und Renate Nixdorf.

Deutscher Skatverband e.V. (Hg.): Skatordnung. (Wiederholt in neuester Fassung). Ders.: Skatwettspielordnung. DSkV in 04600 Altenburg (Thür).

Huizinga, Johan: Homo ludens. Vom Ursprung der Kultur im Spiel. 1938. – 116.-118. Tsd., 1991.

Lehnhof, Karl: Skat – Regeln und Tips. München, 3. Aufl. 1984.

Neumann, J. von/Morgenstern, O.: Theory of games and economic behavior. 1944. 60. (!) Auflage Princeton, N. J., u. a. 2004. – Spiel und wirtschaftliches Verhalten. (Aus dem Amerikan.) 3. Aufl. 1973.

Linke Seite:
Rückseite der Einladung. Vorderseite siehe vorangehende Buchseite.

Das Werbemaskottchen „Trimmy" des DSB, um 1980.

Sport für Gesundheit,
Fitness für Leistungsbereitschaft

Begriffe und erlebter Wertewandel

Als Heinz Nixdorf in jungen Jahren, vor seiner Militärzeit, Sport trieb, etwa seit dem 10. Lebensjahr, seit 1935, wurde dieser zunehmend von der „Staatsjugend", d. h. von der Hitlerjugend mit ihren Untergliederungen, vereinnahmt und organisiert. Infolgedessen wurde die Jugendarbeit der Sportvereine mehr und mehr unterdrückt. Leibesübungen wurden „ein Kernstück der Volkserziehung" und so zur „politischen Leibeserziehung". Wie der Sport in der HJ sollte auch das Schulfach „Leibesübungen" der Erziehung zum deutschen, nationalsozialistischen Menschen dienen, und jeder Jugendliche, der Sport trieb, konnte die von Hitler laut propagierten idealen Eigenschaften zitieren: „Zäh wie Leder, flink wie die Windhunde, und hart wie Kruppstahl!" Sodann wurde beim Sport „Wehrertüchtigung" das vorrangige Ziel.

Nach dem Zusammenbruch des 3. Deutschen Reiches, 1945, wurde Sport in der BR-Deutschland, wie allgemein in der Welt, zunehmend ein autonomer Lebensbereich. Sport fand unter dem breiten Aspekt Gesundheit seinen Sinn mit den althergebrachten lateinischen Worten: „Mens sana in corpore sano." „Gesunder Geist in gesundem Körper." Das Schulfach hieß, als Heinz Nixdorf Abitur machte, zunächst noch „Leibesübungen", erst später „Sport".

Der deutsche Sprachschatz wurde in den 1960er Jahren u. a. auch durch das anglikanische Wort Fitness angereichert. Seit Anfang der 1960er Jahre breitete sich die „Fitness-Bewegung" aus. Die Begriffe Fitness und Gesundheit sind nicht deckungsgleich. Über dies Thema hat sich Heinz Nixdorf mit mir mehrfach unterhalten, weil wir beide etwas damit zu tun hatten. Er wußte, daß ich einen Diabetes I hatte, unter medizinischen Gesichtspunkten nicht gesund, sondern ein chronisch Kranker war. Das schloß Fitness nicht aus. Heinz Nixdorf hatte einen Herzinfarkt bekommen, der nicht mit einem gesunden Herz ausgeht. Beide spielten wir oft Tennis und bei gemeinsamen Skiurlauben machte ich Ski-Marathonläufe mit.

An der Fitness-Bewegung hat sich Heinz Nixdorf persönlich intensiv beteiligt und sie durch seine Sportförderung breit unterstützt. Sport sollte zur Gesundheit und zur Fitness beitragen, wobei Fitness in umfassenderem Sinne Leistungsbereitschaft in allen Lebensbereichen, insbesondere auch im Beruf beinhaltet. Sport bezeichnet eher eine Betätigung, Fitness einen Zustand mit dem Vermögen, leistungsfähig und belastbar zu sein. Leistungsorientierung war ein Element, ohne das Heinz Nixdorf nicht auskommen konnte.

Er predigte nicht nur anderen, etwas für ihre Fitness zu tun. Die breit angelegte „Trimm-Dich-Aktion" des Deutschen Sportbundes, bei der Anzeigenwerbung mit dem Maskottchen „Trimmy" gemacht wurde, sollte der zunehmenden sitzenden

Fortsetzung S. 65

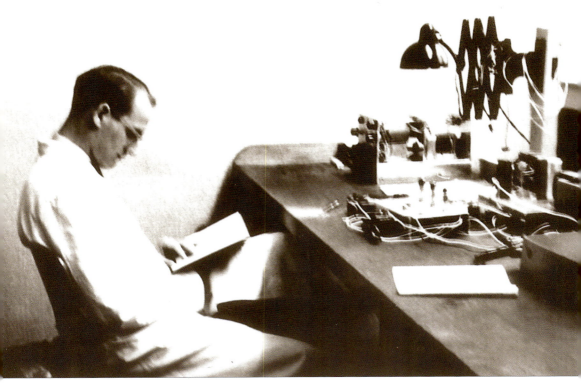

Mangelnde Bewegung bei sitzender Tätigkeit. Der junge Unternehmer am Arbeitsplatz in seiner Firma „Heinz Nixdorf, Labor für Impulstechnik" in Essen, vor 1959.

Fitness-Übungen als Ausgleich für mangelnde Bewegung. Nach intensivem Arbeiten war Heinz Nixdorf stets auf Abschalten und Erholung bedacht und machte entsprechend der Fitness-Bewegung Fitness-Übungen. Hier bei einem Spaziergang im Eggegebirge. Er greift sich eines der Rundhölzer, das die Forstleute am Wegesrand gestapelt hatten: Möglichst oft auf- und abstemmen und dann möglichst weit wegstoßen (um 1960).

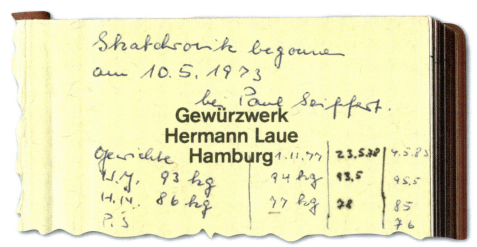

Gewichtsvergleich unter Skatbrüdern über einen Zeitraum von zehn Jahren. Heinz Nixdorf bringt sich in Wettbewerb mit dem schwergewichtigen Metzgermeister Heinrich Jolmes. In einem der roten „Merkbücher" sind die Ergebnisse der Bemühungen um ein Normalgewicht festgehalten. Der Skatbruder Paul Seiffert, der auf seine Pfunde nicht zu achten braucht, ist außer Konkurrenz und liefert lediglich einen Orientierungswert.

Gewichte	10.05.1973	01.11.1977	23.05.1978	04.05.1983
H. J. (Heinrich Jolmes)	93 kg	94 kg	93,5 kg	95,5 kg
H. N. (Heinz Nixdorf)	86 kg	77 kg	78 kg	85 kg
P. S. (Paul Seiffert)				76 kg

Die Tabelle unten von 1985 dokumentiert Heinz Nixdorfs intensives und erfolgreiches Bemühen, im Sinn von Gesundheit und Fitness von den 85 kg im Jahre 1983 wieder herunterzukommen und sich den 76 kg des etwas kleineren Paul anzunähern.

Heinz Nixdorfs Gewichtskontrollen
Beispiel aus 1985. Präzise, häufig bis auf Zehntel-kg, nach Datum und Uhrzeit

Datum	Uhrzeit	Gewicht, kg	Datum	Uhrzeit	Gewicht, kg
06.03.	16.00	79,4	19.03	14.00	78,0
08.03	16.00	78,2	20.03	---	77,5
09.03	11.00	79,0	23.03	09.00	77,0
10.03	15.30	78,6	30.03	08.00	77,0
13.03	16.00	78,9	31.03	08.00	76,5
15.03	10.00	78,2	04.04	08.00	77,0
16.03	12.00	78,1	06.04	07.00	77,0
17.03	16.00	78,1	11.04	21.00	78,0
18.03	11.00	78,1	12.04	08.00	77,0

Betätigung in der Arbeitswelt entgegenwirken. Zwei Fotos zeigen Heinz Nixdorf, das eine bei sitzender Tätigkeit in seinem Labor, das andere bei einer zufälligen Fitnessübung auf einem Waldweg. Dabei ging es nicht um eine Sportdisziplin, noch um Wettkampf, sondern um Fitness.

Normales Gewicht für Gesundheit und Fitness

Ein allgemeiner, permanenter Faktor für Gesundheit, Sport und Fitness war auch für Heinz Nixdorf das Gewicht – sein eigenes. Akribisch hielt er laufend in irgendwelchen Notizen Datum und kg fest (siehe Tabellen). Das konnte Zeiträume über zehn Jahre oder von einem zum anderen Tag betreffen. So unterzog er sich einer permanenten Kontrolle, um nicht seinem guten Appetit zu erliegen. Zur Gewichtsregulierung hielt er sich an normale Nahrungszufuhr, an Normkost, und nicht an unnötige, absonderliche Diäten oder Fastenkuren, wie sie im Blätterwald von bunten Illustrierten propagiert und vielfach zu Klatsch- und Tratschthemen wurden. „*Von Ratio – Vernunft, Berechnung – stammt das Wort Ration*" erklärte Heinz Nixdorf und merkte an, er sei kein guter Lateinschüler gewesen, aber so etwas sei hängengeblieben. „*Wieviel sind eine Broteinheit?*" Eine BE hat 12 g Kohlenhydrate. Das Brot, das ihm bei gewöhnlichen Abendessen vorgesetzt wurde, sollte in Scheiben abgezählt sein, damit der Appetit bei vollem Brotkorb nicht zu Übermaß verleite. Ähnliches galt auch für die Ration Butterbrote, die seine Frau oder eine der Hausgehilfinnen an normalen Arbeitstagen frühmorgens vorbereiteten und die er nach altväterlicher Art mit ins Büro nahm. Nicht gegen, sondern für den Durst gab es viel Mineralwasser und – in Maßen – kühles Bier oder guten Wein. Der Wein sollte „trocken" sein. Wenn wir zusammen, die Ehepaare Nixdorf und Werb, einen Wein aufgetischt bekamen, wußte Heinz, daß ich wegen meines Diabetes I und Bemessens der Insulindosis stets Urinteststreifen in der Tasche hatte (damals gab es für Patienten noch keine Blutzuckermeßgeräte) und bat, den Wein auf den Zuckergehalt zu prüfen. Er schaute genau hin, ob der Teststreifen gelb blieb, sich hell-, mittel-, dunkelgrün oder gar fast schwarz färbte. Bei zuviel Zuckergehalt ging der Wein zurück.

Unter den Starbootseglern wurde das Körpergewicht viel diskutiert. Die Segler hängen sich über die Bordkante mittels Gurten weit hinaus, um mit der Hebelwir-

---

Links:
Heinz Nixdorf auf einer Nixdorf-Computer-Paketwaage. Bei einem Besuch in einem Zweigwerk in den USA kam der Unternehmenschef in Begleitung der Mitarbeiter und einiger Gäste zufällig an einer Paketwaage vorbei und ergriff spontan die Gelegenheit, sein Gewicht zu kontrollieren. Die zahlreichen Mitarbeiter fanden das sehr komisch und lachten los. Als Heinz Nixdorf sich umdreht, um das Lachen freundlich zu erwidern, bekommt er als Antwort ein noch lauteres Gelächter. Ohne daß er es bemerken konnte, hatte der Freund Freddy Botur, Chef der NIXBO (Nixdorf-Botur)-Tennisanlage in New York, mit seinem Fuß – in weißem Tennisschuh – eine Gewichtszunahme bewirkt.

kung ihres Gewichts die Segel, dem Winddruck entgegen, möglichst aufrecht zu halten. Als Hartmut Voigt, Heinz Nixdorfs bester Freund unter den Starbootseglern, eine Einladung zur Ausscheidung für die Olympischen Spiele (1972) erhalten hatte, hatte er sich von seinem bisherigen Vorschoter, der nur 65 kg wog, getrennt und segelte mit Mücki Ducken, der auf ca. 90 kg hochgepäppelt wurde. Auch der Skipper futterte und futterte und schaffte 90 kg. Als Vorschoter Mücki ausfiel, gewann Hartmut Voigt zwischendurch einen Finn-Segler aus dem Nationalkader und segelte seit 1979 mit Gerd Borowy (Kitt oder Kitti genannt), der es bis auf 95 kg brachte. (Siehe Kap. Segeln.)

Die US-Amerikaner schreckten vor nichts zurück und nahmen seit Anfang der 1970er Jahre Vorschoter ins Boot, die 120 kg wogen. Gewicht, das eigene, der Freunde und das der Amerikaner war eines der Tagesgespräche, vor allem, wenn nach einer Regatta die erzielten Ränge diskutiert wurden. Heinz Nixdorf erklärte seinem Vorschotmann: *„Diesen Firlefanz machen wir nicht mit!"* Den Fettmassen wirkte ein Kauf neuer Boote entgegen, die durch Material, wie z. B. leichteres, geharztes Segeltuch, schneller wurden. Sodann sollten Erfahrung beim Einschlagen des Kurses und Behändigkeit beim Manövrieren ins Gewicht fallen. (Inzwischen setzt das Reglement dem Körpergewicht Grenzen.) Heinz Nixdorf und Jupp Pieper arbeiteten ständig an Fitness und Kondition. Die war ständiges Thema für jene Seglerfreunde, die zum Kader des Deutschen Seglerverbandes gehörten und die zweimal jährlich einen Konditionsnachweis zu erbringen hatten. Qualifizierte Sportmediziner hatten u. a. das Lungenvolumen, die Laktatwerte im Blut etc. zu messen und die Kandidaten mußten bis zur Erschöpfung die Pedale des Fahrrad-Ergometers treten. Einige schafften 400 Watt, eine Leistung, mit der sich Starbootsegler mit Ruderern oder Schwerathleten messen konnten. All die Konditionswerte gehörten zur Fachsimpelei im Freundeskreis der Weltklassesegler. Heinz Nixdorf gehörte dazu, wollte aber nicht in die Kader. Zum einen wollte er anderen nicht einen Platz streitig machen, zum anderen konnte er sich die Terminzwänge nicht leisten, die den Kadermitgliedern für Trainingseinheiten, medizinische Untersuchungen und Wettkampfteilnahmen verpflichtend auferlegt wurden. Doch er konnte sich darüber freuen, mit Olympiateilnehmern, mit Weltklasseseglern zwar nicht an Olympischen Spielen, aber bei vielen internationalen Regatten, z. B. im „Olympischen Stadion" in der Kieler Bucht, teilnehmen und konditionell noch als 60jähriger mithalten zu können.

Der erste Herzinfarkt und Konsequenzen

Eine einschneidende Erfahrung, bei der es um Leben oder Tod ging, war für Heinz Nixdorf ein Herzinfarkt im Herbst 1976. *„Wenn meine Frau, als das im Auto passierte, damals nicht rechts rum ins Krankenhaus gefahren wäre, wäre es wohl aus gewesen."* (SPIEGEL 1984, Nr. 31.) Es folgte eine Erholungsphase und Heinz

Nixdorf dachte nach seinem Grundsatz: *„Ich will meine Erfahrungen benutzen!"* darüber nach, was er tun oder bessern könnte.

Da er im St. Vincentkrankenhaus später erfuhr, daß die Abteilung Innere Medizin demnächst durch eine spezielle Kardiologie, die bis dahin in Paderborn fehlte, ergänzt und erweitert werden sollte, trug er mit einer erheblichen Spende zur baldigen Anschaffung einer optimalen Geräteausstattung bei (Computer-Tomographie, CT). Ein Chefarzt für Kardiologie konnte bald gewonnen werden. Damit wurde im hiesigen Raum eine optimale Herzdiagnostik u. a. durch Katheteruntersuchungen, die Koronarangiographie, seit einem ziemlich frühen Zeitpunkt möglich (1987).

Mitte der 1970er Jahre kam ein computergesteuertes Trimmgerät-„Fahrrad" auf den Markt, mit der Markenbezeichnung „Dynavit". Nach seinem Herzinfarkt war Heinz Nixdorf sehr daran interessiert und schaffte ein Gerät an, nutzte es zu Hause täglich und ließ es, so der Transport nicht zu umständlich war, bei auswärtigen Aufenthalten in sein Quartier bringen. Auf „Trainingskarten" notierte er anfangs die einzugebenen Werte: Geburtsdatum, Gewicht, Geschlecht, Alter, täglich die Trainingszeit in Minuten, die Pulsfrequenz, Leistung in Watt und errechneten Kalorienverbauch. Einem seiner Ärzte, der von ihm kein Honorar nahm, schenkte er ein „Dynavit". Dieser bedankte sich, hat es aber, wie er später gestand, nicht ein einziges Mal benutzt. Heinz Nixdorf empfahl das gleiche Gerät auch Vorstandskollegen und Freunden zum Kauf, und so sie einverstanden waren, bestellte er es sogleich mit 2 % Rabatt. Keiner wagte „Nein" zu sagen. Nach einigen Jahren fragte ich einen seiner Vorstandskollegen, ob er das teure Gerät regelmäßig nutze. Die Antwort folgte einem Seufzer: *„Das Ding steht verstaubt im Keller."*

Fitnesstraining mit akribischer Kontrolle

Wie der SPIEGEL schrieb, war der Paderborner Unternehmer nach dem Infarkt zum „Gesundheitsfanatiker" geworden, genauer zum Fitnessfanatiker, weil hierbei die Leistungsorientierung stärker impliziert ist. Er las, wie er dem SPIEGEL berichtete die Zeitschrift „SPIRIDON" *„von vorn bis hinten durch"*. Diese Monatsschrift hat den Untertitel „Berichte von Marathon- und Langstreckenläufen, Trainingsanleitungen, Sportmedizinischer Ratgeber, Ernährung". Bei mir erkundigte sich Heinz Nixdorf – es war um die Jahreswende nach seinem Herzinfarkt – nach Verlag und Erscheinungsort des Buches „Sportmedizin" von W. Hollmann und T. Hettinger. Das Standardwerk war Ende 1976 im Schattauer Verlag in Stuttgart erschienen und Heinz Nixdorf kaufte das Buch. Seinerzeit ahnte er nicht, daß er zehn Jahre später den Nestor der Sportmedizin, Prof. mult. Dr. med. Dr. h.c. Wildor Hollmann zum Vortrag und Gespräch in den Ahorn-Sportpark einladen würde.

Nachdem er ein Dynavit angeschafft hatte, und im Sommer 1978 ein zweites, das neue Modell „Conditronic 30", nutzte Heinz Nixdorf zunächst die vorgedruckten „Trainigskarten", ging aber bald dazu über, auf größeren DIN A 4 Blättern der

Fitness-Training. Erreichte Werte von Tag zu Tag. Beispiel vom Dezember 78. Eintragungen nach Dat. = Datum und Uhrzeit

1978

	März	April	Mai	Juni	Juli	August
1	27	29	22	24		26
2	26	27	22	28		26
3	27	28	23	29		26
4	29	23	29	30	27	26
5	20	15	28	31	32	30
6	23	23	29	27	26	26
7	28	27	29	30	34	26
8	28	28	28	23		23
9	14	27		26		23
10	19 124,1	26 125,3	Schnupfen 126,3	30 127,8	26 129,0	26 125,1
1	29	26		26	26	23
2	32	27		26	26	17
3	26	29	25	26	29	18
4	20	29	27	27	32	20
5	23	27	34	26	26	20
6	29	25	20	26	20	23
7	33	22	19	26	12	27
8	29	23	21	27	14	28
9	29	24	26	20	26	27
20	29 127,7	25 125,7	24 125,2	20 125,0	23 123,9	26 122
1	29	26		27		24
2	24	14	Medenblik	21		25
3	26	25	20	27		24
4	28	26	20	27	20	26
5	29	26	22	20	20	13
6	20	22	Aarhus	21	20	25
7	33	29		17	20	14
8	Hyeres 29	31	22	Kieler Woche 19	21	20
9	29	27	22	19		17
30	29 127,6	33 125,9	27 123,0	21 121,9	26 121,2	14 120,1

Dynavit-Werte im Monatsvergleich. Beispiel Monate März bis August im Jahr 1978. Alle Monate haben zur statistischen Vereinfachung und exakten Vergleichbarkeit 30 Tage.

70 Sport für Gesundheit, Fitness für Leistungsbereitschaft

Dynavit-Jahresvergleich. Beispiel 1978 bis 1984. Jeder Monat bekommt nur drei Durchschnittswerte für je 10 Tage.

Trainingsgerät „Dynavit Conditronic 30".
Die Fa. „Keiper Trainingssysteme" in Rockenhausen entwickelte dieses ergometrische Gerät in Zusammenarbeit mit dem „Institut für Kreislaufforschung und Sportmedizin der Sporthochschule Köln". Dessen Leiter, Prof. Dr. Wildor Hollmann, hatte Heinz Nixdorf nach seinem Herzinfarkt 1976 konsultiert und sogleich für sich ein „Dynavit" angeschafft. Das mit einem Computer ausgestattete Gerät ermöglicht ein individuell verträgliches aber effektives Kondtionstraining zur Stärkung von Herz- und Kreislaufsystem, Lunge (Atmung) und Beinmuskulatur.

Der Terminal des Trainingsgerätes. Durch den integrierten Computer läßt sich das Training entsprechend dem Alter, Körpergewicht und Geschlecht elektronisch steuern und die individuell erreichten Trainingseinheiten können abgelesen werden. Heinz Nixdorf sprach von seinem „Fahrrad", nutzte es täglich und folgte seinem Grundsatz: *„Fahrrad fahren muß sein wie Zähneputzen."*

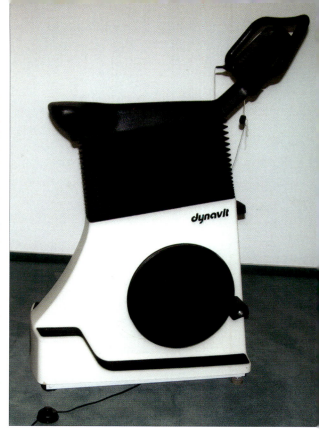

Digitalanzeige

Kontrollampen für Pulsfrequenz und Drehzahlbereich

Aufruflampen zur Eingabe von persönlichen Daten

Zifferntastatur (1–9) mit Löschfunktion

Pulsabnahmestecker

Tasten mit Lampen für Puls, Dynavit, Pulsgrenze, Leistung und Werteänderung

Tasten mit Lampen für W/kp, Drehzahl, O$_2$-Aufnahme, METS, Tages-Kalorien, Stoppuhr

Tasten mit Lampen für Joule, Zeit, Kalorien, Trainings-Einheiten sowie Vorgabetaste

Taste für Automatik-Programm

Ein-/Ausschalter

Notizblöcke mit kariertem Papier und dem Logo NIXDORF COMPUTER Zahlenübersichten aufzustellen, Tag für Tag für die Monatsüberblicke, Monatsübersichten pro Jahr und als drittes Überblicke über einen Zeitraum von vielen Jahren. Wohl niemand anders war so akribisch und genau. Wie beim Skatspiel, wo es um Zehntel-Pfennig ging und die letzte Ziffer bei den Punkten (Augen) gleich fortgelassen wurde, ließ Heinz Nixdorf bei einigen dreistelligen Ziffern die letzte weg, konnte so schneller die zweistelligen addieren und durch Division den Schnitt errechnen. Da war der zahlen- und listenreiche im Kopf unübertroffen schnell.

Irgendwann fiel Heinz Nixdorf ein, daß ein Fahrrad leichter als das Trimmgerät zu transportieren sei und behelfsmäßig, ohne Computer, ähnliche Dienste leisten könne. Er kam zur Verwunderung seiner Piloten zum Flugzeug mit einem Fahrrad und stieg mit diesem auch in die Maschine ein. Im Hotel, in La Rochelle, wo Heinz Nixdorf an der französischen Atlantikküste an einer Regatta teilnahm, hatte seine Sekretärin, Frau Wischer, angerufen und mitgeteilt, daß Herr Nixdorf vom Flughafen nicht mit dem Wagen abgeholt werden will. „Herr Nixdorf kommt mit dem Fahrrad." Wie von Paderborn? Er stieg aus der Maschine und kam mit seinem Fahrrad im Hotel an. Wenigstens ein bißchen Konditionstraining.

Den Puls messen, wie Krankenschwestern den Pulsschlag fühlen, nach dem Sekundenzeiger 15 oder 30 Sekunden lang zu zählen, mit 4 bzw. 2 multiplizieren, war für Heinz Nixdorf oft wiederholte Routine, besonders bei längerer Belastung wie z. B. beim Skilanglauf.

Um die Fitness seiner Mitarbeiter zu fördern, hatte der Unternehmenschef die Idee, jeden der mit dem Fahrrad statt mit dem Auto zur Arbeit kommt, pro Tag mit 1 DM zu belohnen. Nur weil sich in der Praxis die Kontrolle der Abrechnung bei den vielen tausend Mitarbeitern als zu aufwendig erwies, mußte das Verfahren bald wieder aufgegeben werden, die Idee aber schwirrte in den Köpfen eine zeitlang weiter.

Die später zur Fitnessbewegung hinzukommende Wellnessbewegung hat Heinz Nixdorf nicht mitgemacht. Davon war er von seiner Generation her und mental weit entfernt.

Quellen/Literatur

Eigene Erinnerungen und Notizen, Gespräche mit Heinz Nixdorf und Notizen von ihm, Informationen von Prof. Dr. Liesen, Renate Nixdorf, Hartmut Voigt

Allgemeine Literatur. Siehe: Lamprecht, Wiebke/Marie-Luise, Klein S. 47 ff Turnen und Sport in der NS-Zeit, S. 82 ff Anfänge der Breitensportbewegung.

Voigt, Hartmut: Autobiographie, o. J. Privatdruck

Sportförderung –
das große Vorbild Bayer und eigene Wege

„Seitensprünge"

Hier ist nicht, wie gekalauert wird, eine neue Olympische Disziplin angesprochen, die nach Weit-, Drei-, Hoch- und Stabhochsprung zusätzlich eingeführt, jedenfalls von einigen bekannten Sportgrößen ausgeübt wurde. Der Wirtschaftsjournalist Lutz E. Dreesbach hat 1983, in 2. Auflage ein Buch mit dem Titel „Die kleinen Seitensprünge großer Unternehmen" veröffentlicht. Wer delikate Bettgeschichten erhofft, wird enttäuscht und es ist fraglich, ob der anzügliche Begriff „Seitensprünge" verkaufsfördernd war oder bei potentiellen Lesern eher Verstimmungen bewirkte. Immerhin sind nicht Seitensprünge von Unternehmern, sondern von Unternehmen das Thema. Es geht bei insgesamt 28 Fällen in der Regel um Beteiligungen oder Töchter, die sich im Bewußtsein einer breiten Öffentlichkeit nicht mit dem Namen der Produkte bekannter Firmen verbinden, wie z. B. die Farm von VW in Brasilien mit 100.000 Rindern, die Weinkellerei des Chemieriesen „Badische Anilin und Sodafabrik" (BASF) oder das Vollblutgestüt Harzburg und die Porzellanfabrik Fürstenberg, an welche die Norddeutsche Landesbank (Nord LB) bei ihrer Gründung durch Fusion der Braunschweigischen Staatsbank mit anderen Banken, wie die Jungfrau an Kinder kam. Bei nur zwei der 28 auserwählten Firmen besteht der Seitensprung in der Sportförderung, bei der „Bayer AG" und bei der „Nixdorf Computer AG".

Die Bayer AG, in der Sportförderung „das Maß aller Dinge"

Die „Bayer AG" betreibt von allen deutschen Großunternehmen - Siemens, Daimler, Deutsche Bank, VW etc. - die traditionsreichste und bekannteste Sportförderung. In vielen sportlichen Belangen wurde sie das Vorbild für Heinz Nixdorf, bei dem nach den absolut vorrangigen Unternehmenszielen die Sportförderung den vordersten Platz einnahm.

„Unablässig mißt er seine Firma an dem Maß aller Dinge in der Computer Branche", an IBM (SPIEGEL 1984, Nr. 31). Doch Heinz Nixdorf geht nicht vor Bewunderung in die Knie, sondern bemerkt: *„IBM kocht auch nur mit Wasser!"* Vergleichbar wurde in Sachen Sportförderung für den Paderborner Unternehmer die deutsche Bayer AG „das Maß aller Dinge". Als Heinz Nixdorf 1984 den firmeneigenen Ahorn-Sportpark baute, wagte der SPIEGEL zu prophezeien: „Es ist wohl nur eine Frage der Zeit, bis Paderborn, ähnlich wie Leverkusen, zu einer Brutstätte für bundesdeutsche Spitzensportler wird."

Bei gelegentlichen Treffen von Führungskräften großer deutscher Unternehmen war Heinz Nixdorf mit dem Vorstandsvorsitzenden der Bayer AG, Prof. Dr. Herbert Grünewald, stets über das Thema Sport ins Gespräch gekommen. Dem Paderborner Unternehmer war 1967 in Heidelberg nicht entgangen, daß der neue Weltrekordler, Kurt Bendlin, den er seitdem im Auge hatte, mit dem Bayerkreuz und dem 04 des Leverkusener Vereins auf dem Trikot in allen zehn Disziplinen gestartet war. Seit 1964 vergingen keine Olympischen Spiele, bei der Bayer-Sportler nicht mit Gold, Silber und Bronze auftrumpften, zwar nicht im Bayer-, sondern im Nationaltrikot.

Es wurde in Paderborn nötig, sich in Sachen Sportförderung schlau zu machen, denn ein junges, hoffnungsvolles Talent aus dem Kreis der Nixdorf-Auszubildenden, Udo Thiel, das Heinz Nixdorf mit einer Reise zur Olympiade nach München (1972) belohnte, anspornte und durch Sondertraining förderte, war zum TV-Wattenscheid gewechselt, der von dem damals größten Bekleidungsfabrikanten Europas, Klaus Steilmann, speziell in der Leichtathletik mit großem Ehrgeiz gesponsert wurde. Also schien in Paderborn etwas noch nicht richtig gelaufen zu sein und Heinz Nixdorf schickte zwei seiner mit der Sportförderung betrauten Leute nach Wattenscheid mit der Frage: *„Können wir lernen?"*

Mit der gleichen Frage beauftragte Heinz Nixdorf in Sachen Azubi- und Betriebssport, Sportförderung und firmeneigenen Sportanlagen häufig, aber nur nebenbei, seine Mitarbeiter, wenn diese in erster Linie wegen der Firmengeschäfte z. B. mit der Siemens AG in München, mit IBM in Stuttgart, mit Bildungseinrichtungen für EDV- oder IT-Berufe in Mainz oder mit der Firmenniederlassung in Köln zu tun hatten. Ähnlich wie der Chef bei Gesprächen oder Interviews über sein Unternehmen stets auch auf das Thema Sport kam, sollten sich Mitarbeiter zusätzlich allenthalben über Sportförderung informieren. Da waren kompetent z. B. Hubert Schäfers, als Leiter der technischen Ausbildung für den Azubi-Sport zuständig sowie im Vorstand der LG Paderborn, oder Jürgen Wegwart, Leiter des technischen Kundenservice und Vorsitzender der Paderborner Leichtathletik Gemeinschaft, dem nachfolgenden LC. Ebenso Jürgen Appenowitz und Willi Lenz, die zunächst nebenbei mit Sportförderung befaßt waren und dann Geschäftsführer des Ahorn-Sportparks wurden, sowie als Nixdorf Sportrepräsentant der ehemalige Weltrekordler Kurt Bendlin. Heinz Nixdorf nutzte nicht nur Kontakte seiner eigenen Leute, sondern z. B. auch von Sportlern, die nicht Angestellte seiner Firma waren, wie die des Mittelstrecklers Lothar von dem Bottlenberg, der als Einkäufer der Penn-Elastic mit der Bayer AG über den Einkauf von Kunstfasern verhandelte und sich nebenbei über Sport bei Bayer informieren sollte.

Bei der Fülle so zugetragener Detailinformationen studierte Heinz Nixdorf selbst eingehend die Geschichte der Sportförderung bei Bayer im Zusammenhang mit der Firmengeschichte des Chemiekonzerns. Die seinerzeit gegenwärtige Sportförderung war dort nicht plötzlich vom Himmel gefallen und dies konnte sie auch nicht bei Nixdorf, selbst im katholischen Paderborn. Heinz Nixdorf sah es als seine Herausforderung an, in einer anderen sportgeschichtlichen Entwicklungsphase und an einem sehr unterschiedlichen Standort von den Leverkusenern zu lernen, deren Sportförderung jedoch keinesfalls in allem nachzumachen. Das war unmöglich. Der Paderborner mußte und wollte eigene Wege einschlagen. Da blieb z. B. das Thema Liga-Fußball für ihn völlig außen vor, auch werkseigene Sportvereine.

Auch Bayer kocht nur mit Wasser: In einem Punkt hatte Nixdorf die Nase vorn. 1984 konnte Heinz Nixdorf eine 200 m Ovallaufbahn in der Halle einweihen. In Leverkusen konnte erst 17 Jahre später, 2001, eine vergleichbare Laufbahn in Betrieb genommen werden.

Tradition und Dimension der Bayer Sportvereine

Der Farbenkaufmann Friedrich Bayer (1825–1880), also 100 Jahre vor Heinz Nixdorf geboren, hatte zusammen mit einem Färber 1863 eine Produktion an der Wupper in Barmen gegründet, die zunächst in Elberfeld, und dann 1891 am großen Rhein durch Übernahme einer von Dr. Carl Leverkus gegründeten Farbfabrik wesentlich erweitert wurde. Hier konnte das Werk am Strom, der für mehr Wasser und Abwässer gut war, inmitten von Äckern und in einer ländlichen Gegend expandieren. Die Fabrik war umgeben von kleinen Dörfern und neuen Arbeitersiedlungen, die erst 1930/31 unter dem neuen Stadtnamen Leverkusen zusammengefaßt wurden. Um 1900 lag der Betrieb, von Köln, Düsseldorf oder Elberfeld aus gesehen, „am End' der Welt". In sozialer Verantwortung, aber auch im Interesse des Werkes, bemühte sich die Leitung, das Leben der Arbeiter und Angestellten „in der Einöde" angenehmer, attraktiver zu machen, u.a. durch Gründung eines Konsumvereins für günstige Einkaufsmöglichkeiten (später Bayer-Kaufhaus), durch Werkswohnungen, -ärzte, -kindergärten, -büchereien etc.. Es gab seit 1890 einen „Orchesterverein der Farbenfabriken vorm. Friedrich Bayer & Co." und, für einen damals sehr elitären und exklusiven Sport, einen Tennis-Verein, als 140 Mitarbeiter mit ihren Unterschriften bei der Werksleitung um Sportmöglichkeiten nachsuchten. 1904 wurde der „Turn- und Spielverein der Farbenfabriken vorm. Friedr. Bayer & Co." gegründet und 1905 folgte der „Fußball-Club Uerdingen".

Um 1980 gab es 70 Bayer-Vereine u. a. für Bienenzüchter, Münzsammler, Kleingärtner, Musikgruppen. Von den 70 waren 31 werksgeförderte Sportvereine u. a. für Luftsport, Segeln, Reiten. Den Werksvereinen standen 13 Sportplätze (Stadien und Übungsplätze), 35 Tennis- und Hockeyplätze, 10 Sporthallen mit Trainingsräumen, weitere 7 Spezialanlagen (Bootshäuser, Flugplatz, Reithalle) und 7 Bayer-Vereins-Clubhäuser zur Verfügung. Der „TSV Bayer Leverkusen 04" mit ca. 7.500 Mitgliedern, der „FC Bayer Uerdingen 05" mit ca. 5.000 und der „TSV Bayer Dormagen" mit fast 2.800 Mitgliedern waren die stärksten der 31 Werksvereine bei insgesamt ca. 13.000 Mitgliedern in allen Bayer Sportvereinen (1983), 1988 waren es ca. 15.000.

Bayer- und Nixdorf-Sportförderung im Vergleich

Als Heinz Nixdorf sein Labor in die alte Kaiserstadt (urbs caroli) verlegte, war diese noch keine Großstadt, aber auch keine „Einöde". Über 50 Jahre vor der Gründung der Bayervereine (04, 05) quasi im Ackerland waren hier in einer uralten Stadt bereits Sportvereine entstanden (seit 1848) und in über 100 Jahren waren hier im Sport Strukturen gewachsen, als die Firma „Heinz Nixdorf, Labor für Impulstechnik" in das Paderborner Handelsregister eingetragen wurde (Dez. 1958). Die Firma war anfangs viel zu kein, um an einen eigenen Sportverein denken zu können. Sie hatte weniger Mitarbeiter als es in Paderborn Sportvereine gab!

Die Bayer-Sportvereine wurden zunächst exklusiv für Mitarbeiter und deren Familien gegründet. Sodann standen sie im Laufe der Zeit allen Bürgern offen, waren, auch aus steuerlichen Gründen, eingetragene, gemeinnützige Vereine und hatten sich um ihre Finanzierung selbst zu kümmern: Mitgliedsbeiträge, Zuschüsse der „öffentlichen Hände", Einnahmen durch Eintrittskarten, Fan-Artikel, Übertragungsrechte etc.. Dann kam allerdings, je nach Wichtigkeit, ein kleines oder großes Sahnehäubchen hinzu. Den Zuschußtopf hatte der Vorstand der AG gegenüber tausenden von Aktionären zu rechtfertigen. Bei ca. 4 Mia. DM für Personal und Soziales waren hiervon nur 0,2 %, immerhin 8 Millionen DM, für die Sportvereine angesetzt (1981).

Heinz Nixdorf war im Prinzip souveräner. Er verfügte über 100 % der stimmberechtigten Aktien, deren Inhaber er und seine Frau waren, hatte also de facto seine Sportförderung allein zu verantworten. Diese war nicht wie bei Bayer intern und irgendwie gerecht mit Leistungsprämien auf eine geschlossene Gruppe von Werksvereinen zu verteilen, sondern Heinz Nixdorf setzte Akzente am Standort Paderborn, aber auch darüber hinaus weit gestreut. Bevor er förderte, wollte er wissen, was der betreffende Sportverein für ein bestimmtes Vorhaben selbst an Leistung aufbringen konnte. War er von dem Projekt überzeugt, stellte er die Bedingung: *„Wenn Ihr aus einer Mark, die ich Euch gebe, zwei Mark macht, will ich helfen."* Anders gewendet, die gleiche Summe, die der Verein bzw. die Mitglieder aufbrachten, versprach er hinzuzugeben, also zu verdoppeln. Das war, grob über den Daumen, die Regel, mit vielen Ausnahmen und keinem Rechtsanspruch.

Spontane Entscheidungen, minimalste Verwaltung

Von Heinz Nixdorf kam manche Sportförderung wie ein Schuß aus der Hüfte. Wenn etwas anstand, verschaffte sich der Unternehmer schnell einen Überblick über alle möglichen Aspekte, griff den nach seiner Einschätzung wichtigsten Gesichtspunkt heraus, schob alles andere hintan oder beiseite, handelte und entschied sogleich nach der Priorität, wie er sie sah, nach seinem Kriterium.

Ein Beispiel: Der Sportverein TuRa-Elsen, in dem nicht Heinz Nixdorf, aber einige seiner Mitarbeiter Mitglied waren, wollte ein neues Clubhaus bauen und bekam einen Gesprächstermin bei dem bekannten Sportförderer. Ihm stellte der Vorstand, Alfons Bernard u.a., den Verein kurz vor und begann, das Bauvorhaben von der Planung bis zu den Kosten zu erläutern. Bevor der Vorstand damit zu Ende kommt, unterbricht Heinz Nixdorf: *„Wieviele Mitglieder treiben bei Ihnen Sport?"* „2000!". *„Dann bekommen Sie morgen einen Scheck über 20.000 DM!"* Noch ein paar freundliche Worte für ein gutes Gelingen und *„Auf Wiedersehen!"*

Wenn Heinz Nixdorf über eine Förderung entschied, war Sinn und Zweck der Maßnahme vorrangig, die Frage von welchem Konto das Geld kam, zweitrangig. In der Regel kam es von der AG, aber es konnte auch sein privates oder ein Konto seiner Frau sein. Aus welchem der Töpfe das Geld genommen wurde, war ihm ziemlich egal. Die für viele Geschäftsinhaber wichtige Frage, und oft ein entscheidendes Argument, die „Absetzbarkeit von der Steuer", interessierte ihn nur im Grundsatz. Waren es Kosten oder Beträge, die den zu versteuernden Gewinn bzw. das zu versteuernde Einkommen minderten? Seine Leute hatten alles ordnungsgemäß zu verbuchen. Tricks, wie private Ausgaben als Geschäftskosten zu verbuchen, waren nicht Heinz Nixdorfs Sache: *„Ich will die Finanzbeamten bei Steuerprüfungen hinausschmeißen können!"*

Keinen Wert legte der Sponsor auf das Publizieren der einzelnen Förderbeträge. Zum einen wollte er sich nicht hervorheben, zum anderen keine Vergleiche mit entsprechendem Anspruchsdenken aufkommen lassen. Er selbst hatte die Zahlen der zugesagten Summen im Kopf und ein präzises Gedächtnis. Eine eigene Verwaltungsstelle im Hause einzurichten, widerstrebte ihm. Die Abteilung „Sport- und Ausbildungsförderung" war nur punktuell mit Mitteln für die Förderung von Nachwuchstalenten oder nur am Rande mit Förderanträgen für die eigene Sportanlage, also mit Fremdmitteln, befaßt, und der Leiter, Kurt Bendlin, war kein Schreibtischmensch. Im Laufe der Zeit wurde versucht, in der Abteilung „Kommunikation/Service", in der Willi Lenz, der spätere Geschäftsführer der Ahorn-Sportpark GmbH, tätig war, einen Überblick zu bekommen, insbesondere bei der Fülle von kleineren Zuwendungen.

Manche Zusage kam erst Jahre später zur Einlösung. Der Präsident des DSB, Willi Weyer, bedankte sich schriftlich für die mündliche Zusage von Heinz Nixdorf, die die Unterstützung der Weltmeisterschaft im Modernen Fünfkampf in Warendorf betraf. Das Ereignis fand Jahre später statt und die Förderung bestand in der Leihe von Computern, in der Datenverarbeitung bei der Punktbewertung und der Übertragung auf Bildschirme und Schautafeln. Bei der Unterstützung von Sportveranstaltungen mit der EDV-Wettkampfauswertung mußte der Betrieb eingeschaltet werden. Geräte und Personal waren nach Terminen einzuplanen und die Kosten exakt festzuhalten.

Viele andere Förderungen hatten aus Sicht von Heinz Nixdorf überhaupt keinen bürokratischen Aufwand erfordert. Als z. B. die Tennisabteilung des SC Grün-Weiß 1920 e. V. eine Tennishalle plante und wenige Jahre später das Clubhaus umbauen und erweitern wollte, gab Heinz Nixdorf die gleichen Summen hinzu, die die anderen Mitglieder, d. h. der Verein aufbrachte. Die Gespräche zwischen dem Vorsitzenden Klaus Franke und Heinz Nixdorf – beide Herren kannten sich seit den Olympischen Spielen 1960 in Rom – dauerten auf dem Tennisplatz nur ein paar Minuten. Beim Bau der Halle drängte Heinz Nixdorf auf zwei Spielfelder statt nur einem. Es ging um hunderttausende Mark. Entscheidung sofort. Heinz Nixdorf ließ durch seine Sekretärin die Schecks ausfüllen und unterschrieb. Die Kontobewegung ergab für die Steuerabteilung in der Buchhaltung jeweils nur eine Zeile.

Wenn es um eine Menge kleinerer Förderungen ging, gab Heinz Nixdorf eine generelle Anweisung, z. B. bei den Anzeigenaufträgen. Mit denen wurden Sportvereine unterstützt, wenn sie für Sportveranstaltungen Programmhefte oder aber Jahresberichte oder Jubiläumsschriften herausbrachten.

Andere Förderungen, wie z. B. die Flugreisen mit dem Firmenjet zu den Wochenend-Trainingstagen nach Mallorca, brauchten in der Abteilung „Kommunikation/Service" nicht gebündelt zu werden. Für wieder andere Förderungen bekam die Abteilung Anweisungen. So durften die Turniere, die Mitarbeiter als Betriebssportgemeinschaften austrugen, nur mit geringen Mitteln für Ankündigungen oder Pokale unterstützt werden. Fördermittel sollten hierbei keinesfalls motivierend sein, sondern das Bedürfnis nach menschlichen Kontakten.

Wie Heinz Nixdorf in seinem Unternehmen kurze Wege für Kundennähe durch zahlreiche Niederlassungen organisierte und – wie der Teufel das Weihwasser – eine zentral aufgeblähte Verwaltung haßte, damit es nicht zur „Herzverfettung" seines Unternehmens kam, so baute er auch für seine vielfältigen Sportförderungen möglichst wenig Verwaltung auf.

Als Heinz Nixdorf plötzlich starb, wurde es dringend nötig, daß sich der Vorstand der AG über den Bereich „Sport" einen Überblick verschaffte. Es galt, laufenden Verpflichtungen nachzukommen, Zusagen einzuhalten und im Sinne des verstorbenen Firmengründers Sportförderung sowohl in der Nixdorf Computer AG als auch mit Hilfe der hinterlassenen Stiftungen fortzusetzen. Die zwei Jahrzehnte von 1960 bis 1980 waren Vergangenheit und nur in Beispielen in Erinnerung. Doch für die 1980er und 90er Jahre war ein Überblick dringend erwünscht. Dabei sind die für Sport aufgewendeten Mittel der „Nixdorf Computer AG", vor und nach dem Tod des Firmengründers, und nach dem Verkauf die der „Siemens Nixdorf Informatik AG" sowie die der von Heinz Nixdorf hinterlassenen „Westfalen-Stiftung" pauschal zusammengefaßt. Es ergibt sich eine Summe von fast 110.000.000,- DM. Die betreffenden Zeiträume sind über zehn Jahre später für das Finanamt verjährt, aber noch lebendige Sportgeschichte.

Sportförderungsaufwand der „Nixdorf Computer AG", der „Siemens-Nixdorf-Informatik AG" und der von Heinz Nixdorf errichteten „Westfalen-Stiftung" in Paderborn im Überblick

Bereiche	80er Jahre	90er Jahre	Gesamt
Betriebssport	rd. 5,6 Mio. DM	rd. 2,5 Mio. DM	rd. 8,1 Mio. DM
Ahorn-Sportpark	rd. 24 Mio. DM (operatives Geschäft) rd. 21 Mio. DM Herstellkosten/ Investitionen (plus 6 Mio. DM Fördermittel)	rd. 30,2 Mio DM* (incl. 3,3 Mio. DM Stiftungsspenden) rd. 1,0 Mio. DM für größere Investitionen	rd. 76,2 Mio. DM
Beteiligung am Paderborner Sportstättenausbau Förderung Paderborner Vereine	rd. 5,1 Mio. DM	rd. 11,8 Mio. DM	rd. 16,9 Mio. DM
Sportmedizinischer Lehrstuhl	3 Mio DM (über 5 Jahre verteilt)	rd. 3,6 Mio. DM (Stiftungsspenden)	rd. 6,6 Mio. DM
Summe	58,7 Mio. DM (incl. 6 Mio. DM Fördermittel)	rd. 49,1 Mio. DM	**rd. 107,8 Mio. DM**

*incl. Sondermaßnahmen (Ausbau neben der 200m-Rundbahn, Behindertenaufzug) und Afa

Firmenvereine und Firmenwerbung im Sport

Je rasanter die Zahl der Nixdorf Mitarbeiter, der Umsatz von Millionen bis in die Milliarden stieg, und auch die Sportförderung zunahm, desto öfter keimte ungerufen in irgendwelchen Köpfen nach Bayer-Muster der Gedanke an einen Werkverein auf, der bevorzugt oder ausschließlich zu fördern sei. Die Bayer-Vereine bekamen seit 1936, einer nach dem anderen, das Wort Bayer in ihren Namen und das Bayerkreuz auf die Briefbögen und auffälliger auf die Trikots. Nach dem Zweiten Weltkrieg machten aufsehenerregende Erfolge der Bayer-Sportvereine auf Bayer aufmerksam. So war zunächst der „FC Bayer Uerdingen 05" 1976 in die Fußball-Bundesliga aufgestiegen und als 1979 sogar zwei Bayervereine die oberste Liga erkämpft hatten, konnte das selbst die Spitze der Nation nicht übersehen. Der damalige Bundespräsident, Walter Scheel, sagte zum Vorstandsvorsitzenden der Bayer AG: *„Grünewald, bald haben Sie ja drei Vereine in der Bundesliga: Bayer Leverkusen, Bayer Uerdingen und von den Bayern aus München müssen Sie nur das ‚n' streichen."* Für Bayer war das Firmenzeichen auf den Trikots eine Reklame. Alle anderen großen Vereine in der Fußballbundesliga, aber auch in anderen

Sportarten bekamen von fremden Markenfirmen Geld für die Trikotwerbung. Das waren Zweckbündnisse auf Zeit, keine bleibende Identität zwischen Verein und Sponsor. Als der Vorstandsvorsitzende von Bayer formulierte *„Ich glaube nicht, daß wir dadurch, daß unsere Fußballer in der Bundesliga spielen, sehr viel Aspirin mehr verkaufen"*, kam dieser Ausspruch Heinz Nixdorf zurecht. Im Schaufenster eines Änderungsschneiders hatte er dessen einzige, auf Pappkarton geschriebene Werbeaktion gelesen: „Gute Arbeit ist meine beste Reklame!" Das war im Sinne des Computerfabrikanten. Er investierte lieber das viele Geld, das andere für Imagewerbung zahlten, in bessere Produkte, direkte Sportförderung, aber nicht bei fremden Vereinen in Trikotwerbung.

Obgleich Werbeleute sich als Fachkundige verstehen und sich stets für neue phantastische Einfälle bezahlt machen wollen, gab Heinz Nixdorf die Anweisung, nur mit eigenen Leistungen und dem guten Namen des Unternehmens, d. h. dem Firmenlogo, Reklame zu machen. Im Kapitel Reitsport sind als Beispiel einige Anzeigen abgebildet, die zur Förderung von Turnieren in Programmheften plaziert wurden: 60.000 Nixdorf Computer, dann 70.000 und bald darauf 80.000. Auch andere, aber nur eigene Leistungen des Unternehmens z. B. für die Fortbildung im EDV-Bereich konnten in Anzeigen herausgestellt werden. Werbung mit fremden Leistungsträgern, mit Spitzensportlern wie dies allenthalben Mode wurde, war bei Nixdorf verpönt. Der Werbetrick, bekannte Spitzensportler zu zeigen, wie sie Haferflocken, Nudeln oder Ketchup einer bestimmten Marke, mit der sie nichts zu tun haben, strahlend verspeisen oder die Höchstleistungen von Spitzensportlern in den Köpfen der Adressaten mit der Leistungsfähigkeit des werbenden Unternehmens zu verbinden, von dessen Metier der betreffende Höchstleistungssportler überhaupt nichts versteht, sowas gab es bei aller Sportbegeisterung bei Nixdorf nicht. Der Grundsatz von Heinz Nixdorf war: *„Wir schmücken uns nicht mit fremden Federn!"*

Identität von Namen, Werk, Verein bei Bayer und Nixdorf

Als die Bayer Sportvereine (04, 05) gegründet wurden, als „Turn- und Spielverein der Farbenfabriken vorm. Friedr. Bayer & Co." etc., war der Gründer nur noch wenigen von Person her bekannt. Der Name Bayer entwickelte sich zu einem Markenzeichen (seit 1904), dann zum Firmensignet und dies beherrschte die Vorstellungen. Mit der Gründung eines nach seiner Firma benannten Vereins, etwa „Sportclub Nixdorf-Computer" hätte sich Heinz Nixdorf, den viele persönlich oder von Bildern aus Zeitungen kannten, einem grellen Rampenlicht ausgesetzt. Das konnte er nicht wollen und so bekam kein Segelflugzeug, keines seiner Starboote, kein Sportverein, auch nicht der neue Sportpark, seinen Namen bzw. den der Firma.

Als Mitarbeiter in den Anfangsjahren der Firma in Paderborn eine Kindertagesstätte gründeten – in der Gesellengasse am Kolpinghaus – und diese „Nixdorf-

Kindertagesstätte e. V." nannten, schritt Heinz Nixdorf dagegen ein. Es folgte die Umbenennung in „Paderborner Kindertagesstätte". Nun war die Stadt aufgebracht, weil so vorgetäuscht werde, es handle sich um eine städtische Einrichtung. Der Vorstand des Vereins konnte die Stadt beruhigen. Weder Paderborner Brot noch Paderborner Bier sind städtisch. Also blieb es bei Paderborner Kindertagesstätte und es ist aus dem Nixdorf Umfeld eine zweite am Rande des Ahorn-Sportparks gefolgt.

Quellen/Literatur:

Eigene Erinnerungen, insbesondere an Gespräche mit Heinz Nixdorf. Informationen von Renate Nixdorf, Martin Nixdorf, Alfons Bernard und Willi Lenz.

Dreesbach, Lutz E.: Die kleinen Seitensprünge großer Unternehmen. Töchter, über die man nur selten spricht. Düselldorf 1983.

TSV Bayer 04 Leverkusen e. V. (Hg.): 100 Jahre Bayer 04. Die Geschichte eines einzigartigen Sportvereins. Leverkusen 2004.

Verg, Erich: Meilensteine. 125 Jahre Bayer, 1863–1988. Leverkusen 1988.

„Sport für alle!" – Breiten- und Leistungssport!

Heinz Nixdorf gewinnt einen Weltrekordler

Kurt Bendlin, geb. 1943, Zehnkampfweltrekord 1967, „Sportler des Jahres" 1967, im Zehnkampf Bronzemedaille 1968 bei den Olympischen Spielen in Mexiko-City, Weltjahresbestleistung 1971. An diesem Mann schätzte Heinz Nixdorf, der sehr viele Spitzen- und Höchstleistungssportler durch Begegnungen persönlich kannte, insbesondere dessen untadeligen, menschlichen Charakter und „kaufte" Kurt Bendlin nicht, um in der Paderborner Sportwelt mit Rekorden eine neue Sonne aufgehen zu lassen. Da wäre der seinerzeit überragende Weltrekordler und Sunnyboy Jürgen Hingsen die bessere Wahl gewesen. Für Kurt Bendlin war altersbedingt der Zenit von Höchstleistungen im Zehnkampf überschritten, obgleich er 1974 als Deutscher Meister noch Erstaunliches leistete. Er brachte Erfahrungen im Sportbetrieb und in der Sportförderung von großen Vorbildern, den Bayer-Werks-Vereinen und dem ASV Köln, mit, hatte an der Sporthochschule Köln studiert und 1973 sein Examen als „Diplom Sportlehrer" gemacht, konnte also von Berufs wegen als Sportlehrer und Trainer eingestellt werden. In seiner Kölner Zeit war er im ASV aktiv geworden, dessen Präsident Manfred Germar war, und wurde dort Jugendtrainer. Germar hatte 1958 den Weltrekord im 200-m-Lauf und auf den kurzen Strecken und in der Staffel 19 mal den Titel eines Deutschen Meisters erkämpft. Mehr noch als durch seine Rekordzeiten gewann Manfred Germar durch sein Auftreten als fairer Sportsmann und Mannschaftskamerad und er organisierte als ASV-Präsident die Kölner Leichtathletik-Sportfeste, die sich in die jährlichen internationalen Meetings (Zürich, Paris, London, Helsinki u.a.) einreihen konnten.

Beruflich war Germar seinerzeit bei der West-Lotto Zentrale in Köln für den EDV Bereich verantwortlich. Dort waren zunächst Anlagen von Wanderer installiert, die z. T. aus der Produktion des Paderborner Zulieferers, des „Heinz Nixdorf, Labor für Impulstechnik" stammten. Um eine Umstellung auf neue Geräte zu bewerkstelligen, kam Germar einige Male nach Paderborn zur Nixdorf Computer AG, traf dort auch mit dem Unternehmenschef zusammen und beide sprachen dabei viel über Sport und darüber, daß Heinz Nixdorf den hochgeschätzten Zehnkämpfer für Paderborn gewinnen will. 1979, er war 34 Jahre alt, kam Kurt Bendlin mit seiner späteren Frau Martina nach Paderborn, quartierte sich zunächst in Dörenhagen ein. Von einer „Ablösesumme", die Heinz Nixdorf an den ASV-Köln überwiesen haben soll, wurde gemunkelt. Ein Hinweis darauf, daß der Gewinn eines so renommierten Sportlers für Paderborn ungewöhnlich und aufsehenderregend war. Kurt Bendlin wurde „Leiter der Sport- und Ausbildungsförderung" der „Nixdorf-Computer AG". Ein Weltrekordler war in der hiesigen Sportwelt ein neuer Maßstab und für die Leichtathletik-Jugend in Ostwestfalen ein Idol.

Es war ein sehr persönliches Anliegen von Heinz Nixdorf, Kurt Bendlin für den Sport in seinem Unternehmen und in Paderborn zu gewinnen. (Siehe Kapitel „Leichtathletik" und „Azubisport …") Der aus Westpreußen stammende Kurt hatte früh seinen Vater verloren. Heinz Nixdorf wurde eine Art Vaterfigur für den ehemaligen Weltrekordler und der sprach von *„meinem väterlichen Freund"*. Als die Bendlins ihren ersten Sohn bekamen, wurde Heinz Nixdorf Pate und Kolja mit dem zweiten Namen Heinz getauft. Kurt Bendlin hatte in dem großen Unternehmen, in dem er nicht zur Vorstandsetage gehörte, eine „Reichsunmittelbarkeit", was bei anderen Mitarbeitern nicht gern hingenommen wurde und zu Spannungen führte. Als ich irgendwann Heinz Nixdorf fragte: *„Wie macht sich Kurt Bendlin?"*, war die Antwort: *„Ich muß aufpassen, daß er nicht beschädigt wird."*

Heinz Nixdorfs im „Industriemagazin" (Heft 12, 1985) publizierte heftige Kritik am Azubi-Sport bezog sich u. a. auf Aktenkoffer-Weitwurf, eine Disziplin, die sich eher die kaufmännische als die technisch-gewerbliche Ausbildung hat einfallen lassen. Kurt Bendlin fühlte sich in einer Gesamtverantwortung für den Azubi-Sport, war betroffen und bot dem Unternehmenschef an, zu kündigen. Der schwieg dazu.

Nach dem Tod von Heinz Nixdorf fehlte dem Sportlehrer, Trainer und Sportpräsentanten der Rückhalt des väterlichen Freundes und rückblickend erklärte er: *„Das Wort Mobbing gab es damals noch nicht."* Der Austritt Kurt Bendlins aus dem Leichtathletik-Club Paderborn (1987) sprach sich herum. Tempi passati. In der Geschichte des Paderborner Sports und der Nixdorf-Sportförderung ist Kurt Bendlin nicht wegzudenken.

Breitensport zur allgemeinen Aktivierung der Paderborner Bevölkerung

Wenn bei der Bayer AG auf der Aktionärsversammlung der Etat der Sportförderung gerechtfertigt und formuliert wurde: *„Wir betrachten dies als einen Beitrag zur Humanisierung unseres Lebens"*, so dachte Heinz Nixdorf ebenso, akzentuierte aber ehrgeiziger: *„Vielmehr ist es mein Ziel, gemeinsam mit Kurt Bendlin, nicht nur unsere Mitarbeiter zu aktivieren, sondern breite Bevölkerungskreise, um sie elastischer, widerstandsfähiger zu machen, so daß sie Freude daran haben, sich bewegen zu können."*

Aktivieren, das war es, was Heinz Nixdorf für die Mitarbeiter seines verhältnis-mäßig jungen Betriebes und für die Bevölkerung der alten Stadt Paderborn, für die gegenüber den Rheinländern zurückgebliebene Region Westfalen, ja für ganz Deutschland im Wettstreit mit den USA und Japan bewirken wollte. Mehr Sportgeist sollte ausstrahlend zu einer Mentalität für mehr Leistungswillen und so zu Leistungssteigerungen führen. Da sah Heinz Nixdorf Potential in Paderborn, das sich in seiner Ruhe ausstrahlenden, konservierenden Bescheidenheit und Selbstzufriedenheit im Schatten des Domturms zu lange selbst gefallen hatte. Von *„Dornröschenschlaf"* sprach F. Wilhelm Christians, Chef der Deutschen Bank, der in Paderborn sein Abitur gemacht hatte und die Nixdorf Computer AG an die Börse brachte.

Unterstützung der Breitensportbewegung in Paderborn

Die seit den 1960er Jahren in der Bundesrepublik Deutschland einsetzende Werbung für den Breitensport war allmählich auch in Paderborn wahrgenommen worden. Die oberste Sportorganisation, der DSB, hatte 1959 programmatisch und etwas pathetisch verkündet: *„Der Deutsche Sportbund sieht in Turnen, Sport und Spiel einen wichtigen und ausbaufähigen Faktor des Freizeitlebens, der über die Erhaltung der biologischen Substanz des Volkes von der Jugend bis ins Alter hinaus zur ganzmenschlichen Erfüllung entscheidend beizutragen vermag. Neben den bisher bewährten Formen des Übungs-, Trainings- und Wettkampfbetriebes der Vereine und Verbände ist ein zweiter Weg aufzubauen, der dem Erholungs-, Spiel- und Sportbedürfnis breiterer Volksschichten entspricht."* (Entschließung des DSB zum „Zweiten Weg".)

Abgesehen vom Pflichtsport in den Schulen, entwickelte sich der Breitensport nicht nur in den Vereinen, sondern daneben als nichtvereinsorganisierter privater Freizeitsport, hier insbesondere bei Aktivitäten wie Joggen, Wandern, Walken, Rodeln, Skifahren, Federball, Fußball, Skaten, Inline-Skaten etc.. *„Sport für alle"* und *„Trimm dich durch Sport"* wurden bekannte Werbeslogans. Heinz Nixdorf hat den individuellen privaten Breitensport gefördert, indem er z. B. für den öffentlichen „Waldsportpfad" an den Fischteichen die Beleuchtung spendierte. Die Förderung der Liftanlage im Duhnetal, die im Besitz des Skiclubs war, ging ebenso in Richtung Breitensport, denn diese Anlage kam nicht nur Vereinsmitgliedern, sondern jedem, der dort privat Skifahren wollte, zugute.

Heinz Nixdorf beteiligte sich selbst gelegentlich an den Wettbewerben für das „Deutsche Sportabzeichen" und für die „Mehrkampfnadeln" der Leichtathletik und animierte Freunde und Bekannte, ebenfalls mitzumachen. Die Sportverbände propagierten diese beiden Wettbewerbe zur Vermehrung des Breitensports. Ein Angebot an alle war in Paderborn z. B. die Organisation von Lauftreffs durch die „Leichtathletik Gemeinschaft" (LG) und das Sportamt der Stadt Paderborn. Der Crosslauf im Liethtal, bei dem sich Kurt Bendlin ebenso engagierte wie auf dem Waldsportpfad an den Fischteichen seien hier erwähnt.

Kurt Bendlin, in dem viele klischeehaft nur den Weltrekordler sahen, war keinesfalls nur auf Leistungssport orientiert, sondern auch auf sportliche Aktivierung im Alltag. Den Titel seines Buches „Fitness für Manager", 2. Auflage 1986, hat er sich vermutlich vom Verlag aufschwätzen lassen, der in Managern eine zahlungskräftige Kaste sah. Nur wenige bezeichnen sich selbst als Manager. Das war kein Beruf, das waren nicht die Angestellten, die Arbeiter, die Beamten, die Ärzte, die Ingenieure, die Verkäuferinnen etc.. Der Begriff „Manager" im Titel hat im Kontrast zur Breitensport- und Fitnessbewegung die weitaus meisten, eigentlichen Adressaten

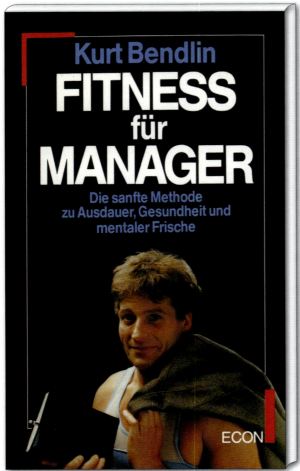

Heinz Nixdorf, Dr. Helmut Kohl, Kurt Bendlin. Der Bundeskanzler war zu Gesprächen und Besichtigungen in die Werkhallen der Nixdorf Computer AG und in den Ahorn-Sportpark gekommen (12.11.1984). Für einen Besuch bei Parteigremien fand der CDU-Parteivorsitzende ebenso wenig Zeit wie als Kanzler zum Eintrag in das Goldene Buch im Rathaus. „*Dieser Tag gehört allein Heinz Nixdorf*", erklärte der hohe Besuch der Presse.

Kurt Bendlins Buch „Fitness für Manager". Das auf der Linie der Breitensportbewegung verfaßte Werk konnte jedem, also auch Nichtmanagern, zu Fitness verhelfen. Gewidmet hat Kurt Bendlin das Buch: „*Meinem väterlichen Freund Heinz Nixdorf in Dankbarkeit*".

des Buches ausgegrenzt. Mit seiner sanften, spielerischen Methode versucht Kurt Bendlin, den Menschen, jedermann und jeder Frau beizubringen, sich gesund zu ernähren, sich jeden Tag mit kleinen gymnastischen Übungen, die ohne Sportanlage oder „Folterkammer" und ohne Verein im privaten Bereich, im Wohnzimmer, im Garten, im Büro oder auf Reisen möglich sind, zu mehr Beweglichkeit, zur Fitness zu verhelfen und philosophiert darüber, was körperliche Fitness für den Geist bewirkt.

Die Breitensportbewegung hat nicht nur zu mehr individuellem Freizeitsport geführt, sondern auch den Sportvereinen Zulauf gebracht, nicht zuletzt, weil sie ihre Angebote z. B. für Senioren, Rekonvaleszente, Behinderte, Mütter und Kinder etc. erweiterten. Die Stärkung der vorhandenen Vereinsstrukturen verfolgte auch Heinz Nixdorf, indem er firmeneigene Sportvereine verhinderte. Laut Statistik machen die Sporttreibenden in Paderborn zu 59 % ihren Sport privat, nur 21,3 % in Vereinen. Der Rest entfällt auf kommerzielle Angebote, Universität, Volkshochschule, Betriebe etc.. (Siehe: Allgemeine Literatur. Lamprecht, Wiebke/Marie-Luise Klein. S. 111)

Stärkung des Vereinssports. – Im Sportverein ist Sport nicht alles!

Der Deutsche Sportbund hatte in den 1960er Jahren Breitensport und Freizeitübungen außerhalb und neben den Vereinen als „Zweiten Weg" propagiert. Darauf folgte in den 1970er Jahren als Gegenreaktion der Ruf nach Stärkung des Vereinssports unter den Gesichtspunkten, daß Leistungssport, Hochleistungssport, Organisation von Meisterschaften und Wettkämpfen ohne Vereine nicht funktionieren. Heinz Nixdorf hat von Anfang an immer für Sportvereine und deren hierarchische Organisation in den Verbänden Interesse gezeigt und also nicht nur den Vereinssport, sondern auch Sportorganisationen durch beträchtliche Spenden gefördert. Da ging er nicht einher mit den meisten Sporttreibenden, die sich nur für die Ausübung ihres Sports interessieren, wenig für Vorstandsarbeit, und die eine Aversion gegen die hohen Funktionäre haben, deren Gerangel oft publik wird.

Ein anderer wichtiger Gesichtspunkt für den Sportförderer war, daß in Vereinen nicht nur Sport getrieben wurde, sondern menschliche Kontakte gedeihen können. Das meinte der Slogan: „Im Sportverein ist Sport nicht alles" und der Deutsche Sportbund machte in den 1980er Jahren Werbung mit der Behauptung: „Im Verein ist Sport am schönsten!"

Heinz Nixdorfs Sportförderung hatte stets auch die Funktion der gesellschaftlichen Kontakte im Blick. So förderte er z. B. eigens das Clubhaus der Tennisabteilung des SC Grün-Weiß 1920 e. V. und das Vereinsheim des TuRa-Elsen. Bei neuen Sportstätten waren ihm stets Räume für das Gesellschaftsleben der Vereine, für die Gastronomie wichtig, bei der Reitsporthalle in Hövelhof, beim Reitsportzentrum Vüllersheide, beim Ahorn-Sportpark oder beim Planen eines neuen Sport-

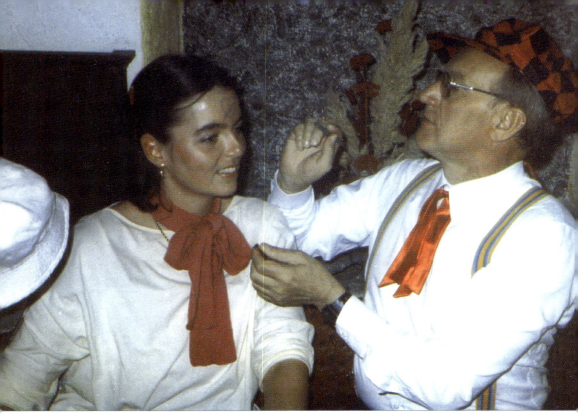

„**Sport ist im Sportverein nicht alles!**" Auf die gesellschaftlichen Kontakte legte der Sportförderer großen Wert und beteiligte sich an den Sportlerfeten. Hier Karnevalsfest im Clubhaus der Tennisabteilung des SC Grün-Weiß. Oben Vereinsmitglieder Heinz Nixdorf und Gabi Düchting, unten, von links Renate Nixdorf, Volker und Rosemarie Werb (1981).

hafens für Segler an der Ostseeküste. Mit viel Geld hat Heinz Nixdorf dem Verein SC Grün-Weiß, dem er seit seiner Jugend verbunden war, zu einer „Heimstätte" verholfen, dem Sportzentrum am Schützenplatz (Siehe Kap. „Das Sportzentrum des SC Grün-Weiß.)

Zu den gesellschaftlichen, mitmenschlichen Kontakten gehörten für Heinz Nixdorf insbesondere auch die Sportlerbälle, an denen er, so er Zeit fand, gerne teilnahm. Das waren z. B. die Reiterbälle in den Hallen des Schützenplatzes, die „Blau-Weißen Nächte", die Sportlerbälle Ostwestfalens in Bad Salzuflen, die Karnevalsfeste der Tennisabteilung SC Grün-Weiß, zunächst die großen in den Sälen der Nachtigall in Schloß Neuhaus und in der Folge die kleineren im erweiterten Clubhaus am Fürstenweg.

Ein besonderes Anliegen: Sport für Behinderte und Reha-Sport

Während es Heinz Nixdorfs Regel war, das, was die Vereinsmitglieder für ein Projekt selbst aufbrachten, zu verdoppeln, so gab er auch für den Behindertensport keine Almosen, doch er forderte nicht 1:1, sondern gab 2:1. Er sagte zu, wenn es den Behinderten gelingt, fünf Sport-Rollstühle anzuschaffen, zehn hinzuzugeben.

Als wir gelegentlich Tennis gespielt hatten, erzählte ich Heinz Nixdorf, daß ich zufällig in Mainz-Finthen bei den Deutschen Tennismeisterschaften der Rollstuhlfahrer zugeschaut habe. Einzige Regelabweichung war, daß der zugespielte Ball nicht nur einmal, sondern zweimal auf den Boden aufspringen durfte. Ich war als Turnierspieler (nur in unteren Klassen) erstaunt über das hohe Niveau, mit dem die in der Regel Querschnittgelähmten oder Beinamputierten ihren Leistungssport betrieben und mein Bedauern für Rollstuhlfahrer war in hohen Respekt umgeschlagen. Heinz Nixdorf fand seine Überzeugung bestätigt, daß bei jedem Menschen Leistungssteigerung zu einem besseren Leben führt und das könne und müsse man fördern.

Verantwortung für Behinderte nicht nur im Betrieb, sondern auch beim Sport äußerte sich in der Frage: *„Können wir helfen?"* An der „Integ GmbH" in Bad Driburg beteiligte sich das Unternehmen Nixdorf mit 20 %. Aufgabe dieser „Integ" (= Integrationsbetriebe für Behinderte) war satzungsgemäß, körperlich, geistig und seelisch Behinderten, die nicht nur vorübergehend auf die Hilfe anderer angewiesen sind, durch eine angemessene Beschäftigung in Beruf und Gesellschaft wieder einzugliedern. Ein Teil der in Bad Driburg ausgebildeten, aber auch andere Behinderte fanden in der „Nixdorf-Computer AG" Beschäftigung. Diesen wurde angeboten, alle 14 Tage für eine Doppelstunde (2 x 60 Min.) den Arbeitsplatz mit sportlicher Betätigung zu tauschen. Kurt Bendlin berichtete: *„Am Anfang waren diese Mitarbeiter skeptisch. Doch jetzt ist diese Zeit etwas Besonderes. Da bekommen sie leuchtende Augen."*

Der Behindertensport, insbesondere die Rollstuhl-Volleyballer, sind in der Ahornsporthalle nicht wegzudenken. Und viele krankheitsspezifische Gruppen betreiben dort ihren Rehabilitations-Sport.

Mehr Sport für Azubis: *„Sport muß sein wie Zähneputzen!"*

Eines der wichtigsten Anliegen war für Heinz Nixdorf, und so auch für Kurt Bendlin, der Sport der Azubis, die er gern althergebracht als Lehrlinge bezeichnete, da sie von sich aus „was lernen wollen sollten". Die waren in einem Alter, in dem der Bewegungstrieb der Kindheit noch nicht völlig verebbt war und die Schulpflicht bot die letzte Gelegenheit, die Jugendlichen gezielt für spätere sportliche Betätigung zu gewinnen. Kurt Bendlin, der 1979 hinzukam, versuchte dies mit spielerischen Methoden einzufädeln und orientierte sich an Vorschlägen, die er der jeweiligen Gruppe entlockte. Die Zahl der Auszubildenden war bei der „Nixdorf-Computer AG" mindestens ebenso angestiegen wie die Zahl der Mitarbeiter, 1985 auf ca. 1.800. In punkto Sport für Azubis hatte sich die „Nixdorf-Computer AG" im Vergleich zu anderen Großunternehmen an die Spitze gesetzt. (Siehe Kap. Sport für Azubis, Betriebssport, Nixdorfer in Sportvereinen.)

„Hier im Betrieb" so der Pädagoge Kurt Bendlin, *„haben wir die letzte Chance, einen jüngeren Menschen lebenslang für den Sport zu begeistern. Und das gelingt uns nur, wenn wir jungen Leuten den Sport so anbieten, wie sie ihn sich wünschen."* (Siehe Allgemeine Literatur. Dreesbach, S. 78.)

Der Unternehmenschef hat seine Anforderungen an den Azubisport im Lauf der Zeit etwas anders akzentuiert. Waren es in den 1970er Jahren bei den Azubi-Sportfesten insbesondere drei Grunddiszipinen – 100-m-Lauf, Weitsprung, Kugelstoßen – so verlangte der Unternehmer 1985 von allen Azubis einen Dauerlauf im Sinne von Belastbarkeit. Zwei Slogans wollte er den Azubis mit auf den Lebensweg geben. *„Wer Sport treibt, ist hart aber fair!"* Das war die erzieherische Komponente. Und Sport sollte zur selbstverständlichen Gewohnheit werden: *„Sport muß sein wie Zähneputzen!"*

Leistungssport und Leistungssportler

Der Breitensport hatte seinen eigenen Zweck, doch wenn Heinz Nixdorf im Breitensport eine Basis sah, verriet dies, daß er insbesondere an das dachte, was sich darüber erhebt, an eine breite Basis für eine Pyramide, die an der Spitze das Höchste erreicht, an eine Leistungspyramide.

Kurt Bendlin entsprang nicht der hiesigen Breitensport-Basis. Als ehemaliger Weltrekordler und Idol repräsentierte er Höchstleistungssport, hatte jedoch als Zehnkämpfer erfahren, daß Sportler auch mit dem Verlieren und Nachlassen der

Leistungen fertig werden müssen. Heinz Nixdorf hat sich, sowohl bezogen auf sein Unternehmen, als auch auf Sport, nicht gern mit solchen Gedanken beschäftigt. Als er sich für den Segelsport entschied, war für ihn ein wichtiger Grund, daß man bei diesem Sport bis ins hohe Alter Leistung bringen kann und so betonte er *„ich als Sechzigjähriger"*, wenn er von seinen Teilnahmen und Erfolgen bei Regatten von Weltklasse berichtete. Allerdings hat er mit unglaublicher Disziplin daran gearbeitet, daß seine Kondition nicht nachließ, ohne die auch beim Segeln kein hoher Standard zu halten war.

Die Verbesserung von Leistungen, die Förderung zu Höchstleistungen waren sein persönliches Anliegen. Der SPIEGEL formulierte: *„Sein nahezu religiöses Verhältnis zur Leistung"* (Nr. 31, 1984). Heinz Nixdorf suchte stets persönlichen Kontakt zu Rekordlern, zu Vereinsmeistern, Landesmeistern, Deutschen Meistern, Weltmeistern, Olympiasiegern. Er lud zu sportlichen Veranstaltungen allzu gerne Meister und Rekordler ein. Das Höchste waren für ihn als Könige der Leichtathletik die deutschen Zehnkämpfer, die er wohl alle kannte, viele persönlich wie Werner von Moltke (Europameister 1966), Willi Holdorf (Goldmedaille in Tokio 1964), Weltrekordler Kurt Bendlin (1967 in Heidelberg), Guido Kratschmer (Silbermedaille 1976 in Montreal) und den mehrfachen Weltrekordler Jürgen Hingsen (1982 in Ulm, 1983 in Bernhausen).

Im Heimathaus Mertesmeyer in Sande, einem westfälischen Fachwerkbau, veranstaltete Heinz Nixdorf gelegentlich Treffen von Spitzensportlern. Leistungssteigerungen förderte er bei der Seniorinnentennismannschaft zum Aufstieg in höhere Klassen, unterstützte den Bundesligisten Volleyball, die Austragung von Weltmeisterschaften der Segelflieger auf dem Haxterberg, förderte die Bündelung der Kräfte, um Leistungen zu steigern, bei den Reitern, bei den Fußballern, bei den Segelfliegern, bei den Leichtathleten, sorgte zur Förderung der Leistungen durch bessere Sportanlagen, so die Reitanlagen in Hövelhof, das Reitsportzentrum Vüllersheide, das Sportzentrum des SC-Grün Weiß, die Tennishalle SC Grün-Weiß und baute den Ahorn-Sportpark.

Vom „Leverkusener Modell" lernte er, Spitzensportler nicht mit Ablösesummen einzukaufen, sondern in den Sportvereinen heranwachsen zu lassen. Guten Sportlern, insbesondere Nachwuchssportlern, boten die Leverkusener gute Trainer und Sportanlagen und berufliche Perspektiven im Werk. Für anspruchsvolles Trainieren wurden den Talenten halbe Stellen eingerichtet. Halbes Jahr, halbe Woche, halbe Tage, abwechselnd mal Sport, mal Arbeit bzw. Ausbildung. Der Vorstandsvorsitzende der Bayer AG erklärte *„Wir achten darauf, daß sportliches Training und berufliche Ausbildung vernünftig ausbalanciert werden. Wir haben die Erfahrung gemacht, daß ein Sportler, der sich in seiner Disziplin ein hohes Ziel gesteckt hat, auch bereit ist, hart an sich zu arbeiten und Opfer zu bringen."*

Weiterreichende Ziele für Sport und Sportförderung in Paderborn

Mit dem Stadion und der Sporthalle auf Werksgelände, dem Ahorn-Sportpark, hatte Heinz Nixdorf eine hohe Stufe im Sportstättenbau und der Sportförderung erreicht (1984). Das war für den Unternehmer Bestätigung der eigenen Kraft und sogleich Ermutigung, weiterreichende Ziele anzugehen. Als erstes war die Stiftung eines Sportmedizinischen Lehrstuhls bereits vertraglich abgeschlossen. Nach einer Konsolidierungsphase von wenigen Jahren sollte der Ahorn-Sportpark weiter ausgebaut werden. Im Stadion könnten die vorgesehenen Zuschauerränge für einige Zehntausende mit Betonstufen angebracht werden. Sodann sollte ein einzigartiges Olympisches Dorf mit alten westfälischen und anderen niederdeutschen Fachwerkhäusern errichtet werden. Die Balkenwerke einiger älterer Bauernhäuser waren bereits gekauft und eingelagert. Sodann war eine weitere Sporthalle vorgesehen, die, im Unterschied zur bestehenden mit ihren vier Sportflächen, für Sportveranstaltungen mit größerer Zuschauerzahl geeignet sein sollte (siehe Kap. Tanzsport). Ferner war auch eine Verlängerung der bestehenden Sporthalle Richtung Paderborner Straße möglich. Weiter war in Paderborn eine Eissporthalle im Gespräch und Heinz Nixdorf schloß nicht aus, deren Bau im Zusammenhang einer Erweiterung des Sportparks an der Alme zu unterstützen.

Die Bauten sollten keine Architekturdenkmäler sein, sondern den Breitensport, den Vereinssport und insbesondere den Leistungssport fördern. So waren viele Erkundungen gemacht und Kontakte geknüpft, um mehr und höherrangige Leistungszentren in Paderborn anzusiedeln. In der BR-Deutschland gab es ein ziemliches Dickicht im Gerangel um Leistungszentren. Das lag einmal in den Sportorganisationen begründet, mit dem Deutschen Sportbund (DSB), in dem die nationalen Fachverbände selbständig sind, und dem konkurrierenden Nationalen Olympischen Komitee (NOK) und begrenzter politischer Zuständigkeit des Bundes infolge der Kulturhoheit der Länder. Es gab so z. B. Bundesmittel und Landesmittel und als Drittmittel Sponsorengelder aus Töpfen oder direkt von Industrieunternehmen, die Stiftung Deutsche Sporthilfe etc.. Sodann Bundesleistungszentren (BLZ), Bundesstützpunkte (BSP), Landesleistungszentren (LLZ), Landesstützpunkte (LSP) und dann mit höchstem Rang und an Zahl beschränkt Olympia-Stütz-Punkte (OSP). In all diesen Zentren und Stützpunkten waren Trainer für verschiedene Sportarten und Sportler der A, B, C, C/D und D1 bis 4 Kader aktiv. Heinz Nixdorf wollte einen Olympiastützpunkt insbesondere für die Leichtathletik (Zehnkämpfer) und möglichst für weitere Sportarten. Die Größenordnung der Stadt Paderborn war kein Hindernis, z. B. im Vergleich mit Tauberbischofsheim (Fechten), Schifferstadt (Ringen), Warendorf (Reitsport). Und hochrangige Sportveranstaltungen mit Weltklasseathleten könnten auch in Paderborn ausgetragen werden, denn dazu waren auch kleine Orte fähig: Hochspringer-Meetings in Eberstadt, Zehnkämpferwettbewerbe in Götzis (Österreich) oder in Burghausen. Die Weltmeisterschaften der Segelflieger waren in Paderborn gut gelungen. Viele Sportarten hatten in Paderborner Vereinen

Von Heinz Nixdorf veranlaßte Spenden der Nixdorf Computer AG an Sport-Organisationen und -Vereine außerhalb von Paderborn 1980 bis 1987 (Summen in DM)

Organisation/Verein	1980	1981	1982	1983	1984	1985	1986	1987
Deutscher Sportbund (DSB)	10.000							
Stiftung Deutsche Sporthilfe (S. D. S.)	20.000			50.000	50.000	50.000		
Deutsche Lebensrettungsgesellschaft (DLRG)		27.000	25.000					
Landessportbund Hessen								23.500
Deutscher Seglerverband	30.000	23.400	18.100			62.600		
Deutscher Volleyballverband		20.000	20.000	20.000	20.000	20.000	10.000	10.000
Deutsches Olymp. Komitee für Reiterei (DOKR)	10.000		10.000	10.000	20.000			
Förderkreis Olymp. Reiterspiele (FORS)			25.000		10.000			
ASV-Köln	17.000		10.000	10.000	10.500	5.000	5.000	
OSC-Berlin							10.000	
Summen von Spenden unter 10.000 DM	9.800	6.100	12.100	11.200	34.200	42.300	22.600	11.200
Gesamtsummen	**96.800**	**76.500**	**120.200**	**101.300**	**144.700**	**179.900**	**37.600**	**44.700**

Gesamtsumme 1980–1987 = 801.700,- DM

Stützpunkte, nicht alle in gleichen Zeiträumen: Volleyball, Squash, Leichtathletik, Segelkunstflug, Schwimmen, Kunstradsport, Baseball/Softball. Paderborn wäre also prinzipiell für eine herausragende Hochburg des Sports und einen Olympiastützpunkt mit Hilfe von Heinz Nixdorf groß genug. Für hochrangige internationale Sportveranstaltungen wäre eine dominierende Führungskraft erforderlich, wie sie Heinz Nixdorf beispielhaft in Manfred Germar sah. Der war als Weltrekordler und in vielen internationalen Wettkämpfen erfolgreicher Leichtathlet in der Sportwelt bekannt, ein Idol, und er war ein Manager von Rang, Präsident des großen und renommierten Kölner Sportvereins ASV und als Organisator des jährlichen Kölner Leichtathletik-Meetings im internationalen Sportgeschäft zu Hause. Es war weniger die Nutzung der ASV-Sportanlagen durch Azubis der Nixdorf-Niederlassung in Köln, sondern vielmehr die Wertschätzung von Manfred Germar und des Kölner-Leichtathletik-Meetings, das den Paderborner Unternehmer bewog, dem ASV beachtliche Summen zu spenden. Jederzeit hätte Heinz Nixdorf von Manfred Germar Rat und Hilfe bekommen. Auch mit anderen angesehenen Sportlern stand Heinz Nixdorf in Kontakt, z. B. mit Martin Lauer. Heinz Nixdorf interessierte sich stets für die Frage, was aus Hochleistungssportlern nach ihrer sportliche Karriere wird und war durch Berichte und Gespräche sehr gut informiert.

Heinz Nixdorf hat in Sachen Sport bundesweit ein Netz von Kontakten geflochten. Dazu trugen auch die Spenden bei, die Organisationen und Verbände verbuchen konnten. Die höchsten Summen gingen z. B. an die Deutsche Sporthilfe, die Spitzensportler, insbesondere junge , finanziell unterstützt. Josef Neckermann war Vorsitzender der Stiftung, Heinz Nixdorf Mitglied des Kuratoriums. Neckermann zählt zu den erfolgreichsten Unternehmensgründern der Nachkriegszeit und war als Dressurreiter bekannt: Bei Olympischen Spielen 1964 und 1968 Gold/Mannschaft und 1968 Silber/Einzel, 1972 Silber/Mannschaft. Weltmeister 1966 im Einzel und in der Mannschaft.

Quellen/Literatur

Eigene Erinnerungen an Gespräche und Erlebnisse mit Heinz Nixdorf. Gespräche mit Kurt Bendlin, Manfred Germar, Willi Lenz, Renate Nixdorf.

Lamprecht, Wiebke/Marie Luise Klein. Siehe Allgemeine Literatur. Anfänge der Breitensportbewegung, S. 82 ff.

Gespräche und Erinnerung

„Wer reich stirbt, stirbt in Schande!"

Heinz Nixdorf hatte mich gefragt, ob ich mit ihm zur Feier des 75. Geburtstags von Konrad Zuse nach Hünfeld fahren könne. Am 02. November 1985, morgens, holte ich Heinz Nixdorf in seinem Hause ab. Er bestimmte: *„Wir fahren mit meinem Wagen! Du chauffierst uns hin und ich zurück!"* Wie gewohnt schaltete er pünktlich auf die Minute zur nächsten vollen Stunde die Radionachrichten ein. Irgend etwas bezog sich dabei auf Stahlproduktion. Als er nach Schluß der Nachrichten wie üblich ausgeschaltet hatte, sagte er: *„Wer reich stirbt, stirbt in Schande!"* Er erklärte nichts dazu, fragte nichts, sondern stellte den Satz in den Raum und wartete ab, ob und wie ich reagiere. Ich kannte diese feine, diebische Art zu examinieren, die ihm Freude machte, und erklärte: *„Meine Branche, die Bücher-Verlage haben von dem Mann, der dieses Motto in die Welt gesetzt hat, sehr profitiert. Er machte eine große Stiftung, mit deren Hilfe der Bau und die Ausstattung von über 2.000 Bibliotheken ermöglicht wurde."* Es war der Stahlmagnat Andrew Carnegie, der mit harten Methoden den größten Stahlkonzern, „US-Steel", und ein riesiges Vermögen geschaffen hatte, von dem er ca. 90% für gemeinnützige Zwecke stiftete. Heinz Nixdorf und ich unterhielten uns über weitere Stifter und Stiftungen. Ich kannte z. B. den Schulbuchverleger Franz Cornelsen, der sein Vermögen in eine Stiftung gebracht und so sein Unternehmen für die Zukunft abgesichert hatte, ähnliches bei der Carl Zeiss- oder der Robert-Bosch-Stiftung. Die „Alfried Krupp von Bohlen und Halbach-Stiftung", Essen, die 30% der Thyssen-Krupp Aktien hält, unterstützte in kulturpolitischer Absicht die Edition der ältesten, in slawischen Übersetzungen erschienen Bibelausgaben, die für die Entwicklung der nationalen Sprachen – seinerzeit alle im kommunistischen Bereich – eine ähnliche Bedeutung hatten, wie die Luther-Bibel für das Deutsche. Die Edition der slawischen Bibeln erfolgt im Verlag Ferdinand Schöningh, Paderborn. Was Paderborn betraf, interessierte Heinz Nixdorf.

Da wir im Jahr zuvor in Los Angeles waren, und – während Heinz Nixdorf an einer Regatta teilnahm – ich die Paul-Getty-Stiftung besuchte (nicht mit dem inzwischen entstandenen Paul-Getty-Centre zu verwechseln), merkte ich an, daß der alte Getty erst auf seinem Sterbebett zu der nach ihm benannten, sehr reichen Stiftung bewegt worden war. Heinz Nixdorf erklärte, so lange habe er nicht warten wollen, und erzählte, daß er in München mit dem Bau einer passablen Geschäftsstelle, mit guter Verbindung zu Franz-Josef Strauß, der ihm sein eben erschienenes Buch mit persönlicher Widmung geschenkt habe, und einer Stiftung eine Option geschaffen habe, um bei Schwierigkeiten, die sich einem schnellen Wachsen seines Unternehmens in Paderborn in den Weg stellen, den Firmensitz von heut´ auf morgen nach Bayern verlagern zu können. Die Münchner glaubten, so amüsierte sich Heinz Nixdorf, seine „Friedrich von Spee Stiftung" sei, da man von seinem

Segelsport wußte, auf den Namen des Admirals von Spee getauft, der durch die Kämpfe und Versenkung des nach ihm benannten schweren Kreuzers (1939) in München bekannter war als der während der Gegenreformation in Paderborn lehrende Jesuitenprofessor, der ein Werk gegen die von den Fürstbischöfen betriebene Hexenverbrennung verfaßte, es nur anonym veröffentlichen konnte, als Urheber entlarvt und vertrieben wurde. Den hatte Heinz Nixdorf als Namengeber gewählt.

Diese Unterhaltung über Stiftungen ist hier aus zwei Gründen wiedergegeben. Zum einen, weil Heinz Nixdorf keinen Sportverein nach seiner Firma, keines seiner Segelboote, kein Segelflugzeug, kein Sportstadion und so auch keine Stiftung zeitlebens mit seinem Namen benannt haben wollte. Daß seine Firma seinen Namen trug, war für ihn persönlich in den positiven wie den belastenden Wirkungen reichlich genug. Zu recht – meine ich – ist die Spee-Stiftung nach dem Tode des Stifters nach diesem benannt worden. Zum zweiten sind hier bei dem Thema „Heinz Nixdorf, der Sportsmann und der Förderer des Sports" die „Westfalen Stiftung" und die „Heinz Nixdorf Stiftung" nicht auszuklammern, da beide, zweifellos im Sinne des Stifters, erheblich zur Sportförderung beigetragen haben und weiter beitragen.

Der Sport wurde zur Leidenschaft

Eines abends plauderte Heinz Nixdorf mit mir vor seinem Kamin, unsere Frauen bereiteten das Abendessen vor – anschließend war Doppelkopf angesagt –, da ging er an den Schrank, holte ein Buch hervor, schlug es auf und las vor: „Nie ist ein Staat so schnell zur Weltmacht aufgestiegen wie der Sport." Heinz Nixdorf blätterte noch ein bißchen, dann drückte er mir das Buch in die Hände: „Ein kleines Dankeschön! Du hast mir viel geholfen!" Ein paar Eselsohren hatte Heinz Nixdorf an Stellen eingeknickt, die er besonders bemerkenswert fand. Der Autor war Alexander Natan, der Titel lautete „Sport aus Leidenschaft", erschienen 1956 in Zürich und bei Ferdinand Schöningh, Paderborn.

In seinem Buch „Paderborner Leichtathletik", Paderborn 2003, hat Lothar von dem Bottlenberg auf den ersten Seiten die „Deutsche Höchstleistungsliste" von 1939 abgelichtet. Darin ist verzeichnet: „Männer-Staffel 4 x 100 m, 40.8, SC. Charlottenburg (Körnig, Großer, Nathan, Herm. Schloßke), 22.7.29, Breslau." Damals hatte Natan noch ein th. „In späteren Rekordlisten des Dritten Reiches konnte man lesen", so schreibt Alex Natan, „daß der deutsche und der Weltrekord der 4 x 100 m-Staffel von drei Läufern und einer Lücke des Sport-Clubs [Berlin] Charlottenburg gehalten wurde. Diese Lücke war ich."
Der Name Natan war getilgt, weil der Rekordler Jude war. Er emigrierte nach England und in die USA, wurde ein bekannter Sportberichterstatter. In seinem Buch – einem der bemerkenswertesten Sportbücher des 20. Jahrhundert – hat er ca. 70 Sport-Persönlichkeiten porträtiert, bis zur Olympiade 1956. (Hier sei nebenbei angemerkt: Die für den Paderborner Osterlauf verantwortlichen Initiatoren des

Alex Natan: Sport aus Leidenschaft. Dieses Buch hatte Heinz Nixdorf von vorn bis hinten gelesen. Erschienen 1956 im Thomas Verlag Zürich und bei Ferdinand Schöningh Paderborn.

1966 eingeführten „Carl-Diem-Gedächtnislaufes" hätten sich diesen und dessen unrühmliches Ende ersparen können, wenn sie zuvor das Charakterbild des bekannten Sportfunktionärs in Natans Buch studiert hätten.) Über „Gehalt und Wesen", über Sinn und Zweck des Sports hat Natan fundierter nachgedacht, wie kaum ein anderer. Gegen Schluß, in einem autobiographischen Beitrag, *„Ein Kind meiner Zeit"*, bekennt er: „*Ich habe nicht Sport aus Leidenschaft getrieben, sondern mir ist der Sport zur Leidenschaft geworden.*" Zurecht läßt sich diese Formulierung übertragen und behaupten: Heinz Nixdorf war der Sport zur Leidenschaft geworden.

Neulich, im Dezember 2003, traf ich den früheren Pfarrer der Marktkirchgemeinde, den Heinz Nixdorf, obgleich er nicht zu dessen Gemeinde gehörte, mit heiligen Handlungen, die seine Familie betrafen, wie Kindtaufen etc., betraute. Pastor Jürgens erklärte mir: „*Ich habe gebetet, daß Heinz Nixdorf zweimal in den Himmel kommt. Ich hoffe, der Chef da oben erhört mich.*" – Für himmlische Dinge fehlt mir die Kompetenz. Ich meine aber, dreimal wäre besser: Zum ersten, weil Heinz Nixdorf ein großer Mensch war, zum zweiten als überragender Unternehmer, der für viele Tausende Arbeitsplätze geschaffen hat, und zum dritten als großer Sportsmann und Förderer des Sports. Von allen Sportbesessenen dieses Landes gehört Heinz Nixdorf zu den wenigen Unsterblichen.

Teil 2: Ausgewählte Sportarten. Eigene Aktivitäten und aktivierende Förderungen

Fußball 101

Leichtathletik 111

Luftsport 165

Tennis 205

Reitsport 231

Skifahren 267

Volleyball 285

Squash 301

Tanzsport 341

Segeln 349

Fußball

Vom Fußball zur Leichtathletik

Wie für die meisten Jungen fing auch für Heinz Nixdorf der eigene Sport mit unorganisiertem Fußball an. Mit den Brüdern Walter und Willi und Nachbarskindern. Irgendwo, dort, wo sich dafür der nächste Platz fand, wurde gepöhlt. Heinz wurde dann Mitglied im „SC Grün-Weiß e.V. Paderborn" und trainierte dort eifrig und begeistert in einer der Fußball-Jugendgruppen. Als für ein Turnier eine Mannschaft aufgestellt wurde, war er nicht dabei. Der ebenso sensible wie ehrgeizige Junge fühlte sich zu Unrecht übergangen, war in seiner Seele tief verletzt.

Dieses Erlebnis, das eine bleibende Narbe hinterließ, hat Heinz Nixdorf nie vergessen, aber nur sehr selten davon erzählt. Er hatte ein phänomenales Gedächtnis, blieb emotional auf Distanz zum Fußball und fand dafür auch objektive Gründe. Ihn störte, daß das Zahlenverhältnis von denen, die Fußball als „eigenen" Sport treiben, und den Massen bloßer Zuschauer – in den Stadien und vor den Fernsehern – das ungünstigste bei all den vielen Sportarten sei. Er respektierte alle, die selbst Fußball spielten und mißachtete jene, die selbst überhaupt keinen Sport machten, sich jedoch als große Sportfreunde und höchst enthusiastische Fußballanhänger fühlen. Hunderttausende konnten gewonnen oder verloren haben, obgleich das eigentlich nur auf je zwei mal elf Spieler in den Stadien zutraf. Bei den Zuschauermassen geht es nicht um die eigenen Muskeln, sondern um spannende Unterhaltung und um die eigene Psyche, um tiefwurzelnde Identifikationen, um Emotionen und um möglichst viele Glückshormone. Nervenzerfetzend konnte für Heinz Nixdorf Fußballzuschauen nicht sein. Seine Forderung *„Sport fördern, nicht veranstalten!"* verstanden seine Mitarbeiter: Förderung von „eigenem Sport" stand im Vordergrund, erst danach rangierten Sportveranstaltungen für Zuschauer. Wenn es um Fördermittel ging, und es eine Frage sein konnte, entweder ein Fußballspiel mit 10.000 Zuschauern oder einen Marathonlauf mit 10.000 aktiven Teilnehmern zu unterstützen, so war das für Heinz Nixdorf keine Frage.

Nach seiner Enttäuschung war der junge Heinz Nixdorf im „SC Grün-Weiß" in die Leichtathletikabteilung gewechselt. (Siehe Kap. Leichtathletik.) Diese Sportart schien ihm, der sich in der Schule in den Fächern Physik und Mathematik hervortat, sehr gerecht zu sein. Anstelle von subjektiven Beurteilungen durch Trainer, Punktrichter und umstrittener Schiedsrichterentscheidungen wurde in der Leichtathletik exakt mit Zentimetermaß und Stoppuhr gemessen und Kampfrichter wachten darüber, daß es gerecht zuging.

Auch Dorf-Fußball ist Wettkampf!

Bei aller Reserviertheit konnte sich der Paderborner Unternehmer dem Fußball nicht ganz entziehen. Dafür war sein Interesse an allem, was Sport und Wettkampf war, zu groß. Ich erinnere mich an eine kleine Episode. Wir fuhren eines Sonntagsnachmittags mit unseren Frauen in seinem blauen RO 80 ins Blaue, Richtung Egge und sahen, wie am Rande eines Dorfes ein Fußballspiel ausgetragen wurde. Das konnte nur die tiefste Kreisklasse sein. Trotz heftigen Protestes unserer Frauen bog Heinz Nixdorf sogleich von der Straße ab. Er wollte zuschauen. Am Rande standen einige Dutzend Anhänger der eigenen wie der gegnerischen Dorfmannschaft. Neben uns ein älterer Bauer, der aufgeregt mit seinem Krückstock in der Luft herumfuchtelte und seinen Spielern wild und wiederholt und schon ganz heiser zuschrie: *„Macht sie nieder!"* Heinz Nixdorf kommentierte lächelnd: *„Auah, auah!"*, und wir fuhren weiter, landeten auf einem Dorffest im oberwaldischen Dringenberg: Kaffee und von den Frauen des Dorfes wetteifernd selbstgebackene Torten. Alles für einen guten Zweck. Danach Bratwurst mit Senf und ein eiskalter Klarer. *„Köstlich, köstlich!"* schwärmte Heinz Nixdorf, kam auf das Fußballspiel zurück und konstatierte, das sei ein echtes Fußballstadion gewesen, weil keine Rundlaufbahn die Zuschauer auf Abstand hielt, sondern diese unmittelbar an der Außenlinie standen, der Bauer gar mit beiden Beinen im Spielfeld.

Die Ergebnisse der Bundesliga im Kopf

An den Wochenenden, so er im Lande war, verfolgte Heinz Nixdorf stets die Bundesliga. Der Verlauf der Spiele interessierte ihn als Zahlenmensch wenig. Er kannte exakt alle Ergebnisse und die Punktezahlen der Tabelle. Wenn er dann nach Beendigung der Spiele oder am nächsten Tag mit jemand zusammentraf, konnte er überraschend Fragen stellen und Gesprächspartner examinieren. Sein besonderes Interesse galt dem Auf- oder mehr noch dem Absteigen der „Arminia Bielefeld". Das war die nächstgelegene Großstadt, mit der er die Paderborner in allem messen konnte. Seine Vorliebe galt Dortmund. Das war für ihn die eigentliche Metropole Westfalens, nicht Münster mit den vielen Beamten. Obendrein stammte seine Frau aus Dortmund und der älteste Sohn Martin hatte durch die Muttermilch eine starke Sympathie für die Borussen mitbekommen.

Die heimische Fußballwelt

Wenigstens 30 Vereine, in denen ausschließlich oder auch nur nebenbei Fußball gespielt wurde, gab es im damaligen Stadtgebiet und in den umliegenden Orten. Mit der Geschichte der hier Dominierenden war der Paderborner Junge

Statt Fußball für Zuschauermassen förderte Heinz Nixdorf lieber Massen von Sportlern, die selbst „eigenen Sport" treiben. Hier der 3. Hoechst-Marathonlauf in Frankfurt a.M., der u.a. von der „Nixdorf Computer AG" gesponsert wurde. Das Firmenlogo auf der Startplane!

vertraut. Da die Vereine Gründungsdaten wie Qualitätsmerkmale im Namen führen, sei hier memoriert: Der erste „Fußball-Club Paderborn, FC 08" ging bald in einem „Verein für Bewegungsspiele, VfB 1911" auf. Nach einigen Wirren ergab sich daraus 1920 der „Verein für Jugendpflege, VfJ 08", der also das Gründungsjahr des ersten FC aufgriff. Eine zweite Linie bildete der „Sport-Verein SV 13". Den Paderbornern waren die Lokalrivalen, die „08er" und „13er", geläufig, als sich diese 1969 zum „1. Fußball Club Paderborn, 1. FC 08/13" vereinten. Hiermit sollte der „Weg in eine neue Fußball-Ära eröffnet" werden. Die Bündelung der Kräfte und das Beschwören der Traditionen erfolgte insbesondere in der Absicht, den auftrumpfenden kleineren Nachbarn Neuhaus und Sennelager zu zeigen, wer der

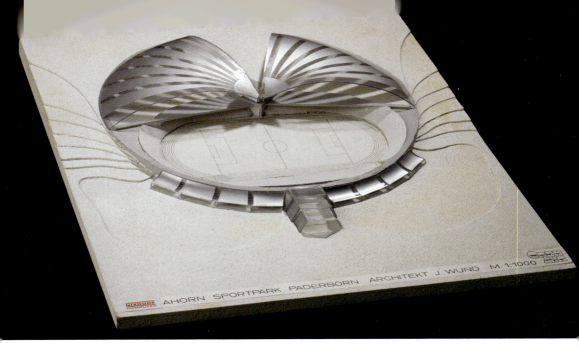

Modell eines überdachten Open-air-Stadions. Im Rahmen der Paderborner Sportstättenplanung hat der Architekt Josef Wundt, Friedrichshafen, im Auftrag der „Nixdorf Computer AG" das Modell eines Großstadions zur Verfügung gestellt, bei dem sich die gefächerte Überdachung öffnen und schließen läßt – Fußballfeld, Laufbahnen, Zuschauer – alles unter offenem Himmel oder bei Regen alles unter einem Dach.

Stärkere ist, und um gar Bielefeld Konkurrenz zu machen.

In der unmittelbaren Nachbarschaft war der Fußball nämlich nicht schlecht ins Spiel gekommen. Im kleineren Neuhaus war sogar ein Jahr früher als in der Kreishauptstadt der erste Verein entstanden, der u. a. Fußball spielte, der „Turn- und Sportverein, TuS 07, Neuhaus". Sodann gab es seit 1910 beim übernächsten Nachbarn den „Turn- und Spielverein, TuS 10, Sennelager". Nach der Eingemeindung von Sennelager nach Schloß Neuhaus, 1969, fusionierten beide Vereine 1973 zum „TuS 07/10 Schloß Neuhaus".

Paderborner Fußball, Neuhäuser Afghanen bei Nixdorf

Trotz vieler Anstrengungen und noch größerer Hoffnungen, war auch für die Fusionierten, die Paderborner wie die Schloß Neuhäuser, das Aufsteigen und Halten in höheren Klassen nicht leicht, denn überall, in vielen Städten, machte man Anstrengungen, um das Niveau zu steigern. Wenn die Mannschaften mit einzelnen hervorragenden Nachwuchstalenten Auftrieb bekamen, stiegen selten die Mannschaften auf, viel häufiger gelang das ihren besten Spielern. In der 2. und sogar in der 1. Bundesliga hatten sie ihre Stammvereine tief unter sich gelassen.

Die Fußballer von Heinz Nixdorfs Verein, „SC Grün-Weiß" machten viel von sich reden, nicht wegen steiler Liga-Aufstiege, sondern weil der aktive Vorsitzende, Karl Johannwerner, Reisen zu Freundschaftsspielen in ferne, auch im Fußball nicht hochentwickelte Länder organisierte. Umstritten war eine Fußball-Tournee nach Südafrika, das seinerzeit wegen der Apartheid-Politik international boykottiert wurde. Für alle, die an den Weltreisen nach Nordamerika, Afrika, Indien, Australien, Südamerika und zu den Weltmeisterschaften in Mexiko und Argentinien etc. teilgenommen haben, Aktive wie betreuende Fans, waren dies unvergeßliche Erlebnisse.

Auch der „TuS 07/10 Schloß Neuhaus" geriet ins Rampenlicht. Der Vorsitzende Josef Peitz nahm nach dem Einmarsch der Sowjetunion in Afghanistan (1979/80) dessen gesamte emigrierte Nationalmannschaft auf, versuchte den Spielern Beschäftigung und Brot in seinem Unternehmen (Fahrzeugachsen und -bremsen) zu geben und die Schloß Neuhäuser Fußballer erheblich zu verstärken.

Nachdem der „TuS 07/10" nicht die komplette National-Mannschaft in die Mannschaft der Schloß Neuhäuser integrieren und Josef Peitz auch nicht alle Afghanen in seinem Betrieb aufnehmen konnte, wurde er bei Heinz Nixdorf vorstellig und bat um Hilfe. Die Nixdorf Computer AG hat sodann sieben der Spieler eingestellt. Drei wurden in der Produktion beschäftigt, vieren wurde eine Ausbildung im technischen Bereich ermöglicht.

Freundschaftsspiele gegen attraktive nationale und ausländische Vereine hier in Paderborn fanden bei Heinz Nixdorf manche Unterstützung und in der Öffentlichkeit viel Beachtung.

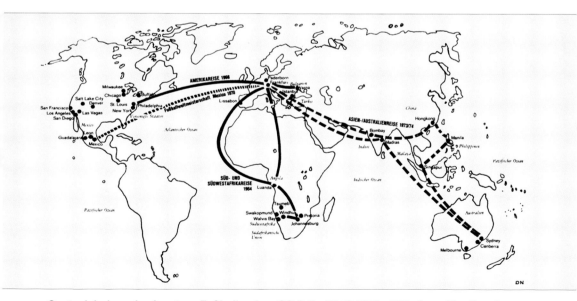

Gastspielreisen der Amateur-Fußballer des „SC Grün-Weiß 1920 e.V" in ferne Kontinente.
1964 nach Süd- und Südwestafrika, 1966 in die USA, über den Jahreswechsel 1973/74 zu Freundschaftsspielen nach Indien, zu den Philippinen und nach Australien. Diese Reise dauerte vier Wochen, davon entfielen zwei auf den Fünften Kontinent. Weitere Reisen folgten.

Die 100.000-DM-Spende für die Fußballer-Fusion

Der „1. FC Paderborn 08/13" wurde 1980/81 Westfalenmeister und Westdeutscher Meister. In der Saison darauf 1981/82 gelang dem Rivalen, dem „TuS 07/10 Schloß Neuhaus" der Aufstieg in die 2. Bundesliga. Doch bereits die nächste Saison 1982/83 endete mit dem Abstieg. Noch einmal hieß das Zauberwort „Bündelung der Kräfte". Um die Fusion der Paderborner und Schloß Neuhäuser „Spitzenvereine" zu bewegen, sagte Heinz Nixdorf eine Spende von 100.000 DM zu. Es entstand 1985 der „TuS Paderborn-Neuhaus", (der sich unter dem neuen Präsidenten Wilfried Finke 1997 in „SC 07 Paderborn", SCP, umtaufte).

Als der Vorstand ein Jahr nach der Zusage wieder bei Heinz Nixdorf vorsprach, war dessen Frage, ob die Spende angekommen sei. Doch, ja. Die Fußballer wollten allerdings verstanden haben, daß sie diese Summe jährlich bekommen. Der Unternehmer stellte verärgert fest, daß er dies nicht zugesagt hat. Sein Projekt mit höchster Priorität war der Ahorn-Sportpark. Nicht weit von diesem, zwischen der ehemaligen Müllkippe und der Elsener Paderbornerstraße war in einer Gesamtplanung ein neues großes Fußballstadion als „Stadtstadion" eingezeichnet, eine Realisation aber in weiter Ferne und nicht in Heinz Nixdorfs Zuständigkeit. Dennoch beschäftigte er sich generell mit Sportstättenentwicklung und Stadionplänen. Das zeigt ein Modell für ein Großstadion mit einer Überdachung, die geöffnet und geschlossen werden kann. (Siehe die Abbildung auf Seite 104.)

Eine „Arminia Ostwestfalen" mit der Nixdorf Computer AG?

In Bielefeld war bemerkt worden, daß im ehedem wirtschaftlich wenig entwickelten Paderborn ein Weltunternehmen entstanden war. Auf der Suche nach mehr Geld sprachen die Bielefelder bei Heinz Nixdorf vor und machten gar den Vorschlag, aus „Arminia Bielefeld" eine „Arminia Ostwestfalen" zu machen, die in der Lage sei, in der 1. Bundesliga im oberen Feld eine bleibende Rolle zu spielen. Die Heimspiele sollten abwechselnd in vier Großstadien, in Bielefeld, Gütersloh, Minden und Paderborn, stattfinden und von den Anhängern der ganzen Region gefüllt werden. Gesponsert werden sollte dieser „Regionalverein" von großen Unternehmen wie Oetker und Bentler in Bielefeld, Miele und Bertelsmann in Gütersloh, Melitta in Minden und nicht zuletzt von Nixdorf in Paderborn. Nur 0,01 Prozent der Unternehmensumsätze würden reichen. Daraus wurde nichts.

Rechte Seite:
Brief von Heinz Nixdorf in Sachen Fußballförderung. Dem Manager des „SC Arminia Bielefeld", Dr. Norbert Müller, erteilt der Paderborner Unternehmer eine höfliche Absage, indem er auf die Akzente seiner Sportförderung verweist.

Heinz Nixdorf
Vorsitzender des Vorstands
Nixdorf Computer AG

Fürstenallee 7 · 4790 Paderborn
Telefon (05251) 15-1100

13. September 1984

Herrn
Dr. Norbert Müller
Manager des Sportclubs
Arminia Bielefeld e.V.
Postfach 511

4800   Bielefeld   1

Sehr geehrter Herr Dr. Müller,

die Nixdorf Computer AG fördert gegenwärtig 3 Bereiche des Sports intensiv.

1. Breiten- und Leistungssport auf dem Sektor der Leichtatlethik in Verbindung mit der Ausbildung unserer Lehrlinge (Neubau eines Sportparks).

2. Förderung des Leistungs-Segelsports.

3. Förderung der Vereine in der näheren Umgebung des Firmensitzes.

Der Vorstand unseres Hauses möchte zusätzliche Sportmaßnahmen nur mit geringem Aufwand fördern. Aus diesem Grund ist derzeit die intensive Förderung des Fußballsports nicht möglich. Ich bin überzeugt, daß Sie, sehr geehrter Herr Dr. Müller, für unsere Haltung Verständnis haben.

Dem Sportclub Arminia Bielfeld wünsche ich von Herzen eine Verbesserung seiner Position auch in dieser Saison und verbleibe

mit freundlichen Grüßen

Ihr

Kein Nixdorf-Computer-Logo auf Fußballtrikots

Bei einer Vielzahl von punktuellen Unterstützungen der heimischen Sportvereine durch Anzeigenaufträge für Programmhefte, Prospekte oder Clubinfos wurden die Fußballer von der Nixdorf Computer AG keinesfalls übergangen. Bei der Bandenwerbung hielt sich die Firma aber generell zurück, da sie kein Einzelhandelsunternehmen war, das in jedem Zuschauer einen potentiellen Kunden ansprechen konnte. Ausnahmsweise gab es eine Bandenwerbung für Nixdorf Computer in Warendorf bei der Weltmeisterschaft im Modernen Fünfkampf, einer olympischen Disziplin, die wenig verbreitet ist. Die Nixdorf Computer AG stellte die Computer für die Wettkampfauswertung zur Verfügung.

Eines abends erzählte mir Heinz Nixdorf strahlend, es hatten Fußballfunktionäre bei ihm vorgesprochen und vorgeschlagen, das Firmenlogo „Nixdorf Computer" auf die Trikots ihrer Mannschaft zu nehmen. Er habe die Herren gefragt, was sie ihm dafür zahlen wollen; denn umsonst könnten sie mit dem guten Ansehen seiner Firma für ihren Verein keine Reklame machen. Die Herren hätten etwas verstört reagiert und kein Angebot gemacht, und so habe er sie zur Tür geleitet.

Der Firmenchef als Fußballspieler

Für die Auszubildenden, die technischen wie kaufmännischen der Nixdorf Computer AG, ließ der Firmenchef, wie das bei Schulen üblich war, jährlich Sportwettkämpfe veranstalten, machte daraus 1971 ein Sportfest, indem er angesehene Spitzensportler zur Teilnahme und die Bevölkerung als Zuschauer einlud. (Siehe Kap. „Sport für Azubis ...".) Fußball durfte dabei nicht fehlen. Gelegemtlich hatte eine „Prominentenauswahl" gegen die „Azubis" anzutreten. Nur einmal mußte der Chef als Vorbild mit dabei sein und kam im Trikot mit Firmenlogo zum Einsatz. Doch Fußball konnte nicht sein „eigener Sport" werden.

Quellen/Literatur

Einige Erinnerungen an Gespräche mit Heinz Nixdorf. Gespräche mit Willi Lenz.

Informationen von Ulrich Plattmann und Hubert Schäfers.

SCer-Nachrichten. Vereinszeitschrift des Sport-Club Grün-Weiß 1920 e.V. Paderborn. Folge 26, 1973, S. 36.

Lamprecht, Wiebke/Marie Luise Klein. Siehe: Allgemeine Literatur. Fußball S. 199ff.

Heinz Nixdorf beim Mitarbeiter-Fußballturnier. Seit ca. 1980 bildeten Mitarbeiter von verschiedenen Abteilungen und Niederlassungen der Nixdorf-Computer AG Fußballmannschaften und trugen in Paderborn auf den Spielfeldern zwischen Unterem Frankfurter-Weg und der ehemaligen Mülldeponie jährlich, und an Beteiligung zunehmend, umfangreichere Turniere aus. Die Anregung kam von einem Mitarbeiter, Ulrich Plattmann, seinerzeit einer der Ausbilder im kaufmännischen Bereich. (Heute in der Siemens AG zuständig für deren Ausbildungsstätten, Schulen und Akademien in Deutschland.) Rechtes Bild: Heinz Nixdorf unterzeichnet in Begleitung von Kurt Bendlin, Leiter der „Ausbildungs- und Sportförderung", die Urkunden für die besten Mannschaften. Bild unten: Der Unternehmenschef überreicht dem Kapitän der Siegermannschaft den Pokal.

Leichtathletik

Leistungen, die exakt zu messen sind: Schneller, weiter, höher

Abgesehen von seinem, mit großem Ehrgeiz betriebenen „eigenen Sport", dem Starbootsegeln, das er mit 43 Jahren begann und das kein Breitensport sein konnte, war Heinz Nixdorf seit seiner Jugend von der Leichtathletik rundum begeistert. Das war für ihn die elementarste Sportart, die für jedermann erschwinglich und geeignet, die volkstümlich war, die für die meisten mit der Schule begann. Das war ein Breitensport bis hin zum Hochleistungssport mit seinen Aufsehen erregenden Rekorden: schneller, weiter, höher. Da Zeiten, Weiten und Höhen nachvollziehbar, präzise zu messen sind, keine subjektive Punktvergabe einer Jury im Spiel ist, schien ihm bei seiner Begabung für Mathematik und Physik die Bewertung der Leistungen gerechter zu sein, als in manch anderer Sportart.

Dies war auch der Grund, der Heinz Nixdorf als ehrgeizigen und empfindlichen Jungen vom Fußball schnell weg zur „Königin" der Sportarten, zur Leichtathletik führte (siehe Kap. Fußball). Der Hochschätzung der Leichtathletik blieb er, als er sich selbst später als Segelsportler aktiv und erfolgreich betätigte (siehe Kap. Segeln) ungemein treu. So verfügte er für seine Stiftungen u.a. eine Förderung des Sports allgemein, hob aber zwei Sportarten namentlich hervor, das Segeln und die Leichtathletik.

Eigene Erfolgserlebnisse und Familienstolz

Eine fast innige Beziehung zur Leichtathletik war bei Heinz Nixdorf durch eigene Erfolgserlebnisse und durch Familientradition sein Leben lang verankert. Rückblickend, fast verklärend, berichtete er stolz: *„Ich war wie mein Vater Kreismeister auf der Mittelstrecke über 1500 m. Mein Bruder [Willi] war Westfalenmeister. Und erst jetzt – vor wenigen Wochen – wurde der Kreisrekord über 800 m gebrochen, den mein Neffe 15 Jahre gehalten hat. Also 60 Jahre lang war meine Familie über Generationen hier die Nummer eins auf der Mittelstrecke."* (Allgemeine Literatur. Kemper, 1986, S. 20)

Der erwähnte Neffe, das ist ein Sohn seiner Schwester Anneliese, Hans-Dieter Wolf, dessen Leichtathletikkarriere der Onkel Heinz, der erfolgreiche Computerunternehmer, mit ausgeprägtem Familienstolz verfolgte. Hans-Dieter W. tat sich im 800-m- und im 400-m-Lauf und bei Waldlaufmeisterschaften hervor. 1969 erreichte er bei der Westfalenmeisterschaft in der A-Jugend im 800-m-Lauf den 3. Platz in 1:57,9. 1970 lief er die 400 m in 51,4 und holte bei den Westfalenmeisterschaften im 800-m-Lauf erneut Bronze. Bei dem Azubisportfest der Nixdorf Computer AG 1971, das Heinz Nixdorf u. a. durch die Einladung zahlreicher Deutscher- und Europa-

Meister zu einem Leichtathletik-Sportfest ausweitete, stellte der Neffe H.-D. Wolf einen neuen Kreisrekord im 800-m-Lauf mit 1:53,6 auf. Er verbesserte diesen 1974 bei Deutschen Meisterschaften in Dortmund auf 1:50,2 und war, wie sein Onkel erwähnt, 15 Jahre lang Kreisrekordler auf der Zweirundenstrecke.

Zwei Fotos aus den Jahren 1947 und 1948 dokumentieren Heinz Nixdorf als Leichtathleten in Mannschaften des Paderborner SC Grün-Weiß 1920 e. V., der 1934 von Mitgliedern des Vereins „Mark" der von den Nazis unterdrückten katholischen Deutschen Jugend Kraft (DJK) gegründet worden war und später das Gründungsdatum der DJK, 1920, übernahm.

1947 als Leichtathlet in der Sportgemeinschaft des SC Grün-Weiß 1920 e. V.

Das erste Foto zeigt Heinz Nixdorf als Teilnehmer an den Ostwestfälischen Bezirks-Meisterschaften, die 1947 im Königsbrügge-Stadion in Bielefeld ausgetragen wurden. 1945 waren in Paderborn infolge der Bombenangriffe fast alle Sportstätten zerstört. So auch in den Fürstenwiesen die 350-m-Ovalbahn des Inselbadstadions, die mit Bombentrichtern übersät war. Fast ausschließlich durch Eigenarbeit der Sportler – auch Heinz Nixdorf war dabei – war dort 1945/46 eine auf 400 m erweiterte neue Aschenbahn entstanden. Doch die Stadt, der das Terrain zwischen Pader und Fürstenweg gehörte, lud dort nun Berge von Trümmerschutt aus der Innenstadt ab. Um aus der Not eine Tugend zu machen, einigte sich die Stadt mit den Sportvereinen und ließ mit dem Schutt einen großen, ovalen Zuschauerwall für ein besseres Stadion aufwerfen. Erst 1951 konnte dieses in Betrieb genommen und 1956 mit allen Anlagen fertig gestellt werden. So war die Nachkriegszeit für die Läufer durch Improvisieren geprägt. Straßen und Waldwege, z. B. an den Fischteichen, dienten als Laufstrecken. In dieser desolaten Situation zwischen 1946 und 1951 war die Gelegenheit, in einem intakten Stadion, in Bielefeld, an Wettkämpfen teilnehmen zu können, für die Leichtathleten des SC Grün-Weiß eine willkommene Gelegenheit, geschlossen dabei zu sein. Dies ist im Foto festgehalten. Dr. Hans Wienold, der Vorsitzende des SC Grün-Weiß 1920 e. V. von 1934 bis 1970, beschrieb die schwierige Lage seines Vereins in der zerstörten Stadt: *„Aber der Wille war da, der Wille, die zerschlagene Sportgemeinschaft wieder aufzubauen."*

Diese Jahre hat Heinz Nixdorf als Leichtathlet im SC Grün-Weiß 1920 e. V. miterlebt. Er hatte nach dem Militärdienst – als Fahnenjunker der Luftwaffe (siehe Kap. Luftsport) – wieder das Reismann-Gymnasium besucht und im Sommer 1946 das Abitur gemacht. Auf dem Foto, das die Sportgemeinschaft der Grün-Weißen Leichtathleten 1947 zeigt, sind auch etliche seiner Schulkameraden in der vorderen Reihe zu finden, u. a. Etu (Edmund) Berke und Fitti (Fritz) Bunte.

Bereits 1947 nahm eine wettkampfstarke Mannschaft des „SC Grün-Weiß e.V. 1920" an den Ostwestfälischen Leichtathletikmeisterschaften in Bielefeld teil

Das Bild zeigt die Leichtathletikmannschaft mit Anhang und Fans

<u>Untere Reihe sitzend, von links:</u> **Heinz Nixdorf**, Etu Berke, Heinz Gülle, Frl. Sünkler, Fitti Bunte

<u>Zweite Reihe knieend:</u> Ferdi Reker, Sasse, J. Kretschmer, Greti Engelke(-Bunte), Willi Oppermann, Sefa Mertens-Blömeke, Dore Berke, Frl. Hoffmann, davor Hans Vockel

<u>Stehend von links:</u> Aloys Schwarze, Hans Wienold, Franz Göke, Georg Vockel, Kurt Güllenstein, Jöschen Volmert, Josef Hesse, Albert Wrenger, Franz Schulze, Gerhard Schmidt, Willi Kirwald, Hella Vockel, Heinrich Vockel, Josef Amedick, Josef Schütte, Heinz Eberlein, Sofie Johannwerner, Willi Johannwerner, Schlichting (nicht alle identifiziert)

Heinz Nixdorf 1947 als 22-jähriger Leichtathleth in der „wiederaufgebauten Sportgemeinschaft des SC Grün-Weiß". In der vordersten Reihe links sitzend Heinz Nixdorf (siehe vergrößerten Ausschnitt). Foto veröffentlicht in einer Jubiläumsschrift des SC Grün-Weiß 1920 e. V..

Leichtathletik 115

> Nach dem letztem Kriege hatte die Besatzungsmacht alle Sportverbände aufgelöst. Später wurde dieses Verbot gelockert. Innerhalb des Kreisgebietes durfte wieder Sport betrieben werden. Die Vereine schlossen sich zum Kreissportbund zusammen. Nun konnte der in den 20ziger und 30siger Jahren mit Spannung durchgeführter Staffellauf " Rund um Paderborn " wieder durchgeführt werden, nachdem der Hobby Kupferschmidt Anton Peters aus einer ausgeglühten Kupferplatte vom abgebrannten Domturm einen Siegerkopf hämmerte, der als Wanderpreis der siegreichen Mannschaft übergeben werden sollte. Unsere SCer Sprinter und Mittelstreckler gewannen diese Trophäe in der Aufstellung :
> H. Reker 300 m, H. Nixdorf 300 m, F.J. Hesse 800 m, F. Bunte 410 m, W. Sauerland 630 m, W. Oppermann 300 m F. Bräutigam 300 m, H. Gülle 150 m.
> 3 x hintereinander gewannen die SCer diese Staffel. Damit ging er in den Besitz des Vereins über.

Ein altes Dokument über den „Paderborner Stadtlauf" 1948 und die Siegertrophäe. Die Staffeln des SC Grün-Weiß hatten dreimal hintereinander gewonnen und konnten die Trophäe, einen Wanderpokal, in Besitz nehmen.

Links:
Heinz Nixdorf als Mitglied der Staffel des SC Grün-Weiß, die den „Paderborner Stadtlauf" 1948 gewonnen hat. Das Foto zeigt die acht Leichtathleten, die sich mit der Siegestrophäe präsentieren. Vorne von links Karl-Heinz Gülle, Willi Oppermann, Ferdi Reker. Dahinter von links Fritz Bunte (gen. Bunten Fitti), Franz Bräutigam, Franz-Josef Hesse, Willi Sauerland und, ganz rechts, Heinz Nixdorf. Die Strecke auf der Promenade bzw. Straße rund um die mittelalterliche Stadtbefestigung betrug 3.190 m mit unterschiedlichen Teilstrecken in der Reihenfolge: Reker 300 m, Nixdorf 300 m, Hesse 800 m, Bunte 410 m, Sauerland 630 m, Oppermann 300 m, Bräutigam 300 m, Gülle 150 m.

Vater Walter 1924 und Sohn Heinz 1948 beim Staffellauf „Rund um Paderborn"

Das zweite Foto zeigt Heinz Nixdorf als Mitglied einer Staffel von SC Grün-Weiß-Athleten, die beim „Stadtlauf" 1948 den Sieg erkämpften. Dieser Staffellauf „Rund um Paderborn" war erstmals 1921 ausgetragen worden, als die Stadt kaum über den mittelalterlichen Befestigungsring hinausgewachsen war. In den ersten 11 Jahren hatten die Leichtathleten des Vereins für Jugendpflege, VfJ 08, die Staffel fast ununterbrochen gewonnen. Der VfJ 08 war in der Leichtathletik zunächst der dominierende Verein.

Bei dem Stadtlauf 1924 machte ein Walter Nixdorf mit, der in Torgau, in Sachsen beheimatet war, der nach dem Ersten Weltkrieg zum 100.000–Mann–Heer kam und in Paderborn in der Infantriekaserne an der Elsener Straße stationiert wurde. Der Soldat hatte Bäcker gelernt und zog sich bei einem nahegelegenen Schneider stets Zivil an, bevor er sich in die Stadt begab. Ein junges Fräulein, Änne Ströhmeier war mit zwei Schwestern unter begleitender Aufsicht einer Tante von Gesseln (Sande) in die Stadt gekommen, um das Spektakel vom Lauf „Rund um Paderborn" mitzuerleben. Dabei verliebte sich Mama Änne, wie sie später genannt wurde, in einen der beteiligten Läufer, eben jenen Walter Nixdorf, ihren späteren Mann, von dem sie nicht einmal wußte, daß er Soldat und – das war damals sehr, sehr schlimm – daß er evangelisch war. Aus der Ehe gingen fünf Kinder hervor und für das älteste, den 1925 geborenen Heinz Nixdorf gehörte, als er 1948 teilnahm, der „Stadtlauf" schon zur Familiengeschichte, bevor er geboren wurde. *„Mein Vater ist bei einem Volkslauf an Paderborn und meiner Mutter hängengeblieben."*

Die Leichtathleten von der Abteilung Mark (Sportler der Markkirch-Pfarrei) der 1920 gegründeten katholischen Deutschen Jugend Kraft (DJK) konnten den Titel „Sieger des Stadtlaufs" erstmals 1932 gewinnen, ein Zeichen dafür, daß die Leichtathletikabteilung der DJK-Mark, aus der 1934 der SC Grün-Weiß 1920 e. V. „hervorging", inzwischen stark geworden war. Nach Unterbrechung infolge des Krieges wurde der Staffellauf 1946 erstmals wieder ausgetragen. 1948 war Heinz Nixdorf Mitglied der siegreichen Truppe. Zum dritten Mal in Folge hatte eine Mannschaft des SC Grün-Weiß gewonnen. Der Verein war am Ort in der Leichtathletik nun der führende.

Die Strecke von 3190 m führte auf der Linie des ehemaligen Stadtwalls, der Promenade, rund um die frühere, mittelalterliche Befestigungsmauer, Start Westerntor Richtung Rosentor. Dann verlief die Strecke vorbei am Kasselertor, Gierstor, Heierstor, Neuhäuser Tor zum Ausgangspunkt, dem Ziel am Westerntor. Die Gesamtstrecke war nicht in allen Jahren gleich. Sie schwankte durch etwas unterschiedliche Linienführung. Auch die Zahl der Staffelläufer blieb nicht gleich und betrug einige mal mehr als acht, um möglichst viele Athleten zum Einsatz kommen zu lassen.

Neben dem Staffellauf „Rund um Paderborn", der im Sommer ausgetragen wurde, gab es seit 1947 jeweils im Frühjahr den Einzel-Lauf-Wettbewerb „Rund um Paderborn". Aus diesem entwickelte sich der „Paderborner Osterlauf", der 2005 zum 59. Male mit einer Beteiligung von 7177 Sportlern ausgetragen wurde. (Inzwischen erschien eine Festschrift von Lothar v. d. Bottlenberg: „60 Jahre Paderborner Osterlauf", 2006.)

Mit SC-Grün-Weiß-Freunden 1960 zu den Olympischen Spielen nach Rom

Durch sein Studium an der Universität Frankfurt a.M. und die Gründung seiner eigenen Werkstatt als „Heinz Nixdorf, Labor für Impulstechnik" 1952 in Essen, war Heinz Nixdorf der Paderborner Sportszene entfernt. Doch als er seinen Betrieb Ende 1958 nach Paderborn verlegt hatte, fand er schnell wieder Kontakt zu seinen alten Freunden im SC Grün-Weiß. Eine Gruppe von ihnen hatte durch eine persönliche Verbindung des Vereinsvorsitzenden, Dr. Hans Wienold, zu einem Dortmunder Freund mit einer Gruppe dortiger Sportler die Interessengemeinschaft „RoDoPa" Rom-Dortmund-Paderborn gegründet, um eine Reise zu den Olympischen Spielen 1960 nach Rom zu ermöglichen. Als Heinz Nixdorf, 1959 gerade wieder in Paderborn, davon hörte, wollte er unbedingt dabei sein. Für die Gruppe „RoDoPa" waren sehr frühzeitig Omnibus, Quartier, Eintrittskarten etc. geordert worden. Kein Platz mehr in der Reisegruppe und in der Herberge für Heinz Nixdorf! So kam er, begleitet von einem Kumpel seit früher Schulzeit, dem Metzgermeister Heinz Jolmes, mit Auto und Zelt zu den Olympischen Spielen nach Rom. Eintrittskarten gab es zur Not im Schwarzhandel vor den Sportstätten. Überhöhte Preise waren zu verkraften durch den Preisunterschied zwischen Zelt und Hotel.

Zur Heiligen Stadt pilgern und Olympische Spiele feiern

Die „RoDoPa"-Gruppe machte eine dreiwöchige Pilgerreise und war in der Villa Maria Regina in der Via della Camilluccia untergebracht. Das Pilgergasthaus wurde von deutschen katholischen Nonnen geleitet. Betreut wurden die „RoDoPa"'s von einem Geistlichen, Pater Stendebach, der täglich morgens die Hl. Messe las und auch für jene Sportbegeisterte betete, die hierbei nicht zugegen waren. Einer, der Jüngste, Heribert Eickel (Herrenmoden), durfte jedoch nicht fehlen. Er fungierte als Meßdiener. Das Haus Maria Regina lag auf einem Hügel oberhalb des östlich davon in der Tiberniederung errichteten Stadio Olympico. Zwischen Pilgerheim und Stadion erstreckte sich der weitläufige Parco dello Stadio, an dessen Rand sich ein Zeltplatz für Heinz Nixdorf und seinen Freund Heinrich fand. Dieser hieß eigentlich auch Heinz, doch Heinz Nixdorf bestand darauf, daß in seiner Gegenwart der Metzger zur Unterscheidung Heinrich genannt und so auch angesprochen wurde.
    Während der Wettkampftage kam Heinz Nixdorf abends zu seinen Freunden auf den Hügel hinauf, um mit ihnen zu diskutieren und Informationen auszutauschen.

Rom 1960, Wilma Rudolph, USA. Die „schwarze Gazelle" gewann im 100- und im 200-m-Lauf die Goldmedaillen und eine dritte in der Staffel. Beeindruckend war besonders, daß die Athletin in früher Kindheit an Kinderlähmung erkrankt war und erst mit acht Jahren das Gehen wiedererlernte. Für Heinz Nixdorf ein unvergeßliches Beispiel für Rehabilitation, das in späteren Jahren dazu beitrug, sich für den Sportbereich Rehabilitation besonders zu engagieren.

Unten:
Rom 1960 und Berlin 1936. Links der 1960 in Rom gefeierte Ehrengast Jesse Owens, der in Berlin 1936 vier Goldmedaillen gewann und damit zum Superstar der Leichtathleten aufstieg. In der Mitte der Chef der deutschen Mission in Rom – Gerhard Stöck, in Berlin Gewinner der Goldmedaille im Speerwerfen. Rechts Armin Hary, 1960 Weltrekordler über 100 m und Goldmedaillengewinner über 100 m und mit der 4 x 100-m-Staffel. Mit Hary hatte ein deutscher Athlet die Dominanz der US-Sprinter auf den Kurzstrecken gebrochen.

Deutsche Olympiaathleten von 1936 im Ahorn-Sportpark 1986. Heinz Nixdorf hat den Verein „Ehemalige Leichtathleten" zum 50jährigen Jubiläum der Olympischen Spiele 1936 in Berlin nach Paderborn eingeladen. An Stelle des plötzlich verstorbenen Unternehmers (17.03.1986) empfing Vorstandsmitglied Karlheinz Voll am 25.04.1986 die zahlreich erschienenen Teilnehmer. Vordere Reihe, von links: Luise Krüger (Speerwurf Silber, Bln 1936); Tilly Grote-Fleischer (Speerwurf Gold, Bln 1936); Dr. Harry Voigt (4x100-m-Staffel Bronze, Bln 1936); Elfriede Rahn-Kaun (Hochsprung Bronze, Bln 1936); Erich Borchmeyer (4x100-m-Staffel Bronze, Bln 1936); Emmi Liersch-Albus (4x100-m-Staffel, Deutsche Meisterin 1937, 1938); Erhard Pflug (100 m und 4x100-m-Staffel, Studentenweltmeister, 1933); Karl-Heinz Becker (Deutsche Langstreckler-Elite vor 1939); Doris Runzheimer-Eckert (80-m-Hürden, Deutsche Meisterin 1936, im Endlauf in Bln 1936); Dr. Gisela Mauermeyer (Diskurswurf Gold, Bln 1936); Erwin Blask (Hammerwurf Silber, Bln 1936). Hintere Reihe: Herbert Schade (5000-m-Lauf Bronze, Helsinki 1952); Willi Lenz (Geschäftsführer Ahorn-Sportpark); Karlheinz Voll (Vorstandsmitglied Nixdorf Computer AG); Kurt Bendlin (Zehnkampf-Weltrekordler 1967). Bild unten: Die Mitglieder des Vereins „Ehemalige Leichtathleten" an der 60-m-Sprintstrecke in der Ahorn-Sporthalle.

Die meisten Zahlen hatte Heinz Nixdorf präsent, von Zeiten, Weiten, Höhen und den Punkten der Mehrkämpfer, aber auch von der Geschichte der Olympiade. Von 776 vor bis 393 nach Christus, über einen Zeitraum von 1160 Jahren hatten die antiken Wettkämpfe alle vier Jahre stets am gleichen Ort, in Olympia, zu Ehren des Zeus stattgefunden. Heinz Nixdorf rechnete vor: 1160 dividiert durch 4, also 290 mal!

Kaiser Justinian I., der Ost- und Westrom vereinte, erhob 381 das Christentum zur Staatsreligion und als oberster Priester, als Pontifex Maximus, verbot er alle heidnischen Kulte, 394 auch alle weiteren Wettkämpfe zu Ehren des griechischen Göttervaters in Olympia. Nun, ein paar hundert Jahre später, triumphierten die XVI. Olympiade neuer Zeit in der Hauptstadt der Christenheit, deretwegen die Spiele in Olympia ihr Aus erlitten hatten, und Sportbegeisterte aus der Bischofsstadt Paderborn waren zu den Olympischen Spielen und zu ausgiebigen Besichtigungen in die Heilige Stadt gepilgert. Einige, die dabei waren, z. B. Klaus Franke und Fritz Fabrizius, aber nicht alle, erinnern sich daran, daß Heinz Nixdorf dabei war. 1960 war dieser, zwischen Nobody und Legende, ein Jedermann, einer von vielen, und von den sportbegeisterten Paderbornern wußte fast niemand, was in dessen Labor fabriziert wurde.

Unvergessliche Erinnerungen an die Leichtathletik-Wettkämpfe in Rom 1960

Für Heinz Nixdorf waren diese Olympischen Spiele 1960 ein unvergessliches Erlebnis. Drei Leichtathletik-Ereignisse, die den Paderborner besonders beeindruckten, waren für ihn nach noch mehr als zwanzig Jahren ein Erinnerungsvergnügen und gelegentlich, aus besonderem Anlaß, berichtete er mit Begeisterung:

1. In Rom gewann der Deutsche Armin Hary, nachdem er im Juni beim Züricher Leichtathletik-Meeting auf der 100-m-Strecke mit 10,0 Sek. einen neuen Weltrekord erzielt hatte, mit 10,2 Sek. gegen die starke US-Konkurrenz die Goldmedaille. Das gleiche brachte die deutsche 4 x 100 m-Staffel zustande. Die USA, die die Nase mit vorn hatten, wurden wegen eines Überschreitens der Wechselmarkierung bei der Stabübergabe disqualifiziert. Der von Heinz Nixdorf als Leichtathlet bewunderte und verehrte Martin Lauer gehörte zur Goldmedaillen-Staffel.

2. Einer der Leibwächter des äthiopischen Kaisers Haile Selassi trat zum Marathonlauf ohne Schuhe an und kam barfuß als erster ins Ziel. Kein Werbeträger für die Sportschuhfabrikanten wie Adidas, Puma etc.! Der „Barfüßer" hieß Bikila Abebe. Seine Goldmedaille leitete die dominierende Rolle der Afrikaner auf den langen Strecken ein.

3. Die schwarze Amerikanerin Wilma Rudolph errang drei Goldmedaillen, im 100-m und 200-m-Lauf und in der 4 x 100-m-Staffel. Die große blonde, attraktive Deutsche, Jutta Heine, folgte ihr beim 200-m-Lauf und in der 4 x 100-Staffel ganz dicht auf den Fersen – zweimal Silber. Doch viel bemerkenswerter war für Heinz

Nixdorf und die vielen anderen ein ganz anderer Sieg der „Schwarzen Gazelle": Das Kind Wilma Rudolph war als Vierjährige an spinaler Kinderlähmung erkrankt und lernte mit Acht wieder gehen. Als 16-jährige hatte sie 1956 in der 4 x 100-m-Staffel eine Bronzemedaille erstritten und feierte als Zwanzigjährige nun in Rom wahrlich mehrere Siege, den größten und eindrucksvollsten über ihre, durch zähes Training überwundene Kinderkrankheit.

Verbindungen von Rom 1960 nach Berlin 1936 und Paderborn 1986

In Rom 1960 wurde von den Zuschauern, unter ihnen Heinz Nixdorf, Jesse Owens als Ehrengast stürmisch gefeiert. Der elegante, stets gut aufgelegte schwarze Mann aus Alabama (seine Vornamen James Cleveland = J. C. = JeCe hatte er zu dem weltbekannten Jesse gemacht) war das Sportidol einer ganzen Generation. Seine vier Weltrekorde, die er in nur 45 Minuten 1935 in den USA aufstellte, waren wegen der Yard-Strecken in Deutschland weniger bekannt. In Berlin 1936 wurde er mit vier Goldmedaillen (100 und 200 m, Weitsprung und in der 4 x 100-m-Staffel) der Weltstar der Olympioniken und war nun in Rom ein lebendiges Denkmal der Wettkämpfe in Berlin.

1936 war Heinz Nixdorf erst 11 Jahre alt, doch die Olympischen Spiele in der deutschen Hauptstadt hat er sein Leben lang nicht vergessen. Ein halbes Jahrhundert später, zum 50. Jubiläum 1986, hat er die noch lebenden deutschen Teilnehmer, die sich im Verein „Ehemalige Leichtathleten" zusammengeschlossen hatten und zu denen sich jüngere, auch schon betagte hinzugesellten, zu einem Veteranentreffen nach Paderborn eingeladen, zur Besichtigung der Stadt, der Zentrale und der Produktionsstätten der Nixdorf Computer AG und insbesondere des neuen Ahorn-Sportparks. Die Gäste haben Heinz Nixdorf persönlich nicht mehr erleben können. Vorstandsmitglied Karlheinz Voll hielt am 25.04.1986 die Begrüßungsansprache.

Dabeisein beim Zehnkampf-Weltrekord in Heidelberg 1967

Heinz Nixdorf war Abonnent und eifriger Leser der Zeitschrift „Leichtathletik". Ende April 1967 erschien ein Bericht unter der Hauptüberschrift „Kurt Bendlins Paukenschlag" und der Unterüberschrift „Seine 5815 Siebenkampf-Punkte deuten an, daß er in Europa-Rekordform, vielleicht sogar in Welt-Rekordform ist". Dieser Bericht erregte die Aufmerksamkeit Heinz Nixdorfs. Der Bundestrainer der Zehnkämpfer, Friedel Schirmer, hatte zum alljährlichen Auftakt der Saison 1967 (Europameisterschaften in Tallin, an der sechs DLV-Zehnkämpfer teilnehmen konnten) und auch im Hinblick auf 1968 (Olympische Spiele) zunächst einen Siebenkampf in Darmstadt und wenige Wochen später einen Achtkampf in Heidelberg angesetzt, jeweils

Kurt Bendlin konzentriert sich beim Speerwerfen und beim Kugelstoßen. Der in Maßort in Westpreußen 1943 geborene Athlet hatte zunächst mit dem Speerwerfen Erfolge und bestritt 1962 seinen ersten Zehnkampf. Trotz zahlreicher Verletzungen und Operationen, die seine Karriere oft schmerzlich und unerwartet unterbrachen, gab er nie auf. Seine spektakulärsten Erfolge waren der Weltrekord 1967, der zwei Jahre von niemandem übertroffen wurde, und 1968 die Bronzemedaille in Mexiko City, trotz Verletzung. 1974 wurde Bendlin zum vierten Mal Deutscher Meister. Diesen Titel hatte er 1965 erstmals erkämpft. 1967 war er zum Sportler des Jahres gewählt worden und er wurde der populärste unter den hervorragenden Zehnkämpfern seiner Zeit.

Oben:
Heidelberg 14. Mai 1967. Kurt Bendlin am Ende der zehn Wettkämpfe, im Ziel des 1.500-m-Laufes. Heinz Nixdorf und seine Frau Renate waren unter den Zuschauern, die dem neuen Weltrekordler zujubelten, 8319 Punkte! Bendlin startete seinerzeit für den TSV Bayer 04 Leverkusen.

Kurt Bendlin und Liesel Westermann, der Sportler und die Sportlerin des Jahre 1967. Ein neuer Weltrekordler und eine neue Weltrekordlerin. Die „Diskus Liesel" hatte 1967 mit 61,26 ihren ersten Weltrekord aufgestellt. 1968 Silbermedaille in Mexiko-City. 1969 noch zwei Mal neue Weltrekorde.

an nur einem Tag. In Darmstadt starteten bei strahlender Sonne, Regenschauer und heftigen Schneefällen, an die sich Kurt Bendlin heute noch erinnert, der A-Kader und einige Nachwuchstalente in sieben der zehn Übungen. Ausgenommen waren die flachen Strecken (100 m, 400 m, 1500 m). Wie beim Zehnkampf wurden die sieben Übungen als Einzeldisziplinen in unmittelbarer Konkurrenz ausgetragen, sodaß es zunächst jeweils um die Ränge in der Weite, Höhe und Zeit im Weitsprung, Kugelstoßen, Hochsprung etc. ging und sodann die Punkte und eine Addition nach den Zehnkampfregularien erfolgte. Der von Heinz Nixdorf bewunderte Goldmedaillengewinner Willi Holdorf war nach Tokio 1964 vom Wettkampfsport zurückgetreten und verfolgte in Darmstadt als Zuschauer viele seiner ehemaligen Mitstreiter, Hans Joachim Walde (Bronzemedaille 1964), Manfred Bock (Deutscher Meister 1964), Werner von Moltke (Europameister 1966). Holdorf konstatierte zum Schluß des Tages: *„So stark war die Truppe noch nie, auch im Olympiajahr 1964 nicht!"* Als nächster Wettkampf war für Pfingsten in Heidelberg ein eintägiger Achtkampf geplant, der nun jedoch, nach den Ergebnissen von Darmstadt und den dort geweckten Erwartungen, als regulärer Zehnkampf an beiden Pfingstfeiertagen angesetzt wurde. Die Spannung auf eine Sensation war auch bei Heinz Nixdorf als aufmerksamem Leser der Zeitschrift „Leichtathletik" angekommen und so fuhr er mit seiner Frau Renate nach Heidelberg.

Für die deutschen Zehnkämpfer und ihre Freunde und Verehrer wurde der 13./14. Mai 1967 ein Geschichtsdatum. Heinz Nixdorf und seine Frau verfolgten im Stadion als Zuschauer an beiden Tagen die Wettkämpfe. Er kannte die komplizierte Punkteberechnung und die Zeiten, Weiten und Höhen und rechnete bei allen 10 Übungen mit, aus denen Kurt Bendlin als neuer Weltrekordler mit insgesamt 8319 Punkten hervorging. Das waren die ausgeglichenen, guten Ergebnisse im einzelnen:

1. Tag: 100-m-Lauf in 10,6 Sek. – Weitsprung 7,55 m – Kugelstoßen 14,50 m – Hochsprung 1.84 m – 400-m-Lauf in 47,9 Sek.

2. Tag: 100-m-Hürden in 14,8 Sek. – Diskuswerfen 46,31 m – Stabhochsprung 4,10 m – Speerwerfen 74,85 m – 1500-m-Lauf in 4:19,4 Min.

Ende des Jahres wurde der neue 10-Kampf-Weltrekordler zum „Sportler des Jahres" gewählt und mit der „Sportlerin des Jahres", der „Diskus Liesel" Westermann, gefeiert. Im Jahr darauf, 1968, gewann Kurt Bendlin bei den Olympischen Spielen in Mexiko City verletzungsbedingt „nur" die Bronzemedaille. In Heidelberg trug er das Trikot von Bayer-04 Leverkusen. Die beiden Wettkampftage dort hat Heinz Nixdorf nicht vergessen, Kurt Bendlin nicht aus dem Auge verloren, und engagierte ihn zwölf Jahre später, 1979, für den Sportunterricht der Auszubildenden seines wachsenden Unternehmens, für den Breiten- und Leistungssport des „Leichtathletik Club" im Ahornsportpark, als Zugpferd für die Leichtathletik in Paderborn und als Sportrepräsentanten der Nixdorf Computer AG. Seit dem Zehnkampf-Weltrekord in Heidelberg 1967 war Heinz Nixdorf, so formulierte es Manfred Germar (1958 Weltrekordler über 200 m), *„verrückt auf Kurt Bendlin"*. Das sei anderen *„ein Dorn im Auge"* gewesen.

„Alle reden vom Sport, wir treiben Sport!" – Das erste Azubi-Sportfest, 1970

Im Jahre 1970 veranstaltete die Nixdorf-Computer AG, angeführt vom Firmenchef und vom Leiter der Auszubildung, Hubert Schäfers, im Inselbadstadion ihr Lehrlingssportfest. Die Auszubildenden hatten einen Dreikampf zu bestreiten. Als Ehrengast hatte Heinz Nixdorf den bekannten Mittelstreckler Franz-Josef Kemper mitgebracht. Der Westfale war über 800 m zwischen 1965 und 1971 vier Mal Deutscher Meister und hatte 1966 in 1:44,9 einen neuen Europarekord aufgestellt. Firmenchef und Ehrengast überreichten den Siegern mit den insgesamt besten Leistungen, Udo Thiel und Helga Lebbing, die Preise: Eine achttägige Reise zu den Olympischen Spielen 1972 in München! Doch auch die Sieger in den unterschiedlichen Altersklassen bekamen den gleichen Preis und die jeweils Zweiten und Dritten durften für drei Tage nach München.

Das Sportfest der Azubis im Jahr 1970 war – abgesehen von den hochkarätigen Preisen – eine wie sonst nur bei allgemeinbildenden Schulen übliche, interne Veranstaltung, bei der die Schüler, die sonst das Jahr über nach Schuljahrgangsstufen, Parallelklassen und deren Stundenplänen getrennt waren, zu einem gemeinsamen Schulsportfest zusammenkamen.

Bei den Nixdorf-Azubi-Leichtathletik-Sportfesten, die seit 1970 bis 1995 jährlich ausgetragen wurden, nahmen nicht nur die Azubis teil, die berufsschulpflichtig waren, sondern es kam die verhältnismäßig große Anzahl jener hinzu, die Abitur hatten und nicht mehr schulpflichtig waren. (Siehe Kap. Sport für Azubis.)

Steigerung des Azubi-Sportfestes zu einer nationalen Sportschau, 1971

Das Betriebssportfest der Nixdorf Azubis wurde 1971 zu einer großen Sportveranstaltung im Inselbadstadion ausgeweitet, bei der die Leichtathletik dominierte. Als Schirmherr hatte Heinz Nixdorf die Bevölkerung als Zuschauer und bekannte Leichtathleten für Vergleichswettkämpfe eingeladen. Über 300 Azubis waren dabei. Udo Thiel, der schon im Vorjahr eine Olympiade-Reise gewonnen hatte, lief die 100m in 11,2 Sek. Heinz Nixdorf gratulierte nicht nur als erster, sondern veranlaßte persönlich ein qualifiziertes Training für das Nachwuchstalent.

Heinz Nixdorf war es durch seine Kontakte, die er zu bekannten Leichtathleten und Sportfunktionären pflegte, gelungen, eine ganze Gruppe jener Athleten, die kurz zuvor im Nationaltrikot an den Europameisterschaften 1971 in Helsinki teilgenommen hatten, für Einladungs-Laufwettbewerbe im Beiprogramm des Azubi-Sportfestes zu gewinnen. Auch eine Anzahl leistungsstarker Läufer aus Paderborn und Umgebung konnten sich hierbei messen. Im 200-m-Rennen wurde Manfred Ommer mit knappem Vorsprung Erster vor Martin Jellinghaus. Beide hatten in Helsinki eine Silber- bzw. Bronzemedaille geholt. Ein Athlet aus dem Paderborner Land, aus Büren, Heiner Schwarz, wurde mit 21,5 Sek. Fünfter.

Fortsetzung S. 130

Das erste Azubi-Sportfest der Nixdorf-Computer AG 1970. Heinz Nixdorf, in weißem Hemd, und der Leiter der Ausbildung Hubert Schäfers, im Trainingsanzug, am Mikrophon bei der Begrüßung der Wettkämpfer im Inselbadstadion.

Beim Azubi-Sportfest 1970. Heinz Nixdorf mit seinen Ehrengästen. Links Franz-Josef Kemper. 1965 hatte dieser erstmals den Titel eines Deutschen Meisters im 800-m-Lauf erkämpft und 1966 mit 1:44,9 einen neuen Europarekord aufgestellt. Im Jahr nach diesem Azubi-Sportfest wurde Kemper 1971 zum vierten Mal Deutscher Meister auf der Zweirundenstrecke. In der Mitte der vielfache Volleyball-Nationalspieler Hartmut Suray, eine starke Stütze in den Anfangsjahren des Bundesligisten VBC 69 und Nixdorf-Mitarbeiter.

Azubi-Sportfest 1970. Heinz Nixdorf, rechts, im Gespräch mit dem Stellvertretenden Bürgermeister Franz-Josef Weber, Mitte, den der Unternehmer gern als Nachfolger des Bürgermeisters Herbert Schwiete gesehen hätte. – Mit dem Rücken zum Betrachter der Leiter der Ausbildung der Nixdorf Computer AG, Hubert Schäfers.

Der DLV-Starter beim Start zum 100-m-Lauf in Aktion. Otto Sziedat beim Azubi-Sportfest 1970.

Heinz Nixdorf im Gespräch mit Franz-Josef Kemper und dem „eisernen Otto", dem profilierten DLV-Starter. Azubi-Sportfest 1970.

Spitzensportler von den Europameisterschaften auf dem Weg von Helsinki nach Paderborn, darunter 2 Gold- und 1 Bronze-Medaillen-Gewinner

Start über 200 m

Günther Nickel - SV Bayer 04 Leverkusen

Deutscher Meister 1970 über 100 m und 110 m Hürden
Bestzeit über 200 m 1971   21,2 Sek.
Teilnehmer der Europa-Meisterschaften 1971 in Helsinki

Hermann Köhler - TV Wattenscheid 01

Deutscher Meister 1971 über 400 m
Gold-Medaillen-Gewinner über 4 x 400 m 1971 in Helsinki
Bestzeit über 200 m 1971   21,2 Sek.

Martin Jellinghaus - SV Bayer 04 Leverkusen

Deutscher Meister 1968 über 400 m
Gold-Medaillen-Gewinner über 4 x 400 m 1971 in Helsinki
Bestzeit über 200 m 1971   20,9 Sek.
Endlaufteilnehmer 1968 bei den Olympischen Spielen in Mexiko mit 44,9 Sek.
Einstellung des deutschen Rekordes

Klaus Ehl - TV Wattenscheid - Wohnsitz in Bad Lippspringe

Ein Senkrechtstarter unter den deutschen Sprintern,
lief 1970 die 100 m in 10,1 Sek.

Informations-Schreiben über den Start von Spitzensportlern. Das Azubi-Sportfest 1971 wurde von Heinz Nixdorf zu einer Sportschau von nationalem Rang aufgewertet.

Hans-Dieter Wolf, rechts, mit Willi Wülbeck. Wolf, Neffe von Heinz Nixdorf, hatte beim Leichtathletik-Meeting anläßlich des Azubi-Sportfestes der Nixdorf Computer AG 1971 einen neuen Kreisrekord über 800 m in 1:53,6 aufgestellt. Das Foto zeigt den Paderborner bei einem Hallensportfest nach einem 800-m-Lauf zusammen mit Wülbeck, der erstmals 1972 und danach neun weitere Male den Titel Deutscher Meister dieser Strecke erkämpft hat. Bei der Weltmeisterschaft in Helsinki 1983 krönte der Oberhausener seine Laufbahn im 800-m-Lauf: Weltmeister!

Höhepunkt der ganzen Veranstaltung war für die Sportfans, Harald Norpoth zu erleben. Der aus dem westfälischen Telgte stammende Athlet war den Zuschauern infolge seiner hageren Figur (1,85 m, 62 kg) durch zahlreiche Fernseh-Sportberichte bekannt. Norpoth beherrschte die 1500-, 3000- und 5000-m-Strecken. Bei den Olympischen Wettkämpfen in Tokio 1964 hatte er über 5000 m die Silbermedaille gewonnen. Europarekorde hatte er 1966 über 5000 m und 1967 über 3000 m erzielt. Fünfzig Mal (!) hat Norpoth zwischen 1962 und 1973 im Nationaltrikot an internationalen Wettkämpfen teilgenommen. Auch in Paderborn 1971 erlebten die Zuschauer beim 1500-m-Lauf einen typischen Norpoth. Der Telgter hing sich eng an die Spitzengruppe und überflügelte diese plötzlich mit seinem ungemein starken Endspurt. Überlegen siegte Norpoth in einer Zeit, die in dem Paderborner Inselbad-Stadion vorher noch nie erreicht worden war.

Bei dem abschließenden 800-m-Rennen sorgte der Paderborner Hans-Dieter Wolf, ein Neffe von Heinz Nixdorf, für eine große Überraschung. Im Kampf mit den Eliteläufern erzielte er einen neuen, respektablen Kreisrekord.

Und bei einer Sportschau hatte ein Fußballspiel nicht fehlen dürfen. So trat eine für diese Sportart qualifizierte Auswahl von Mitarbeitern und Führungskräften der Nixdorf-Computer AG gegen die Platzhirsche, die Kicker des ersten Fußball Clubs, des „1. FC Paderborn 08/13 e.V." an.

Mit der organisatorischen Durchführung des Sportfestes – über 300 Azubis mit 3- bzw. 5-Kämpfen, zahlreiche Wettbewerbe mit nationalen und regionalen Eliteläufern, Prominenten-Fußballspiel – hatte Heinz Nixdorf nicht nur "seinen" Großverein SC Grün-Weiß 1920 e. V. beauftragt, sondern auch die neu gegründete ArGe Sport, zu deren Initiatoren er gehörte (siehe Kap. ArGe Sport).

Für Heinz Nixdorf war das Sportfest 1971 ein Meilenstein. Er war stolz darauf, daß eine Elite deutscher Läufer seiner Einladung gefolgt war, und das machte ihm Mut, demnächst im Rang noch höhere Veranstaltungen nach Paderborn zu holen. Eine unmittelbare Fortsetzung konnte es nach 1971 nicht geben. Zum einen nahm die Zahl der Azubis weiter zu und organisatorisch gab es bei deren Sportfesten keinen Raum mehr für insofern an den Rand gedrängte Beiprogramme mit eingeladenen Elitesportlern. Sodann hielt Paderborn nicht Schritt mit der Modernisierung im Sportstättenbau, Stichwort Tartanbahn. Die erste entstand erst 1981 an der Uni, 1983 folgte dann die im Ahorn-Sportpark.

Während bei dem ersten Azubi-Sportfest 1970 als vorbildliche Sportler ein Europarekordler und ein Nationalspieler (der in Paderborn beheimatete Volleyballer Hartmut Suray) als Ehrengäste, nicht aber als Wettkämpfer präsent waren, wurde bereits im Jahr darauf das Sportfest auf einer höheren Anspruchsstufe arrangiert, indem Deutsche- und Europameister, darunter Olympioniken, selbst an Laufwettbewerben teilnahmen. Das entsprach Heinz Nixdorfs Methode, im Sport wie bei den eigentlichen Unternehmenszielen ungewohnte neue, an der überlegenen Konkurrenz orientierte, höhere Maßstäbe als Stimulans zu mobilisieren. Also traten beim Sportfest 1971 nicht nur die eingeladenen Europa- und deutschen

Rekordler unter sich zum Wettkampf an, sondern mit ihnen zugleich auch hiesige Sportler, deren Meßlatten-Mentalität sich auf der Kreis- und Bezirksebene bewegte. Somit wurden die heimischen Kräfte gefordert, ihre Leistungen an und mit sehr viel besseren Athleten zu messen. Diese Förderung erbrachte u. a. einen neuen Kreisrekord und stachelte in der Folge zu noch besseren Leistungen an.

Vorbild sein, sich integrieren! – Der Sportler unter Sportlern

Gelegentlich konnte Heinz Nixdorf noch selbst an kleineren Leichtathletikveranstaltungen als Sporttreibender teilnehmen, so z. B. 1973. Es ging um die „Vereinsleistungsnadel des Deutschen Leichtathletikverbandes", eine Veranstaltung, bei der Jung und Alt, ab 5 Jahren, angelockt von der Auszeichnung, den Anstecknadeln, für das Sporttreiben aktiviert oder reaktiviert wurden. Heinz Nixdorf integrierte sich in eine Mannschaft des SC Grün-Weiß mit Karl Post (Leckerland), Willi Henning (Paderborner Brauerei) und anderen.

Weiter war Heinz Nixdorf für die Tennisabteilung des SC Grün-Weiß mehrmals dabei, wenn es um Wettkämpfe für das „Deutsche Sportabzeichen" ging und die Zahl der teilnehmenden Vereins- bzw. Abteilungsmitglieder sich in Zuschüssen für die Clubkasse auswirkte. 1964 war vom Deutschen Sportbund (DSB) zum „Jahr des Sportabzeichens" ausgerufen worden. Daraus ergab sich in der Folgezeit ein Kriterium bei der Verteilung von Zuschüssen, das gerechter zu sein schien als die bloße Zahl von Mitgliedern, von denen mehr oder weniger gar nicht aktiv waren. In den beiden vorgenannten Fällen ging es Heinz Nixdorf nicht um herausragende Leistungen. Er wollte zeigen, daß er sich als inzwischen bekannte Persönlichkeit nicht heraushob, sondern bereit war, sich zu integrieren, seinem Verein oder seiner Mannschaft zu helfen.

Desgleichen trat er z. B. bei den Azubisportfesten nicht nur als veranstaltender Chef auf, der zur Eröffnung sprach und zum Abschluß persönlich die Auszeichnungen verlieh und die Preise überreichte. Während der Wettkämpfe gesellte er sich zu den Azubis, insbesondere zu Wettkampfgruppen beim Kugelstoßen, da hier besondere Sportschuhe nicht so nötig waren. Heinz Nixdorf machte einzelnen Azubis vor, wie man die Kugel besser hält und stößt und den Wurfkreis optimal für die ausholende Bewegung nutzt. Gemessen wurden die Leistungen des Chefs wie die der Azubis. Da war der Chef Sportler unter Sportlern.

Eine „Konzentration der Kräfte" und der DLV-Anstoß zu LGs

In Paderborn gab es nach dem Ersten Weltkrieg, seit den 1920er Jahren etwa acht Sportvereine, die neben dem eigentlichen Turnen – dem Geräteturnen – Fußball, Handball und anderen Spielen auch Leichtathletik, betrieben und hierfür z. T. eigene Abteilungen einrichteten. Für die Paderborner Leichtathleten der verschiedenen Vereine waren bei Wettbewerben auf Kreisebene, in der Region Ostwestfalen und darüber hinaus zahlreiche, unterschiedliche Erfolge zu verzeichnen, doch eine Besserung versprach nur eine „Konzentration der Kräfte". So schlossen sich z. B. 1937 die Leichtathleten des 1927 gegründeten „Militärsportvereins Preussen" mit denen des SC Grün-Weiß zusammen und bildeten im SC Grün-Weiß eine Wettkampf-Mannschaft.

Nach der Unterbrechung durch den Zweiten Weltkrieg stand zunächst die Wiederherstellung der alten Sportstätten und das Schaffen neuer im Vordergrund. Nachdem neben anderen das 1951 eröffnete, bis 1956 weiter ausgebaute, neue Inselbadstadion verbesserte Trainings- und Wettkampfbedingungen bot, erzielten die Leichtathleten der Paderborner Vereine auf Kreis-, Bezirks- und Verbandsebene in den 1950er Jahren beachtliche Erfolge, aber in den 1960er Jahren war die Aufbruchmentalität dahin, die Luft heraus.

Bei fast allen Sportverbänden, insbesondere beim Deutschen Leichtathletik Verband (DLV), fiel den Funktionären auf, daß es in Städten und Bezirken oftmals mehrere Sportvereine oder Sportabteilungen gab, die dieselbe Sportart betrieben, sich Konkurrenz machten, aber dabei nicht das Leistungsniveau steigerten, sondern sich bei Talenten und Zuschüssen eher das Wasser abgruben. Kleinere Vereine oder Abteilungen konnten sich professionelle Trainer und die inzwischen anspruchsvolleren und teuren Sportgeräte nicht leisten. Eine komplette Stabhochsprunganlage z. B. kostete mehrere tausend Mark.

Vielerorts entstanden nun nach einem Konzept des Deutschen Leichtathletikverbandes (DLV) „Leichtathletik Gemeinschaften" (LG) in denen sich die Leichtathleten mehrerer Vereine zu einer Tainings- und Wettkampfgemeinschaft zusammenschlossen. Nicht nur Ulrike Meyfarth – Olympiasiegerin im Hochsprung 1972 und 1984, Mitglied des TSV-Bayer 04 Leverkusen – startete des öfteren mit einem LG der Bayer Werkvereine auf dem Trikot. Andere Beispiele: LG-Weserbergland, LG-Erlangen, LG-Nord Berlin. Beim Nixdorf-Leichtathletk-Sportfest 1971 waren Athleten einer LG Ratio Münster, einer LG Gütersloh und von weiteren LG's dabei.

Trotz vieler Widerstände: Eine LG-Paderborn kommt zustande

Seit Beginn des Jahres 1971 – in dessen Sommer die Paderborner Sportfans mit dem beeindruckenden Auftritt deutscher Spitzenläufer neue Maßstäbe in Gestalt von Europarekordlern und Olympia-Medaillengewinnern am Ort leibhaftig erlebten – diskutierten auch die Leichtathleten einiger Paderborner „Vielseitigkeitsvereine" den Zusammenschluß zu einer „Leichtathletik-Gemeinschaft", zu einer LG. Sie fanden von Anfang an moralische Unterstützung bei Heinz Nixdorf, dessen Verstand sehr wohl für Breitensport war, in dessen Natur es aber lag, dem Leistungssport noch größere Sympathien entgegenzubringen.

Nun hatte das Jahr 1971 beim traditionsbewußten SC Grün-Weiß 1920 e. V. in der Führung eine Änderung gebracht: Dr. Hans Wienold – selbst Turner, Handballer, aber in erster Linie Leichtathlet – war 1970 nach 40 Jahren als Vorsitzender des Vereins zurückgetreten und der bisherige Vorsitzende der Fußballabteilung, „der Fußballer" Karl Johannwerner, war dessen Nachfolger geworden. In seinem allgemeinen Bericht über das Jahr 1971 führte er in den „SCer Nachrichten" aus:

„Dem Fortschritt zugetan, hat sich der Vorstand nach sehr eingehender Beratung dem Wunsch unserer Leichtathletik-Abteilung nach Bildung einer Leichtathletikgemeinschaft im Raum Paderborn nicht verschlossen. Er hat, wenn auch nach einigem Zögern, zugestimmt, daß unsere Leichtathleten zusammen mit denen aus den Vereinen DJK/SSG Paderborn, TV 1875 Paderborn und TuRa Elsen zunächst für das kommende Jahr eine Trainings- und Wettkampfgemeinschaft eingehen. Erst die Zukunft wird erweisen, ob dieser Schritt der richtige war. Wir alle aber wollen hoffen, mit der Gründung der Leichtathletik-Gemeinschaft, die gleichermaßen dem Leistungs- und Breitensport dienen soll, den richtigen Weg gegangen zu sein." Wie zum Trost ist dann vermerkt, daß eine achte Abteilung – Volleyball – in's Leben gerufen worden ist. Der SC Grün-Weiß bleibt jedenfalls mit weiteren neuen Abteilungen Groß- und Gemischtverein.

Die vier Vorsitzenden der genannten, im Vereinsregister des Amtsgerichts eingetragenen Sportvereine (e. V.) unterzeichneten eine Vereinbarung über die LG Paderborn. (Siehe S. 134 Faksimile des Berichtes, SCer-Nachrichten 1971.) Die Führung der LG, die vereinsrechtlich nicht selbständig war, übernahm Jochen Spilker, der ein Jahr zuvor Vorsitzender der Leichtathletik-Abteilung des SC Grün-Weiß geworden war. Unterstützt wurde er insbesondere vom Sportlehrer Wolfgang Grabitz, der seit einem Jahr Leichtathletik-Trainer beim SC Grün-Weiß war, und der noch 1969 als 400-m-Läufer zum Nationalkader gehört hatte. Aus allen vier „Trägervereinen" kamen in der LG Sportler zusammen, die mit der zu geringen Leistungsorientierung der Leichtathletik-Abteilungen ihrer Stammvereine unzufrieden waren. Heinz Nixdorf richtete an die aus den Stammvereinen zusammengeschlossenen LG Sportler den Kommentar: *„Laßt die Breitensport machen, macht ihr in eigener Regie Leistungssport!"*

Nixdorf-Leute im Vorstand der umstrittenen LG Paderborn

Es ist bezeichnend, daß in den SCer-Nachrichten über das Jahr 1972 nun die Leichtathletik mit keinem Wort mehr erwähnt wurde. Totgeschwiegen! (Anmerkung: Da ich in diesen Jahren die Berichte der Tennisabteilung verfaßte, sind mir die SCer-Nachrichten gut bekannt.)

Der Vorstand der TuRa Elsen war über das Abdriften seiner Leichtathleten gleichfalls nicht glücklich und verlängerte nach dem ersten Jahr LG, 1972, den Vertrag nicht mehr. Der Schuß ging nach hinten los. Fast die gesamten Leichtath-

Ab 1972 Leichtathletik-Gemeinschaft Paderborn

Foto: vo

Die Vorsitzenden Gerhard Wasserkordt (TV 1875), Fritz Bensmann (DJK/SSG), Karl Johannwerner (Grün-Weiß) und Rudolf Mersch (Tura Elsen) bei der Unterzeichnung der Vereinbarung zur Gründung einer Leichtathletik-Gemeinschaft Paderborn.

Die Gründung einer Leichtathletik-Gemeinschaft wurde von unseren Leichtathleten stark forciert, weil sie sich von diesem Zusammenschluß eine starke Belebung der Leichtathletik im Paderborner Raum erhoffen. Nach längeren Verhandlungen wurde von den Vorsitzenden der vier Vereine Grün-Weiß, TV 1875, DJK Paderborn und Tura Elsen eine entsprechende Vereinbarung unterzeichnet.

Über Sinn und Zweck dieser Gemeinschaft sagt der Paragraph 2 der Vereinbarung u. a. folgendes:

Die LG ist eine gemeinsame Einrichtung der beteiligten Vereine für ihre leichtathletiktreibenden Männer, Frauen, Jugendlichen und Schüler. Sie bezweckt durch das gemeinsam durchgeführte Training und die Beteiligung an Wettkämpfen sowohl die Leistungsfähigkeit ihrer Aktiven als auch die Breitenarbeit zu fördern.

Die LG dient der Konzentration und Stärkung der Leichtathletik im Raum Paderborn.

Sie soll verstärkt für die Leichtathletik werben und die Verbindung zu den Schulen aufnehmen. Durch gemeinsames Training sollen die vorhandenen Athleten und neue Talente zur optimalen Leistungshöhe geführt werden.

Durch die Unterschriften unter der Vereinbarung ist „grünes Licht" gegeben worden, zunächst jedoch erst für 1972, denn die Vereinbarung ist für die LG und die beteiligten Stammvereine jeweils nur für ein Jahr verbindlich, sie muß für das folgende Jahr ausdrücklich bestätigt werden. Starten werden die Athleten der LG zunächst in der Sportkleidung ihrer Stammvereine, die zusätzlich mit dem Stadtwappen der Stadt Paderborn versehen wird.

Obwohl die Atlethen als Mitglieder der „LG Paderborn" an Wettkämpfen teilnehmen, bleibt — nach den Bestimmungen des Deutschen Leichtathletik-Verbandes — die bisherige Vereinsangehörigkeit unangetastet. Jedes Mitglied der LG bleibt mit seinen Rechten und Pflichten Mitglied des Stammvereins.

Die Gründung der Leichtathletik-Gemeinschaft Paderborn. Bericht in den SCer Nachrichten 1971.

Rechts:
Der Leichtathletik Club LC Paderborn. Auf Initiative von Vorstand und Mitgliedern und mit Unterstützung von Heinz Nixdorf wurde aus der LG-Paderborn 1974 ein Leichtathletik Club, der LC Paderborn als selbständiger eingetragener Verein. Hier Mitglieder des LC nach dem Erringen des Titels Westfalenmeister bei den Wettbewerben um die Deutsche Mannschaftsmeisterschaft (DMM) 1980. Auf der Siegerurkunde FLVW = Fußball- und Leichtathletik-Verband Westfalen.

Ein LG auf dem Trikot von Leichtathleten/innen. Auf Betreiben des Deutschen Leichtathletik-Verbandes (DLV) wurden vielerorts Leichtathletik-Gemeinschaften (LG) gebildet, die sich aus Mitgliedern mehrerer Vereine zur Leistungssteigerung zu Trainings- und Wettkampfgemeinschaften zusammenschlossen. Hier das Beispiel einer berühmten LG-Athletin, Ulrike Meyfarth, bei einem nationalen Wettkampf. Die zweifache Goldmedaillengewinnerin im Hochsprung startete bei den Olympischen Spielen in München 1972 und Los Angeles 1984 nicht in einem LG-, sondern wie bei allen internationalen Wettkämpfen im National-Trikot.

Und so präsentierten sich die Westfalenmeister im Mehrkampf der Mannschaften der Presse (von links, stehend): Sportwart Werner Dulling, Erhard Wenk, Gerd Peters, Kurt Bendlin, Peter Trncic, Walter Wasmuth, Klaus Wrenger, Olaf Ebbesmeyer, Klaus Heinemann, Werner Brinkmann, Norbert Manegold und Jürgen Wegwart, 1. Vorsitzender.
Kniend von links: Michael Thiele, Reinhard Rasch, Martin Hornberger, Jürgen Dulling, Roland Grewatta, Mathias Hornberger, Eddy Boytler und Heribert Bulk. Auf dem Foto fehlen: Peter Weidner, Hans Hoischen, Manfred Budde und Heinz Hoidis.

leten des TuRa Elsen kündigten ihre Mitgliedschaft bei ihrem Stammverein und schlossen sich einem der drei verbliebenen Trägervereine der LG an. Jochen Spilker vom SC Grün-Weiß trat als Leiter der LG 1972 zurück. Den Vorsitz übernahm Jürgen Wegwart. Er war beruflich 1970 bei der Nixdorf Computer AG als Leiter des technischen Kundenservice im In- und Ausland eingestellt worden. In seiner Heimat war der Freizeitsportler Wegwart zuvor als Mitglied des SV Feuerbach auf den 400- und 800-m-Lauf spezialisiert und nun in Paderborn 1971 zur Leichtathletik-Abteilung des SC Grün-Weiß gekommen. Als weitere leitende Nixdorf-Mitarbeiter wurden Jürgen Appenowitz und Hubert Schäfers im Vorstand der LG aktiv.

Dem Vorstand des Großvereins SC Grün-Weiß gefiel die LG überhaupt nicht. Nach den Erfahrungen der TuRa Elsen wagte er nicht, die Beteiligung zu kündigen, gab sich eher dem Wunschdenken hin, daß die Leichtathleten der LG sich komplett in den SC Grün-Weiß als stärksten der Trägervereine integrieren würden. So erschien in den SCer-Nachrichten vom Jahr 1973 wieder ein Bericht von Jochen Spilker über die Leichtathletik-Abteilung. Es war inhaltlich jedoch ein Bericht über die LG, zu deren Erfolgen - auf Landesebene - die Leichtathleten vom SC Grün-Weiß, da sie in der LG stark vertreten waren, viel beigetragen hatten. Aber die LG war und wurde keine Abteilung des Großvereins „SC Grün-Weiß 1920 e. V.".

Heinz Nixdorf hilft der LG zu überleben

Die Trägervereine übernahmen für die LG einen Teil der Trainings- und Wettkampfkosten und sollten von dem Mitgliedsbeitrag, den die Leichtathleten an die Vereinskassen zahlten, auf Antragstellung ca. 40 – 60% der LG zur Verfügung stellen. Das geschah zögerlich und reichte nicht. Die Vorstände der Groß- bzw. Gemischtvereine bestimmten über das Geld, also auch über alle Beiträge, die von den Mitgliedern der einzelnen Abteilungen in die Vereinskassen gezahlt wurden. (Ausnahme war die Tennis-Abteilung des SC Grün-Weiß mit eigener Beitragsordnung und vereinseigener Sportanlage.) Die zur Leichtathletik-Gemeinschaft gehörenden Mitglieder, insbesondere des SC Grün-Weiß, hatten den Eindruck, sie würden nicht gefördert, sondern es werde versucht, die LG finanziell auszutrocknen. Als Heinz Nixdorf von den finanziellen Schwierigkeiten der LG erfuhr, benutzte er harte Worte – „*Arschlöcher*" – und löste das Problem. Er zahlte der LG monatlich einen Förderbeitrag.

Die LG konnte erste Erfolge verzeichnen. Durch den Zusammenschluß war ein breites Potential an Leichtathleten zusammengekommen, was sich insbesondere bei den Wettbewerben um die Deutschen Mannschaftsmeisterschaften (DMM) mit Erfolgen nicht nur im Bezirk Ostwestfalen, sondern auch im Landesverband Westfalen auswirkte. Die Mannschaften der LG Paderborn wurden 1973 und 1974 Westfalenmeister! Damit hatten sie den bislang dominierenden TV-Wattenscheid übertroffen.

Keine Kooperation mit Wattenscheid

Bei Begegnungen mit Sportlern anderer Vereine hatte sich bald die Förderung der LG durch Heinz Nixdorf herumgesprochen und Klaus Steilmann, Chef der größten Kleiderfabrik in der Bundesrepublik, Motor und Hauptsponsor des traditionsreichen TV 09 Wattenscheid, suchte das Gespräch mit Heinz Nixdorf. Wattenscheid war eine Hochburg der Leichtathleten, wie Tauberbischofsheim eine der Fechter oder Schifferstadt eine der Ringer. Heinz Nixdorf bat seine Mitarbeiter Jürgen Wegwart und Hubert Schäfers zum Gespräch hinzu, ersterer erster Vorsitzender der LG und der zweite als Leiter der technischen Ausbildung für den Azubi-Sport verantwortlich und auch im Vorstand der LG. Steilmann kam mit dem deutschen Meister im 100-m- und 200-m-Sprint, Klaus Ehl, mit dem Cheftrainer des TVW und dem Schatzmeister des Vereins. Ehl, wohnhaft in Bad Lippspringe, trainierte in und startete für Wattenscheid und zählte beim Nixdorf Meeting 1971 im 200-m-Wettbewerb zu den herausragenden Athleten. Ziel und Angebot der Wattenscheider war eine Trainings- und Wettkampfgemeinschaft mit der LG Paderborn, der die Rolle eines Juniorpartners zukam, denn sie hatte noch keine Leichtathleten im Nationaltrikot und keine Deutschen Meister. Heinz Nixdorf fand das Gespräch recht interessant und schickte im Anschluß daran Jürgen Wegwart und Hubert Schäfers nach Wattenscheid, um sich dort über Sportanlagen und Sportbetrieb weiter zu informieren. Die Wattenscheider erhofften, daß die Nixdorf Computer AG für die Kooperation jährlich 300.000 oder besser 500.000 DM zur Verfügung stelle und hatten schon einen Namen: LG Westfalen. Heinz Nixdorf lehnte das spontan ab: „Da machen wir lieber selbst etwas!"

Der Paderborner Unternehmer war nicht bereit, mit so hohen Summen einen schnellen Erfolg einzukaufen und dabei nicht eigener Herr zu sein. Er setzte längerfristig auf ein Wachsen aus eigener Kraft. Bis er z. B. 1979 Kurt Bendlin für die Leichtathletik in Paderborn gewinnen, bis er 1984 die eigene Ahorn-Sporthalle in Betrieb nehmen konnte, war es noch ein langer Weg, den der Förderer der Leichtathletik aber ungemein konsequent einhielt.

Der Kontakt und Erfahrungsaustausch mit Steilmann und den Wattenscheidern blieb bestehen. Das Paderborner Leichtathletiktalent Udo Thiel, Azubi bei der Nixdorf Computer AG, ging eine zeitlang zum qualifizierten Training nach Wattenscheid und startete auch für den TVW.

Die LG wird ein selbständiger Verein: Die Gründung des LC Paderborn

Die Schwierigkeiten mit den Trägervereinen, unzureichend eingeräumte Trainingszeiten in den vorhandenen Sportstätten, die finanzielle Unselbständigkeit auf der einen und die wohlwollende Unterstützung von Heinz Nixdorf auf der anderen Seite, förderten in der LG den Gedanken, sich rechtlich als e. V. selbständig zu

Heinz Nixdorf
Vorstandsvorsitzender
Nixdorf Computer AG

Fürstenallee 7 · 4790 Paderborn
Telefon (05251) 300-200

1. Februar 1983

Herrn
Horst Wiczynski
SC Grün-Weiß 1920 e.
Jesuitenmauer 25

4790 Paderborn

NIXDORF COMPUTER

Nixdorf Computer AG · Postfach 2160 · 4790 Paderborn · Zentrale · Fürstenallee 7 · Telefon (0 52 51) 20 01

1983

Spende für den SC Grün-Weiß 1920 e.V., Paderborn

DM 1.000,-

Vorsitzender des Aufsichtsrates:	Vorstand:	Sitz der Gesellschaft:	Fernschreiber:	
Dr. Gerhard Schmidt	Heinz Nixdorf, Vorsitzender	Paderborn	Vertrieb	9 36 791
	Klaus Luft, stellv. Vorsitzender	Registergericht	Buchhaltung	9 36 908
	Arno Bohn	Paderborn, HRB 138	Ausb. u. Info.-TKD	9 36 909
	Dr. Ewald Keysers		Entwicklung	9 36 753
	Helmut Rausch	Fernkopierer:	Produktion/Einkauf	9 36 907
	Karlheinz Voll	Telefax 0 52 51 / 20 06 22	Einkauf	9 36 844
	Dieter Wezel, stellv.	Gruppe III 0 52 51 / 3 54 14	TKD-Lager	9 36 662
			Waren-Rep.Import	9 36 910

Sehr geehrter Herr Wiczynski,

da der Internationale Paderborner Osterlauf ein ganz besonders
herausragendes Ereignis ist, freuen wir uns, Sie - unabhängig
von der Förderung des SC Grün-Weiß - auch in diesem Jahr wieder
unterstützen zu können. Gern übersenden wir Ihnen beiliegenden
Verrechnungsscheck und wünschen dieser Veranstaltung auch 1983
ein sehr gutes Gelingen.

Mit den besten Grüßen

Ihr

machen. Unterstützung kam teils von jenen Vereinen, die sich mit dem Verlust ihrer Abteilung abgefunden hatten und nun eine Verstärkung der Leichtathletik im Raum Paderborn befürworteten. Vehementer Widerstand kam vom SC Grün-Weiß. Der nutzte seine langjährigen Beziehungen zu den Verbänden und wollte diese bewegen, einen neuen Leichtathletik Verein in Paderborn nicht anzuerkennen und dessen Athleten so den Start bei offiziellen Wettbewerben zu verwehren. Juristisch ging es darum, ob man einer Abteilung des SC Grün-Weiß verbieten könne, geschlossen von einem neuen e. V. übernommen zu werden. Doch eine Abteilung ist kein Mitglied, Mitglieder sind nur Einzelpersonen. Sodann wehrte der „Fußball- und Leichtathletik-Verband Westfalen" (FLVW) sich dagegen, die LG als Verein anzuerkennen, da der Deutsche Leichtathletik Verband unter LG nur unselbständige Trainings- und Wettkampfgemeinschaften versteht. Die Initiatoren aus dem Kreis der LG Paderborn, vornweg Jürgen Wegwart und als Jurist Hans Hoischen, brauchten drei Monate, um Widerstände und Bedenken insbesondere beim Fußball- und Leichtathletik-Verband Westfalen mit Sitz in Kaiserau auszuräumen. Heinz Nixdorf reagierte auf die vielfältigen Widerstände, insbesondere des Verbandes – „*Scheißbude!*" –, mit Unverständnis. Aus der LG wurde im Oktober 1974 ein Leichtathletik Club, der „LC Paderborn" ein selbständiger, eingetragener Verein.

Der SC Grün-Weiß versuchte nun, wieder eine eigene Leichtathletik-Abteilung aufzubauen. In den SCer-Nachrichten berichtete der verdiente Altkämpe der Leichtathletik, Heinrich Vockel, unter der Überschrift „Leichtathletik wieder in eigener Regie" über die traditionsreiche Vergangenheit dieser Sportart in seinem Verein und die Absicht einer Wiederbelebung. Der SC Grün-Weiß 1920 e. V. hatte gedroht, bei Verselbständigung der LG und damit dem Verlust seiner Leichtathletik Abteilung, den bekannten und für die Sportstadt Paderborn ansehnlichen Osterlauf einzustellen. Doch damit hätte sich der SC Grün-Weiß das Paradestück seiner Kompetenz als Sportveranstalter selbst geraubt. Der bekannte Fernsehmoderator des ZDF, Wolf-Dieter Poschmann, Mitglied im TV-Wattenscheid, gewann den Osterlauf 1975. Heinz Nixdorf, der „seinem" SC Grün-Weiß insbesondere für den Bau eines eigenen Sportzentrums sehr hohe Summen überwies, machte dennoch für den Osterlauf obendrein kleinere Extraspenden. Und für die Organisation des Wettkampfs mit ein paar Tausend Athleten wurden seit 1981 Nixdorf Computer für die Wettkampfauswertung zur Verfügung gestellt.

Die „heimatlosen" Leichtathleten des LC planen eine vereinseigene Sportstätte

Bei seiner Gründung am 18. Okt. 1974 hatte der LC bereits 225 Mitglieder. Über die sportlichen Erfolge des Vereines hat Lothar von dem Bottlenberg in seinem Buch „Paderborner Leichtathletik. Chronik und Geschichten von 1947 bis 2002" kompetent und ausführlich berichtet. Und der LC hat anläßlich seines 20-jährigen Bestehens, 1994, eine Festschrift herausgebracht (36 Seiten), in der Deutsche Meister, Junioren-Europa-Meister, Teilnehmer an Europameisterschaften und anderen internationalen Wettkämpfen gewürdigt werden.

Eines der dringendsten Anliegen des LC-Vorstandes war es, sich seit Gründung des Vereins bei der damaligen Sportstättenknappheit und einem entsprechenden Gerangel mit den alteingesessenen Vereinen um bessere Trainingsmöglichkeiten zu kümmern. Nach dem Vorbild in Wattenscheid wurde bald eine eigene Vierfachhalle mit Sprintbahn und Sprunggrube geplant. Die Trainingsbedingungen verbesserten sich in Paderborn mit neuen Sportstätten, so der neuen Sporthalle des Goerdelergymnasiums, der Paderkampfbahn und der Sporthalle am Maspernplatz. Die Fertigstellung der Sportanlagen an der Gesamthochschule/Universität, die für 1976 erwartet wurde, erfolgte erst 1981. Heinz Nixdorf drängte die Stadt zu einem ungewöhnlich hohen Zuschuß, durch den die Anlagen nicht nur für Studenten und Uni-Mitarbeiter da waren, sondern auch von Vereinen, so dem LC, genutzt werden konnten. Immerhin stand nun dem LC eine Tartanbahn zur Verfügung.

Zunächst hatte der LC Vorstand viele Gespräche mit der Stadt und deren diversen Ämtern über einen Standort für eine eigene Sportanlage geführt. Erst war ein Gelände an den Fischteichen vorgesehen, dann Am Wäldchen nahe der Fürstenallee und des weiteren noch am Inselbadstadion. Sodann ging es um konkretere Baupläne, die der Architekt und Ingenieur Hans Mohr, der insbesondere für die Nixdorf Computer AG tätig war, im Auftrag von Heinz Nixdorf fertigte. Daraus ergaben sich realistische Kostenvoranschläge, um Verhandlungen mit den Ämtern von Stadt, Kreis und Bezirk, mit Ministerien von Land und Bund sowie mit Sportverbänden über Zuschußmodalitäten zu führen. Im Finanzierungsplan der LG blieb ein Loch von 1.7 Mio DM, die als Zuschuß seitens der Nixdorf Computer AG, der die Halle für den Azubi-Sport zur Verfügung stehen sollte, vorgesehen war. Heinz Nixdorf lehnte aus prinzipiellen Gründen ab. Er dachte in der Ferne an eine eigene Sportanlage auf eigenem Gelände in eigener Regie. Aus dem langwierigen und komplizierten Verlauf der Bemühungen des LC, über die er durch laufenden Kontakt zu seinen Mitarbeitern, insbesondere mit Jürgen Wegwart, Jürgen Appenowitz und Hubert Schäfers, also dem Vorsitzenden und zwei weiteren Vorstandsmitgliedern des LC, laufend unterrichtet war, zog der Unternehmer Lehren zur Umgehung von Ämtern bei der Erstellung des Ahorn-Sportparks und nutzte die Einsichten des LC, um Zuschüsse zu beantragen.

Ende 1982 hatte Heinz Nixdorf Mitglieder des Stadtrates zur Besichtigung der um 20.000 m² erweiterten Produktionsstätten an der Alme eingeladen und präsentierte anschließend einen neuen 1.250 m Jogging-Pfad und ein komplettes in die Landschaft eingebettetes Sportstadion mit einer 400-m-Laufbahn, noch ohne den Tartanbelag. Der Unternehmer zu den Ratsherren und -damen: *„Wenn ich zu früh über diese Anlage gesprochen hätte, wäre ich in Schwierigkeiten gekommen. Beamte im Bemühen um gegenseitige Behinderung machen beste Pläne unmöglich. Solche Ämter fallen uns auf den Wecker!"* (Westfälisches Volksblatt, 1982)

Die diversen Planungen für eine vereinseigene Sportanlage des LC hatten sich lange hingezogen und wurden schließlich mit dem Bau des Ahorn-Sportparks und dessen Halle 1983/84 aufgehoben. (Siehe Kap.: Der multifunktionale Ahorn-Sportpark.)

„Ihr bekommt Licht in den Wald!"

Bei Kriegsende, 1945, waren alle Sportplätze in Paderborn, die einen weniger, die anderen mehr zerstört, mit Bombentrichtern übersät, so auch die Sportflächen nahe der ehemaligen Kuranstalt „Inselbad" mit einer 350-m-Laufbahn. Mittelstreckler und Langläufer fanden auf den Waldwegen bei den Fischteichen eine Trainingsmöglichkeit, zumal Waldlauf eine Wettkampfdisziplin war, bei der Sport nicht auf technisch und geometrisch exakten Bahnen, sondern in freier, schöner Natur betrieben werden konnte, im Training alleine oder in Gruppen. Die Waldwege an den Fischteichen waren stark frequentiert, bei Regenwetter aber sehr matschig. Die Stadt befestigte die belaufenen Strecken durch Schotterunterbau mit Kies und Splitt und bereicherte die Strecke mit einigen rustikalen Streck-, Dehn- und Trimmgeräten. 1971 eröffnete Bürgermeister Herbert Schwiete mit seinen Verwaltungsbeamten Stadtdirektor Fehrlings, Stadtbaurat Schmidt und Verwaltungsdirektor Koch den „Waldsportpfad".

Lothar von dem Bottlenberg berichtet in seinem Buch „Paderborner Leichtathletik" sehr lebendig: *„Leider lag der superschnelle Waldpatt abends immer im Dunkeln. So wurden die Idee und der große Wunsch nach Licht im Wald geboren. Mich nahm man aufs Korn und so machte ich mich auf zu einer Betteltour, und zwar zum größten Fan und Gönner der Paderborner Leichtathleten, Heinz Nixdorf, um ihm unser Ansinnen vorzutragen. Er war total begeistert! Es kam, wie es bei Heinz Nixdorf sehr häufig der Fall war. Spontan gab er mir sein Versprechen: ‚Ihr bekommt Licht in den Wald!' Und schneller als wir liefen bzw. warfen oder sprangen löste Heinz Nixdorf sein Versprechen ein. Anläßlich seines 25-jährigen Firmenjubiläums (1977) war die Laufrunde an den Fischteichen mit Laternen bestückt. Die beliebteste Paderborner Laufmeile war von nun an Tag für Tag, Abend für Abend, ja fast rund um die Uhr, erleuchtet. Dank Heinz Nixdorf war dies der erste beleuchtete Trimm-Pfad in Deutschland! Es soll nicht unerwähnt bleiben, daß dieser deutsche Rekord damals knapp 100.000 DM gekostet hat."* (Siehe Allgemeine Literatur. L. v. d. Bottlenberg, S. 23.)

In vielen Stadtteilen Paderborns waren noch weitere Trimmpfade angelegt, die vielen Joggern näher vor der Haustür liegen. Doch der „Waldsportpfad" an den Fischteichen bleibt der bei weitem am meisten genutzte. Die Wege sind breit und gut befestigt, so gut, daß manche Läufer auf dem weicheren Waldboden unmittelbar daneben ihre Gelenke schonen. Gleichwie – Laufen, Joggen, Trimmen, sind dort bei Tageslicht und bei Dunkelheit in.

Der „Waldsportpfad" an den Fischteichen. Heinz Nixdorf spendete anläßlich seines 25-jährigen Firmenjubiläums die Beleuchtung, so daß diese Sportanlage insbesondere in den Wintermonaten, auch nach Feierabend, bis spät abends genutzt wird. Rechts vom Eingangstor, hinter einem Baum versteckt, ist die erste Laterne zu erkennen (siehe roter Pfeil!).

Die „Steinschmeißer"-Vorführung im Garten

1970 begannen einige Sportler des SC Grün-Weiß 1920 e. V. mit dem Rasenkraftsport und gründeten im Januar 1973 eine eigene Abteilung, die anfangs schon 33 Mitglieder zählte. Gründer waren Otto Sziedat und Bernd Böhner sowie Hans Wirth, Hans Uffelmann und Josef Schütte. Böhner war Kreismeister im Hammerwerfen. Sziedat, der Vorsitzende, war Heinz Nixdorf schon seit seiner Jugendzeit als erfolgreicher 100- und 200-m-Läufer bekannt, auch als „der Eiserne Otto", in Anspielung an den „Eisernen Kanzler", Otto von Bismarck. Sziedat (Jg. 1913) war im Sport-Verein Paderborn SV 13, dann im SV 07 Neuhaus und im Turn-Verein TV Germania energisch engagiert, bevor er 1949 zum Grün-Weiß kam. 1950, mit 38 Jahren, hat er noch einmal den Kreismeister im 200-m-Lauf gemacht und hat auch mit 70 Jahren eisern bei Großveranstaltungen in den entsprechenden Altersklassen als Aktiver teilgenommen. Sodann hatte er 1948 die Prüfung als „Deutscher-Leichtathletik-Verband-Starter" abgelegt und hat mit dieser Lizenz als „DLV-Starter" bei ungezählten Wettbewerben und sehr hochrangigen Meisterschaften mit seiner Startpistole laut geknallt. Beim ersten Nixdorf-Azubi-Sportfest 1970 staunten die jungen Leute mit Respekt über den Starter, den ihr Chef mitgebracht hatte: Otto Sziedat im offiziellen Outfit mit knallrotem Jacket und weißer Hose mit korrekter Bügelfalte.

    Beim Rasenkraftsport – damals eine reine Männerdisziplin - starten die Athleten nach Gewichts- und Altersklassen (Schüler, Jugend B und A, Senioren, AK I und AK II). Es gibt einen Dreikampf: Hammerwerfen, Gewichtwerfen (12,5 kg) und Steinstoßen. Sodann sind die beiden letzteren, spezifizischen Übungen, auch Einzeldisziplin. Die Erfolge der Rasenkraftsportler wurden in der Paderborner Sportwelt zum Gespräch, als in der ArGe Sport, zu deren Gründungs- und Kuratoriumsmitgliedern Heinz Nixdorf gehörte – aus Kreisen anderer Sportarten moniert wurde, daß die Rasenkraftsportler bei der jährlichen Sportlerehrung durch die Stadt nur deshalb übermäßig mit goldenen, silbernen und bronzenen Nadeln geehrt würden, weil es sich um keine olympische, sondern um eine seltene oder gar seltsame Disziplin handle. Doch die Vergabe war nach den Regeln, die eine Ehrung gestaffelt nach Erfolgen auf Kreis-, Bezirks, Landes-, nationaler und internationaler Ebene vorsahen, völlig korrekt. Heinz Nixdorf, der den Konflikt aus den Protokollen der ArGe Sport entnehmen konnte, hielt sich aus dererlei Streit völlig heraus.

    Otto Sziedat, den Heinz Nixdorf von zahlreichen Leichtathletik-Meetings sehr schätzte, bat den Unternehmer eines Tages um ein Gespräch, und dieser empfing den Vorsitzenden der Rasenkraftsportler und dessen Kameraden Josef Schütte in seinem Privathaus. Heinz Nixdorf informierte sich zunächst über Gewichtsklassen der Athleten, Gewichte der Geräte, Verbindung zur Leichtathletik durch Gewichtwerfen, einer Art Hammerwerfen mit besonderem Gerät, über den Begriff Rasensportarten und die Organisation. In NRW war der „Schwerathleten-Verband" zuständig, auf Bundesebene der „Rasenkraftsportverband". (Ein eigener Rasenkraftsportverband in NRW besteht seit 1982.)

Da Heinz Nixdorf besonderes Interesse am Steinstoßen im Vergleich zum Kugelstoßen zeigte, holte Josef Schütte (Schwergewicht, AK II) aus seinem vor der Haustür parkenden Auto einen „Stein" und die beiden Rasenkraftsportler demonstrierten auf der weiten Rasenfläche in Nixdorfs Garten das „Steinstoßen". Das backsteinförmige, kantige Gerät wiegt 15 kg. Der Hausherr bekam sogleich seine ersten Trainingseinheiten in dieser für ihn neuen Disziplin. Nixdorfs Frau, Renate, beobachtete kritisch, wie ihr Rasen durch das Trio zunehmend ramponiert wurde. Ihr Mann tröstete sie später, erklärte, daß beim Pferdesport die Löcher im Rasen auch wieder zugemacht werden. Das Ergebnis der privaten Sportveranstaltung im Garten: Heinz Nixdorf förderte die Rasenkraftsport-Abteilung. Die beiden Bittsteller hatten sich mit einem echostarken „Kraftheil!", dem Gruß der Rasenkraftsportler, verabschiedet.

Paderborn wird Hochburg des Rasenkraftsports

Im Jahr 1975 war es im saarländischen Dorf Rehlingen zu einem sagenhaften Weltrekord gekommen. Der Hammerwerfer Karl-Hans Riehm übertraf den bestehenden Weltrekord von 76,66 m mit jedem seiner sechs Würfe. Beim ersten neuer Weltrekord und mit dem zweiten und vierten übertraf er seine eben aufgestellten Rekorde erneut. Die Paderborner Rasenkraftsportler konnten die Deutsche Mannschaftsmeisterschaft im Rasenkraftsport auf dem von ihnen geschaffenen Rothe-Wurf-Park des Rothesportplatzes 1975 austragen. Der ungekrönte König dieser Veranstaltung war der Weltrekordler Riehm. Seine Weite von 74,65 m blieb in Paderborn bislang unübertroffen. Der „Heros" startete für den RKV-Ensdorf.

Bei ihrer finanziellen Ausstattung und dem hohen sportlichen Niveau konnte die RKS-Abteilung des SC Grün-Weiß durch Übernahme der Reisespesen nicht nur starke Athleten aus der Umgebung gewinnen. Mit Unterstützung von Heinz Nixdorf gelang es 1978, Klaus Ploghaus für den Verein zu gewinnen. Dieser Hammerwerfer, Bestweite 81,32 m, gewann bei den Olympischen Spielen in Los Angeles 1984 mit 76,68 m die Silbermedaille hinter Karl-Hans Riehm, 77,98 m. Ploghaus blieb als Hammerwerfer bei seinem Verein, dem MTV Gießen, als Rasenkraftsportler war er seit 1978 beim SC Grün-Weiß Paderborn. Dessen RKS-Abteilung beschickte in den 1980er Jahren nahezu alle Meisterschaften im Bundesgebiet mit seinem Athleten. Ploghaus stellte bei der Deutschen Meisterschaft in Leichlingen 1980 mit 3336 Punkten einen neuen deutschen Rekord auf. Die SC Grün-Weiß Erste Mannschaft war viele Jahre in der 1. Bundesliga vertreten, der die sechs stärksten Teams angehören. Eine zweite Mannschaft hatte die Stärke der 2. Bundesliga.

Durch Eigenleistung, Unterstützung seitens der Stadt und mit Hilfe von Förderern, darunter Heinz Nixdorf, hatte die RKS-Abteilung des SC Grün-Weiß 1920 e. V. den

Rasenkraftsportler Karl-Hans Riehm beim Steinstoßen. Der in Paderborn beliebte Heros hier mit dem 15 kg schweren Eisenstein im Wurfpark des Rothestadions. Riehm beherrschte mit Walter Schmidt die internationale Hammerwurfszene von 1971 bis 1978. Weltrekorde: Schmidt 1971 76,40 m, Riehm 1975 78,50 m, Schmidt 1975 79,30 m, Riehm 1978 80,32 m. Als Rasenkraftsportler startete Riehm für den RKV Ensdorf und traf in Paderborn bei Wettkämpfen in der 1. Bundesliga auf seine Freunde von der RKS-Abteilung des SC Grün-Weiß. (SCer Nachrichten 1977, S. 23.)

Mannschaft der RKS-Abteilung des SC Grün-Weiß 1920 e.V., die jahrelang in der 1. Bundesliga um vordere Plätze kämpfte. Links der Paderborner Leichtathletik-Pionier Otto Sziedat, Gründer und Vorsitzender der Abteilung, und die Athleten Rainer Schmidt, Franz-Josef Schomberg, Bernd Böhner, Rolf Schreiner, Klaus Ploghaus, August Ruttloh. 1977/78.

Wurfpark am Rothebach auf 10 Wettkampfanlagen, davon 5 mit Schutzgittern, ausbauen können. Der Anlage und den organisatorischen wie sportlichen Leistungen entsprechend vergab der Deutsche Rasenkraftsportverband die Ausrichtung zahlreicher Meisterschaften nach Paderborn. 1977 wurde der Länderkampf Deutschland (BRD) gegen die Schweiz in der Kaiserstadt ausgetragen. Karl-Hans Riehm gehörte zur Mannschaft im deutschen Nationaltrikot. 1978 wurden die Endkämpfe der 1. Bundesliga um die Deutsche Mannschaftsmeisterschaft (DMM) ebenfalls auf dem Rothe-Sportplatz ausgerichtet. Die Mannschaft des SC Grün Weiß belegte den 4. Platz hinter dem RKV Ensdorf mit dem Hammerwurf-Weltrekordler Riehm, dem TSV Wasserburg und dem Post-SV-Kiel. 1981 und 1982 erkämpften die Paderborner in der 1. Bundesliga jeweils den 3. Platz bei den DMM hinter dem VFL Wolfsburg und dem TuS Bayer 04 Leverkusen.

In den Jahren vor und nach 1980 fanden am Rothebach jeweils ca. 20 große Wettbewerbe statt. Paderborn war zur Hochburg des Rasenkraftsports aufgestiegen. Der Gründer, Motor und Vorsitzende der RKS-Abteilung des SC Grün-Weiß 1920 e. V., Otto Sziedat, ehrte anläßlich des 10-jährigen Jubiläums die Mitglieder der Mannschaft in der 1. Bundesliga bei einer Feier im Clubhaus der Tennisabteilung und überreichte jedem der Athleten eine echte Goldmünze im Etui.

Leichtathletik Wettkämpfe – der Zuschauer und Förderer

Bei Wettkämpfen, ob es sich um Tennis, Reitsport, Volleyball oder Skifahren handelte, schaute Heinz Nixdorf stets gerne zu. Am stärksten war er fasziniert von Leichtathletik-Wettbewerben und hier waren es vor allem die Läufe, bei denen stets mehrere Athleten in unmittelbarer Konkurrenz starten und kämpfen, wogegen bei Sprung- und Wurfdisziplinen einer nach dem anderen antritt und so die Spannung des unmittelbaren Vergleichs nicht in gleichem Maß gegeben ist. Heinz Nixdorf schaute so konzentriert zu, daß man den Eindruck hatte, er vollzieht und empfindet die Bewegungen und den Kampfgeist der Athleten in seinen Muskelfasern und mental mit. Seine Erlebnisse bei den Olympischen Spielen in Rom 1960, seine Präsenz beim Zehnkampf-Weltrekord in Heidelberg 1967 sind zuvor in diesem Kap. beschrieben. Doch sein Interesse galt auch kleineren Veranstaltungen, zu denen er persönlich Bezug hatte. Das waren u. a. die jährlichen Sportfeste seiner Azubis oder Wettkämpfe, an denen Athleten der von ihm geförderten LG und dann des LC Paderborn teilnahmen.

Hierzu gibt es eine von Kurt Bendlin berichtete Story: Als eine Gruppe von LCern im Mai 1983 an der „Bahneröffnung" in Bad Salzuflen teilnahm, wollte Heinz Nixdorf dabei sein, seine Paderborner unterstützen und ließ sich von Kurt Bendlin, der als Trainer und Betreuer fungierte, mitnehmen. Dessen eigener PKW, der ihm für alle möglichen Erd- und Bauarbeiten diente, war so verdreckt, daß er mit Rücksicht auf den Chef den Wagen seiner Frau nahm. Zwischen Hövelhof und Stukenbrock (auf der Bundesstraße, die A 44 gab's noch nicht), war der vordere rechte Reifen platt. Kurt fand den Ersatzreifen, aber trotz verzweifelter Suche keinen Wagenheber. „*Ich laufe zu den nächsten Häusern.*" Die waren nicht zu sehen. Heinz Nixdorf, auf dem rechten Vordersitz, hatte die Tür des engen Wagens aufgesperrt, das rechte Bein herausgestreckt und sich in die Samstag/Sonntag-Ausgabe der FAZ vertieft. Der Zehnkämpfer erreichte die nächsten Häuser, klingelte – es war Sonntag morgens – klagte sein Problem, rannte mit einem geliehenen Wagenheber zurück und bewerkstelligte den Reifenwechsel. Während dessen blätterte und las Heinz Nixdorf ungerührt weiter, auch als sich sein rechtes, zur Tür herausgestelltes Bein beim Anheben des Wagens streckte und dann wieder einwinkelte. Schwitzend und noch hechelnd verlautete Kurt: „*Geschafft!*" Sein Herr steckte den Kopf hinter der Zeitung vor, zeigte auf seine Armbanduhr und konstatierte „*Dreizehn Minuten*" und soundsoviele Sekunden. „*Gute Zeit!*" Über diese ungewöhnliche, einmalige Zeitmessung – normale hatte er bei Wettkämpfen tausende mitbekommen – war der ehemalige Weltrekordler so perplex, daß er diese Geschichte, wann immer später über Heinz Nixdorf gesprochen wurde, stets von neuem zum Besten gab.

Um seine Paderborner LCer zu unterstützen, war Heinz Nixdorf mit seiner Frau zu Deutschen Junioren-Mehrkampf-Meisterschaften nach Stuttgart gekommen. Vom LC starteten dort drei Juniorinnen im Siebenkampf, Brigitte Schmidt, Ute Mennemann und Kerstin Poltrock. Letztere berichtete: „*Herr und Frau Nixdorf laden uns zum Abendessen ein. Feudal, feudal. Wir wissen nicht so recht mit den verschiedenen ‚Esswerkzeugen' umzugehen. Frau Nixdorf gesellt sich zu uns drei Athletinnen, klärt uns auf und hilft uns fürsorglich weiter bei der Reihenfolge der Speisenauswahl. – Am Ende des ersten Wettkampftages wird für uns ein falsches Zwischenergebnis angezeigt. Herr Nixdorf legt sofort im Wettkampfbüro Protest ein. Erst zeigt er seine lückenlosen Handaufzeichnungen im Programmheft vor, um dann wütend über den eingesetzten Computer – Fabrikat Nixdorf – zu schimpfen.*"

Seine besondere Aufmerksamkeit richtete Heinz Nixdorf auf die großen, internationalen Leichtathletik-Meetings in Zürich, Köln, Berlin etc. Wenn er Zeit hatte, fuhr oder flog er hin, sonst verfolgte er die Wettkämpfe im Fernsehen, in Zeitungen und der Zeitschrift „Leichtathletik". Der sportbegeisterte Unternehmer unterstützte z. B. 1981, 1982 und 1983 den Kölner ASV als Ausrichter je mit 10.000 DM. Das war auch ein Zeichen des Dankes dafür, daß die Azubis der Kölner Niederlassung, die durch den Kauf der Wanderer-Werke (1964) verhältnismäßig groß war, seit den 1970er Jahren die Sportanlagen des ASV für ihren Schul- und Betriebssport nutzen konnten. – Als in Berlin durch Übernahme des AEG Geländes und einen Neubau die dortige Niederlassung vergrößert wurde (Grundsteinlegung Dez. 1984), sagte Heinz Nixdorf bei der Einweihung des Gebäudes für das Berliner Meeting 1986 dem ausrichtenden Verein eine Spende von 10.000 DM zu.

Hauptsponsor der internationalen Meetings in Zürich war eine der renommier-

Zehnkampf-Goldmedaillen-Gewinner Willi Holdorf im Ziel, Tokio 1964. Diese Bilder hat Heinz Nixdorf wie viele andere Leichtathletik-Begeisterte nie vergessen und sie trugen entscheidend zu seiner Hochschätzung der Zehnkämpfer bei.

1. Bild (links oben):
Im Ziel bricht Holdorf völlig verausgabt zusammen, zwei andere Athleten versuchen ihn zu halten.

2. Bild (rechts oben):
Holdorf fällt zu Boden.

3. Bild (links):
Zwei Athleten, die Holdorf eben im Wettkampf geschlagen hat, helfen ihm wieder auf die Beine.

Leichtathletik 149

Leichtathletik Meeting in Zürich 1982. Vor dem Stadion, in der Mitte links Kurt Bendlin, Zehnkampf-Weltrekord 1967 mit 8.319 Punkten, rechts Jürgen Hingsen, Zehnkampf-Weltrekord 1982 mit 8.723 Punkten. Eingerahmt, links von Heinz Nixdorf und rechts von Volker Werb.

testen Schweizer Banken, die zu Heinz Nixdorfs größten Kunden zählte und die von der Niederlassung nahe dem Flughafen Kloten betreut wurde. Die Bankchefs bevorzugten Nixdorf-Produkte mit dem Hinweis, wenn irgendetwas nicht klappt, haben wir die Möglichkeit, uns direkt an Herrn Nixdorf persönlich zu wenden. Die Banker hatten von dessen Begeisterung für die Leichtathletik erfahren und luden ihn u. a. 1982 zu dem internationalen Meeting in die Ehrenloge ein, damit er bei den obersten Chefs der Bank saß. Die Schweizer hatten nie eine Monarchie, sondern waren immer Republikaner. Also luden sie im Unterschied zu den Monarchisten, für die stets die Frau des Königs für die Thronfolge unerläßlich war, nicht zu allen möglichen Gelegenheiten auch zugleich die Gattinnen ein. So war Renate Nixdorf enttäuscht, daß sie nicht mit in die Ehrenloge durfte, sondern eine normale Eintrittskarte bekam, um mit anderen Freunden im Volk auf den Rängen Platz zu finden.

Zum Züricher Abend-Meeting 1982, bei dem wie bei allen anderen kein Zehnkampf ausgetragen wurde, hatte Heinz Nixdorf den neuen Weltrekordler Jürgen Hingsen eingeladen (Reisekosten, Hotel, etc.), um bei dieser Gelegenheit einen persönlichen Kontakt herzustellen. Heinz Nixdorf machte etwas große Augen, verzog aber keine Miene, als Hingsen nicht allein kam, sondern strahlend und wie selbstverständlich mit seiner Freundin. So hatte Heinz Nixdorf den Athleten mit dem großartigen neuen Weltrekord kennengelernt. Aber es war nicht sein Mann.

Heinz Nixdorf und die Könige der Leichtathletik

Tief beeindruckt war der sportbegeisterte Paderborner Unternehmer von einer Szene bei den Olympischen Spielen in Tokio 1964, und die Bilder hat er nie vergessen: Der deutsche Zehnkämpfer Willi Holdorf errang bei der letzten Disziplin, dem 1500-m-Lauf, mit äußerster Kraft die Goldmedaille, brach im Ziel zusammen. Zwei andere Athleten versuchten, ihn zu stützen, doch Holdorf stürzte und lag völlig entkräftet am Boden. Die Lehre der Bilder: Nur wer bereit und in der Lage ist, bis zur Schmerzgrenze zu gehen, kann im Sport über sich hinauswachsen und Höchstleistungen erreichen. – Paul Seiffert, Lehrer und einer der Skatbrüder, kannte den späteren „Computerpionier" aus der Schulzeit seit dem 14. Lebensjahr, seit über 45 Jahren, und brachte seine Charakterisierung auf den Punkt: *„Heinz war immer ein Kämpfer!"* So gesehen ist dessen besondere Affinität zu der Szene in Tokio und seine damit einsetzende und andauernde Bewunderung der Zehnkämpfer zu verstehen.

Mit dem Erfolg von Holdorf, der erst später von einem Heinz Nixdorf erfuhr, als dieser einer der bekanntesten Unternehmer Deutschlands geworden war und den Goldmedaillengewinner von Tokio nach Paderborn einlud, setzte eine zwanzigjährige Ära ein, in der die Zehnkämpfer des DLV, d. h. der Bundesrepublik Deutschland, in Europa und in der Welt in der obersten Spitze waren (siehe Tabellen). Heinz

Olympia-Medaillen der Zehnkämpfer der BR-Deutschland 1964 bis 1984			
Jahr	Austragungsort	Name	Medaille
1964	Tokio	Willi Holdorf Hans Joachim Walde	Goldmedaille Silbermedaille
1968	Mexiko	Hans Joachim Walde Kurt Bendlin	Silbermedaille Bronzemedaille
1972	München	Die vier deutschen Athleten scheiden verletzungsbedingt aus	
1976	Montreal	Guido Kratschmer	Silbermedaille
1980	Moskau	Von der BR-Deutschland u.a. boykottiert	
1984	Los Angeles	Jürgen Hingsen Siegfried (Siggi) Wentz	Silbermedaille Bronzemedaille

Weltrekorde deutscher Zehnkämpfer von 1933 bis 1984 umgerechnet auf die sog. Tokio-Wertung von 1964			
Punkte	Name	Datum	Ort
6999	Hans-Heinrich Sievert	22./23.071933	Hamburg
7292	Hans-Heinrich Sievert	07./08.07.1934	Hamburg
8319	Kurt Bendlin	13./14.05.1967	Heidelberg
8649	Guido Kratschmer	13./14.06.1980	Bernhausen
8723	Jürgen Hingsen	14./15.08.1982	Ulm
8779	Jürgen Hingsen	04./05.06.1983	Bernhausen
8798	Jürgen Hingsen	08/09.06.1984	Mannheim

Nixdorf hat diese Sportdisziplin stets in Berichten der Zeitungen und des Fernsehens verfolgt, war bei Bendlins Weltrekord in Heidelberg 1967 an den zwei Tagen im Stadion präsent und hatte eine Fülle von Zahlen, von Weiten, Höhen, Zeiten und Punkten der Rekordler und Medaillengewinner im Kopf.

Das Pflanzen von Zehnkämpfer-Eichen im Ahorn-Sportpark

Zum Richtfest der Halle im Ahorn-Sportpark am 21.10.1983 hatte der Bauherr von einer Baumschule sechs junge, aber schon 2-3 m hohe Eichen bestellt, um als bleibendes Zeichen mit einem Hain von „Zehnkämpfer-Eichen" einen Anfang zu

Heinz Nixdorf packt selbst an. Er pflanzt die erste Zehnkämpfer-Eiche für den Goldmedaillengewinner bei den Olympischen Spielen 1964, Willi Holdorf, der wie Guido Kratschmer – Weltrekord 1980 – beim Richtfest nicht dabei sein konnte. 21.10.1983.

Beim Pflanzen der Zehnkämpfer-Eichen anläßlich des Richtfestes der Sporthalle. Von links: Manfred Bock (1972 bei den Olympischen Spielen in Helsinki Platz 7); Friedel Schirmer, der erfolgreichste Zehnkampf-Bundestrainer; ohne Spaten der Bauherr und Firmenchef Heinz Nixdorf; Kurt Bendlin, Weltrekord 1967; Werner von Moltke, 1966 Europameister; und Jochen F. Buschmann, der Architekt der Halle.

Erinnerungen werden geweckt beim Pflanzen von Zehnkämpfer-Eichen. Im Bild: Vorbereitungstraining für die Olympischen Spiele 1968 in Mexiko City im Trainingscamp Flakstaff in Arizona, von links Kurt Bendlin, Werner von Moltke und Joachim Walde.

machen. Willi Holdorf und Guido Kratschmer, für die die ersten Eichen vorgesehen waren, konnten selbst nicht dabei sein. Heinz Nixdorf pflanzte den ersten Baum. Dann folgten Werner von Moltke, Kurt Bendlin, Manfred Bock und der Architekt der Halle (Jochen F. Buschmann aus Offenburg) sowie Friedel Schirmer.

Schirmer hatte bei der Olympiade 1952 in Helsinki im Zehnkampf den siebten Platz erreicht und errang dreimal den Titel Deutscher Meister. Er war von 1962 bis 1968 Bundestrainer der Zehnkämpfer, der erfolgreichste und erfahrendste und am Erringen vieler Rekorde und Medaillen der DLV-Zehnkämpfer nicht nur während seiner hauptamtlichen Tätigkeit, sondern auch darüber hinaus beteiligt. Seine Trainingsmethoden haben auch bei den Vereinstrainern der Athleten Schule gemacht. Bei den Olympischen Wettkämpfen in Mexiko City 1968 gehörten nicht nur die Silber- und Bronzemedaillengewinner Walde und Bendlin zu Schirmers Schützlingen, sondern auch der Goldmedaillengewinner, der US-Athlet Bill Toomey, da der Millionärssohn aus Kalifornien zuvor drei Jahre bei ihm in Köln trainiert hatte. In seiner „Amtszeit" gewannen Schirmers DLV-Schützlinge bei den Olympischen Spielen und Europameisterschaften von 1962 bis 1968 von den neun möglichen allein sieben Medaillen. In der über zwanzig Jahre währenden Hochleistungsphase der DLV-Zehnkämpfer hatte es ausgerechnet bei den Olympischen Spielen im eigenen Land, in München, einen Einbruch gegeben. Keiner der vier DLV-Teilnehmer war bei der Olympiade 1972 nach der fünften Disziplin noch im Wettbewerb. Doch da war Friedel Schirmer nicht mehr Bundestrainer. Zum Richtfest und Pflanzen einer Zehnkämpfereiche war Schirmer von seinem nicht weit entfernten Wohnort, Stadthagen, nach Paderborn gekommen.

Manfred Bock zählte Anfang der 1960er Jahre zur erfolgreichen Zehnkämpfer-Truppe. Er gewann 1962 bei den Europameisterschaften Bronze, war 1962 und 1964 Deutscher Meister und hielt den deutschen Rekord bis 1964. Danach hat er noch mehrmals an Wettkämpfen teilgenommen, konnte aber – im Unterschied zu seinen Kameraden – verletzungsbedingt seine Leistungen nicht weiter steigern. Werner von Moltke, der beim Eichenpflanzen auch mit dem Spaten zugriff, konnte zwar keinen Weltrekord aufstellen und keine Olympische Medaille erringen, doch hat er elf Jahre im Nationaltrikot an internationalen Wettkämpfen teilgenommen, war 1962 Vize-Europameister und 1966 Europameister geworden. Den Titel Deutscher Meister errang er erstmals 1958, dann 1966 und nochmals 1968. Das war Hochleistungssport über einen Zeitraum von über zehn Jahren.

Wie für Holdorf wurde auch für Guido Kratschmer eine Eiche gepflanzt. Dieser konnte von 1975 bis 1980 in ununterbrochener Folge den Titel „Deutscher Meister" erringen. Bei den Europameisterschaften in Rom 1974 hatte Kratschmer mit der Bronzemedaille die internationale Spitze erreicht. 1976 hat er bei den Olympischen Spielen in Montreal die Silbermedaille gewonnen. 1980 in Moskau durften die DLV-Sportler nicht starten und 1984 in Los Angeles erreichte Kratschmer den vierten Platz. Bronze Siggi Wentz, Silber Jürgen Hingsen. Die Deutschen also auf den Plätzen zwei, drei und vier hinter den Briten Daley Thompson. Kratschmer war nach Kurt Bendlin der nächste deutsche Zehnkämpfer, der einen neuen Weltrekord aufgestellt hatte, 1980 in Berghausen.

Die Fete mit Starbootseglern und Zehnkämpfern

Heinz Nixdorf hatte seit 1980 jeweils Anfang Dezember, so um Nikolaus, seine Starboot-Seglerfreunde zu einem Treffen nach Paderborn eingeladen, und zusätzlich seine Skatbrüder zu einem gemeinsamen Skatabend. So notierte er: „10./11. Dez. 82 Seglertreffen in Gesseln, Skat", Anläßlich dieser Treffen war Kurt Bendlin beauftragt, den Seglern ein Konditionstraining praktisch beizubringen, was stets Kater der beim Segeln weniger beanspruchten Muskeln zur Folge hatte.

1983 nun, ein paar Wochen nach dem Richtfest und Eichenpflanzen, lud Heinz Nixdorf zusätzlich eine Elite der Zehnkämpfer ein. Da kamen Weltrekordler, Europarekordler, Weltmeister, Deutsche Meister und Olympia-Medaillengewinner seiner beiden besonders geschätzten Sportdisziplinen zu einer Fete zusammen, die auf der Tenne eines alten westfälischen Fachwerkhauses, dem „Kunst- und Heimathaus Mertensmeyer" in Gesseln bei Sande stattfand. Holdorf hatte sich gleich nach Tokio 1964 ganz vom Wettkampfsport zurückgezogen und gehörte nicht zu den ebenfalls sehr erfolgreichen Zehnkämpfern, die zäh und willensstark oft mit Unterbrechungen durch Verletzungen über 10 Jahre an hochrangigen Meetings und an Olympischen Wettkämpfen teilnahmen, wie Hans Joachim Walde, Werner von Moltke, Kurt Bendlin, Guido Kratschmer oder Siegfried (Siggi) Wentz und die eine langjährige, häufig durch Verletzungen unterbrochene Erfolgschronik zu verzeichnen hatten.

Heinz Nixdorf notierte: „*2./3. Dez. Segler + 10 Kämpfer + Skat Treffen bis 3.30 Uhr. Gute Stimmung aller.*"

**Der Traum und das Ziel: Ein Bundesleistungszentrum
und/oder ein Olympia-Stützpunkt für Zehnkämpfer und weitere Sportarten**

Rückblickend ist es erstaunlich und vielleicht einmalig, mit welcher Konsequenz sich bei Heinz Nixdorf – kaum war er erwachsen – von seinen eigenen Leichtathletik-Aktivitäten auf Vereins- und Kreisebene im Laufe von ca. 30 bis 40 Jahren seine Begeisterung und sein Engagement sowohl für den Breitensport mit der Forderung „Sport für alle" als auch für den Leistungssport entwickelte. Bei diesem orientierte er sich am obersten Anspruchsniveau, das mit obersten Ligen, mit Weltmeistern und Olympia-Medaillen signifikant wird. Heinz Nixdorf sprach nicht von Visionen, wie das seinerzeit geläufig war, sondern sagte *„Ich träume davon"*, wenn er ein Ziel ausmachte, das zunächst unerreichbar schien. Ein solcher Traum war, Paderborn zu einer Hochburg des Sports, insbesondere der Leichtathletik und im Speziellen für Zehnkämpfer zu machen, hier ein Bundesleistungszentrum bzw. einen Olympiastützpunkt zu etablieren. Mit dem Zehnkampf und entsprechenden Spezialtrainern für alle zehn Übungen bzw. Disziplinen wäre fast die gesamte Leichtathletik, auch der Siebenkampf der Frauen abgedeckt worden. Den Mund nahm Heinz Nixdorf nicht unberechtigt voll, sprach nicht vorzeitig von angepeilten Größenordnungen. Er ging ein Ziel, das er im Hinterkopf hatte, strategisch und von verschiedenen Seiten an. So auch ein Hochleistungszentrum für Leichtathletik, speziell für Zehnkämpfer. Ob das nun ein Bundesleistungsstützpunkt oder ein Olympiastützpunkt würde, war auch Sache zerstrittener Verbände (DSB und DOG) und sekundär. Zusammenfassend seien hier einige Stationen und Faktoren aufgelistet:

1. Für den Mittelstreckler Heinz Nixdorf, der stolz auf einen eigenen Kreismeistertitel und solche in der Familie war, wurden Leichtathleten wie Jesse Owens, Martin Lauer, Manfred Germar, Armin Hary zu großen Vorbildern. Das Dabeisein in Rom und Bilder von Willi Holdorfs Kampf in Tokio werden Schlüsselerlebnisse. 1967 ist Heinz Nixdorf beim Weltrekord in Heidelberg präsent.

2. Der Zusammenschluß von Leichtathleten einiger Paderborner Vereine zur Trainings- und Wettkampfgemeinschaft, um bessere Leistungen zu erzielen, findet Heinz Nixdorfs nachhaltige Förderung, die er bei dem neuen Verein „Leichtathletik Club Paderborn" fortsetzt.

3. Um Nachwuchstalente nach Paderborn zu holen, die notwendigen Trainingszeiten einzuräumen und berufliche Perspektiven zu eröffnen, werden bei der Nixdorf Computer AG Ausbildungsplätze angeboten und Sonderregelungen für die Arbeitszeit getroffen. Auch andere Firmen werden für eine gleichartige Förderung von Nachwuchstalenten gewonnen.

4. Heinz Nixdorf hat die Bemühungen für die Errichtung einer Universität von Anfang an zumindest moralisch unterstützt, von der PA zur PH und der Ansiedlung einer Höheren Ingenieur- und einer Wirtschaftsfachschule bis zur Gesamthochschule und Universität. Von Universitäten kommen in den USA wie in Deutschland zahlreiche Studenten als Hochleistungssportler. Universitäts Sport Clubs wie die USCs in Münster, Mainz, Gießen etc. beweisen das Leistungspotential.

5. Prof. Dr. Kramer findet Heinz Nixdorfs Unterstützung beim Ausbau des Studienfaches Sport. Zunächst von Nebenfach für Volksschullehrer, dann zur Ausbildung im Fach Sport für die Sekundarstufe I, erweitert auf Sek. II und schließlich die Ausbildung zu Dipl. Sportlehrern. Für Leistungssportler liegt eine berufliche Perspektive als Trainer und Sportlehrer nahe.

6. Kurt Bendlin wird von Heinz Nixdorf 1979 nach Paderborn geholt, für den Azubi-Sport, Betriebssport, den LC etc.. Für Paderborn ist ein ehemaliger Weltrekordler mit hohem Bekanntheitsgrad in der Sportwelt eine neue Größenordnung und Herausforderung.

7. Der Ahorn-Sportpark wird von Heinz Nixdorf gebaut, mit besonderen Anlagen für die Leichtathletik auch in der Halle (Sprunganlage für Weit-, Hoch- und Stabhochsprung, Kurzstrecken- und 200-m-Bahn).

8. Heinz Nixdorf stiftet einen sportmedizinischen Lehrstuhl. Dadurch erfährt der Fachbereich Sport an der Uni eine erhebliche Aufwertung. Eine qualifizierte sportmedizinische Betreuung ist Voraussetzung für einen Olympiastützpunkt.

9. Als weiterer Faktor sollte für ein hochrangiges Leistungszentrum ein Athletendorf im Ahorn-Sportpark gebaut werden, das bei Wettkämpfen und für Trainingstage Auswärtigen günstige und nahe Unterkunft bieten sollte. Mit Leidenschaft hat der Paderborner Unternehmer hierfür alte niederdeutsche Fachwerkhäuser gekauft und die Balkenwerke zunächst im Ahorn-Sportpark und dann bei zunehmender Zahl in einer Scheune des Gutes Warthe stapeln lassen.

10. Im Laufe der Jahre hat Heinz Nixdorf eine exzellente „Verdrahtung" zu hohen Sportfunktionären hergestellt, ebenso zu zahlreichen für Sport zuständigen Politikern von der Bundes- bis zur kommunalen Ebene. Dabei nutzt der Sportförderer sein mit seinem Unternehmen zunehmend gewachsenes, persönliches, großes Ansehen.

Der entscheidenste Faktor beim Bemühen um die Errichtung eines Bundesleistungszentrums und/oder eines Olympiastützpunktes war jedoch ein Humanfaktor: ein Heinz Nixdorf. Seinem Format als Sportler und Unternehmer – auch seinen unternehmerischen Qualitäten in Sachen Sport – entsprach nach ihm niemand. Er hatte keinen auch nur annähernd so großkalibrigen Nachfolger, sondern hinterließ eine Verpflichtung, die sehr schwer zu erfüllen ist.

Persönliche Begegnungen mit dem Sportler und Sportförderer

Heinz Nixdorfs menschliches Format zeigte sich darin, daß er nicht nur mit einflußreichen Leuten Kontakt pflegte, sondern sich selbst persönlich in vielen Einzelfällen um die kümmerte, die andere als Halbwüchsige oder als „Kleine Leute" nicht sonderlich beachten. Wie ein Patriarch konnte er zwar gebieten und gelegentlich vor Ungeduld sehr hart sein. Aber er sorgte sich um die Einzelnen und versuchte, wo nötig, zu helfen. Das erinnert etwas an Friedrich d. Gr., dessen Größe sich nicht durch den Umgang und Kriege mit Großen dieser Welt erwies, sondern im Umgang mit Kleinen Leuten, Bauern, Handwerkern oder Dienstboten. Begegnungen des großen Königs mit Leuten aus dem Volk wurden Legende. Auch Heinz Nixdorf war auf gleicher Kopfhöhe mit Großen, mit Mächtigen von Banken und Wirtschaftsunternehmen, mit Ministerpräsidenten, mit dem Kanzler, dem Bundespräsidenten und einem König. Doch er blieb ebenso auf gleicher Kopfhöhe mit denen, die viel kleiner waren. An der Spanne zwischen den beiden Kopfhöhen bemißt sich sein menschliches Format.

Die Arbeit an diesem Buch hatte sich bei einigen Sportlern herumgesprochen, sodaß für die Art persönlicher Begegnungen von Heinz Nixdorf mit einem alten Sportkameraden und geförderten jungen Talenten drei Beispiele als autentische Berichte speziell zum Kapitel Leichtathletik angefügt werden. Es sind drei mehr oder weniger zufällige Beispiele von schier unendlich vielen Begegnungen.

Erstes Beispiel:

Birgit Horak, vielen Sportsfreunden unter ihrem Geburtsnamen Birgit Schmidt bekannt, zählte als Mittelstreckenläuferin – speziell über 1500- und 3000m – zu den besten in Deutschland und nahm in Nationaltrikot an sechs Länderkämpfen teil. Birgit Horak berichtet, wie sie als junge Sportlerin zum LC Paderborn kam, bei der Nixdorf Computer AG eine Azubi-Stelle erhielt u.s.w. und wie Heinz Nixdorf persönlich mit ihr sprach. Siehe Brief, nächste Seite.

Zweites Beispiel:

Dirk Elfert, Jg. 1968, (Immobilien), erinnert sich, wie er als 17-jähriger Schüler für den LC gewonnen, nach Paderborn geholt und von Kurt Bendlin und Heinz Nixdorf als junger Zehnkämpfer gefördert wurde. Viel später erst hat er begriffen, daß dies in seinem Leben etwas ganz Außergewöhnliches war. Siehe Brief S. 159.

Drittes Beispiel:

Als Günter Sakautzky, einer der alten Sportkameraden aus den Nachkriegsjahren nach 1945, von der Entstehung dieses Buches erfuhr, richtete er einen Brief an die Leser, die er mit „Stille Freunde" anspricht und berichtet über Erlebnisse und Begegnungen mit seinem Sportkameraden und Chef. Siehe Brief Seite 160-162.

Der Weg zur Ausbildung

Im Herbst des Jahres 1982 erreichte mich ein Anruf des Vereinsvorsitzenden Jürgen Degwart, ob ich nicht Interesse hätte, für den LC Paderborn zu starten, verbunden mit der Möglichkeit, bei Nixdorf eine Ausbildung zur Industriekauffrau zu absolvieren. Ich war zu dieser Zeit in Stuttgart, wohnte dort bei einer Verwandten und jobbte in einem Architekturbüro. Stuttgart deshalb, weil ich nach einer Möglichkeit gesucht hatte, in der Nähe meines Freundes, Peter Horak, zu sein, der in Waiblingen wohnte. Das Angebot hörte sich gut an. Ich erklärte mich einverstanden, unter der Voraussetzung, dass auch Peter das Angebot eines Ausbildungsplatzes bekam. Herr Degwart war schnell zu überzeugen, brachte Peter doch als Deutscher Juniorenmeister über 5.000 m beste Voraussetzungen für eine erfolgreiche Karriere beim LC Paderborn mit.

Der Leistungssport während der Ausbildung

Im März 1983 starteten wir unsere Ausbildung, Peter als DV-Kaufmann, ich als Industriekauffrau. Heinz Nixdorf war es ein großes Anliegen, den Sport und seine „Sportkinder" zu fördern. Dies führte dazu, daß wir zwei Tage die Woche vormittags die Gelegenheit hatten, zu trainieren und der Ausbildung in dieser Zeit fernbleiben durften – etwas, was ich Zeit meiner Ausbildung als besonderes Privileg empfunden habe. Hintergrund dieser Förderüberlegung war auch, daß Heinz Nixdorf der Überzeugung war, daß Menschen, die im Sport ihr Bestes geben, dies auch im Berufsleben tun.

Ich hatte im Laufe meiner Ausbildungszeit mehrfach die Gelegenheit, mit Heinz Nixdorf persönlich zu sprechen. Ein Erlebnis ist mir dabei besonders in Erinnerung geblieben. Am 10./11. Februar 1984 waren Deutsche Leichtathletik-Hallenmeisterschaften in Stuttgart. Ich erwischte einen mittelmäßigen Vorlauf und war entsprechend skeptisch, was meine Endlaufchancen anbelangte – völlig unbegründet, wie sich bald herausstellte. Der Endlauf war super und ich erzielte den 3. Platz über 1.500 m mit einer hervorragenden Zeit und nur geschlagen von Brigitte Kraus und Roswitha Gerdes – beide einige Jahre länger im Geschäft als ich.

Zurück in Paderborn ereilte mich montagsnachmittags – es war Berufsschulphase und ich war zuhause – ein Anruf. Frau Wischer-Mosses, die persönliche Sekretärin von Heinz Nixdorf, rief an, um mir zu sagen, dass dieser mich zu sprechen wünschte. Oh, da war ich aufgeregt. Ich überlegte sogar eine Weile, ob ich etwas besonderes anziehen müsse, wenn ich dorthin zum persönlichen Gespräch ging. In ganz normaler Kleidung machte ich mich auf zur Fürstenallee und wurde von Frau Wischer-Mosses gleich nach meinem Eintreffen zu Herrn Nixdorf vorgelassen. Er wollte mir gratulieren zu meinem 3. Platz sagte er sogleich nach der Begrüßung, und vor allem wolle er wissen, ob ich mit den Trainingsbedingungen zufrieden sei und was ich benötigte, um noch besser zu werden. Ich war überrascht, ob der äußerst persönlichen und direkten Ansprache und sagte, eigentlich fehle es mir an nichts, die Rahmenbedingungen seien sehr gut. „Wenn Sie in der Senne wohnen möchten, um besser trainieren zu können, so lassen Sie es mich wissen", sagte Herr Nixdorf. „Ich möchte, daß Sie optimale Bedingungen haben". Ich bedankte mich für das Angebot und gab zurück, daß es wirklich an nichts fehle. Sollte dies eintreten, würde ich gerne auf sein Angebot zurückkommen.

Die Folgejahre beim LC Paderborn waren dann begleitet von zahlreichen guten sportlichen Leistungen, deren Nährboden sicher in den hervorragenden Rahmenbedingungen, bereitgestellt durch Heinz Nixdorf in Person, zu sehen ist.

Birgit Horak
19.07.2005

Als ich im Oktober 1985 als 17-jähriger mit der Deutschen Bundesbahn in meine neue Wahlheimat Paderborn zog, war dies auch eine Reise in das Reich des Heinz Nixdorf. Wenige Tage zuvor, war ich erstmals meinem legendären Vorbild Kurt Bendlin bei den Deutschen Jugendmeisterschaften im Zehnkampf begegnet. Völlig mittellos, mit nicht mehr als einer gefüllten Sporttasche und einigen Schulbüchern bestückt, begab ich mich also in die Hände dieser beiden Ausnahmeerscheinungen in der Welt des Sports und der Wirtschaft. Konnte mir der Weltrekordler von 1967 sofort das Gefühl familiärer Geborgenheit und väterlicher Freundschaft vermitteln, so stand der Computerpionier und Gönner der Paderborner Leichtathletik meist im Hintergrund. Die Dimensionen seiner Unterstützung für die Stadt Paderborn, die Paderborner Leichtathletik und die ganz persönliche Anteilnahme an der Entwicklung junger Sportler, sind mir erst viele Jahre nach seinem Tod bewusst geworden. Nur zu gerne erinnere ich mich noch an seine letzte Fete im gastlichen Dorf in Gesseln, bei der er den milchbärtigen Jüngling fragte, ob es ihm auch an nichts fehle. Welche Ehre mir zuteil wurde, an diesem Tag zu der überschaubaren Zahl der Gäste zu gehören, blieb mir zunächst verborgen. Ich war als hoffnungsloses Nachwuchstalent der 10-Kämpfer eingeladen worden.

20 Jahre später erkenne ich folgende Zusammenhänge: Ohne Heinz Nixdorf wäre Paderborn in seiner heutigen Form gar nicht denkbar. Es gibt nur wenige Städte in Deutschland, in denen ein Unternehmer aus der Nachkriegszeit eine derart bedeutende Wirkung auf die Infrastruktur und Bevölkerungsentwicklung eines Standortes ausüben konnte. Ohne Heinz Nixdorf wäre Kurt Bendlin, der bei der bahnbrechenden Sport- und Ausbildungsförderung des Unternehmens Nixdorf-Computer sowie bei der Entstehung des Ahorn-Sportparks entscheidend mitwirkte, niemals nach Paderborn gekommen. Ohne Heinz Nixdorf hätten dem bettelarmen Schüler Dirk Elfert die einfachsten Mittel gefehlt, um seiner Leidenschaft, seiner „Berufung", nachzugehen, ein erfolgreicher Zehnkämpfer zu werden. Dieser großartige Mann konnte es leider nicht mehr erleben, wie sich aus dem jungen Fanatiker eines der besten deutschen Zehnkämpfertalente entwickelte, das es bis auf den fünften Platz bei Junioren Europameisterschaften brachte. Er hat nicht erlebt wie aus dem begeisterten Sportler ein erfolgreicher Paderborner Unternehmer wurde, der niemals, auch nur annähernd in die Fußstapfen seines Vorbildes treten kann, der ihn, neben Kurt Bendlin, für sich und seine drei Kinder aber zu seinem wahren Vorbild erklärt.

Dirk Elfert
11.03.2006

Günter Sakautzky
Stille Freunde!

Paderborn, den 31.8.2004.
Willi-Lücasweg 26.

Ich sehe ihn heute noch vor mir laufen, dem Sieg entgegen: Heinz Nixdorf 1500 mtr 4,13,1 ich 4:13,2 min. Wir hatten keine besondere Vereinskleidung. Dazu war zwar Geld da, aber es gab nichts zu kaufen. Meine Spikes hatte ich für 10 Elektrostecker in der Tauschzentrale der Heiersstraße erstanden. Ich hätte gerne noch eine Revanche gehabt, aber Heinz Nixdorf blieb für mich zunächst verschwunden.

Zwischendurch kam die Währungsreform. Ich veränderte mich beruflich nach Solingen. Schloss mich dort dem SLC an. Bekannt durch Bronzemetall-Gewinner Herbert Schade und kam 1960 wieder nach Paderborn zurück.

Zum ersten Mal traf ich dann bei meinem sonntäglichen Training auf dem Inselbad Heinz Nixdorf wieder. Er hatte zwar Sportzeug an, verneinte aber meine Einladung, mit mir ein paar Runden zu laufen. Immer wieder traf ich ihn dort Sonntags im Sportzeug ohne aber besondere Aktivitäten. Ich wunderte mich.

Wieder verloren wir uns aus den Augen. Bis ich am 1.V.1969 bei der Fa Heinz Nixdorf als Galvanotechniker eintrat. Ein paar Tage später hatten wir eine kurze Unterredung. Mir wurde dabei klar, daß er zwar noch mein Sportfreund blieb, aber auch gleichzeitig mein Chef war. Hier wurde eine klare Grenze gezogen.

Erst Wochen später traf ich ihn im Keller der Firma mit seiner Frau Renate. Hier erzählte er ihr was es mit uns beiden auf sich hat. Ich sagte noch lachend, daß mir ihr Mann noch eine Revanche schulde, aber bis dato noch nichts geschehen sei.

So verlief die Zeit bis 1970 das erste leichtathletische Sportfest der Nixdorf-Azubis stattfand. Diese Sportfeste wurden bis 1995 durchgeführt. Bei den ersten beiden Sportfesten bin ich noch persönlich von Heinz Nixdorf eingeladen worden wobei er mir noch sagte: Wenn ich nicht gekommen wäre, hätte er mich persönlich geholt.

Als die neuen Hallen an der Alme gebaut waren mußte auch ich von der Pontanusstraße zur neuen Galvanik an der Alme umziehen. Dort führte Heinz Nixdorf oft Besucherdelegationen durch das Werk.

Jedes mal, wenn er mich erwischte, stellt er mich vor und erzählt von unseren gemeinsamen Läufen. Einmal war auch Jockel Fuchs aus Mainz dabei (siehe Karneval). Er stellt mich vor mit den Worten: " Ich bin CDU, sie Herr Fuchs sind SPD, und das, mit dem Finger auf mich deutend ist unser Grüner. Ihm habe ich die Umweltprobleme aufgehalst."

So ging es weiter bis zu seinem 60. Geburtstag. Hier hatte ich mir für meinen Sportsfreund etwas besonderes ausgedacht. Aus einer ein paar hundert Jahre alten Eichenbohle schnitzte ich ihm ein Relief mit drei Läufern. 1. Läufer der Sieger. 2. Läufer der noch Kämpfende und der dritte Läufer resignierte.

Es war ~~das~~ die letzte Freude die ich meinem Chef und Sportsfreund machen konnte.

Noch nach seinem Tode erhielt ich die Einladung zu einem Treffen im Ahornpark der Olympioniken die noch lebten vom 1936 und ein Teil der Olympiakämpfer nach dem Kriege. Es war ein letzter Gruß meines Sportfreundes auch an mich.

Die Frage für mich war immer! Warum erinnerte sich Heinz Nixdorf so gerne an unsere gemeinsame aber kurze Zeit der Leichtathletik. Ich glaube, wir waren alle arm, unbelastet und fröhlich wie junge Menschen sind. Schöne Jugenderinnerungen vergißt man halt nicht.

Mit freundlichen sportlichen Grüßen

Fachsimpelei über das Sportgerät Speer und die Weiten. Links Heinz Nixdorf, rechts Volker Werb mit Speeren von Kurt Bendlin in den Händen. Die beiden Herren waren als Begleiter der Athletinnen und Athleten des LC Paderborn frühzeitig zu einem Abendsportfest im Leichtathletik-Zentrum Gütersloh eingetroffen. Immerhin ging es um die Qualifikation von Paderborner Aktiven für eine Teilnahme an den Deutschen Meisterschaften. Es war am 24.07.1980, an einem der kühlen Hundstage. – In ihrer Jugend hatten die beiden Leichtathletikfans mit Speeren aus Eschenholz geworfen. Inzwischen bestanden die Schäfte aus Aluminium und in den Fachverbänden wurde eine Verlängerung der Griffzone nach hinten diskutiert, um den Schwerpunkt nach vorn zu verlagern und so die Einstichchancen bei der Landung zu optimieren (Regel seit 1985). – Star der Speerwerfer wurde an diesem Abend in Gütersloh Kurt Bendlin vom LC Paderborn. Heinz Nixdorf war bei Kurts Weltrekord im Zehnkampf 1967 in Heidelberg zugegen und kannte dessen Ergebnisse auch in Punkten bei allen zehn Übungen. Weite im Speerwurf 74,85 m. Der inzwischen 37-jährige Athlet warf nun in Gütersloh in der Einzeldisziplin noch etwas weiter, 74,92 m. Damit war die Norm für eine Teilnahme an den Deutschen Meisterschaften in der Disziplin Speerwurf um 4,92 m übertroffen. Bendlins persönliche Bestleistung in seinen besten Jahren hatte 79,96 m betragen. Diese Zahlen und viele mehr hatte Heinz Nixdorf im Kopf.

Leichtathletik

Quellen / Literatur

Eigene Erinnerungen sowie Infomationen von Kurt Bendlin, Bernd Böhner, Lothar von dem Bottlenberg, Heribert Eickel, Fritz Fabrizius, Klaus Franke, Mathias Hornberger, Willi Lenz, Martin Nixdorf, Renate Nixdorf, Ralf Palsmeier, Günter Sakautzky, Hubert Schäfers, Jürgen Wegwart, Anneliese Wolf.

Bottlenberg, Lothar von dem: Paderborner Leichtathletik. Chronik und Geschichten 1947 bis 2002. Paderborn, 2003.

Ders.: 60 Jahre Paderborner Osterlauf. Paderborn 2006.

Fockele, Theodor: 75 Jahre DJK in Paderborn. Vortrag beim Jubiläumstreffen 1995. Unveröffentl. Manuskript, 1995. Stadtarchiv Paderborn. Sign. S 2/295.

Heitele, Kirsten. Die historische Entwicklung von Turnen und Sport in Paderborn. Mskpt.-Staatsexamensarbeit 1994. Stadtarchiv Paderborn. Sign. S 2/334.

Pongratz, Lothar: 20 Jahre LC Paderborn. Paderborn 1994. Stadtarchiv Paderborn. Dienstbibl. 6734.

SC Grün-Weiß Paderborn 1920 e. V. (Hrsg.): SCer-Nachrichten. Jahrgänge 1971 bis 1985 und Jubiläumsausgabe 1995.

Vockel, Heinrich: Entstehung und Ausbau des Inselbadstadions. In: SC Grün-Weiß Paderborn 1920 e. V. (Hrsg.): Broschüre des Vereins zur Entstehung und Nutzung des Inselbadstations. Maschinenschrift. Paderborn, 1979.

Wienold, Hans: Aus den Analen des SC Grün-Weiß Paderborn 1920-1970. Padeborn 1970. Stadtarchiv Paderborn, Dienstbibl. 1637.

Siehe auch Allgemeine Literatur: Dreesbach, Lutz E.; Faßbender, Heribert; Lamprecht, Wiebke/ Marie-Luise Klein.

Luftsport

Der erste Berufswunsch: Flugzeugtechniker

Da die finanziellen Mittel seiner Familie ihm den Besuch einer höheren Schule nicht erlaubten (seinerzeit Schulgeld, keine Lernmittelfreiheit, späterer Eintritt ins Berufsleben etc.), hatte sich Heinz Nixdorf vor Beendigung der achtjährigen Volksschule im Frühjahr 1939, wie er schreibt, *„schon für einen praktischen Beruf in der Flugzeugtechnik entschlossen"*. Unverhofft bekommt er ein Stipendium zum Besuch einer höheren Schule, einem vierjährigen „Staatlichen Aufbaulehrgang zur Vorbereitung auf das Studium an Hochschulen für Lehrerbildung". Im Mai 1939 beginnt für ihn und seinen Paderborner Freund Paul Seiffert solch ein Lehrgang zunächst in Vallendar bei Koblenz, der nach einem halben Jahr in Boppard am Rhein weitergeführt wird.

Bruch: Kein Lehrer sondern Naturwissenschaftler und Unternehmer

Nachdem die Schule bei einem Luftangriff beschädigt wurde, erinnerte sich Heinz Nixdorf, war der Lehrgang *„in ein von Fliegeralarmen weniger heimgesuchtes Städtchen bei Hannover"*, nach Alfeld an der Leine, verlegt worden. *„Hier standen uns zu meiner Freude ein großes Laboratorium und ein gut ausgestatteter Physikraum zur Verfügung, in dem ich oft unter der Anleitung meines Lehrers die Versuche der nächsten Tage vorbereiten durfte. Diese Stunden des Forschens und Experimentierens ließen mir immer deutlicher werden, daß ich Naturwissenschaftler werden müsse"*. Als Naturwissenschaftler hätte er auch Lehrer oder Professor werden können. Heinz Nixdorf will absolut kein Lehrer und kein Beamter werden, sondern in der Wirtschaft unternehmerisch tätig sein. So bricht er nach drei Jahren, im Mai 1942, mit 17 Jahren den Aufbaulehrgang, dessen Abschluß ausschließlich zu einem Studium an einer „Hochschule für Lehrerbildung" berechtigte, ab, riskiert damit jedwedes schulisches Weiterkommen. Nach vier Monaten erreicht er mit Unterstützung des Oberstudiendirektors der „Städtischen Oberschule für Jungen Paderborn" (Reismann), Dr. Friedrich Bock (Naturwissenschaftler, Mathematik, Biologie), u.a. durch Eingaben beim zuständigen Ministerium in Berlin, die Zulassung zum Besuch dieser höheren Schule, deren Abschluß, das Abitur, zum Universitätsstudium berechtigt. Der Mitschüler Fritz Bunte erinnerte sich: *„Im September 1942 kam auf dem Schulhof der ‚Neue' auf mich zu, zeigte auf mein Abzeichen der Segelflug-C-Prüfung und fragte: ‚Wo fliegt Ihr?'"*

Die drei Segelflugscheine

Während seiner Alfelder Schulzeit hatte Heinz Nixdorf zusammen mit seinem Freund

Im Hangar auf dem Haxterberg nach den Segelflugweltmeisterschaften 1981. Besichtigung eines Schulgleiters SG 38. Auf demselben Typ begann Heinz Nixdorfs Pilotenausbildung. Die breite Kufe, der harte Holzsitz, die Fußstützen, der Steuerknüppel, Drahtseile für Steuerung und Verspannung sind zu bewundern. Von links Renate Nixdorf, Dr. Gustav Dönhoff, Josef Neitzel, Heinz Nixdorf, Volker Werb, Diethelm Sticht. (Das Fluggerät stammt aus Enger in Ostwestfalen und trägt in Anlehnung an die Ortsbezeichnung den Namen „Engerling".)

Paul Seiffert eine Ausbildung zum Segelflugzeugführer begonnen. In Wochenendschulungen, insbesondere wohl auch in Ferienzeiten, machten beide an einer der „Reichssegelflugschulen", am Ith, einem Höhenzug zwischen Weser und Sächsischer Saale, südöstlich von Hameln gelegen, vor dem Mai 1942 die Scheine A und B. Heinz Nixdorf, nun von Paderborn aus, und Paul Seiffert, der in Alfeld blieb, setzten die Segelfliegerausbildung in Ballenstedt (am östl. Harz) fort und schließen mit der C-Prüfung ab (Segelflug über Startstelle von mindestens 5 Min. o.ä.). Im Mai 1943 – Heinz Nixdorf hatte einen Monat zuvor, am 09. April, seinen 18. Geburtstag gefeiert – wird er gleichzeitig wie sein Freund Paul Seiffert, der eben den Aufbaulehrgang in Alfeld mit dem Examen abgeschlossen hatte, von der Oberschule (Reismann) weg zum „Reichsarbeitsdienst" (RAD) eingezogen und kommt bereits im September zur Luftwaffe. Das läßt darauf schließen, daß sich Heinz Nixdorf bei der Wehrmacht freiwillig für eine Pilotenausbildung und als Offiziersanwärter beworben hatte. Solche mußten nur die Hälfte der sonst halbjährigen Dienstpflicht im „Reichsarbeitsdienst" ableisten.

Weitere Ausbildung Richtung Jagdflieger

Bei einem Rundflug 1996 in den neuen Bundesländern entdeckten Mitglieder der

„Luftsportgemeinschaft Paderborn" im Flur zum Tower des Verkehrslandeplatzes Riesa-Göhlis (Riesa an der Elbe) eine nach 50 Jahren, 1994, zusammengestellte Bilddokumentation des Jahres 1944, bei der ein Photo eine weitergehende fliegerische Ausbildung von Heinz Nixdorf vermuten ließ.

In der Tat: Nach einer üblichen Grundausbildung kam Heinz Nixdorf als Fahnenjunker zu einer der Luftkriegsschulen, auf denen ausschließlich Offiziersnachwuchs mit entsprechender schulischer Vorbildung ausgebildet wurde, nämlich zur Luftkriegsschule 3 (LKS 3), die ihren Sitz in Werder (an der Havel bei Potsdam) hatte und deren „2. Inspektion" (Fahnenjunkerkompanie) seit April 1943 in Halberstadt stationiert war. Hier beginnt im Januar 1944 seine Motorfliegerausbildung. Nach einem Luftangriff am 30. Mai 1944 wurde diese „2. Inspektion" sofort nach Oschatz (zwischen Leipzig und Dresden) verlegt. Die „Inspektion" war in fünf „Aufsichten", jede etwa in der Stärke eines Zuges mit ca. 30 Soldaten – hier Flugschülern –, eingeteilt. Heinz Nixdorf kam in die Aufsicht I = Ida. Die Aufsichten wurden von einem Aufsichtsoffizier geleitet, der für die Offiziersausbildung der Fahnenjunker (Heeres- und Luftwaffentaktik, Luftrecht, Disziplinarstrafordnung etc.) zuständig war und der einen Gruppenfluglehrer mit 5 bis 7 Fluglehrern für je 5 bis 7 Flugschüler zur Seite hatte. Die Aufsichten H = Heinrich und I = Ida waren mit je ca. 30 Flugschülern auf dem vom „Hauptplatz" Oschatz ca. 15 km entfernten „Arbeitsplatz" Leutewitz bei Riesa (an der Elbe, heute Verkehrslandeplatz Riesa-Göhlis), etwas abgelegen vom dortigen Flugplatz, in einem Birkenwäldchen in Baracken für Unterkünfte, Kantine, Kleiderkammer, Flugleitung, Wetterstation u.s.w. untergebracht.

Pilotenausbildung – eine fast sportliche Beschäftigung

Die Ausbildungszeit für die Piloten betrug zu Beginn des Krieges 18 Monate, wurde aber öfter gekürzt, da der Bedarf an Flugzeugführern infolge der hohen Verluste der Luftwaffe mehr und mehr stieg. Ab 1943 kamen die deutschen Jagdflieger mit max. 150 Flugstunden an die Front, während z. B. die US-Piloten das dreifache absolvierten. Theoretische Kenntnisse wurden in Flugzeug- und Motorenkunde, Strömungs- und Bewegungslehre, Werkstoffkunde, Wetterkunde, Luftgeographie, Navigation u. a. Wissensgebieten vermittelt. Die praktische Ausbildung umfaßte die Abschnitte Anfangsschulung, Instrumentenflug, Kunstflug, Überlandflug, Nachtflug und dies auf verschiedenen Flugzeugtypen, da die Flugschüler später verschiedenen Geschwadern mit unterschiedlichen Flugzeugtypen zugeteilt wurden. In Leutewitz erfolgte die Anfangsschulung insbesondere auf Bü (= Bücker) 131 und 181, und auf Kl (= Klemm) 35 und die fortgeschrittene auf Ar (= Arado) 96, Go (= Gotha) 145, W 34 (= Junkers), C 445 (= Coudron, franz. Beuteflugzeug, 2-mot.) und auch auf Si (= Siebel) 204. Die Schulung der angehenden Jagdflieger war insbesondere auf zwei Typen ausgerichtet, die Me (= Messerschmitt) 109, das meistgebaute Jagdflugzeug des Zweiten Weltkriegs, und die FW (= Focke-Wulf)

Heinz Nixdorf 1944 als Motorflugschüler der Luftwaffe in Leutewitz bei Riesa. Von den Baracken des „Arbeitsplatzes" für die Fahnenjunkereinheiten „Aufsicht H" (= Heinrich) und „Aufsicht I" (= Ida) ist heute nichts mehr zu sehen.

Heinz Nixdorf (∗) im Juni 1982 in Stuttgart bei einem Fliegertreffen. Seit 1980 kommen die ehemaligen Luftwaffen-Flugschüler der Aufsichten H (= Heinrich) und I (= Ida) der Luftkriegsschule 3 einmal jährlich – in der Regel mit ihren Frauen – zusammen. Heinz Nixdorf traf seine Fliegerfreunde anläßlich einer Geschäftsreise mit seiner Firmen-Cessna in Stuttgart.

190. Einer der Fluglehrer, Fr. - W. Wagner, erinnert sich: *„Die Tätigkeit als Fluglehrer war fern von jeglichen Kriegsereignissen, eine fast sportliche Beschäftigung, bei der wir unsere fliegerische Fertigkeit so perfektionierten, daß wir als Luftakrobaten auf jedem Flugtag Bewunderung gefunden hätten"*.

Abbruch der Pilotenausbildung

Ab September 1944 spitzte sich die Lage der deutschen Treibstoffindustrie durch Bombardierung der Produktionsanlagen katastrophal zu, so daß schließlich von der pro Monat erforderlichen Menge an Flugbenzin (ca. 160.000 t) nur noch weniger als 20% zur Verfügung standen und die Luftwaffe zunehmend aktionsunfähig wurde. So litt auch die Pilotenausbildung extrem unter Spritmangel.

Infolge der immer kritischeren Kriegslage wurde die Fliegerausbildung von Heinz Nixdorf, wie bei etlichen anderen, im August/September 1944 nach 6 oder 7 Monaten abgebrochen und der angehende Luftwaffenpilot zur Panzerdivision „Hermann Göring" abkommandiert. Wenn schon zur „Erdtruppe", scherzte Heinz Nixdorf später, so war die Division immerhin nach dem Reichsfeldmarschall, dem obersten Chef der Luftwaffe benannt. In dieser Einheit erlebte Heinz Nixdorf in der Tschechoslowakei das Kriegsende, entging der Gefangenschaft, schlug sich bei Nacht und Nebel bis in seine Heimatstadt Paderborn durch, besuchte, da die Gymnasien zerstört waren, einige Monate ein Gymnasium in Detmold, schaffte hier die Versetzung in die 8. Klasse und machte nach einem einjährigen „Förderkurs" für Kriegsteilnehmer an der „Oberschule für Jungen Paderborn" (Reismann) 1947 das Abitur. Die höchste Note, „sehr gut" in den beiden Fächern Mathematik und Physik. Berufswunsch: Naturwissenschaftler.

Mit der Flugzeugführerausbildung Glück gehabt

Rückblickend, als 22-jähriger, stellte Heinz Nixdorf fest, daß er durch den Dienst in der Wehrmacht zweieinhalb Jahre Zeit verloren, das Abitur entsprechend später gemacht hat. Dennoch sah er für den Rest der Schulzeit und sein Ziel, Naturwissenschaftler zu werden, Positives: *„Da ich das Glück hatte, zur Flugzeugführerausbildung zugelassen zu werden, trat für mich nun zu der mehr theoretischen Ausbildung der Schule eine praktische Betätigung auf Gebieten, mit denen ich auch später als Naturwissenschaftler in Berührung komme. So wurden meine Physikkenntnisse durch die Unterweisung in der Motorenkunde, Meteorologie und Flugphysik erheblich erweitert. Ebenso erfuhr der Mathematikunterricht der Schule durch die Navigation eine wesentliche Ergänzung"*.

Die ehemaligen Flugschüler der „Aufsichten H und I" der „Luftkriegsschule 3", die zeitweise in Werder, Halberstadt, Oschatz, Leutewitz und wieder in Oschatz stationiert und alle von der Fliegerei begeistert waren, haben nach dem Kriege, seit 1980, jährlich ein Fliegertreffen organisiert. Heinz Nixdorf konnte wegen seiner vielen Geschäftstermine nur einmal daran teilnehmen, in Stuttgart, wohin ihn die Cessna, seine zweistrahlige Firmenmaschine brachte. Er notierte: „1982, 5./6. Juni in Stuttgart, Fliegerfreunde".

Neubeginn der Paderborner Segelfliegerei seit 1951

Eine nachhaltige, persönliche Verbindung zur Fliegerei war für Heinz Nixdorf durch sein Abzeichen mit den drei weißen Möwen und die angehende Ausbildung zum Luftwaffenpiloten gegeben und so verfolgte er mit Neugier, was sich an Segelfliegerei hierzulande tat. In den Wirren nach dem Zweiten Weltkrieg hatten die alliierten Siegermächte den Deutschen jegliche eigene Fliegerei verboten – bis 1951. Im selben Jahr bauten einige Paderborner, die sich in dem, im Dezember 1950 wiedergegründeten „Luftsportverein Paderborn" zusammengeschlossen hatten, in einer alten Wellblechhütte hinter der ehemaligen Molkerei, an der Benhauser Straße, nach alten Bauplänen einen Schulgleiter SG 38. (Auf diesem Typ hatte auch Heinz Nixdorf 1942 seine Ausbildung als Flieger begonnen.) Jedes Vereinsmitglied – darunter waren viele Handwerker – hatte 200 Arbeitsstunden zu leisten. Der ehemalige Militär-Fliegerhorst Mönkeloh in Paderborn war zunächst wegen Bombentrichtern und landwirtschaftlicher Nutzung nicht mehr zu gebrauchen, so daß der selbstgebaute Gleiter im Juni 1952 auf dem zum britischen Truppenübungsplatz gehörenden Fluggelände bei Bad Lippspringe seine ersten „Rutscher" machte. Die Flotte des Vereins war bis 1955 auf zwei Fluggleiter und zwei Grunau-Baby III, alle vier selbstgebaut, und eine gekaufte, neue „Rhönlerche" von der Fa. Schleicher in der Rhön angewachsen.

Vertreibung vom Flugplatz Bad Lippspringe

Diese Entwicklung bekam Heinz Nixdorf wegen seines Universitätsstudiums (Physik und Betriebswirtschaft in Frankfurt a. M.) nur am Rande mit. Der „Luftsportverein Paderborn", die „DJK-Segelfluggemeinschaft" und andere waren 1958 vom Fluggelände Bad Lippspringe, von den dort Polo spielenden britischen Offizieren und Soldaten – nachdem angeblich einer von ihnen von der Seilwinde fast stranguliert worden wäre –, verdrängt worden. Der Luftsportverein richtete sich nun, 1959, am Rande des ehemaligen Militär-Flughafens auf dem Mönkeloh (Paderborn) ein und nahm als „Untermieter" die katholische „DJK-Segelfluggemeinschaft" mit. An einem unbefestigten Feldweg wurden an dessen Enden kleine Start- bzw. Landeflächen hergerichtet und 1963 eine Halle gebaut. Heinz Nixdorf war damals bereits Mitglied des „Luftsportvereins Paderborn" geworden.

Aufgalopp zur Verkehrsfliegerei in Paderborn

Im April 1968 hatte Heinz Nixdorf für sich und seine Frau sämtliche Aktien der „Wanderer Werke AG", Köln, inklusive deren Verlustvorträge gekauft. Im September beschließt eine Hauptversammlung – Heinz Nixdorf und seine Frau verfügten über alle Stimmen – die „Wanderer Werk AG" in „Nixdorf Computer AG" umzubenennen. Die so umbenannte AG kauft 1969 das „Heinz Nixdorf, Labor für Impulstechnik". Dieses war bis dahin auf Entwicklung und Produktion konzentriert, ein reiner Zulieferer ohne eigene Marke, und Nixdorf hatte mit dem Kölner Unternehmen seinen wichtigsten Vertriebspartner übernommen. Das Geschäft explodierte: mit der „Nixdorf 820", die von Wanderer zuvor mit der Bezeichnung „Logotronic" vertrieben worden war, und mit dem Tischrechner „Conti", der von den Paderbornern für Wanderer entwickelt worden war und für den aus den USA 1968 eine Bestellung über 10.000 Maschinen erfolgte. Von der „Bull Deutschland GmbH", die zu 50% der „Wanderer-Werke AG" gehörte, hatte Nixdorf 1966 den Vertriebsfachmann Helmut Rausch abgeworben, der nun Vorstandsmitglied der „Nixdorf Computer AG" war. Produktion wie auch Vertriebsorganisation und Kundendienst mußten mit aller Macht eine Dimension größer werden.

Um eine schnelle Verbindung zwischen Paderborn und insbesondere Frankfurt herzustellen, wurde auch Rausch Mitglied im „Luftsportverein Paderborn" und unternahm mit dessen einmotoriger, viersitzigen „Morane", bei deren Kauf Heinz Nixdorf geholfen hatte, Dienstreisen als Vereinssport. Ein Pilot und Plätze für drei Nixdorf-Mitarbeiter. Die bescheidenen oder für solche Reisen gar unzureichenden Fluginstrumente der Vereinsmaschine und die Ausstattung des Flugplatzes auf dem Mönkeloh wurden durch tatkräftige Hilfe der Vereinsmitglieder und mit finanzieller Unterstützung der Firma Nixdorf (ca. 30.000,- DM) erheblich verbessert.

Die Haxterhöhe und die Feldflur bei Ahden

Heinz Nixdorf drängte auf die Anbindung von Paderborn im Luftverkehr. 1968 war eine „Regionalflughafen Südost-Westfalen GmbH" gegründet worden. Zunächst wurde von Heinz Nixdorf das gesamte Gelände um den Haxterberg zwischen Querweg und Dahler Weg ins Visier genommen. Unter der in Ost-West-Richtung verlaufenden Start- und Landebahn sollte ein Straßentunnel die B 68, von der Stadt aus gesehen also die verlängerte Warburger Straße, auf die neue tiefgelegene Haxtergrundtalbrücke zuführen.

Doch dann fiel die Entscheidung für die Feldflur bei Ahden im damaligen Kreis Büren und im September 1971 wurde der „Verkehrslandeplatz Paderborn-Lippstadt" in Betrieb genommen. (Nach weiterem Ausbau erhielt er 1984 den Rechtsstatus eines „Verkehrsflughafens".) Durch die Entscheidung für Ahden stand der

Haxterberg offen. 1970 hatten der „Luftsportverein Paderborn" und die „DJK-Segelfluggemeinschaft" zur „Luftsportgemeinschaft Paderborn" fusioniert. Da auf dem Mönkeloh das Industriegebiet ausgeweitet und weitere Betriebe (z. B. Brauerei) angesiedelt werden sollten, fanden die Paderborner Sportflieger anstelle eines Verkehrsflughafens, aber kleiner dimensioniert, auf dem Haxterberg 1973 eine neue Heimstatt. Offiziell „Landeplatz Paderborn", doch, da dort nicht nur gelandet, sondern auch gestartet wird, sagen die Leute zu Recht „Flugplatz Haxterberg" und auf Hinweisschildern wurde das Wort „Landeplatz" durch ein Flughafen-Piktogramm ersetzt.

Mitglied und Förderer der Luftsportgemeinschaft

Nach Auskunft der Flugbücher waren die Segelflieger auf dem Mönkeloh in der Regel Platzrunden von 2,5 bis 4,5 Minuten geflogen. Schlagzeilen hatte allerdings Karl Friederici, der mehrfach an Deutschen Meisterschaften teilnahm, gemacht, als er mit einem einfachen Segelflugzeug im Rahmen der 1967 neu begründeten Städtefreundschaft bis nach Le Mans geflogen war (25.04.1972). Die Seilwinde brachte die Maschine, eine SF 27, über Mönkeloh auf eine Höhe von ca. 500 m und Friederici flog die ca. 800 km mit wiederholtem Hochkreisen auf je ca. 1.500 m nonstop ohne Funkgerät und nur auf Sicht über Aachen, Lüttich und Paris bis zur Wirkungsstätte des Hl. Bischofs Liborius. Hier entdeckte der Paderborner (seinerzeit bei der Pesag beschäftigt), neben der Rennstrecke für das 24-Stunden Spektakel, den Flugplatz. *„Klappen raus und nichts wie runter!"* Heinz Nixdorf kannte „Kalle" Friederici, der u. a. auch wegen seiner dreist-verwegenen Motorradfahrerei den Ruf eines Baron von Münchhausen hatte, recht gut aus gemeinsamen Leichtathletikzeiten. Beide waren Mittelstreckler, Nixdorf im SC Grün-Weiß, Friederici im TSV Germania. „Kalle" hatte 1947 beim Staffellauf „Rund um Paderborn" Silber gewonnen. Heinz Nixdorf gehörte 1948 zu den Staffelsiegern. Friederici soll mit seinem Motorrad – freihändig allemal – auf dem Sattel aufrecht stehend an der Polizeiwache, seinerzeit an der Neuhäuserstraße, salutierend vorbeigefahren sein.

1970 war ein junger Deutscher bei den Segelflugweltmeisterschaften in Marfa, USA, mit einer „Superorchidee, Typ LS 1" Weltmeister geworden. Eine solche Maschine war der Traum der Paderborner Segelflieger auf dem Mönkeloh. Die Vereinsmittel reichten nicht, doch mit Hilfe von Heinz Nixdorf, der Mitglied des Vereins war, konnte ein Jahr nach dem riskanten Flug nach Le Mans eine Hochleistungsmaschine, eine „Superorchidee, Typ LS 1" gekauft werden, (1973/74).

Der Umzug zum Haxterberg war für den Verein ein Wachstumsschub: Eine neue Flugzeughalle, ein erster Tower, eine Holzbaracke als Clublokal und der Wille, fliegerisch mehr zu leisten. Eines der Mitglieder, Hans Schnitz, war Frührentner geworden und übernahm das Kommando auf dem Tower, für fast 25 Jahre. Damit war das Fliegen an 365 Tagen im Jahr möglich.

Die Leistungen wurden gesteigert und Dreiecksflüge von 300 oder 500 km üblich. Der Verein und Paderborn Haxterberg wurden bei den Segelfliegern in Deutschland bekannt. Zwei Jahre nach In-Betrieb-Nahme war der Haxterberg eine der für den „Deutschlandflug 1975" auserwählten Stationen. In der Regel gibt es maximal 10 Stationen.

Von Landesmeisterschaften zu Deutschen Meisterschaften

1976 wurden auf dem Haxterberg die „Segelflug- Landesmeisterschaften NRW" ausgetragen und im Jahr darauf, 1977, waren die Deutschen Meisterschaften für Paderborn schon ein spektakuläres Ereignis. Heinz Nixdorf lud die Teilnehmer in sein Unternehmen ein, machte selbst die Führung durch den Betrieb und unterhielt sich erstaunlich fachkundig mit bekannten Piloten, so mit Werner Grosse, dem vielfachen Weltrekordler, mit Klaus Holighaus, dem Konstrukteur bester Segelflugzeuge und mit Helmut Reichmann, der inzwischen drei Weltmeisterschaften errungen hatte und dessen Maschinentyp, mit der er die erste gewonnen hatte, von der Luftsportgemeinschaft mit Unterstützung von Heinz Nixdorf inzwischen auch in Paderborn geflogen wurde.

Der Austragungsverein gewinnt an Renommee

Im selben Jahr erfolgte der Start zum „Deutschlandflug 1977" von Paderborn aus. Die hervorragende Ausrichtung solcher Veranstaltungen war gelungen, weil viele Mitglieder aktiv geholfen hatten und vertrauensvolle persönliche Kontakte bestanden. Karl Thüshaus, Mitglied des Vereins, Stadtrat, und Vorsitzender des Sportausschusses des Rats 1975–1984, hatte gute Verbindung mit Heinz Nixdorf. Dieser pflegte seinen Draht zu Willi Weyer, ehemals als Innenminister (1962–1975) oberster Sportsherr des Landes NRW und inzwischen Präsident des Deutschen Sportbundes (DSB 1974–1986). Durch die vielfältigen beruflichen Tätigkeiten von Vorstand und Mitgliedern des Vereins ergaben sich ein Beziehungsgeflecht und vielfältige Hilfen. Genannt seien hier der frühere Vorsitzende Dr. Gustav Dönhoff (Paderborner Brauerei), sein Nachfolger Walter Hofmann (Mercedes), Seppel Ruhe (Möbelhaus), Franz-Josef Neitzel (bei Benteler), Wilhelm Bremer (Fertigteilbau) u.s.w., u.s.w.. Ferner die Unterstützung durch die Stadt, Stadtdirektor Wilhelm Fehrlings, die Zusammenarbeit mit dem Chef des nahen Verkehrsflughafens Paderborn-Lippstadt, Fritz Hentze – zur Abstimmung mit der Flugsicherung, um den Flugraum für die Meisterschaften freizuhalten – , und nicht zuletzt war da der Herforder große Freund der Paderborner Segelflieger, Fred Weinholtz, jahrelang Vorsitzender der Segelflugkommission der Bundesrepublik Deutschland. Vertrauen war der Schlüssel zum Erfolg.

Das Programmheft der Segelflug-Weltmeisterschaften 1981. 128 Seiten. Veranstalter: Fédération Aéronautique Internationale (F.A.I.), Ausrichter Deutscher Aero-Club e.V. und Luftsportgemeinschaft Paderborn e.V.

Der Zuschlag für die Segelflugweltmeisterschaften 1981

Mit den erwiesenen Fähigkeiten, Meisterschaften auszutragen, war eine Bewerbung für die Austragung der Weltmeisterschaften 1981 erfolgt. Der Zuschlag kam 1979. Heinz Nixdorf war aus dem Häus'chen. Er konnte seine Begeisterung nicht zurückhalten und versprach: *„Wo Ihr soviel Leistung erbringt, möchte auch ich meinen Beitrag zum Leistungsflug in der Gemeinschaft leisten. Ich schenke Euch das beste Höchstleistungs-Segelflugzeug, das auf dem Markt ist."* Für die erfolgreiche Durchführung der Weltmeisterschaften sollte das Anerkennung und Belohnung sein. Die Vorbereitungen mobilisierten alle Kräfte für eine dritte Halle, einen neuen Tower, ein Nationendorf mit Wohnkontainern, die Erweiterung des Campingplatzes für Zelte und Wohnwagen, Erweiterungen und Verbesserungen bei sanitären Anlagen, Bestuhlungen, Zufahrten, Parkplätzen etc.. Der neue Tower wurde vom Land, das Nationendorf von namhaften deutschen Unternehmen finanziert. Es fehlte für die Weltmeisterschaften nur noch die leistungsfähige Komandozentrale. Heinz Nixdorf gab einen zinslosen, unbefristeten Kredit.

Zwischendurch waren 1979 die Landesmeisterschaften im Streckenflug auf dem Haxterberg ausgetragen worden und 1980 folgten als Generalprobe die sogenannten Vorweltmeisterschaften, ein Internationaler Wettbewerb.

Da sich zur Weltmeisterschaft erstmals auch Japaner angemeldet hatten, nahm Dietmar Halbig, vom Vorstand des Paderborner Vereins und Mitglied des Organisations-Komitees, Kontakt zur Firma Sony auf, um ein neuartiges Übertragungssystem aufzubauen. Durch Zusammenwirken von Fernseh- und Computertechnikern wurde es erstmals erreicht, daß die aktuellen Ergebnisse fast zeitgleich auf alle Fernsehgeräte im Flughafenbereich übertragen und die Ranglisten stets auf aktuellen Stand gebracht wurden.

Für das Direktorium der Weltmeisterschaften war der in der Segelfliegerei besterfahrene Fred Weinholtz gewonnen worden. Die Schirmherrschaft hatte der damalige Bundespräsident, Professor Dr. Karl Carstens, übernommen.

Die Weltmeisterschaften 1981 in Paderborn

An allen Wettkampftagen war Heinz Nixdorf auf dem Gelände. Einige Male verfolgte er schon früh morgens eingehend das „Briefing", die Vorbereitung auf den Wettbewerbstag mit den Aufgabenstellungen für die Piloten, mit der Wetterberatung, mit Sicherheitshinweisen etc.. Und nach seinem Feierabend kam Heinz Nixdorf regelmäßig, um sich nach den Ergebnissen zu erkundigen.

Es ging um Streckenflug mit vorher bestimmtem Ziel als Wendepunkt, um Dreiecksflug mit zwei vorher bestimmten, zu fotografierenden Wendepunkten und Rückkehr zum Abflugort. Ausgetragen wurden die Wettkämpfe in der „Standardklasse" – bis 15 m Spannweite und baulichen Beschränkungen –, in der „Renn-

Fortsetzung S. 179

Während der Segelflugweltmeisterschaften 1981. In Reih und Glied von links nach rechts: 11 Schleppflugzeuge, ca. 80 Segelflugzeuge der Piloten aus 27 Nationen, Transportanhänger und die dazugehörigen Autos.

Unten:
Blick auf den „Luftlandeplatz Paderborn Haxterberg" 1981. Links das Nationendorf mit Wohncontainern und Holzbungalows, im Eingangsbereich der Flughafengebäude die Flaggen der teilnehmenden Nationen, rechts davon das Hauptgebäude mit Restaurant und dem

Die Segelflieger bereiten ihre Flugzeuge zum Wettkampf vor.

Zuschauerbereich zum Flugfeld hin, weiter der Tower und die Flugzeughallen, umgeben von Wohnwagen, abgestellten Flugzeugen und parkenden Autos. Quer durch das Bild verläuft die Start- und Landebahn, auf der rechts Segelflugzeuge bereitstehen. Am Rande der Startbahn die abgestellten Transportanhänger und weitere Segelflugzeuge.

Siegerehrung der Segelflugweltmeisterschaften 1981. 21 Nationen hatten offiziell an den Wettkämpfen teilgenommen, zudem inoffiziell einige Ostblockländer.

Rechts: **Weltmeisterschaft der Offenen Klasse.** 1. Georg Lee, GB; 2. Klaus Holighaus; D. 3. Bruno Gantenbrink, D.

Unten rechts: **Weltmeisterschaft der 15m-Klasse.** 1. Göran Ax, S; 2. Ahe Petterssen, S; 3. Dan Paré, NL.

Unten links: **Weltmeisterschaft der Standard-Klasse.** 1. Marc Schroeder, F; 2. Svein-Eric Kristiansen, N; 3. Gabriel Chenevay, F.

klasse" – ebenso Spannweite höchstens 15 m –, aber mit auftriebserhöhenden Flügelklappensystemen, Wasserballast und Bremsfallschirm – sowie in der „Offenen Klasse" – ohne technische Beschränkungen und mit Spannweiten um 22 m.

Heinz Nixdorf kannte die Flugzeugtypen, interessierte sich für technische Details, sprach mit Flugzeugbauern, kannte viele Piloten und verfolgte die Ranglisten. Insbesondere begeisterte er sich für die Auswertungszentrale hinter geschlossener Tür, mit herrlichem Blick über den Flugplatz ins weite Land, den hier laufend eingehenden Meldungen, den sich ständig verschiebenden Ranglisten und deren Übertragung auf die Bildschirme in den Hallen, im Restaurant etc.. Von Dietmar Halbig – im Vorstand der Luftsportgemeinschaft – ließ er sich im Segelflugzeug-Zweisitzer zu einem ausgedehnten Rundflug über seine Heimatstadt einladen, und genoss bei dem langsamen Flug den Blick auf die ihm bekannten Strassen und Gebäude, insbesondere die neuesten, ausgedehnten seines Unternehmens an der Alme.

27 Nationen haben an den Weltmeisterschaften teilgenommen. Die Piloten der Ostblockländer starteten außer Konkurrenz. Nach 14 Tagen standen die neuen Weltmeister fest: In der „Standardklasse" Marc Schroeder aus Frankreich, in der „Rennklasse" Göran Ax aus Schweden und in der „Offenen Klasse" Georg Lee aus Großbritannien, der den Titel eines Weltmeisters hier zum dritten Mal errang.

Nach den Weltmeisterschaften – Übergabe der Supermaschine

Pünktlich zu Beginn der Weltmeisterschaften wurde auf dem Vorfeld als „Muster" eine Supermaschine präsentiert, wie sie von Heinz Nixdorf als Belohnung versprochenen war. Der Verein hatte keine Zweifel, daß der in wenigen Monaten eintreffende, wunderbare neueste Doppelsitzer vom Typ „Janus C" den Namen seines großzügigen Spenders bekommen müsse. Doch Heinz Nixdorf hatte vehement abgelehnt und gesagt: *„Ich nenne meine Frau Renate ‚Nate'. Meine Segeljacht heißt ‚Nate' und wenn Ihr meine Familie einbinden wollt, so nennt dieses Flugzeug ‚Nate'."*
Mit seinem Versprechen drei Jahre zuvor hatte Heinz Nixdorf die Luftsportgemeinschaft Paderborn angespornt. Eigenleistung und offizielle Unterstützung mußten Vorrang haben. Wer Ämter hatte, war gefordert, Verantwortung zu übernehmen. Doch die Organisatoren konnten sicher sein, daß bei dem Seilakt, eine Weltmeisterschaft zu inszenieren, einer wie ein Auffangnetz notfalls herhielt. Vertrauen war durch die persönlichen Beziehungen der entscheidende Faktor.

Nach den Wettbewerben verließen in wenigen Stunden Segelflieger aus 27 Nationen und ihr Troß den Haxterberg. Sie hatten sich 14 Tage lang harte Wettkämpfe geliefert und waren dadurch Freunde geworden. Wieder einmal hatte sich die Erfahrung eingestellt, daß Sport eine verbindende, friedliche Weltmacht ist. Auf dem Haxterberg schien nach dem Hochbetrieb lähmende Leere ausgebrochen zu sein.

Fortsetzung S. 184

Belohnung und Ansporn. Die „Janus C", die Heinz Nixdorf der „Paderborner Luftsportgemeinschaft" nach den erfolgreich ausgetragenen Segelflug-Weltmeisteschaften 1981 schenkte. Bei der aus Kohle- und Glasfaser gebauten Maschine verjüngt sich der Rumpf extrem stark zum Leitwerk hin. Das Flugzeug wurde auf den abgekürzten Vornamen von Heinz Nixdorfs Frau Renate „Nate" getauft, da der bekannte Unternehmer es abgelehnt hatte, ihn mit seinem Namen hervorzuheben.

Heinz Nixdorf im Gespräch mit Hubert Jänsch, rechts, der 1981 zum ersten Mal Deutscher Meister im Segelkunstflug geworden war, und den Titel insgesamt vier Mal gewann. Jänsch war Fluglehrer in Oerlinghausen, blieb aber treues Mitglied der „Paderborner Luftsportgemeinschaft". Links Dr. Gustav Dönhoff, deren Ehrenvorsitzender.

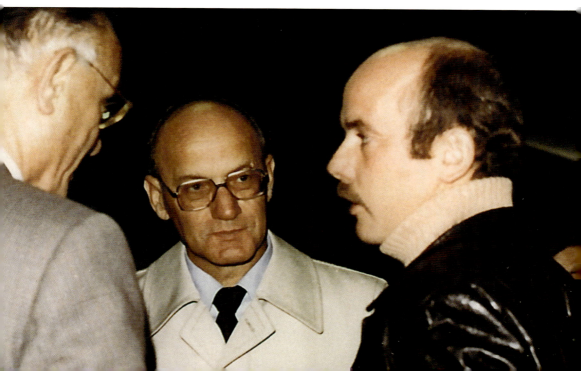

Heinz Nixdorf wird Ehrenmitglied der „Paderborner Luftsportgemeinschaft". Die Urkunde überreichte der Vorsitzende, Walter Hofmann, links.

Das Westfälische Volksblatt berichtete über einen dreifachen Anlaß zur Freude. 23.11.1981.

Die »Super-Orchidee« erhielt Namen »Nate«

Heinz Nixdorf Ehrenmitglied der Luftsportler

Paderborn (gevo). Dreifacher Anlaß zur Freude für die Mitglieder der Luftsportgemeinschaft Paderborn: Stellv. Bürgermeister Willi Lüke »taufte« das Hochleistungs-Doppelsitzer-Segelflugzeug Janus C auf den Namen »Nate«, Heinz Nixdorf, Mitglied und Förderer der Paderborner Luftsportler seit einem Vierteljahrhundert wurde zum Ehrenmitglied ernannt, Glückwünsche für den Paderborner Fliegerkameraden Hubert Jänsch, der in diesem Jahr Deutscher Meister im Segelkunstflug geworden ist.

Vorsitzender Walter Hofmann gab noch einmal einen Rückblick auf die unvergeßlichen Tage der Segelflug-Weltmeisterschaft auf dem Haxterberg, dankte den Mitgliedern für tatkräftigen Einsatz und würdigte die Unterstützung der Stadt, des Kreises, des Landes und der heimischen Wirtschaft bei der Vorbereitung und Durchführung dieses sportlichen Ereignisses der Superlative.

In Anerkennung der Leistungen der aktiven Luftsportgemeinschaft machte das Unternehmen Nixdorf-Computer AG mit dem Hochleistungsdoppelsitzer Janus C ein großes Geschenk. »Das Beste, was es überhaupt gibt, ganz aus Kohlefaser, eine Spannweite von über 20 Metern und einer Gleitmöglichkeit von 1:50, was beim Start in 1 000 Metern Höhe auch bei schlechtesten Bedingungen einen 50-Kilometer-Flug garantiert«, schwärmte ein Paderborner Segelflieger angesichts der 100 000-Mark-»Super-Orchidee«.

Hubert Jänsch, Deutscher Meister im Segelkunstflug, ist seit 1966 Mitglied in der Paderbornr Luftsportgemeinschaft, seine D 0373 machte sich winzig neben dem Super-Segler aus, und ein 40 Jahre alter Schulgleiter zeigte die rasante Entwicklung im Segelflugsport auf.

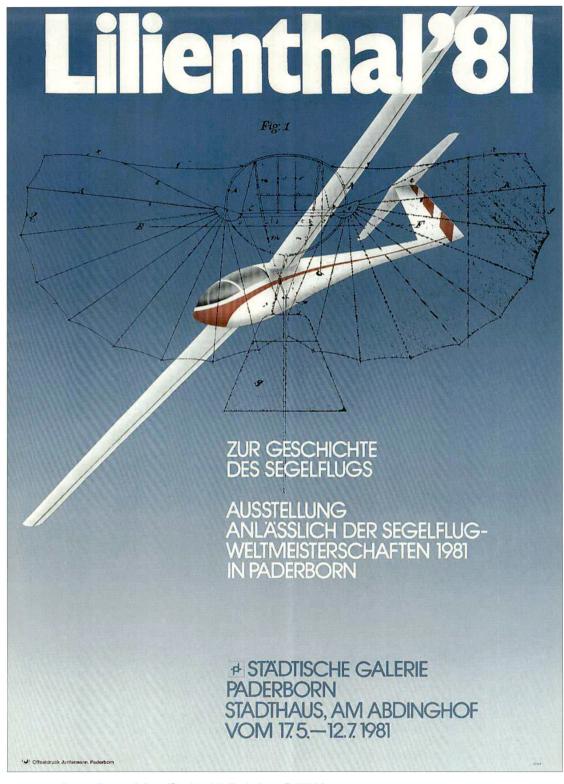
Ausstellungsplakat. (Stadtarchiv Paderborn P 5653.)

Bildbeschreibung siehe nächste Seite.

Doch wenn Außenstehende glaubten, das Segelflugzeug „Nate" sei eine wohlverdiente Belohnung, Lorbeer, auf dem man sich ausruhen kann, verstanden sie Heinz Nixdorf nicht. Das Geschenk war keine Trophäe, die in einer Vitrine ruhen konnte, es war auch Anerkennung und Belohnung, in erster Linie aber Herausforderung zu weiteren Leistungssteigerungen.

Die neue Maschine, eine „Janus C", wurde im November 1981 offiziell übergeben und getauft. Heinz Nixdorf hatte die Austragung der Weltmeisterschaft durch die „Nixdorf Computer AG" mit 20.000,- DM in 1980 und 30.000,- DM in 1981 fördern lassen. Für die Beschaffung der neuen „Janus C" schenkte er dem Verein, vermutlich aus seiner Privatschatulle, 100.000,- DM. Da der Preis infolge einiger Extras etwas höher kam, wurde im Vorstand die Frage aufgeworfen, ob man vom Spender einen Zuschlag erbitten sollte. Die Entscheidung war, das wäre unverschämt, also „Nein!" Die Nixdorf Computer AG überwies 1982 ohnehin 50.000,- DM.

Die „Fieseler Kunstflugtrophäe" und der Stifter auf dem Haxterberg

Die „17th WORLD GLIDING CHAMPIONSHIPS 1981" blieb nicht das einzige Großereignis auf dem Haxterberg. Im Mai 1984 folgte der „Wettbewerb um die 2. Fieseler-Kunstflugtrophäe", nach Welt- und Europameisterschaften, auf Westeuropa konzentriert, der ranghöchste Wettbewerb in dieser Disziplin. Gerhard Fieseler (1896–1987 in Kassel) war der erste Weltmeister, d. h. Gewinner des Weltpokals im Kunstflug 1934, und hatte 1930 in Kassel die spätere Fieseler Flugzeugbau GmbH gegründet, die ab 1937 den legendären Fieseler Storch (Fi 156), das erste Kurzstart- und Kurzlande-Flugzeug mit einer Landegeschwindigkeit von nur 38 km/h, und 1942 die unbemannte V1 mit Turbostrahlantrieb baute, der die V2 in Penemünde folgte. Am „Wettbewerb um die 2. Fieseler-Kunstflugtrophäe" nahmen zwanzig der hervorragendsten „Luftakrobaten" der Westeuropäischen Motorflieger teil.

Die Schirmherrschaft hatte Heinz Nixdorf übernommen. Der berühmte Stifter, Gerhard Fieseler, kam, 88-jährig, nach Paderborn, um die Leistung dieser Luftakrobaten zu würdigen – eine große Ehre!

Wenn die Kunstflugpiloten bei ihren extremen Vorführungen auf die Tube drückten, war das aufjaulende Vollgas-Getöse weithin zu hören, und etliche Bürger beschwerten sich, weil ihre Fensterscheiben in heftige Vibration versetzt wurden.

Vorangehende Seite: **Medaille der Weltmeisterschaften 1981.** Die Sieger bekamen diese Medaille in Gold, Silber oder Bronze am rot-goldenen Band. Von einer weiteren Fassung in Aluminiumlegierung wurden zahlreiche Exemplare gegossen und allen Teilnehmern und Helfern zur Erinnerung und als Dank überreicht. Diese Ausführung wurde auch zum Kauf angeboten. Durchmesser 8 cm. **Vorderseite:** Das Emblem der „17th WORD-CHAMPIONSHIPS, PADERBORN-HAXTERBERG". **Rückseite:** Reproduktion des alten, seit 1238 nachweisbaren Siegels der Paderborner Stadt, die durch Kirche, Wehrmauer und austretenden Fluß dargestellt ist. „SIGILLUM PADERBORNENSIS CIVITATIS".

Grußwort

Zur 2. Internationalen "Fieseler-Kunstflug-Trophäe" vom 31. Mai bis zum 3. Juni 1984 auf dem Flugplatz Haxterberg in Paderborn begrüße ich alle Teilnehmer und Gäste recht herzlich.

Es freut mich besonders, daß dieses wichtige europäische Vergleichsfliegen diesmal in Paderborn stattfindet und daß wir eine so starke Beteiligung verzeichnen können.

Ich wünsche den Ausrichtern einen reibungslosen Verlauf der Veranstaltung, den Teilnehmern die erhofften Erfolge, den Zuschauern Freude an den gezeigten Leistungen und dem Motorkunstflug insgesamt viel neue Freunde.

Heinz Nixdorf

Vorstandsvorsitzender der
Nixdorf Computer AG

Grußwort des Schirmherrn im Programmheft der Veranstaltung.

Heinz Nixdorf und Gerhard Fieseler. Der berühmte Flugzeugbauer, Ingenieur und Flieger kam anläßlich des Wettbewerbs um die „Fieseler Kunstflugtrophäe" 1984 nach Paderborn. Hier im Bild rechts Gerhard Fieseler, links Heinz Nixdorf, der die Schirmherrschaft übernommen hatte.

In Paderborn 1984: Die 1. Europameisterschaften im Segelkunstflug

Im selben Jahr, im September 1984, wurde in einer verhältnismäßig jungen Disziplin die erste Europameisterschaft von der Luftsportgemeinschaft Paderborn ausgetragen. Der Kunstflug der Motorflieger hatte sich seit dem Ersten Weltkrieg ergeben, da bei Luftkämpfen Jagdflugzeuge ungewöhnlich riskante Flugmanöver vollzogen hatten. Beim Motorkunstflug hatte sich ein Reglement für die Ausführung schwieriger, vom Normalflug abweichender Flugbewegungen entwickelt. In Deutschland gab es seit 1970 an wenigen Orten erste spezielle Kunstfluglehrgänge für Segelflieger, für die Hohe Schule des präzisen Fliegens und der maximalen Beherrschung der Maschinen durch die Piloten in extremen Situationen. Die Zuschauer auf der Haxterhöhe, darunter auch Heinz Nixdorf, konnten die Wettbewerbe der Europameisterschaften unmittelbarer verfolgen als bei normalen Segelflugwettbewerben. Diese werden nun im Unterschied zum „Kunstflug" als „Streckenflug" bezeichnet, und bei dem entschwinden die Maschinen nach dem Start schnell den Blicken. Beim Kunstflug wird ein Raum von 1.000 x 1.000 m am Boden markiert, die Maschinen werden mit dem Schleppflugzeug auf 1.200 m gebracht. Dort beginnt der Figurenflug bis auf höchstens 200 m über dem Boden, also in einem Luftraum von 1.000 m^3.

Fortsetzung S. 194

Linke Seite: **Plakat für die Veranstaltung „2. Internationale Fieseler-Kunstflug Trophäe".** Stadtarchiv Paderborn, Signatur P 5660, mit Autogrammen der teilnehmenden Piloten.

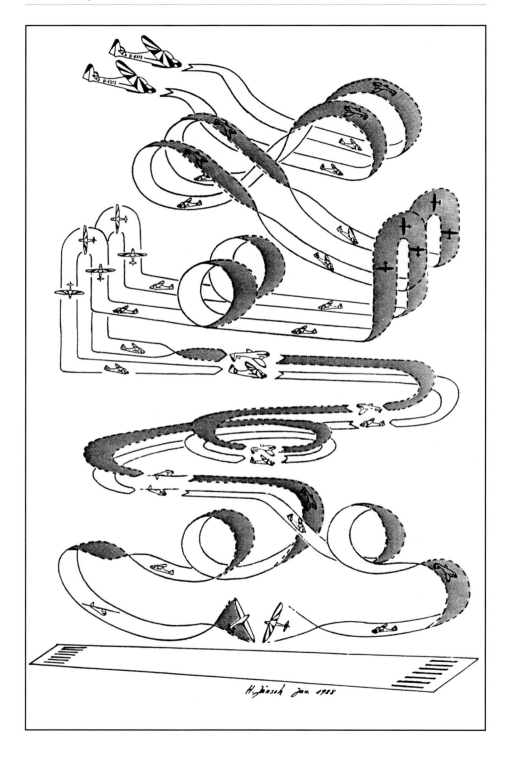

Luftsport 189

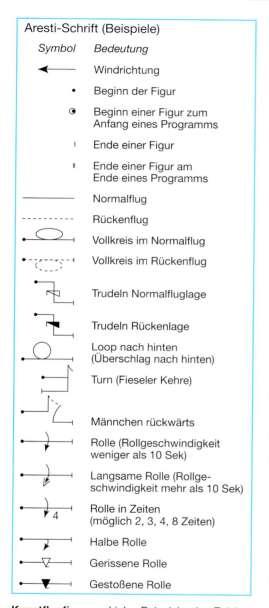
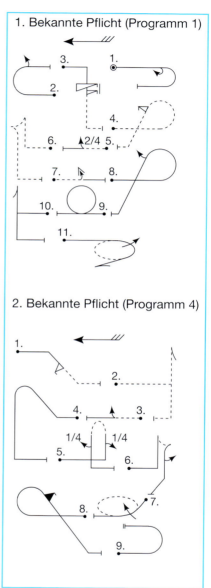

Kunstflugfiguren. Links Beispiele der Zeichensprache nach der „Aresti-Bibel". Verfasser Aresti war Kunstflugpilot. Rechts Pflichtübungen bei einem Wettbewerb im Segelkunstflug.

Linke Seite: **Zeichnung des Segelkunstflugmeisters Hubert Jänsch.** Zwei Segelflugzeuge bei einem Programm für einen Zweier-Formations-Kunstflug. Jänsch ist mehrfacher Deutscher Meister, Fluglehrer in Oerlinghausen, Mitglied der Paderborner Luftsportgemeinschaft.

Schaufliegen. Fünf Segelflugzeuge setzen zum Looping an. Im Hintergrund der Teutoburger Wald.

Hubert Jänsch und Dieter Wasserkordt. Die beiden Mitglieder der Paderborner Luftsportgemeinschaft demonstrieren Segelkunstflugfiguren. Das „Glider Acrobatic Team LO-100" nannte sich „Zwergreiher". Im Segelflugzeug unten Wasserkordt, darüber im Rückenflug Jänsch.

Segelkunstflug-Demonstration. Vor den Wettkämpfen zieht ein Segelflugzeug im Rückenflug an den Flughafengebäuden Paderborn-Haxterberg vorbei.

Die Schirmherrin der „7. Deutschen Segelkunstflugmeisterschaften.". Renate Nixdorf begrüßt in Erinnerung an ihren Mann, Ehrenmitglied und Förderer des Paderborner Vereins, die Teilnehmer und Gäste der 7. Segelkunstflugmeisterschaften, des 5. Segelkunstflug-Nachwuchswettbewerbs und des 1. Deutschen Segelkunstflug-Doppelsitzer-Wettbewerbs.

Luftsport

Segelflieger im Rückenflug über dem Flughafen Paderborn-Haxterberg. Hier der mehrfache Deutsche Meister Hubert Jänsch.

Links: **Segelflieger im Messerflug.** Normalflug, Rückenflug und Messerflug (im 90° Winkel) sind Grundpositionen beim Segel-Kunstflug wie beim Motor-Kunstflug gemäß der sog. „Aresti-Bibel". Der Spanier Aresti hat die umfangreiche Zeichensprache für Kunstflugfiguren entwickelt.

Rechte Seite: **Die „Zwergreiher" über den Feldern der Haxterhöhe.** Schon während der Segelflugmeisterschaften 1981 haben die Segel-Kunstflieger der Paderborner Luftsportgemeinschaft, Hubert Jänsch und Dieter Wasserkordt, und auch andere, ein beachtliches Rahmenprogramm geboten. Die an den Weltmeisterschaften beteiligten Streckenflieger waren so schnell wie möglich davongeflogen, so daß die Zuschauer für die Demonstrationen der Kunstflieger über dem Platz dankbar waren. Diese Vorführungen haben zur Vergabe von Europa- und Deutschen-Segel-Kunstflugmeisterschaften nach Paderborn ebenso beigetragen wie zur Etablierung eines Landes-Leistungsstützpunktes für den Segelkunstflug.

Die Kunstflugfiguren gliedern sich in neun Familien: Linien und Winkel, horizontale und vertikale Kurven, Trudeln, Turns, Männchen, Loops (Loopings) und Rollen. Bei sechs Pflicht- und Kürprogrammen bewertet eine Jury nach Ausführung und Schwierigkeitsgrad. Heinz Nixdorf interessierte sich als Mathematiker für den Koeffizient, und Rechner mit dem „Nixdorf-Computer" Logo halfen der Jury bei der Ermittlung der Punkte und dem Ausdruck der Ranglisten.

Die 1. Europäischen Segelkunstflugmeisterschaften führten infolge schlechter Wetterbedingungen zu keinen Meistertiteln. Nach den vorausgehenden vier Trainingstagen konnten nur an zwei Tagen Wettbewerbe ausgetragen werden. Minimum waren drei Tage. Heinz Nixdorf konnte 1984 also keine der bereitgestellten Trophäen überreichen.

Deutsche Segel-Kunstflug-Meisterschaften 1987

1987 wurden auf dem Haxterberg die siebten, alle zwei Jahre veranstalteten, Deutschen Segelkunstflugmeisterschaften ausgetragen. In Erinnerung an die Förderung der Luftsportgemeinschaft Paderborn durch ihren Mann übernahm Renate Nixdorf die Schirmherrschaft und das Überreichen der Siegerpokale. Der Oerlinghausener Hubert Jänsch, der für die „Luftsportgemeinschaft Paderborn" startete, wurde Deutscher Meister im Segelkunstflug der Vollakrobatik. 2. Platz Helmut Fendt, Erlangen, 3. Platz Peter Hofmann, Forchheim. Der zweite Paderborner, Dieter Wasserkordt, erreichte den 16. Rang. Übrigens, seit 1994 ist der Flugplatz Haxterberg Landesleistungsstützpunkt für Segelkunstflug.

Flugbegeisterte: Der Künstler und der Unternehmer

Hier sei zum Thema Luftsport noch eine Zugabe angefügt: Als Heinz Nixdorf mit Robert Michel, der als Pionier der Bildcollage gerühmt wird, in dessen Haus in Vockenhausen ins Gespräch kam, fing dies sogleich mit der Fliegerei an. Ein Foto an der Wand zeigte Robert Michel im Ersten Weltkrieg als Militärpilot neben seiner Maschine. Er stürzte 1916 ab, war verwundet, kriegsuntauglich, ging nach Weimar an die „Großherzogliche Kunst- und Gewerbeschule", an der der Belgier van der Velde die Grundlagen für das spätere Bauhaus gelegt hatte, und lernte dort die Paderborner Schwanendrogisten-Tochter Ella Bergmann kennen. An den Wänden der Atelierräume hing eine Arbeit von Michel aus dem Jahre 1923 mit dem Titel: „O. U., dem Rhön-Vater". Natürlich wußte Heinz Nixdorf wer O. U. war, nämlich Oskar Ursinus (1878–1952), der 1920 in der Rhön den ersten Segelflugwettbewerb auf der Welt veranstaltet hatte. Dann gab's an den Wänden weiter ein Bild von 1921 „Hans Grade". Heinz Nixdorf war auch dieser Flugpionier (1876–1946) bekannt. In seinem Motorenwerk in Magdeburg hatte Grade einen Dreidecker gebaut, mit dem

Robert Michel, Collage. Beschriftet: „O. U., dem Rhön Vater". Schmelz 1923. H 75,5 cm, B 67,5 cm. Sammlung der Stadt Paderborn, Städtische Galerie. Den Erwerb der Sammlung Ella Bergmann – Robert Michel hat Heinz Nixdorf maßgeblich unterstützt.

ihm als erstem Deutschen ein Motorflug gelang. (Beide erwähnten Bilder gehören inzwischen der Paderborner Städtischen Galerie, Katalog R.M. Nr. 7 und R.M. Nr. 12.)

Und dann wollte Robert Michel, *„ich alter Mann"*, von Heinz Nixdorf noch Details über die neue Cessna wissen, das zweistrahlige Firmenflugzeug, mit dem Heinz Nixdorf, Stadtdirektor Wilhelm Fehrlings und ihre Begleitung von Paderborn aus angereist waren. Als sich später Robert Michel bei mir für die Vermittlung des Besuches bedankte, sagte er, bezogen auf Heinz Nixdorf: *„Es ist das Ingenium, das Ingeniöse, das mich in seinen Bann zieht."* Vom lateinischen Ingenium schwingen in diesem Begriff Genius, Ingenieur und Genie mit.

Um den Kreis der Pioniere von Computer (Heinz Nixdorf), von Bildcollage (Robert Michel) und Motorflugzeug (Hans Grade) zu schließen: In der Eingangshalle des Flughafens Paderborn-Lippstadt schwebt über den Köpfen von Passagieren und Besuchern der originalgetreue Nachbau einer Maschine von Hans Grade. 1909 hatte dieser in dem Eindecker mit selbstgebautem Motor von 24 PS in Johannisthal (Berlin) den „Lanzpreis der Lüfte" gewonnen. „Café Grade" ist der Name des Restaurants im Flughafengebäude.

Lanz war der größte Produzent von Ackerschleppern – siehe das Paderborner Traktorenmuseum – und Lanz jr. wollte zusätzlich Luftschiffe und Flugzeuge bauen. Daher die Ausschreibung und der Titel des Wettbewerbs.

Der Eindecker von Hans Grade. In der Empfangshalle des Regionalflughafens Paderborn/Lippstadt. („Hans Grade" ist auch der Name des Lazarettflugzeuges der Luftwaffe, das bei der Flutkatastrophe 2004/2005 in Südostasien im Einsatz war.)

Die Weltmeisterschaften 1981 – ein Jahrtausendereignis für den Flugsport in Paderborn

Weltmeisterschaften im Streckensegelflug wird es in Paderborn vermutlich nie wieder geben. Zum einen hat hier die Verkehrsfliegerei erheblich zugenommen, so daß es schwieriger wird, den Luftraum für weitstreckige Segelflugmeisterschaften frei zu halten. Zum anderen hat in den letzten Jahrzehnten die Globalisierung Gebiete mit meterologisch und topographisch besonders günstigen Voraussetzungen favorisiert, z. B. Australien, Südafrika u. a.. Dies hat zu erheblichen Leistungssteigerungen, geführt. Es werden Strecken über 2.000 km, Durchschnittsgeschwindigkeiten bei 1.000 km-Dreieckflügen von fast 200 km/h und Höhenflüge bis fast 15.000 m erreicht! Weltrekorde haben, da sie von besonders glücklichen meteorologischen Bedingungen profitieren, allerdings geringere Bedeutung als die Meisterschaften, die im Segelflugsport inzwischen in mehr als 80 verschiedenen Disziplinen ausgetragen werden.

Der Glaube an den himmlischen Himmel ist im Paderborner Land seit 1200 Jahren tief verwurzelt. Daß sich nun am realen Himmel so viel und so vielfältiges bewegt, ist in hohem Maße Heinz Nixdorf zu verdanken. Der von Heinz Hentze von kleinen Anfängen an geleitete Verkehrsflughafen Paderborn-Lippstadt wächst und wächst und ist weithin bekannt, und beliebt wegen seiner schier unendlichen kostenfreien Parkplätze. Und zu den alten Sportarten Segel- und Motorflugsport sind Segelkunst- und Motorkunstflug, Motorsegelfliegerei, Ultraleicht-, Motordrachenflug, Fallschirmsport etc. hinzugekommen. Der Flughafen Haxterberg gilt als einer der schönsten in Deutschland mit seinem weiten Blick über die Stadt und auf den Abschluß der Westfälischen Tieflandsbucht, die hier weit in die Mittelgebirgzone hineinreicht mit der Begrenzung durch Paderborner Hochfläche, Eggegebirge und Teutoburger Wald.

Zum Jubiläum eine weitere Supermaschine: Die „Heinz Nixdorf"

Zum 25-jährigen Bestehen des Flughafens Haxterberg, 1998, erwarb die Luftsportgemeinschaft, auch mit einem Beitrag von Renate Nixdorf, das schönste und leistungsstärkste Segelflugzeug der Welt, eine „ASH 25", die mit 26,5 m fast die Spannweite einer Boeing 737 erreicht. Das besondere an diesem Flugzeug ist ein eingebauter Wankelmotor mit 54 PS, der einen ausfahrbaren Propeller treibt, mit dem die Maschine selbständig starten kann. Das langjährige Vorstandsmitglied, Dietmar Halbig, ließ in seiner Festansprache die 25 Jahre Geschichte der „Luftsportgemeinschaft" auf dem Haxterberg aufleben und hob die besonderen Verdienste ihres bedeutendsten Ehrenmitglieds hervor. Renate Nixdorf enthüllte den Namen der neuen Supermaschine: „Heinz Nixdorf".

Das Denkmal vor dem Eingang zum Flughafen Paderborn-Haxterberg. Auf der Rückseite sind die Namen der drei Weltmeister eingemeißelt. Die Oberseite zeigt das Emblem der Meisterschaften. Der Bildhauermeister Herbert Görder hatte das Denkmal zu den Weltmeisterschaften geschaffen und nach Abschluß der einzelnen Wettbewerbe nachts sogleich die Namen der Sieger eingemeißelt.

Zur „Heinz Nixdorf" mit einem Wankelmotor

In diesem Zusammenhang sei Heinz Nixdorfs intensive Beziehung zur Motorenkunde und Motorenentwicklung seit seiner Pilotenausbildungszeit festgehalten. Es war in der Paderborner Bevölkerung bekannt, wenn ein blauer NSU „RO 80 Spider" mit den Buchstaben HN im Kennzeichen vorbeikam, war das der Wagen des bekannten Computerunternehmers. Er nahm es den Deutschen übel, daß zu wenige dieses Auto mit dem Wankelmotor anschafften. Insbesondere die vielen gut situierten größeren Unternehmen, die einen Wagenpark unterhielten, hätten sich nicht nur Statussymbole (Mercedes) sondern u. a. einen RO 80 leisten sollen. Damit hätte diese deutsche Erfindung eine Chance bekommen, in der Praxis ähnlich auszureifen wie zuvor die Motoren der Deutschen Nikolaus August Otto (seit 1876) und Rudolf Diesel (seit 1897).

In Deutschland wurde die Produktion des RO 80 zur Enttäuschung von Heinz Nixdorf eingestellt und die Japaner hatten den Wankelmotor für den Fahrzeugbau aufgegriffen. Darüber war der Paderborner Unternehmer u.a. durch Prospekte von der hiesigen Mazda-Vertretung (Vollmari) gut informiert. Auf den „Kosmos", der 1978 in den Handel kam, folgten der RX 7 und seit 2003 der RX 8. Inzwischen haben die Japaner 1,8 Mio. Autos mit Kreiskolbenmotor verkauft, insbesondere in Länder, mit niedriger oder gar keiner Kraftstoffsteuer. Der Wankel braucht ca. 10% mehr Benzin als der Otto und läßt sich mit Diesel nicht betreiben. Vorteil ist gegenüber den Hubkolbenmotoren die exzellente Laufruhe.

Heinz Nixdorf hat sich etliche Male mit Felix Wankel (1902–1988) getroffen. Dieser hatte sich seit 1926 mit der Konstruktion eines Kreiskolbenmotors beschäftigt. Ziel war zunächst ein Flugzeugmotor. 1936 richtete das Reichsluftfahrtministerium die „Wankel-Versuchsstätten" in Lindau ein. Nach den Kriegswirren wurde daraus mit Unterstützung der NSU Motorenwerke AG deren „Technische Entwicklungsstelle" in Lindau. Erster Testlauf des Motors 1957, seit 1964 Serienproduktion des RO 80, von dem Heinz Nixdorf zwei Stück gekauft hat. Einen hat er 15 Jahre lang gefahren! (Ro = Rotationskolbenmaschine)

Der „Verein für Kreiskolbentechnik RO 80 Club Deutschland e.V." betrauerte 1986 den Verlust seines „verehrten Clubmitglieds".

Der Wankelmotor in dem Segelflugzeug „ASH 25" – „Heinz Nixdorf" ist in England produziert worden und wird in Österreich weiterentwickelt und -gebaut. Die „Diamond Aircraft" in Egelsbach hat ca. 500 Wankelmotore an Flugzeugbauer geliefert, u.a. an die Firma Schleicher, von der die „Heinz Nixdorf" gebaut wurde.

Die Elsbett-Nixdorf-Achsialmotoren-Gesellschaft b. R.

Als Felix Wankel nicht mehr aktiv war, machte er den Paderborner auf den Motorenkonstrukteur Ludwig Elsbett (1913–2003) in Hilpoldstein aufmerksam, der beim

Vier Hallen 15 Motor- und Segelflieger, 300 Mitglieder: Die Luftsportgemeinschaft hat sich zu einem respektabelen Sportzentrum entwickelt, das weit über die Grenzen der Region einen hervorragenden Namen hat. Allgemeiner Tenor: Was der Verein in 25 Jahren auf dem Haxterberg geschaffen hat, ist einzigartig!

Jubiläum: 25 Jahre Flughafen Paderborn-Haxterberg

Mit »Heinz Nixdorf« zum sportlichen Höhenflug

Von Manfred Schraven (Text und Fotos)

Paderborn (WV).»Was wären Flieger ohne Flughafen?« Eine Frage, die für die Mitglieder der Luftsportgemeinschaft Paderborn seit nummehr 25 Jahren ein Fremdwort zu sein scheint. Denn vor einem viertel Jahrhundert wurde oberhalb der Kernstadt Paderborn der Flugplatz Haxterberg eröffnet. So hatte die Frage des Vorsitzenden des Vereins, Gerd Vieler, zur Begrüßung anläßlich des Jubiläumsempfangs im neuen Hanger IV denn auch mehr rethorischen Charakter. Die vielen Gäste aus Sport, Politik, Kirche und Verwaltung – unter ihnen Generalvikar Bruno Kresing, Landrat Reinold Stücke, Oberkreisdirektor Dr. Rudolf Wansleben und Paderborns stellvertretende Bürgermeisterin Elisabeth Menneken, konnten sich davon überzeugen, daß die Luftsportgemeinschaft nicht nur Pächter der größten Wiese Paderborns ist, sondern ihren Standort auf dem schönste Segelfluggelände in Deutschland hat. Bis zum kommenden Wochenende wird das im Rahmen einer Jubiläumswoche gebührend gefeiert.

Trotz aller Festlichkeiten auf dem Haxterberg, waren es zwei Dinge, die dem Samstagmorgen den Stempel aufdrückten und neue Akzente für den 300 Mitglieder starken Verein setzen. Zum einen segnete Weihbischof Paul Nordhues die neue Halle IV (ein Geschenk von Vereineismitglied Wolfgang Bremer), zum anderen taufte Renate Nixdorf ein neues Hochleistungsflugzeug auf den Namen ihres verstorbenen Mannes Heinz. Dietmar Halbig, Stützpunktsleiter des Landesleistungszentrums, betonte, daß der Name Heinz Nixdorf unauslöschlich mit der Luftsportgemeinschaft verbunden sei. Schon vor 17 Jahren hatte der Paderborner Computer-Pionier den Paderborner Segelfliegern den Hochleistungssegler »Janus« geschenkt – mit das Beste, was es damals auf dem Markt gab. Getauft wurde der Segler auf den Namen seiner Frau Renate.

Das neue Prunkstück aus Fiberglas ist eins von zwölf zugelassenen dieser Art in der ganzen Welt. Der »Traum aller Segelflieger« hat rund 320 000 Mark gekostet. Einige Daten: Gleitzahl eins zu 60 (aus einer Höhe von einem Kilometer kann man 60 Kilometer weit fliegen), Spannweite 26,5 Meter, Normalgeschwindigkeit 80 bis 160 km/h.

Renate Nixorf taufte das neue Hochleistungsflugzeug auf den Namen »Heinz Nixdorf«. Dietmar Halbig »stand Pate«.

Das neue Hochleistungsflugzeug „Heinz Nixdorf", Westfälisches Volksblatt, 17.08.1998.

Flugzeugbauer Junkers und dann bei MAN als Chefkonstrukteur gearbeitet hatte und als Pionier der Direkteinspritzung bei PKW-Dieselmotoren galt. Der Paderborner verabredete sich und kam mit seiner Cessna zum Flughafen Nürnberg. Mit Elsbett und dessen beiden Söhnen Günter und Klaus gründete Heinz Nixdorf die „Elsbett-Nixdorf-Achsialmotoren G.d.b.R." und beteiligte sich mit 40% am Kapital (5 Mio. DM). Sieben Paar Zylinder wurden achsial zum Antrieb einer Trommelscheibe (die bei Hubschraubern üblich ist) angeordnet und wurden mit Pflanzenöl angetrieben. (Den Begriff Bio-Diesel gab es damals noch nicht.) Ziel und Interesse von Heinz Nixdorf war ein Motor speziell für Flugzeuge mit ca. 20 Plätzen. Geschäftsreisen von Mitarbeitergruppen zwischen den zahlreichen Nixdorf Niederlassungen, z. B. zwischen Paderborn-Berlin, Paderborn-München, Köln, Zürich, Hamburg oder Frankfurt a. M. etc. sollten preislich und ökologisch wesentlich günstiger werden als mit den bisherigen Antriebsaggregaten. Morgens hin, abends zurück.

Mit Heinz Nixdorfs Tod war das Interesse der „Nixdorf Computer AG" an der Entwicklung eines neuartigen Flugzeugmotors erloschen und die Firma löste sich fair aus der Beteiligung. Übrigens waren die in den Werkgebäuden an der Alme installierten Wärmekraftwerke unter Mitwirkung von Elsbett entwickelt worden.

Luftsportereignisse von hohem Rang auf dem Haxterberg

1973	Inbetriebnahme des neuen Flughafens. „Sonderlandeplatz"
1975	Eine der Etappen beim Deutschlandflug
1976	Segelflug-Landesmeisterschaften NRW
1977	Deutsche Segelflugmeisterschaften Start-Station des Deutschlandfluges Bewerbung für die Weltmeisterschaft 1981
1979	Landesmeisterschaften im Segel-Streckenflug Zuschlag für die „17th World Gliding Championships" 1981
1980	Sog. Vorweltmeisterschaften, Internationaler Segelflug Wettkampf
1981	17. Segelflug-Weltmeisterschaften
1984	2. Internationale Fieseler-Kunstflug-Trophäe der Motorflieger 1. Europäische Segel-Kunstflug-Meisterschaften
1985	Segelflug-Landesmeisterschaften NRW
1987	7. Deutsche Segel-Kunstflug-Meisterschaften
1996	Deutsche Segelflugmeisterschaften der K-Klasse (mit ausfahrbarem Propellerantrieb)

Bei sieben der zehn Meisterschaften, die auf dem Haxterberg ausgetragen wurden, waren Mitglieder der „Paderborner Luftsportgemeinschaft" zum Start zugelassen.

7. DEUTSCHE SEGELKUNSTFLUG-MEISTERSCHAFT
1. DEUTSCHER SEGELKUNSTFLUG-DOPPELSITZER-WETTBEWERB
5. DEUTSCHER SEGELKUNSTFLUG-NACHWUCHS-WETTBEWERB

11.7. - 19.7. 1987

PADERBORN-HAXTERBERG

VERANSTALTER: DEUTSCHER AERO CLUB E.V.

Siegerehrung der 7. Deutschen Segelkunstflug – Meisterschaft, Paderborn 1987.
Deutscher Meister wurde Hubert Jänsch, Fluglehrer in Oerlinghausen und Mitglied der Luftsportgemeinschaft Paderborn. Silber Helmut Fendt, Erlangen; Bronze Peter Hofmann, Forchheim. Jänsch gewann den Titel insgesamt vier Mal.

Linke Seite (Programmheft): **Im Programmheft der Meisterschaften schrieb Schirmherrin Renate Nixdorf:** „*Mein Mann, Heinz Nixdorf, war in seiner Jugend Segelflieger, und wenn er seine eigene sportliche Betätigung ganz auf das Starbootsegeln konzentrierte, so blieb er durch seinen Sinn für die Dynamik des Windes zeitlebens auch dem Segeln in der Luft verbunden.*"

Das Hochleistungs-Segelflugzeug „Heinz Nixdorf". Die ASH 25 von der Fa. Schleicher hat einen Kreiskolbenmotor, System Wankel.

Quellen/Literatur

Eigene Erinnerungen, Gespräche mit Heinz Nixdorf. Informationen, mündlich und schriftlich, von Klaus und Günter Elsbett, Dietmar Halbig, Horst Keese und Paul Seiffert.

Deutscher Aero-Club e.V. und Luftsportgemeinschaft Paderborn e.V. (Hrsg.): 17. Segelflugweltmeisterschaften Paderborn Haxterberg 24.05.–07.06.1981. 128 Seiten, Paderborn, o.J. (Programmheft)

Dieselben: 2. Internationale Fieseler-Kunstflug-Trophae. 31.5.–3.6.84, Paderborn Haxterberg. 72 Seiten, hrsg. von Rotraud Dieck. Paderborn o.J. (Programmheft)

Dörpinghaus, Rolf/Jutta Kleinsorge/Norbert Seuss: 17. Segelflug-Weltmeisterschaften 1981 in Paderborn. Aero Kurier, 25. Jg. 1981, Heft 6 und 7, S. 830 f, 890-907. Vgl. auch Seliger, Peter F.: Die Leistungsexplosion. 33. Jg. 1989 Heft 5.

Goerdeler Gymnasium Paderborn – Projekt: Zur Geschichte des heimischen Segelflugs. Vom 08.–11.07.1987. Unveröffentl. Mskpt., Stadtarchiv Paderborn, S 2/290

Halbig, Dietmar: Ansprache beim Empfang zur Feier des 25-jährigen Bestehens des Flughafens Paderborn-Haxterberg, 1998. Manuskript.

Koch, Karl Heinrich: Vor 50 Jahren im Segelflugzeug über dem Hochstift. In: Vereinigung ehemaliger Schüler des Gymnasium Theodorianum in Paderborn, Jahresbericht 2002, S. 67

Lamprecht, Wiebke/Marie Luise Klein. Siehe: Allgemeine Literatur. Luftsport S. 220ff.

Möller, Bernhard: Der Segelflug. In: Die Warte, 1976, Nr. 9, S. 30

Schmidt, Joachim (Hrsg.).: 7. Deutsche Segelkunstflug-Meisterschaft 1987 Paderborn Haxterberg 11.07.–19.07.1987. 56 Seiten, Paderborn, o.J. (Programmheft)

Tüshaus, Karl: Nachlaß. 15 Archivkartons mit ungeordnetem Material zur Paderborner Luftfahrt- und Luftsport-Geschichte sowie zur Entstehungsgeschichte des Regionalflughafens Paderborn-Lippstadt. Stadtarchiv Paderborn, Bestand S 1/60.

Weinholtz, Fred: Segelflug WM 1981 auf dem Haxterberg bei Paderborn. In: Die Warte 1981, Nr. 30, S. 11ff.

Tennis

Zur Paderborner Tennis-Vereins-Geschichte

Die Erfolge im Tennissport, wie z. B. die der Damen der Tennisabteilung des „SC-Grün-Weiß 1920 e.V." in den 1970er und 1980er Jahren, sowie Namen und Farben der Vereine hatten in Paderborn Tradition und eine wechselhafte Geschichte. Als Tennis hier 1898 begann, war dies die erste Sportart, in der Damen wie Herren der feinen Gesellschaft von Anfang an gleichberechtigt in Vereinen aktiv wurden. Das erste Lawn-Tennis (Wiesen-Tennis), eine ins Freie verlegte Abart des Tennis-Ballspiels in den Ballhäusern von Königen (Jeu de paume in Paris, Ballhaus in Versailles etc.), konnten die Paderborner in Elsen, in einer Gartenwirtschaft an der Alme (Karl Hillemeier) ausüben: Englische Maße für Spielfeld und Netz, aber kein englischer Rasen, kein feiner roter Aschenbelag, sondern gewalzter lehmiger Mergel und im Spielfeld ein Baum, der als Hindernis zu umgehen war.

Heinz Nixdorf im Tennis Club Grün-Weiß

Nach dem Ersten Weltkrieg waren 1922 zunächst ein „Tennis Club Blau-Weiß" und eine Tennisabteilung in dem Gesellschafts- und Raucherclub „Graue Wolke" erstanden. Einige der Tennisspieler bewerkstelligten bald eine eigene bessere und größere Anlage unmittelbar neben dem Schützenplatz und gründeten am neuen Standort den „TC Grün-Weiß 1923". (Heute spielt dort der „SV Heide Paderborn".)

Im Zweiten Weltkrieg waren die meisten Tennisspieler als „wehrfähig" beim Militär und Tennisbälle wurden wegen der „Kriegswirtschaft" weder produziert noch importiert. 1946 wurde der Tennissport beim „TC Grün-Weiß, 1923" wieder aufgenommen. Heinz Nixdorf war 1946/47 auf der „Städtischen Oberschule für Jungen Paderborn" (Reismann), dann folgten Studentenjahre. In dieser Zeit zwischen 1947 und 1952 spielte er mit Schulfreunden, mit Rudolf Schmidt (später Möbelhandel im Ruhrgebiet, Essen), mit Franz Josef Willeke (später WMF Vertretung), Paul-Elmar Espert (später Zahnarzt) und unter anderem mit dem großen Möbelfabrikanten Josef Welle Tennis.

Für Heinz Nixdorf ergab sich durch die Gründung seines Betriebes in Essen, 1952, bis zu Verlagerung nach Paderborn, 1959, eine Tennispause.

Grün-Weiß ist nicht Grün-Weiß

In der Zwischenzeit hatten sich beim „Sport Club Grün-Weiß, 1920 e.V.", dem

Tenniskluft um 1900. Tennisherr in englischem Look mit Racket und Pfeife, Tennisdame im damals üblichen, gesellschaftsfähigem Kleid. Holzstiche, um 1900. Vergrößerungen dieser u. a. Bilder zierten in den 1970er Jahren mit Unterstützung von Heinz Nixdorf den Clubraum der Tennisabteilung des „SC-Grün-Weiß 1920 e.V."

Heinz Nixdorf beim Aufschlag. Auf der Anlage des „TC Grün-Weiß 1923" nachmals „TC Blau-Weiß" am Schützenplatz. Phase links: Ball hochwerfen und ausholen. Phase rechts: Der Aufschlag ist vollzogen.

Heinz Nixdorf zunächst als Fußballer, dann als Leichtathlet verbunden war, eine Tennisabteilung entwickelt. Diese war 1948 von dem Arzt Dr. Josef (Jupp) Lammerskötter formell ins Leben gerufen worden und konnte auf einem Platz am Fürstenweg, auf dem englisches Militär spielte, zunächst als Gast beginnen und schuf dort in den nächsten Jahren eine eigene passable Anlage. Nachdem sich diese Tennis-Abteilung im „SC Grün-Weiß" gebildet hatte, wollte der „TC Grün-Weiß" damit nicht verwechselt werden und benannte sich im Rückgriff auf seine Ursprungsgeschichte in „TC Blau-Weiß, 1923" um. Die hiesigen Vereine konkurrierten nicht nur beim Turniersport. Die „Blau-Weißen" hielten sich gesellschaftlich für die Besseren. Die „Rot-Weißen" (an der B 1 hinter der Eisenbahnbrücke) stellten dagegen ihr höheres Spielniveau insbesondere bei der ersten Herrenmannschaft heraus. Die „Grün-Weißen" waren in den Augen der anderen zweitrangig, nicht eigenständig, nur eine Abteilung, und die „Blau-Weißen" sprachen abfällig von den „Fußballern", wenn sie die Tennisspieler im „Grün-Weiß" meinten.

Das Herrendoppel samstagvormittags

Josef Welle, der zum größten Möbelproduzenten Europas aufstieg, schätzte die damalige Firma „Heinz Nixdorf, Labor für Impulstechnik" als unterkapitalisiertes Kleinunternehmen gering ein und äußerte sich abfällig. Die Möbelbranche war alt und dem Computerbauer gab das Image einer Zukunftsindustrie viel Auftrieb.

Heinz Nixdorf hatte, erst recht nicht beim Sport, mit gesellschaftlichem Gehabe nichts am Hute. Er ging nach 1959 nicht in seinen alten Club zurück, sondern wurde Mitglied in der Tennisabteilung „Grün-Weiß", zumal einige seiner ehemaligen Schulfreunde dort spielten. Regelmäßig wurde samstagvormittags ein Herrendoppel mit Fritz Wesche (Teppichgroßhandel, CDU Politiker), Herbert Blix (Direktor Deutsche Bank Filiale) und Franz Josef Willeke (Schulfreund, WMF Vertretung) ausgetragen. Letzterer kam stets als erster frühzeitig und reservierte quasi einen Platz, indem er hinhaltend dessen Pflege betrieb, hier und da bei Macken am Aschenbelag kratzte, die Linien fegte, auch wenn das nicht nötig war, und dann solange sprengte, bis die anderen drei zum Spiel eintrafen. Heinz Nixdorf war Sportler unter Sportlern und hätte es nicht geduldet, wenn es seinetwegen entgegen der damaligen Platzordnung ausnahmsweise eine Reservierung gegeben hätte.

Das Mix Nixdorf-Werb sonntagvormittags

Renate Nixdorf und Rosemarie Werb waren beide in einer Damenturniermannschaft und so regte Heinz Nixdorf für einen sonntagmorgen ein Ehepaar-Mix an. Vor Beginn schlugen sich Rosemarie Werb und Heinz Nixdorf auf einem der Plätze und Renate Nixdorf und Volker Werb auf dem Platz daneben ein. Heinz Nixdorf

spielberechtigt ab:	1. April 1977
für Verein:	S.C. Grünweiß, Paderborn

	spielberechtigt ab:	
Vereinswechsel	für Verein:	
	spielberechtigt ab:	
	für Verein:	
	spielberechtigt ab:	
	für Verein:	

	ab:	Wohnort:	
Anschriftänderungen		Straße / Nr.:	
	ab:	Wohnort:	
		Straße / Nr.:	
	ab:	Wohnort:	
		Straße / Nr.:	

Der Inhaber des Spielerpasses **verpflichtet sich**
1. nur einen Spielerpaß zu beantragen, diesen nicht zu übertragen und den Verlust **sofort** dem WTV zu melden,
2. dafür Sorge zu tragen, daß der erste Einsatz sowie der Einsatz in einer höheren Mannschaft durch den Oberschiedsrichter ordnungsgemäß eingetragen wird,
3. Vereinswechsel und Anschriftsänderung **sofort** dem WTV unter Vorlage des Spielerpasses zu melden.

Bei Verstoß gegen obige Bestimmungen wird der Spielerpaß eingezogen.

(eigenhändige Unterschrift des Spielers / der Spielerin)

rief bald zu mir herüber: „Mit so was sind Sie verheiratet?" Meine Frau hatte nicht, wie üblich, mit langsamem Zuspielen begonnen, sondern drosch die Bälle fröhlich, flach, schnell und lang und gar in die Ecken, also, wie Heinz Nixdorf bemerkte, „mir um die Ohren". Die Folge: Heinz Nixdorf wollte mit meiner Frau gegen seine und mich spielen. Dabei blieb es jahrelang – immer wieder sonntags – auch im Winter in der Tennishalle.

Der Turnier-Spielerpass für Heinz Nixdorf, ausgestellt vom Westfälischen-Tennisverband e.V. mit **Spielberechtigung ab 01.04.1977.** Heinz Nixdorf war 52 Jahre. In den 1970er Jahren wurden Spielerpässe mit Lichtbild eingeführt, damit bei Mannschaftswettbewerben nicht mehr gemogelt werden konnte. Kranke oder fehlende Spieler konnten nicht durch stärkere ersetzt werden. Für niemanden durften zwei Pässe ausgestellt werden.

Förderung beim Bau der Grün-Weiß-Tennishalle

Infolge des persönlichen Kontaktes förderte Heinz Nixdorf die Tennisabteilung großzügig. Es war nicht seine Art, zu geben, wenn andere nur die Hand aufhielten und von einem Projekt schwärmten. Wenn Ansprechpartner Pläne mit eigener großer Kraftanstrengung realisieren wollten, forderte er mehr und besseres und förderte. Als die Tennisabteilung nach einer Flutkatastrophe (17. Juli 1965) nicht nur eine neue, von fünf auf sechs Plätzen erweiterte Anlage geschaffen hatte, sondern der Vorsitzende Klaus Franke 1967 die Initiative ergriff, für die Winterhalbjahre eine spezielle Halle für Tennis, die erste mit zwei Plätzen in Ostwestfalen, zu bauen, erklärte sich Heinz Nixdorf bereit, die Mittel, die die Tennisabteilung aufbringt, zu verdoppeln. Der Vorstand sah sich zu Dank verpflichtet und räumte Heinz Nixdorf sonntagvormittags eine Doppelstunde ein, für die er die übliche Hallenmiete nicht zu zahlen hatte.

Als die Halle zur Wintersaison 1969 in Betrieb genommen wurde, kommentierte das Westfälische Volksblatt (06.10.1969): *„Mit dem Bau und der Übergabe einer Halle am 4. Oktober setzte die Tennis-Abteilung des SC Grün-Weiß einen Meilenstein, der weit über Paderborn hinaus nachhaltigen Eindruck erweckte. Mit dieser Halle stehen dem SC Grün-Weiß nun sieben Felder zur Verfügung. Der gut ausgelastete Stundenplan der Halle sieht neben den Mitgliedern des SC auch Übungsstunden für die beiden Paderborner Vereine „Blau-Weiß" und „Rot-Weiß" vor. Hinzu kommen regelmäßig Spieler aus Meschede, Detmold, Gütersloh, Bad Driburg und Lippstadt."*

Erweiterung des Clubhauses der Tennisabteilung

Nachdem neue Plätze und neue Halle gebaut waren, stand ein größeres Clubhaus auf dem Programm. Der Vorstand wollte ein neues Clubhaus unmittelbar an die Halle bauen. Doch der Zwischenraum zwischen Halle und Freiplätzen war zu schmal, auch wenn der Architekt Hans Mohr, der insbesondere für die Firma Nixdorf arbeitete, einen detaillierten Plan erstellte. Die Stadt gab seinerzeit keinen Quadratmeter von dem Nachbargelände her, weder hinter der Halle noch vom Gelände auf dem heute die Plätze 5 bis 10 liegen. Dies Gelände nahe der Pädagogischen Hochschule wurde dem Land für eine Ingenieur-Hochschule angeboten und in dem damaligen Wäldchen stiefelten Leute von der Stadtverwaltung mit Ministerialbeamten aus Düsseldorf herum. Erst als ein besserer, weiträumiger Standort zwischen Pohlweg und Warburgerstrasse für eine neue Gesamthochschule-Universität gefunden war, wurde am Fürstenweg das Nachbargelände der Tennisanlage für deren Erweiterung freigegeben.

Damit konnte die Tennisabteilung nicht rechnen, als die Entscheidung für ein größeres Clubhaus wegen des stark expandierenden Spielbetriebs zu treffen war. Also erfolgte eine Erweiterung des alten kleinen Clubhauses. Der Bewirtungsraum wurde den Umkleidekabinen zugeschlagen, ein neuer gastronomischer Trakt mit Nebenräumen angefügt und neue sanitäre Anlagen installiert. Die Finanzierung war vom Vorstand gegenüber den Mitgliedern ohne weiteres zu vertreten – so erinnert sich der damalige Vorsitzende Klaus Franke –, weil auch in diesem Fall Heinz Nixdorf die Mittel, die von der Tennisabteilung aufgebracht wurden, auf das Doppelte

Die erfolgreichen Seniorinnen der Tennisabteilung des SC-Grün-Weiss. Nach einer Trainigswoche in Cambrils, vor dem Rückflug nach Paderborn auf dem Flughafen Reus-Tarragona. Von links: Pilot, Renate Nixdorf, Gretel Franke, Rosemarie Werb, Rosel Walbaum, Anni Raab, Uschi Lohmann und Irmtraut Allroggen. Im Hintergrund die Nixdorf-Cessna.

aufstockte. Die Finanzlage der Abteilung war hervorragend.

Ein späterer Vorschlag von Heinz Nixdorf zur Erweiterung des Tennis-Geländes und Bau eines neuen Clubhauses direkt an der Halle im Zusammenhang mit einer neuen Squash-Anlage scheiterte an der Tennisabteilung. (Siehe Kap. Squash, Eine erste Idee …)

Die 1. Damenmannschaft mit dem Flugzeug ins Trainingslager

Zwei weitere Förderungen mit näherem persönlichen Bezug, nämlich zum „eigenen Sport" seiner Frau, kamen hinzu. Die 1. Seniorinnenmannschaft, zu der Renate Nixdorf gehörte, spielte in der Bezirksliga Ostwestfalen-Lippe. Um die Mannschaft zu höherer Leistung anzuspornen, setzte Heinz Nixdorf sein Firmenflugzeug ein, damit die Mannschaft vor Beginn der Turniere im Mai, als hier die Aschenplätze noch nicht bespielbar waren, im April eine Woche Training absolvieren konnte. Im Fischereiort Cambrils, an Spaniens Costa Dorada, stellte Volker Werb seine Wohnung zur Verfügung, so daß nur eine zweite hinzuzumieten war.

Tennis unter Palmen. Freddy Botur, Tennislehrer und Betreiber der Nixdorf-Botur-Tennisanlage „Tennis-Port" in New York, und Heinz Nixdorf verbrachten 1976 einen Tennisurlaub auf Puerto Rico. Von links: Annegret Botur, Heinz und Renate Nixdorf. Das Foto machte Freddy Botur.

Der nahegelegene Flughafen Reus-Tarragona wurde von Ahden (Paderborn/Lippstadt) nonstop angeflogen und in Cambrils lagen vier Tennisplätze nur ein paar hundert Meter vom Quartier entfernt. Jahrelang haben die Damen der Mannschaft, so sich die einzelnen die Zeit nehmen konnten, evtl. auch Ersatzspielerinnen, dieses Trainingslager genutzt und genossen. Die Mannschaft schaffte bald, 1974, die nächste Stufe, die Verbandsliga Westfalen, und stieg 1979 in die Oberliga Westfalen auf, konnte sich dort einige Jahre halten und spielte damit Klassen höher als die vielen anderen Mannschaften der Tennisabteilung. Erst rund 20 Jahre später, 2002, erreichte eine andere Mannschaft des SC Grün-Weiss, die „Herren über 30", das Niveau Oberliga Westfalen.

„Paderborner Damen-Doppel-Turnier um den Nixdorf-Computer-Pokal"

Um das Damentennisspiel in der Region anzuspornen, rief Heinz Nixdorf das „Paderborner Damen-Doppel-Turnier um den Nixdorf-Computer-Pokal", ein Einladungsturnier, ins Leben. Das führte dazu, die guten Kontakte, die sich insbesondere für die Seniorinnen der Tennisabteilung mit den offiziellen Mannschaftswettbewerben im Verband Westfalen und insbesondere im Bezirk Ostwestfalen-Lippe ergeben hatten, zu erweitern, die Freundschaften mit Spielerinnen aus Bielefeld, Detmold, Bochum, Münster, Dortmund etc. zu pflegen. Nach den Wettkämpfen, zum Abschluß der Turniere, prägten nicht, wie bei den Herren üblich, das Bier, sondern Kaffee und Kuchen und ein fröhliches Geschnatter die Atmosphäre. Der damalige Vorsitzende der Tennisabteilung, Klaus Franke, begrüßte die Initiative von Heinz Nixdorf, denn für das Ansehen des ausrichtenden Vereins für Paderborn und den Tennissport in Ostwestfalen war das Damen-Turnier ein großer Gewinn.

Der Stifter gestaltet die Nixdorf-Pokale

Der Pokal kam nicht aus dem nächstgelegenen Laden, war nicht ein ebenso großes wie häßliches Trumm mit vorgepapptem Schildchen – nein, Heinz Nixdorf hatte ihn persönlich nach seinen Vorstellungen von dem renommierten Hofjuwelier W. Hansen in Kiel, wo Heinz Nixdorf jährlich mit seinem Starboot an der Kieler Woche teilnahm, fertigen lassen: Ein strenger, schlichter, großer zylindrischer Becherpokal aus 925er Sterlingsilber, innen vergoldet. Außen waren mehrfach zwei waagerechte vergoldete Streifen aufgesetzt, die den zwei roten Balken des Firmen-Logos entsprachen. Heinz Nixdorf dachte daran oder träumte davon – wie er lieber sagte –, daß diese zwei Streifen eines Tages auch ohne den Schriftzug „Nixdorf-Computer" als Markenzeichen bekannt sein könnten. Der große Pokal war entsprechend der Turnierausschreibung ein Wanderpokal. Nach Überreichung des Pokals bei der Siegesfeier wurden die Namen der Siegerinnen und die Jahreszahl

Grün-Weiße Tennis-Damen jetzt in der Oberliga

Ihr bisher bestes Ergebnis erzielte die 1. Tennis-Senioren-Mannschaft des SC-Grün-Weiß Paderborn mit dem Aufstieg in die Oberliga Westfalen. In der Verbandsliga hatte sich das Team mit 5 klaren Turniersiegen die Teilnahme an den Aufstiegsspielen erkämpft. Hier hießen die Gegner Siegen, Schwerte und Detmold.

In Siegen unterlagen die Paderbornerinnen nach großem Kampf und spannenden ausgeglichenen Spielen (6 wurden erst im 3. Satz entschieden) nur knapp mit 4:5. Tags darauf gelang jedoch ein ungefährdeter 7:2-Sieg gegen Schwerte. Damit war bereits der Aufstieg gesichert, da 3 von den beteiligten 4 Mannschaften aufsteigen. So besaß die letzte Begegnung in Detmold keine ausschlaggebende Bedeutung mehr. Dennoch wurde um jeden Ball gekämpft. Durch die Aufgabe der Nr. 2 (Fr. Walbaum) bei klarer Führung wegen Verletzung ging der sonst sichere 5. Punkt an den Gegner. Insgesamt war das Abschneiden der GW-Damen der größte Erfolg der Vereinsgeschichte; denn diese Mannschaft spielt in der nächsten Saison als einzige aller Tennismannschaften des Paderborner Landes in der höchsten Klasse.

Die Oberliga-Mannschaft des SC Grün-Weiß: von links nach rechts Ursula Lohmann, Anni Raab, Gretel Franke, Renate Nixdorf, Rosemarie Werb, Rosel Walbaum, sitzend Helga Herchenbach.

Bericht über den Aufstieg. Neue Westfälische Zeitung von 05.09.1979.

vom Juwelier eingraviert und die Geehrten durften das stolze Stück ein Jahr bei sich zuhause präsentieren. Laut Statut wäre der Wanderpokal allerdings in den Besitz der Siegerinnen übergegangen, wenn dasselbe Doppel ihn drei Mal hintereinander gewonnen hätte.
Neben dem großen Wander-Pokal ließ Heinz Nixdorf in Material und Form identisch, aber kleiner und abgestuft in drei Größen, jeweils ein Paar nichtwandernde Pokale fertigen, die den Erst-, Zweit- und Drittplazierten mit Urkunden und Blumensträußen überreicht, d. h. geschenkt wurden. Und da Heinz Nixdorf eingedenk des sprichwörtlich undankbaren, vierten Platzes etwas in Richtung Breitensport tun wollte, gab es für die viert- bis achtplazierten Doppel je zwei kleinere Silberbecherchen, Standardware desselben Kieler Juweliers, handgeschmiedet „nur" in 835er Silber, innen vergoldet.

Das Damen-Doppel-Turnier gab Auftrieb

Es kennzeichnet das ansteigende Niveau des Turniers, daß die je erfolgreichsten Doppel des gastgebenden Vereins 1976 den 3. Platz, 1977 nur den 8., 1978 den 5. und 1980 nur den 7. Platz erreichen konnten. Von 1976 bis 1985, zehn mal, wurde das Turnier ausgetragen. Heinz Nixdorf strahlte, wenn er Leistungen belohnen, die Pokale selbst überreichen und dem Sport in der Region Auftrieb geben konnte.

Einige Herren-Mitglieder des Vereins beschwerten sich beim Abteilungsvorsitzenden, seinerzeit Günther Bartels, weil an den Wochenenden des „Paderborner Damen-Doppel-Turniers um den Nixdorf-Computer-Pokal" die Plätze für den allgemeinen Spielbetrieb gesperrt waren. Als der Sponsor hiervon erfuhr, zeigte er kein Verständnis.

1986 waren nach dem Tod von Heinz Nixdorf Trauer und Betroffenheit so groß, daß an eine weitere Austragung dieses Turniers nicht gedacht wurde. Obgleich es offiziell um einen Pokal der „Nixdorf Computer AG" ging, war die Veranstaltung ein sehr persönliches Anliegen des Firmenchefs.

Seit 1988 organisierte die Tennisabteilung des „SC Grün-Weiß" einige Jahre lang ein „Women Tennis Association" WTA-Turnier, bei dem es um ein Preisgeld von 10.000 US-Dollar und um Weltranglistenpunkte ging, die den Weg zu höher dotierten Wettbewerben eröffneten. Die heimischen Spielerinnen hatten nur sehr geringe Chancen. Und so konnte das Turnier nicht bodenständig werden. Nachwuchstalente aus den Ostblockstaaten dominierten und zogen schnell weiter.

Tennisspielen bei ADIDAS in Herzogenaurach

Da der eigene Sport für Heinz Nixdorf an erster Stelle stand, hatten wir bei gemeinsamen Reisen in der Regel unsere Tennisschläger dabei. Heinz Nixdorf und seine

Fortsetzung S. 220

Aufgereiht vor den Wettkämpfen. Der große Wanderpokal, je zwei Pokale für die Plätze Eins bis Drei und je zwei Becher für die Plätze Vier bis Acht.

Herzliche Gratulation. Siegerehrung durch den Unternehmer beim „Paderborner Damen-Doppel-Turnier um den Nixdorf Computer Pokal", 1978. Links die Siegerinnen, Carola Papenbreer und Claudia Egen, Lippstadt, rechts die Zweitplazierten, Karin Schmidt und Monika Wittenborn, Brackwede.

Tennis 217

Der große Wanderpokal. Unter den zwei Balken des Firmenlogos sind die Namen der Siegerinnen der zehn ausgetragenen Turniere eingraviert.

Eine Urkunde des Nixdorf-Computer-Pokal-Turniers, 1977.

Bechersammlung einer erfolgreichen Turnierteilnehmerin. Diese war sechs Mal unter den ersten Acht.

Rechts: **Bericht über das erste Damendoppelturnier 1976.** „SCer Nachrichten" 1977.

Die eingravierten Namen der Siegerinnen 1976–1985.

1976	KARIN SCHMIDT / MONIKA WITTENBORN
1977	UTE STRAKERJAHN / CAROLA PAPENBREER
1978	CLAUDIA EGEN / CAROLA PAPENBREER
1979	ULLA TREECK / MONIKA CIESLA
1980	KARIN SCHMIDT / MONIKA WITTENBORN
1981	KARIN BARNEWOLD / SUSANNE WESSEL
1982	SUSANNE STRASSER / ANJA STRASSER
1983	MONIKA OHLENDIEK / BIRGIT ZURMÜHL
1984	CLAUDIA JITTENMEIER / GABI KEMPER
1985	UTE STRAKERJAHN / DENISE TAYLOR

Damendoppelturnier um den Nixdorf-Computer-Pokal

Da weit und breit kein Damendoppelpokalturnier ausgetragen wird, entschloß sich unser Verein, jährlich im Spätsommer ein solches Turnier auszurichten, und die Nixdorf Computer AG stiftete die wertvollen Silberpokale, die sich in ihrer strengen Linienführung und soliden handwerklichen Arbeit also in Stil, Material und Verarbeitung gegenüber dem auszeichnen, was auf dem weiten Feld sportlicher Trophäen üblicherweise geboten wird. Hierfür gebührt Heinz Nixdorf unser besonderer Dank! Die Sieger bekommen den großen Wanderpokal mit nach Hause, sollen ihn in den nächsten Jahren verteidigen und dürfen ihn behalten, wenn sie dreimal hintereinander das Turnier gewonnen haben. Neben diesem großen Wanderpokal gibt es in gleicher Form und gleichem Material kleinere, nach Größe gestaffelte Silberbecher für die Ersten bis Dritten. Obendrein können sich auch die auf dem vierten bis achten Rang Plazierten über die gleichen Becher – wenn auch in der kleinsten Größe – erfreuen. Die Gewinner dürfen diese kleinen Silberbecher behalten und sollen ihren Ehrgeiz daran setzen, davon in den Turnieren der kommenden Jahre eine kleine Sammlung zu erkämpfen.

Bereits das erste, 1976 veranstaltete Damendoppelturnier um den Nixdorf-Computer-Pokal war ein unerwartet guter Erfolg. 38 Doppel, d. h., 74 Damen waren zum Wettkampf angetreten. Hier die Sieger und die nächsten Plazierten:

1. Schmidt/Wittenborn, TC Brackwede
2. Ehlebracht/Jittemeier, TC Lage, TC Bielefeld
3. Benscheidt/Werb, SC Grün-Weiß Paderborn
4. Allroggen/Schwarzmann, SC Grün-Weiß Paderborn
5. Brinkmann/Lichte, TC Meinberg
6. Beck/Schüller, TC Halle
7. Hermes/Rose, TC Detmold
8. Evers/Meyer, TC Horn

Frau, meine Frau und ich waren durch Vermittlung des ehemaligen Zehnkämpfers Werner von Moltke (Vizeeuropameister 1962, Europameister 1966), der für Adidas die werbewirksame Ausrüstung von Spitzensportlern und -mannschaften vieler Disziplinen und weltweit betrieb, von Arthur Dassler in Herzogenaurach eingeladen. Seit Kindheit war dieser abgekürzt Adi genannt worden, und von Dassler die ersten drei Buchstaben dazu, ergaben 1948 den Firmennamen ADIDAS, während der Bruder sich bei seiner Firma – ähnlich wie z. B. die Autofirma „Jaguar" – für den „Puma" und ein entsprechendes Markenzeichen entschlossen hatte.

Wir waren im firmeneigenen Hotel bzw. Gästehaus untergebracht und von Arthur Dassler und seiner Frau zum Abendessen eingeladen. Heinz Nixdorf beeindruckte sehr, daß in einem verhältnismäßig kleinen Städtchen, Herzogenaurach im Oberfränkischen, zwei Weltunternehmen von kleinsten Anfängen an geschaffen worden waren. Der Vater der Besitzer der beiden Firmen war Schuhmacher und hatte, als der Sport noch in den Kinderschuhen war, Spezialschuhe für bestimmte Disziplinen entwickelt und angefertigt, Maß-Schuhe, so z. B. die Rennschuhe mit Spikes für Jesse Owens, mit denen dieser 1936 in Berlin vier Goldmedaillen, in 100 m, 200 m, in der 4 x 100-m-Staffel und im Weitsprung, gewonnen hatte. ADIDAS war seinerzeit weltgrößter Sportschuhproduzent und hatte weltweit über 10.000 Beschäftigte. Heinz Nixdorf und mich interessierten die Produktion, die Fertigungsschritte und Automatisierung in den Werkhallen und wir waren verwundert, zu hören, daß wegen der hohen Lohnkosten alle Ausweitung der Produktion nicht in Herzogenaurach, sondern im Ausland, insbesondere in Ostasien stattgefunden hatte. Vielleicht kein Verlust an Arbeitsplätzen in Deutschland, aber bestimmt nicht die Schaffung neuer Arbeitsplätze hierzulande. Heinz Nixdorf versuchte, neue Arbeitsplätze in erster Linie in Paderborn, in Deutschland zu schaffen.

Der Freund und Tennislehrer in New York

Als Heinz Nixdorf mit seiner Frau das erste Mal in die USA flog, geriet die Maschine vor der Landung auf dem John F. Kennedy Airport in erhebliche Turbulenzen und mußte ausweichend Schleifen drehen. Die Piloten und das Bordpersonal hatten alle Hände voll zu tun, und als bei den geschüttelten Passagieren Panik aufkam, stand einer von ihnen auf und beruhigte die anderen. Heinz Nixdorf gefiel der Mann und kam mit ihm ins Gespräch. Dabei stellte sich schnell heraus, daß dessen Frau aus Bielefeld stammte und er sie als Stewardeß bei der PanAm (Pan American World Airways) kennengelernt hatte. Dieses Gespräch war der Beginn einer großen Freundschaft, und immer, wenn Heinz Nixdorf, seine Frau oder einer der Söhne in die Staaten kamen, waren Freddy und Annegret Botur Anlaufstelle und Gastgeber.

Bei seiner ersten USA-Reise hatte Heinz Nixdorf noch keine Kreditkarte dabei und das Bargeld ging ihm aus. Freddy Botur, der ihn erst kurz zuvor kennengelernt

Die Tennisanlage von NIXBO am East River in New York. (Nixdorf-Botur) Blick von der Terrasse des Restaurants des Clubs „Tennis Port" über drei Tennisplätze und über den durch Büsche verdeckten East River hinweg auf die Skyline mit dem UN-Gebäude. Wenn abends die Hochhäuser in Lichtern erstrahlten, war das Bild besonders beeindruckend. Die Tennisanlage umfaßte letzthin 29 Spielfelder, davon 13 Außen- und 16 Innenplätze. (Links im Bild die Frau von Heinz Nixdorfs Fahrer und Vorschoter, Elisabeth Pieper mit Tochter Ellen, die zwei Jahre in der Rezeption des Tennis-Clubs gearbeitet hat.)

hatte, lieh ihm ohne Quittung eine größere Summe Dollar. Freddy war in der Tschechoslowakei aufgewachsen, hatte Metzger gelernt. Da sein Vater mit Sport, als Eishockeyspieler, Karriere gemacht hatte und bei Turnieren trotz des Eisernen Vorhangs ins Ausland reisen konnte, wechselte der Sohn auch zum Sport, zum Tennis, emigrierte in den Westen und betätigte sich in New York als Tennislehrer. Auf der Anlage eines Clubs durfte er auf eigenes Risiko und auf eigene Rechnung, nicht als Angestellter, Stunden geben. Freddy konnte, wenn Heinz Nixdorf geschäftlich zu tun hatte, dessen Frau Renate einige Tennisstunden geben, ihr Spiel verbessern.

Die Tennisanlage gegenüber Manhattan

Eines Tages schlug Freddy Botur Heinz Nixdorf vor, einige tausend Quadratmeter einer Industriebrache in New York zu erwerben, um hierauf eine eigene Tennisanlage bauen zu können. Das Gelände lag auf Long Island, direkt am Ufer des East River gegenüber von Manhattan mit herrlichem Blick auf das UN-Gebäude und die weltbekannte Skyline. Es wurden zunächst sechs Frei- und drei Hallenplätze, Umkleideräume, Duschen und ein Clubrestaurant gebaut. Freddy Botur hatte

Oben links:
Zwischen den Turnieren in Wimbledon. Renate und Heinz Nixdorf und Volker Werb informieren sich in den Listen über die nächsten Wettkämpfe.

Oben rechts:
In Wimbledon 1983. Auf den Zuschauertribünen vorne Heinz und Renate Nixdorf.

Unten links:
Auf den Tennisplätzen von ADIDAS in Herzogenaurach. Von links: Renate und Heinz Nixdorf, eine von Adidas geförderte Nachwuchsspielerin, Rosemarie und Volker Werb.

seine eigene Anlage, auf der auch Heinz Nixdorf und seine Frau, so sie in New York waren und Zeit hatten, nach Herzenslust ihren Sport treiben konnten.

Im Unterschied zu den hierzulande üblichen Anlagen eingetragener Vereine war diese ein kommerzieller, privater Club, „Tennis-Port". Gegen einen Jahresbeitrag konnte man Mitglied werden und hatte damit das Anrecht, Stunden, die frei waren, so viele und so lange im voraus, zu belegen, gegen Cash fest zu kaufen. Es gab also – time is money – keine Wartezeiten. Die Anlage umfaßte in der letzten Ausbaustufe insgesamt 29 Spielfelder! Davon waren 16 Indoor- und 13 Outdoor-Courts, letztere mit Blick auf die Skyline von Manhattan. Inzwischen, Freddy Botur ist über 80, sind Terrain und Tennisanlage in New York verkauft.

Als Zuschauer in Wimbledon

Wir, Heinz Nixdorf und seine Frau, meine und ich, flogen 1983 für eine Woche nach London, um einmal das Wimbledon-Turnier zu erleben. Wie immer, wenn es um Wettkampf ging, war Heinz Nixdorf ein begeisterter und unermüdlicher Zuschauer. Es waren die Jahre der „All England Lawn Tennis Championships", in denen bei den Damen Billie Jean (Moffit-) King, nachdem sie zwischen 1961 und 1979 zwanzig Titel geholt hatte, als die weltbekannte „King" noch weiter kämpfte, gegen den neuen Star Martina Nawratilova aber nur wenig Chancen hatte. Diese gewann auch in unserem Besuchsjahr 1983, wie schon ein erstes Mal zwei Jahre zuvor, den Titel.

Zwischen den Wettkämpfen nutzte Heinz Nixdorf die Zeit, mit Geschäftsfreunden, insbesondere der Barclays Bank, einem seiner großen Kunden, Gespräche zu führen. An einem Tag machten wir uns, um uns zu bewegen, vom Hotel aus zu Fuß auf den Weg zum British Museum. Unterwegs blieb Heinz Nixdorf vor einem neuen Verwaltungsgebäude stehen und stellte fest, daß die Fassade neben Glas nicht aus Beton, sondern aus Backstein bestand und dennoch sehr modern war. Er erklärte, daß im Unterschied zu Beton, der nur luftgetrocknet ist, der Backstein durch den Brand stärker oxidiert sei, und dieser Bau sei eine Anregung, bei den Außenwänden der neuen Werkgebäude an der Alme neben Glas Backstein zu verwenden.

Im British Museum interessierte sich Heinz Nixdorf insbesondere für die griechische Kunst und er erwarb die Kopie einer kleinen frühgriechischen, kykladischen Figur, so um 2000 v.Chr., die ihm in ihrer abstrahierenden Einfachheit und Klarheit gefiel und die ein moderner Künstler hätte schaffen können. Doch dann wurde es Zeit, rechtzeitig zum Endspiel der Herren nach Wimbledon zu kommen: Chris Lewis gegen John McEnroe. Während Amerikaner das freche, gelegentlich rüpelhafte Benehmen von John McEnroe bejubelten, wenn er sich benachteiligt glaubte und Schieds- und Linienrichter beschimpfte und nach dem Oberschiedsrichter verlangte, gefiel dieser Ami Heinz Nixdorf gar nicht. Er gönnte McEnroe den Titel nicht, doch dieser gewann (1983). Der faire Sportsmann Björn Borg, der von 1976 bis 1980 fünfmal hintereinander den Titel gewann, war noch in guter Erinnerung und McEnroe trug dazu bei, daß für böse Schimpfworte Geldstrafen eingeführt wurden.

Tennisspielen zum 60. Geburtstag auf Capri

Um der Gefahr eines Rummels in Paderborn zu entgehen, hatte Heinz Nixdorf entschieden, seinen 60. Geburtstag auf Capri zu feiern. Während seine Frau Renate, Annegret Botur und die Werbs Zeit hatten, ein paar Tage vorher Rom zu besichtigen, kam Heinz Nixdorf direkt mit dem Flugzeug von Paderborn nach Neapel und erreichte in letzter Minute unser Fährboot nach Capri. Heinz Nixdorf wünschte sich zum Geburtstag eine Besichtigung von Pompeji. Seine Frau und Annegret Botur erklärten, das sei unmöglich. *„Heinz muß im Hotel bleiben, denn viele werden anrufen und gratulieren."* Die Kinder und andere Angehörige, Aufsichtsrats- und Vorstandsmitglieder, Politiker und andere bedeutende Personen. Denen könne er es nicht antun, nicht erreichbar zu sein.

Also blieben wir im Hotel, zum Frühstück großer Jubel und Trubel, doch kein einziger Anruf. Alle respektierten, daß das Geburtstagskind sich zurückgezogen hatte, um Ruhe zu haben. Nach ein paar Stunden wurde Heinz Nixdorf unruhig und erklärte: *„Jetzt spielen wir Geburtstagstennis."* Wir belegten die nahe unseres Hotels „Quisisana" – wörtlich *„Da wo man sich wohlfühlt"* – gelegenen Plätze und spielten in wechselnder Besetzung den Nachmittag über Tennis. Gewinnen war für Heinz Nixdorf eines der schönsten Geschenke, zumal er selbst hierzu beitragen konnte. Das gefiel im besser als der Kaviar zum Geburtstagsfrühstück, den er selbst nicht anrührte.

Am nächsten Tag die gewünschte Besichtigung von Pompeji. Heinz Nixdorf interessierte sich am meisten für die Ruine des Amphitheaters. Wieviel Zuschauer hatten hier Platz? Ca. 16.000, davon ca. 13.000 Sitzplätze! Wieviel Einwohner hatte Pompeji? Ca. 15.000! *„Dann wäre dies, als wenn eine Stadt wie Paderborn mit ca. 100.000 Einwohnern ein Stadion hätte, das 100.000 Zuschauer fast."* Als ich erklärte, daß in dem Amphitheater Gladiatoren- und keine Sportwettkämpfe stattfanden, entgegnete er, das ändert nicht die Proportion von Einwohnerzahl zur Zahl der Zuschauer. *„Ich denke an ein großes Stadion in Paderborn, angebunden an die A 33 bei Elsen, aber Eins zu Eins, 100.000 Zuschauerplätze sind undenkbar!"*

Bei der Entscheidung, seinen 60. Geburtstag auf Capri zu erleben, hatte Heinz Nixdorf im Hinterkopf, daß dort im Jahr darauf Starboot-Weltmeisterschaften stattfanden. So besichtigte er mit prüfendem Blick die betreffenden Kaianlagen im „Marina Grande" und reservierte in einem nahegelegenen Hotel ein Zimmer, von dessen großer Terrasse aus der Hafen im Blick war. Auf Capri feierte Heinz Nixdorf ein letztes Mal seinen Geburtstag. Bei den Weltmeisterschaften des nächsten Jahres hat er seinen Starbootfreunden sehr gefehlt.

Zum 60. Geburtstag von Heinz Nixdorf: Tennisspielen auf Capri und Besichtigung von Pompeji. Heinz Nixdorf interessierte sich für das 1:1 Verhältnis von Zuschauerplätzen im Amphietheater und der Zahl der Einwohner. In der Mitte Renate Nixdorf, rechts Annegret Botur.

Auf einem der Treppenaufgänge des Amphitheaters in Pompeji. Heinz Nixdorf rechnete, wie sich die Zuschauermenge von ca. 16.000 auf wieviele Zu- bzw. Ausgänge verteilte und wie schnell die vielen Zuschauer nach einer Veranstaltung herauskamen. (Links der Autor dieses Buches.)

Österreichs Bundespräsident gratuliert einem Weltmeister. Andreas Werb, Sportjournalist bei „Bild" und „Welt am Sonntag", Tennisspieler beim THGC-Großflottbek (Hamburg) in der Regionalliga Nord, gewann den Titel bei der Tennisweltmeisterschaft der Journalisten in Bad Hofgastein, 1984. Im Bild, von rechts nach links, Andreas Werb, Bundespräsident Rudolf Kirschschläger (von 1974 bis 1986) und einer der Organisatoren des Turniers, Prof. Leo Lohberger, Präsident des „Internationalen Journalisten Ski-Clubs". In Paderborn gratulierte Heinz Nixdorf dem jungen Freund zum Titel eines Weltmeisters.

„Weltmeister ist Weltmeister!"

Andreas Werb, geb. 1956, der in Paderborn beim „TC-Blau-Rot" in der Oberligamannschaft Tennis gespielt hatte und dann in der Regionalliga Nord, kam eines Tages in seine Heimatstadt und brachte einen ebenso stattlichen wie häßlichen Monsterpokal mit. Der im Axel-Springer-Verlag für „Bild" und „Welt am Sonntag" tätige Sportjournalist war zur Tennis-Weltmeisterschaft der Journalisten nach Bad Hofgastein eingeladen worden, hatte den Titel geholt und bekam den großen, von Österreichischen Bundespräsidenten gestifteten Pokal überreicht. Der Sieger fand, daß das Turnier etwas exotisch war, Spaß gemacht, aber keinen hohen Rang hatte.

Als Heinz Nixdorf auf Umwegen, über Kaffeekränzchen, von der Geschichte erfuhr, sprach er den jungen Freund an, gratulierte und versuchte ihm klar zu machen, daß Weltmeister, gleich wie, etwas ganz besonderes sei und man auf einen solchen Titel sehr stolz zu sein habe. *„Weltmeister ist Weltmeister!"* betonte er eindringlich. *„Na, ja"*, war die bescheiden abwehrende Antwort. Der junge Mann wollte sich mit dem Pokal nicht weiter belasten, brachte ihn seinem Opa und stellte die Trophäe als Bekrönung auf dessen Bücherschrank. Der Großvater wußte nicht so recht, wie er dies einschätzen sollte. Jedenfalls hatte er von nun an den vermehrten Stolz auf seinen Enkel mit gelegentlichem Staubputzen zu bezahlen. Inzwischen haben der Großvater und der Weltmeisterpokal das Zeitliche gesegnet. Viele Menschen können mit dem Begriff „Weltmeister" oder „Weltrekordler" wenig anfangen. Heinz Nixdorf wurde, gleich um welche Disziplin es sich handelte, quasi „elektrisiert".

Wieso sponsert Heinz Nixdorf das Turnier „Cologne-Tennis-Cup"?

Nach dem Kauf seines größten Kunden, der „Wanderer-Werke AG Büromaschinen" in Köln und deren Umbenennung in „Nixdorf Computer AG" holte Heinz Nixdorf u. a. Hans Braun, den er von früherer Zusammenarbeit mit den Kölnern schätzte, in seinen Vorstand. Die „Nixdorf Computer AG" kaufte die Fa. „Heinz Nixdorf, Labor für Impulstechnik" und wuchs bei der Produktion und im Vertrieb rasant. Irgendwie kam die Frage auf, ob Gebäude, Produktionsanlagen, Lagerbestände etc. hinreichend versichert seien. Braun hatte in Köln einen vertrauenswerten Freund, Jochen Grosse (Jg. 1926), der unabhängiger Versicherungsmakler war und der den Auftrag zu einem umfassenden Gutachten erhielt. Die Bewertungen in den laufenden Policen mußten erheblich aufgestockt werden, bei der Feuerversicherung z. B. von 600.000 auf 13.000.000 DM. Heinz Nixdorf ließ bald alle Verträge entsprechend der Fristen kündigen, um neu entscheiden zu können. Er vertrat die Meinung: *„Die Versicherungen sind die größten Betrüger"* und bat Jochen Grosse um ein komplettes Angebot. Als dies vorlag, traf sich der Unternehmer mit dem Versicherungsmakler, der mit dem Zug anreiste, in den Hauptbahnhofgaststätten in Paderborn (Große-Perdekamp). Grosse ging davon aus, daß bei dem riesigen Volumen selbstverständlich noch eine Reihe weiterer Angebote eingeholt werde und sagte bei der Verabschiedung zu Heinz Nixdorf: *„Da werden sich noch Etliche die Klinke in die Hand geben!"* Heinz Nixdorf: *„Nein! Sie sind der einzige, den ich um ein Offerte gebeten habe. Sie haben mich vor Jahren so behandelt, als wäre ich so groß wie heute gewesen."* Grosse bekam den Auftrag.

Er wäre nicht Heinz Nixdorf gewesen, hätte er am Rande des Zweiergesprächs, beim Essen, nicht das Thema Sport angesprochen. Grosse erzählte, daß er zusammen mit einem Freund den „Cologne-Tennis-Cup" managet und zwar mit Unterstützung des Kölner Tennis- und Hockey-Clubs (KTHC), dessen Präsident der bekannte Bankier Oppenheim war. Den Kölnern war es gelungen, eines der vier Gran Prix Turniere in Deutschland – neben Hamburg, Stuttgart und München – von Frankfurt a. M. nach Köln zu holen. Sie hatten den, vom „Eau de Cologne" international bekannten Namen der Stadt für die Bezeichnung des Turniers aufgegriffen. Es war in Deutschland das einzig privat gemanagte Tennis-Großturnier, ausgetragen auf dem Messegelände in der Sporthalle, die heute nicht mehr existiert, jeweils von Montag bis Sonntag, mit ca. 25.000 Zuschauern. Die Weltelite trat zum Herren-Einzel und -Doppel an. Übrigens, bemerkte Grosser, die

Das Gran Prix Turnier „Cologne-Tennis-Cup". Die Balljungen und -mädchen tragen rote Turnhosen und weiße T-Shirts mit dem Nixdorf-Logo, die Linienrichter/innen schwarze Trainingshosen und weiße Sweatshirts, ebenfalls mit dem Firmenlogo der Nixdorf Computer AG. Dessen Farben, die der Stadt Köln und des Kölner Tennis- und Hockey-Clubs waren die gleichen.

Farben der Stadt Köln und des traditionsreichen KTHC, Rot und Weiß, stimmen mit dem Logo der Nixdorf Computer AG überein. Das brachte Heinz Nixdorf auf eine Idee. Er war gegenüber den von der Werbebranche behaupteten, verkaufsfördernden Wirkungen ihrer kostspieligen Aktionen skeptisch eingestellt. Die beste Werbung waren für ihn innovative und zuverlässige Produkte, die dem Kunden möglichst großen Nutzen brachten. So gab es bei Nixdorf keine teuren, breitgestreuten Werbeaktionen nach dem Motto, wir müssen wie mit der Gießkanne überall dabei sein, und das mit Allerweltssprüchen. Das Sponsern der Kölner Tennisveranstaltung war eine der punktuellen Aktionen, die dem Unternehmen praktische Erfahrungen einbringen sollten. Daher wurde besonderer Wert auf den Auftritt des Firmenlogos gelegt, das Linienrichter und Balljungen und -mädchen auf ihrer schicken Kleidung präsentierten und in Bewegung brachten. Die Sportförderung des Kölner Turniers war typisch für Heinz Nixdorf. Sie entstand zufällig, war punktuell und gezielt und war etwas Besonderes z. B. durch die Übereinstimmung der Farben von Köln und THCK mit Nixdorf. Ferner bestand eine persönliche Beziehung zwischen Tennisspieler Heinz Nixdorf und Turniermanager Jochen Grosse. Seitens Heinz Nixdorfs war es auch ein Dankeschön an einen Geschäftspartner. Und die Sportförderung war zugleich eine Werbeaktion für die Nixdorf Computer AG. Das Ganze hatte also Sinn und Verstand.

Der Tennisspieler Heinz Nixdorf in Hannover. Die Seniorchefin der Hannoveraner Werksvertretung „Alexander Quien", Erika Ramon y Soler, Tochter des Firmengründers, hatte auf ihrem Gelände einen neuen Tennisplatz angelegt. Da sich herumgesprochen hatte, daß der Computerfabrikant sportbegeistert und Tennisspieler war, wurde er zur Einweihung gebeten. Die Firmenchefin überreichte ihm als Zeichen des Dankes für höchst erfolgreiche, langjährige Zusammenarbeit einen neuen Tennisschläger und der Eingeladene trat mit der Tochter Ramon y Soler und dem neuen Sportgerät zu einem Match an. (Ende der 1970er Jahre.)

Martin Nixdorf in einer Turniermannschaft des SC Grün-Weiß 1920 e. V.. Ganz links im Bild Martin, der älteste Sohn von Renate und Heinz Nixdorf. Der Junge spielte eine zeitlang in Turniermannschaften, hier in der Mannschaft der A-Jungen, 1977. (SCer Nachrichten Jg. 1977.)

Die Jungen-A-Mannschaft, die Vizemeister in Ostwestfalen wurde. Von links nach rechts: Nixdorf, Teipel, Epping, Keysers, Grosser.

Quellen/Literatur

Eigene Erinnerungen an Heinz Nixdorf und Unterhaltungen mit ihm. Informationen von Klaus Franke, Jochen Grosse, Renate Nixdorf, Josef Pieper und Rudolf Schmidt.

„Bericht der Tennisabteilung". In: „SCer Nachrichten", Vereinszeitschrift des „Sport-Club Grün-Weiß 1920 e. V. Paderborn". Folgen 19ff., 1966 ff.

Lamprecht, Wiebke/Marie Luise Klein. Siehe: Allgemeine Literatur. Tennis, S. 243ff.

Reitsport

Erste Förderung eines Reitsportereignisses

Im Herbst 1969 wurde Heinz Nixdorf gefragt, ob er die Deutschen Junioren-Meisterschaften im Reiten, die im kommenden Jahr in Paderborn ausgetragen werden sollten, finanziell unterstützen könne. Weder er selbst noch seine Familie noch seine Firma hatten unmittelbar etwas mit der Reiterei und deren breiter Basis, der Landwirtschaft, zu tun. Wenn es allerdings um hochrangige Sportwettkämpfe in seiner Heimatstadt ging, war der sportbegeisterte Paderborner – gleich um welche Sportart es sich handelte – generell bereit, zu helfen und so zum besseren Image der „schwarzen" Stadt in der modernen Sportwelt beizutragen.

Im vorliegenden Fall wollte Heinz Nixdorf den Preis für die am höchsten dotierte Prüfung übernehmen. Altbekannte, einschlägige Förderer waren Banken wie die „Spar- und Darlehnskasse im Kreis Paderborn" und die „Ländliche Centralkasse", Behörden und Verbände wie der „Landkreis Paderborn", der „Landwirtschaftliche Kreisverband", ferner die „Paderborner Molkerei", die „Bäuerliche Bezugs- und Absatzgenossenschaft" und der „Minister für Ernährung, Landwirtschaft und Forsten des Landes NRW".

In diesem landwirtschaftlichen Milieu wollte der Computerproduzent als Newcomer und Fremdling nicht auffällig herausragen. Also traf er mit dem Stadtdirektor Wilhelm Sasse ein Gentleman's Agreement und fand die Lösung: „Preis der Stadt Paderborn und der Nixdorf Computer AG Paderborn." Bei dem Turnier ging es um die nationalen Junioren-Meisterschaften im Springen, in der Dressur, in der Vielseitigkeit (Military) und im Voltigieren. Teils nach Jungen und Mädchen sortiert, gab es insgesamt 14 Prüfungen. Die Preisgelder lagen zwischen 300 und 1.000 DM – mit Ausnahme der 13. Prüfung, die mit der doppelten Summe, mit 2.000 DM deutlich hervorstach und offiziell von Stadt und Fa. Nixdorf gezahlt wurde. Diese 13. Prüfung war die Meisterschaft in der Vielseitigkeit, die seit 1964 und nun zum 7. Mal, jetzt in der Paderstadt ausgeritten wurde. Erstmals wurden hier die Ausschreibungskriterien des „Internationalen Championats" exakt übernommen, um erfolgreichen Reitern und Reiterinnen die Teilnahme an internationalen Turnieren zu ebnen.

Im Programmheft gab es noch keine der in späteren Jahren auffälligen Nixdorf-Computer AG-Anzeigen, mit denen diverse Sportveranstaltungen und Vereinsmitteilungen gefördert wurden. Das Auftreten der Firma war zunächst zurückhaltend. Auch kam es erst später zur Unterstützung großer Sportveranstaltungen durch Bereitstellung von Computern und speziellen EDV-Programmen für die elektronische Ergebnisermittlung und Übertragung auf Anzeigetafeln.

Dem ersten, intensiveren Kontakt von Heinz Nixdorf mit dem Reitsport 1969/70 folgten erst nach einigen Jahren zwei Fortsetzungsstränge. Zunächst der Reitsport

Eine Deutsche Meisterschaft in Paderborn. Auf dem Umschlag des Programmheftes deuten die Farben Schwarz, Rot, Gold den Rang des Turniers an. Zusammen mit der Stadt übernahm Heinz Nixdorf für dieses außergewöhnliche Ereignis in seiner Heimatstadt den Preis für die am höchsten dotierte Prüfung, obgleich er selbst, seine Familienmitglieder oder seine Firma zu diesem Zeitpunkt mit dem Reitsport nichts zu tun hatten. – Außer der Goldmedaille für den Deutschen Meister, Silber und Bronze für die Plätze 2 und 3 gab es das Preisgeld, nach Rängen gestaffelt, unter den besten 12 aufgeteilt, und eine Züchterprämie.

Deutsche Vielseitigkeitsmeisterschaft der Junioren
(Jungen und Mädchen)

Preis der Stadt Paderborn und Nixdorf Computer AG Paderborn
Prüfung Nr. 13 — Vielseitigkeitsprüfung — Vormilitary

Teilnahmeberechtigung:

Zugelassene Reiter: Deutsche Junioren(innen) — Jungen und Mädchen —, die von dem für sie zuständigen Landesverband genannt wurden und die den Jahrgängen 1956 bis 1952 angehören und die nicht für die Prüfungen Nr. 1 bis 12 genannt werden.

Zugelassene Pferde: 5jährige und ältere Pferde, die von dem für den Reiter zuständigen Landesverband genannt werden. Ausgeschlossen sind Pferde, die seit dem 1. Januar 1969 unter anderen Reitern/Junioren in Militarys Kl. S gesiegt haben und Pferde, die für die Prüfungen Nr. 1 bis 12 genannt werden.

Goldene Medaille dem Juniorenmeister der Vielseitigkeitsreiter, Silberne Medaille dem Zweiten, Bronzene Medaille dem Dritten. Andenken allen Teilnehmern. 2000,— DM (400,—, 340,—, 280,—, 220,—, 170,—, 130,—, 100,—, 80,—, 70,—, 70,—, 70,—, 70,— DM) und Stallplaketten den Besitzern der Pferde, die an der Prüfung im Gelände teilgenommen haben, sowie 141,— DM Züchterprämien.

der eigenen Familienmitglieder in Hövelhof und die Unterstützung des dortigen Reitvereins. Später setzte dann, parallel verlaufend, 1977, im Jahr, in dem die Stadt Paderborn ihr 1200jähriges Bestehen feierte, die großzügige Förderung auch des hiesigen Reitsports ein. Beide Stränge werden im folgenden nicht chronikartig, sondern nacheinander aufgezeichnet.

Für jeden in der Familie „eigenen Sport"!

Nach dem Leitspruch: *„Der eigene Sport ist der beste!"* versuchte Heinz Nixdorf für jedes seiner Familienmitglieder eigenen Sport zu initiieren und zu fördern. Als die drei Söhne heranwuchsen, wurde nun eines Tages auch der Gedanke an Reitsport erörtert. Martin war ca. 13, Michael ca. 10 und Matthias ca. 8 Jahre alt. Für sich selbst schloß Heinz Nixdorf das Reiten kategorisch aus und so hatte er Verständnis für den ältesten Sohn, der keine Neigung für diesen Sport verspürte. Doch die beiden jüngeren Brüder waren nicht abgeneigt.

Was dem bekannten Unternehmer außer sportlichen Erfolgen vom Leben der Paderborner und Schloß Neuhäuser Reiter an Klatsch und Tratsch zu Ohren kam, behagte ihm nicht. Mißtrauisch ließ er, ohne daß der Name Nixdorf genannt werden durfte, bei zwei Vereinen anfragen, ob sie zwei Kinder, 10 und 8, aufnehmen und diese Reitunterricht bekommen könnten. – Keine Antwort!

Der Vater unterhielt sich über die Angelegenheit mit dem Landforstmeister Hubert Keimer, den er bei den wöchentlichen Meetings der Paderborner Rotarier mehr oder weniger regelmäßig traf. Der Forstbeamte, Leiter des Bundesforstamtes Senne und als „König der Senne" bekannt, verfügte, neben zwei Diensthunden, über ein Dienstpferd, doch obendrein waren Pferde und Reiten sein privates Hobby. Als Vorsitzender des „Verbandes der Reit- und Fahrvereine des Kreises Paderborn e. V." – von 1963 bis 1978 – hatte er einen guten Überblick über die heimische Reiterszene. Keimer empfahl seinem Rotarierfreund, sich an den Hövelhofer Reiterverein zu wenden, da er diesen schätzte und die Entfernung für die Familie des Industrieunternehmers kein Hindernis sein sollte. Abseits von Paderborner Gesellschafts-Klicken könne Heinz Nixdorf für seine beiden Söhne und seine Frau im ländlich-sittlichen Hövelhof vermutlich ein Reiter-Eldorado finden. Der Ort liegt ca. 10 km vor den Toren Paderborns.

Erst 1948 hatte sich in Hövelhof eine Reitergruppe gebildet und dem Paderborner Reiterverein angeschlossen. Doch schon im Jahr darauf, 1949, verselbständigte sich die Gruppe als „Reit- und Fahrverein Hövelhof e.V.". Dieser nahm in den nächsten Jahrzehnten eine kontinuierliche, erfreuliche Entwicklung (Mitte der 90er Jahre ca. 500 Mitglieder), wogegen die Paderborner und Schloß Neuhäuser Vereine von einem Spaltpilz infiziert zu sein schienen. Auf dem Hölscher Hof an der Buschriege hatten die Hövelhofer 1967 einen neuen Reiterhof erstellt.

Der damalige 1. Vorsitzende, Raymund Furlkröger, vermittelte Heinz Nixdorf sogleich ein Gespräch mit dem Geschäftsführer des Vereins, Günter Gockeln, der außerhalb seiner Dienstzeit (Finanzbauamt), also am Feierabend und an Wochenenden, bereit war, auch den beiden Nixdorf-Söhnen ehrenamtlich Reitunterricht zu geben und sich um die beiden Jungen zu kümmern, zumal er selbst einen Sohn gleichen Alters hatte, auch einen Michael, mit dem sich der Nixdorf'sche schnell anfreundete.

Erste Ausrüstung und das erste eigene Pferd

Von der familiären Atmosphäre war Heinz Nixdorf sogleich angetan und er wollte wissen, was seine beiden Jungs an Ausrüstung brauchen. Reiterkappe und Gummistiefel! Da man nicht wisse, ob die beiden Kinder dauerhaft beim Reitsport bleiben und ohnehin schnell herauswachsen, empfahl Günter Gockeln, zunächst keine teuren Lederstiefel und Reithosen zu kaufen. Heinz Nixdorf: *„Machen Sie sich keine Sorgen um mein Geld!"*

Nachdem die beiden Jungen sich mit dem neuen Sport und ersten kleinen Sprüngen angefreundet hatten, eröffnete Heinz Nixdorf dem Reitlehrer, daß er, da er selbst von Pferden nichts verstehe, mit dem Forstmeister a. D. Keimer als fachmännischem Berater ein Pferd kaufen, auf Einkaufstour gehen wolle. Darauf erklärte Gockeln: *„Wir brauchen ein ausgedientes Spitzenpferd wie Keimers ‚Pepita'."* Als Heinz Nixdorf dies mit Keimer besprach, bekam er zur Antwort: *„Dann nehmen sie doch meine ‚Pepita'!"*

Mit diesem Pferd haben Michael und Matthias Nixdorf und andere Kinder des Hövelhofer Vereins, welche die dunkelbraune Stute „Pepita" auch reiten durften, bei Jugendturnieren große Erfolge gehabt. Beim Reitturnier im Mai 1975 auf dem Paderborner Schützenplatz ritt Michael Nixdorf „Pepita, Besitzer Heinz Nixdorf".

Dem Sport seiner Kinder maß der Unternehmer hohe erzieherische Funktion bei. So gefiel ihm, als er hörte, daß auf eine Stunde eigentlichen Reitens zwei zusätzliche kommen, eine zur Vorbereitung, eine für anschließende Pflege: Satteln, Absatteln, Trockenreiben, Putzen, Striegeln, Füttern, Stall säubern, Ordnung machen etc. Der Sport füllte die Freizeit der Jugendlichen sinnvoll mit Aktivitäten aus und so gab es auch bei der Hövelhofer Reiterjugend keine Probleme, wie sie seinerzeit manchen Eltern mit ihren Kindern „aus gutem Hause" unerwartet große Sorgen machten. Bis nachts in Discos zubringen, Knutschen, Kiffen, Drogen – Aufstand erproben gegen gesellschaftliche Strukturen in der Folge der revoltierenden „68er"-Generation.

Die Reithalle des Hövelhofer Vereins

Eine nicht zu übersehende Station bei der weiteren Entwicklung der Hövelhofer

Reiterei war der Bau einer eigenen, großen Reithalle (1974/75). Zunächst war an ein Ausmaß der Reitfläche von 40 x 20 m gedacht. Doch hierfür war nur längerfristig mit Landeszuschüssen zu rechnen, wogegen für eine größere Halle, 60 x 20 m, sofort Mittel zu haben waren. Planung und Finanzierung standen, inclusive Eigenleistung ca. 300.000 DM. Vom Land kamen 60.000 DM, von der Sparkasse Paderborn 20.000 DM. Die größte Mitgliederspende leistete Heinz Nixdorf mit 7.000 DM. Im Vereinsvorstand hatte man mehr erhofft, gemessen an Zuschüssen des Computerunternehmers bei anderen Sportstätten. Doch Heinz Nixdorf wußte, daß die Finanzierung im großen und ganzen stand und es von seiner Seite keiner größeren Summe bedurfte, um etwas anzuschieben und zu bewirken. Das Niveau sportlicher Ereignisse des Vereins hat er sodann über viele Jahre nachdrücklich gefördert.

Mit viel Eigenleistung der Mitglieder konnte die Errichtung der Halle incl. einer Tribüne für 1.000 Zuschauer, Reiterstube etc. geschultert werden. Zur feierlichen Einweihung im Herbst 1975 stand u. a. ein Schauspringen auf dem Programm, zu dem sich viele renommierte deutsche Reiter einfanden. Darunter hervorstechend Weltelite, HGW, seinerzeit im Blickfeld des deutschen Sports wie nachmals z. B. Boris Becker und Steffi Graf. Hans Günter Winkler hatte zwei mal, 1954 und 1955, den Titel Weltmeister errungen. Er hat bei sechs Olympischen Spielen die deutschen Farben vertreten und insgesamt sieben Olympia-Medaillen gewonnen, im Einzel und in der Equipe, letztlich 1976, und in aller Welt riesige Erfolge zu verzeichnen. Seine „Wunderstute" „Halla", fast so berühmt wie der Reiter HGW, setzte er nach 1960 nicht mehr bei Turnieren ein. Winkler verlieh nicht nur der Eröffnungsfeier der Hövelhofer Halle Glanz. Der Warendorfer nahm in den Folgejahren treu und regelmäßig mit guten Nachwuchspferden an den Hövelhofer Turnieren teil.

Zum Programm der feierlichen Eröffnung gehörte auch eine Vorführung der Hövelhofer Reiterjugend, eine Quadrille (2x4) unter dem Motto „Beduinen". Michael und Matthias Nixdorf waren dabei und ihre Mutter hatte die Kostüme für die ganze Gruppe gestiftet. Die Eltern der beiden Jungen saßen bei der Eröffnungsveranstaltung wie alle anderen Eltern auf der Tribüne.

Das eigene Stallgebäude

Zur Entwicklung des Höverhofer Reitzentrums trug Heinz Nixdorf durch einen eigenen Reitstall bei. Die Anlage des Vereins steht auf Pachtgelände. In unmittelbarer Nachbarschaft kaufte der Paderborner ca. einen Hektar Land, um einen eigenen Reitstall zu bauen und beauftragte den Architekten und Ingenieur Hans Mohr, der ansonsten insbesondere von der „Nixdorf Computer AG" Aufträge erhielt.

Beim Thema Sport dachte Heinz Nixdorf stets auch an die soziale Komponente. Ohne gleichgesinnte Mitstreiter kamen keine Wettkämpfe zustande. Man

Sohn Michael Nixdorf mit seinem „Lorbas". Im Hintergrund der Reiterhof des Hövelhofer Vereins. Um 1975.

Die Hövelhofer Reithalle ist gerichtet. Vereinsvorstand, Mitglieder und Bauleute stellen sich dem Photographen. Zu Pferde links Manfred Kesselmeier, Apotheker, Dressurreiter und Sohn des langjährigen 1. Vorsitzenden Franz Kesselmeier. Auf dem Pferde rechts Franz Hachmann, Landwirt und Besitzer eines Reitstalls. 1975.

oben:
Feierliche Eröffnung der Hövelhofer Reithalle. Im Programm eine Vorführung der Reiterjugend unter dem Motto „Beduinen". Michael und Matthias Nixdorf sind dabei. In der Mitte der ehrenamtliche Reitlehrer Günter Gockeln. Links ein Stück der voll besetzten Zuschauertribüne. 1975.

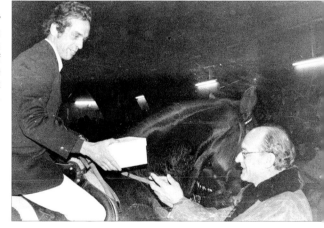

rechts:
Heinz Nixdorf beim ersten Hövelhofer Hallenturnier im Oktober 1975. Der Paderborner Unternehmer überreicht dem Sieger einer Springprüfung den Ehrenpreis (Bild mitte) und gratuliert einem Plazierten (Bild unten). Im Hintergrund Zuschauer auf der Tribüne.

mußte mit Freunden und Kameraden Erfahrungen sammeln und Details fachkundig besprechen können, als Sieger mit Sportlern Siege feiern und sich als Verlierer trösten können. „Auf Trost reimt sich Prost." Also bekam der Stall nicht zwei oder vier Boxen für eigene Pferde, sondern acht, so daß auch einige Sportsfreunde ihr Pferd unterstellen konnten. Zusätzlich gab es eine größere Box für eine Stute mit Fohlen. Des weiteren für die geselligen Kontakte eine Reiterstube. Im Giebeldach war Platz für Heu und Stroh und für eine Wohnung, die als Wochenendquartier oder sonstwie von der eigenen Familie oder von Freunden zu nutzen war. Neben dem Stallgebäude bekamen die Pferde eine Wiese zum Auslaufen, eine überbaute, runde Führanlage (Führmaschine) und ein Wasserbecken von ca. 80 cm Tiefe zum Abkühlen. Im Stall fand u.a. das Pferd der Reitlehrers Platz und die Reiterfreunde des Vereins durften das Wasserbecken zum Abkühlen ihrer Pferde mitbenutzen.

Das Richtfest für den Stall hat Heinz Nixdorf in der geräumigen Reiterstube der Vereinshalle mit dem Architekten, mit Bau- und Reitersleuten fröhlich gefeiert. Der Bauherr, der aus kargen Verhältnissen stammte und aus eigener Kraft zu Vermögen kam, verspürte einen gewissen Stolz, als er seiner Familie den Reitsport mit eigenen Pferden und respektablem Reitstall ermöglicht hatte. Er gab damit nicht an, doch verschmitzt und wie großzügig erklärte er: *„Was meine Frau mit den Pferden verdient, darf sie behalten."*

Sohn Michaels Leistungssport: Springreiten

Nachdem „Pepita" altersbedingt ausgedient hatte, kaufte Heinz Nixdorf jedem der beiden reitenden Söhne ein eigenes Pferd, für Michael „Lorbas" und für Matthias „Lützow". Somit hatte auch seine Frau Renate ausreichend Gelegenheit, Reitsport zu treiben. Sie erfreute sich an Ausritten in die Senne, verspürte aber angesichts des kleinsten Oxers unüberwindbaren Respekt und fand im Tennis ihren eigenen, leistungsorientierten Sport. (Siehe Kap. Tennis.)

Die beiden Söhne hatten schon bald an Jugendturnieren teilnehmen können und bekamen folglich die hierbei vorgeschriebenen weißen Reithosen. Als sie gelegentlich vor einem Turnier zu Kuchen und Kakao eingeladen waren, zogen sie zunächst die Hosen aus und setzten sich mit blanken Knien an den Tisch, damit keine braunen Kakaoflecken auf den weißen Reiterdress kommen konnten.

Matthias hatte als Junge Asthmaanfälle und litt obendrein zunehmend an einer Pferdehaarallergie, sodaß er sich widerstrebend bei seinem Reitsport mehr und mehr zurückhalten mußte. Immerhin nahm er an etlichen Spring- und Dressurprüfungen teil, allerdings nur an leichteren (Klasse E und B).

Für den älteren Bruder Michael dagegen wurde das Springreiten zum Leistungssport. Aufsteigend nahm er bei vielen Turnieren an Springprüfungen angefangen von Klasse E = Einsteigerklasse, Klasse B = Anfängerklasse, Klasse L = leichte Klasse teil und erreichte schließlich über Klasse M = mittlere Klasse die oberste,

Klasse S = schwere Klasse. Wann immer die Eltern, Heinz und Renate Nixdorf, Zeit dazu fanden, waren sie in Hövelhof, Kaunitz, in Bad Oeynhausen, Arolsen, Lübbeke, Bad Lippspringe, Herford etc. dabei, wenn der Reitersmann der Familie im Parcours auf seinen Pferden über die Hindernisse sprang.

Um den Leistungssport ihres Michael so weit wie möglich zu fördern, nahm die Mutter, Renate Nixdorf, später Kontakt zu dem im Ostwestfälischen, nicht allzuweit entfernten Ulrich Meyer zu Bexten in Herford auf. Dieser renommierte Reiter, Reitlehrer und Pferdezüchter sollte Michael Nixdorf als Springreiter weiter bringen und bei S-Springen zu noch größeren Erfolgen verhelfen. So verlegte Michael seine Turnierpferde und sein Training von Höfelhof nach Herford, blieb aber ansonsten seinem Heimatverein treu.

Wenn Heinz Nixdorf sich gelegentlich über seine drei Söhne äußerte, sagte er: *„Dem Zweiten muß ich am meisten helfen."* Michael bekam eine landwirtschaftliche Ausbildung und später zwei landwirtschaftliche Höfe. Einer ist der „Fohlenhof", den Autofahrer, die auf der B 1 von Westen nach Paderborn fahren, hinter der Kreuzung Wewer-Elsen an den vielen Pferden auf der Koppel, rechter Hand erkennen konnten. Durch Anzeigen in Printmedien wurde der „Fohlenhof" bekannt.

Der Sponsor bei Hövelhofer Turnieren

So Heinz Nixdorf in Begleitung seiner Frau ihrer Söhne wegen zu Turnieren fuhr, verband er damit das Überreichen von Ehrenpreisen, in der Regel für die schwierigste, am höchsten dotierte Prüfung. Um sich persönlich nicht allzusehr hervorzuheben, ging es in der Regel offiziell um den Ehrenpreis und das Preisgeld der „Nixdorf Computer AG", doch war es allemal wirkungsvoller, wenn nicht ein anderes Vorstandsmitglied, sondern Heinz Nixdorf selbst den Preis überreichte und dem Sieger und den Plazierten mit seinem kräftigen Händedruck strahlend gratulierte. Regelmäßig wurde der Hövelhofer Verein bedacht. Zu dessen langjährigem Vorsitzenden, von 1976–1986, Franz Kesselmeier (Gesellschafter und Prokurist der „Geha-Möbelwerke") hatte Heinz Nixdorf ein persönliches, gutes Verhältnis. Bei den jährlich organisierten, für ländliche Verhältnisse anspruchsvollen Frühjahrs- und Herbstturnieren – im Mai im Freiland, im Oktober in der Halle – übernahm Heinz Nixdorf für seiner Firma jeweils die höchst dotierte Springprüfung und überreichte den Ehrenpreis in Begleitung des 1. Vorsitzenden. Erstmals konnte 1985 ein S-Springen ausgetragen werden.

Das von jedem Reiter zu zahlende Start- und Nenngeld geht jeweils an den Verein. Der trägt die allgemeinen Kosten des Turniers und übernimmt in der Regel für eine kleinere Prüfung Ehrenpreis und Preisgeld. Für die anspruchsvollen, höher dotierten Prüfungen werden Sponsoren gesucht und gewonnen, die den Ehrenpreis, das Preisgeld, die Züchterprämie und evtl. gar Transportkosten übernehmen. Das Preisgeld wird auf etliche Plazierte, z. B. 12, nach Rängen abgestuft an die

oben:
Beim Richtfest des Nixdorf-Reitstalls. In der geräumigen Reiterstube der Vereinshalle feiert Heinz Nixdorf mit Bauleuten und Freunden. Links neben dem Bauherrn der Architekt Hans Mohr, mit Zigarette.

links:
Heinz Nixdorf und Franz Kesselmeier. Mit dem 1. Vorsitzenden steht der bekannte Computerunternehmer mit dem Pokal in der Hand bereit, den Ehrenpreis dem Sieger einer Springprüfung zu überreichen. Um 1980.

Reitsport 241

Michael Nixdorf bei einer Springprüfung. Hier geht er mit dem Westfälischen „Partisan" bei einem S-Springen über ein Hindernis. Ende der 1980er Jahre.

Springreiter-Crew des Hövelhofer Vereins. Die aufgestellten Vereinsmitglieder nahmen an M- und an S-Springen teil. Von links: Wolfgang Brandt, Markus Hegemann, Dirk Meier, Dirk Kettelgerdes und Michael Nixdorf (um 1985).

Besitzer der Pferde gezahlt. Den Ehrenpreis im Wert von ca. 10% des Preisgeldes, ein Luxus- oder Gebrauchsgegenstand wie z. B. ein Pokal, ein Silbertablett, eine Ledertasche oder Reitutensilien, überreicht der Sponsor dem siegenden Reiter.

Der Höverhofer Verein war Heinz Nixdorf, da er bei den Frühjahrs- und Herbstturnieren regelmäßig stets den Ehrenpreis und das Preisgeld für die am höchsten bewertete Prüfung übernahm, für die großzügige Förderung des Reitsports zu großem Dank verpflichtet. (Siehe am Schluß dieses Kapitels „Heinz-Nixdorf-Gedächtnispreis".)

„Mich kriegt keiner auf ein Pferd" und das Wappentier Westfalens

Auf die Frage, ob er selbst auch reitet, kam von Heinz Nixdorf die entschiedene Antwort: „Mich kriegt keiner auf ein Pferd!" Und er ergänzte, daß er in seiner Jugendzeit gelegentlich auf ein Pferd in der Turnhalle gestiegen sei und ihm „Pauschpferd", „Langpferd" und „Seitpferd" gereicht haben.

Doch eine Ausnahme sollte es später geben, in den USA, bei einer Safari in die Wildnis der Rocky Mountains, wohin kein Fahrzeug führt. Mit guter Miene ließ sich Heinz Nixdorf in den Sattel helfen, auf ein frommes Pferd, das er nicht richtig reiten mußte, sondern das ihn in der Herde, in der Touristengruppe, auf die Berge trug.

Zum Pferd hatte Heinz Nixdorf eine ganz andere Beziehung: Es war das Wappentier Westfalens. „Heimatstadt" war für ihn Paderborn, „Mutterland" Westfalen und „Vaterland" Deutschland. Die Mutter stammte aus Westfalen, aus dem schwarzen Paderborn, der Vater, ev., aus Sachsen. Als „Nordrhein-Westfale" konnte sich Heinz Nixdorf nie verstehen, zumal auch noch die Lipper dazugehören, was nicht in der Landesbezeichnung, wohl aber im dreigeteilten Wappen deutlich wird. Also konnte der Paderborner sich nicht, wie er spöttisch sagte, als *„drei in einer Person"* fühlen, als eine Art *„Dreifaltigkeit"*. Er war als Landsmann nur eins – Westfale. Das alte Wappen Westfalens, zunächst mit dem „galoppierenden", dann mit dem, der klassischen Wappenform angepaßten, „steigenden" oder „springendem" Roß, war im Landeswappen NRW auf eingeengtem Raum zum „aufbäumenden" geworden, und unter die Hinterhufe kam die verdrehte Lippische Rose. „Aufbäumen" gegen das Rheinland, wie das im Wappen aus der Sicht von Heinz Nixdorf zum Ausdruck kommt, das war für ihn ein Signal, um gegen die Regierung am Rhein, die Westfalen vernachlässigt, mit markigen Worten zu Felde zu ziehen: Im Rheinland zwei Großflughäfen, Köln-Wahn und Düsseldorf, das war o.k.! Die große Sauerei – in Westfalen kein einziger! Dann hagelte es zahlreiche Beispiele der Benachteiligungen bei Eisenbahn, Straßen u.s.w., u.s.w.!

Das Wappen Westfalens mit dem „springenden" Pferd lebt weiter, z. B. beim Landschaftsverband und auf vielen Reiterstandarten, auch auf der des Paderborner Vereins von 1948. Die vom Vorgängerverein 1928 gefertigte Standarte wird weiterhin, unter Glas geschützt, hoch in Ehren gehalten.

Zur Paderborner Reiter-Geschichte

Durch den „eigenen Sport" seiner Familienmitglieder, seiner Frau, seines Sohnes Matthias und insbesondere des Sohnes Michael, hatte Heinz Nixdorf eine persönliche Beziehung zur Springreiterei und eine große Bereitschaft zur Förderung dieses Sports entwickelt. Nächst Hövelhof profitierte davon der Reitsport in Paderborn, dessen jüngste Geschichte Heinz Nixdorf nicht fremd war.

Schloß Neuhaus und Paderborn waren seit Kaisers Zeiten bedeutende Standorte für die Kavallerie des Heeres und zusammen mit der weiten, landwirtschaftlich geprägten Umgebung ein guter Nährboden für den Reitsport. Doch blieb der Regimewechsel von Kaiserreich zur Weimarer Republik, gravierender zum 3. Reich und zur Bonner Republik nicht ohne Verwerfungen im hiesigen Sport, insbesondere bei den Reitern. Tradition war hilfreich und zugleich belastend. So schweigt der Sänger Höflichkeit und macht eine Brücke von der Weimarer zur Bonner Republik. (Der Vorsitzende des „Verbandes der Reit- und Fahrvereine des Kreises Paderborn e.V. 1948" von 1978–1983, Andreas Winkler, in „Roß und Reiter", S. 105)

Der „1. Paderborner Reitverein e. V. 1925", 1926 in „Reit- und Fahrverein e. V. 1925" umbenannt, weil die Bauern mehr Spann- als Reitpferde besaßen, hatte seine Sportstätte mitten in der Stadt, im ehemaligen Abdinghofkloster gefunden. (An der Stelle befindet sich heute die Stadtverwaltung.) Das Kloster war, nach der Aufhebung 1803, seit 1820 als Kavalleriekaserne genutzt worden und die Kirche wurde für Jahrzehnte ein riesiger Pferdestall. In ihm und in zusätzlich gebauten Stallungen standen inmitten der Stadt eine zeitlang ca. 300 Pferde. Das Kirchengebäude wurde nach einer Renovierung, seit 1871 wieder als Kirche, nun ev., genutzt. Die übrigen Gebäude blieben der Kavallerie-Truppe bis 1904, als sie in eine neue, dreistöckige Kaserne nahe der Infantriekaserne umzog (heute Rathenaustraße). Nun wurde im Abdinghof 1906 eine Offiziersreitschule stationiert. Bei der Infantrie marschierten die Soldaten – Gemeinde, Gefreite und Unteroffiziers-Chargen – zu Fuß, ihre Offiziere saßen zu Pferde. Also mußten sie reiten lernen.

Nach dem verlorenen Ersten Weltkrieg wurde die Wehrmacht, seit 1921, nun „Reichswehr", stark reduziert und der 1925 gegründete Paderborner Reiterverein konnte in der Offiziersreitschule, in der Abdinghofkaserne, Platz finden, als Gast einige Stallungen belegen, die beiden Reithallen und den weiten Reitplatz benutzen. Vorsitzender des Vereins war Major a. D. Egon von Fürstenberg, Ehrenmitglied General der Kavallerie Exzellenz Seiffert, der vor dem Krieg, seit 1906, als Major der Kommandeur der Offiziersreitschule in Paderborn war.

In der Nazizeit wurden alle Reitervereine, auch der Paderborner, dieser 1935, aufgelöst. Die Reiter wurden gezwungen, mehr oder weniger freiwillig in eine der Unterorganisationen des „Nationalsozialistischen Reiterkorps" (NSRK), das dem „Reichsnährstand" zugeordnet war, einzutreten, in die SS-, SA- oder HJ- Reiterstandarten. Diese ähnelten den Vereinen mit ihren Standarten, waren aber militant, von Nationalsozialisten dominiert und zentral gesteuert.

Anzeige, durch die der Fohlenhof bekannt wurde. (1989.)

Heinz Nixdorf beim Ritt in die Rocky-Mountains. Der New Yorker Freund und Tennislehrer, Freddy Botour, hatte die Safari organisiert. (Anfang der 1980er Jahre.) Heinz Nixdorf links, auf einem Schimmel.

Landschaftsverband Westfalen

Das Wappen Westfalens. Es wurde vom Herzogtum Westfalen für die nach dem Wiener Kongreß zusammengefügte Provinz Westfalen übernommen. Das springende Pferd deutet auf das Pferdeland, der rote Schild auf das „Land der Roten Erde" hin. Die heraldische Tinktur für das Roß ist Silber. Da dies normalerweise keine Druckfarbe ist, wurde Silber durch Weiß ersetzt. (Dennoch ist das Roß weder ein Schimmel, noch das Wappen ein Schild für Gasthäuser „Zum Weißen Röß'l".)

Rechts: **Die Standarte des 1. Paderborner Reitervereins, 1928 gefertigt.** Das westfälische Wappen auf dem Eisernen Kreuz als Untergrund. Das 1813 als Kriegsauszeichnung gestiftete schwarze Kreuz, silbern umrahmt oder bordürt, verweist auf den Ursprung des Paderborner Reitsports, die Kavallerie und die Offiziersreitschule. Die Standarte hat der 1948 neu gegründete Verein übernommen. Das Eiserne Kreuz lebt heute bei der Bundeswehr weiter.

Farbenreiches Paderborner Turnier
Tradition und Liebe zum Pferd

Das „große Himmelfahrtsturnier". Nach Nazizeit und Krieg wurde das erste große Turnier am Himmelfahrtstag auf dem Schützenplatz, 26. Mai 1949, als ein epochales Ereignis vom „Westfälischen Volksblatt" gewürdigt.

So — Adolf Hitler

„... In wenigen Jahren wird es in Deutschland Pferde nur noch in den zoologischen Gärten, in Museen und bei der rückständigen Kavallerie geben" erklärte einst Adolf Hitler bei einem Offiziersreiten, zu dem er sich sicherlich verirrt hatte. Er liebte die Pferde nicht. Auch das sprach gegen ihn. — Mit ganz anderen Worten empfing vor mehreren Jahren Papst Pius XII. deutsche Reiter in Rom. „Reiten ist kein Sport, sondern eine Kunst, und zwar eine der ältesten und schönsten. Gleichzeitig ist die Reitkunst einer der lebendigsten Ausdrücke der Kultur der Völker." — Weder Adolf Hitler, noch die große Sintflut konnten die Tradition und die Liebe zum Pferd und zur Reitkunst in Deutschland vernichten, das bewies das große Himmelfahrtsturnier in Paderborn mit mehr als 10 000 Zuschauern.

Im zerstörten Paderborn, in dem auch das ehemalige Abdinghofkloster den Bomben zum Opfer gefallen war, wurde nach 1945, nach Zusammenbruch und Neubeginn, der „Ländliche Zucht-, und Reit- und Fahrverein für Paderborn und Umgebung e. V. 1948" gegründet. Die in der Nazizeit versteckte Standarte des Vorgängervereins von 1925 wurde übernommen und der neue Verein kam mit seinen Pferden nun als Gast bei der Britischen Besatzungsmacht in der ehemaligen Kavalleriekaserne, dem vormaligen Fürstbischöflichen Schloß in Neuhaus, unter.

Das „große Himmelfahrtsturnier" 1949

Heinz Nixdorf war Jahrgang 1925, bei der Machtübernahme 1933 8 Jahre, zu Kriegsbeginn 1939 13 Jahre alt. Hitlerjugend, Reichsarbeitsdienst, Soldat bei Luftwaffe und Heer, 1945 totale Niederlage und Zusammenbruch. Nach Kriegswirren und Neubeginn machte der Paderborner Junge 1947 „auf dem Reismann" Abitur. Er war Zeitzeuge. So war ihm z. B. die Abdinghofkaserne nicht nur als Offiziersreitschule bekannt. Ebendort war ein Wehrbezirkskommando untergebracht, von dem auch Heinz Nixdorf gemustert, d. h. auf Kriegsverwendungsfähigkeit (k. v.) untersucht worden war, bevor er zur Luftwaffe kam.

1949 wurde in seiner Heimatstadt als ein Neuanfang des Reitsports, ein großes Turnier auf dem Schützenplatz veranstaltet, ein epochales Ereignis. Unter den Überschriften „Farbenreiches Paderborner Turnier" und „Tradition und Liebe zum Pferd" distanzierte das „Westfälische Volksblatt" die Reiter zunächst von Adolf Hitler und führte Papst Pius XII. als Zeugen pro Reitsport an (siehe Faksimile S. 245).

Jeder Mittwochnachmittag war seinerzeit „Beamtensonntag". Alle Behörden, Arztpraxen und viele Geschäfte waren geschlossen. So waren der Mittwochnachmittag mit den folgenden Feiertag „Christi Himmelfahrt" für viele eine freie Zeit, die es erlaubte, als Zuschauer zum Schützenplatz zu kommen. 34 Jahre, von 1949 bis 1982, fanden hier, zu Himmelfahrt oder zu Pfingsten, unter der blühenden Roßkastanie des Zeremonienplatzes für die Krönungsfeierlichkeiten der Schützen, Turniere statt, die oftmals durch ein Herbstturnier ergänzt wurden.

Das „große Himmelfahrtsturnier" 1949 war ein beeindruckender Neubeginn und ließ glorreiche Zeiten wach werden. Das Bestreben, alte Traditionen aufzugreifen, bewog die Baronin von Heyden-Linden, Marienloh, den Reitern des Provinzial Verbandes Westfalen den wertvollen Silberpokal zur Verfügung zu stellen, der ihrem Gatten, dem General von Heyden-Linden, als Sieger des Deutschen Springderbys in Hamburg 1906 von seiner Majestät Kaiser Wilhelm II. überreicht worden war. Der Verband bestimmte die Trophäe als Wanderpokal für die Sieger der

Fortsetzung S. 250

Rechte Seite:
Reitturnier auf dem Schützenplatz anläßlich des 1200-Jahr-Jubiläums der Stadt. Montage von Zeitungsberichten

1977 zum Stadtjubiläum wieder ein Reitturnier mit zwei S-Springen?

Reiterverein erwartet Unterstützung bei Garantiesumme von 50.00

Im kommenden Jahr, wenn in Paderborn die 1200-Jahr-Feier stattfindet, möchte der Reiterverein als Beitrag zum Stadtjubiläum ein Turnier mit zwei S-Springen ausrichten. Allerdings sind dafür zwischen 50 000 und 70 000 Mark erforderlich. Geschäftsführer Andreas Winkler: »Diese Garantiesumme müßte im Paderborner Land doch aufgebracht werden können.«

Vom 26. bis zum 28. August auf dem Schützenpl[atz]

Die prominentesten Reiter der Welt in der Paderstadt am Start

Paderborner Reitertage mit H. G. Winkler und Dr. Klimke

Eine bessere Besetzung hat es in der Domstadt bisher noch nicht gegeben

Paderborn (wv). Das Paderborner Großturnier in der Zeit vom 26. bis 18. August auf dem Gelände des Schützenplatzes bietet den Freunden des Reitsportes aus der näheren und weiteren Umgebung eine Besetzung, wie sie Paderborn noch nicht erlebt hat. Hans Günther Winkler, der erfolgreichste Olympiareiter aller Zeiten, Fritz Ligges, Lutz Merkel, Lutz Gössing, Sönke Sönksen, Ulrich Meyer zu Bexten, Marion Snoek, Astrid Winkler, Jürgen Ernst, H. W. Johannsmann, Wolfgang und Klaus Brinkmann,

Ruth und Dr. Rainer Klimke sind in Paderborn am Start.

Bürgermeister Herbert Schwiete hat für diese Veranstaltung die Schirmherrschaft übernommen. 14 Prüfungen in Dressur und Springen der Klassen L, M und S/A verlangen olympisches Können von den Teilnehmern. Olaf Petersen, der bekannte Springreiter aus Münster, wird einen fairen, aber schweren Parcours aufbauen.

Durch die finanzielle Unterstützung der Stadt, der Banken, Geschäfte und Unternehmer aus Paderborn und Umgebung ist es dem Paderborner Reiterverein möglich, ein Turnier in dieser Größenordnung durchzuführen. Auf dem neuerrichteten Dressurplatz, dem wiederhergestellten Abreiteplatz und dem herrlichen Schützenplatz einem der schönsten Reiteplätze in Deutschland gehen 300 Pferde mehr als 700mal an den Start. Dabei kommt die Paderhalle mit den fast 200 Einstellplätzen den Pferden und Reitern sehr gelegen.

Deutsche Reiterelite gibt sich ein

Fast alle namhaften Springreiter am Start – Heute Beginn des Gro[ßturniers]

Paderborn (gevo). 51 Reitturniere finden an diesem Wochenende in [...] darf: Weltmeister und Olympiasieger Dr. Reiner Klimke aus Münster. Stolz wird a[...] zubereiten.«

Sa-Springen
HGW auf dritten Platz
Jürgen Ernst siegte

Paderborn (gevo). Nicht einer aus den Reihen der »ganz Großen« gewann am Samstagabend vor Mitternacht das Sa-Springen mit zweimaligem Stechen unter Flutlicht um den Großen Preis der Firma Nixdorf Computer AG; wie am Nachmittag im M-Springen lag wieder Jürgen Ernst aus Aller/Weser auf »Saloniki« vorn, diesmal vor Heinrich W. Johannsmann aus Steinhagen-Brockhagen auf »Dergel« und Hans Günter Winkler, Warendorf, auf »Careful«. Diese drei Pferde waren nach 0-Fehler-Ritten ins zweite Ste[chen gekommen...]

ANS-GÜNTHER WINKLER, der zu den erfolgreichsten Reitern der Welt gehört, startet in Paderborn.

> **Großer Preis der Fa. Nixdorf Computer AG, Paderborn**
>
> 4. Springprüfung Kl. S   Kat. A
> (E u. 8000 DM; 2000, 1600, 1200, 900, 600, 400, 300, 300, 300,
> 200, 200; 800 DM ZP)
> 6j. u. ält. Pferdegem. § 64 zu A, die nicht in Nr. 6, 7 u./o.
> 14 starten.
> Alle Reiter zu A. Richt. A gem. § 501/2. b) 2.
> Nenngeld: 15,00 DM.   Startgeld: 20,00 DM   68 Nennungen

1977. Anläßlich der 1200-Jahr-Feier der Stadt wurde das „Paderborner Großturnier" auf dem Schützenplatz veranstaltet. Das motivierte Heinz Nixdorf. Seine Firma übernahm die Prüfung mit dem höchsten Preisgeld, mit 8.000 DM. Das war mehr als das Doppelte der nächst hohen Preise mit 3.000 DM. Für die Mehrzahl der Prüfungen waren je 300 DM ausgeschrieben. Bei dem Turnier ritt der Sohn, Michael Nixdorf, damals 14 Jahre alt, Hövelhofer Reiterverein, bei vier Springprüfungen mit. Eine davon war die Mannschafts-Prüfung, der „Wettkampf um den General von Heyden-Linden-Wanderpokal".

> **Sonntag, 1. 9. 79, Beginn 16.45 Uhr**
> **Großer Preis der Fa. Nixdorf Computer AG, Paderborn**
>
> 4. Springprüfung Kl. Sa (E. u. 8 000 DM, 800 DM ZP)   Kat. A
> (2 000, 1 600, 1 200, 900, 600, 400, 300, 300, 300, 200, 200)
>
> **Zulassung:** Die 30 punktbesten Pferde aus Nr. 2 u./o. 3 nach
> dem in den Bes. Best. angegebenen Punktsystem.
> Alle Reiter, die sich mit demselben Pferd qualifiziert haben.
> Richt. A gem. § 501/2. b. 2. (2 Umläufe u. einmaliges Stechen).
> Nenng.: 15,— DM. Startg.: 40,— DM, fällig b. Startmeldung.

Paderborner Großturnier 1979. Auf dem Schützenplatz. Die 2. Springprüfung Klasse S übernahm die Volksbank Paderborn mit 4.000 DM, die 3., ebenfalls Klasse S, die Sparkasse Paderborn mit 6.000 DM. Heinz Nixdorf sattelte drauf. Die bestplazierten Pferde der 2. und 3. Prüfung waren für die 4. Prüfung qualifiziert, Klasse S a, und konnten um das Preisgeld des Computerunternehmers in Höhe von 8.000 DM reiten. Bei einer Prüfung Klasse M war Michael Nixdorf mit seinem „Lorbas" im Parcour.

> **Sonntag, 30. 8. 1981, Beginn 16.30 Uhr**
> **Großer Preis der Nixdorf-Computer-AG**
>
> I. Große Tour:
> 1. Springprüfung Kl. S (E. u. 6 000 DM, 600 DM ZP)   Kat. A
> (1 500, 1 200, 1 000, 800, 500, 350, 200, 150, 150, 150 DM)
> 6j. u. ält. Pferde gem. § 64, 3.3., die in Spr.Kl. M/Kat. A wenigstens 3mal
> gesiegt haben u./o. höher 3mal plac. waren, bis zu einer Anzahl von 35
> Pferden aus den Prüfungen Nr. 2 u. 3 nach dem Punktsystem:
> 1. Pl. = 35 P., 2. Pl. = 34 P., 3. Pl. = 33 P. usw.
> Näheres siehe Bes. Bestimmungen.
> Alle Reiter zu A der LK S 1 o. S 2.
> Richt. A gem. § 501/2. b. 2. (Stechen). Je Reiter 2 Pferde erlaubt.
> Startfolge ab C.
> Nenngeld: 15,— DM, Startgeld: 30,— DM, beides fällig bei Startmeldung.

Paderborner Turnier 1981. Auf dem Schützenplatz. Die höchstdotierte Prüfung übernahm – wie inzwischen gewohnt – die Nixdorf Computer AG mit 8.000 DM. Die nächst höheren Preissummen waren 4.000 DM. Michael Nixdorf ging mit den Pferden Nr. 69 Dancing und 146 Granit, Besitzerin Renate Nixdorf, bei drei Prüfungen Klasse L bzw. M über die Hindernisse.

65.000 Computer.
In Europa.
In USA.
In Japan.
Von Nixdorf.

Mehr als 65.000 Computer hat Nixdorf mittlerweile ausgeliefert. Eine stolze Zahl für ein junges Unternehmen. Und ein Vertrauensbeweis für die Produkte eines der führenden europäischen Computer-Hersteller.

Ein Vertrauensbeweis von Kunden in 30 Ländern der Welt. In Europa ebenso wie in den USA, in Japan, in Südafrika und Australien. Vertrauen in ein Unternehmen, das unter Computer-Vertrieb Dienstleistung versteht. Mit einer konsequent entwickelten Produktpalette für Unternehmen aller Größenordnungen.

Vom Abrechnungs- und Fakturier-Computer bis zum Magnetplatten-System. Mit Computern zum Aufbau von Datenfernverarbeitungs- und Daten-Verbund-Netzen. Dazu Anwendungssysteme für die verschiedensten Einsatzgebiete in Industrie, Handel und Verwaltung. Und ein weltweit aufgebautes Dienstleistungsnetz.

Mehr als 65.000 Nixdorf-Computer sind der Beweis eines richtigen Weges. Das Ergebnis eines Erfolges durch Vernunft. Über 10.000 Mitarbeiter stehen dahinter. Und mit ihnen die Erfahrung aus vielen tausend Computer-Installationen. Diese Erfahrung verpflichtet.

Nixdorf wird seine internationale Dienstleistungs-Organisation weiter ausbauen. Forschung und Entwicklung werden wie in Vergangenheit und Gegenwart auf die Erfordernisse des Marktes ausgerichtet sein. In Europa und in den USA. Und in Japan. Wie in vielen anderen Ländern der Welt.

Nixdorf Computer AG
4790 Paderborn

Druck: H. Fleege, Schlangen

70.000 Computer.
In Europa.
In USA.
In Japan.
Von Nixdorf.

70.000 Computer hat Nixdorf mittlerweile ausgeliefert. Eine stolze Zahl für ein junges Unternehmen. Und ein Vertrauensbeweis für die Produkte eines der führenden europäischen Computer-Hersteller.

Ein Vertrauensbeweis von Kunden in 30 Ländern der Welt. In Europa ebenso wie in den USA, in Japan, in Südafrika und Australien. Vertrauen in ein Unternehmen, das unter Computer-Vertrieb Dienstleistung versteht. Mit einer konsequent entwickelten Produktpalette für Unternehmen aller Größenordnungen.

Vom Abrechnungs- und Fakturier-Computer bis zum Magnetplatten-System. Mit Computern zum Aufbau von Datenfernverarbeitungs- und Daten-Verbund-Netzen. Dazu Anwendungssysteme für die verschiedensten Einsatzgebiete in Industrie, Handel und Verwaltung. Und ein weltweit aufgebautes Dienstleistungsnetz.

70.000 Nixdorf-Computer sind der Beweis eines richtigen Weges. Das Ergebnis eines Erfolges durch Vernunft. Über 10.000 Mitarbeiter stehen dahinter. Und mit ihnen die Erfahrung aus vielen tausend Computer-Installationen. Diese Erfahrung verpflichtet.

Nixdorf wird seine internationale Dienstleistungs-Organisation weiter ausbauen. Forschung und Entwicklung werden wie in Vergangenheit und Gegenwart auf die Erfordernisse des Marktes ausgerichtet sein. In Europa und in den USA. Und in Japan. Wie in vielen anderen Ländern der Welt.

Nixdorf Computer AG
4790 Paderborn

Druck: H. Fleege · 4797 Schlangen 1

Anzeigenaufträge für Programmhefte der Paderborner Reitturniere. Bis 1978 waren in der Regel Banken und Sparkassen die besten Auftraggeber für Anzeigen auf den Umschlägen der Programmbroschüren. Seit 1979 übernahm die Nixdorf Computer AG regelmäßig die teuerste Anzeigenseite, den Rücktitel. Auch dies war eine Förderung, die den Reitsportveranstaltungen zugute kam. Hier drei Beispiele aus den aufeinanderfolgenden Jahren 1979, 1980, 1981. Das Wachstum des Unternehmens wird in den Zahlen der produzierten Computer signifikant.

85.000 Computer.
In Europa.
In USA.
In Japan.
Von Nixdorf.

85.000 Computer hat Nixdorf mittlerweile ausgeliefert. Eine stolze Zahl für ein junges Unternehmen. Und ein Vertrauensbeweis für die Produkte eines der führenden europäischen Computer-Hersteller.

Ein Vertrauensbeweis von Kunden in 31 Ländern der Welt. In Europa ebenso wie in den USA, in Japan, in Südafrika und Australien. Vertrauen in ein Unternehmen, das unter Computer-Vertrieb Dienstleistung versteht. Mit einer konsequent entwickelten Produktpalette für Unternehmen aller Größenordnungen.

Vom Abrechnungs- und Fakturier-Computer bis zum Magnetplatten-System. Mit Computern zum Aufbau von Datenfernverarbeitungs- und Daten-Verbund-Netzen. Dazu Anwendungssysteme für die verschiedensten Einsatzgebiete in Industrie, Handel und Verwaltung. Und ein weltweit aufgebautes Dienstleistungsnetz.

85.000 Nixdorf-Computer sind der Beweis eines richtigen Weges. Das Ergebnis eines Erfolges durch Vernunft. Über 14.000 Mitarbeiter stehen dahinter. Und mit ihnen die Erfahrung aus vielen tausend Computer-Installationen. Diese Erfahrung verpflichtet.

Nixdorf wird seine internationale Dienstleistungs-Organisation weiter ausbauen. Forschung und Entwicklung werden wie in Vergangenheit und Gegenwart auf die Erfordernisse des Marktes ausgerichtet sein. In Europa und in den USA. Und in Japan. Wie in vielen anderen Ländern der Welt.

Nixdorf Computer AG
4790 Paderborn

Druck: H. Fleege · 4797 Schlangen 1

Mannschafts-Springprüfung, jährlich bei einem Turnier von westfälischem Rang. Etliche Male wurde dieser Pokal in Paderborn auf dem Schützenplatz ausgeritten. Michael Nixdorf gehörte zur Mannschaft des Hövelhofer Vereins, die u. a. 1977 am Wettkampf um den „General von Heyden-Linden-Wanderpokal" teilnahm. Der Sohn des bekannten Paderborner Unternehmers ging hier auf seinem Pferd „Lorbas 38" über die Hindernisse.

Die Reitanlage auf dem Paderborner Schützenplatz

1968 zog der „Ländliche Zucht-, Reit- und Fahrverein für Paderborn und Umgebung e.V. 1948" zum Paderborner Schützenplatz um, wo neben der sog. Bullenhalle, in der Viehversteigerungen stattfanden, nun eine eigene Reithalle und Stallungen entstanden waren. Ein Sprunggarten mit einigen Oxern konnte nur unmittelbar neben dem Schützenplatz angelegt werden.

Der „Paderborner Bürgerschützenverein e. V. 1831" mit seinen Quartierskompanien achtete, bei aller Liebe zur Reiterei, argwöhnisch darauf, daß sein Hausrecht nicht beschädigt wurde und er Herr in seiner, durch Eingangstore markierten Anlage blieb. Doch ein oder zwei mal im Jahr ließen er Reitturniere auf seinem Rasen zu. Bei beachtlichen Zuschauerzahlen kam das dem Schützenwirt zugute. An diesen Turnieren hat Sohn Michael Nixdorf bei Springprüfungen des öfteren teilgenommen und seine Eltern waren als Zuschauer dabei. (2003 wurde nach langer Unterbrechung mit einem Reitturnier auf dem Schützenplatz an die alte Tradition angeknüpft.)

Vereins-Hick-Hack und keine Höchstleistungen

1972 hatten sich Mitglieder, die aus dem „Ländlichen Zucht-, Reit- und Fahrvereins für Paderborn und Umgebung e.V. 1948" ausgetreten waren, zur „Reitsportgemeinschaft St. Georg" zusammengeschlossen und trieben ihren Sport auf Reitanlagen auf dem Dören. 1974 entstand der „Reiterverein Schloß Neuhaus", der auf dem Thunehof seine Heimat fand. Dann folgte 1979 die „Reitsportgemeinschaft Alte Residenz Schloß Neuhaus" im Ortsteil Mastbruch und durfte die Anlagen der „Reitsportgemeinschaft St. Georg" auf dem Dören mitbenutzen. Bei der Gründung der „Reitsportgemeinschaft Alte Residenz Schloß Neuhaus" erklärte der Vorsitzende Herbert Wagener: *„Unser Reitsport darf nicht in den Sog des Geschäftes hineingeraten. Wir wollen gemeinnützig und zielstrebig im Sinn der Verbandssatzung arbeiten. Jeder soll Freude im Umgang mit den Pferden haben, von Freizeitsportler bis zum Leistungssportler. Nach sportlichen Höchstleistungen streben wir allerdings nicht."*

Heinz Nixdorf war dagegen sehr für den Freizeitsport, aber noch mehr für Höchstleistungen zu haben!

Der große Sponsor der Schützenplatz-Reitturniere, 1977 bis 1982

Zu den Jubiläumsfeierlichkeiten des 1200-jährigen Bestehens der Stadt an der Pader gehörte ein „Paderborner Großturnier", das im August auf dem Schützenplatz veranstaltet wurde. Weltbekannte Reiter, Olympiasieger und Weltmeister, kamen nach Paderborn. Das war für Heinz Nixdorf Anlaß, den Preis für die am höchsten dotierte Springprüfung durch seine Firma zu übernehmen. Dressur, Voltigieren und Vielseitigkeit (Military) waren für Heinz Nixdorf gewiß auch Sport, doch das Springen entsprach am ehesten seinen tempramentvollen Vorstellungen von Leistungssport.

Seit 1977 konnte der Paderborner Reitverein damit rechnen, daß der Computerunternehmer alle bedeutenden Frühjahrs- und Sommerturniere auf dem Schützenplatz förderte. Er übernahm stets die Prüfung mit dem höchsten Preis. Oft war das die doppelte Summe der nächst hoch dotierten Ausschreibung. Hinzu kamen Ehrenpreis, Züchterprämie und oft auch Transportkosten, damit namhafte Reiter aus größerer Entfernung angelockt wurden.

Bündelung der Kräfte – Druck zum Zusammenschluß

Nordrhein-Westfalen war ein Reiterparadies mit über 100.000 Sportpferden und ca. 800 Reitvereinen. Das Interesse am Reitsport hatte in den 1970er Jahren erheblich zugenommen. Es gab zu wenig Ställe und viele neue Vereine, teils durch Abspaltungen.

In Paderborn wollten drei Vereine – der „Reitverein Schloß Neuhaus" auf dem Thunehof und die Reitergemeinschaft der DJK/SSG blieben außen vor – neue Anlagen oder Erweiterungen. Das größte Projekt war 1978 zunächst mehr als eine Verdoppelung der Anlage des „Paderborner Reitervereins" am Schützenplatz. Eine zweite, größere Reithalle mit 2.500 Zuschauerplätzen und weitere Stallungen waren geplant. (Siehe Abb. Vorentwurf von Dieter Hensiek.)

Die Stadt verwies darauf, daß Landesmittel nicht für drei, sondern nur für eine Anlage zu erwarten seien und hielt ein Terrain für eine neue, größere Anlage „auf der Grünen Wiese" in Vüllersheide vor. Heinz Nixdorf stand voll hinter diesem Konzept, war bereit zu helfen, schloß aber die alten Standorte als zu eng begrenzt aus, insbesondere auch die Anlage auf dem Schützenplatz, für welche die Pläne einer beträchtlichen Erweiterung propagiert wurden. Er erklärte

Fortsetzung S. 260

Folgende Seiten:
Die geplante Erweiterung der Anlagen auf und neben dem Schützenplatz. Vorhandene Anlage von 1968 in grünlichem Ton, in rötlichem die vorgesehene Erweiterung. Diese hätte das Gelände der seinerzeit nicht vereinsgebundenen, freien Tennisanlage beansprucht. Neue Westfälische, 13.08.1978. – Drei Vereine unter einem Dach! Bericht der Neuen Westfälischen vom 15.01.1981.

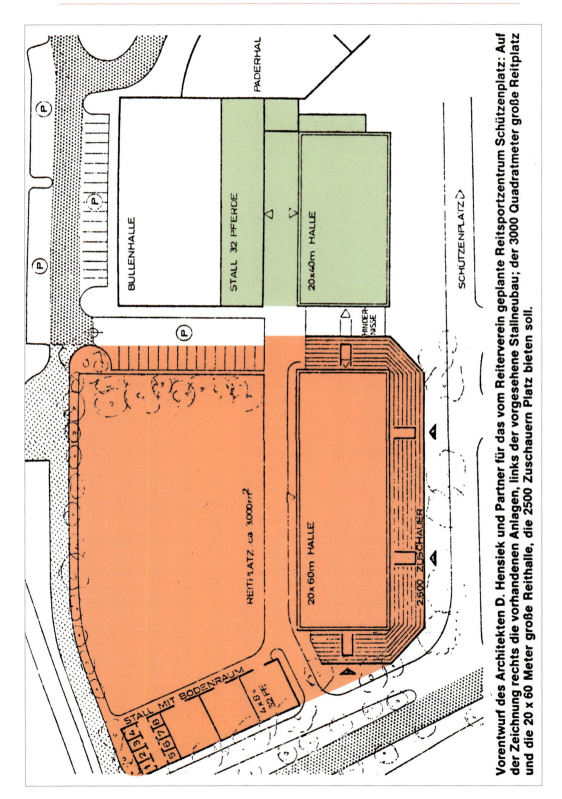

Vorentwurf des Architekten D. Hensiek und Partner für das vom Reiterverein geplante Reitsportzentrum Schützenplatz: Auf der Zeichnung rechts die vorhandenen Anlagen, links der vorgesehene Stallneubau; der 3000 Quadratmeter große Reitplatz und die 20 x 60 Meter große Reithalle, die 2500 Zuschauern Platz bieten soll.

Eingeengt am Schützenplatz die Stallungen des Reitervereins Paderborn. Seit zehn Jahren Aufnahmestopp. Erweiterung wird nicht genehmigt, also muß ein neues Reiterzentrum erstellt werden.
Foto: Rohlf

Zukunftsplanung: Reiterzentrum Vüllersheide

Drei Vereine bleiben selbständig
Aber gemeinsam unter einem Dach

Paderborn. Unter einem gemeinsamen Dachverband der drei heimischen Reitervereine soll im Bereich Vüllersheide/Dr.-Rörig-Damm ein neues Reiterzentrum entstehen. Kooperation in allen reiterlichen Angelegenheiten, aber völlige Selbständigkeit von Reiterverein Paderborn (600 Mitglieder), Reitsportgemeinschaft St. Georg (80 Mitglieder) und Reitsportgemeinschaft Alte Residenz (120 Mitglieder). Der vierte Paderborner Reiterverein, der auf dem Thunehof in Schloß Neuhaus sein Domizil hat, bleibt von der Neuregelung unberührt. Sie ist zwar erst in gemeinsamen Gesprächen der drei Vereinsvertreter mit der Stadt in Umrissen erkennbar, aber — füe eine zukunftsorientierte Entwicklung des Reitsports, der seit Jahren nicht mehr nur ein Sport der Oberklasse, sondern inzwischen ein Volkssport geworden ist, ist die vorgesehene Lösung gut und vernünftig. Aus diesem Grund ist auch damit zu rechnen, daß die Mitglieder der drei Vereine in den Jahreshauptversammlungen, die in den nächsten Wochen stattfinden, grünes Licht für die auch von der Stadtverwaltung und von den parlamentarischen Ausschüssen im Rathaus favorisierte Lösung geben.

Das Gelände, das die Stadt zwischen Dr.-Rörig-Damm und der Eisenbahn im Erbbau zur Verfügung stellen will, ist für ein Reiterzentrum wie geschaffen. Es liegt angebunden an den Nahverkehr, direkt unterhalb der PESAG-Heltestelle Vüllersheide. Das ist nicht nur für Reiterveranstaltungen wichtig, sondern besonders für die Ausbildung der zahlreichen jugendlichen Reiter. Allein der Reiterverein Paderborn verfügt zur Zeit über eine Schüler- und Jugendgruppe, die mit 150 Jungen und Mädchen besetzt ist. Außerdem ist von hier aus ein Ausreiten möglich, ohne daß mehrere verkehrsreiche Straßen überquert werden müssen.

Ausgangspunkt der gemeinsamen Gespräche der Reitervereine und der Stadt war ein Antrag des RV Paderborn, die Stadt möge eine Erweiterung der Reitanlage am Schützenplatz genehmigen. Mit diesem Antrag fanden die Reiter jedoch keine offenen Ohren bei den Fraktionen, denn — der Ausbau des innerstädtischen Ringes, Teilabschnitt Paderaue, Löffelmannweg, Bundesbahnüberführung würde das Gelände am Schützenplatz weiter einengen und die Reiter, auf Sicht, ohne Ausreitmöglichkeiten lassen.

Die Reiteranlage am Schützenplatz platzt jedoch aus allen Nähten. Seit zehn Jahren besteht für den Reiterverein Paderborn ein Aufnahmestopp, die 35 Boxen am Schützenplatz sind vollbelegt, doppelt so viele müßten es sein. Und genauso klagt man bei den beiden anderen Vereinen. Besonders seit dem Abbruch der Reithalle im Schloßpark, die die Engländer immer freundlicherweise zur Verfügung stellten, herrscht große Hallennot beim RV St. Georg und „Alte Residenz". Zwischen Neuenbeken und Elsen hat man Stallungen angemietet, aber — eine vernünftige, sinnvolle Vereinsarbeit ist so nicht mehr möglich, klagen die Vorstände. Ein Vorstandsmitglied im Gespräch mit der NW: „Wir stehen völlig auf dem Schlauch."

Ein neues Reiterzentrum auf der großen Lichtung in Vüllersheide würde zunächst 2,5 Millionen DM kosten. Für die baulichen Anlagen. Wann die Zuschüsse des Landes, der Stadt und des Kreises fließen können, steht noch in den kommunalpolitischen Sternen. Und auch die Frage, was denn aus der Reitanlage am Schützenplatz werden soll, ist noch nicht geklärt. Der Grund und Boden gehört der Stadt, die Baulichkeiten dem Reiterverein. 300 000 DM betrugen die Kosten, als die Halle 1967/68 gebaut wurde. 100 000 DM Stadt, 100 000 DM Kreis, 35 000 DM Land, den Rest brachte der Reiterverein auf. Die Halle ist massiv erstellt, mit eineinhalb Backstein gemauert, mit festen Fenstern und mit isoliertem Dach. Nebenan die „Bullenhalle", in Verbindung mit der „Paderhalle", die inzwischen Schützenhalle heißt. Baulich alles eine Einheit. Kann man das Ganze künftig auch einheitlich nutzen?

Als vor Monaten in öffentlicher Sitzung des Bau- und Planungsausschusses über die Reiteranlage gesprochen wurde, waren auch „armlange Kaventsmänner" in der Diskussion, Ratten, die gelegentlich aus den Reitstallungen über den Schützenplatz laufen. Und der tägliche Dung, der durch die Pferde anfällt, ist ja auch nicht dazu angetan, die Festesfreude feiernder Bürger geruchlich zu erhöhen.

„Ich glaube jedenfalls fest daran, daß unser Verein, wenn auch notgedrungen, der Planung in Vüllersheide zustimmt. Im Interesse des Paderborner Reitsports. Es kommt auf das Verständnis an, das man sich in den drei Vereinen gegenseitig entgegenbringt", so ein Vorstandsmitglied im Gespräch mit der NW. Er sprach aus, was man in der Stadtverwaltung und in den drei Ratsfraktionen von allen Beteiligten erwartet: Vernunft. Die setzt auch das Land NRW voraus: Zuschuß gibt es nur für ein Reiterzentrum . . .

Gerd Huttrop-Hage einstimmig Vorsitzender
Reit- und Fahrverein: Dreier-Fusion klappte

Paderborn hat größten Reiterverein Westfalens

Paderborn (gevo). Zum 1. April fusionieren die Vereine Reitsportgemeinschaft St. Georg Paderborn, Reitsportgemeinschaft »Alte Residenz« Schloß Neuhaus und der Paderborner Reiterverein als Reit- und Fahrverein Paderborn, der über 750 Mitglieder zählen wird und damit zu den größten Reitsportvereinen Westfalens zählen dürfte. Zum Vorsitzenden wurde Gerd Huttrop-Hage, der mit Erfolg den Reiterverein Paderborn geführt und die Initiative zum Bau des großen Reitsportzentrums »Vüllersheide« ergriffen hat, einstimmig gewählt.

Die beispielhafte Reitsportanlage am Dr. Rörig-Damm gab den Ausschlag zur Bildung des großen Vereins. Die Stadt hatte für die drei Reitervereine nur ein großes Gelände zur Verfügung gestellt, der zunächst praktizierten Kooperation folgte die Fusion, vorher gebilligt von den Mitgliedern in außerordentlichen Generalversammlungen.

Huttrop-Hage: »Diese größte vereinseigene Reitsportanlage weit »Vüllersheide« den Kreisvorsitzenden Andreas Winkler, den Ehrenvorsitzenden Josef Brune und die Vorsitzenden von »Alte Residenz« und St. Georg, Herbert Wagner und Elisabeth Dierks, begrüßt.

Die Kosten für das neue Reitsportzentrum gab er mit fast zwei Millionen Mark an, die Schulden der Reitsportgemeinschaft mit 1,3 Millionen Mark. Beruhigend: »Dieser Betrag wird sich drastisch mindern, die Zinsen samt Tilgung haben

Heinz und Renate Nixdorf im neuen Reiterzentrum Vüllersheide. Herbst 1983 auf dem Balkon im 1. Stock vor dem Versammlungsraum. Rechts Kaufmann Andreas Winkler, von 1978 bis 1993 der Vorsitzende des „Verbandes der Reit- und Fahrvereine des Kreises Paderborn". Links der Landwirt Josef Brune aus Marienloh, zwanzig Jahre, von 1958 bis 1978, der Vorsitzende des „Reit- und Fahrvereins für Paderborn und Umgebung e. V. 1948". Brune zitierte oft: „Wer Pferde hat, den haben die Pferde."

Die Fusion der drei Reitervereine. Westfälisches Volksblatt vom 31.03.1984.

Programmheft des ersten großen Hallenturniers in Vüllersheide. CS = Concours de Saut = Springturnier, Kategorie A = National mit internationaler Beteiligung. In den folgenden Jahren, 1985 f., konnten Turniere der obersten Kategorie, CSI, I = International, veranstaltet werden.

Die höchstdotierte Prüfung des CSA-Turniers 1984. Die Summe von 26.000 DM übertraf die nächst höher bedachten Prüfungen, die mit je 10.400 dotiert waren, um mehr als das Doppelte. Heinz Nixdorf ließ, ohne dies an irgendeine Glocke zu hängen, gelegentlich nicht nur die publizierte Summe von 26.000 DM, sondern 60.000 DM überweisen, um zum möglichst hohen Niveau des Turniers beizutragen. (Druckfehler beim Datum. Richtig: 11.11.84)

GROSSER PREIS DER FIRMA NIXDORF — Sonntag, 11. 1. 84, 17.00 Uhr
6) Springprüfung Kl. S mit zweimaligem Stechen E. u. 20 000.- DM (5000, 3500, 3000, 2500, 1800, 1300, 1000, 800, 600, 500), 2000.- DM ZP, 4000.- DM Transportkosten, insgesamt 26 000.- DM. Zugelassene Reiter und Pferde: Je Reiter ein Pferd seiner Wahl erlaubt, das die Prüfungen Nr. 4 + 5 beendet hat. Richt. 501, 2 b) 2 (1. Umlauf, 2. Stechen), Nenngeld: 15.- DM, Startgeld: 40.- DM, beides fällig bei Startmeldung

Reiter	Pferd	Normalparcours Fehler	Zeit	1. Stechen Fehler	Zeit	2. Stechen Fehler	Zeit	Platz
1 Becker, Otto								
2 Beerbaum, Ludger								
3 Brinkmann, Klaus								
4 Brinkmann, Wolfgang								
5 Brueggemann, Detlef								
6 ...waldt, Achaz v.								

Paderborn mehr als Zwischenstation

Paderborn (he). Der Reit- und Fahrverein Paderborn hat endgültig eine der wenigen Lücken geschlossen, die noch blieben, um Paderborns Ruf als eine Stadt mit einem der attraktivsten Sportangebote in der Bundesrepublik zu bestätigen. Nach Spitzenleistungen im Volleyball und in der Leichtathletik, im Basketball und Tischtennis, mit zwei Fußball-Oberligisten und vielen Großveranstaltungen, die die heimischen Vereine immer wieder auf die Beine stellten, fehlte eigentlich nur noch ein internationales Hallen-Reitturnier, um auch in dieser Disziplin einen Glanzpunkt zu setzen. Dies ist jetzt gelungen! Mit dem hervorragenden Reitsportzentrum in der Vüllersheide im Rücken hat der Reiterverein einen Wettkampf organisiert, der mehr ist als nur eine Zwischenstation vieler Reiter zwischen den großen Turnieren in Hannover und Berlin. Das beweist die Teilnahme fast aller deutschen Spitzenakteure in Dressur und Springen sowie die intensive Beobachtung beider Bundestrainer Harry Boldt und Hermann Schridde.

Rundum Zufriedenheit auch bei den Paderborner Ausrichtern! »Größer können wir das Turnier wohl kaum machen«, meint der Vorsitzende des Reitervereins Gerd Huttrop-Hage, der die Kapazität vor allem im Zuschauerbereich erreicht sieht.

Westfälisches Volksblatt vom 12.11.1984

Paderborner Hallenturnier übertraf Erwartungen
● Gert Wiltfang gewann auch den „Nixdorf-Preis"

Paderborn (Eig. Ber.). Mit dem Sieg Gert Wiltfangs im abschließenden S-Springen um den Preis der Firma Nixdorf endete gestern abend das erste echte Hallen-Großturnier des Reit- und Fahrverein Paderborn. Fazit aller Beteiligten: In dieser Form kann das nun fest für den November terminierte und erstmals international ausgerichtete Turnier zum festen Bestandteil des bundesdeutschen Reiter-Terminkalenders werden.

Links:
Neue Westfälische vom 12.11.1984

Unten:
Der Sieger des Großen Preises der Nixdorf Computer AG, 1984. Heinz Nixdorf überreicht Gert Wiltfang den Ehrenpreis. Westfälisches Volksblatt, 12.11.1984.

Heinz Nixdorf überreichte gestern abend einem strahlenden Gerd Wiltfang den Siegerpreis, gestiftet von seinem Unternehmen. Seine Frau Renate hatte unter Freunden auf den Weltmeister mit »Picadilly« erfolgreich gesetzt.

G. Wiltfang ganz vorn

Paderborn (gevo). Gerd Wiltfang, Olympiasieger, Welt- und Europameister, wurde nicht nur erfolgreichster Reiter des großen Paderborner Hallenturniers, er gewann gestern abend nach einem spannenden Stechen auf »Picadilly« mit winzigem Vorsprung von einer Zehntelsekunde vor Reiner Supan, Borken, auf »Zukunft«, Ralf Runge, Neustadt, auf »Fair Lady«, Michael Fevers, Kaarst, auf »Santa Claus« und dem Schweizer Thomas Fuchs auf »Willora Karpets« den großen Preis der Firma Nixdorf, insgesamt dotiert mit 26 000 Mark! Von den 34 Pferden waren am frühen Abend 13 mit null Fehlern ins erste Stechen gekommen, sieben dann in die Entscheidung, wobei die Zeit den Ausschlag über Sieg und Plazierung gab. An die 2000 begeisterten Zuschauer in der restlos ausverkauften Halle waren sich einig: Ein spannender Ausgang großer Reitertage mit erstklassigem Sport!

Internationales Reitturnier vom 8. bis 10. November in Vüllersheide

Paderborn im CSI-Reigen!

Spitzenklasse aus 13 Nationen im Springen und in der Dressur am Start

Paderborn (he). Der Bundestrainer der Springreiter und fünfmalige Goldmedaillengewinner Hans-Günther Winkler, der ostwestfälische Spitzenreiter Lutz Gössing, die exzellenten Dressurspezialisten Tilman Meyer zu Erpen und Gina Capellman – Reiter, mit denen jeder Veranstalter sich brüsten würde, sie für sein Turnier verpflichtet zu haben. Der Reit- und Fahrverein Paderborn setzte dem noch die Krone auf: Das erlesene Quartett war gestern bereits in Vorbereitung auf das große erstmals in Paderborn ausgetragene Internationale Springturnier und nationale Dressurturnier vom 8. bis 10. November in der Vüllersheide zu Gast im Reitsportzentrum am Dr. Rörig-Damm. Deutlich war erkennbar, daß sich die Elite der Reiter in den beiden Disziplinen auf die dreitägige Veranstaltung freut und sie zu einem festen Bestandteil in ihrem Jahresprogramm macht.

Paderborn hat es geschafft, mit diesem internationalen Reitturnier

in den Terminkalender der CSI-Wettbewerbe hineinzurutschen, was laut Vorsitzendem Gerd Huttrop-Hage (Foto) äußerst schwierig ist, denn dort jagt eine Veranstaltung die andere. Jetzt liegt Paderborn in einer Reihe vor Hannover und Berlin, wo 14 Tage später der Weltcup stattfindet.

Grund genug für alle Teilnehmer, bereits in der Vüllersheide Form zu zeigen und für hochklassigen Sport zu garantieren.

Dafür sorgt schon das Teilnehmerfeld, das vor Spitzenklasse-Reitern aus 13 Nationen nur so sprüht: Norbert Koof, Fritz Ligges, Hendrik Snoek, Achaz von Buchwald, David Broome, Michael Withaker, Gabrella Grillo, Dr. Rainer Klimke sowie die vier eingangs Genannten sind nur ein kleiner Teil des Klassefeldes. Wettkampfhöhepunkte sind Springen der Klasse S um die großen Preise des *Westfälischen Volksblattes*, der Paderborner Brauerei und der Firma Nixdorf, sowie Dressur-Galavorstellungen »Grand Prix de Dressage«. Zu einer solchen Besetzung gehört natürlich auch eine perfekte Anlage und die wird das Zentrum Vüllersheide immer mehr. Mit der Erweiterung der Tribüne haben insgesamt jetzt 2000 Besucher Platz. Die zusätzliche Einrichtung einer Theke bietet den Zuschauern die Möglichkeit, Speisen und Getränke zu sich zu nehmen und gleichzeitig den Sport im Parcours zu verfolgen. Winkler und Gössing waren sich gestern über die Neuheiten einig: »Hervorragend gelöst und sicherlich eine tolle Atmosphäre!«, ging das Kompliment in Richtung Paderborner Reit- und Fahrverein.

Das erste CSI-Hallenturnier in Paderborn. Vorschau im Westfälischen Volksblatt vom 16.10.1985.

Ausschreibungen für die CSI-Turniere 1985 und 1987. Die Summe von 1985 und 1986 für die jeweils am höchsten dotierte Prüfung, insgesamt je 26.000 DM wird 1987 auf 39.900 DM gesteigert. Der Gesamtetat der einzelnen Turniere lag bei je ca. 250.000 DM.

Preis der Nixdorf Computer AG - Großer Preis

7. Springprüfung Kl. S mit 2 Umläufen und 1 Stechen – International

Ehrenpreis dem Reiter des siegenden Pferdes und DM 20.000,--
(5.000/3.500/3.000/2.500/1.800/1.300/1.000/700/500/300/200/200) den Besitzern der plac. Pferde und DM 2.000,-- Züchterprämien, DM 4.000,-- Transportkosten und BUK, **insgesamt DM 26.000,--**

Preis der Nixdorf Computer AG - Großer Preis

7. Springprüfung Kl. S mit 2 Stechen - International -
Ehrenpreis dem Reiter des siegenden Pferdes und DM 30.000,- (10.000/7.000/5.000/3.000/1.600/1.000/600/500/400/300/300/300) den Besitzern der placierten Pferde und DM 3.000,- Züchterprämien, DM 6.000,- Transportkosten und BUK, **insgesamt DM 39.000,-.**
Je Reiter 1 Pferd erlaubt, daß nicht in Prüfung Nr. 6 startet. Hindernisse ca. 1,60 m hoch, Tempo 350 m/Min. Richtverfahren A gem. RG Art. 238 / 3 AM 6.
Nenngeld: DM 15,-, Startgeld: DM 40,-, beides fällig bei Startmeldung.

7. Jumping Competition Class S with 2 Jump-Offs - International -
Prize honour to the rider of the winning horse and DM 30.000,- (10.000/7.000/5.000/3.000/1.600/1.000/600/500/400/300/300/300) to the owners of the placed horses and 3.000 breeders prim

Anzeige der Nixdorf Computer. In den Jahren 1985 ff. wurde diese Anzeige geschaltet, insbesondere auch bei den Programmheften der Frühjahrs- und Herbstturniere im Paderborner Reitzentrum Vüllersheide. Jährlich wurden hier vier Turniere von internationaler oder regionaler Bedeutung ausgetragen. Bei den regionalen Veranstaltungen kamen ein paar Hundert Pferde zusammen, mehr als bei überregionalen.

Der Italiener Diego Deriu gewann. Auf dem zweiten Platz die Engländerin Helena Dickinson, auf dem dritten der Schweizer Markus Fuchs. Eine international ausgerittene Prüfung! Westfälisches Volksblatt, 11. Nov. 1985.

Die große Reithalle in Vüllersheide. Die Zuschauertribünen mußten schon in den ersten Jahren von 1.000 auf 1.500 Plätze erweitert werden. Die Flaggen weisen auf die Nationalität der Teilnehmer hin.

Renate Nixdorf gratuliert den Bestplazierten einer Springprüfung in Vüllersheide. Links, angeschnitten, der Sieger, Franke Sloothaak, in der Mitte Frau Schockemöhle.

daher klipp und klar: *"Ich fördere nur die Anlage, die nicht am Schützenplatz gebaut wird!"* Damit entschied er, daß auf dem von der Stadt vorgesehenen Gelände Füllersheide, auf einer Fläche von fast 10 ha, ein neues Reitsportzentrum entstand. *"Ob Füllersheide mit Vau oder mit Eff geschrieben wird, ist mir beim Sprechen egal"*, so der Förderer. Eine Leserzuschrift forderte: *"Mit Vüllersheide muß endlich Veierabend sein; denn die Landleute, die dieser Heide den Namen gaben, schreiben sich „Füller", wie das Schreibgerät!"* Ein dort gelegener Straßenzug schreibt sich „Füllers Heide", das Reitzentrum blieb beim Vau. Feldrom und Veldrom lassen grüßen.

Nachdem die Entscheidung für nur eine, aber große Neuanlage gefallen war, wollten die drei betroffenen Vereine ihre Selbständigkeit nicht aufgeben. Das war schwierig, da eingetragene Vereine juristische Personen sind, und das Reitsportzentrum hätte drei Herren zugleich dienen sollen. Es kam 1981 zu einem Kooperationsvertrag. Sodann handelten die Vorstände 1982 einen Fusionsvertrag aus. Erst im Frühjahr 1983, als der Bau der neuen Reitanlage bald vollendet war, erfolgte die Zustimmung der obersten Gremien der Vereine, der Mitgliederversammlungen. So kam es zur Fusion von Dreien, des „Ländlichen Zucht-, Reit- und Fahrvereins Paderborn und Umgebung", der „Reitsportgemeinschaft Alte Residenz Schloß Neuhaus" und der „Reitsportgemeinschaft St. Georg", zum „Paderborner Reit- und Fahrverein e. V. 1948"

In jenen Jahren war für alle Sportarten gegen Zersplitterung und für Leistungssteigerung das Motto „Bündelung der Kräfte" ausgegeben worden. Dem entsprachen nun nach der Fusion der Paderborner Reitervereine die Prädikate „einer der größten Reitervereine in Westfalen" – wenn nicht der größte – und das „größte Reitsportzentrum Westfalens, nächst Münster", das „größte vereinseigene in ganz Westfalen"!

Kräftige Förderung des Reitsportzentrums Vüllersheide

Von 1978 bis 1988 war Gerd Huttrop-Hage Vorsitzender zunächst des „Ländlichen Zucht-, Reit- und Fahrvereins Paderborn und Umgebung" und nach der Fusion 1983 des „Paderborner Reit- und Fahrvereins". Der Vorsitzende und Heinz Nixdorf hatten guten Kontakt, da sein Sohn Michael auf dem Gut von Huttrop-Hage, Ringelsbruch, einen Teil seiner landwirtschaftlichen Ausbildung erfuhr.

Im Jahre nach der Fusion wurde die neue Reitanlage durch ein nationales Springturnier mit internationaler Beteiligung eröffnet (CSA).

Wegen der Kostenvoranschläge, der Kosten und der Finanzierung des neuen, großen Reitzentrum kam es zu Differenzen und Streitereien bei den Reitern. Im voraus, am 15.01.1981, hatte die „Neue Westfälische" mitgeteilt, daß für die Anlage 2,5 Mio. DM veranschlagt seien. Andreas Winkler dagegen schreibt 1994, daß das Budget auf nur 0,8 Mio. veranschlagt und um 1,3 Mio. überschritten worden sei

(Roß und Reiter, S. 109). Fakt war: Der Verein nahm zwei Darlehen von 1.300.000 und 700.000, zusammen zwei Millionen DM, als Grundschuld auf und erbrachte für die Außenanlagen 500.000 DM als Eigenleistung, in der öffentliche und private Zuschüsse enthalten waren. Den größten Zuschuß bewirkte Heinz Nixdorf privat durch seine Frau Renate in Höhe von 180.000 DM. Darüber hinaus ließ er von der Firma „Nixdorf Computer AG" u.a. Bestuhlung für die Zuschauertribünen beschaffen und stellte diverses Material zur Verfügung. Das war wahrlich eine großzügige Förderung des Paderborner Reitsports!

Vüllersheide: Reitturniere von internationale Rang

Im Jahr nach der Eröffnung der neuen Anlage Vüllersheide fand 1985 eine große Reitsportveranstaltung mit reichhaltigem Programm statt: Dressur der deutschen Spitzenklasse, Voltigier- und Fahrsport, Behindertentherapie mit Pferden und, zentral wie herausragend, ein CSI. (CS-franz.: Concours de Saut = Springturnier, ergänzt durch I = International, oder N = National oder A = National mit internationaler Beteiligung.) Reiter aus Belgien, England, Holland, Italien, Österreich, Schweden und der Schweiz waren nach Paderborn gekommen.

Diese Veranstaltung, die im November 1985 stattfand, hat Heinz Nixdorf begeistert miterlebt. Es folgten 1986, 1987 und 1988, jeweils wie 1985 im November, Veranstaltungen, ebenfalls von höchstem Rang, mit CSI.
Die „Neue Westfälische" schrieb am 11.11.1988: *„Wie schon die großen Turniere auf dem Schützenplatz, nahmen die CSI-Veranstaltungen bald einen festen Platz im deutschen Turniergeschehen ein und waren bei den Zuschauern und Reitern wegen ihres hohen reitsportlichen Anspruchs und der gemütlichen Atmosphäre sehr beliebt."*

Fortsetzung S. 265

Nächste Doppelseite:
Das Paderborner Reitzentrum Vüllersheide aus der Luft. Links die große Halle in den „Hufschlagausmaßen" von 25 x 60 m, zuzüglich Zuschauertribünen. Nach rechts anschließend die kleine Halle, 20 x 40 m. Zwischen den beiden Hallen im 1. Stock der Richterraum mit Blick in beide Hallen. In der Mitte rechtwinklig angesetzt der Trakt für die Ställe mit 50 Boxen, Schmiede und Werkstattraum. Im 1. Stock Versammlungsraum und Gaststätte, Büro und eine Wohnung. Unter dem Dach Platz für den Jahresbedarf an Heu und Stroh. Im Freien der rasenbedeckte Turnierplatz 75 x 100 m mit Flutlichtanlage, sowie der „Stutenplatz" mit Sandboden, auf dem Dressurvierecke abgesteckt werden können. Rechts am Bildrand mit Wellendach der „Gäste-Stall" für Turnierpferde auswärtiger Teilnehmer. Genügend Stellplätze für Pferdetransportfahrzeuge und für Zuschauer-Parkplätze. Unweit des Reitzentrums beginnt die Senne, deren Sandboden für Ausritte ideal ist.

Reitsport

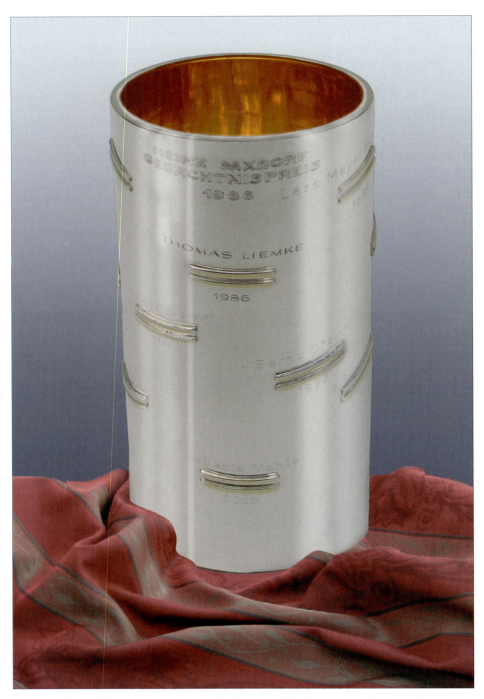

Der Heinz Nixdorf Gedächtnis-Preis. Seit 1986 wird alljährlich bei den Hövelhofer Reitertagen dieser silberne Becherpokal ausgeritten und von Renate Nixdorf überreicht.

Der Hövelhofer „Heinz Nixdorf Gedächtnispreis"

Zur Erinnerung an die langjährige Verbindung ihres Mannes mit dem „Reit- und Fahrverein Hövelhof e.V. 1949" schenkte Renate Nixdorf dem Verein einen Wanderpokal, der dem ursprünglich nach Vorstellungen ihres Mannes für ein Damen-Doppel-Turnier im Tennis (siehe Kap. Tennis) vom Kieler Hofjuwelier W. Jansen gestalteten silbernen Becherpokal gleicht. Dieser Pokal wird jährlich im Mai bei der schwersten Prüfung des Freilandturniers in Hövelhof, beim „Heinz-Nixdorf-Gedächtnis-Springen" ausgeritten und von Renate Nixdorf überreicht. *„In vielfältiger Weise hat er [Heinz Nixdorf] gerade den Reitsport und auch unseren Verein an der Buschriege unterstützt."* So erläutert der Verein. Die Namen der Sieger bzw. Siegerinnen werden auf dem Wanderpokal eingraviert. Hövelhofs Reiterverein hält die Erinnerung auf seinen größten Förderer wach!

Nach dem Tod von Heinz Nixdorf hielt die großzügige Reitsportförderung der „Nixdorf Computer AG" noch an, versiegte aber unter der nachfolgenden „Siemens-Nixdorf-Informationssysteme AG". Bei der Fusion der drei Paderborner-Reitvereine war an das „Wir-Gefühl" appelliert worden, doch der Großverein fand nicht die Kraft, Turniere von Rang, erst recht keine CSI-Turniere, fortzusetzen. Es herrschte Ebbe.

Die Sieger bzw. Siegerinnen der „Heinz Nixdorf-Gedächtnis-Springen".

1986	Thomas Liemke, *Verl*	1996	Dagmar Stock, *Herford*
1987	Dirk Meier, *Hövelhof*	1997	Bernd Drewes, *Brakel*
1988	Dirk Meier, *Hövelhof*	1998	Steven Macken, *Hövelhof*
1989	Mathias Berenbrinker, *Schloß Holte*	1999	Tina Thiesbrummel, *Herford*
1990	Klaus Thiesbrummel, *Herford*	2000	Tina Thiesbrummel, *Herford*
1991	Thomas Liemke, *Verl*	2001	Frank Volke, *Salzkotten*
1992	Wilfried Sötebier, *Steinhagen*	2002	Rene Krogmeier, *Hövelhof*
1993	Lars Meyer zu Bexten, *Herford*	2003	Huberta Vahle, *Altenautal*
1994	Lars Meyer zu Bexten, *Herford*	2004	Dirk Meier, *Hövelhof*
1995	Lars Meyer zu Bexten, *Herford*	2005	Dirk Meier, *Hövelhof*

> PS: Vermutlich bereits Ende der 70ziger hat Heinz den Veranstalter Herrn August Horn beim jährlichen CHI in der Holsthalle zu Neumünster mit einem Ehrenpreis im Springen gesponsert, nachdem ich ihn darauf angesprochen hatte.
> Heinz übertrug die Überreichung des Ehrenpreises auf mich, vermutlich wollte er nicht so gerne im „Rampenlicht" stehen.

Punktuelle Förderung einer Reitsportveranstaltung in Schleswig-Holstein. Information von Ingrid Thomsen. Brief an den Autor dieses Buches, Mai 2005.

Quellen / Literatur

Eigene Erinnerungen, insbesondere an Gespräche mit Heinz und Renate Nixdorf. Informationen von Günter Gockeln, Dieter Hensiek. Andreas Winkler, Gerd Huttrop-Hage, Lothar von dem Bottlenberg, Wolf-Christian Delius, u.a.

Neue Westfälische vom 13.09.1978, 15.01.1981 und 11.11.1998 etc.

Westfälisches Volksblatt 31.03.1984, 12.11.1984 etc.

Bathe, Georg: In Paderborn gab es immer viel Pferde. In: Die Warte 1986, Nr. 52, S. 14.

Denkschrift über die Entwicklungsgeschichte des Reit- und Fahrvereins e. V. Paderborn. Manuskript 1931. Kopie im Paderborner Stadtarchiv, Slg. Sport.

Drews, Hartmut: Die Garnison Paderborn/Neuhaus und ihre Bedeutung für Wirtschaft und Gesellschaft von der Reichsgründung bis zum Ende des Ersten Weltkrieges. Ungedruckte Magisterarbeit, Paderborn 1993. Manuskriptsammlung Stadtarchiv Paderborn, Bestand S 2.

Müller, Rolf Dietrich: Zur Förderung des Vereinsreitsports durch die Reichswehr. Das Beispiel Paderborn. In: Börste, Norbert/Friedrich, Gustav (Hrsg.): Roß und Reiter. Von der Kavallerie zum modernen Pferdesport. Windeck o. J. (1996), S. 119 ff.

Programmhefte der Paderborner Reitturniere, 1970 bis 1987, herausgegeben vom „Reit- und Fahrverein Paderborn e. V.", bzw. den seit 1948 vorangehenden Reitvereinen.

Stadtarchiv Paderborn. Zeitgeschichtliche Sammlung Sport.

Winkler, Andreas: Wer Pferde hat, den haben die Pferde. Paderborn. 1979.

Ders.: Roß und Reiter im Kreis Paderborn, Paderborn 1994

Lamprecht, Wiebke/Marie Luise Klein. Siehe: Allgemeine Literatur. Reitsport S. 228ff

Skifahren

Ohne Mittel kein Zugang zu jedem Sport

Zu seiner Jugendzeit konnte sich Heinz Nixdorf das Skifahren – einen in hiesiger Gegend damals noch wenig verbreiteten, etwas elitären Sport – nicht leisten. In seiner Familie herrschte Armut, die er selbst später anschaulich beschrieb. Sein Bruder Walter erinnerte sich, daß beide zusammen in einem schmalen Bett schlafen mußten, und die Mutter im Möbelhaus Hunstig, an der Ecke Westernstraße/Westernmauer, ein im Preis stark reduziertes Sofa erstand, in das Ratten ein Loch genagt hatten. Dieses kaschierte Mutter Änne zu Hause mit einem hübschen, selbstgehäkelten Deckchen. Um als Schüler an ein bißchen Geld zu kommen, verkaufte Heinz Nixdorf an Haustüren Kleinwaren. Später berichtete er amüsiert: *„Ich brachte Hosenträger an den Mann und Strumpfhalter an die Frau."* Für den Bäckermeister Agethen an der Warburgerstrasse, am Aufstieg zur Schönen Aussicht, trug er vor Tagesanbruch frische, noch heiße Brötchen zum Frühstück aus, legte die abonnierte Zahl in weißen Tüten vor die Haustüren, auch bei meinen Eltern, Warburgerstraße 46.

Wandern im Alpenverein

Doch zu dieser Zeit schnupperte Heinz Nixdorf schon etwas an den Alpen und am Skifahren, da er im Deutschen Alpenverein an Wanderungen in der Senne, im Eggegebirge und Teutoburger Wald teilnahm. In der Paderborner Sektion waren Dolomiten und Lechtaler Alpen, im Sommer zum Bergsteigen, im Winter zum Skifahren, beliebte Fernziele. In den Monaten dazwischen standen Wandern und Skifahren im hiesigen Raum auf dem Programm. Heinz Nixdorf nahm gern an den Wanderungen teil, wegen der Geselligkeit und weil er seine Heimat besser kennen lernen wollte. Als Sport war das Wandern für ihn wenig attraktiv. Ihm fehlte der Wettkampf, den immerhin das Sackhüpfen bei den Hüttenfesten des Alpenvereins auf dem Bauernkamp im Eggegebirge zu bieten hatte, doch ohne olympisches Flair.

Eine erste Sportförderung:
Der Schlepplift des Ski-Club Paderborn im Dunetal

Im Sommer des Jahres 1969 sprach Josef Pieper, Leiter der Fahrbereitschaft der Firma Nixdorf, Fahrer des Chefs und später im Starboot sein Vorschotmann, als Mitglied des Ski-Club Paderborn Heinz Nixdorf an, fragte, ob er bei der Erweiterung der Liftanlage im Dunetal helfen könne. Die Paderborner Skifahrer, die zu-

Fortsetzung S. 271

Rast bei einer Wanderung der Sektion Paderborn des Deutschen Alpenvereins, um 1950. Links stehend Hans Schneider (1), Prokurist der Commerzbankfiliale, der langjährige Vorsitzende als Wanderführer. Vorne links liegend, Franz Josef Willeke (2), in der Mitte, ebenfalls langgestreckt, sein Schulfreund Heinz Nixdorf (3), in der rechten Vierergruppe vorn Dachdeckermeister Wilhelm Balkenhol (4), hinten Volker Werb (5).

Mitglieder des Ski-Club e.V. Paderborn bei der Eigenleistung im Sommer 1968. Ein kleiner, 1964 errichteter Schlepplift im Dunetal wurde 1968 durch einen erheblich größeren ersetzt. Kurt Müller, seinerzeit Betriebsschlosser im DB-Ausbesserungswerk Nord und begeisterter Skifahrer, hatte in den Alpen Liftanlagen im Detail studiert und konnte die Eigenkonstruktion im Dunetal mit Hilfe weiterer Vereinsmitglieder, die ebenso fachkundig z. B. beim Elektromotor und Getriebe zupackten, bewerkstelligen. Bei den Schweißarbeiten in einer Garage der Nixdorf Computer AG in der Pontanusstraße tippe dem Arbeitenden jemand von hinten auf die Schulter, stellte sich vor „Nixdorf", und fragte, was er da macht. *„Löcher in die Laufrollen schweißen."* Von der Pontanusstraße wurden die vorgerichteten Liftteile auf Sattelschleppern zum Dunetal transportiert. Bild links: Schweißarbeiten an Stahlrohrstützen. Mitte: Die aufgerichteten Stützen werden justiert. Rechts: Für den Betonsockel einer Stütze wird die Verschalung gerichtet. – Das umlaufende 16-mm-Stahlseil war ca. 730 m lang, Höhenunterschied der Piste ca. 80 m.

Linke Seite:
Der Skilift des Ski-Club e.V. Paderborn im Dunetal. Hier im Feierabend-Betrieb im Licht der untergehenden Sonne. Die großzügige Unterstützung der Eigenleistung des Clubs war Heinz Nixdorfs erste beachtenswerte Sportförderung, ohne Werbeabsicht, fast unbekannt.

Im Kassenhäuschen des Dunetal-Liftes. Kurt Müller. Vereinsmitglieder hatten von der Post eine ausrangierte Telefonzelle organisiert, funktionsgerecht umgebaut und außen im Alpenlook mit rohen Brettern, Abschwarten, verkleidet.

Skihang im Dunetal nach Einbruch der Dunkelheit. Der Hang mit dem neuen Schlepplift von 1968 bekam 1971 mit zwölf Peitschenmasten – Überschußproduktion von Benteler, Schloß Neuhaus – eine neue, optimale Beleuchtung. Britische Offiziere, die hier Ski fuhren, hatten eine Pionierübung veranlaßt, um im oberen Steilhang alte Baumstümpfe zu entfernen und das Gelände zu planieren. – In den kalten, schneereichen 1970er Jahren konnte an diesem Hang von November bis April Ski gefahren werden. Ostwestfälische Alpine Meisterschaften und ein Pokal-Wettbewerb von Nixdorf-Mitarbeitern wurden ausgetragen. Tempi passati. Je milder die Winter wurden, je häufiger sich die Skifahrer die teuren Alpen leisten können, desto mehr ist der Hang zugewachsen.

nächst nach dem Kriege mit Bussen u. a. der Firma Koller, dann mit den Skisonderzügen – die von Minden über Bielefeld und Paderborn nach Willingen fuhren – im Sauerland sowie im Eggegebirge, am Bauernkamp, ihren Sport ausüben konnten, wollten einen Übungshang näher vor ihren Haustüren, an dem sie je nach Schneelage und Lichtverhältnissen, an Wochenenden oder gar nach Feierabend ein oder zwei Stunden Ski fahren konnten. 1964 war ein kleiner Schlepplift am Hang des Dunetals errichtet worden, der über die B 64 Richtung Bad Driburg, Abfahrt auf der Höhe bei Schwaney, mit dem Auto schnell zu erreichen war. Heinz Nixdorf ließ sich die Erweiterungspläne beschreiben, wollte zunächst wissen, was der Verein an Eigenleistung einbringen wolle, legte die Hürden noch etwas höher und ließ über seine Firma Motor, Getriebe, Fahrelektronik, Stahlseile und anderes Material zu Produzentenpreisen beschaffen. Der Unternehmer erlaubte den Skifahrern, die Werkstatt und Garagen der Firma nach Feierabend für Schweißarbeiten etc. zu nutzen, da sein Fahrer dabei und für Ordnung verantwortlich war.

Skifahren am steilen Arlberg

Zum eigenen Skifahren gebracht haben Heinz Nixdorf und seine Frau Renate die New Yorker Freunde Freddy Botur und dessen Frau Annegret. Er – ein Mann von Welt – regte einen gemeinsamen Skiurlaub an, und, da den Nixdorfs hierfür eine Reise in die USA nicht zuzumuten war, fiel die Wahl auf Zürs, wo außer Schnee und Bergen auch königliche Häupter zum – bis in die USA reichenden – Renommee beitrugen. An den steilen Hängen fühlte sich Heinz Nixdorf nicht besonders wohl. Mit inzwischen rund 50 Jahren fiel ihm das Erlernen des alpinen Skilaufs schwer. „Was soll ein Kunde, der mich dort am Hang mit wackeligen Beinen entdeckt, von mir halten? Das gibt kein Vertrauen in mich und meine Produkte." Ein anderes kam erschwerend hinzu. Von New York und von Paderborn aus war der Flughafen Zürich-Kloten ohne Probleme ein Treffpunkt, der nahe bei Zürs lag. In einem Jahr jedoch versperrten Schneestürme und Lawinen die Zufahrt zum Arlberg, auch Hubschrauber konnten nicht einfliegen, und die Nixdorfs und Boturs saßen für drei oder vier Tage in Zürich fest, unerfreulich bei einem auf acht Tage fixierten Skiurlaub.

Das gerühmte Oberengadin

Als Heinz Nixdorf sich mit mir hierüber unterhielt, erzählte ich von meinen langjährigen Erfahrungen mit zahlreichen Skigebieten: Cortina d'Ampezzo im Olympiajahr 1956, St. Vergil in Enneberg in meiner Studentenzeit als Reiseleiter von Dr. Hubert Tigges, Modonna di Campiglio, das Schnalstal, die Ötztaler Alpen, Sexten, Bruneck, Livignio etc., etc.. Und eines Jahres hatte mich ein Freund seit gemein-

Hohe Startnummer des Engadiner Skimarathon. Mit den Wappen der zehn örtlichen Skiclubs, die an der Organisation des Laufes mitwirken. Seinerzeit gab es vor dem Start und am Ziel als Kontrolle Stempel, damit keine Seiteneinstiege möglich waren.

Im Pferdeschlitten in Sils Maria. Mit Fellmütze Heinz Nixdorf, neben ihm Rosemarie Werb, bereit zur Schlittenfahrt in das schöne, abgelegene Fextal.

Renate und Heinz Nixdorf im Fextal. In Decken gehüllt bei einer Jause in der Märzsonne liebte Heinz Nixdorf die kräftige Bündener Gerstensuppe, eine Suppe, die wegen ihrer gequollenen hellen Körner in Westfalen, so auch von Heinz Nixdorf, „Kälberzähne" genannt wird.

samer Studentenzeit, Prof. Dr. Fritz Esterhues, gefragt, ob wir, meine Familie, nicht Lust hätten, gemeinsam mit seiner Familie Skiurlaub im Oberengadin zu machen. Im Jahre zuvor war der Paderborner Sport-Professor Dr. Hermann-Josef Kramer, Hajo, den Heinz Nixdorf gut kannte, mit einer Studentengruppe in Zuoz gewesen und hatte Fritz Esterhues als Hilfs-Skilehrer eingesetzt.

Also mit Esterhuesens nach Zuoz, die Werbs erstmalig im Oberengadin. Fritz und ich machten von dort einen Besuch bei der Paderbornerin Dr. Ingeborg von Zastrow, die bei ihrem Onkel, Dr. Grub, in der Villa Vedette in Maloja weilte. Der reiche Onkel – er hatte in jungen Jahren geerbt und seine verstorbene Frau stammte aus der holländischen Kakao-Dynastie van Houton – verstarb wenige Monate nach unserem Besuch. Ingeborg von Zastrow war eine von über 30 Erben des kinderlosen Onkels. Auf drei der mehr als 30 Erbanteile entfiel je ein Drittel des Hauses, aber nur zwei Erben waren daran interessiert. Da das Gebäude keine drei abgeschlossenen Wohnungen hatte, sprach Ingeborg von Zastrow einen Freund an, Ferdinand Schöningh, der ein Drittel des Grundstücks und der Räume kaufte. Da ich mit Ferdinand Schöningh, den Heinz Nixdorf von den Rotariern her kannte, befreundet und Verlagsleiter in seiner Firma war, lud er mich von da an jährlich im Winter zur Nutzung seines Feriendomizils ein. Von all den vielen Skigebieten, die ich kennengelernt hatte – so schwärmte ich Heinz Nixdorf vor – war für mich das Oberengadin unübertrefflich mit seiner Höhenlage, der Talsohle über 1800 m, mit den alpinen Skigebieten am Corvatsch (3.303 m), an der Corviglia, der Lag Alp und der Diavolezza, mit den unendlichen, gepflegten Langlaufloipen und Wanderwegen. Alpin, Langlauf und Wandern, alle drei wiesen im Skiatlas, den wir zur Hand nahmen, fünf Sterne auf.

Zum Skisport nach Maloja

Für Heinz Nixdorf war der Flughafen Samedan ein positiver Faktor. *„Wir kommen im nächsten März mit nach Maloja. Sprich mit meiner Sekretärin, Frau Wischer. Sie soll Hotel, Flug und Wagen regeln."* Also machten Heinz Nixdorf und seine Frau mit mehreren Freunden erstmals im März 1981 im Oberengadin Urlaub. Meine Frau, unsere Tochter und ich waren schon ein paar Tage vorher mit dem Wagen angereist, fuhren zum Flughafen Samedan, wo Josef Pieper bereits mit Heinz Nixdorfs Audi eingetroffen war, um nach dessen Übergabe mit der Maschine nach Paderborn zurückzufliegen. Wir begrüßten Heinz Nixdorf und seine Frau und die in der Maschine mitgekommenen Freunde, auch Flugkapitän Mendel, und fuhren nach Maloja, wo für Heinz und Renate im Schweizerhaus, damals dem einzigen größeren Hotel im Ort, Quartier gemacht worden war.

Im Verhältnis zu St. Moritz oder Pontresina war Maloja erst wenig vom Skitourismus belebt, also ruhig. Der Ort war viele Jahrhunderte sehr abgelegen, da die Straßenverbindungen von den Pässen über Julier und Bernina her oder das ganze

Die Nixdorf-Maschine im Oberengadin. Am Rande des Rollfeldes zwischen den verschneiten Bergen auf dem Flughafen Samedan steht die zweistrahlige Cessna.

Paderborner Skifahrer auf dem Flughafen Samedan im Oberengadin, 1983. Von links Dr. Hans Wilhelm Kleymann, Heinz Nixdorf, seine Frau Renate, Rosemarie Werb, Sohn Andreas, Gaby Düchting und Volker Werb. Links ist auf dem Flugfeld der Bug der Nixdorf Maschine zu erkennen.

Heinz Nixdorf mit 8 mm Kamera im Oberengadin. An der rechten Schulter hängt der schwere Batteriekasten. Im Hintergrund die Cessna aus Paderborn, rechts, nur von der Seite, der Freund Freddy Botur aus New York.

Inntal von Landeck aufwärts in Sils Maria und Sils Baseglia endeten und keine Straße an den steilen Hängen am See bis Maloja weiterführte. Hier am Longhin (2.780 m) entspringt der Inn. Während die Straße innaufwärts bis zur Paßhöhe nur allmählich ansteigt, beginnt dort nach Süden der Steilabfall ins Bergell. Erst Mitte des 19. Jahrhunderts wurde für die Pferdepostkutschen durch viele Serpentinen die Strecke an das Straßennetz angeschlossen. Maloja und die Alm Isola gehören zur übernächsten, tiefer im Bergell gelegenen Gemeinde Stampa. Kaum war Maloja auf Straßen erreichbar, baute ein reicher, belgischer Graf auf einem Gelände von über 1.000.000 m² das damals wohl größte Grandhotel in der Schweiz, mit ca. 400 Zimmern, alle mit fließendem Wasser, Toilette und Bad, mit Stallungen für die Pferde der angereisten Herrschaften, mit Golfplatz etc. und über dem Steilabfall zum Bergell obendrein eine romantische Wohnburg mit Turm und herrlichem Ausblick. Der Belgier ging pleite, ein französischer Graf kaufte auf, ging auch pleite und eine belgische katholische Schulorganisation übernahm den Prachtbau, der seitdem als Schullandheim fungiert, von den einen „Kinderheim", von den anderen „Palasthotel" genannt. Da hier, wo der Inn als Bach herabstürzt und den Silser See bildet, jährlich der Skimarathon mit ca. 10.000 Läufern startet, ist das Palasthotel nicht nur bei belgischen Kindern und deren Eltern recht bekannt geworden.

Der begeisterte Langläufer

Heinz Nixdorf hatte gleich nach Ankunft im Sportgeschäft vom Bruder des Slalom-Weltcup-Siegers von 1968, Dumeg Giovanoli, in Sils Maria für sich und seine Frau Langlaufski gekauft und rührte von da an selbst keine Alpinski mehr an. Während die New-Yorker Boturs und Renate Nixdorf sich mit Skilehrerin auf die Pisten begaben, fand Heinz Nixdorf zunehmend Gefallen am Langlauf. Von Maloja über Isola nach Sils Maria, je nach Wind und Wetter mit den Ski oder dem Sport-Bus zurück nach Maloja, waren sein tägliches Pensum, 10 bis 20 km. Einige der Paderborner Freunde, Frau Schier, Ferdi und Maria Kürpig ergingen sich in ausgedehnten Spaziergängen über den See und der schwergewichtige Holzhüttenbauer Ferdi entschuldigte sich quasi dafür, daß er sich nicht für's Skifahren begeistern konnte, indem er dem Paderborner Freundeskreis erklärte: *„Ich bin der einzige von euch, der was auf die Waage bringt."* „Mehr als 100 kg?" fragte Heinz Nixdorf. Er hatte sein eigenes Gewicht sofort mit der Technik des Skilanglaufens in Verbindung gebracht. *„Wenn ich gleichmäßig auf beiden Skiern stehe, ist jeder mit 38 kg belastet. Bin ich nur auf einem, sind es 76 kg."* Das war die grundlegende Einsicht für die Spannung, für Gleit- und Abstoßzonen der Skier und für das Wachsen beim klassischen Langlauf.

Beim Engadiner Skimarathon

Am Engadiner Skimarathon (42 km) nahm ich seit Anfang der 70er Jahre, nachdem mir ein insulinpflichtiger Diabetes attestiert worden war, regelmäßig als Volksläufer teil. Das Spektakuläre an diesem Wettkampf ist, daß hier Weltklasse, gestaffelte Leistungsklassen und Volksläufer, Männer und Frauen in so großer Zahl, in herrlicher Landschaft, meistens bei strahlender Sonne, teilnehmen. Heinz Nixdorf war sogleich ein begeisterter Zuschauer, verfolgte das beeindruckende Riesengetümmel am Start, fuhr mit dem Auto schnell zum Ziel, um die rasante Ankunft der Weltspitze nach ca. 1 1/2 Stunden zu erleben und dann die vielen, die da heiter, teils in maskierten Gaudigruppen, die vielen, die sich total erschöpft über die letzten Meter quälten oder die da strahlend eintrafen, glücklich die Strecke geschafft zu haben. Und dann richtete sich das Interesse von Heinz Nixdorf, der sich auch als Zuschauer stets persönlich engagierte, auf Leute, die ihm von Person bekannt waren und deren Startnummer er der Startliste entnahm, so z. B. auf Dr. Carl-Horst Hahn, den VW-Chef, der mit einigen anderen Wolfsburgern in einer Maschine, wie Nixdorf, in Samedan einflog und der – ein drahtiger Österreicher – regelmäßig am Marathonlauf teilnahm. Und dann – wer kam von den Paderborner Freunden zuerst ins Ziel? In einem Jahr Andreas Werb, der aufgeregt fragte: *„Ist der Vater schon da?"* Heinz Nixdorf konnte den Sohn beruhigen, er war schneller als sein Vater, der gut vier Stunden brauchte. Doch dessen jüngerer Freund, Dr. Hans

Start des Engadiner Skimarathon auf dem zugefrorenen Silser See. Im Hintergrund links Häuser von Maloja. Darüber der Piz Longhin, an dem der Inn entspringt. Der Inn, rätroromanisch En, gibt dem Tal den Namen Engadin.

Wilhelm Kleymann, konnte ihn nicht packen. Das Ziel war in der Regel sechs Stunden offen. Wer später kam, konnte sich in der Ranglisten-Broschüre, die am nächsten Tag erschien, nicht finden.

Ein Langlauf-Test für Heinz Nixdorf

In seinem zweiten Jahr im Engadin juckte es Heinz Nixdorf, selbst einen Marathonlauf mitzumachen. Also probierten wir beide, welche Strecke ihm bekam. Von Maloja nahmen wir den Weg nicht über den See, sondern hoch durch den Wald nach Isola, weiter über Sils Maria, an Silvaplana und Campfer vorbei hoch zum Auslauf der Olympiaschanze, runter nach St. Moritz Bad. Zwischendurch maß Heinz Nixdorf seinen Puls, denn nach seinem Herzinfarkt 1976 mußte er sich zurückhalten. Weiter ging's hinauf zum Staazer See und die abschüssige Waldstrecke Richtung Pontresina. Diese Abfahrt gefiel Heinz Nixdorf wenig und in Pontresina überkam ihn ein Heißhunger. In der Sonne, vor dem Restaurant am Bahnhof, nahm er eine Bündener Gerstensuppe, dann Berner Rösti mit Spiegeleiern und Speck und, zum Nachtisch, einen Apfelstrudel zu sich. Mir reichte ein Rösti und ich beschloss: *„Jetzt fahren wir mit dem Sportbus zurück nach Maloja."*

Rechts:
Auf der Strecke des Marathonlaufs. An der Startnummer, 8520, mit Hilfe der Startliste zu identifizieren, einer der Paderborner Freunde, Andreas Werb.

Unten:
Aufgenommen von Heinz Nixdorf: Engadiner Skimarathon, 1984. Paderborner Freunde, glücklich, das Ziel erreicht zu haben, links Dr. Hans Wilhelm Kleymann (Startnr. 10413. Laufzeit 4.40.22.0, Rang 8786), rechts Dr. Volker Werb (Startnr. 12193, Laufzeit 4.27.57.0, Rang 8551). Und Heinz Nixdorf hatte bemerkt: Dr. Carl-Horst Hahn (VW-Chef) Startnummer 9963, hatte er am Ziel nicht gesehen.

Wir waren fast 25 km gelaufen und Heinz Nixdorf wußte, daß er sich die 42 km Marathonlauf nicht zumuten durfte. Er hatte eine neueste 8 mm Filmkamera mitgebracht und war beim Marathon als Amateurreporter dabei. Andere wären stolz auf eine neueste Kamera gewesen. Heinz Nixdorf bemerkte, in zwei, drei Jahren wiege das Ganze, Kamera und Batteriekasten in eins gebaut, nur noch die Hälfte und nach weiteren paar Jährchen nur noch ein Zehntel.

Apres-Ski in der Chesa Veglia in St. Moritz

Die Paderborner Freunde hatte ich zum Abendessen in die Chesa Veglia geladen, ein altes Engadiner Bauernhaus, in dem das klotzige Nobelhotel „Palast" ein gemütliches Restaurant auf mehreren Ebenen betreibt. An einem Nebentisch tafelte mit hoher, schriller Frisur die – inzwischen gereifte – Fürstin von Thurn und Taxis in illustrer Gesellschaft, den Fürst zog es durch die Räume zur Bar. Heinz Nixdorf traf, zufällig, den VW-Chef Dr. Carl-Horst Hahn. Nachdem der Golf seit 1976 die Kasse wieder gut füllte, wollten die Wolfsburger – seinerzeit war Toni Schmücker Vorstandschef – sich ein zweites Standbein in der aufstrebenden Computerbranche schaffen. Nixdorf brauchte eine Kapitalaufstockung um 25%, die VW-Leute wollten mehr, mindestens 49%. Doch als Heinz Nixdorf merkte, daß die VW-Leute die Nixdorf-Computer AG längerfristig ihrem Konzernverbund einverleiben wollten, hatte er mit 300 Mio. DM von der Deutschen Bank eine bessere Lösung gefunden und die Verhandlungen mit VW abgebrochen. Der Autokonzern übernahm daraufhin ca. 98 % der Büromaschinenfirma Triumph-Adler, trennte sich nach hohen Verlusten – Olivetti übernahm diese deutsche Firma – und VW diversifizierte nach dem Motto „Schuster bleib bei deinen Leisten" mit Audi, SEAT, Skoda, den Niederlassungen in Brasilien, China etc.. Das war der Hintergrund für einen Gedankenaustausch der beiden Firmenchefs in der Chesa Veglia.

Nahe bei unseren Tischen stand das Piano und ein stattlicher, ergrauter Herr spielte in wunderbarer Weise bekannte Schlagermelodien. Heinz Nixdorf gefiel der Pianist, der sich nach unseren Wünschen erkundigte und von uns zum Glas Schweizer Wein, einem Fendant, eingeladen wurde. Wir Männer standen zusammen, als der Ober die Gläser füllte. Der Musiker nahm sein Glas zunächst in die Linke, tauchte die Fingerspitzen der Rechten in den Wein und sprengte ein paar Tropfen über die linke Schulter hinter sich: *„Wir gedenken so all unserer Freunde, die sich nur noch an den himmlischen Wassern laben können. Zum Wohl!"*

In einer Felsenhöhle voller Köstlichkeiten

Da Heinz Nixdorf, und nicht nur er, das Rustikale liebte, fuhren wir gelegentlich in Korona von Maloja die Paßstraße steil hinunter ins Bergell, wo kurz hinter der

Das „Schweizerhaus" in Maloja. In diesem urigen Holzbau hatte sich der Paderborner Unternehmer bei seinem ersten Aufenthalt im Oberengardin einquartiert.

Das „Pöstli" in Maloja. Hier mietete Heinz Nixdorf in den Folgejahren eine kleine Ferienwohnung und ließ von der Post jeweils einen eigenen Telefonanschluß schalten.

Schweizer Grenze, im Italienischen, in einer kühltemperierten Felsenhöhle Spezialitäten, Alimentari, aus dem Tal, den umliegenden Bergen und dem übrigen Italien zum Kauf und Verzehr angeboten wurden. Alle möglichen Sorten von Salami, Schinken und luftgetrocknetem Rindfleisch, Parmesan, Schaf- und Ziegenkäse, hunderte Sorten von Schnäpsen, Grappas, Kräuterlikören und vor allem Weine in Flaschen und aus großen Fässern. „Crotto Ghiggi" ist der Name der Grotte. Hier lagern mehr Köstlichkeiten als sie manch großstädtisches Delikatessengeschäft zu bieten vermag. In den vorgelagerten, gemauerten Trakten konnten wir an stabilen Holztischen nach Herzenslust von allerlei Spezialitäten essen und trinken und bekamen dazu frisches Weißbrot. Das war ein deftiges Milieu, das Heinz Nixdorf besser gefiel als allzu feine Restaurants mit vielen Sternchen, Kochmützchen oder gekreuzten Messerchen und Gäbelchen in den Reiseführern, mit viel Verzierung und wenig Handfestem auf den Tellern.

Nachdem wir von Etlichem reichlich genossen hatten, schritten wir zur Heimfahrt, mit dem Schwert des Dionysios über unseren Häuptern. Wohlbeschwingt schien Heinz Nixdorf, wie stets, zum Kräftemessen, hier zur Wettfahrt bereit, die zahlreichen Talstufen und Haarnadelkurven über 1.100 m höher hoch zum Pass hinauf. Er mit seinem Quattro-Audi, ich mit nur zweiradgetriebenem BMW. Doch aus der Wettfahrt wurde nicht viel. Ich hielt mich so zurück, daß der Herausforderer mich in seinem Rückspiegel vergeblich suchte.

Direkter Telefonanschluß im Skiurlaub

In seinem ersten Urlaub im Oberengadin hatte Heinz Nixdorf in Maloja ein DZ im Schweizerhaus gebucht, einem großen Gebäude im Stil der kleinen bergeller Bauernhäuser: Erdgeschoß in Naturstein, Granit, die Etagen darüber ganz aus Holz. Der Paderborner fühlte sich wohl, aber seine Frau konnte beim Knarren der Holzdielen nicht gut schlafen. Also wurde im nächsten Jahr ein Appartement im Hotel Edelweiß in Sils Maria belegt. Im folgenden war in Maloja beim Schweizerhaus, auf der anderen Straßenseite, das „Pöstli" neu erstanden und von da an mietete Heinz Nixdorf für die ca. 10 Urlaubstage stets dort eine Ferienwohnung. Da er von Telefonanlagen viel verstand und rechnen konnte, ließ er jeweils von der Post in sein Appartement nur für die Urlaubstage einen eigenen Telefonanschluß legen. Das war bei seinen vielen Auslandsgesprächen mit der Zentrale in Paderborn und Niederlassungen in den USA, in Singapur etc. preislich günstiger als die seinerzeit bei Hotels infolge von Handvermittlungen hohen Gebühren. Bei internationalen Hotels waren für den Rund-um-die-Uhr-Dienst mindestens vier Vermittlerinnen mit Fremdsprachenkenntnissen in den Gebühren mitenthalten. 1982 hatte die Nixdorf Computer AG die ersten 200 computergesteuerten Telefonnebenstellenanlagen eingerichtet. Zwei oder drei Jahre darauf waren es ca. 100.000 pro anno. Und 1984 feierten die ersten digitalen Telefonapparate bei Nixdorf ihre Premiere.

Die Maloja-Passstraße von Süden her. Mit engen Haarnadelkurven wird der steile Talabschluß des Bergells überwunden.

„Crotto Ghiggi". Delikatessen in einer Felsenhöhle kurz hinter der Schweizer Grenze, im Italienischen.

Mit braunem Teint zur Cebit nach Hannover

Sechs Mal hat Heinz Nixdorf im März im sonnigen Oberengardin Skiurlaub gemacht und er kam jedes mal wenig später braun gebrannt zur Messe nach Hannover. 1984 notierte er stolz: *„Guter Erfolg. 16.000 Besucher an unserem Stand."*

Im März 1986 berichtete eine Zeitung: *„Brauner Teint, klarer Blick und flinke Zunge: Heinz Nixdorf präsentierte sich auf der Weltmesse in Hannover auch in diesem Jahr in ungewohnt guter Form."* (Frankfurter Rundschau, 20. März 1986). Umso erschreckender war die Nachricht von seinem plötzlichen Tod noch während der Messetage.

Übrigens: Langlauf hat Heinz Nixdorf gelegentlich mit Freunden auch zuhause vor Ort gemacht, im Eggegebirge, Sonntag nachmittags auf der Höhe vor Bad Driburg, nach beiden Seiten in den gespurten Loipen auf dem Eggeweg.

Heinz Nixdorf im Oberengadin 1984.

Quellen/Literatur

Eigene Erinnerungen und Notizen. Notizen von Heinz Nixdorf. Gespräche mit Josef Pieper. Informationen von Kurt Müller.

Deutscher Alpenverein, Sektion Paderborn e.V. (Hg.): 50 Jahre, Deutscher Alpenverein, Sektion Paderborn, Paderborn o. J. (1970)

Engadiner Skimarathon: Startlisten und Ranglisten. 1969 ff.

Lamprecht, Wiebke/Marie Luise Klein. Siehe: Allgemeine Literatur. Dunetal-Lift S. 107

Volleyball

Der einfache Zuschauer und große Förderer
in der Sporthalle am Maspernplatz

In der bei den Spielen der 1. Bundesliga zwischen 1977 bis 1986 oft ausverkauften Sporthalle am Schützenweg gab es keine numerierten Plätze, also auch für einen Heinz Nixdorf keine mit der Eintrittskarte bezahlte Reservierung. Doch kamen aus dem Kreis seiner privaten Freunde stets etliche frühzeitig, nahmen in einem kleinen Pulk gute Plätze ein und versuchten, dazwischen einige freizuhalten. Insbesondere der Computerunternehmer mit seiner Frau und andere Freunde konnten oftmals erst in letzter Minute eintreffen. Da wurde zusammengerückt und gedrückt bis es zu eng war und die Begeisterung für das Spiel alles andere vergessen ließ. Das Westfälische Volksblatt konstatierte: *„Keine deutsche Volleyball-Mannschaft hat mehr Zuschauer als der VBC 69 Paderborn. Jedes Heimspiel in der Sporthalle am Maspernplatz findet vor großer Kulisse statt. Volleyball ist ‚in' in Paderborn."* (WV vom 30.12.1978.) Mit 4.500 Zuschauern erreichte die Halle oft ihre maximale Kapazität.

Während der kurzen Pausen kamen bei Heinz Nixdorf fast regelmäßig der 1. Vorsitzende des VBC 69, Prof. Dr. Hermann-Josef Kramer (Gesamthochschule, seit 1980 Universität) und der Schatzmeister, Willi Saake (Sparkasse Paderborn), vorbei, um das Wichtigste zwischendurch zu besprechen: Tabellenstand und Erfolgsaussichten der 1. Herrenmannschaft in der 1. Bundesliga, Ausbildungs- und Arbeitsplätze für Spieler, Verpflichten und Halten von Toptrainern, Reisekosten, um an internationalen Turnieren teilnehmen oder solche nach Paderborn holen zu können, und anderes.

Auch bei beiläufigen Nebensätzen galt Heinz Nixdorfs gewichtiges Wort. Wie zwischen Tür und Angel gab es keinen Schriftverkehr und keine Ausschußsitzungen. Der Unternehmer half mit schnellen Entscheidungen. *„Ist mir recht!"* war fast die längste Antwort, sonst nur *„Ja!"* und *„Nein!"*. An- und Verkauf von Spielern gab es nicht (Ablösesummen = „Menschenhandel"). Hilfen für Studien- oder Ausbildungsplätze, für Wohnungen, Fahrt- Verpflegungs- und Unterbringungskosten, Salär für Trainer – das waren die laufenden Themen. Durch Spitzenerfolge sollten Spitzenspieler angezogen werden. Mit seinem hohen Ansehen und seiner Präsenz bei den Bundesliga-Ereignissen stärkte Heinz Nixdorf, wie das kein anderer in der Stadt gekonnt hätte, dem Vorsitzenden, dem Schatzmeister, der Mannschaft, den leistungsorientierten und erfolgreichen Volleyballern des VBC 69 den Rücken.

Der sportbegeisterte Unternehmer fühlte sich als Sportsmann unter Sportfreunden glücklich, wenn er nicht herausgehoben wurde. Doch seine ausstrahlende Wirkung war größer, als es die eines Erzbischofs oder Bürgermeisters auf Ehrenplätzen in der ersten Reihe hätte sein können. Der 1. Vorsitzende und der

Schatzmeister des Vereins erspähten Heinz Nixdorf irgendwo auf der Haupttribüne in der Menge und zwängten sich in den Pausen zwischen den Bänken zu ihm hin.

Nach den Spielen machte sich der private Freundeskreis schnell zum nahegelegenen „Weinkrüger" auf, um einen freien Tisch zu ergattern. Reservierung gab es nicht. Das Restaurant war bald proppevoll. Den westfälischen Fachwerkbau mit seinem rustikalen Lokal suchte Heinz Nixdorf zum Ausklang eines spannungsgeladenen Bundesliga-Volleyball-Abends liebend gerne auf.

Die Anfänge von Volleyball in Paderborn

Die beiden, in Nordamerika Ende des 19. Jahrhunderts entwickelten Hallensportarten Basket- und Volleyball hatten in Deutschland erst nach dem Zweiten Weltkrieg Verbreitung gefunden. Besondere Anschübe gaben die Aufnahme in das olympische Programm 1964, Tokio, und die Olympischen Wettkämpfe 1972 in München. Hier wirkten auch zwei Paderborner VBC-Mitglieder mit: In der Wettkampfleitung Hartmut Suray, der 50 mal in der deutschen Nationalmannschaft gespielt hatte, und Wolf-Dietrich Brettschneider als Ansager in drei Sprachen.

Seit Mitte der 1960er Jahre waren Volley- und Basketball in Paderborn an den Gymnasien als wetterunabhängige Mannschaftssportarten betrieben worden. Mit der Etablierung der beiden Sportarten als Vereinssport hier am Ort und insbesondere mit den großen Erfolgen der Volleyballer in der Bundesliga seit 1973 ist der Name Hermann-Josef Kramer (mit abgekürztem Vornamen Hajo genannt) untrennbar verbunden. Er war zunächst Studienrat am Gymnasium Theodorianum und wurde 1959 hauptamtlich als Lehrbeauftragter für Turnunterricht an der Pädagogischen Akademie Paderborn engagiert. Ausbildung und Beruf der HHT-Lehrer/innen hatten minderes Ansehen. Die Fächer Hauswirtschaft, Handarbeit und Turnen – Koch- und Häkeltanten und Muskelleute – hatten kein Wissenschaftsrenommee. Im Zuge der Besserstellung von Lehrern/innen und Lehrerausbildung durch die Erhebung der Akademien zu Hochschulen erhielt Kramer 1970 den ersten Lehrstuhl für Leibeserziehung an der Pädagogischen Hochschule Westfalen-Lippe, zu der Paderborn als eine von fünf Abteilungen gehörte. Kramer war der erste Sportprofessor an einer PH nicht in Paderborn, sondern in ganz Westfalen-Lippe. Das Kultusministerium machte sich Sorgen um das Ansehen der zu Hochschulen aufgewerteten Lehrerbildungsanstalten und legte Dozenten ohne Doktortitel nahe, die Promotion nachzuholen. So war auch Kramer zunächst als Dozent und als Student (Doktorand) doppelt belastet bis er 1968 promoviert hatte. Er war sodann einer der wenigen Professoren, die sich um eine Einbindung der neuen Gesamthochschule/Universität in die Region intensiv bemühten.

Er engagierte sich gemeinsam mit Heinz Nixdorf – das waren die wichtigsten Begründer und Gestalter – in der „Arbeitsgemeinschaft Paderborner Sportvereine" (ArGe Sport), die von 1971 bis 1975 ein Sportmanagement für alle Vereine in Zusammenarbeit mit der Stadt betrieb. Sodann wurde Kramer neben seinen Verpflichtungen als Hochschullehrer sehr erfolgreich im Vereinssport – hier für den VBC – aktiv.

Schon 1969 hatte Dr. Kramer, damals noch Sportdozent, mit den Basket- und Volleyballern der Gymnasien – Lehrern/innen wie Schülern/innen – Kontakt aufgenommen und im Herbst 1969 die Gründung des Paderborner „Volley- und Basketball-Clubs e.V. 69" organisiert. Im Saal der „Weinstube Kirchmeyer" an der Westernmauer versammelten sich am 19.12.1969 90 Gründungsmitglieder zur Verabschiedung der Satzung und zur Wahl eines Vorstandes. Der erste 1. Vorsitzende wurde Paul Hilker (Studienrat). Dozent Dr. H.-J. Kramer stellte sich zunächst für das Amt „Presse und Information" zur Verfügung, übernahm 1973, inzwischen Professor, das Amt des 1. Vorsitzenden und führte den Verein bis 1987. Im Vorstand gab es zwei Abteilungsleiter. Die ersten beiden waren für Volleyball Bernd Rehländer und für Basketball Friedrich Schäfermeyer.

Kramer wurde mit den Erfolgen in der 1. Bundesliga liebevoll bald als „Volleyball-Professor" tituliert. Das hörte er nicht gern und reagierte schmunzelnd mit seinem eigentümlichen: *„Nee, isch klar!"* Die Paderborner Fans des VBC 69 machten aus dem *„Isch klar"* einen schmetternden Schlachtruf, auf den ihre Mannschaft in den Volleyballhochburgen Deutschlands hörte.

Die VBC-Spieler wurden von ihren Anhängern, vor allem von dem berühmt-berüchtigten „Block 7" so begeistert unterstützt, daß dieser antreibende Zuspruch für manchen Punkt gut war. Der Begriff „Block 7" war entlehnt worden, nachdem einige Paderborner 1979 im Hamburger Volksparkstadion das Endspiel um die Deutsche Fußballmeisterschaft und den „Block 7" der HSV-Fans miterlebt hatten.

Die ersten Volleyball-Turniere und -Erfolge

Am 06.06.1970 war erstmals eine 1. Volleyball-Herrenmannschaft des VBC 69 in einem Turnier öffentlich aufgetreten, gegen eine verstärkte 2. Mannschaft des USC Münster. Es war die erste Nutzung der neuen „Mehrzweckhalle" in Dahl (erst seit 1975 Stadtteil von Paderborn), die im Volksmund als „Schützen"- oder als „Gemeindehalle" bezeichnet wird. Zahlreiche Zuschauer hatten sich zur Premiere eingefunden, fanden an den Seiten des Spielfeldes an Tischen gemütlich Platz und konnten sich ein kühles Bier, ein zweites oder drittes oder etwas anderes beim Zuschauen leisten.

Einen ersten offiziellen Auftritt in Paderborn gab es mit einer „Werbeveranstaltung für Volleyball" in der ausverkauften sog. Paderhalle am 14.10.1970. Ca. 1.500 Zuschauer erlebten im Vorspiel ihren VBC 69 gegen den Oberligisten EK Gütersloh und im Hauptkampf eine Mannschaft des Deutschen Olympiakaders gegen den Deutschen Meister USC Münster. In der Mannschaft des Deutschen Olympiakaders – die Olympischen Wettkämpfe München 1972 standen bevor – spielte

DIE DEUTSCHE VOLLEYBALL-NATIONALMANNSCHAFT
(obere Reihe von links): Joachim Schliep, Toni Rimrod, Ingo Henniges, Dieter Markus, Lutz Schulte-Übbing, Norbert Sund, Trainer Michael Gregori;
(untere Reihe von links): Ulrich Kampa, Siegfried Bühner, Ralf Nitzlaff, Thomas Gülke, Gerhard Weber.

Das offizielle Foto der Deutschen Nationalmannschaft im Sept. 1978. Vier dieser Spieler mit internationaler Erfahrung konnte der VBC 69 Paderborn 1978 für seine, in der obersten Deutschen Liga, der 1. Bundesliga spielende 1. Herrenmannschaft gewinnen. Als ersten im Mai Toni Rimrod, sodann Lutz Schulte-Übbing und Ralf Nitzlaff und im September auch noch Ulrich Kampa.

Bild rechts oben:
1. Bundesliga in der Halle des Sportzentrums am Maspernplatz. Hier der VBC 69 gegen 1860 München am 05.02.1981. Auf der Seite des VBC von links Nr. 8 Michael Reinke, Nr. 1 Martin Keck, Nr. 4 Ralf Nitzlaff, Nr. 6 Toni Rimrod und verdeckt Nr. 10 Uli Kampa. Vorne, flach am Boden, von 1860 München Siegfried Bühner, einer der „Kollegen" der sechs Paderborner Nationalspielern in der Nationalmannschaft. – Die jugendlichen Paderborner Fans bevorzugten die Sitzplätze auf dem Boden möglichst nahe am Spielfeld. – Das Heimspiel verlor der Tabellenführer VBC 69 mit 1:3 gegen 1860 München.

Bild rechts unten:
Die Truppe des VBC 69 in der 1. Bundesliga in der Saison 1981/82. In Klammern die Jahre der Mannschaftszugehörigkeit. Stehend von links: Der ständige Mannschafsbetreuer Dietmar Kürschner, gen. „Carlo", Toni Rimrod (1978/79 bis 1981/82), Michael Reinke (1976/77 bis 1983/84), Martin Keck (1980/81 bis 1987/88), Jörg Leweling (1976/77 bis 1986/87), Trainer Jürgen Stiegler (1975/76 und 1979/80 bis 1981/82) und der stetige Obmann Paul Hilker. Knieend von links: Lee Hee Wan (1981/82 bis 1984/85), Werner Ahlers (1979/80 bis 1982/83), Andreas Umlauft (1981/82), Lutz Schulte-Übbing (1978/79 bis 1982/83), Uli Kampa (1978/79 bis 1981/82) und Ralf Nitzlaff (1978/79 bis 1982/83).

Volleyball 289

zum ersten Mal in Paderborn ein hier damals fast noch unbekannter Spieler: Toni Rimrod. Das hohe Niveau der Spiele brachte der jungen Sportart und dem VBC 69 viel Zulauf. Ein Jahr nach der Gründung hatte er bereits 250 Mitglieder und die begrenzte Sporthallenkapazität ließ keine offensive Mitgliederwerbung zu. Aufnahmesperre mußte erwogen und gar für kurze Zeit verhängt werden. Auch die Errichtung von 12 neuen Schulturnhallen von 1962–1972 in Paderborn reichte für den insgesamt expandierenden Sportbetrieb nicht aus.

Die 1. Herrenmannschaft des VBC 69 wurde in ihrer ersten Saison 1970/71 Bezirksmeister in Westfalen-Ost und stieg somit für 1971/72 in die Landesliga auf. Dem folgte der weitere Aufstieg. In der Saison 1972/73 spielte der VBC 69 in der Verbandsliga.

Durch „Heirat" in der Bundesliga

Nicht weit von Paderborn liegt mit ca. 25.000 Einwohnern Petershagen an der Weser. Es war wie ehemals Neuhaus für die Paderborner, so für die Mindener Fürstbischöfe Residenzort. Die Volleyballer des CVJM-Petershagen waren 1972/73 in die Bundesliga Nord aufgestiegen. Einige Spieler besuchten die Bundeswehrsportschule in Warendorf. Andere studierten in Paderborn und Prof. Dr. Kramer hatte Kontakt mit ihnen. Sie durften am Training der 1. VBC-Mannschaft teilnehmen. Paderborn zählte das fünffache der Einwohner von Petershagen und eine neue große 4-fach-Sporthalle war geplant, in der für ein paar tausend Zuschauer Plätze geschaffen werden und entsprechende Eintrittsgelder den Vereinsetat potent machen sollten.

Am 12.07.1973 kam vor allem durch das Verhandlungsgeschick von Prof. Dr. Kramer die Fusion „VBC 69 Paderborn–Petershagen" zustande und die Paderborner waren in der Bundesliga Nord. Wie „felix Austria nube", wie das glückliche Österreich durch Heirat sein Reich mehrte, so war nun durch ein „felix VBC 69 nube" der Einstieg in die oberste Spielklasse gewonnen. Die Fusionierten schafften sodann 1973/74 einen glorreichen 1. Platz in der Bundesliga Nord und in der Endrunde um die Deutsche Meisterschaft stiegen sie mit vereinten Kräften in die neu geschaffene einteilige 1. Bundesliga auf.

In dieser endeten die Paderborn-Petershagener 1974/75 auf dem 8. Platz, dem letzten, und stiegen somit für 1975/76 in die 2. Bundesliga ab. Hier erkämpften sie den 1. Platz und hatten den Rückaufstieg in die 1. Bundesliga zur Saison 1976/77 geschafft.

Ohne viel aufhebens hatte der „VBC 69 Paderborn-Petershagen" 1978 die Liaison aufgelöst und der „VBC 69 Paderborn" führte nunmehr keinen Doppelnamen.

In den 19 Saisonen von 1973/74 bis 1991/92 spielte der VBC 69 in 17 Saisonen in der obersten Liga. Zur Saison 1978/79 erfuhr der VBC 69 einen bedeutenden Leistungsschub, der dem Verein zu einer Spitzenstellung in der 1. Bundesliga verhalf.

Vier Spieler mit internationaler Erfahrung kamen zum VBC 69 und verstärkten die 1. Mannschaft: Ulrich Kampa, Ralf Nitzlaff, Toni Rimrod und Lutz Schulte-Übbing. Zwischen 1978/79 und 1984/85 lagen die spannendsten Jahre. Sechs mal hatten die VBCer gegen Ende der Saison vordere Tabellenplätze erreicht, sechs mal hatten die baggernden und schmetternden Ballathleten die Paderborner Sportwelt hinter sich und sechs mal wurden sie „nur" Deutscher Vizemeister.

Da war 1981 der Gewinn des Pokals des Deutschen Volleyball-Verbandes (DVV) ein wahrer Trost. Als Vizemeister hatte sich der VBC 69 für die Pokalrunde qualifiziert und errang im Endspiel am 20.06.1981 seinen größten Erfolg: Gewinner des Deutschen-Volleyball-Verband-Pokals. Als Deutscher Pokalsieger konnte der VBC 69 nun an den Europa-Pokal-Wettkämpfen teilnehmen. Im ersten Spiel der Runde 1 – einem Heimspiel vor über 4.000 Zuschauern – besiegte der VBC 69 den Csepel Budapest mit 3:2. Das Spiel wurde am Abend im ZDF-Sportstudio auszugsweise übertragen. Reporter war Wolfram Esser, der zwischen 1978 und 1982 regelmäßig von den Heimspielen des VBC 69 im Fernsehen berichtete. – Im Kampf um den Europapokal 1981 schied der VBC 69 leider durch Verlust des Rückspiels in Budapest in der 1. Runde aus.

1981/82 hatten die Paderborner die Deutsche Meisterschaft mit der knappsten Differenz in der Geschichte der Bundesliga verfehlt. Mit nur einem einzigen mehr gewonnenen Satz setzte sich mit Heimvorteil der USC Gießen im Endspurt an die Spitze der Tabelle. Die Paderborner waren ein drittes mal Vizemeister geworden.

Eine Paderborner Fangemeinde, darunter als bekanntester der Unternehmer Heinz Nixdorf, von der Stadt der Erste Stellvertretende Bürgermeister, Wilhelm Lüke, und der I. Beigeordnete, Dr. Rudolf Salmen, hatten die Mannschaft begleitet und miterlebt, wie die Paderborner im 2. Satz, dessen Gewinn die Deutsche Meisterschaft für sie perfekt gemacht hätte, mit 14:9 führten und ihn dennoch mit 14:16 gegen die Gießener verloren.

Als der VBC 69 zum ersten und auch zum zweiten mal in der 1. Bundesliga den Titel Vizemeister erkämpft hatte, wurden diese Erfolge in der Presse und der heimischen Sportwelt triumphierend gefeiert. Je öfter dann, zum dritten, vierten, fünften und sechsten mal, im Endkampf der Meistertitel verfehlt wurde, desto zunehmender kam Enttäuschung auf und der VBC 69 mußte sich mit dem Titel Vizemeister „trösten" – so die Formulierung in den Zeitungen.

Die 1. Herrenmannschaft, das Aushängeschild des VBC 69, und die Übrigen

Hier sei angemerkt: Während bei vielen Sportarten nach der Jugend die Herren und Damen kommen und diese erst mit 35 oder 45 zu Senioren bzw. Seniorinnen werden, folgen beim Volleyball auf die Jugend offiziell die Senioren/innen, werden aber auch als Herren bzw. Damen bezeichnet.

Das Aushängeschild des VBC 69, die 1. Senioren- bzw. 1. Herren-Volleyballmannschaft in der 1. Bundesliga, darf die anderen Sportler und Aktivitäten des Vereins nicht vergessen machen, zumal sich einige Bereiche, zu recht oder zu unrecht, vernachlässigt vorkamen.

Der engere Kontakt zu Schulen, verstärkte Jugendarbeit, Förderung des Frauen-, Breiten- und Freizeitsports waren über Jahre hinweg stets mit neuen Vorsätzen angegangene Aufgaben, keinesfalls ohne Erfolg.

So gewann z. B. die A-Jugend des VBC 69 Paderborn-Petershagen 1974 in Holland in einem mit 14 Mannschaften international besetzten Turnier den Pokal. Die B-Jugend erreichte 1974/75, was der 1. Herrenmannschaft nie gelang, sie wurde Deutscher Volleyballmeister und 1979/80 immerhin Deutscher Vizemeister, wogegen die 1. Herren in der selben Saison nur Platz 3 erkämpfen konnten.

Bei bekannten Großvereinen in Paderborn, wie dem traditionsreichen TV 1875 Paderborn e. V., dem SC Grün-Weiß 1920 e.V., TuRa Elsen e. V. 1894/1911 oder dem TSV 1887 Schloß Neuhaus e. V. leben oft 10 oder mehr Sportarten in Abteilungen im Auf- und Absteigen in den Ligarängen konkurrierend zusammen. Gegenüber diesen Gemischtvereinen kamen sich beim „Volley- und Basket-Club 69 e.V." zwei benachbarte Sportarten unmittelbarer ins Gehege. Ende 1983 zählte der Verein in der Mehrzahl Basketballer, nämlich 299, und „nur" 227 Volleyballer. Dazu kamen 71 Freizeitsportler und lediglich 22 passive Mitgliedschaften.

Beim Volleyball waren 1985 6 Seniorenmannschaften von der Kreisliga aufwärts bis zur 1. Bundesliga und 4 Seniorinnenteams von der Kreisklasse bis zur Bezirks- bzw. Landesliga im Einsatz. Ferner nahmen diverse Schüler-, B- und A-Jugend-Mannschaften an den offiziellen Wettbewerben teil.

Heinz Nixdorf und der Streit zwischen Volley- und Basketballern

Beim Volleyball dominierten eindeutig die Herrenteams, die Damenmannschaften spielten ein oder zwei Ligen tiefer. Auch im Vergleich mit den Baskets rangierten die Volleyballer in den Ligarängen der Mannschaften ohne Zweifel höher. Mengenmäßig standen die Baskets mit acht Herren- und drei Damenmannschaften und insbesondere mit breitgefächerten Jugendteams und entsprechendem Förderprogramm besser da.

Ein langes Kapitel in der Geschichte des „VBC 69" ist das Spannungsverhältnis seiner beiden Sportabteilungen. Heinz Nixdorf bekam dies als Förderer des Vereins am Rande sehr wohl mit. Sein Kommentar war die grundsätzliche Bemerkung: *„Leistung muß sich lohnen!"* Damit brachte er recht distanziert zum Ausdruck, daß Mannschaften, die in höheren Ligen spielen, also mehr Leistung bringen, auch beim Aufkommen von Eintrittsgeldern, mehr Mittel aus dem gemeinsamen Topf erhalten sollten. Und harter Wettbewerb – hier zwischen Mannschaften zweier Sportarten innerhalb eines Vereins, war für den Unternehmer generell eine gute Sache. Im übrigen war für ihn der Etat eine vereinsinterne Angelegenheit, aus der er sich heraushielt. Der „VBC 69" war als e.V. die Rechtsperson, an welche die Zuschüsse der „Nixdorf Computer AG" überwiesen wurden. Heinz Nixdorf war Patriarch und hätte aus erzieherischen Gründen sagen können: Wenn ihr euch streitet, bekommt ihr von mir gar nichts.

Intern beanspruchten die Volleyballer, insbesondere für die 1. Herrenmannschaft in der 1. Bundesliga, mehr Geld wegen der weiteren Reisen, der Kosten für Toptrainer etc. Die Basketballer, in der Mehrzahl, wollten vom Etat die Hälfte oder gar den Löwenanteil, denn nur durch eine kräftige Finanzspritze könnten auch sie mit besserer Nachwuchsförderung in die alleroberste Liga aufsteigen und dort punkten. Die 1. Herrenmannschaft der Basketballer spielte zeitweise immerhin in der 2. Bundesliga

1985 kam es mit dem Vorwurf, der Vorstand widme sich zu 90% nur der 1. Volleyball-Herrenmannschaft, zum Aufruhr der Basketballer. Der bisherige Abteilungsleiter Basketball wurde dem 1. Vorsitzenden als 2. Vorsitzender an die Seite gestellt und die Basketballer bekamen einen eigenen Geschäftsführer und einen eigenen Sportwart – keinen eigenen Verein!

Streitpunkt war z.B., daß der Schatzmeister, Willi Saake, aufgrund der ständig schwelenden Kritik der Basketballer, eine Teilnahme der 1. Volleyball-Herrenmannschaft an der Europa-Pokal-Runde (CEV-Pokal), bei der ein erstes Spiel in Bursa (Türkei) angesetzt war, wegen der hohen Reisekosten nicht finanzieren wollte. Durch Vorstandsbeschluß wurde trotz der Bedenken dennoch in Bursa gespielt.

Im Mai 1986 kam es dann zum Eklat, nachdem der Schatzmeister die Brocken hingeworfen hatte. Der gesamte Vorstand trat zurück, bis auf den 1. Vorsitzenden, Prof. Dr. Kramer, der sich mit seiner Erfahrung und mit einem neuen Vorstand für neue Organisation, Wege und Lösungen einsetzen wollte und somit ein Auseinanderbrechen des Vereins verhindern konnte.

Die Krise im Verein, die sich konkret an der Verteilung der Mittel für einzelne Bereiche und Aufgaben entzündete, war vermutlich auch zum Ausbruch gekommen, weil mit dem Tod von Heinz Nixdorf dem Vorstand der „Übervater" fehlte, weil der moralische Rückhalt für den langjährigen 1. Vorsitzenden und den vertrauten Schatzmeister nicht mehr wie zuvor bestand und weil ungewiß war, ob die Nixdorf Computer AG die Förderung fortsetzt.

Zu den diversen Hilfen, die Heinz Nixdorf der Volleyball-Bundesliga-Mannschaft gab, zählte z. B., daß er bei einem Trainerausfall in der Saison 1981/82, als Toni Rimrod sich als Interimstrainer zur Verfügung stellte, den bei der Nixdorf Computer AG angestellten, ehemaligen Weltrekordler im Leichtathletik-10-Kampf, Kurt Bendlin, bat, das Konditionstraining zu übernehmen.

Heinz Nixdorf hat nicht nur in seiner Heimatstadt den Volleyballsport, d. h. den VBC 69, unterstützt, sondern in Deutschland. In Frankfurt a. M. konnte der Deutsche Volleyball-Verband (DVV) in den Jahren 1981 bis 1985 je 20.000 DM von der Nixdorf Computer AG auf seinem Konto verbuchen. Die Spenden wurden 1986 und 1987 halbiert und dann eingestellt. Die Nixdorf Computer AG engagierte sich

Bis unter die Decke voll besetzte Tribünen in Paderborn. Der VBC 69 verzeichnete von allen Mannschaften in der 1. Bundesliga bei Heimspielen in den Jahren 1978 bis 1985 die höchsten Zuschauerzahlen. Die Vierfach-Halle im Sportzentrum am Maspernplatz (Schützenweg) stand seit Sept. 1977 mit ihren Zuschauertribünen zur Verfügung. Die 1. Herrenmannschaft des VBC 69 konnte sich 1978 mit vier Nationalspielern verstärken und in der Tabelle Spitzenplätze erkämpfen. In der Saison 1980/81 führte der VBC 69 nach der ersten Hälfte der Spielzeit, der sog. Hinrunde, die Tabelle an, verlor aber die nächsten Spiele gegen die Angstgegner 1860 München und USC Gießen. Hier im Bild das Heimspiel am 05.02.1981, das gegen 1860 München mit 1:3 Sätzen verloren ging. Doch mit der Enttäuschung stieg die Spannung über den Ausgang der nächsten Spiele. Beim letzten Spiel in der Saison, als es in Gießen um den Titel Deutscher Meister ging, war Heinz Nixdorf dort unter den Zuschauern. Mit dem Unterschied von nur einem einzigen weniger gewonnenen Satz in der gesamten Saison wurde der VBC 69 „nur" Vizemeister und der USC Gießen feierte den Triumph als Deutscher Meister.

Künstler gegen Handwerker

Deutsche Nationalmannschaft unterlag Südkoreas Volleyballartisten mit 1:3

Paderborn (he). Zum Jahresausklang noch einmal ein Volleyballfestival im Sportzentrum Maspernplatz! Knapp 2500 Zuschauer waren begeistert von der Volleyballdemonstration der Koreaner und beeindruckt vom Kampfgeist und Einsatz der Deutschen Nationalmannschaft, die sich bei einer 1:3 (10:15, 15:13, 7:15, 7:15) achtbar gegen die Weltklasse-Asiaten aus der Affäre zog.

Die Koreaner brannten streckenweise ein Volleyballfeuerwerk ab, dem die Deutschen nicht standhalten konnten. Wenn der kleine Steller Ho-Chul Kim zum Angriff blies, stiegen seine Angreifer wie Raketen am Netz hoch, fintierten, bekamen den Ball millimetergenau auf die Schlaghand gespielt und donnerten ihn ins gegnerische Feld.

Aber die deutsche Mannschaft hielt sich tapfer – aber man verlor nie das Gefühl, daß hier Künstler gegen biedere Handwerker antraten. Was auf der einen Seite wie harte Arbeit aussah, gelang auf der anderen spielerisch leicht. Die Handwerker allerdings sind den Lehrjahren entwachsen: Mit einem raffinierten Dieter Markus, den schlaggewaltigen Zander und Schliep, einem ideenreichen Ralf Nitzlaff und dem Kämpfer Uli Kampa, der am Samstag abend zum besten Akteur der Deutschen avancierte, kann Bundestrainer Michael Gregori auf ausgeglichene konstante Spieler zurückgreifen. Was noch fehlt, ist das blinde Verständnis und vielleicht wäre einmal der Versuch lohnenswert gewesen, neben den fast durchspielenden Kampa und Nitzlaff auch den übrigen VBCern Reinke, Schulte-Uebbing und Keck einen längeren Einsatz neben den vertrauten Mitspielern zu ermöglichen, um die Harmonie zu festigen.

Nach zwei Sätzen bauten die Deutschen ab: Als die Kraft nachließ, war nichts mehr da, was die technischen Mängel verdecken konnte, und die Koreaner trumpften wieder auf – leicht, locker, jederzeit in der Lage, das Tempo zu forcieren, um dann den klaren 3:1 Sieg zu landen.

Spieler des Tages

Ulrich Kampa

Paderborn (he). Wenn ein Spieler der Deutschen Nationalmannschaft in der Abwehr hinter den Bällen herhechtete, die der Block nicht bekommen hatte, war der Beifall im Sportzentrum fast genauso lautstark wie bei den artistischen Einlagen der Koreaner: Ulrich Kampa, Mannschaftskapitän des VBC Paderborn kämpfte, rackerte, flog durch die Luft, spornte an – in einem Wort, war Vorbild der deutschen Auswahl. Mit solchen Spielern kann man die Qualifikation zur Europameisterschaft erreichen.

Mannschaftsaufstellung

Die deutsche Nationalmannschaft: **Schulte-Uebbing (VBC Paderborn, 8 Länderspiele)**, Zander (Fortuna Bonn, 25), **Reinke (VBC, 1)**, Markus (SSF Bonn, 153), Bühner (1860 München, 100), Schäfer (SSF Bonn, 40), **Keck (VBC, 17)**, **Nitzlaff (VBC, 93)**, **Kampa (VBC, 65)**, Schliep (Bayer Leverkusen, 46), Weber (Fortuna Bonn, 66); Trainer Gregori.

Die Nationalmannschaft der Bundesrepublik Deutschland in Paderborn gegen Südkorea. Am 20.12.1980, kurz vor Weihnachten, wurde dieses Spiel gegen die Koreaner ausgetragen, die bei den vorangegangenen Weltmeisterschaften Rang Vier erkämpft hatten. Von den sechs Paderborner-VBC 69-Nationalspielern fehlte verletzungsbedingt Toni Rimrod. (Bericht Westfälisches Volksblatt, 22.12.1980.) Paderborn war Austragungsort vieler internationaler Begegnungen. So wurde z.B. die Qualifikationsrunde für die Europameisterschaft 1982 mit sechs Nationalmannschaften vom 13. bis 17.05.1981 in der Halle am Maspernplatz ausgetragen. Das war das größte Volleyball-Ereignis in der Bundesrepublik Deutschland seit den Olympischen Wettkämpfen in München 1972.

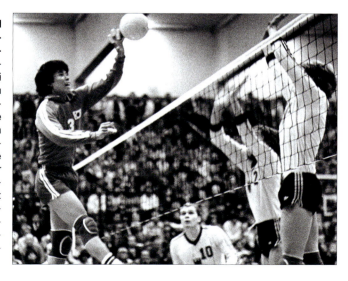

Kim Ho Chul schmettert den Ball ins Feld der Bundes-Republikanischen-Deutschen-Nationalmannschaft. (20.12.1980 in Paderborn.) Mit Nr. 10 Nationalspieler Uli Kampa vom VBC 69. Der nur 1,76 m große Koreaner Kim hatte eine gewaltige Sprungkraft. Das 1 m hohe Netz hat eine Oberkante von 2,43 m (bei den Herren). Der Koreaner erreicht mit der Faust spielend Bälle in 3,50 m Höhe. Kim galt als bester Stellspieler der Welt. Als „Sachbearbeiter" des zweiten Balles ist der Steller in der Regel der Spielmacher, der den schmetterhungrigen Angreifern bei der dritten Ballberührung zur punktentscheidenden Aktion verhilft.

unter dem Vorstandsvorsitzenden Klaus Luft nur noch auslaufend für den „VBC 69". Die Adam Opel AG war dann bis 1991/92 der Hauptsponsor.

Von denen, die da baggern, zuspielen und schmettern

Viele in der deutschen und internationalen Volleyball-Szene bekannte Namen sind durch ihre Paderborner Zeit nicht nur hier bekannt.

In den Reihen der Deutschen Nationalmannschaft kamen von den 12 Spielern oft 4 oder gar 6 allein vom „VBC 69". Vom Kader der Nationalmannschaft konnten etliche Spieler aus anderen Vereinen für den VBC 69 gewonnen werden. Sehr gut war der Kontakt zur Sportkompanie der Bundeswehr in Warendorf. Da die Soldaten nicht in Uniform aufs Spielfeld kamen, sondern im VBC-Trikot mit ihrer Nummer, wußten viele Zuschauer nicht, daß von den zwölf Spielern z. B. vier von der Bundeswehr kamen. Umgekehrt standen bei internationalen Sportwettkämpfen der Streitkräfte in der Volleyballmannschaft der Deutschen Bundeswehr gelegentlich vier Spieler, ohne daß sie als Mitglieder der 1. Bundesliga-Mannschaft des VBC 69 zu erkennen waren.

Ähnlich wie beim Fußball die Torschützen, so werden beim Volleyball die Schmetterer leichter berühmt als die Baggerer und der Stellspieler. Gegenüber seinen Mannschaftskameraden ist es also ungerecht, hier den Angreifer Toni Rimrod hervorzuheben. Ob er in seiner aktiven Zeit der beste Spieler war, sei dahingestellt. Jedenfalls übte er die größte Ausstrahlungskraft auf die Zuschauer aus. Der Rekordnationalspieler kämpfte in vier Saisonen für den VBC 69 und machte dann nahe seiner sportlichen Wirkungsstätte, der Sporthalle am Maspernplatz, die Maspernapotheke auf. Jörg Leweling spielte in elf Saisonen im Paderborner Verein. Wie Toni Rimrod wurden Andreas Göke, Ulrich Kampa, Toni Kass, Martin Keck, Kersten Lamers, Martin Reinke, Ernst Schäfers, Lutz Schulte-Übbing u.a. auch als Nationalspieler bekannt.

Mit Paderborn verbunden sind noch weitere Namen im Volleyball. Der bekannte Zehnkämpfer Werner von Moltke, seit Jahren Präsident des Deutschen Volleyball-Verbandes (DVV), hat einige Zeit in Paderborn gewohnt und gehörte als gern gesehener Gast zum Kreis der erfolgreichen Zehnkampf-Olympioniken, die sich gelegentlich beim Stelldichein trafen, das Heinz Nixdorf organisierte.

Lee Hee Wan, Kapitän der Nationalmannschaft Südkoreas, konnte im April 1981 von Prof. Dr. Kramer für den VBC 69 verpflichtet werden. Der koreanische Ballkünstler – hier sind die Vornamen, wie in China und Korea üblich, nachgestellt – wurde mit „9 Buchstaben – 10 Finger" gekennzeichnet und als Stellspieler als der „Karajan des Volleyballs" gepriesen. Mit Lee, der bis zur Saison 1984/85 für den VBC 69 spielte, wurde die 1. Herrenmannschaft vier Mal in Folge Deutscher Vizemeister. Seit 1999 war der Koreaner als Trainer der Deutschen Damennationalmannschaft oft bei Fernsehübertragungen von Länderkämpfen auszumachen. Als

Die dritte Ballberührung wird ein Schmetterball. Die 1. Herrenmannschaft des VBC 69 Paderborn in Berlin beim Finale um den Deutschen-Volleyball-Verband-Pokal gegen den Hamburger SV am 17.04.1983. Die Hanseaten gewannen den Pokal, die Paderstädter erreichten zum zweiten Mal Rang Zwei und konnten den Europapokalgewinn von 1981 nicht wiederholen. Im Bild der VBC 69 rechts vom Netz. Martin Keck, Nr. 1, steigt kraftvoll hoch. Nr. 2, Lutz Schulte-Übbing, dahinter Nr. 4 Ralf Nitzlaff und Nr. 11 Lee Hee Wan, der Zuspieler. Rechts Nr. 8 Michael Reinke. Am Spielfeldrand in der Berliner Halle, auf der Bank, verfolgen vier Auswechselspieler des VBC 69 mit dem Trainer Park Dai Hee, dem Betreuer „Carlo" Kürschner und dem Obmann Paul Hilker die Aktion.

zweiter Koreaner kam Park Dai Hee, der 10 Jahre Trainer der Deutschen Damennationalmannschaft war, im Dezember 1981 als Trainer der 1. Herrenmannschaft zum VBC 69. Auch Park hatte bis zur Saison 1984/85 entscheidenden Anteil an den großen Erfolgen des Paderborner Vereins.

Mit der 1. Bundesligamannschaft trug der VBC 69 zum guten Ruf der Stadt im nationalen und internationalen Sportgeschehen bei und sie stand im Reigen der Volleyballhochburgen mit ihren bekannten Vereinen: USC Gießen, HSV (Hamburg), 1860 München, USC Münster, SST Bonn, TuS Stuttgart, Bayer Leverkusen u.s.w.

Der Ehrenspieler mit der Nummer 12

Wehmut kommt auf in Gedanken an das letzte Bundesliga-Volleyballspiel, das Heinz Nixdorf nicht nur als Zuschauer erleben durfte. Es war Samstag, der 15. März 1986, an dem der VBC 69 gegen den Hamburger Sport Verein (HSV) im letzten Saisonspiel um die Deutsche Meisterschaft, d. h. um die Tabellenspitze, kämpfte - und zum 6. Mal Vizemeister wurde!

In Würdigung seiner außerordentlichen Verdienste, die zu den überragenden Erfolgen des VBC 69 beigetragen hatten, überreichte der 1. Vorsitzende, Prof. Dr. Hajo Kramer, Heinz Nixdorf das Spielertrikot der VBC-Bundesligamannschaft mit der Nummer 12. Das Reglement schreibt vor: Sechs Spieler stehen im Feld, maximal sechs weitere können laufend ausgewechselt werden. Die Spieler werden mit den Nummern 1 bis 12 vorn und hinten auf ihrem Trikot identifiziert.

Heinz Nixdorf bedankte sich für die außergewöhnliche Ehrung und fragte schließlich: *„Muß ich beim nächsten Mal mitspielen?"*

Er konnte nicht mehr antreten. Durch die völlig überraschende Nachricht von seinem plötzlichen Tod auf der CeBIT war auch sein VBC 69 tief betroffen.

Der VBC 69 war im Volleyball mit dem von Heinz Nixdorf besonders geschätzten Höchstleistungssport die Spitze einer Pyramide. Die Sportart hatte sich seit 1969 auch zum Breitensport entwickelt. Um 1990 wurde in Paderborn in einem Dutzend Vereinen bzw. Abteilungen Volleyball gespielt sowie in vielen Schulen und in Freizeitgruppen. Die Verbreitung zum Freizeit- und Breitensport zählte für Heinz Nixdorf zum wichtigsten Ertrag des Leistungssports.

Es sei nachgetragen: Vom VBC 69 trennten sich die Basketballer und gründeten die „Paderborner Baskets 91", deren erste Mannschaft sich nach den jeweiligen Sponsoren benennt (Bova-, Forbo-, Teamwork-, Schröno-Baskets). – Im VBC wurden Hallenhockey und Beachvolley sehr erfolgreiche, jüngere Abteilungen.

Der Streit zwischen Basekts und Volleyballern war dem VBC 69 schon in die Wiege gelegt worden. Bei der Gründungsversammlung standen als Vereinsnamen u.a. zur Abstimmung: Basket- und Volleyball-Club oder Volley- und Basketball-Club. Nur eine knappe Mehrheit hatte entschieden, beim Namen dem Volleyball den Vortritt zu geben: VBC 69.

Prof. Dr. Hermann Josef Kramer. Der Initiator des VBC 69 Paderborn und 1. Vorsitzender von 1973 bis 1987, hier bei der Mitgliederversammlung 1979. Rechts der langjährige Schatzmeister des Vereins, Willi Saake.

Bei großen Siegen eine Flasche Sekt. Es ging nicht so überschäumend zu wie bei der Formel 1, aber bei großen Erfolgen wurde mit einem Schluck Sekt gefeiert. Hier der 1. Vorsitzende des VBC 69 Paderborn nach dem Gewinn des Europapokals am 20.06.1981. Sechs Mal stand bei Endspielen um die Deutsche Meisterschaft im Volleyball der Herren der gekühlte Sekt bereit; sechs Mal konnte der VBC 69 nicht den Sieg feiern, sondern „nur" den Titel eines Deutschen Vizemeisters.

Quellen/Literatur

Eigene Erinnerungen. Informationen von Toni Rimrod, Lothar von dem Bottlenberg, Horst Volkmer, u.a.

Barnert, Ingrid: Unveröffentlichte Manuskripte zur Chronik des VBC 69, 2004.

Basketballmannschaft VBC 69 Paderborn e.V. (Hrsg.): vbc 69 Basketball Saison 1985/86. Hans Peter Tipp/Martin Krüger: Die Jugend. Die Quintessenz. S. 24f.

Gedenkschrift für Prof. Dr. Hermann-Josef Kramer. Unveröffentlichtes Manuskript. 1993. (Von Kramer zu seiner Emeritierung verfaßter Rückblick, der bei der akademischen Trauerfeier verlesen wurde und Laudatio von Prof. Dr. W.-D. Brettschneider.)

Lamprecht, Wiebke/Marie Luise Klein. Siehe Allgemeine Literatur. Volleyball S. 256ff, Basketball S. 192ff.

Schumacher, Alfred: Der „zweite Sieger" ist Spitze. In: Die Warte Jg. 1982, Heft 34, S. 9f.

VBC 69 Paderborn (Hrsg.): 10 Jahre VBC 69 Paderborn 1969-1979. Stadtarchiv Paderborn. Bibliothek Sign. 1381.

Werbegemeinschaft Sportzentrum Maspernplatz GBR des VBC 69 Paderborn e.V. (Hrsg.): 25 Jahre Volley- und Basketball Club 69 Paderborn. Stadtarchiv Paderborn. Bibliothek Sign.1/4078.

Squash

Vorbemerkungen zum Thema Squash und Heinz Nixdorf

Der große Paderborner Sportler und Sportförderer – als solcher blieb er gern im Hintergrund – hat selbst nie Squash gespielt, doch hat er diesen Sport hier am Ort kräftig und nachhaltig unterstützt und so zu den überragenden Erfolgen des Paderborner Squash Clubs (PSC) beigetragen.

Zunächst wurde der Unternehmer durch Zeitungsberichte überrascht, wobei ihn dreierlei aufmerken ließ. Zum einen der Name Andreas Werb. Heinz Nixdorf und seine Frau waren mit den Eltern befreundet und kannten den jungen Mann recht gut. Das zweite, und gravierender, waren Berichte in den Lokalzeitungen, die auf besondere Erfolge der Paderborner Squashspieler hinwiesen: Meisterschaften, Oberliga oder sogar Bundesliga, also Leistungssport und Spitzenränge. Und drittens war der Vorsitzende des PSC, Peter Hascher, ein Nixdorf-Mitarbeiter. – Nun wird hier auf Squash auch im besonderen Maße eingegangen, weil das bei Heinz Nixdorf sehr ausgeprägte Leistungsdenken beim PSC seit langem hochgehalten wird und so mehr als in anderen Sportarten überragende Erfolge erzielt werden.

Die Paderborner Volleyballer in der Bundesliga, das ist lange vorbei. Weltmeisterschaften der Segelflieger in Paderborn, 1981, heute eine Legende. Ein „ehemaliger" Weltrekordler im Zehnkampf, 1967, kam 1979 nach Paderborn. Keine jüngeren Leichtathleten in der Paderstadt mit vergleichbaren Erfolgen. Im Squash spielten hier in den letzten 20 Jahren drei Weltmeisterinnen und zwei Weltmeister in den Mannschaften. Und den Europapokal der Landesmeister hat die 1. Herrenmannschaft des Paderborner Clubs schon drei Mal, 2003, 2004 und 2005, erkämpft. Squash ist seit 1977, seit sich dieser Sport auch in Paderborn etablierte, zur dominierenden Sportart geworden, wenn es um Leistungsorientierung und Höchstleistungen auf nationaler und internationaler Ebene und um die Veranstaltung hochrangiger Turniere geht.

Das importierte Wandballspiel

Als Squash sehr zaghaft und exotisch Mitte der 1930er Jahre in Hamburg und Berlin importiert wurde, waren im nationalistischen Deutschland Fremdworte verpönt und so wurden die Bezeichnungen „Wandballspiel" und „Wandballspielhalle" gefunden (Berliner Wandballspielverein). Nach langer Unterbrechung über Kriegswirren hinweg, begann sich Squash erst in den 1970er Jahren in Deutschland, insbesondere durch normalisierte, freundschaftliche Beziehungen zur ehemaligen Besatzungsmacht Großbritannien, der Heimat dieser Sportart, auszubreiten. Dem auf die Weichheit des kleinen schwarzen Balls bezogenen Begriff Squash wurde als Hinweis auf die Schläger der Begriff Rackets (Racquets) oftmals hinzugefügt (Deutscher Squash-Rackets-Verband, DSRV). Die Transskription „Skwosch" wirkt bei einem internationalen Sport fremdartig (Skwosch Frösche Marburg).

In Paderborn neu und schnell stark

1977 wurde in Paderborn der weder vereinsgebundene, noch kommunale, sondern private, d. h. kommerzielle „Freizeitpark Dören" an den Lothewiesen fertiggestellt, mit Tennisplätzen im Freien und in einer Halle, mit drei Squashcourts und einer Gastronomie. In Paderborn gab es bis dahin weder einen squashspielenden Verein noch einen „zivilen" Court. Dieser Sport, der englisch-irischen Ursprungs ist, wurde allerdings bei der „British Army of the Rhine", die hier gleich mehrere Standorte hat (ehemalige Infantriekaserne an der Elsenerstraße, ehemalige Panzerkaserne an der Driburgerstraße, Truppenübungsplatz Sennelager), bereits seit einiger Zeit ausgeübt.

Die Leitung des Freizeitparks Dören übernahm der Tennislehrer des „TC Blau-Rot", Paul Gödeke mit seiner Frau, und es war deren Interesse, möglichst viele Stunden an Tennis- und Squashspieler zu vermieten, Squash als eine in Paderborn neue Sportart überhaupt erst einmal zu etablieren. Gödeke, der Erzvater von Squash in der Domstadt, brachte hier einige Sportler zusammen, die schon von anderen Orten oder von der britischen Army Squash-Erfahrungen mitbrachten und die ihre Begeisterung auf neu Hinzugewonnene übertragen konnten, allen voran Peter Hascher, Bernhard Wöbker und Mike Prebble, letzterer von der Army.

Peter Hascher hatte schon einige Zeit bei den Engländern in Sennelager gespielt. Bernhard Wöbker brachte Erfahrungen von Hannover-Langenhagen mit, seinerzeit einem der leistungsstärksten Vereine, mit der Herrenmannschaft zwei Mal Deutscher Meister.

Nach vielversprechenden Anfängen griff Paul Gödeke bereits im Herbst 1977 das Angebot der Sportfirma „Tornado" zur Teilnahme an Mannschaftswettbewerben für eine inoffizielle Deutsche Meisterschaft, den „Tornado Cup" auf, und konnte je eine Paderborner Herren- und Damenmannschaft melden.

Aufstieg in aufgestockte Spitzenklasse

In der „Tornado"-Regionalliga-West starteten in der Saison 1977/78 bei den Herren 8 Mannschaften mit je 5 und bei den Damen 7 mit je 3 Teilnehmern/innen. Köln (mit 5 Mannschaften!), Bochum, Essen waren vertreten und aus Ostwestfalen allein Paderborn. Dessen Herren erreichten den vorletzten, die Damen den letzten Platz, wobei einige Spiele gewonnen wurden. Das war immerhin ein ermutigender Anfang in der damals obersten Spielklasse in der Bundesrepublik Deutschland.

1978 hatte sich Squash hierzulande schnell weiterverbreitet und für die „Tornado"-Regionalliga-West meldeten sich für die nächste Spielzeit, 1978/79, 30 Herren- und 12 Damenteams, die in drei bzw. zwei Gruppen aufgeteilt werden mußten. Die Paderborner Damen wurden in ihrer Gruppe nur letzte, die Herren erkämpften einen zweiten Platz. Sie hatten sich damit für die Endrunde der NRW-Meisterschaften qualifiziert, deren Erstplatzierte an der Schlußrunde um den „Tornado-Cup" teilnehmen konnten. Die Paderborner hatten Pech, wurden nur 3. in NRW. Doch viel wichtiger war, sie hatten als Gruppenzweite automatisch den Aufstieg in die neu gegründete Oberliga NRW, nun die höchste Klasse, für die Saison 1979/80 geschafft.

Der neu gegründete PSC steigt weiter hoch

Erst zwei Jahre nach Beginn in einer Spielergemeinschaft wurde der „Paderborner Squash Club", PSC, im März 1979 als eingetragener Verein gegründet. Auf dieses Datum beziehen sich die Feiern und Jubiläumsschriften 1989 zum 10- und 2004 zum 25-jährigen Bestehen. Die Broschüre von 1989 gibt detaillierte, umfassende Informationen, die von 2004 tut sich mit vielen Fotos von Mannschaften und Spielern hervor.

1980 waren in der Bundesrepublik Deutschland Regionalverbände gegründet worden, so daß von da an der „Deutsche-Squash-Rackets-Verband" (DSRV) vom Deutschen Sportbund (DSB) anerkannt wurde und seitdem, wie in anderen Sportarten, Zuschüsse an Vereine u.a. für die Förderung junger Talente, für die Ausbildung von Trainern, Übungsleitern und Schiedsrichtern möglich wurden. Für die leistungsorientierten Paderborner Squashspieler war also der Status eines e.V. als juristische Person unerläßlich.

1979/80 spielten die Paderborner Herren in der Oberliga NRW, schafften die Teilnahme an den Ausscheidungswettkämpfen für die nun neu eingerichtete Bundesliga Nord, verfehlten die Hürde als Dritte in NRW nur knapp.

1980/81 waren die 1. Herren des PSC wie zuvor in der Oberliga NRW, erzielten jetzt die Teilnahme an der Aufstiegsrunde, erreichten mit Platz 3 den Aufstieg in die oberste Liga noch nicht.

Im dritten Anlauf jedoch, 1981/82, erkämpften die Herren von der Pader den Einzug in die höchste deutsche Klasse, Bundesliga Nord!

Ein erstes Gespräch mit einem jungen Freund, 1981

Eines Samstagabends, als Heinz Nixdorf mit seiner Frau, wie des öfteren, zum Doppelkopf in unsere Wohnung kam, traf er zufällig Sohn Andreas und sprach ihn unvermittelt auf Squash an. Er habe durch Zeitungsberichte erfahren, daß ein

Fortsetzung S. 308

AUGUST 1979 **Vol. 6 No 8**

SQUASH IN PADERBORN

Squash is a relatively unknown sport in Germany at the present time but it is catching on. The Freizeitpark Dören (opposite the SB) has built the first Squash courts in Paderborn. To try and expand the Squash sport in Paderborn The Paderborn Squash Club was founded at the beginning of 1979. The Club is always looking for potential members - beginners as well as experienced players - male and female. Anyone interested is most welcome to come to any of the club nights (Mondays and Fridays at 1930).

The club had a successful 78/79 season, considering the majority of the players are newcomers to the sport. The club entered 3 teams (2 mens and 1 ladies team) for the West German Squash championships. The Paderborn teams came up against 12 ladies and 30 mens teams in the North Rhine Westphalian league. The Paderborn ladies and the 2nd mens teams both managed to get middle places in their leagues. The 1st mens team did exceptionally well and qualified for the North Rhine Westphalian finals, where they were placed sixth. Due to this excellent result, the 1st team automatically qualified for the 1st Division NRW in the 79/80 season. The following players made up the 1st mens team: Kevin Connors, Bernhard Wöbker, Peter Hascher, Peter Riehs and Wolf-Rüdiger Behrends. Unfortunately John O'Brian, the No. 1 player, couldn't play due to a Hockey injury just before the finals.

All 3 teams were made up of British and German players. The mens teams were made up of 2 British and 3 German players and the ladies were allowed 1 British and 2 German players.

The club would like to thank the following British players for their support in the last season - without them the club wouldn't have been so successful: Linda King, Lesley Burton, Mark Wright, John O'Brian, Jeremy Mains, Mike Prebble, Kevin Connors, Les Schmid, Dave King, John Parr and Derek Webber. Unfortunately though, due to postings, John O'Brian and Mark Wright are the only two British players to represent the Club in the coming season, as yet!

The club also successfully entered other Squash competitions in Bielefeld and Dortmund-Kamen. In Bielefeld the ladies did very well, with Lesley Burton coming 2nd and Linda King 3rd. Peter Hascher came 2nd in the mens D competition. In Kamen Ulrike Laue came 1st and Marianne Hascher 3rd. Bernhard Wöbker came 2nd in the B competition.

Now that the official Squash season is over, the club will be able to get itself organised and make plans for the next season. The club is hoping to enter 3 mens and 2 ladies teams for the West German championships next season. The teams will be made up of club members. Friendly matches against other clubs have also been arranged (e.g. 9/10 June in Dortmund and a 4 club competition with teams from Cologne, Berlin, Münster and Paderborn which will be held on the 16/17 June in Münster).

The club is making a special effort to get younger players (up to 16 yrs) interested in the game. Special training courses will be organised not only by the club but also by the Squash Association NRW (free of charge).

On 22 September 79 the club is hoping to hold the 1st Paderborn International Squash Tournament at the Freizeitpark Dören, starting at 1200. All British Squash players are cordially invited to take part. There will be trophies and prizes to be won. If you wish to enter, you should get in touch either with the Receptionist, Freizeitpark Dören, Tel 5300 or Peter Hascher, Schloss Neuhaus, Dümmerweg 18 Tel 4964.

The last date of entry is the 31 August 79.

The club hopes that lots of British players will enter and looks forward to meeting you all.

Linke Seite: **Senne Times, August 1979.** Leistungsstarke britische Squashspieler und -spielerinnen, die in Sennelager, in Paderborn in der ehemaligen Infantrie- sowie der Panzerkaserne bzw. in den Wohnquartieren der „British Army of the Rhine" stationiert waren, verhalfen dem seinerzeit in der Paderstadt noch jungen Sport zu schnellen Aufstiegen. Die Briten nahmen daran regen Anteil und berichteten ausführlich in ihrer „Senne Times".

Unten: **Die 1. Herrenmannschaft 1979/80.** In der ersten Saison des neu gegründeten Vereins spielte der PSC bereits in der seinerzeit höchsten Klasse, in der Oberliga NRW. Von links nach rechts: stehend, der Brite David Surtees (Nr. 3), Georg Fröling (Nr. 4), Andreas Werb (Nr. 2), vorne hockend, Uli Scherf (Nr. 5) und Peter Hascher (Nr. 6). Nicht im Bild die beiden Briten Kevin Connors und David Leakey (Nr. 1) sowie Wolf-Rüdiger Behrens und Peter Riehs, die bei einigen der 22 Turnier-Termine ebenfalls eingesetzt werden konnten. In Klammern die Ranglistenplätze im PSC.

Nach Aufbauarbeit Vereinsgründung

Paderborner Squash-Club spielt in der Oberliga

Paderborner Squash-Club trumpfte auf

Andreas Werb überrasch[te] die Squash-Experten

Andreas Werb und David Surtees herausragende Spieler

Paderborner Squash-Club gew[ann] Städteturnier beim SC Münste[r]

Werb, Sch[erf] **und Hasch[er] erfolgreich**

Paderborner Squash-Mannschaften mit sehr guten Plazierungen

Herrenteam strebt 1981 Platz in neugeschaffener Bundesliga an

Paderborner Squash-Club segelt weiter auf Kurs in die Bundesliga

Sieg über Mönchengladbach festigte Spitzenposition in der Oberliga

Paderborner Squash-Club besiegte Tabellenführer Colonia Köln 3:2

Andreas Werb und der Brite David Leakey sorgten für die Überraschung

Die erste Herrenmannschaft des Paderborner Squash Clubs erkämpfte sich den ersten Platz der Oberliga NRW

Auch die zweite Herrenmannschaft weiterhin ungeschlagen

Oberliga NRW Herren		
M. Gladbach – Rhein-Wupper-Leverkusen		2:3
Bochum I – Bochum II		2:3
Bochum I – Paderborn		0:5
Bochum I – Paderborn		2:3
Colonia – Hot Socks Essen		4:1
Hot Socks Essen – Wuppertal		0:5
Wuppertal – Colonia		3:2
1. Paderborn	5 4 1	23:6
2. Wuppertal	5 4 1	20:9
3. Colonia Köln	6 4 2	21:13
4. Bochum I	5 3 3	19:14
5. Leverkusen	5 2 3	12:15
6. Bochum II	5 2 3	12:15
7. Essen	5 2 3	11:16
8. M. Gladbach	5 2 3	8:12

Oben: **Peter Hascher mit Andreas Preising.** Hascher (links) war schon bei der 1977 zustandegekommenen Paderborner Squash-Spielergemeinschaft der führende Mann und seit Gründung des Vereins „Paderborner Squash-Club", PSC, von 1979 bis 1989 dessen 1. Vorsitzender. Preising war lange Jahre Stellvertretender Vorsitzender, bevor er von seinem, als Nixdorf-Mitarbeiter nach Singapur übersiedeltem Vorgänger dessen Aufgaben im PSC übernahm und nun seit vielen Jahren den leistungsorientierten, erfolgreichen Verein leitet.

Linke Seite: **Ausschnitte aus Paderborner Tageszeitungen, 1980/81.** Die Berichte hatten Heinz Nixdorf auf den in Paderborn jungen und mit spektakulären Erfolgen aufwartenden Sport aufmerksam gemacht. Das führte zur Förderung des PSC durch den Bau von zehn Squash-Courts in der von dem Paderborner Unternehmer 1983/84 errichteten Ahorn-Sporthalle.

Rechts: **Die „2. Nationale Paderborner Squash Stadt- und Kreismeisterschaft".** Bei dieser, 1980 im Freizeitpark Dören ausgetragenen Meisterschaft durften die überlegenen Spieler der British Army nicht mitmachen. Links: Stadt- und Kreismeisterin Bärbel Pferdekämper, die zuvor bei den Ostwestfalenmeisterschaften in Bielefeld den 2. Platz errungen hatte. Rechts: Stadt- und Kreismeister Andreas Werb, der amtierende Ostwestfalenmeister. Die beiden Mitglieder des PSC spielten mit dem PSC in der Bundesrepublik Deutschland jeweils in der höchsten Klasse.

Paderborner Sportverein um den Aufstieg in die oberste deutsche Liga kämpft und Andreas in der Mannschaft des PSC mitspielt. Heinz Nixdorf kannte den Andreas durch seine Eltern vom Tennis und Skifahren und war begeistert, daß nicht eine der alteingesessenen, sondern eine junge Sportart in seiner Heimatstadt solch respektable Leistungen schafft. Eingehend erkundigte er sich nach Details und fragte: *„Wo spielt Ihr?"* Sein Fazit: Es kann nicht sein, daß ein Paderborner Sportverein sich in die obersten Ligen hochgearbeitet, aber keine eigene Anlage hat, sondern stundenweise Plätze mieten muß.

Peter Hascher, der 1. Vorsitzende des PSC, und Andreas Werb waren in den Anfangsjahren die beiden Spieler, die am längsten in der 1. Herren-Mannschaft Turniere bestritten, Hascher von 1977 bis 1982, Werb von 1978 bis 1983. Andreas Werb war 1979 der erste in einer langen Reihe von PSC-Mitgliedern, die den Titel Ostwestfalenmeister der Herren A erkämpften als hätten sie diesen abonniert. Da der junge Student nicht im Vereinsvorstand war, hatte sich Heinz Nixdorf direkt Informationen aus der Sicht eines aktiven, einfachen Mitglieds geholt. Peter Hascher war Nixdorfer und sprach nicht von Heinz Nixdorf, sondern, wie in der Firma üblich, respektvoll von Herrn Nixdorf. Der bestimmte die Distanz.

Die erste Idee für eine größere Squashanlage scheitert

Kurz nach dem erwähnten Gespräch hatte Heinz Nixdorf mitbekommen, daß das Gelände, das von Fürstenweg aus gesehen hinter der Tennishalle des SC Grün-Weiß liegt, frei würde. Das Terrain gehört teils der Stadt, teils dem Land, und dort standen Pavillons, Bungalows oder Baracken, die bis dahin teils für eine Grundschule, teils von der Pädagogischen Hochschule, mit dieser durch eine Fußgänger-Betonbrücke über die Rothe verbunden, genutzt worden waren.

Heinz Nixdorf machte folgenden Vorschlag und wäre bereit, finanziell zu helfen: Die Tennisabteilung des SC Grün-Weiß, deren Mitglied er war, solle sich mit dem PSC zusammentun und beide sollten das gesamte Gelände hinter der Tennisanlage bis zur Pader von der Stadt und dem Land zur Nutzung übernehmen. An die Tennishalle könnte ein neues großes Clubhaus unmittelbar mit Blick in die Halle, mit Umkleide- und Sanitärräumen angebaut und eine Squashanlage mit einer Anzahl von Courts erstellt werden. Eine Gastronomie wäre mit den beiden Clubs rentabel. Das wäre eine Kombination wie auf dem Dören oder in Bielefeld. Dort umfaßte das kommerzielle „Tennisland Dornberg", das die Paderborner Squasher von vielen Turnieren her kannten, neben acht Freiluft- und sechs Hallen-Tennisplätzen vier Squash-Courts. Der unmittelbare Fußgängerzugang zur Tennisanlage vom Fürstenweg könnte dicht gemacht, als neue Zufahrt der alte Weg zur Abfüllanlage der Ottilienquelle genutzt und so das Gelände hinter der Tennisanlage mit neuen Sportanlagen und eigenen Parkplätzen und auch für LKW-Anlieferungen von roter Asche, Getränken etc. erschlossen werden. Heinz Nixdorf brachte diesen Vorschlag ins Gespräch, doch der damalige Vorsitzende der Tennisabteilung, Günther Bartels, zeigte kein Interesse. Damit war für Heinz Nixdorf die Idee gestorben.

Er unterstützte sodann einen anderen guten Vorschlag und verhalf ihm zur Realisierung: Die von Nixdorf-Mitarbeitern insbesondere für Kinder berufstätiger Mütter des Unternehmens gegründete und schon seit etlichen Jahren bestehende Kindertagesstätte war in der Gesellenhausgasse, nahe dem Kolpinghaus, beengt untergebracht. Nun übernahm diese „Paderborner Kindertagesstätte" einige Grundschul-Pavillons an der Hans-Humpert-Straße, nicht weit von der Firmenzentrale, und konnte sich mit Spielplätzen im Freien, im Grünen ausweiten. Diese, schon seinerzeit vorbildliche, wohltuende Einrichtung lebt auch heute noch weiter – mehr Nachfrage als Plätze! (Nahe dem Sportplatz des Ahorn-Sportparks gibt es inzwischen eine zweite Kindertagesstätte desselben Trägervereins.)

Der Heimatverein bemächtigte sich der hinter der Tennishalle gelegenen Beckenrandruinen des ehemaligen Freibades, machte daraus ein Kunstwerk und ließ wieder eine Ottilienquelle sprudeln. Das blieb ein museales Anliegen, ein geschütztes, stilles Örtchen. Die Tennisabteilung des SC Grün-Weiß konnte ihre Anlagen nicht weiter ausdehnen und mußte Erweiterungen von einer Zwei- auf eine Dreifeldhalle und um einen zehnten Platz im Freien im abgegrenzten Terrain teuer bewerkstelligen. Die Nutzer der Tennisanlage können von dem nur wenige Schritte entfernten, kostenlosen Mineralwasser nicht profitieren, zumal auch dessen Keimzahlen und die Leiden, gegen die es hilft, nicht propagiert werden.

Eine neue Idee wird für den PSC Wirklichkeit

In seine Überlegungen für eine neue Squashanlage hatte Heinz Nixdorf nicht nur den Vorsitzenden der Tennisabteilung, sondern auch den 1. Vorsitzenden des PSC eingeweiht und auf diese Weise zugesichert, daß er dem leistungsorientierten Verein zu einer besseren, größeren Anlage verhelfen will und eine Bürgschaft in Aussicht gestellt.

Schnell hatte Heinz Nixdorf seine erste Idee für eine größere Squash-Anlage begraben und ging das Thema erneut und zwar dort an, wo er das Sagen hatte. Bei einem unserer über-übernächsten Doppelkopfabende ließ er sich Papier und Malstifte geben. Die neuen Werkhallen an der Alme waren vom Unteren Frankfurterweg (seit 1989 Heinz-Nixdorf-Ring) aus gesehen recht flach, von der Alme aus sehr viel höher, mehrgeschossig, was sich aus dem Bodenrelief der Uferterrassen ergab. Die einfache Skizze des Profils vom Almeflußbett und den östlichen Uferterrassen, dem Schnitt der über den Hang ragenden Sporthalle und den dort plazierten Squashplätzen im Keller- bzw. Erdgeschoß ist bei mir haften geblieben, als sei es gestern gewesen (siehe Rekonstruktion). Der Bauherr hatte die Maße für Squash-Courts schon im Kopfe. Breite 6,40 m. Mal 10 = 64 Meter zuzüglich Seiten und Zwischenmauern. *„Die Halle wird 80 m lang. Da passen 10 Courts allemal als Untergeschoß hin!"*

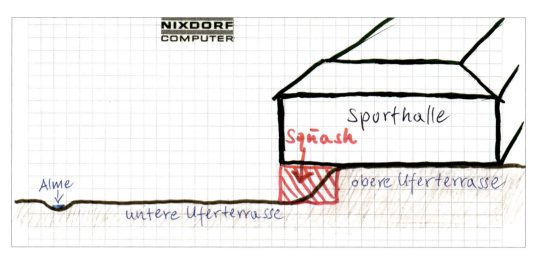

Skizze von Heinz Nixdorf für die neuen Squash-Spielfelder. Rekonstruktion. Der letzthin gewählte Standort für die neue, große Sporthalle im Ahornsportpark brachte Heinz Nixdorf auf die Idee, das Relief der Uferterrassen, die Abstufung zur Alme hin, quasi als Untergeschoß für eine Reihe von zehn Squash-Courts zu nutzen.

Die Squash-Vertretung beim Richtfest der Ahornsporthalle, 1983. Im Hindergrund sind in der noch nicht eingedeckten Halle die beiden großen Zelte zu sehen, in denen mit zahlreichen Politikern, Behördenvertretern, Mitarbeitern und Bauleuten das Aufrichten der Halle gefeiert wurde. Der Paderborner PSC durfte mit Freude die neue, große Squash-Anlage mit ihren 10 Courts erwarten. Von links: Der 1. Vorsitzende Peter Hascher, sein Stellvertreter Andreas Preising sowie die Vorstandsmitglieder Gerd Lesen und Theo Tebbe.

Das erste große sportliche Ereignis in der Ahorn-Sporthalle. Für das hochrangige Turnier im März/April 1984 waren die Squash-Courts der erste, vorab fertiggestellte Bauabschnitt. Es folgte der Tanzsportraum im 1. Stock, bevor im Parterre die weiten Sportflächen der Vierfach-Halle in Betrieb genommen werden konnten.

Unten: **Die Zuschauerränge des Centre-Courts im Squashbereich.** Bei vielen Turnieren waren nicht nur die Tribünen, sondern auch die Treppenzugänge so besetzt, daß die Feuerwehr beide Augen zudrücken mußte. Bei vollem Haus konnten viele Interessierte nur außen vor bleiben. Seit einigen Jahren wird für Großereignisse auf den weiten Ballspielflächen der Halle ein „gläserner Käfig" errichtet, bei dem an allen Seiten Zuschauertribünen aufgebaut werden können. (Siehe Kap. Ahornsportpark)

Nordrhein-westfälische
SQUASH-Jugendmeisterschaften
in Paderborn
vom 30. 3.–1. 4. 1984

PSC
PADERBORNER SQUASH CLUB

Die Lösung war vermutlich eine ureigene Idee des Bauherrn, denn die zuvor in seinem Auftrag durch den Architekten Hans Mohr für den „Leichtathletik Club" (LC) erstellten Hallenpläne sahen verschiedene, jedenfalls ebene Standorte vor. Im Detail mußten die Architekten die Idee von Squashplätzen in einer unteren Etage gemeinsam mit Squashspezialisten umsetzen. 1984 konnte der PSC die neue Anlage mit 10 Courts übernehmen. Bevor die weiten Ballspielflächen der Vierfach-Turnhalle in Betrieb gingen, wurde ein erstes bedeutendes Turnier vom PSC veranstaltet, die „5. Nordrhein-westfälischen Squash-Jugendmeisterschaften".

Squash-Courts waren in Paderborn um ca. 300% vermehrt worden, *„... damit ihr richtig trainieren könnt!"* – kommentierte der Bauherr. (Die drei Squash-Courts im Dören blieben weiter in Betrieb und die Anlage wurde erweitert. Dort war der „Squash-Racket-Club-Matchball" zuhause, in der „Vitalis Sports & Wellness World".)

Der Bauherr erzwingt möglichst viel Sport

Von den Ballspielflächen der großen Ahorn-Sporthalle aus liegt die Reihe der Squash-Courts an der westlichen Längsseite im Kellergeschoß. Die Spielfelder sind jedoch von oben her einsehbar und aus der Sicht der Spieler nach oben offen, so daß sich diese weniger als in den üblichen „Käfigen" eingeengt fühlen. „Transparenz" hatte Heinz Nixdorf beim Errichten der Halle von den Architekten gefordert. Das Stichwort wurde zum Verdikt, als der Bauherr im Eingangsbereich eine frische, ganze Mauer einreißen und durch eine Konstruktion mit Glas ersetzen ließ.

Der Squashsektor, mit 9 Courts und mit einem Centre-Court für 150–200 Zuschauer, ist inclusive Umkleide- und Sanitärräumen, Sauna und Shop in sich abgeschlossen und hat eine eigene Rezeption: „Ahorn Squash" im „Ahorn-Sportpark". Als die Anlage 1984 in Betrieb ging, verlangte Heinz Nixdorf Pacht in einer Höhe, die manche nicht verstanden und erschreckte. Der Unternehmer wollte ein fiskalisches Beamtendenken, bei dem Investitionen aus Steuermitteln vergessen sind und nur noch laufende Unterhaltskosten bedacht werden, verbieten. Er verlangte eine saftige Pacht! *„Fordern ist Fördern!"* Der Verein wurde gezwungen, die Anlage optimal auszulasten. Oberstes Ziel des Bauherrn war, es sollte so viel Sport wie eben möglich stattfinden. Damit war der Pächter PSC auch gehalten, nicht nur seine Vereinsmitglieder spielen zu lassen, sondern sich daneben um möglichst viele, sog. freie Freizeit- oder Hobbysportler als stundenweise Mieter zu bemühen! Diese belegen ca. die Hälfte der gespielten Stunden.

Als Pächter ist der PSC Herr seiner eigenen Anlage, wogegen die meisten Squashvereine in Deutschland sich in kommerziellen Betrieben stundenweise arrangieren müssen.

Optimale Anlage, höchstes sportliches Niveau

Eine in Deutschland jedenfalls zur Entstehungszeit beste Squashanlage und ein Verein, der in den oberen und obersten Ligen spielen wollte, kamen zusammen. Kein anderer Sportverein in Paderborn und weithin kann eine vergleichsweise so erfolgreiche Bilanz aufweisen wie der PSC.

Wie bei Eisbergen nur die Spitzen zu sehen sind, werden von der Sportberichterstattung die Blicke der Öffentlichkeit fast nur auf die herausragenden Leistungsspitzen gerichtet. So auch hier:

Die 1. Herrenmannschaft spielt seit über 25 Jahren fast durchweg in der obersten Klasse, das war zunächst die Oberliga NRW, dann bis 1985/86 die Bundesliga Nord, seit 1986/87 die eingleisige 1. Bundesliga. Manche Saison wurde mit dem Titel Vizemeister und dann, erstmals 1998/99, als Deutscher Mannschaftsmeister abgeschlossen. Dieser Titel wurde dann 2002, 2003 und erneut 2005 gewonnen. 2002 im Europa-Pokal-Turnier der Landesmeister der 3. Platz. 2003, 2004 und 2005 die bislang größten Triumphe: Gewinner des Europa-Pokals! Der Austragungsort war 2005 Paderborn.

Die 1. Damen stiegen nicht so schnell, erst 1986/87, in die Bundesliga Nord auf, haben sich 1987/88 hier nicht nur gehalten, sondern sogleich für die nun auch für die Damen neu eingerichtete, eingleisige 1. Bundesliga qualifiziert, spielten also dort seit 1988/89. In der Saison 1992/93 erkämpften sie den Titel Vizemeisterinnen und 1993/94 sowie 1994/95 waren sie ganz oben: Deutsche-Mannschafts-Meisterinnen! Doch anschließend mußte die Mannschaft aus Mangel an Sponsorengeldern geschlossen an den Bonn/Mülheimer Verein „Court-Wiesel" abgetreten werden. Kein Ruhmesblatt für das Sportengagement von Sponsoren in Paderborn. Squash ist Leistungssport, aber kein Sport für Zuschauermassen, die riesige Werbeetats anlocken.

Auch die 1. Jugend spielte in der obersten Klasse. Zunächst erreichte sie 1984/85 den Meistertitel in der Landesliga Westfalen und stieg seinerzeit in die höchste Klasse, die Oberliga NRW auf. Dort wurde die 1. Jugend des PSC 1987/88 Landesmeister und erkämpfte bis 1997/98 in den Endrunden um den „Deutschen Meister der Vereinsjugendmannschaften" achtmal den Platz auf dem obersten Treppchen! Nach einigen nicht so erfolgreichen Jahren konnte nach neuem Aufbau im Jugendteambereich 2005 die Deutsche Vizemeisterschaft erreicht werden.

Spitzenplätze der PSC-Sportler bei allen möglichen Wettbewerben

Welcher Verein sonst konnte stolz darauf sein, daß seine 1. Herren-, seine 1. Damen- und seine 1. Jugendmannschaft, also drei Mannschaften, sich in der jeweils obersten Liga über viele Jahre hin erfolgreich behaupten konnten?

Hinzu kommen noch die Erfolge bei zahllosen Städtevergleichs- und anderen

LANDESSPORTBUND NORDRHEIN-WESTFALEN E.V.		DER KULTUSMINISTER DES LANDES NORDRHEIN-WESTFALEN

Landessportbund Nordrhein-Westfalen e.V. · Postfach 100169 · 4100 Duisburg 1

Squash-Rackets Landesverband
Nordrhein-Westfalen
Friedrich-Alfred-Straße 25

4100 Duisburg 1

4100 DUISBURG 1 , den 18. 03. 1987
Friedrich-Alfred-Straße 25
Sportpark Wedau

Anerkennungsurkunde

Nach Prüfung der eingereichten Antragsunterlagen auf der Grundlage der Grundsätze für die Anerkennung von Landesleistungsstützpunkten in Nordrhein-Westfalen wird dem o. a. Landesfachverband hiermit der nachstehend aufgeführte Landesleistungsstützpunkt durch den Landessportbund Nordrhein-Westfalen und den Kultusminister des Landes Nordrhein-Westfalen anerkannt:

Landesleistungsstützpunkt

für

S Q U A S H

in

P A D E R B O R N

Trainingsstätte: Ahorn-Sportpark, 4790 Paderborn

Anerkennungszeitraum: 01. 01. 1987 - 31. 12. 1988

Dr. Willi Weyer

Hans Schwier

Kopie an: Landessportbund NW e.V.
Kultusminister des Landes NW
Bundesfachverband
Deutschen Sportbund / BA-L
Bundesminister des Inneren
zuständige Kommune

Oben: **Jahangir Khan, links, 1986 im Ahorn-Sportpark.** Hier mit Andreas Werb, der seinerzeit in der größten deutschen Sportredaktion für „BILD" und „Welt am Sonntag" insbesondere über Tennis berichtete und als Reporter um die Welt flog. Er hatte einen persönlichen Draht zur Hongkonger Fluggesellschaft „Cathay Pacific", die eine „Jahangir Khan Challenge-Tour" veranstaltete. Der aus Pakistan stammende Khan war ein begnadeter Squash-Spieler: 585 mal in Folge ungeschlagen, von 1982 bis 1991 zehn mal in Folge Sieger bei den British-Open. Von 1981–1985 fünf Mal hintereinander Weltmeister! 1988 holte er den Titel ein sechstes Mal. Eine Zeitung berichtete über die Challenge Tour: *„Ein Superereignis mit dem Supermann – überfüllte Hallen, begeisterte Zuschauer, eine Presse- und Fernsehresonanz wie noch nie bei einem Squash-Ereignis in Deutschland... Eine Woche lang spielte der größte Spieler aller Zeiten in sechs verschiedenen deutschen Städten. Der ‚Eroberer der Welt' eroberte dabei die deutsche Squashszene im Sturm."*

Rechts: **Khan steht strategisch optimal in der Mitte.** Neben einigen Schaukämpfen gegen Prominente und PSC-Spieler – hier im Bild gegen ein ehemaliges Mitglied der 1. Herrenmannschaft, Andreas Werb, bestritt Khan im Ahorn-Sportpark ein Herausforderungsturnier gegen den Australier Kelvin Smith, das der Pakistani mit 9:4, 9:5, 9:7 gewann. Der PSC gewann auch, den Australier später als Trainer.

Links: **Squash-Leistungsstützpunkt.** Die Urkunde wurde erstmals 1985 und dann fortlaufend wiederholt ausgestellt. Hier die Urkunde von 1987.

Pokalturnieren, im Bezirk Ostwestfalen-Lippe, in NRW, in Deutschland und auch bei offenen internationalen Turnieren.

Über den Vereinsmannschaften stehen Mannschaften des Landes NRW und die Nationalmannschaften. In diese wurden Mitglieder des PSC des öfteren berufen. Von den Herren gehörten z. B. Stefan Leifels, Edgar Schneider und Lars Osthoff 2004 zur deutschen Nationalmannschaft.

Was obendrein Titel in den Einzeln und Plazierungen in den Ranglisten des Landes NRW, Deutschlands oder der Welt betrifft, da können reine Mannschaftssportarten wie Fuß- oder Volleyball naturgemäß gar nicht mitreden. Bei den Rackets-Sportarten (Tennis, Badminton, Tischtennis, Squash) u. a. kämpfen die Spieler/innen des Vereins auch um Einzeltitel und Ranglistenpunkte. Hier kann der PSC ebenfalls Spitzenleistungen verbuchen! (Siehe Anhang zu diesem Kapitel: Listen der Erfolge des PSC.)

Bei den Jugendlichen gestalten sich die Erfolgslisten sehr differenziert. Jungen und Mädchen je Unter 12, Unter 14, U 16, U 19 und Junioren/innen bis 23 tragen nicht nur Mannschaftswettbewerbe aus, sondern wetteifern auch um Einzeltitel in Ostwestfalen-Lippe, in Westfalen, im Land NRW, in Deutschland. (Inzwischen sind die Altersstufen mehrmals geändert worden: U 11, U 13, U 15 etc.)

Bei den Damen und Herren gibt es auf Bezirksebene bei den Einzeln Kategorien A, B und auch C, sodann ab 35 Jahren Wettkämpfe für Senioren/innen. Auch hier ist der PSC in Erfolgslisten vielfach vertreten.

Starker oder schwacher Vorstand bei Sportvereinen

Da der PSC in der Bundesrepublik Deutschland – über seine vergangenen, ersten 25 Jahre gesehen – als der erfolgreichste Squash-Club und unter allen Sportvereinen in Paderborn und in Ostwestfalen-Lippe ebenfalls als der Erfolgreichste gilt, ist es gerechtfertigt, in dieser Publikation eher als bei den anderen hier thematisierten Sportarten nach Rezepten zu fragen. Dies auch, weil der Bauherr nicht nur ein Sport-Gebäude hinterlassen hat, sondern eine Ahorn-Sportpark GmbH und seine Westfalen-Stiftung, die dazu beitragen, die Anlage nicht nur instandzuhalten, sondern durch Einzelbaumaßnahmen weiter zu optimieren und hochrangige Squashveranstaltungen zu unterstützen.

Nur mit einem qualifizierten Vereinsmanagement konnten die PSC-Erfolge erzielt werden. Viele andere Vereinsvorstände bequemen oder begnügen sich damit, ihren Vereinsbetrieb dahindümpeln zu lassen. Manche Vorsitzende finden es umständlich, die anderen Vorstandsmitglieder in ihre Überlegungen einzubeziehen, und können gemeinsam nicht klüger werden. Und gelegentlich treten mehr oder weniger ganze Vorstände wegen Querelen zurück und durch persönliche Animositäten kommt es mit Neuen, Uneingeweihten zu Brüchen in der Weiterführung. Und in einigen Fällen war es schwierig, für die durch Gesetz und Satzung geforderten Vorstandswahlen überhaupt Kandidaten zu finden, die qualifiziert und bereit sind, Arbeit und Verantwortung zu übernehmen. Alles Ausnahmefälle. Doch gab es auch in Paderborn hinreichend Beispiele!

Erfolgreiches, professionelles Vereinsmanagement beim PSC

Vor diesem Hintergrundgemälde zeichnet sich der PSC durch ein, insbesondere von seinem ersten Vorsitzenden, Peter Hascher, mit Bernhard Wöbker – beides Nixdorfer – und den anderen Freunden grundgelegtes, professionelles Management aus: Bis ins Detail aufgelistete und schriftlich fixierte, weit und hoch gesteckte Ziele, die in Stufen, von Saison zu Saison, als nächstes und mittelfristig angestrebt werden, klare Aufgabenzuweisungen mit Stellvertreterregelungen, absolute Kooperation, nach Sitzungen Ergebnisprotokolle etc., und dies alles orientiert am Leistungsprinzip, ohne den Breitensport zu vernachlässigen.

Als Peter Hascher nach über 12 Jahren im Amt des 1. Vorsitzenden nach Singapur zog, übernahm Andreas Preising, der bereits über 10 Jahre als Stellvertreter im Vorstand gearbeitet hatte, die Führung und sorgt für Kontinuität im Verein. In ihm wurde zunächst kolportiert, das P in PSC stünde für Peter und inzwischen wird das P für Preising genommen, also nach Peters SC nun Preisings SC. Das ist keinesfalls als Kritik an zuviel Eigenmächtigkeit, sondern als Anerkennung für großes Engagement, für Führungsqualität und vieles Arbeiten zu verstehen.

Auch bei Veränderungen in anderen Vorstandsämtern wurde für eine reibungslose Stabübergabe gesorgt. Gerd Lesen, Andreas Dirkes, Robert Alt, der leider zu früh verstorbene Bernd Schweinitz und weitere aktiv Mitwirkende waren bzw. sind Garanten der Erfolge.

Ohne einen hauptamtlichen Geschäftsführer läßt sich die Vorstandsarbeit nicht bewältigen. Seit vielen Jahren ist dies der im Squash international erfahrene Norman Farthing.

Fluktuationen, Abgänge und Zugewinne

Kontinuität im Vorstand ist Voraussetzung, um mit Abgängen innerhalb der Mannschaften fertig zu werden, um bei diesen Kontinuität oder gar Leistungssteigerungen zu erreichen. Das fing schon in der Vorgeschichte des Vereins, in der Spielergemeinschaft an. Diese war eine aus verschiedenen Ecken zusammengewürfelte Gruppe von Erwachsenen und in den Mannschaften gab es regen Wechsel. Am längsten, 5 Jahre, blieben bei der 1. Herrenmannschaft zwei Herren dabei, die anderen vier, drei, zwei oder gar nur für eine Saison. Die einen zog es beruflich oder zum Studium nach Hamburg, Frankfurt a. M., München etc.. Im Gegenzug kamen andere nach Paderborn, insbesondere, da die Nixdorf Computer AG

Ausbildungs- und Arbeitsplätze bieten konnte. Ohne britische Spieler/innen in den Mannschaften hätte das hohe Anfangsniveau nicht erreicht und behauptet werden können. Bei den Briten/innen war die Fluktuation durch laufende Standortwechsel der Army-Einheiten ebenfalls hoch, und für Abgänge mußten Zugewinne her.

Bei den Herrenmannschaften, je 5 Spieler, durften 2 Ausländer sein, bei den Damen mit 3 Spielerinnen konnte nur eine ohne deutschen Pass eingesetzt werden. Also mußte, um nach einem Turnier den Sieg feiern zu können, mindestens ein Match von einem bzw. einer Deutschen gewonnen werden.

Als z. B. für die 1. Damen die weltranglistenhöhere Martine Le Moignan, Engländerin, 1986/87 eingesetzt werden konnte, mußte die bisherige Nr. 1 der Mannschaft, Martina Dougan, auch Engländerin, aussetzen und bei der Stange gehalten werden, bis sie die deutsche Staatsangehörigkeit bekam und als Nr. 2 spielen durfte.

Infolge der großen Altersstufe ist die Fluktuation bei Damen und Herren wenig gravierend. Von ca. 20 Jahren bis zur Senioren/innen-Reife mit 35 sind es ca. 15 Jahre. Bei der Jugend, von U 11 bis U 13 etc. sind es nur je 2 Jahre und insgesamt ca. 8 Jahre, die die Entwicklung braucht, um Eigengewächse als Nachschub für Abgänge bei den Herren- und Damenmannschaften einschleusen zu können. Also mußten die ersten ca. acht Jahre des Vereins fast ohne Nachschub von unten gemeistert werden.

Angesichts der Fluktuationen faßte der Vorstand schon zu Beginn den Entschluß, sich intensiv um eigenen Nachwuchs zu kümmern. Hier waren die Bewegungen wegen der Altersstufen besonders ins Auge zu fassen. Wer von der U 11, U 13, U 15, U 17, von den Junioren U 23 ist in der nächsten Saison noch dabei, wer schiebt weiter nach oben?

In den obersten Ligen sind insbesondere die 1. Mannschaften in ihrer Zusammensetzung ein internationales Geschäft, ähnlich wie bei der 1. Fußballbundesliga und anderen Sportarten. In den deutschen Squash-Vereinsmannschaften dominierten auf den Plätzen 1 und 2 in den 1970er und 1980er Jahren die Engländer/innen. Später kamen andere Nationalitäten hinzu: Australier, Pakistani, Schweden, Schweizer etc..

Toptrainer der internationalen Klasse und Weltmeister/innen im Verein

Zu Beginn von Squash in Paderborn, an den Lothewiesen, glich die Situation der Einführung des Englischunterrichts an den Hauptschulen. Die Lehrer hatten ihr Schulenglisch fast vergessen, weder Studium noch Lehrbefähigung für Angelistik und ein Paderborner Schulrat erkannte: Das Wichtigste, die Lehrer sind eine Lektion weiter als die Schüler. Diejenigen, die 1977 in der Spielgemeinschaft schon Squash spielen konnten, gaben den Anfängern, die oft vom Tennis Ballgefühl mitbrachten, allererste Lektionen und ohne die Briten wären die schnellen Anfangserfolge nicht erzielt worden. Seit 1980, mit der Anerkennung von Squash durch den Deutschen Sportbund (DSB), gab es dann Gelder für Trainer- und Übungsleiterausbildung. Damit wurde die Lehrbefähigung zunehmend professioneller. Hier kann nicht die lange Reihe von Trainern in den mehr als 25 Jahren des PSC aufgezählt werden. Weltklasse Berufstrainer – in der Regel mit SRA-Lizenz des Englischen Verbandes und selbst Weltklasse-Spieler, waren u. a.: Mobin Ahmed (Pakistan), Barry O'Connor, Keith Griffiths (beide England), Gavin Dupre (Guernsey, UK), Adrian Davies (Wales, UK), Kelvin Smith (Australien), Wael El Batran (Ägypten).

Fluktuation bei Trainern wie Übungsleitern hatte auch positive Seiten, da manches Spieler-Trainer-Verhältnis stagniert und neue Methoden oder Varianten hilfreich sind. Seit der Zeit um 1990 hatte der PSC in der Regel drei hauptamtliche Trainer mit SRA-Qualifikation (Squash-Rackets-Association). Viele Sportvereine können sich nur einen Trainer leisten und halten viele Jahre an ihm fest – bis er in Ehren ergraut ist.

Beim Tennis hatte sich schon vor Jahrzehnten die Frage gestellt, ist der von den Mitgliedern pauschal als Trainer Angesprochene ein Tennislehrer, ein Trainer, ein Sparringspartner? Oder alles drei? Die besten Spieler müssen nicht die besten Trainer sein, auch nicht beim Squash.

Die Trainer des PSC werden bestimmten Mannschaften und Aufgaben zugeordnet. So erhielt z. B. die Weltranglisten-Spielerin Martine Le Moignan ein Sondertraining. Sie errang 1989 den Titel Weltmeisterin im Einzel und kam in der Weltrangliste 1987/88 auf Platz Eins. Spielerinnen mit Weltniveau wie Cassie Campion, die 1999, und Leilani Joyce, die im Jahr 2000 den Titel Weltmeisterin errangen und jeweils im selben Jahr in der Weltrangliste auf Nr. 1 standen, waren Mannschaftsmitglieder des PSC und haben von den Toptrainern des PSC profitiert. Das gleiche trifft bei den Herren zu, auf Rodney Eyles, den Weltmeister von 1997 und auf Peter Nicol, seit 1997 beim PSC, Weltmeister 1999 und im selben Jahr in der Weltrangliste an erster Stelle!

Wettkampferfahrungen von Klein an

Der wichtigste Faktor für Leistungssteigerung war neben dem Training die Wettkampferfahrung. Bei der Jugend fängt diese in der Gruppe „U 11 (früher U 12)" an.

Die sich anbietenden Turniere wurden, so weit der Terminkalender das zuläßt, ausgeschöpft: Mannschaftsmeisterschaften, beginnend in der untersten Klasse auf Bezirksebene, sodann Ranglistenturniere, Städtevergleichswettkämpfe und andere Pokalturniere. Da die Auswärtstermine – je höher die Klasse, desto weiter die Reisen – zeit- und kostenaufwendig sind, holte der PSC möglichst viele Turniere nach Paderborn. Das war dank der hervorragenden Anlage und der gerühmten Organisation durch PSC und Ahorn-Sportparkt GmbH in steigendem Maße möglich.

Fortsetzung S. 324

Drei Weltmeisterinnen

Oben links: **Martine Le Moignan, Weltmeisterin 1989.** Mitglied der 1. Damenmannschaft des PSC von 1986 bis 1997. Titelgewinn 1989 in Warmond (Niederlande). Weltranglisten Nr. 1 im Jahr 1986.

Oben rechts: **Cassie Campion, Weltmeisterin 1999.** Mitglied der 1. Damenmannschaft des PSC von 1998 bis 2001.

Links: **Leilani Joyce, Weltmeisterin 2000.** Mitglied der 1. Damenmannschaft des PSC von 1999 bis 2001.

Zwei Weltmeister

Rechts: **Rodney Eyles, Weltmeister 1997.** Mitglied der 1. Herrenmannschaft des PSC von 1996 bis 1999.

Unten: **Peter Nicol, Weltmeister 1999.** Mitglied der 1. Herrenmannschaft des PSC von 1997 bis heute. 50 internationale Turniersiege. Links mit fliegender Mähne und dem späteren Weltmeister David Palmer, rechts im selben Turnier.

Drei Mannschaften des PSC in den obersten Ligen. Die Saison 1988/89 war dreifach erfolgreich: Die 1. Herrenmannschaft wurde Deutscher Vizemeister, die 1. Damenmannschaft stieg in die Bundesliga auf und die Junioren holten bei der Deutschen Meisterschaft Bronze. Links stehend Martine Le Moignan, mehrfache Weltmeisterin im Einzel und Nr. 1 der Weltrangliste 1989.

Links: **PSC-Mannschaftsmitglied Beate Seidler.** Bei den deutschen Meisterschaften im Einzel 1989 Platz 2, 1990 Platz 3 und 1991 wiederum Platz 3.

Spalier mit Fahnen von 20 Nationen. Die Eröffnungsveranstaltung für die Junioren-Weltmeisterschaften im Einzel und der Nationalmannschaften in der Ahorn-Sporthalle fand vor dem Rathaus statt.

6th World Junior Men's Squash Championships 1990 in Paderborn. Titelblatt des Programmheftes und zugleich Plakat.

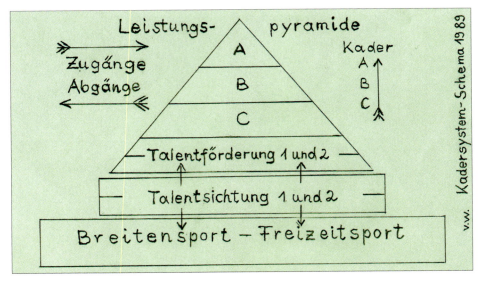

Breitensport- und Leistungspyramide.

Um Wettkampferfahrungen nicht auf die Mindestzahl der Mannschaftsmitglieder zu beschränken, wird oft in Übersollstärke gruppiert, damit je nach Punktestand weitere Spieler/innen Erfahrungen machen können.

Ein Wettstreiten unter Mannschaften und Sportarten

Ein Wettstreit, der nicht untereinander in Wettkämpfen ausgetragen werden kann, ergibt sich zwischen Damen, Herren und Jugend bei Mannschaften und in den Einzeln. Hatten die 1. Damen den 1. Herren gezeigt, wer zuerst den Titel Deutscher Mannschaftsmeister errang? Stellten die Herren des PSC oder die Damen den ersten Deutschen Meister im Einzel? Wieviel Spieler/innen haben die Herren oder Damen in der Weltrangliste, der Deutschen oder der NRW-Rangliste?

In diesem Wettstreit sind laufend Verschiebungen zu verzeichnen, auch Defizite! Denn die 1. Damenmannschaft rutschte im Jahr 2000 gegenüber den 1. Herren ab. Die vielfache Deutsche Meisterin Simone Leifels, ein Eigengewächs des PSC, wurde mit der 1. Damenmannschaft an die „Court-Wiesel Bonn/Mülheim" abgegeben.

Ein weiterer Wettbewerb besteht zwischen den Sportarten am Ort. In den 1970er Jahren z. B. spielten die Volleyballer in der Bundesliga, die Basketballer eine Etage tiefer. Die Schwimmer und die Leichtathleten konnten einige beachtliche Erfolge vorweisen. Die Fußballer waren von der 1. Bundesliga weit entfernt etc.. Seit vielen Jahren rangieren in Paderborn die Sportler des PSC auf höchstem Niveau.

Das Kadersystem, eine Erfolgspyramide

Die Leistungspyramide des PSC mußte wie jedes Schema die Kritik hinnehmen, sie sei zu schematisch. Neu von außen gewonnene Spieler/innen von deutschem oder Welt-Rang z. B. sind als Quereinsteiger nicht eingezeichnet. Dennoch hat sich das Kaderschema zumindest in den ersten Jahrzehnten des PSC bewährt. (Siehe Zeichnung.)

Bei Jugendlichen stellt sich die Frage, ob eine Förderung Richtung Leistungssport aus verschiedenen Gründen sinnvoll ist oder nicht. Ergeben die Talentsichtungen 1 und 2 ein „nein", kann Squash Jugendlichen ebenso wie Erwachsenen im Bereich Breitensport als „eigener Sport" viel Spaß machen, zum besseren Reaktionsvermögen, zu mehr Beweglichkeit und besserer Gesundheit beitragen. Für die Kiddies bietet der PSC ein entsprechendes Programm an. Wenn die Talentsichtungen ein „Ja" ergeben, beginnt schon ab 10 Jahren oder noch früher in der untersten Stufe des Kadersystems eine spielerische Grundausbildung in der Talentförderung 1 und 2. Über ein Aufbautraining wird eine Einstufung in den C-Kader möglich.

In diesem nehmen die Jungen und Mädchen erstmals an Mannschaftswettbewerben, je nach Alter in den Klassen U 11, U 13 etc., in der Bezirksliga Ostwestfalen-Lippe und aufsteigend in der Westfalen-Liga teil. Mit Spielern/innen anderer Vereine werden nun Wettkampferfahrungen gemacht. Es wird gelernt, mit Leistungsvergleich und Einstufung umzugehen, sich selbst unter Druck zu bringen und Druck von außen positiv umzusetzen.

Bei hervorragenden Leistungen werden die vielversprechenden Talente von den Trainern für den B-Kader ausgewählt und können hier durch qualifiziertes Training an die nationale Spitze herangebracht werden. Dazu sind für alle B-Kadermitglieder allgemeines Kraft- und Fitnesstraining, Förderung des Reaktionsvermögens, Einüben von Aufwärmphasen etc. nötig. Das bedeutet zusammen mit Turnieren hartes und aufwendiges Engagement, aber auch große Freude bei Erfolgen.

Die Aufnahme in den A-Kader, der internationalem Leistungssport vorbehalten ist, schaffen nur wenige. Diese bekommen in der Regel pro Woche, auf drei Tage verteilt, ein Einzeltraining von Bundesligaspielern. Bei dem großen Zeitaufwand für das Training, zu dem noch viele Turniere und Reisen hinzukommen, ist eine Vereinbarung mit beruflicher Ausbildung, mit Beruf und Lebensperspektiven unerläßlich.

Bei Nixdorf Azubiplätze und Arbeitsstellen für Leistungssportler

Prinzipien des „Leverkusener Modells" hatte Heinz Nixdorf von der Bayer AG in seinem Unternehmen übernommen und die Leiter der Ausbildung, Hubert Schäfers und Dr. Jungemann sowie das für Personal zuständige Vorstandsmitglied, Karlheinz Voll, angewiesen, für Leistungssportler/innen, ob im Squash, in Leichtathletik oder anderen Sportarten, Hilfen zu geben und zu organisieren: Ausbildungsplätze am Ort, Freistellungen für Turniere und Training durch entsprechende Urlaubs- und Arbeitszeitregelungen, wie z. B. Teilzeitarbeit. Seitens des PSC waren die 1. Vorsitzenden, Peter Hascher, nach ihm Andreas Preising, maßgeblich eingeschaltet. Als Kriterium für die Unterstützung wurde u. a. die Kadereinstufung vorgebracht.

Nun existiert die „Nixdorf Computer AG" nicht mehr. Doch dem PSC-Vorstand ist es u. a. durch Eigeninitiative und in Verbindung mit „Pro Leistungssport Paderborn e.V." gelungen, bei anderen Unternehmen Unterstützung zu finden.

Der PSC kooperiert mit Schulen

Bei den schulpflichtigen Talenten ist eine Förderung nur gemeinsam mit Eltern und Schule erfolgversprechend. Das Sportengagement von Schulen hat sich vermehrt. Bei immer mehr Lehrerinnen und Lehrern hat neben dem Auftrag, zu unterrichten, der Aspekt der Erziehung zugenommen. Der Sportunterricht und der Freizeitsport der Schüler/innen kann dabei eine wichtige Funktion ausüben. Es geht nicht nur um körperliche Entwicklung und Fitneß. Beim Sport werden auch die charakterlichen Qualitäten und insbesondere das Sozialverhalten gefördert. Squash ist neben vielen anderen eine der Sportarten, die sich schon ab 10 Jahren oder gar früher als sinnvolle Freizeitbeschäftigung eignen. Es genügt, wenn zwei Spieler/innen zu einem Match zusammenfinden. Gefördert werden bei Turnieren Mannschaftsgeist, Disziplin und Leistungsorientierung. Redlichkeit, wenn es um die Einschätzung der eigenen Leistung geht, Ehrlichkeit, wenn ein Ball knapp an der Linie zu entscheiden ist und Fairneß, wenn bei gegenseitiger Behinderung ein „Let" eingeräumt wird. Vieles auch anscheinend Nebensächliches spielt hinein, z. B. der Geometrieunterricht bei den Winkeln, mit denen der kleine schwarze Ball von den Wänden abprallt. Der PSC ist mit der „Lise-Meitner-Schule" eine Partnerschaft eingegangen und kooperiert mit der „Heinrich-Hauptschule", der „Georg-Grund- und Hauptschule", der „Comenius-Grundschule" u.a. – Squash kann ein Wahlpflichtfach sein in den oberen Schulstufen, in denen Wahlmöglichkeiten eingeräumt werden. Das Reismann Gymnasium, die Schule auf der Heinz Nixdorf sein Abitur machte, hat seit ihrem 100-jährigen Bestehen Sportklassen eingerichtet. Ein Sportgymnasium, vergleichbar dem Skigymnasium in Bayern, ist noch nicht in Sicht und vielleicht auch in letzter Konsequenz keine erstrebenswerte große Lösung.

PSC-Talentförderung, NRW Leistungsstützpunkt

Der PSC trägt die Förderung seiner jungen Talente inzwischen nicht mehr allein auf seinen Schultern. Die Paderborner konnten dank des Rufes, den Squash hier gewonnen hat, erreichen, daß einer von drei „NRW-Leistungsstützpunkten" bereits

1985 im Ahorn-Sportpark angesiedelt wurde. Nach je 1, 2 bzw. 4 Jahren wurde die Anerkennungsurkunde erneuert. 16 jugendliche Talente aus ganz Ostwestfalen-Lippe werden durch einen hauptamtlichen Trainer intensiv betreut, acht davon waren 2004 Mitglieder des PSC. (Siehe Urkunde S. 314.)

Für die erfolgreiche Talentförderung des PSC gibt es neben vielen anderen vier überragende Beispiele, hier nach Geburtsjahren aufgeführt:

1. Hansi Wiens (Jg. 1968). Als 10-jähriger in der Squash-Spielergemeinschaft, seit Gründung des PSC Mitglied. 1984 3. Platz in der NRW-Meisterschaft. 1988 Deutscher Meister im Herreneinzel. Bis 1995 hat er den Titel 7 mal gewonnen, 2002 ein achtes Mal. Erster Deutscher, der ein Grand-Prix-Turnier gewonnen hat.
2. Edgar Schneider (Jg. 1973). Wird 1984 in der Altersklasse U 12 NRW Jugendmeister, 1989 in der U 14 Deutscher Meister. Viele Jahre Nationalspieler. Mit der 1. Herren-Mannschaft des PSC mehrfach Deutscher Meister und Europa-Pokal-Gewinner in 2003 und 2004.
3. Stefan Leifels (Jg. 1973). Deutscher Meister 2004, Vizemeister 2005, Deutsche Rangliste Nr. 1, Nationalspieler, Teilnehmer an Europa- und Weltmeisterschaften. Wie der gleichaltrige Edgar Schneider mehrfach mit der Mannschaft Deutscher Meister und Gewinner des Europapokals der Landesmeister.
4. Simone Leifels (Jg. 1980). Mehrfache Deutsche Jugendmeisterin, Deutsche Meisterin in der Mannschaft mit dem PSC, Nationalspielerin, mit Bonn/Mülheim 2004 und 2005 Deutsche Mannschaftsmeisterin.

„Das GRÜNE BAND für vorbildliche Talentförderung im Verein"

Für beispielhafte Nachwuchsarbeit konnte Direktor Hans Wellmann von der Dresdner Bank Filiale Paderborn dem PSC diese Auszeichnung 1987 überreichen. In Verbindung mit der Dachorganisation „Deutscher Sportbund" (DSB) und dessen mehr als 50 Spitzenfachverbänden für einzelne Sportarten wird dieser Preis, der mit einer Fördersumme von je 10.000 DM (inzwischen 5.000 Euro) für die Jugendarbeit verbunden ist, seit 1987 jährlich nur an wenige auserwählte unter den vielen tausend Sportvereinen in Deutschland verliehen. Bereits im ersten Jahr der Preisstiftung war der PSC mit folgender Begründung dabei:

„Wenn Squash hierzulande auf dem Vormarsch ist, dann geht dies auch auf die Talentsuche und -förderung des PSC zurück. Er ist ein richtiger ‚Talentschuppen'. Deutsche Meisterschaften in allen Jugendbereichen stehen bereits in seiner kurzen Chronik und Namen wie Ilka Görder, Ilona Schumacher, Alexander Hascher, Edgar Schneider oder Hans Wiens kennt man auch international. Qualifiziertes Training und fortlaufende Wettkämpfe in Paderborn und weit darüber hinaus, gut ausgebildete Übungsleiter und umsichtige soziale Betreuung auch im schulischen Bereich

Fortsetzung S. 334

Hansi Wiens, Jg. 1968. Mit 10 Jahren in der Squash-Spielergemeinschaft, mit 20 Jahren erstmals Deutscher Meister im Einzel. Acht mal hat er diesen Titel gewonnen. 1993 in der Weltrangliste auf dem 12. Platz.

Aus jungen Talenten werden Meister

Edgar Schneider, Jg. 1973. Mit 11 Jahren in der Klasse U 12 NRW-Meister. In der Mannschaft mehrmals Deutscher Meister und Europapokal-Gewinner.

Stefan Leifels, Jg. 1973. Mit 10 Jahren im PSC. Mit 31 Jahren Deutscher Meister im Einzel. Viele Jahre in der Deutschen Nationalmannschaft. Mit der PSC-Mannschaft mehrfach Deutscher Meister und Europapokal-Gewinner.

Aus jungen Talenten werden Meister

Simone Leifels, Jg. 1980. In den Altersklassen U 13, U 15, U 17, U 19 mehrfache Deutsche Meisterin im Einzel.

Mit Unterstützung der Fans zum Sieg. Der PSC wurde auch 1996 Deutscher-Jugend-Mannschafts-Meister. Insgesamt wurde der Titel acht mal erkämpft. (Links Julian Weiße, rechts David Seemann.)

Erfolgreiche PSC-Jugend. Hier die Gewinner des 7. Euregio-Junior-Cup 2004. Von links, sitzend: Hendrik Vössing, Jannik Jauer, Julian Kischel. Mittlere Reihe: Marcel Keßler, Jan-Niklas Saegert, Carolin Brand, Niklas Voß, Veronika März. Hinten: Thobias Pohle, Christian Eilermann, Ann-Kathrin Gockel, Jugendwart Robert Alt, Cederic Lenz, Nils Mommert, David Uternmöhle.

Jubel der 1. Herrenmannschaft des PSC. Hier beim Gewinn des Titels Deutscher Mannschaftsmeister 2003. Austragungsort der Endspiele war Paderborn, Ahorn-Sportpark, Veranstalter der Deutsche Squash-Rackets-Verband (DSRV).

Die Mannschaft des Europapokalsiegers der Landesmeister 2005 und die Betreuer. Von links, hintere Reihe: Tim Garner, Peter Nicol, Edgar Schneider mit Nachwuchs, Guido Krüger (Physiotherapeut). Vorne: Manager Norman Farthing, Lars Osthoff, Ben Garner, Stefan Leifels und PSC-Präsident Andreas Preising.

Ersatz

Ich bin ein Teamplayer und da ist es für mich okay, wenn ich mal hinten anstehe, obwohl ich die Art und Weise der Rotation nicht immer nachvollziehen kann. Ein Grund, den Verein und meine Heimat Paderborn zu verlassen, ist das für mich aber auf keinen Fall. Auch wenn ich bei den meisten Bundesliga-Clubs einen Stammplatz hätte. Erstens macht es mir im Verein und mit der Mannschaft großen Spaß und zweitens kann ich die Erfolge, die ich mit dem PSC feiern kann, nirgendwo anders in Deutschland erreichen. Ich fühle mich auf jeden Fall als Deutscher Meister, auch wenn ich in den Endrunden zuschauen musste. Aber dieser Titel geht ja über eine ganze Saison, in der ich auch einige Einsätze hatte. Beim Europacup 2003 in Odense war meine Nicht-Berücksichtigung schon ein Dämpfer, da hatte ich bei der anschließenden Feier auch nicht wirklich Spaß. Ob ich nochmal den Verein wechsel, hängt von meinem beruflichen Werdegang ab. Solange ich in Paderborn wohne, werde ich dem PSC treu bleiben, obwohl der Aufwand schon enorm ist. Ich trainiere täglich und bin zudem an drei von vier Wochenenden unterwegs.

Stellenwert des Squash

Ist in vielen Ländern sicher nicht so, wie er sein sollte. Da bilden England oder Ägypten, wo die Tribünen bei Turnieren ausverkauft sind und die Menschen sich um Karten reißen, eine Ausnahme. Bei uns muss der Veranstalter sehen, dass er das Event in der Öffentlichkeit entsprechend darstellt. Geschieht das nicht, kommt so etwas heraus wie jetzt beim Europacup der Landesmeister in Linz, der vor fast leeren Rängen stattfand. Wenn Squash 2012 tatsächlich olympisch wird, bringt das hoffentlich einen Schub. Gleiches erhoffe ich mir natürlich auch von der Mannschafts-Europameisterschaft 2005 im Ahorn Sportpark. Ich wünsche, dass viele Leute kommen, für Stimmung sorgen und sehen, dass auch das Zuschauen Spaß macht. Squash braucht speziell in Deutschland einen Boom, sonst sehe ich schwarz. Denn es machen immer mehr Anlagen dicht oder werden zu Fitness-Studios umgebaut. Und in die, die es noch gibt, ist oft jahrzehntelang nichts investiert worden. Da zählt der Ahorn Squash zweifelsohne zu den modernsten Anlagen.

Gedanken aus der Sicht eines Mitglieds der 1. Herrenmannschaft des PSC, Tim Garner, 2004.

Squash 333

Pokale, Trophäen für Sieger. Die DSRV-Wanderpokale für die Deutschen Mannschaftsmeister. Oben für die Herren, unten für die Damen. In vielen Jahren war einer der beiden Pokale beim PSC zu bewundern.

Traum vom EM-Thron erfüllt: *Squash-Europacupsieger Paderborner SC schnupperte jetzt ungewohnte Höhenluft.*

Karikatur der Woche. Der PSC schwebt in den Wolken. Es gewinnt nach dem VBC 69 1981 der PSC einen Europapokal der Landesmeister, 2003 in Odense, Dänemark. Neue Westfälische Zeitung, Sept. 2003.

bilden die Grundlage dieses Erfolges. Allenthalben sind auch die Eltern eingespannt und über Firmen ließen sich ausreichend Ausbildungs- und Arbeitsplätze schaffen, die auch ein zusätzliches Training erlauben."

Wellmann erklärte: *„Wir fördern nicht den Profi, sondern unterstützen Amateure, und hierbei vor allem junge Sportler."*

Zur feierlichen Überreichung der Auszeichnung waren als Gratulanten u. a. Bürgermeister Herbert Schwiete, Nixdorf-Vorstandsmitglied Karl-Heinz Voll, Vertreter des Landessportbundes und des Deutschen Squash-Rackets-Verbandes erschienen. Der 1. Vorsitzende des PSC, Peter Hascher, einer der Personalleiter im Nixdorf-Konzern, führte aus:

„Wir setzen auf die Jugend! Ohne Nachwuchsarbeit kann kein Verein auf Dauer leben! Als wir vor zehn Jahren anfingen, Squash zu spielen und unseren Verein gründeten, waren wir als 30jährige unter uns. Irgendwann haben wir gemerkt, daß die Jugend einfach zu einem Verein gehört und haben begonnen, systematisch den Nachwuchsbereich aufzubauen. Drei Trainer und ein Übungsleiter sind für die Jugendarbeit zuständig. Das Ziel ist klar: Momentan gehört der Paderborner Squash Club mit den Bundesligamannschaften der Herren und den Damen schon zur Spitzenklasse. Schon bald soll der erste deutsche Meistertitel gewonnen werden. Den werden wir vielleicht schon in zwei, drei Jahren holen; dank unserer gezielten Jugendarbeit." Dies war die Prognose aus dem Jahr 1987.

Dem PSC wurde das GRÜNE BAND nach 12 Jahren sogar ein zweites Mal verliehen, 1999. Es folgte 2000 und 2004 jeweils die Auszeichnung des PSC als „Aktivster Jugendverein in Nordrhein-Westfalen". Diese superlative Anerkennung wird jährlich nur einem einzigen Verein im größten Bundesland zugesprochen.

„Durch gezielte Talentförderung im Verein zum großen Erfolg!" – Die angefügten Erfolgslisten bezeugen dies. Sie machen aber auch durch das Auf und Ab deutlich, daß Erfolge nicht zu pachten, sondern stets von neuem zu erkämpfen sind.

Verleihung des GRÜNEN BANDES an Paderborner Sportvereine		
Jahr	Sportart	Verein
1987	Schwimmen	1. Paderborner Schwimmverein
1987	Squash	Paderborner Squash Club
1987	Wasserski	Wasserskiclub Paderborn-Sande
1988	Karate	SC Grün-Weiß 1920 Paderborn
1998	Leichtathletik	LC Paderborn
1999	Squash	Paderborner Squash Club
2005	Golf	Golfclub Paderborner Land

Spitzenerfolge der PSC-Vereinsmannschaften in den deutschen Ligen

Hier nur die Spitzenerfolge der 1. Mannschaften, obgleich noch viele weitere Mannschaften Turniererfolge vorweisen können. 1977/78 und 1978/79 Squash-Spielergemeinschaft, ab 1979/80 der Verein PSC.

RL-West = Regional-Liga West, oberste Klasse von 1977/78 bis 1978/79.
NRW-OL = NRW-Oberliga, oberste Klasse bis zur Gründung der
BL-Nord = Bundesliga Nord, anschließend Einrichtung der
1. BL = 1. Bundesliga und der **2. BL** = 2. Bundesliga.
Das jeweilige Saisonergebnis in der 1. BL führt zur Plazierung in den
DMM = Deutsche-Vereins-Mannschafts-Meisterschaften bzw.
DJMM = Deutsche-Jugend-Vereins-Mannschafts-Meisterschaften.
LL-Westf. = Landes-Liga Westfalen, **NRW-RL** = Regional-Liga NRW.
Bei der Jugend gibt es keine Bundesliga.

▮ = **Deutscher Meister**

Spielsaison	Herren	Damen	Jugend
1977/78	RL-West, 7. Platz	RL-West, 7. Platz	
1978/79	RL-West, 6. Platz	RL-West, 5. Platz	
1979/80	NRW-OL, 5. Platz	RL-NRW, Meister	
1980/81	NRW-OL, 3. Platz	NRW-OL, 5. Platz	
1981/82	NRW-OL, 2. Platz, Aufstieg	NRW-OL, 4. Platz	
1982/83	BL-Nord, 9. Platz, Abstieg	NRW-OL, 5. Platz	
1983/84	NRW-OL, Meister, Aufstieg	NRW-OL, 7. Platz	LL-Westf., 4. Platz
1984/85	BL-Nord, 6. Platz	NRW-OL, 8. Platz	LL-Westf., Meister, Aufstieg
1985/86	BL-Nord, 5. Platz, Aufstieg	NRW-OL, 4. Platz	NRW-OL, 5. Platz
1986/87	1. BL, 6. Platz	NRW-OL, Meister, Aufstieg	DJMM, 3. Platz
1987/88	DMM, Vizemeister	1. BL, 6. Platz	DJMM, **Deutscher Meister**
1988/89	DMM, 3. Platz	DMM, 3. Platz	DJMM, **Deutscher Meister**
1989/90	DMM, Vizemeister	DMM, 3. Platz	DJMM, **Deutscher Meister**
1990/91	DMM, 3. Platz	DMM, Vizemeister	DJMM, **Deutscher Meister**
1991/92	DMM, 3. Platz	DMM, Vizemeister	NRW-OL, 3. Platz
1992/93	DMM, 3. Platz	DMM, Vizemeister	NRW-OL, 3. Platz

Fortsetzung Tabelle siehe nächste Seite

1993/94	DMM, Vizemeister	**DMM, Deutscher Meister**	**DJMM, Deutscher Meister**
1994/95	DMM, 6. Platz	**DMM, Deutscher Meister**	**DJMM, Deutscher Meister**
1995/96	BL-Nord, 8. Platz Abstieg	DMM, Vizemeister Deutsche Pokalsieger	**DJMM, Deutscher Meister**
1996/97	2. BL, 1. Platz Aufstieg	DMM, Vizemeister	NRW-OL, 3. Platz
1997/98	DMM, 3. Platz	DMM, 3. Platz	**DJMM, Deutscher Meister**
1998/99	**DMM, Deutscher Meister**	DMM, Vizemeister	DJMM, Vizemeister
1999/00	DMM, 4. Platz	DMM, Vizemeister	NRW-OL, 4. Platz
2000/01	DMM, 3. Platz	DMM, 3. Platz	NRW-OL, 2. Platz
2001/02	**DMM, Deutscher Meister**	Mannschaft wechselte nach Court-Wiesel Bonn/Mülheim	NRW-RL, 4. Platz
2002/03	**DMM, Deutscher Meister**		NRW-RL, 2. Platz
2003/04	DMM, Vizemeister		NRW-RL, 2. Platz NRW-Junior-Cup Sieger
2004/05	**DMM, Deutscher Meister**		DJMM U 17 Vizemeister **Euregio Junior-Cup, Sieger**
2005/06	DMM, Vizemeister		**DJMM U 17 Meister Sieger Junior-Cup,**

European Club Championships
Europapokal der Landesmeister der Vereinsmannschaften

▬ = Europameister

Jahr	Herren	Damen
1994		Paris, 2. Platz
1995		Helsinki, 2. Platz
1999	Helsinki, 4. Platz	
2002	Aix-en-Provence, 3. Platz	
2003	**Odense, Europameister**	
2004	**Linz, Europameister**	
2005	**Paderborn, Europameister**	
2006	Malmö, 3. Platz	

Spitzenerfolge von PSC-Mitgliedern bei den Deutschen Einzelmeisterschaften

Berücksichtigt sind nur die Plätze 1-3, jeweils nur das beste Ergebnis.
Bei Jungen und Mädchen werden die jeweiligen Altersklassen aufgeführt, deren Einteilung öfter gewechselt hat (U 12 = Unter 12 Jahren).
Herren-Doppel wird erst seit 2002 ausgetragen.

▨ = Deutscher Meister/Deutsche Meisterin

Jahr	Herren-Einzel	Herren-Doppel	Damen	Jungen	Mädchen
1978					
1979					
1980				Karl-Uwe Schneider U 14, 3. Platz	
1981					
1982					
1983					
1984				Edgar Schneider U12, 3. Platz	
1985				Edgar Schneider U12	
1986				Sven Mulder U14	
1987				Edgar Schneider U14	Cordula Pfannschmidt U15
1988	Hansi Wiens			Sven Mulder U16, 3. Platz	Cordula Pfannschmidt U16, 2. Platz
1989	Hansi Wiens		Beate Seidler 2. Platz	Edgar Schneider U16	
1990	Hansi Wiens		Beate Seidler 3. Platz		
1991	Hansi Wiens		Beate Seidler 3. Platz		
1992	Hansi Wiens				Sandra Francese U14, 2. Platz

Fortsetzung Tabelle siehe nächste Seite

Jahr						
1993	Hansi Wiens					Silke Bartel U19 Sandra Francese U15 Simone Leifels U13
1994			Silke Bartel 2. Platz Beate Seidler 3. Platz	Rene Bartel U17		Simone Leifels U15
1995	Hansi Wiens					Simone Leifels U15
1996			Sabine Baum 2. Platz Silke Bartel 3. Platz	Rene Bartel U19		Simone Leifels U17
1997			Sabine Baum 2. Platz			Simone Leifels U17
1998						Simone Leifels U19
1999			Ina Meine 3. Platz			Simone Leifels U19
2000			Sabine Baum 2. Platz	Lars Osthoff U19, 3. Platz		
2001	Lars Harms					
2002	Hansi Wiens	Stefan Leifels Edgar Schneider	Daniela Grzenia 2. Platz			
2003	Lars Harms	Stefan Leifels Edgar Schneider				
2004	Stefan Leifels	Stefan Leifels Edgar Schneider		Lennart Osthoff U17, 3. Platz		
2005	Stefan Leifels 2. Platz	Stefan Leifels Edgar Schneider				
2006	Stefan Leifels	Stefan Leifels Simon Rösner		Simon Rösner U 19	Annika Wiese U 13, 2. Platz	
2007	Simon Rösner					

Hinzu kommen noch viele Erfolge bei internationalen Pokalturnieren, bei Mannschaftswettbewerben sowie im Einzel, so z. B. bei Europameisterschaften.

Feierliche Eröffnung der „European Club Championsships" 2005. Im Innenhof des historischen Schlosses Neuhaus der Paderborner Fürstbischöfe versammeln sich die Mannschaften der Landesmeister aller teilnehmenden Nationen. Veranstalter war der europäische Squash Verband, Ausrichter der Paderborner Squash Club, PSC, Austragungsort der Ahorn-Sportpark.

Quellen/Literatur

Eigene Erinnerungen und Aufzeichnungen, insbesondere Gespräche mit Andreas Preising, Norman Farthing, Willi Lenz u. a.

10 Jahre Paderborner Squash Club 1979–1989. Redaktion Peter Hascher und Andreas Preising. 128 S., Paderborn. 1989.

25 Jahre Paderborner Squash-Club 1979–2004. Redaktion Andreas Dirkes und Andreas Preising. 30 S., Paderborn. 2004.

Lamprecht, Wiebke/Marie-Luise Klein. Siehe: Allgemeine Literatur. Squash S. 239ff.

Tanzsport

Vom geselligen Tanzvergnügen

Heinz Nixdorf – und mit ihm seine Frau Renate – schwangen bei Festen gern das Tanzbein, waren aber keine Turniertänzer. Besonders beliebt waren bei dem sportbegeisterten Unternehmer Sportler-Bälle, darunter die als gesellschaftliches Ereignis geschätzten Herbstbälle des Paderborner Reitervereins in der Paderhalle, wie die Schützenhalle eine Zeit lang hieß. Sodann z. B. die großen Sportlerbälle in Bad Salzuflen, die das „Westfalen-Blatt", dessen Paderborner Ausgabe das „Westfälische Volksblatt" ist, jährlich mit bekannten und verdienten Sportlern, Sportlerinnen und Sportfunktionären aus dem Raum Ostwestfalen veranstaltete und die erfolgreichsten ehrte. Der Verleger Carl-Wilhelm Busse und seine Frau luden die Ehepaare Nixdorf und Werb zu sich an ihren Tisch. Mit Heinz Nixdorf ging es bei der Unterhaltung um Sport und Fragen wirtschaftlicher Entwicklung, speziell um Informations-Verarbeitung und -Übermittlung. Meinerseits konnte ich viel zur bewegten Geschichte der 1849 von dem Buchhändler Ferdinand Schöningh in Paderborn gegründeten Zeitung erzählen, die Busse mit seinem kleineren Westfalen-Blatt 1958 kaufen konnte und als auflagenstärkstes Kopfblatt weiterführte.

Das Tanzen – zwischen Gesprächen – war für Heinz Nixdorf, wie das üblich war, integraler Bestandteil geselliger Kontakte, insbesondere bei festlichen Anlässen. Wenn er selbst z. B. einen Kreis von Starbootseglern und Zehnkämpfern – alles erfolgreiche Teilnehmer an Europa- oder Weltmeisterschaften oder Olympischen Spielen – mit seinen Skatbrüdern und einigen weiteren Freunden zur Fete einlud, durfte die Kapelle, die zum Tanz aufspielte, nicht fehlen. Gelegentlich hat der Gastgeber nach solch einem Feier-Abend, 1983, notiert: *„3. Dez. Segler + 10 Kämpfer + Skat. Treffen bis 3.30. Gute Stimmung aller."*

Vereins-Tanzsport in Paderborn

Im Tanzsport hatten sich in Paderborn neben kleineren Gruppierungen zwei Abteilungen in Großvereinen besonders herausgemacht. Der „1. Paderborner Tanz-Sport-Club Rot-Gold e.V. 1964" (1. PTSC) hatte sich 1967 der Tanzsportabteilung der „Deutschen Jugend Kraft/Spiel- und Sport-Gemeinschaft 1920 e.V." (DJK/SSG) angeschlossen.

Der zweite Verein, „Tanz-Sport-Club Blau-Weiß", kurz nach dem ersten auch 1964 gegründet, hatte sich 1971 als selbständige Abteilung in den „Turn-Verein 1875 Paderborn e.V." (TV) integriert. Im folgenden werden die beiden Tanzsportabteilungen als „DJK" und „Blau-Weiß" apostrophiert.

Ein „Blau-Weißer" Vorschlag und ein sportbegeisterter Querdenker

Einer der Trainer der „Blau-Weißen" war der professionelle Gerd Weissenberg, der mit seiner Frau im Kolpinghaus die „Tanzschule Stüwe-Weissenberg" betrieb. Diese Tanzschule und die „Blau-Weißen" hatten im Oktober 1983 in der neuen Pader-Halle am Maspernplatz die „Deutsche Meisterschaft der Professionals LA 83" in den Lateinamerikanischen Tänzen ausgerichtet und für das in Paderborn recht spektakuläre Ereignis viel Anerkennung bekommen. (LA = Leistungsklasse A, die oberste.) Das ermutigte, nach Höherem zu streben, die Veranstaltung einer Europa- oder gar einer Weltmeisterschaft anzuvisieren.

So wurde anfangs 1984, nach Fertigstellung der Ahorn-Sporthalle, der potente Sportsponsor, Heinz Nixdorf, angegangen. Der ehemalige Jugendwart der „Blau-Weißen", Ulrich Vogt, berichtet:

Gerd Weissenberg, ehemaliger Weltklassetänzer und Trainer der Blau-Weißen, war damals hoher Funktionär im Weltverband der Profi-Tänzer. Ein paar Anrufe nach Japan, England und in die Staaten und schon hatte er grünes Licht für die Meisterschaften in Paderborn bekommen. Als Veranstaltungsort bot sich die Halle des Ahornsportparks an. Aber wie sollte man dort mehrere Tausend Zuschauer unterbringen, die alle einen guten Blick auf die Tanzfläche haben mussten?
Mit dem damaligen Bauleiter der Nixdorf Computer AG, Karl-Heinz Dinkelmann, wurden im Vorfeld Pläne für den Bau beweglicher Zuschauerränge gemacht. Wir hatten an von den Wänden ausziehbare Konstruktionen gedacht, ähnlich einer Wandlampe mit scherenförmigen Verstrebungen.
Mit dieser Idee im Kopf und der Gewissheit, dass Heinz Nixdorf auf unser geplantes sportliches Großereignis „anspringen" würde, gingen wir in das Gespräch mit dem großen Paderborner Sportförderer: Josef Müller, 1. Vorsitzender des TSC, Gerd Weissenberg, Karl-Heinz Dinkelmann und ich.
Unser Traum von der „großen Meisterschaft im Ahornsportpark" war nach wenigen Minuten geplatzt. *„Für die Dekoration und den Auf- und Abbau der Tanzfläche und der Bestuhlung brauchen wir mindestens eine Woche. Und wo sollen in dieser Zeit meine Paderborner Freizeit- und Vereinssportler trainieren?"* war das ziemlich empört und knallhart vorgetragene Argument von Heinz Nixdorf und somit war die Sache vom Tisch. Unsere Idee mit den ausziehbaren Zuschauerrängen wagten wir gar nicht mehr anzubieten, zumal uns Heinz Nixdorf seine neuesten Pläne für den Bau neuer Sporthallen am Ahornsportpark vorstellte. Auch die Tänzer sollten runter von der offenen Balustrade in der Ahornhalle und eine auf ihren Sport maßgerecht zugeschnittene Tanzsporthalle bekommen. Ähnliche sportgerechte kleine Hallen, die terrassenförmig zur Alme hinunter angelegt werden sollten, waren für weitere Sportarten geplant.
Mit großer Begeisterung trug uns dann Heinz Nixdorf sein geplantes Kontrollsystem für die Halle vor. Jeder Sportler sollte eine Scheck-Karte bekommen, die er beim Betreten der Turnhalle in einen Automaten stecken musste. So konnte kontrolliert werden, wie viele Sportler von welchem Verein oder welcher Abteilung die Trainingsmöglichkeiten der Ahornhalle nutzten. Eine Big-Brother-Kontrolle? Auf den ersten Blick ja, denn die Clubs sollten für die Trainingsstätten eine Jahresmiete zahlen und die sollte sich nach der Anzahl der Sportlerinnen und Sportler richten, die dort trainiert hatten. Mein vorsichtig vorgetragener Hinweis, dass dieses Verfahren unser durch das nicht gerade billige Tanzsporttraining arg

belastetes Vereinsbudget noch mehr strapazieren würde, entkräftete Heinz Nixdorf mit einem Rechenexempel, das wohl nur ein Sportfanatiker wie er sich hatte ausdenken können: „Am Ende eines Jahres werden wir einen Überblick darüber haben, wie oft Mitglieder von Paderborner Sportvereinen in unserer Halle trainiert haben. Danach wird die Miete berechnet. Sollten die Mitglieder eines Vereins entsprechend der Zahl ihrer aktiven Sportler die Halle überdurchschnittlich oft genutzt haben, so entfällt die Miete. Deren Vereinkassen bekommen zum Jahresende von mir sogar noch ein paar Mark drauf!" Eine von uns unerwartete, schlitzohrige Rechnung eines echten sportbegeisterten Querdenkers.

Der DJK-Tanzsport und der Nixdorf-Vorstand

Die Tanzsportabteilung der DJK-SSG hatte in der Ahornsporthalle nächst dem Squash Einzug gehalten und eine neue Heimstatt gefunden. Bevor Leichtathleten und Ballspieler die weiten Flächen im Erdgeschoß in Nutzung nehmen konnten, wurde in der oberen Etage bereits getanzt. Der Forderung des Bauherrn nach Transparenz entsprach die mit einer Ballustrade zur Halle hin offene große Tanzfläche, die mit einem Spezial-Parkettboden und an einer Seite mit einer breiten Spiegelwand ausgerüstet war. Da der Raum nicht abgeschlossen werden konnte, wurde der Tanzabteilung für die Aufbewahrung ihrer Tonanlagen in einem daneben gelegenen Konferenzraum ein Schrank zur Verfügung gestellt. Hierin wurden Schallplatten, Plattenspieler, Musikkassetten etc. eingeschlossen. In diesen Konferenzraum, K 8, zog sich gelegentlich der Nixdorf Vorstand zurück, um abseits der Firmenzentrale völlig ungestört bis in späte Stunden beraten und planen zu können.

Für jeden Montag und Freitag war für die DJK-Tänzer Training in der Ahorn-Halle angesetzt. Der Leiter der Tanzsportabteilung, Hermann-Josef Kluth, weiß zu erzählen:

„Eines abends empfing uns die Rezeption mit den Worten: ‚Sie können heute nicht tanzen und den Schallplattenspieler aus dem Konferenzraum holen. Im K 8 tagt der Vorstand der Nixdorf-Computer AG!'

Was tun? – Es warteten ca. 40 Damen und Herren, die tanzen wollten. – Ich nahm mein Herz in beide Hände, ging zum K 8 hinauf, klopfte an, ging hinein und bat Herrn Nixdorf, den Schallplattenspieler aus dem Schrank holen zu dürfen. Herr Nixdorf antwortete: ‚Sicherlich, wir wollen sie doch nicht am Sport hindern!'

Noch während wir fleißig trainierten, hatten wir, völlig unerwartet, prominente Zuschauer. Herr Nixdorf und der gesamte Vorstand machten eine Pause und guckten uns beim Tanzen zu. Einige Vorstandsherren, die bis da wenig konkrete Anschauung von Tanzssport hatten, machten nicht nur anerkennende Bemerkungen, sondern äußerten, daß sie beim Zuschauen Arbeit und Stress für kurze Zeit und auf angenehme Weise vergessen könnten.

Zum Erstaunen der Herren an der Rezeption wiederholte sich dieses Ereignis des öfteren. Wir freuten uns, daß wir trotz des Störens tanzen durften und der Vorstand freute sich auf eine willkommene Sitzungspause."

Tanzsportveranstaltung in der Halle des Ahorn-Sportparks. 1.500 Zuschauer haben sich eingefunden. Im Vordergrund Turniertänzer mit den weißen Nummern auf dem Rücken. Die aufgestockte 200m-Laufbahn dient den Zuschauern als „Olymp" (16.10.1985).

Tanzturniere in der Ahorn-Sporthalle

Trotz der Ablehnung des Vorschlags von Gerd Weissenberg und den „Blau-Weißen" konnten die DJK-Tänzer schon bald das Ausrichten von Tanzsportveranstaltungen in der Ahorn-Sporthalle erreichen, da sie einer der Vereine waren, die hier mit ihrem Training zuhause waren. Die erste Großveranstaltung, im Oktober 1985, übertraf, wie das „Westfälische Volksblatt" und die „Neue Westfälische" übereinstimmend berichteten, die kühnsten Erwartungen. 1.500 Zuschauer bildeten die imposante Kulisse für die aus ganz Deutschland angereisten 40 Paare, die zum Amateur-Tanzturnier in den fünf Standard-Tänzen, Senioren C I Klasse und in der Hauptklasse B, antraten. Während der Wettkampfpausen konnten die wahren Amateure, die Zuschauer, auf dem Parkett selbst ein Tänzchen wagen.

Nach der erfolgreichen Veranstaltung traute sich der Abteilungsvorstand, Heinz Nixdorf um einen Beitrag zu den Kosten von insgesamt 1.536,- DM zu bitten. Der Eintritt für die 1.500 Zuschauer war frei. Heinz Nixdorfs ablehnende Antwort war also verständlich.

Am 09. März 1986 fand im Ahorn-Sportpark die zweite Tanzsportveranstaltung statt, wieder mit 1.500 Zuschauern, Eintritt frei. Es ging um Titel und Ränge

Fortsetzung S. 348

Nationales Tanzturnier in der Ahorn-Sporthalle. Die Fahnen signalisieren, aus welchen Ländern Amateur-Turnier-Tänzer am Wettbewerb teilnehmen (09.11.1986).

Renate Nixdorf und Hermann-Josef Kluth. Zum Abschluß der Wettkämpfe stehen die Sponsorin und der Veranstaltungsleiter mit Geschenk und Urkunde bereit, das Siegerpaar zu ehren.

Herrn
Heinz Nixdorf
Fürstenallee 7

4790 Paderborn

Abteilungsleiter:
Hermann-Josef Kluth
Grunigerstr. 18 4790 Paderborn

Paderborn, den 30. Oktober 1985

Sehr geehrter Herr Nixdorf,

für die von Herrn Lenz übermittelten Grüße sagen wir Ihnen recht herzlichen Dank.

Das von der Tanzsportabteilung der DJK Paderborn am 20.10.85 erstmalig in der Ahorn-Sporthalle veranstaltete nationale Amateur-Tanzturnier wurde mit einem Zuschauerrekord von 1.500 Personen zu einem Sportereignis in Paderborn.

Dank guter Zusammenarbeit mit der Geschäftsführung des Ahorn-Sportparkes kann dieses Experiment - trotz gewisser Umstände wie z.B. die Parkettausleihung, das großflächige Abdecken des Sportfußbodens, Probleme bei der musikalischen Beschallung usw. - als bestens gelungen bezeichnet werden. Die Ahorn-Sporthalle hat ihre "Feuertaufe" auch als Wettkampfstätte für den Tanzsport glänzend bestanden.

Die allseits gute Resonanz hat uns ermutigt, unter bestimmten Voraussetzungen weitere Tanzturniere als Sportturniere ohne Ballcharakter zu veranstalten, die zu einem festen Bestandteil des Veranstaltungsprogrammes in dem von Ihnen geschaffenen Ahorn-Sportpark werden könnten. In einer mit Herrn Lenz geführten "Manöverkritik" zu dem Tanzturnier wurden als mögliche Termine für 1986 bereits die Sonntage 8. März und 18. Oktober besprochen.

Die DJK-Tanzsportabteilung, die mit rund 50 Mitgliedern das Tanzen vorwiegend als Breitensport betreibt, ist Ihren Grundsätzen gefolgt, daß der Sportpark von Jedermann frei benutzt werden kann und hat deshalb auch bei dem Tanzturnier vom üblichen Eintrittsgeld abgesehen, was sicherlich die große Zuschauerzahl in den Sportpark geführt hat und das Interesse am Tanzsport - ob aktiv oder passiv - in Paderborn und Umgebung unterstreicht.

- 2 -

Da beim Tanzsport keine Startgelder von den aktiven Paaren gefordert werden können, hat das Tanzturnier, abgesehen von unseren Bemühungen, die Kosten durch Anzeigenwerbung in dem selbst gestalteten Programmheft zu decken, ein Minus durch folgende Hauptpositionen verursacht:

Parkett-Leihgebühr Paderhalle	DM 570,--
Kostenbeteiligung Ahorn-Sportpark	DM 267,50
Turnierleitungs- u. Wertungsrichterkosten	DM 698,50
	DM 1536,--

Sehr geehrter Herr Nixdorf, im Namen aller Mitglieder bedanke ich mich recht herzlich für die geschaffenen Möglichkeiten, im Ahorn-Sportpark sowohl durch die Trainingsmöglichkeiten als auch mittels Tanzturnieren den Tanzsport in Paderborn noch mehr publik machen zu können.

Wir würden uns freuen, wenn Sie mit zur Begleichung der entstandenen Kosten unserer so erfolgreichen Veranstaltung beitragen könnten.

Mit freundlichen Grüßen

Abteilungsleiter der
DJK-Tanzsportabteilung

Heinz Nixdorf
Vorsitzender des Vorstands
Nixdorf Computer AG

Fürstenallee 7 · 4790 Paderborn
Telefon (05251) 15-1100

5. November 1985

Herrn
Hermann-Josef Kluth
Leiter der Tanzsportabteilung
der DJK Paderborn e.V.
Grunigerstraße 18

4790   Paderborn

Sehr geehrter Herr Kluth,

den Bericht über den positiven Verlauf Ihres Tanzturniers habe ich mit Interesse gelesen. Wir unterstützen Ihren Sport und Ihre Veranstaltung auch gern durch das kostenlose zur Verfügung stellen unserer Halle. Den Etat Ihres Vereins bitte ich aber durch Ihre Mitglieder, Ihre Freunde und Zuschauer tragen zu lassen.

In der Hoffnung, daß Sie für meine Haltung Verständnis haben verbleibe ich

mit freundlichen Grüßen

Linke Seite:
Brief des Leiters der Tanzsportabteilung der DJK/SSG vom 30.10.1985 an Heinz Nixdorf.

Oben:
Antwort von Heinz Nixdorf an den Leiter der Tanzsportabteilung, 05.11.1985.

in der Klasse Senioren D I der Standard- und in der Hauptklasse A der Lateinamerikanischen-Tänze.

Ein „3. Amateur-Tanzturnier im Ahorn-Sportpark" wurde im November 1986 ausgetragen. Und zwar in den Klassen: Junioren B/A Standard und B/A Latein sowie Senioren B I Standard. Wieder begeisternder Tanzsport mit 1.500 Zuschauern. Bis 1991 konnte die DJK insgesamt neun große Tanzturniere im Ahornsportpark veranstalten.

Inzwischen hatte anderer Sportbetrieb in der Ahornhalle beträchtlich zugenommen, so daß sich die Tanzturniere wegen des Auf- und Abbauens von Bestuhlung, Blumenkästen etc. sowie der Parkettverlegung als störende Unterbrechung erwiesen. Der „eigene Sport" sollte nach dem Willen des Bauherrn Vorrang haben vor „Zuschauerveranstaltungen".

Andere Sporthallen standen in Paderborn zur Verfügung. Ein Höhepunkt war im Oktober 1997 die Ausrichtung der Tanzsport Europameisterschaft der Professionals im Sportzentrum am Maspernplatz. Um Titel und Ränge wetteiferten Tanzpaare aus 16 Nationen. Initiator und Ausrichter dieses Turniers war die Tanzschule Stüwe-Weissenberg.

Quellen/Literatur

Informationen von Lothar von dem Bottlenberg, Hermann-Josef Kluth, Ulrich Vogt und Willi Lenz, sowie eigene Erinnerungen.

Neue Westfälische vom 31.10.1983, 23.10.1985, 11.11.1986.

Westfälisches Volksblatt vom 11.11.1986.

Lamprecht, Wiebke/Marie-Luise Klein. Siehe Allgemeine Literatur. S. 241ff.

Segeln

Interesse am Segelsport erst mit 43 Jahren geweckt

Das Interesse am Segelsport wurde bei Heinz Nixdorf eher zufällig ausgelöst. Er hielt im Juni 1968 in Kiel vor geladenen Gästen der Provinzial Versicherung einen Vortrag über Perspektiven des Nutzens von Computern am Arbeitsplatz und wurde zum Dank vom Veranstalter eingeladen, eine Regatta der „Kieler Woche", die seit 1895 jährlich stattfindet, auf der Außenförde von einem Begleitboot aus mitzuerleben. Das war für den Gast, der mit Wassersport und Seefahrt nichts zu tun hatte, hinter vorgehaltener Hand eine „Landratte", eine besondere Ehre. Obendrein herrschte Kaiserwetter, wie die Kieler in Tradition und Erinnerung an die Besuche Seiner Majestät, Kaiser Wilhelm I., zu sagen pflegen: Strahlend blauer Himmel und idealer Ostwind, Stärke 4. Hier kam Heinz Nixdorf die Idee: Du arbeitest hart, du willst zum Ausgleich Sport treiben, du bist nun 43, und Segeln ist, etwa im Unterschied zur Leichtathletik oder zum Kanu und Rudern – Disziplinen, bei denen Muskelkraft ein entscheidenderer Faktor ist – ein Sport, bei dem bis ins hohe Alter respektable Leistungen erbracht werden können. Wenn Heinz Nixdorf in der Ferne ein großes Ziel ausmachte, dann sagte er: *„Ich träume davon ..."*. Er träumte davon, sich im Segeln von Null an bis zu Leistungen hochzuarbeiten, wie er solche auch bei älteren Teilnehmern in Kiel feststellte.

Nach Paderborn zurückgekehrt, mußte für den unmittelbar bevorstehenden Familienurlaub – zum wiederholten Mal am Wörther See in einem Bungalow der Pension Schnür – schnell ein eigenes Boot her. Heinz Nixdorf bat seinen jüngeren Bruder Walter (Elektrohandel), für ihn eine Jolle zu kaufen und sein Fahrer, Josef Pieper, hatte das Schiff, eine „Koralle" nach Pörtschach zu bringen.

Im Urlaub der Anfang mit dem Segelschein

Um mit dem Segeln anzufangen, war der Wörther See als Leichtwindrevier ideal, zumal die Jolle, ein Ein-Mann-Boot, mit ihrem einziehbaren Schwert auch für seichte Gewässer geeignet war, andererseits allerdings zum Kentern neigte. In den Jahren zuvor, ebenfalls am Wörther See, an seinem Ufer, schien Heinz Nixdorfs Tatenrang nicht ganz ausgelastet zu sein. Ein, zwei Stunden Tennisspielen – ja, aber nicht den ganzen Tag. Und Heinz Nixdorf war kein großer Schwimmer. Damit er sich nicht langweile, ermunterte ihn seine Frau Renate, sofort in eine Segelschule zu gehen. Auf der Jolle machte er im Herbst desselben Jahres während eines achttägigen Urlaubs, zu dem ihn sein Kunde „Kienzle" in das vornehme Hotel Schloss Leonstain am Wörther See eingeladen hatte, den Segelschein.

Ein kleines Handikap im Wasser

Daß Heinz Nixdorf nicht gern im Wasser war, dagegen lieber im Boot über Wasser sein wollte, ergab sich aus einem unauffälligen Handikap, einer chronischen Perforation, d.h. einem Loch im Trommelfell. Durch Eindringen von Wasser, das kühler als die 36° Körpertemperatur ist, also z.B. von 20°, wird der periphäre Gleichgewichtsapparat durch einen Temperatursturz unterkühlt, schockartig wird der Betroffene schwindelig, orientierungslos, kann nicht mehr wahrnehmen, wo oben und unten ist. Mit einer solchen Perforation kann man bei entsprechender Vorsicht gut leben, heutzutage würde man sie durch eine Hauttransplantation schließen. Heinz Nixdorf kehrte seinen schwachen Punkt unter den Teppich. Aus der Knetmasse, mit der seine Sekretärinnen die Schreibmaschinentypen, wenn diese sich durch Farbe und Flusen zugesetzt hatten, reinigten, modellierte er sich Stopfen, die seinem Gehörgang angepaßt waren, hatte diese aber selten zur Hand. Josef Pieper erinnert sich: Als Heinz Nixdorf eines Tages aus seinem Boot „in den Bach fiel", wie die Segler sagen, war sein Vorschotmann erschrocken über den Schock, den sein Chef erlitt, und zog den völlig Hilflosen aus dem Wasser, rettete ihn vor dem Ertrinken. Doch dieses Unglück ereignete sich erst viele Jahre später, 1980. Zurück an den Wörther See, 1968.

Von der Jolle zum anspruchsvolleren Starboot

Der „Union Yacht Club Wörther See" richtete zur selben Zeit, als Heinz Nixdorf auf der Jolle mit dem Segeln begann, eine Starboot-Regatta aus, an der auch einer der Pensionsgäste, Otto Schlenzka, teilnahm. Dieser war ein begeisterter Starbootsegler, eine bekannte Persönlichkeit im Deutschen Segler-Verband und in den folgenden Jahren einer der weltbesten Wettfahrtleiter. (1994 wurde ihm von der „International Star Class Yacht Racing Association" deren höchste Auszeichnung, die „Harry Nye Trophy", verliehen.)

Als ich kürzlich Otto Schlenzka anrief, der inzwischen 85 war, erinnerte er sich sogleich, nach mehr als 35 Jahren, daran, daß er mit Heinz Nixdorf auf dem Badesteg ins Gespräch und dabei schnell zum Thema Segeln kam. Schlenzka hatte schon mit 15 Jahren mit dem Segelsport begonnen und damals 30 Jahre Erfahrung. Er beschrieb Heinz Nixdorf eindringlich und schwärmend die Eigenschaften und Vorzüge des Starbootes, das viel schwieriger als die einfacher handzuhabende Jolle, und – ohne dieser weh tun zu wollen – eine sehr viel bessere Klasse sei, eine der anspruchsvollsten aller Einheitsklassen. Das weckte den Ehrgeiz von Heinz Nixdorf.

Als er aus dem Urlaub nach Paderborn zurückgekehrt war, beauftragte er den Einkäufer seiner Firma, ein gutes Starboot zu suchen. Dieser wurde in der Schweiz, am Zürichsee, fündig. In der „Portier-Werft" war das erste aus Kunststoff gebaute

Starboot, inzwischen ein Jahr alt, gebraucht, mit der Registriernummer 5384, zum Secondhandpreis und sofort zu haben. Kurz und bündig gab Heinz Nixdorf Anweisung: *"Kaufen!"*

Die Einheitsklasse Starboot, eine Rennyacht

Es gibt eine Vielzahl von der „International Yacht Raicing Union" anerkannte Klassen, darunter die geringe Zahl der Olympischen Klassen. Zusätzlich bestehen auf nationalen Ebenen weitere Klassen mit abweichenden Bauvorschriften. Die Boote all dieser „Einheitsklassen" werden nach demselben Bauplan und sehr eng gefaßten Vorschriften gefertigt, so daß alle Boote einer Klasse theoretisch gleich sind. Das Starboot, für das sich Heinz Nixdorf nun entschieden hatte, ist eine 1911 konstruierte reine Regattayacht, ein Zwei-Mann-Kielboot, seit 1932 eine der olympischen Klassen. Dieses Boot ist für größere Binnenseen, z. B. Gardasee oder Ijsselmeer, und für küstennahe Meeresreviere bestimmt, also nicht für Hochseeregatten. Die Maße der Boote: Länge 6,92 m, Breite 1,73 m, Tiefgang 1,02 m, Mast 10,00 m, Baum 4,40 m, Fläche der beiden Spitzsegel – Großsegel und Vorschot (Fock) – 27,95 m^2, kein Spinnacker, Gewicht 671 kg.

Die oberste Organisation für diese, in der Welt wohl verbreitetste Rennklasse mit internationalem Flair ist das „Central Office" der „International Star Class Yacht Racing Association" (ISCYRA) mit Sitz in Glenview bei Chicago (Illinois, USA).

Die „Zulassungsnummern" der Yachten mit dem Stern

Alle an offiziellen Wettbewerben teilnehmenden Segelboote haben Segelzeichen zu führen, die Starboote auf ihrem Großsegel den fünfzackigen roten Stern (= Star) und die vom „Central Office" ihres internationalen Verbandes zugewiesenen Registrier-Nummern. Diese werden weltweit und fortlaufend an jedes neue, von lizenzierten Werften gebaute Boot vergeben, im Rumpf fest eingeprägt und sind auf beiden Seiten des Großsegels aufzubringen. So sind der Skipper und seine Crew, der Vorschotmann, aus größerer Entfernung zu identifizieren, auch wenn die Personen nicht zu erkennen sind. Die Nummer bleibt beim Schiff, auch wenn der Eigner wechselt. Jährlich bekommen weltweit etwa 100 bis 120 neue Boote die weiteren Ziffern. Seit 1911 wurden bis 2003 über 8100 Nummern zugeteilt. Von den ersten 2000, den älteren also, waren 2003 nur noch 20 Yachten registriert. Bei penibel den gleichen Maßen sind durch verbesserte Materialien die jüngeren Boote schneller geworden.

Heinz Nixdorf hat des öfteren sein jeweiliges Boot verkauft, insbesondere wenn sich eingesparte Rücktransportkosten und Verkaufserlös für eine Neuanschaffung rechneten. Auf Nr. 5384 folgten zehn weitere Boote (siehe Tabelle), darunter

Nr. 6946 – für Heinz Nixdorf, der gern mit Zahlen spielte, war das dreimal 23 und zweimal 23. Sein letztes Schiff hatte die Nr. 7116. (Mit diesem konnte der Vorschoter nach dem Tode seines Skippers, 1986, noch bis 1989 erfolgreich Regatten segeln, anschließend mit den neueren Schiffen 7402, dann mit 7665, die wie zuvor Heinz Nixdorfs Boote den Namen „Nate" bekamen. Der „Heinz Nixdorf Verein zur Förderung des Segelsports e.V." hat 1992 das Starboot Nr. 7638 angeschafft.)

Die Starboote von Heinz Nixdorf

Nummer	Jahre	Nummer	Jahre	Nummer	Jahre
5384	1969–72	6242	1978	6742	1981–82
5684	1972–73	6282*	1978	6946	1983
5792	1974	6567	1979	7057	1984
5931	1975–77	6648	1980–81	7116	1985–86

* nicht für Regatten genutzt, sondern für „Computer-Versuche"

Erstes Training mit dem Starboot auf dem Möhnesee

Allgemeines Grundwissen und Grundfertigkeiten des Segelns hatte Heinz Nixdorf im Sommer 1968 in der Segelschule mitbekommen. Nun hatte er ein Starboot angeschafft, nicht um sich die Zeit mit Kaffee- oder Aquavitfahrten zu vertreiben. Er wollte Wettkämpfe. Mit einem alten Freund aus Schul- und Leichtathletikzeiten, Fritz Bunte, der als ein Tausendsassa auch in vielen Sportarten bis hin zum Drachensegeln mitmischte und „Bunten Fitti" genannt wurde, begann Heinz Nixdorf auf dem ca. 60 km von Paderborn entfernten Möhnesee, dem nächstgelegenen Revier mit einigen Starbooten, in dieser Bootsklasse zu segeln. Dabei standen insbesondere das Trimmen und das Beherrschen der Bootsgeschwindigkeit im Vordergrund.

Sodann beschaffte sich der Anfänger das Jahrbuch der internationalen Organisation, informierte sich über das Regelwerk und die Hierarchie der Regatten.

Hierarchie von Organisation und Wettkämpfen

Die unterste Ebene sind die Starboot-Flotten und ihre Meisterschaften. Voraussetzung, um an international anerkannten Meisterschaften teilnehmen zu können, ist die Zugehörigkeit zu einer Flotte. Also drängte Heinz Nixdorf auf die Bildung und Registrierung einer Flotte, der Möhneseeflotte, die seit 1970 besteht und das Flottensymbol Moh bekam. (HF = Hamburg Flotte seit 1931, KF = Kieler Flotte seit 1935, ED = Edersee seit 1990.) Über den Flotten rangieren zunächst die natio-

Starboote sind im Wettkampf an ihren Segelzeichen zu erkennen. An dem fünfzackigen Stern und der Nummer 6567 ist das Starboot von Heinz Nixdorf mit seinem Vorschoter Josef Pieper auszumachen. G = Germany. Mit dem Boot 6567 segelte der Paderborner 1979.

Das Starboot mit der Registrier-Nummer 7057. Einholen des Großsegels nach einer Regatta. Im Jahre 1984 segelten Heinz Nixdorf (links) Josef Pieper in dem Boot mit dieser international zugewiesenen Nummer.

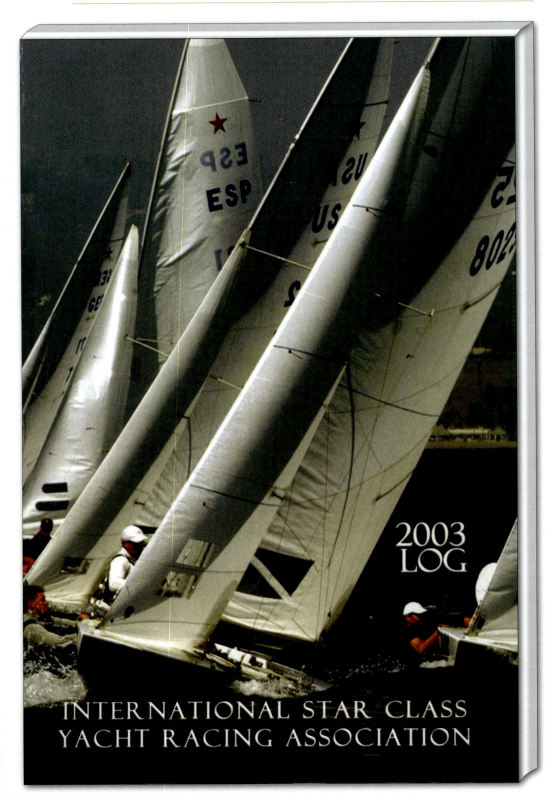

nalen Organisationen, also z. B. der Deutsche Segler-Verband mit seinen Meisterschaften. Dann kommen Distrikte und ihre Meisterschaften. Auf der Welt gibt es länderübergreifend 19 Distrikte. Der nördliche Teil Deuschlands gehört mit den Britischen Inseln, mit Belgien, den Niederlanden, Luxemburg und Dänemark zum Distrikt 13 – Nordsee, der 19 Flotten umfaßt, darunter Moh = Möhnesee. Der südliche Teil Deutschlands sowie Österreich, Kroatien, Tschechien, Slowenien, Ungarn, Rußland, Bulgarien und die Ukraine bilden den Distrikt 17 – Donau-Alpen. Über den Distrikten mit ihren Meisterschaften stehen die Kontinente, z. B. Europa mit seinen Meisterschaften, die zweimal jährlich im Frühjahr und im Herbst ausgetragen werden. Und in der Spitze finden jährlich einmal die Weltmeisterschaften statt. Olympische Wettkämpfe sind also seltener und ganz besondere Ereignisse. Die Meisterschaften entsprechend der Organisationshierarchie werden ergänzt und durchsetzt von zahlreichen regelmäßig ausgetragenen ortsgebundenen Wettbe-

Links:
Log of the International Star Class Yacht Racing Association. Hier Jahrgang 2003. In diesem Handbuch: Organisation und Amtsträger, Reglement für die Regatten, Maße für Rümpfe und Segel, Verzeichnisse der Distrikte und Flotten, die Ergebnisse der internationalen Regatten des vorangegangenen Jahres, Listen der Sieger aller bisherigen Weltmeisterschaften und der anderen bedeutenden Events, Listen aller registrierten Starboote und der lizenzierten Werften etc..

Rechts:
Westfälischer Yachtclub Delecke, am Möhnesee. Der Mitgliedsausweis von Heinz Nixdorf.

werben (Events), die z. T. hohen Rang haben, wie z. B. die Kieler Woche, und mit denen häufig offizielle Meisterschaften zusammengelegt werden. Weltweit zählt die mächtige ISCYRA ca. 180 Flotten!

Die Vorschoter, eine Absage, eine Zusage

1969 hatte Heinz Nixdorf mit Fritz Bunte als Vorschoter seine ersten Regatten gesegelt: auf dem Möhnesee, dann auf dem Baldeneysee (Essen), dem Rursee (Eifel) und in Hamburg auf der Außenalster. Plazierungen mit leicht steigender Tendenz weckten den Ehrgeiz, besser zu werden. Bereits im Sommer 1970 wollte Heinz Nixdorf bei einem internationalen Wettbewerb mitsegeln. Die eben gegründete Möhneseeflotte verabredete sich und meldete fünf Boote für die jährlich ausgetragene Regatta „Coppa Internationale" auf dem Gardasee. Heinz Nixdorf wollte am Wörther See einen Teil des Familienurlaubs, den er dort mit seiner Frau und den drei Söhnen insgesamt elf mal verbracht hat, für dieses Ereignis opfern, ihn unterbrechen. Unerwartet meldete sich sein Vorschoter Fritz Bunte als verhindert ab. Da rief Heinz Nixdorf vom Wörther See seinen Fahrer Josef Pieper in Paderborn an, fragte, ob er mit dem Boot zum Gardasee fahren und mit ihm segeln könne. *„Ja!"*

Fritz Bunte, mit dem Heinz Nixdorf fast zwei Jahre gesegelt war und der für ihn nach der Absage nicht insgesamt, aber als Vorschoter „gestorben" war, hat etwas niedergeschrieben, was sehr charakterisiert: *„Bei der Rückkehr von der Regattabahn in den Hafen anläßlich einer Deutschen Meisterschaft in Travemünde klönten wir über dieses und jenes, und in meiner Euphorie für das Segeln schlug ich ihm vor: ‚An Deiner Stelle würde ich meinen Betrieb verkaufen und nur noch segeln.' Darauf wurde Heinz Nixdorf ernst, sah mich an und antwortete: ‚Das unterscheidet uns beide!'"*

Eine weitere Story hat Fritz Bunte immer wieder, noch nach vielen Jahren, zum besten gegeben: Bei einer Trainingsfahrt auf dem Möhneseee, 1969, suchte Heinz Nixdorf irgendwas und kramte in seinen Taschen. Plötzlich flatterten etliche Geldscheine in die Wellen. Fritz Bunte wollte sich ins Wasser stürzen, doch sein Skipper brüllte ihn an: *„Halt! Du bist Vorschoter! Du machst nur, was ich Dir sage!"* Und die Geldscheine sind davongeschwommen.

Erster Erfolg bei einer internationalen Regatta

Der Gardasee in seinem nördlichen Teil zwischen Torbole und Malcesine ist eines der schönsten und windigsten Binnenreviere in Europa. Hier treibt die regelmäßig vormittags von Norden zwischen den hohen, steilen Bergen wie in einem Kaminzug einsetzende „Ora" die Segelboote kräftig an.

Hochrangige Starbootwettbewerbe werden in der Regel an fünf bis sieben Tagen ausgetragen, an denen je eine Regatta (Wettfahrt, Race) gesegelt wird. Es gibt die Sieger und Ränge der einzelnen Wettfahrten (sog. Tagessieger). Bei mehr als fünf Rennen kann jeder sein schlechtestes Ergebnis streichen. Und zum Abschluß der Regatta-Serie werden mittels eines Punktesystems der Gesamtsieger und alle folgenden Plazierungen festgestellt. Der Wettfahrtleitung kommt große Bedeutung zu, da in jedem Einzelfall die Kurse zu bestimmen sind, bei Flaute oder Sturm über die Austragung sowie nach jeder Regatta über Regelverstöße und Proteste entschieden werden muß, oft bei einem Feld von 40 oder gar mehr Teilnehmern! (An der Weltmeisterschaft 2002 nahmen 103 Boote teil.) Fällt an einzelnen Tagen wegen widriger Windverhältnisse – Sturm oder Flaute – eine Tages-Regatta aus, werden am Folgetag zwei Regatten gesegelt. Dann ist ausnahmsweise der sonst übliche Begriff „Tagessieger" nicht zu gebrauchen. Neuerdings wird daher zunehmend von Siegern und Plazierten der 1., 2., etc. Wettfahrt (Race) gesprochen.

Bei seiner ersten internationalen Regatta beendete Heinz Nixdorf die Serie der Wettfahrten mit einem beachtlichen Platz im Mittelfeld.

Anfang der Ära gemeinsamen Segelns mit Josef Pieper

Jetzt und hier auf dem Gardasee begann für Heinz Nixdorf als Skipper und Josef Pieper als Crew, als Vorschoter, eine glückliche Ära sportlicher Aktivitäten und Erfolge, die 16 Jahre währte. Ein Biograph von Heinz Nixdorf hat bemerkt, daß dessen Vorschoter als einziger unter all den Starbootseglern seinen Skipper nicht duzte. Das hatte seine Bewandnis, da dieser Angestellter der Firma war und gegenüber Heinz Nixdorf als Chef Form wahren wollte. Doch war dies kein Hindernis für eine großartige Männerfreundschaft in unverbrüchlicher, großer Treue. Als sei es selbstverständlich, konnte der eine mit dem anderen zu jeder Zeit rechnen, der eine auf den anderen quasi wie auf einen Felsen bauen, über die vielen Jahre hinweg, bei vielen, vielen Wettkämpfen in aller Welt (siehe Anhang dieses Kapitels). Für Heinz Nixdorf war sein Vorschoter „Jupp" oder auch „Jüppi".

Das Starbootsegeln wurde zur Leidenschaft

Mit dem Erfolg bei seiner ersten Teilnahme an einem internationalen Wettbewerb hatte sich bei Heinz Nixdorf eine bleibende Begeisterung für das Starbootsegeln eingestellt, es wurde seine Leidenschaft. Ein Grund für ihn war die Perspektive, in diesem Sport bis ins hohe Alter bei internationalen Wettbewerben mit dabei sein zu können. Doch das wäre z. B. auch beim Golfen möglich gewesen. Entscheidend war das unmittelbare Kräftemessen. Einmal die Auseinandersetzung mit den elementaren Kräften der Natur, dem Wasser mit seinen Wellen und Strömungen

In den ersten Jahren gemeinsamen Segelns. Rechts Heinz Nixdorf, links sein Vorschoter Josef Pieper, von ihm „Jupp" oder „Jüppi" genannt, Anfang der 1970er Jahre auf dem Möhnesee.

Unten: **Heinz Nixdorf mit Josef Pieper im Starboot Anfang der 1980er Jahre.**

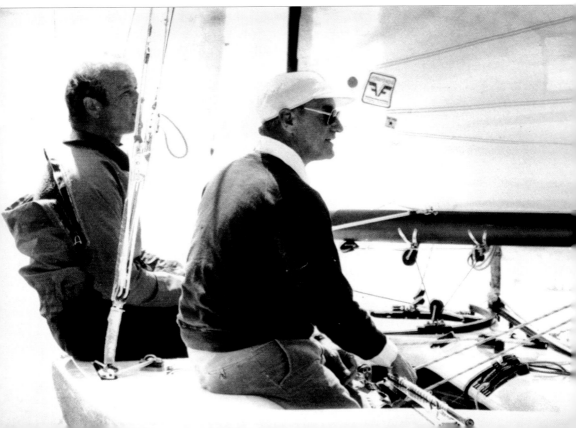

Der Kieler Olympiahafen. Blick aus Heinz Nixdorfs Hotelzimmer (Hotel Olympia) auf den Olympiahafen in Schilksee und die Kieler Förde, Anfang der 1980er Jahre.

Starboote der Kieler Woche. Vor dem Start bei unruhiger See. Nur schwer zu erkennen, links von der Mitte des Bildes, Nr. 6742, das Boot von Heinz Nixdorf (↓). Das Kajüt-Schiff in der Mitte dient als Startschiff. (1981 oder 1982)

Nach einer Wettfahrt. Die Starboote werden am Abend wegen Windmangel in Gruppen von einem Motorboot zurück in den Hafen geschleppt. Rechts Heinz Nixdorf mit Josef Pieper, links der „Intimrivale" Hartmut Voigt mit dem Vorschoter Kid Borowy.

und mit dem irrationalen Wind. Hinzu kam das Kräftemessen mit den Konkurrenten. Zugrunde lag also Heinz Nixdorfs allgemeine, unbändige Freude an jederlei Wettbewerb und Wettkampf und gute Ergebnisse bewirkten natürlich die noch größere Freude, in der Spitze dabei zu sein, in Deutschland, in Europa, in der Welt – Weltklasse zu sein. Und die Begeisterung kannte keine Grenzen, wenn Deutsche besser waren als die US-Amerikaner und die anderen. Zum Selbstbewußtsein von Heinz Nixdorf gehörte auch sein Nationalbewußtsein. Wenn seine Landsleute an eine gottgegebene Überlegenheit der US-Amerikaner oder der Japaner glaubten, und sich nicht anstrengen wollten, widersprach er heftig. Wie mit seinem Unternehmen, kämpfte er beim Starbootsegeln auch, um die eigene Klasse und Stärke zu beweisen. So war ihm z. B. der Erfolg der Deutschen Starbootsegler bei den Nordamerikanischen-Meisterschaften 1980 ein sehr großes Vergnügen. (Siehe weiter unten!)

Emotional wurde Heinz Nixdorf besonders angesprochen, wenn er die Dynamik des Windes als treibende Kraft nutzen und erleben konnte. Bei hartem Wind fühlte er seinen Kampfgeist beflügelt und erzielte so oft bessere Ergebnisse als manch andere Konkurrenten. Er liebte alles, was Drive hatte. Und insbesondere seine Starbootwettkämpfe hatte er im Sinne, wenn er konstatierte: *„Beruflichen Erfolg hab' ich, den im Sport will ich!"*

Ein Vize-Weltmeister als Trainer

Nach ersten, durchaus erstaunlichen Erfolgen wollte Heinz Nixdorf mehr erreichen. Ihm wie seinem Vorschoter fehlte als Späteinsteigern im Vergleich zu den seit Jugend segelnden Konkurrenten die langjährige Wettkampferfahrung. Als der Paderborner Computerunternehmer erfuhr, daß in der Nähe bei der britischen Armee ein ehemaliger Vize-Weltmeister der FD-Klasse (Flying Dutchman) stationiert sei, setze er sich mit diesem in Verbindung. Der Mann, Stuart Jardin, nahm die Einladung, die Starbootflotte vom Möhnesee zu trainieren, gern an und entwickelte bei diesem Training Interesse, auch selbst im Starboot zu segeln. Da er sich kein eigenes Boot leisten konnte, lieh ihm Heinz Nixdorf für einige Regatten sein Boot inclusive Vorschotmann. So konnte dieser von dem erfahrenen Weltklassesegler manches „Gewußt – wie" lernen und der Bootseigner seinerseits von seinem schlauer gewordenen Vorschoter profitieren.

Britische Olympiateilnehmer in einem deutschen Boot?

Nun drängte Heinz Nixdorf Stuart Jardin, 1971 bei der Pre-Olympics in Kiel mitzusegeln, um 1972 bei den Olympischen Wettkämpfen starten zu können und stellte dem Engländer sein Boot zur Verfügung. Dieser erreichte mit seinem Vorschoter

J. Wastall eine hervorragende Plazierung und hatte sich damit qualifiziert. Die englische Sportpresse entfachte ein Protestgezeter, das bis in die Regierung laut wurde, da ein Brite nur deshalb in der Lage sei, an Olympischen Wettkämpfen teilzunehmen, weil ihm ein deutscher Industrieller seine Yacht zur Verfügung stellte. Der Erfolg des Geschreis: die „British Army of the Rhine" und die „Royal Air Force", letztere da der Vorschoter bei den Luftstreitkräften diente, spendierten Jardin ein Starboot, damit die Briten nicht in einem, durch das Segelzeichen offenkundig einem deutschen Eigner gehörenden Boot starteten.

Zwei Bootsrümpfe aus Kanada, Stuart Jardin bei der Olympiade 1972

Stuart Jardin bestellte in Kanada, da eine dortige Werft nach seiner Einschätzung die schnellsten Starboote baute, für sich einen Bootsrumpf und einen zweiten im Auftrag von Heinz Nixdorf dazu, weil dieser die gleiche Yacht wie sein Lehrmeister im Segeln auch für sich selbst haben wollte. Die Royal Air Force ordnete einen Übungsflug nach Kanada an und brachte die beiden Rümpfe (fast 7 m lang) nach Deutschland, wo die Boote im Winter 1971/72 ausgebaut wurden. Seit dem Frühjahr konnten S. Jardin und sein Vorschoter zur Vorbereitung intensiv trainieren und an zahlreichen Regatten teilnehmen. Bei den Olympischen Wettkämpfen 1972 in Kiel lagen die Briten bis kurz vor Schluß auf Medaillenkurs, beendeten die Serie aber infolge eines gegen sie gerichteten und verlorenen Protestes „nur" auf Platz 12, bei 23 gestarteten Booten. (Silber holten die Deutschen, Willy Kuhweide mit Karsten Meyer.) Nach den Wettkämpfen in Kiel verkaufte S. Jardin sein Starboot an ein Mitglied der Möhneseeflotte, um weiterhin in anderen Bootsklassen zu segeln. (Bei der nächsten Olympiade, 1976 in Montreal, fielen die Starbootwettbewerbe aus.)

Termine für Sport und Unternehmen

Durch Jardin als Trainer und Sparringspartner hatten Heinz Nixdorf und Josef Pieper als Starbootsegler einen richtigen Leistungsschub bekommen und die Termine für die Teilnahme an größeren Regatta-Ereignissen (Events) nahmen in den folgenden Jahren zu: Travemünder Woche, Palma Week, Kieler Woche, Hollandia Trophy, Bacardi-Cup, etc., Deutsche-, Distrikt-, Europa- und Weltmeisterschaften (siehe Tabelle am Schluß dieses Kapitels). Da Heinz Nixdorf durch sein expandierendes Unternehmen zeitlich stark eingespannt war, versuchte er, die Segel-Events mit seinen Terminen für Besprechungen mit Führungskräften der Großkunden und für Besuche bei Geschäftsstellen sowie Partnern der „Nixdorf Computer AG" zu verbinden. Vor Beginn der Regatta-Hauptsaison, von April bis Oktober, legte er mit seinen Sekretärinnen, in den letzten Jahren war das Frau Wischer, im Kalender sämtliche Segelaktivitäten fest, um möglichst viele Firmen-Termine damit zu kombinieren. In Europa machte die Firmenmaschine gegebenenfalls Zwischenstops und auch Umwege. Ähnlich wurde bei Linienflügen z. B. nach Amerika geplant, wo es oft mehrere Stationen gab. Da sich Heinz Nixdorf keine zeitraubenden Anreisen zu entfernteren Segelrevieren in Europa leisten konnte, wurde zunehmend eigens der Firmenjet eingespannt und bei acht Plätzen ließen sich befreundete Segler aus Norddeutschland gerne mitnehmen. Die Boote wurden von anderen Crewmitgliedern vor Ort gebracht.

Ein Slipkran für die Segler auf dem Paderborner Lippesee

Als der Ausbau des Lippesees durch Stau und weiteres Ausbaggern um 1970 geplant wurde, plädierte Heinz Nixdorf für eine Ruderstrecke mit olympischen Normen, d.h. für Rennen über 2000 m. Er dachte, oder wie er lieber sagte, er träumte von internationalen Erfolgen eines Paderborner Achter, dachte an Sport für seine Mitarbeiter und die vielen tausend Studenten der Universität, die den Universitäten Oxford und Cambridge nacheifern könnten. Aus verschiedenen Gründen, z. B. Breite des Sees, Windeinfall, naturnahe Uferformen, wurde aus dem Traum von der Ruderrennstrecke nichts, doch immerhin konnte gesegelt werden. Heinz Nixdorf förderte diejenigen, die dort ihren Segelsport treiben, schenkte dem Yachtclub einen Slipkran, mit dem Boote in das und aus dem Wasser gehievt werden. Die Hoffnung des Starbootseglers, daß sich auf dem Lippesee keine Dickschiffe breit machen, ging nicht in Erfüllung. Der „Paderborner Yachtclub, 1970 e.V." hat ca. 150 Boote und ca. 330 Mitglieder. Zudem ist der „Paderborner Segelverein, 1971 e.V." vom Waldsee bei Schloß Neuhaus seit 1973 ebenfalls auf dem Lippesee heimisch. Dieser Verein zählt ca. 100 Boote und 300 Mitglieder. Seit 1973 werden auf dem Lippesee Regatten ausgetragen (Jolle, Optimisten etc.), jedoch nicht für Starboote.

Heinz Nixdorf und Josef Pieper stoßen 1974 in die Weltspitze vor

Vor dem spanischen Laredo, im Golf von Biskaya, wurden 1974 in zwei Wochen hintereinander, in der ersten Woche Europa-, in der zweiten die Weltmeisterschaften ausgetragen. Bei der ersten erreichten Heinz Nixdorf und Josef Pieper (beide Moh) in der Gesamtwertung den 12. Platz. Bei der Weltmeisterschaft verbesserten sie sich in der Gesamtwertung auf den 8. Platz. Dabei krönten sie ihren Erfolg im fünften Lauf mit einem Tagessieg und verewigten sich so in den Annalen der ISCYRA, in den Siegerlisten, die für alle Zeiten des Starbootsegeln in den Jahrbüchern des Weltverbandes abgedruckt werden (LOG 2003, S. 255 und 260). Als Tagessieger einer Weltmeisterschaft konnten seit 1974 Heinz Nixdorf als Skipper

Fortsetzung S. 366

Slipkran am Paderborner Lippesee. Der leidenschaftliche Segler und Sportförderer Heinz Nixdorf schenkte diesen stählernen „Kranich" den Sportlern des Paderborner Yachtclubs (PBYC). Im Bild: Mit dem Säulendrehkran wird ein Dickschiff von Trailer hochgenommen und dann in das Wasser gesenkt.

Dank sehr günstigen Windes und starken Seegangs. Die „Central" der spanischen Niederlassungen der Nixdorf Computer AG in Madrid schickte nach der Weltmeisterschaft in Laredo an die Firmenzentrale in Paderborn einen Zeitungsbericht vom 11.09.1974 in der Hoffnung: „Vielleicht macht es Herrn Nixdorf Freude". Die seinerzeit beigefügte Übersetzung des Zeitungsartikels ist hier buchstabengetreu wiedergegeben (statt „Nact" richtig „Nate", mit „Bugspriet" ist vermutlich der Vorschoter gemeint u. a.):

WELTMEISTERSCHAFT STARKLASSE IN LAREDO

Reportagen:
Nixdorf-Pieper: „Der Wind war uns günstig".
Überraschung bei dem 5. Rennen. Eine deutsche Yacht, die eine allgemeine diskrete Position hatte, war der Sieger. Es war „Nact" von Nixdorf und Pieper.
Heinz Nixdorf, 49 Jahre alt, verheiratet mit 3 Söhnen, Vorstandsvorsitzender der Nixdorf Computer AG in Deutschland (Computer).
Es ist wirklich eine Überraschung gewesen. Keiner der Grossen war unter den drei ersten.
– *Ist dies normal Herr Nixdorf? Wie ist dieser Sieg geschehen?*
– Ich habe einen sehr günstigen Wind gehabt und starken Seegang und bei dieser Kombination entfalte ich mich gut.
– *Bei dem letzten Rennen waren diese Bedingungen ähnlich. Wie haben Sie abgeschnitten?*
– An 13. Stelle, hatte aber eine Haverie, und mein Bugspriet hat schwer arbeiten müssen und sonst, glaube ich, wäre ich unter den ersten gewesen.
– *Gab es nichts regelwidriges?*
– Überhaupt nicht, die Auszeichnung der Bojen war richtig. Einige Stars haben Kursfehler gehabt, wahrscheinlich weil sie Bojen übersehen haben.

Wir beobachten, dass aus einer seiner Taschen eine Tube von Tabletten gegen Seekrankheit, spanischer Herkunft, hervorlugt.
– *Und wozu diese Tabletten? Werden Sie seekrank?*
– Nicht beim Segeln, aber beim Motor manchmal. Ich habe sie als Vorbeugung bei mir.

1974 WORLD'S CHAMPIONSHIP

Tom Blackaller's first experience in a World's Championship was finishing 25th out of 30 in the 1959 gold star series. He came back for another and more successful try in 1963, scoring 8th and winning one race, and had an identical record again in 1967. In 1968 there was no World's, but Blackaller won two silver stars that year, the Spring and the North American Championships, and the following year he was the runner-up to Pelle Petterson in the World's, starting a rivalry that has continued through 1974. In 1970 had a 3-1-4-3 in the World's, but was disabled in the other race in the days when there was no worst race exemption. In 1971 he slipped to 11th in the gold star event, but bounced back to 3rd in 1973. In 1974 he put everything together for a whirlwind two weeks in Spain: first in both the European Championship silver event and the World's Championship.

The daily winners have been good enough to give us their impressions of what it is like to win two gold chevrons in a championship of 51 boats, sailed in a bay of the Atlantic Ocean off a picturesque and mountainous shore.

First Race—*Pelle Petterson*

As I had been away from Star racing for quite some time it was with great eagerness that Ingvar and I sailed out to the starting line. After the tune up race the day before we sensed that we had things in pretty good shape and hoped that we had not lost too much advantage in missing the European Championship, where most of the World's entries had been able to learn about the area the previous week. The "feel" was still there, the fine temper and sensitivity that makes the Star such a great boat.

In the first race the wind was blowing offshore 10-20 miles per hour and a little shifty, exactly the conditi—————————————— in from the sea
————————— them both and finished in the ——der. The ——— population was thrilled by Pombo's performance, giving him a great ovation when he finished fourth.

Fifth Race—*Heinz Nixdorf*

The fifth race was, I think, one of the most curious races in the history of World's Championships. The wind was from Force 4 to Force 6, with huge seas, again from the northwest. In the lead at the first mark were the known leaders of the series thus far. The first leg had been 270°, which works out at 135° for the direction of the first reaching leg. We were back in about 15th or 16th place at that time, and to our surprise the leading boats sailed not 135° but more like 160°, very high of the course. We could not believe that all those boats would go in the wrong direction, so we compromised and headed not 135 and not 160 but midway between the two. In the direction of 160 we could see two boats but no mark, and in the direction of 135 we saw one boat and no mark. After a time the leading crews and some skippers were standing on deck, searching hard for a mark and not finding it. Then Kim Fletcher jibed and made a sharp change in direction, and we saw the buoy nearly a half mile to the left of the group, just where it was supposed to be. We followed Fletcher in second place by virtue of our leeward berth, with Josi Steinmayer and Helmut Voigt following. All the leading boats had been on the wrong course, probably because the planing reach was more exciting in that direction and also because the rough seas made the mark hard to see. The four of us thus had a fine leading position which we maintained to the finish. In the meantime Blackaller was struggling to overcome his second leg navigational disaster and finally passed Petterson on the last windward leg to finish 5th with Pelle a close 6th. Upon our return to the harbor we were told that Fletcher had been disqualified, and thus all the boats moved up one place and we were awarded first.

Sixth Race—*Arnold Osterwalder*

Only 35 of 51 competing yachts took the start for the sixth and final race. The ——— leaders after five ra——————————————ving no possi——————————— their seri

Vorangehende Seite:
Bericht über die Weltmeisterschaft 1974. Im Jahrbuch des folgenden Jahres wird ein Bericht über die Weltmeisterschaft gegeben. Nach einer allgemeinen Einführung haben die Sieger der einzelnen Rennen (sog. Tagessieger) den Verlauf zu schildern. Hier „Fifth Race – Heinz Nixdorf". Die erwähnten Konkurrenten erreichten in der Gesamtwertung aller Rennen folgende Plätze: 1. Tom Blackaller (USA), 2. Pelle Peterson (Schweden), 5. Kim Fletcher (USA), 7. Josi Steinmayer (Germany, UB=Überlinger See), 8. Heinz Nixdorf mit Josef Pieper (Moh), 14. Hartmut Voigt. (1975 LOG, S. 31 u. 34).

zwei goldene Winkel oder Josef Pieper als Crew zwei goldene Balken im Segelzeichen führen. Die meisten Erfolgreichen bringen solche Auszeichnungen nicht stets an, um sich nicht mit alten Erfolgen zu brüsten und, wenn es um die Wahl des besten Regattakurses geht, sich nicht Verfolger an ihre Fersen zu heften.

Übrigens: Bei der Weltmeisterschaft in Laredo lagen in der Gesamtwertung noch vor Heinz Nixdorf/Josef Pieper der Hamburger Uwe von Below (HF) mit dem Paderborner Fritz Bunte (Moh) als Vorschoter. Diese erreichten den 6. Platz.

Nachdem die Segelwettbewerbe Heinz Nixdorfs große Leidenschaft geworden waren, opferte er dafür viel Zeit und gönnte sich daneben keinen größeren Urlaub. Hilfreich war für ihn, daß er seinem Vorschotmann Josef Pieper alle Vorbereitungen übertragen konnte und er selbst oft in letzter Minute einflog.

Computer-Segeln und die Hure Wind

Um beim Segeln noch besser, d. h. schneller zu werden, kam Heinz Nixdorf auf die Idee, dies mit Computern zu erreichen. Das war nur als Experiment möglich, da solche Techniken bei Wettkämpfen der Einheits-Bootsklassen verboten sind.

Als Heinz Nixdorf Mitte der 1970er Jahre bei der Werft Mader am Waginger See (im Südosten Bayerns) ein neues Boot für seine Regatten orderte, bestellte er zusätzlich ein zweites für Computerexperimente. In dieses ließ er 1978 diverse Instrumente einbauen. Im Unterwasserschiff wurden in mehreren Bohrungen Meßgeräte angebracht. Tastaturen an Steuer- und Backbord übertrugen Daten der Geschwindigkeit. Alles wurde mit Computern vernetzt und auf Displays übertragen. Nach einigen Testfahrten stellte sich heraus, daß Strömung, Abdrift, Geschwindigkeit und Richtung des Bootes sowie Geschwindigkeit und Richtung des Windes insgesamt zu kompliziert und keine verwertbaren Erkenntnisse zu errechnen waren.

So entschied Heinz Nixdorf, sich zunächst nur auf den Wind als Energiespender zu konzentrieren. Das Boot wurde aus dem Möhnesee genommen und zum Paderborner Sport-Flughafen auf dem Haxterberg gebracht, da dort vermutlich ein verhältnismäßig gleichmäßiger Wind herrschte. Hier wurde die Yacht auf dem Trailer stehend komplett aufgerigt, auf dem Masttop eine Windmeßanlage installiert und mit einem Computer verbunden. Nach einer Woche kam der Initiator des Experiments zu dem Ergebnis, daß der Wind nicht fünf Sekunden exakt aus derselben Richtung und mit derselben Geschwindigkeit kam und so für verwertbare Berechnungen die erwünschte Verläßlichkeit fehlte. Heinz Nixdorf erklärte – hier wörtlich zitiert: *„Der Wind ist eine Hure!"* Damit war die Idee von der Computer-Segelei gestorben.

Erstes Frühjahrstraining 1980 vor Mallorca

1979 war Heinz Nixdorf der Meinung, daß die deutschen Starbootsegler international hätten besser sein sollen, daß vor allem die Überlegenheit der Amerikaner nicht gebrochen werden konnte und er kam zu der Einsicht: Wir brauchen ein intensives Training vor der Saison. Es sollte ein Segelrevier mit erträglichen Temperaturen und Flughafen sein. Da bot sich an erster Stelle Mallorca an. Von den Starbootseglern konnte nur Heinz Nixdorf diese Idee haben und als Hauptsponsor realisieren. Zunächst stellte er Kontakt mit dem Jachtverein „Club del Mar" in Palma her, um dort Liegeplätze für acht Starboote zu bekommen. Das o.k. kam bald und so wurden die Boote im Januar 1980 auf die Insel gebracht: 6 Boote vom A- und B-Kader des Deutschen Segler-Verbandes und je ein Boot für Heinz Nixdorf und seinen Freund und ständigen Segelkonkurrenten, den erfahrenen Hartmut Voigt aus Neumünster (Speditionsunternehmer) mit Kid Borowy als Crew.

Vorgesehen waren für dieses Training vor der Hauptsaison sechs Wochenenden, jeweils die beiden letzten im Januar, Februar, März. Von Ahden (Paderborn-Lippstadt) flog der Firmenjet mit Heinz Nixdorf und den anderen Seglern aus Norddeutschland – vier Teams insgesamt – jeweils am Freitag Vormittag in ca. 3 bis 3 ½ Stunden nach Palma. Heinz Nixdorf hatte seinen Stammplatz in der Cessna hinten rechts und zu ihm setzten sich die Skatbrüder unter den Seglern. Sobald der Flieger abhob, wurde Skat gedroschen und im Landeanflug rechnete Heinz Nixdorf Gewinne und Verluste gegeneinander auf und es wurde gezahlt. Nach der Landung ging es sofort direkt zum Hafen. Die Teilnehmer aus Süddeutschland waren schon einen Tag vorher, am Donnerstag per Linie oder Charter von München aus gegen Abend eingeflogen und hatten die Aufgabe, alle Boote vor Ankunft der Norddeutschen zu Wasser zu bringen. Starboote werden nach den Regatten aus dem Wasser genommen und stehen als Landlieger auf Trailern. Schon am Freitag konnte von Mittag bis zur Dämmerung gesegelt werden. Die beiden nächsten Tage begannen mit einem kräftigen Frühstück. Punkt 9.00 Uhr wurde ausgelaufen. Direkt vor der Hafenausfahrt war der erste Start und dann ging es immer weiter auf See mit neuem Start und Ziel. An jedem der drei Tage wurden die Tagessiege und die folgenden Ränge ausgesegelt, die besten Leistungsträger ermittelt

Am Sonntag Nachmittag wurden um 16.00 Uhr die Segel gestrichen. Für die Norddeutschen startete der Jet um 17.00 Uhr heimwärts. Die Süddeutschen hatten die Boote zu versorgen und flogen Montag Vormittag zurück.

Fortsetzung S. 382

Starboot 5931 in großer Not. Bei einer Regatta ließ sich das Boot von Heinz Nixdorf infolge eines ungewollten Knotens vor dem Großssegel-Schotblock nicht mehr regulär beherrschen und wäre fast gekentert. Rechts der Skipper Heinz Nixdorf, links sein Vorschoter.

Das spektakuläre Bild wurde in einem Segelkalender veröffentlicht. (Zwei goldene Winkel unter dem roten Stern: Auszeichnung für einen Skipper, der bei einer Weltmeisterschaft eine der Wettfahrten gewonnen hat, Daily 1st.) Im Boot 5931 segelte Heinz Nixdorf von 1975 bis 1977.

Oben: **Strahlende Wettkämpfer.** Heinz Nixdorf, rechts, und sein Vorschotmann Josef Pieper. 1970 begann für diese beiden eine Ära von 16 Jahren gemeinsamen Starbootsegelns bei ungezählten Regatten in vielen Revieren der Welt. Hier Ende der 70er Jahre in Balatonfüred, Ungarn.

Linke Seite: **Starboot G 6648 von Heinz Nixdorf.** Im harten Wind bei einer Regatta auf dem Gardasee müssen die beiden Segler, links Josef Pieper, rechts Heinz Nixdorf, ihr Gewicht einsetzen, damit das Boot nicht kentert. Das Boot 6648 hat unter dem roten Stern zwei Winkel in Gold, die Auszeichnung für einen Skipper, der einen Tagessieg bei einer Weltmeisterschaft gewonnen hat.

Unten: **Das Starboot „Nate".** Seine Frau Renate sprach Heinz Nixdorf vertraulich abgekürzt mit „Nate" an. Auf ihren Namen war auch dieses Boot getauft, mit dem der Pionier der Computerindustrie (rechts) mit seinem Vorschotmann Josef Pieper an Wettkämpfen, hier auf dem Balaton=Plattensee in Ungarn, Ende der 1970er Jahre teilnahm.

Milford Citizen

VOL. 61 NO. 218   USP-348-980   WEDNESDAY SEPTEMBER 10, 1980   TWENTY-FIVE CENTS   FOR HOME DELIVERY CALL 874-1691   24 PAGES

ACROSS THE LINE—Heinz Nixdorf and crew Josef Pieper cross the finish line in first place in the third race in the North American Star Class Championships held yesterday. The six-race series, hosted by the Milford Yacht Club, will conclude on Friday.

Citizen Photo By John Terry

Nixdorf Captures Star Race

BY STEVE MURPHY
Sports Editor

Heinz Nixdorf of Paderborn, Germany was victorious in the third day of racing at the North American Star Class Championships held yesterday off the Milford shores.

Sailing under light winds, Nixdorf took over the lead from Tom Adams on the second windward leg of the 12-mile and widened his final margin on the final two legs. Nixdorf and crew member Josef Pieper finished over two minutes ahead of runner-up Bill Parks of Southern Lake, Michigan and third place finisher Ding Schoonmaker of Biscayne Bay, Florida.

Although Schoonmaker has not won a race yet, his finishes of second, third and third give him a leading score of 8.7 in the Olympic scoring system.

Defending North American champion Peter Wright of Chicago and Alexander Hagen of West Germany are tied for second with 10 points. After alternating finishes of first and fifth for each, Wright finished eighth yesterday while European champion Hagen was ninth.

Parks was fourth overall (11 points) while Nixdorf moved into fifth with 14 points. The other top contenders after three races of the six-race series include: Adams of Chicago (14.7), Buddy Melges of Zenda, Wisconson (18.7), Robert McNeil of San Francisco (21.7), Barton Beek of San Francisco (24.7) and Durwood Knowles of the Bahamas (25).

Adams held a 10-second lead after the first leg with Nixdorf and Schoonmaker close behind. After two reaching legs, Adams was the leader but Nixdorf took over on the second windward leg and widened his margin on the final two legs.

Nixdorf completed the course approximately two hours and 20 minutes after the start of the race. Parks barely edged out Schoonmaker for second while Richard Wilber of Central Lake Erie finished fourth.

The rest of the top finishers in Tuesday's race were: McNeil, Adams, Buddy Melges of South Lake, Michigan, Wright, Hagen and Beek.

Racing is scheduled this afternoon, Thursday and Friday at 1 p.m. with the top five races out of the six-race series for each skipper used to tally the final standings and the North American Star Class champion.

HIKING OUT—As his crew hikes out, a skipper of a Star class boat heads upwind during a leg of the North American Star Class Championships held yesterday off the Milford shore. The week-long series, hosted by the Milford Yacht Club will conclude on Friday.

Citizen Photo By John Terry

374 Segeln

VICTORIOUS BOAT-Crew member Josef Pieper celebrates after skipper Heinz Nixdorf guided his star to victory in the third race of the North American Star Class Championships held yesterday off the Milford shores.
Citizen Photo By John Terry

Vorangehende Seiten:
Bericht über die 3. Wettfahrt bei den Nordamerikanischen Meisterschaften. Die „Milford Citizen" berichtete am 10.09.1980 ausführlich über den Tagessieg bei der 3. Wettfahrt. Ausschnitte auf den beiden vorangehenden Seiten und hier links: Wie eine Galeonsfigur steht der triumphierende Vorschoter auf dem Vorderschiff. Der verdeckte Skipper führt das Ruder.

Heinz Nixdorf bei hartem Wind. Bei der Nordamerikanischen Meisterschaft 1980 in Milford, USA, erkämpfte Heinz Nixdorf mit seinem Vorschotmann Josef Pieper zwei Tagessiege. Der Vorschoter hängt rechts heraus und ist durch Wellenkamm und Gischt verdeckt.

Bei einer Herbstregatta auf dem Möhnesee. Im Starboot 6946 führt Heinz Nixdorf als Skipper mit dem Pinnenausleger das Steuerruder, während sein Vorschoter, Josef Pieper, sich weit heraushängt, um das Boot bei kräftigem Wind möglichst aufrecht zu halten.

Beim Bacardi Cup, Miami, USA. Heinz Nixdorf und Josef Pieper sind in Führung, rechtes Boot. Pieper mit Pudelmütze, aus dem Boot hängend, Nixdorf mit hellblauer Schirmkappe. Anfang der 80er Jahre.

Vor einer Regatta. Skipper Heinz Nixdorf (links), seine Crew, Josef Pieper, und das Boot sind startklar und warten auf den Beginn der Wettfahrt. (Kiel, 1980.)

Eine Suppe für den Skipper. Nach einiger Wartezeit verspürt Heinz Nixdorf Hunger und bekommt eine Erbsensuppe mit klein-geschnittenen Wienerli von seinem Vorschoter durchgereicht.

Nach einer Regatta.

Rechts:
Im Hafen wird es beim Einfahren zu den Liegeplätzen eng. Heinz Nixdorf steht auf dem Heck seines Bootes und achtet auf Abstand zu einem anderen Schiff.

Unten:
Heinz Nixdorf im Hafen auf seinem Schiff beim Zusammenraffen des Großssegels. (Travemünde, 1984.)

Nach einer Regatta. Auf dem Boot, achtern Heinz Nixdorf, am Bug Josef Pieper. Beide bergen die Segel.

Rechts:
Zum Abschluß von Regattatagen. Heinz Nixdorf greift mit der Rechten zum Kranhaken, in der Linken hält er das „Heißstropp" mit dem das Boot an den Haken kommt und auf den Hänger gehoben wird.

Vorangehende Seite:
Starboot 6648 auf Verfolgungsjagd. Bei hartem Wind kämpfen Heinz Nixdorf (mit hellblauer Schirmkappe) und Josef Pieper bei der „Coppa Internationale" auf dem Gardasee, 1981.

Deutscher Triumph bei den „North American Championship" 1980

Die Olympischen Sommerspiele fanden 1980 in Moskau statt. Doch sie wurden von den USA und anderen Ländern, insgesamt 50, darunter die Bundesrepublik Deutschland, wegen des Einmarsches der UdSSR nach Afghanistan (1979) boykottiert. Der Deutsche Sportbund (DSB) hatte sich für einen Boykott, das Nationale Olympische Komitee (NOK) dagegen für eine Teilnahme ausgesprochen. Dieser Streit, bei dem das NOK unterlag, hat die Zusammenarbeit beider Organisationen nachhaltig, über 25 Jahre, belastet. Starboote des Deutschen Segler-Verbandes, die in diesen Jahren an der Weltspitze dabei waren, konnten also in Moskau nicht starten. Das war für die qualifizierten Sportler, die auf dem Papier zur Olympiamannschaft gehörten, eine herbe Enttäuschung, zumal Olympische Wettkämpfe entsprechend der Zeiteinheit Olympiade nur alle vier Jahre stattfinden können. Starboot-Gold ging an die UdSSR, Silber und Bronze gewannen Österreicher bzw. Italiener.

Heinz Nixdorf entschied nun, aus Sympathie zu den Vereinigten Staaten, mit zwei Teams an den Nordamerikanischen Meisterschaften im Herbst 1980 in Milford, Connecticut (USA) teilzunehmen: Alexander Hagen/Vincent Hösch und Heinz Nixdorf/Josef Pieper. Die Amerikaner waren von dieser Solidarität der Deutschen begeistert. Wider Erwarten feierten allerdings die Teilnehmer aus dem alten Europa einen Triumph wie nie zuvor auf nordamerikanischen Gewässern. Bei sieben Tagesregatten erkämpften Hagen/Hösch vier und Nixdorf/Pieper zwei Tagessiege, den US-Seglern blieb nur einer. Und in der Gesamtwertung wurden Hagen/Hösch Nordamerikanischer Meister und Nixdorf/Pieper belegten den 5. Platz. Ca. 60 Schiffe waren bei dem Wettbewerb dabei.

Nach diesem Erfolg, so berichtete der nach Paderborn zurückgekehrte, strahlende Heinz Nixdorf, habe ein amerikanischer, unterlegener Starbootsegler ihn bedrängt und versucht, ihm sein schnelles, in Deutschland gebautes Schiff abzukaufen. Doch er habe es nicht hergegeben.

Verbessertes Training, deutsche Erfolge bei den Weltmeisterschaften 1981

Schon im Herbst 1980 schien also das vorangegangene Frühjahrstraining Früchte zu tragen und bestätigte Heinz Nixdorfs Absicht, aus den Erfahrungen dieses ersten Mallorca-Trainings zu lernen. Als Mangel hatte sich das Fehlen eines Motorbootes erwiesen. Draußen auf dem Meer war das wiederholte Auslegen der zu rundenden Tonnen durch Segelboote sehr zeitraubend. Schwieriger wurde es, nachdem ein Boot durch starken Wind Mastbruch erlitt und von einem anderen, unter Segel kreuzend, in den Hafen zurückgeschleppt werden müßte. Und dann war Heinz Nixdorf durch eine plötzliche Böe aus entgegengesetzter Windrichtung vom Großbaum erwischt und ins Wasser geschleudert worden. Sein Vorschoter überstand die Attacke und konnte den, infolge eines Trommelfelldefektes Hilflosen an Bord hieven, zum Glück ohne weitere Blessuren.

Alles in allem das Fazit: Im Frühjahr 1981 stand ein Coach mit Motorboot zur Verfügung. Dadurch war ein noch intensiveres Training gesichert und es schien sich auszuzahlen. Teilnehmer am Mallorca-Training, Alexander Hagen/Vincent Hösch, wurden 1981 in Marblehead/Boston (USA) Weltmeister! Ein Feld von 84 Booten war gestartet. Im Jahr darauf, 1982, errangen die selben deutschen Segler in Medemblik den Titel Vizeweltmeister.

Aktien-Doping, Erfolge bei den Weltmeisterschaften 1983 und den Olympischen Spielen 1984

Heinz Nixdorfs Wahlspruch: *„Man darf nicht nachlassen, besser zu werden"* in Verbindung mit seiner Forderung *„Leistung muß belohnt werden"* brachte ihn auf den Gedanken, die Topsegler des Mallorca-Trainings zu noch besseren Leistungen anzuspornen, indem er als Preis für jeden Tagessieg je eine Aktie der „Nixdorf-Computer AG" für den Skipper wie für den Vorschoter aussetzte. Bei sechs Wochenenden mit je drei Tagessiegern waren insgesamt 36 Aktien zu gewinnen. Der damalige Buchwert, ca. 250,00 DM, wurde den Gewinnern in bar ausgezahlt, und, da der Spaß beim Geld bekanntlich aufhört, kam noch mehr Ehrgeiz in die Trainingsregatten. (Am ersten Tag des Börsenhandels, am 12.06.1984 sprang die Aktie auf 490,00 DM.)

Das Team Joachim Griese/Michael Marcour erkämpfte bei den Weltmeisterschaften 1983 in Los Angeles (USA) in der Gesamtwertung den Titel Vizeweltmeister und gewann 1984 bei den Olympischen Wettkämpfen vor Long Beach, Californien (USA) die Silbermedaille. Gold ging an die USA, Bronze an Italien. Anfang der 1980er Jahre hatten sich die deutschen Starbootsegler mit Unterstützung von Heinz Nixdorf in die Weltspitze hochgearbeitet.

„Man züchtet nicht die eigene Konkurrenz!"

Auch im Ausland war festgestellt worden, daß die deutschen Starbootsegler einen großen Sprung nach vorn in die Weltelite gemacht hatten und bei der Frage „wieso" sprach sich das intensive Mallorca-Training herum, das bald auch als „Nixdorf-Training" bezeichnet wurde. Von mehreren europäischen Ländern kamen respektvolle Anfragen mit der Bitte, sich ständig diesem Frühjahrs-Training

Ein ungewöhnliches Bild. Heinz Nixdorf, der als leidenschaftlicher Starbootsegler ablehnend erklärte: *„Dickschiff ist nichts für mich"*, hier am Steuer der Hochseeyacht seines Freundes und Devisenberaters Georg Herdum in der Ägäis, Juli/August 1984, bei hartem Wind.

auf den Balearen anschließen zu dürfen. Doch dies lehnte Heinz Nixdorf kategorisch ab: *„Man züchtet nicht die eigene Konkurrenz!"*

1 Mio für einen Segel-Leistungsstützpunkt an der Ostsee!?

Unterhalb der 1963 vollendeten Fehmarnsundbrücke hatte sich an der Ostseeküste eine natürliche Bucht gebildet. Anfangs der 1980er Jahre wurde ein Plan entwickelt, hier einen neuen Sporthafen anzulegen, der als BRD-Olympia-Leistungsstützpunkt insbesondere auch dem Training der Starboot-Kader und ihrer Nachwuchstalente dienen sollte. Für den Bebauungsplan und das Genehmigungsverfahren waren die Gemeinden Großenbrode und teilweise Landkirchen zuständig. Ein Investor, der sich an den Baukosten beteiligen wollte, stand bereit, und so sagte Heinz Nixdorf eine große Spende in Höhe von einer Million DM zu. Verglichen mit dem recht aufwendigen Nixdorf-Training auf Mallorca wollte der Förderer für die deutschen Starbootsegler einen günstigeren und an Wochenenden leichter erreichbaren Trainigsstützpunkt erwirken.

Aus der Bevölkerung des Umlandes kam Gegenwind auf. Ökologen wollten nicht, daß die natürlich entstandene Bucht baulich verändert wird. Der Investor

Weit abseits vom Starbootsegeln. Heinz Nixdorf hatte 1983 einige Freunde und deren Frauen zur Weintour in den Rheingau und die Pfalz eingeladen. Hier vor der „Krone" in Aßmannshausen in der Mitte Heinz Nixdorf, rechts von ihm Dierk Thomsen, den er ermunterte, in der internationalen Starbootorganisation im Interesse der Deutschen höhere Funktionen zu übernehmen. 1984, 1985 und 1986 und später 1996 und 1997 war Thomsen Präsident der ISCYRA und erhielt 1999 die Verdienst-Trophy dieses Weltverbandes. (Rechts im Bild der Autor dieses Buches.)

Termineintragung von Heinz Nixdorf für das Wochenendtraining vom 26. bis 29. Januar 1980. Mallorca ist als Lehnwort eingedeutscht und auf vier Tage verteilt.

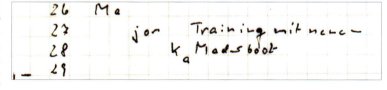

Beim Wochenendtraining vor Palma de Mallorca. Links Heinz Nixdorf, rechts Josef Pieper.

meldete bald Konkurs an und dessen Geschäftsführer war zeitweise in Saudi-Arabien inhaftiert. Obendrein distanzierte sich nun der Deutsche Seglerverband (DSV) von dem Projekt, da die dortigen schwachen Windverhältnisse internationalen Wettkampfanforderungen nicht entsprächen. Schließlich gab es mit einer neuen Regierung in Schleswig-Holstein einen Wechsel in der Umweltpolitik. Das Gebiet wurde unter Naturschutz gestellt. Die von Heinz Nixdorf zugesagte, beachtliche Millionenspende, über die auch das Westfälische Volksblatt berichtete (25.01.85), blieb bei der Gemeinde in Großenbrode in den Köpfen noch lange lebendig.

Es gab sodann noch einen weiteren Plan für einen neuen Trainingsstützpunkt an anderer Stelle, bei Damp nördlich der Eckernförder Bucht. Dort war vorgesehen, vor der Küste eine künstliche Insel aus Pontons anzulegen und hierauf Liegeplätze für Boote, Wohn- und Werkstattcontainer, Räume für Kantine, Schulungen und zum Skatspielen zu erstellen. Gemeinsam mit seinem besten Freund unter den Starbootseglern, Hartmut Voigt, besichtigte Heinz Nixdorf den Standort des Projektes. An den Wochenenden des Trainings auf Mallorca hatte den Förderer, der die deutschen Starbootsegler in der Weltspitze noch stärker machen wollte, gestört, daß die jungen Talente zuviel Zerstreuung in den Discos von Palma fanden, und er dachte, in entlegener Gegend und auf einer künstlichen Insel die jungen Burschen mit Skatspielen zu halten und früher ins Bett zu bekommen. Sodann wäre für die Norddeutschen die Anreise viel kürzer.

Von dem Projekt Trainingsinsel bei Damp hat sich Heinz Nixdorf jedoch bald zurückgezogen und infolge seines Todes wurden alternative Projekte für einen von ihm geförderten neuen Olympia-Leistungsstützpunkt nicht weiter verfolgt.

Heinz Nixdorf fehlt

Nach dem Tode von Heinz Nixdorf versuchte der Deutsche Segler-Verband das Frühjahrs-Training vor Palma de Mallorca aufrecht zu erhalten, doch es fehlte die Leitfigur, die die Konkurrenten zusammenhielt, die mit ebenso sanftem wie kräftigem Druck die Aktiven zu mehr Leistung brachte und die zudem einen Firmenjet und finanzielle Förderung einsetzen konnte. In den letzten Märztagen 1986 schrieben mir Heinz Nixdorfs Freund und Intimkonkurrent beim Segeln, Hartmut Voigt, und seine Frau Jutta von Mallorca: *"... Das ist nun alles überholt. Während der Palmaweek hat Heinz uns so sehr gefehlt! Immer und überall meinte man, ihn zu sehen, oder man erwartete ihn immer. Hartmut hat gut gesegelt. Er ist 3. geworden. Heinz hätte sich gefreut. 1. Hagen, 2. Italiener, 3. Hartmut, 4. Murks Nissen, 5. Däne, 6. Hansi Vogt, 7. A. Griese, 8. Gorostegui, 9. Däne, 10. Spanier, 11. Werner Fritz, 12. Merkelbach, 13. Hellmich u.s.w.. Über das Gesamtergebnis wäre Heinz nicht froh gewesen ..."* Alle Segler, die an den vielen Wochenenden beim Nixdorf-Training auf Mallorca und bei der Palmaweek dabei waren, erinnern sich gerne hieran und stellen fest: *"Es war die schönste Zeit in unserem Seglerleben!"*

Empfang bei König Juan Carlos I. im Palacio de la Zarzuela. Der König hatte in seine Residenz Heinz Nixdorf zu einem Gespräch über dessen unternehmerische Aktivitäten und Perspektiven der Computertechnik eingeladen, das am 8. Mai 1985 stattfand. Der auch Seiner Majestät dem König wohlbekannte Unternehmer kam in Begleitung seiner Exzellenz des Deutschen Botschafters, Guido Brunner, zur Rechten des Königs, und des Präsidenten von Nixdorf España, Francisco Robert, zur Linken des Unternehmers. Nixdorf hatte seine spanische zentrale Geschäftsstelle in Madrid eingerichtet und in einer modernen Fabrik in Toledo wurden Nixdorf Computer gebaut. Den König und den Unternehmer verband persönlich ihre Leidenschaft für das sportliche Wettkampfsegeln. Juan Carlos war vom alternden Diktator des Königreichs Spanien, General Franco, bereits zum Thronfolger auserkoren, als der Kronprinz bei den Olympischen Segelwettbewerben 1972 in Kiel unter den Seglern als Chef und Betreuer der spanischen Teilnehmer allein wegen seines königlichen Ranges besondere Beachtung fand. Durch den Ehrenvorsitz im vornehmen „Reial Club Nautic" in Palma de Mallorca, durch die Teilnahme an vielen Regatten und das Stiften der Trophäen des Königs und der Königin für Segelwettbewerbe ist es dazu gekommen, daß Juan Carlos I. als der „Oberste Regattasegler der Nation" bezeichnet wird. Unter den spanischen Seglern war Heinz Nixdorf kein Unbekannter, seit er bei der Weltmeisterschaft im spanischen Laredo einen Tagessieg erkämpft hatte und seit er das intensive „Nixdorf-Training" jährlich im Frühjahr auf Mallorca organisierte. – Im Arbeitszimmer des Königs links die Lanzenstange mit der Staatsflagge, im Bücherregal eine Sammlung historischer Segelschiffe, die einst Spanien zur Weltmachtstellung verhalfen. – (Der Palast Zarzuela, die Residenz von König Juan Carlos I. und Königin Sophia ganz im Nordwesten von Madrid, ist öffentlich nicht zugänglich. Der abgeschirmte Palast wurde 1960 anstelle eines verfallenen Lustschlößchens errichtet, nach dem die spanische opera buffalo, die Zarzuela, benannt ist. Der riesige, wie ein Museum öffentlich zugängliche Königspalast Palacio Real inmitten von Madrid wird vom Monarchen selbst nur für repräsentative Staatsempfänge genutzt.)

Der spanische König Juan Carlos I. und Heinz Nixdorf

Anläßlich eines Staatsbesuches in Bonn gab der deutsche Bundespräsident, Richard von Weizsäcker, ein Abendessen für König Juan Carlos I. und Königin Sophia, zu dem angesehene deutsche Industrielle eingeladen waren, darunter Heinz Nixdorf mit Frau. Der König schätzte den Computerunternehmer, da dieser in Toledo ein Tochterunternehmen gegründet hatte und nicht deutsche Manager dorthin schickte, sondern Spaniern die Leitung anvertraute. Das kam dem sprichwörtlichen Stolz der Spanier entgegen. Sodann verband die beiden Männer ihre große Leidenschaft für das Sportsegeln. Der König ist der Ehrenvorsitzende des „Reial Club Nautic" in Palma de Mallorca. Wenn Heinz Nixdorf zum Segeln auf Mallorca war und der König ebendort in seiner Ferien- und Sommerresidenz weilte, begegneten sich die beiden passionierten Segler, der spanische König und der deutsche Unternehmer, gelegentlich. Ein offizielles Treffen gab es am 8. Mai 1985 im Haus seiner Majestät des Königs, dem Palacio de la Zarzuela. (Siehe Photo.)

Daß Juan Carlos I. Heinz Nixdorf große Sympathie entgegenbrachte, zeigte sich einige Jahre nach dessen Tod an folgendem Ereignis: Der König hatte zufällig erfahren, daß in Palma eine Motoryacht lag, die einem Nixdorf gehörte und ließ erkunden, ob dieser etwas mit Heinz Nixdorf zu tun habe. Als Juan Carlos I. mitgeteilt wurde, daß es sich um einen Sohn, Michael, handle, stattete er diesem mit seiner Frau, Königin Sophia, auf dem Boot einen Besuch ab.

Die Wertschätzung von Heinz Nixdorf in Spanien erwies sich auch bei einem Staatsbesuch von Ministerpräsident Felipe Gonzales bei Bundeskanzler Helmut Kohl im September 1987 in Bonn. Beide Staatsmänner machten eigens einen Abstecher nach Paderborn, zur „Nixdorf Computer AG" und zum „Ahorn-Sportpark".

Das Image des Seglers Heinz Nixdorf in Paderborn

Es sprach sich in der Stadt an der Pader herum, daß der überaus erfolgreiche, hochangesehene Unternehmer als seinen eigenen Sport das Segeln betrieb. Aber viel bekamen die Leute davon nicht mit. In den heimischen Zeitungen wurde detailliert über sportliche Ereignisse in Deutschland, in der Domstadt, in den Dörfern und im Bezirk berichtet, doch konnte es sich keine Lokalpresse leisten, eigens Reporter zu den Starbootereignissen in alle Welt zu schicken. Heinz Nixdorf war dies recht, da er so seine Privatsphäre hatte.

Die Vorstandskollegen der Nixdorf Computer AG bekamen von der Passion ihres Chefs, des Vorstandsvorsitzenden, mehr mit. Die Arbeitswochen begannen in der Regel jeden Montag früh pünktlich mit einer Vorstandssitzung. Gelegentlich steckte zuvor eines der Vorstandsmitglieder den Kopf durch die Tür des Leiters der Fahrbereitschaft, Josef Pieper, des Vorschoters, um zu erkunden, ob es am Wochenende zuvor für Herrn Nixdorf beim Segeln erfolgreich gelaufen sei, und um

Capri, Marina Grande, 1985. Um seinen 60. Geburtstag mit Freunden zu feiern und zur Vorbereitung der Starboot-Weltmeisterschaften 1986 war Heinz Nixdorf nach Capri gekommen. Er inspizierte die Hafeneinrichtungen und die Unterkunftsmöglichkeiten. Im Bild, von rechts, Heinz Nixdorf, Volker Werb, der Bootsmann, Renate Nixdorf, Rosemarie Werb. Im Hintergrund Marina Grande, der Hafen für die Meisterschaft.

Der spanische König und seine Frau besuchen in Erinnerung an Heinz Nixdorf dessen Sohn Michael. Auf dem Motorboot von Michael Nixdorf (rechts) in einem der Yachthäfen von Palma, König Juan Carlos I. mit der Mütze seines Clubs Nautic, Tochter und Frau Nixdorf und die spanische Königin Sophia, im Jahr 1988.

SAUERLAND-MOEHENSEE

HEINZ-NIXDORF POKAL
May 3-4, 2003.

Pl.	Boat#	Skipper	Crew	R1	R2	R3	R4	Pts.
1	8002	Joachim Hellmich	Dirk Schärtzel	1	1	2	(9)	4
2	7992	Frank Tusch	Carsten Witt	6	2	(7)	1	9
3	7897	Martin Nixdorf	Thorsten Helmert	(7)	3	6	2	11
4	7849	Hendrik Witzmann	Christian Paschen	5	(8)	1	6	12
5	7704	Andreas Dellwig	Hans-Martin Botz	2	7	(DNF)	3	12
6	7665	Josef Pieper	Sören Dretzko	4	5	4	(8)	13
7	7513	Uwe Mannemann	Jochen Borbet	(8)	8	5	4	17
8	7991	M.R. Bayer	I. Schappeler	9	4	(14)	7	20
9	7595	Thorsten Müllemann	Svenn Winkelmann	DNF	10	11	5	26
10	7673	M. Dijksterhuis	F. Zandetra	3	12	12	(13)	27
11	7375	Felix Tonne	Alexander Schneider	10	9	10	(12)	29
12	8033	Udo Murek	Walter Bandisch	DNF	11	9	11	31
13	7417	Gerd Schulte	Martin Wienke	DNF	DNC	3	15	37
14	7013	Claus-Peter Luxa	Claus Schnierp	DNF	DNC	13	10	42
15	7357	Jörg Mellis	Norbert Krämeier	DNF	13	15	14	42
16	7898	Klaus Bode	Rainer Hellmann	DNF	DNC	8	16	43
17	8032	Edvard Hengstenberg	Ulli Daub	DNF	DNC	DNC	DNC	57
18	7908	Jonny Jensen	Peer Lolkertsen	DNF	DNC	DNC	DNC	57

Der Heinz-Nixdorf-Pokal, Möhnesee. Ergebnisse der Regatta. International Star Class Yacht Racing Association (ISCYRA) 2004 LOG, S. 199.

so Rückschlüsse zu ziehen, ob mit einem besser oder schlechter aufgelegten Chef zu rechnen sei. Obgleich er sich nicht hervorheben wollte, war Heinz Nixdorf im Vorstand die weit herausragende, bestimmende Größe.

Auch Martin Nixdorf im Starboot

Da Heinz Nixdorf die Maxime, *„der eigene Sport ist der Beste"*, zuerst auf sich selbst, sodann auf seine Familie bezog, ist hier anzufügen, daß sein Sohn Martin, nachdem er in jungen Jahren Leichtathletik und Tennis als *„eigenen Sport"* betrieben hatte, seinem Vater nacheifernd, das Starbootsegeln begann. Dessen Vorschotmann Josef Pieper, der über große Erfahrungen verfügt, vermittelte dem Sohn einiges an Kenntnissen in dieser Sportdisziplin. Mit dem ebenfalls erfahrenen Joachim Hellmich als Steuermann und Martin Nixdorf als Vorschoter gewannen beide 1989 auf dem Genfer See die „European Spring Championship" und in Medemblik die Distriktmeisterschaft (North Sea, Distrikt 13). Beide erkämpften im selben Jahr bei der Deutschen Meisterschaft auf dem Chiemsee den dritten Rang, Bronze, und belegten bei den Europameisterschaften 1991 auf dem Gardasee in der Gesamtwertung Platz 2.

Der „Heinz Nixdorf Verein zur Förderung des Segelsports e.V."

In seinem Testament verfügte Heinz Nixdorf u.a., den Sport zu fördern, besonders den Segelsport und die Leichtathletik. Dies im Hinterkopf kam Martin Nixdorf und Joachim Hellmich auf einer langen Anreise zu einer Regatta die Idee, die Verfügung zugunsten des Segelsports in der Form eines Fördervereins zu verwirklichen. Der 1992 gegründete Verein will im Sinne von Heinz Nixdorf den Leistungssport voranbringen, Seglerinnen und Seglern durch professionelles Training helfen, sich bis zur Weltspitze vorzukämpfen. Junge Talente sollen gefordert und gefördert werden, durch Leistungssteigerungen nicht nur ihre Chancen bei Regatten zu vergrößern, sondern hierdurch insgesamt auch ihre Lebensperspektiven zu erweitern. Zur Zeit werden besonders die Bootsklassen Europe (Damen), Laser und Starboote gefördert. Der Verein ist Eigner des Starboots 7638. (Adresse des Vereins: Postfach 3025, D-59442 Werl.)

Die „Heinz Nixdorf Memorial Trophy" bei den Weltmeisterschaften

Heinz Nixdorf hat von 1970 bis zu seinem Tode an vielen internationalen Regatten, darunter auch an Weltmeisterschaften teilgenommen (siehe Tabelle am Schluß). Zur Erinnerung an den Weltklassesegler wird seit 1987 bei jeder Weltmeisterschaft der Sieger der 5. Wettfahrt mit der „Heinz Nixdorf Memorial Trophy" ausgezeichnet. Dieser Wanderpokal gleicht in Form und Material dem Wanderpokal, den Heinz Nixdorf 1976 für das „Paderborner Damendoppelturnier um den Nixdorf-Computer Pokal" nach seinen persönlichen Vorstellungen hatte gestalten lassen. Der Segler-Pokal ist, dem Rang von Weltmeisterschaften entsprechend, sehr viel größer. Für jeden der sechs Wettläufe (in der Regel Tagesregatten) sind große Trophäen der erste Preis. Einer davon, der für die 5. Wettfahrt, ist der „Heinz Nixdorf Gedächtnis Pokal". Der Paderborner hatte bei der Weltmeisterschaft 1974 die 5. Regatta gewonnen. Darauf bezieht sich die Trophy. Sie hält die Erinnerung an einen der bedeutendsten Staarbootsegler und Förderer dieses Sports international lebendig. (LOG 2003, S. 271.)

Von regionaler Bedeutung und daher kleiner als der Weltpokal ist der „Heinz Nixdorf Pokal", der als Wanderpokal jährlich in der Möhneseeflotte, der Heinz Nixdorf angehörte, dem Sieger der entsprechenden Gedächtnis-Regatta überreicht wird. (LOG 2003, S. 207, dort falsch in die „Luebeck Bay" verlegt, 2004, S. 199.)

Heinz Nixdorf Memorial Trophy. Seit 1987 wird dem Sieger des 5. Wettrennens der Weltmeisterschaften der Starbootsegler der große Wanderpokal überreicht. Liste der Gewinner im Jahrbuch (LOG) der „ISCYRA", Glenview/Chicago, 2003, S. 271. Jahre, Bootsnummern, Name des Skippers und in Klammern Kennbuchstaben der Flotte.

HEINZ NIXDORF MEMORIAL TROPHY				
Awarded to winner of the fifth race of the World Championship.				
2002	#8093	Bromby (Ber)	1994 #7737	Macdonald (EB)
2001	#7875	Grael (Gua)	1993 #7712	Andersen (DF)
2000	#7995	Reynolds (SDB)	1992 #7657	Grael (Gua)
1999	#7954	Hoesch (CBM)	1991 #7488	Benamati (Gar)
1998	#7875	Grael (Gua)	1990 #7209	V. Brun (SDB)
1997	#7759	Hagen (Glu)	1989 #7338	Johansson (Vin)
1996	#7763	Chieffi (PDV)	1988 Uncle Meat	Reynolds (SDB)
1995	#7760	Grael (Gua)	1987 #6378	Adams (NB)

Heinz Nixdorf mit Nate (Renate) flott unterwegs auf dem Chiemsee. Bei kräftigem Wind hängt sich auch der Skipper über die Bootskante heraus und steuert mit dem Pinnenausleger das Steuerruder und so das Schiff. (Mitte der 1970er Jahre.)

Skipper und Vorschoter im Starboot. Links der Skipper, Heinz Nixdorf, mit dem Pinnenausleger in seiner rechten Hand. Bei kühlem Wind und naßmachender Gischt sind beide Segler in wetterfeste Kleidung eingepackt. Heinz Nixdorf trug wegen seiner empfindlichen Augen fast immer eine Sonnenbrille und eine Schirmkappe, so daß das Gesicht auf Photos durch Schatten und dunkle Gläser halbwegs verdeckt ist.

Erinnerungen: Bescheidenheit und Träume

Josef Pieper, der 16 Jahre als Vorschotmann dem Segler Heinz Nixdorf nahe war, bekam nach dessen Tod von Frau Renate Nixdorf in Dankbarkeit zunächst das letzte Boot ihres Mannes (7116), dann 7402 und darauf 7665 zur Verfügung gestellt, so daß der ehemalige Vorschoter nun als Skipper (Steuermann) weiterhin an internationalen Wettbewerben, so auch jährlich bei der Kieler Woche im Juni, teilnehmen kann. Zurückschauend auf die vielen Jahre gemeinsamen Segelns schreibt Josef Pieper:

„Am liebsten zog es HN zum Regattasegeln nach Medemblik an das Ijsselmeer in Holland, hier fühlte sich der weitgereiste Paderborner immer wohl.
Die Gastfreundschaft und die einfache Lebensart der Niederländer beeindruckten ihn, hinzu kam eine der professionellsten Wettfahrtleitungen der Welt.
Als Unterkunft an der Hafeneinfahrt diente eine simple Bierkneipe mit ein paar Gästezimmern im Keller. Die beiden Einzelkammern waren immer für Heinz Nixdorf und seinen Vorschoter reserviert. Bei der Zimmergröße von 1.80 Breite und 3 m Länge, dazu ein kleines Kellerfenster, kam man nicht ins Schwärmen. Als Mobiliar diente ein Feldbett, ein Stuhl und ein Waschbecken. Über diesen Räumlichkeiten war der Gesellschaftsraum, wo meistens an den Wochenenden Hochzeiten stattfanden, so fing die Nachtruhe erst in den Morgenstunden an.
Zum Frühstück traf man sich im vorgenannten Raum an einem langen Tisch, der für ca. 15 Personen Platz bot. So begann ein Segeltag schon früh mit viel Humor und Fachsimpelei.
Nach einem anstrengenden Segeltag war für Heinz Nixdorf der schönste Platz draußen vor der Kneipe auf einer Bank, wo er bei einem Glas Bier den ein- und auslaufenden Booten nachsehen konnte. In unmittelbarer Nähe befindet sich das Wettfahrtbüro, zugleich auch Dreh- und Angelpunkt der Szene. 1985, nach einer Regattaserie, saß Heinz Nixdorf ein letztes Mal auf der Bank, als wenn es Ahnung gewesen wäre. Er sagte: ‚Ob ich diesen Platz jemals wiedersehe.' "

Den ein- und auslaufenden Booten nachsehen, damit verband Heinz Nixdorf, der mit seinen Eltern die frühe Kindheit in Sachsen, in Torgau verbracht hatte, eine bleibende, glückliche Erinnerung. Er schrieb: „Mit immer stärkerer Kraft aber zogen mich der Hafen und vor allem die große Elbbrücke an, von der herab ich den vorbeiziehenden Schiffen stundenlang nachträumen konnte." Gelegentlich zitierte er hierzu, als sei dies sein Traum für die Menschen: „Die dahin ziehen ohne Schwert und ohne Krone." Als er bei dem aus Sachsen stammenden Paderborner Maler Peter Gallaus ein Gemälde mit dem Titel „Die dahin ziehen ohne Schwert und Krone" entdeckte, hatte er es erworben (147 cm H, 96 cm B, 1970).

Starboot-Wettkämpfe, an denen Heinz Nixdorf als Skipper mit seinem Vorschoter Josef Pieper teilgenommen hat.

In Auswahl. Die Daten, insbesondere von 1970 bis 1977 sind unvollständig, d. h. zahlreiche Starts bei bedeutenden, internationalen Events, wie z. B. bei der „Palma Week", dem „Bacardi Cup", der „Coppa Internationale" auf dem Gardasee oder bei der „Kieler Woche" etc. kommen noch hinzu.

Abkürzungen: **WM** = Weltmeisterschaften, **EM** = Europameisterschaften, **DIS** = Distriktmeisterschaften, **DM** = Deutsche Meisterschaften, **IR** = Internationale Regatta.

Von 1978 bis 1984: Handschriftliche Notizen von Heinz Nixdorf sind in kursiver Schrift und in Anführungszeichen gesetzt.

Jahr	Typ	Beschreibung
1970	IR	„Coppa Internationale" auf dem Gardasee. Erste Teilnahme von Heinz Nixdorf und Josef Pieper an einem internationalen Wettbewerb.
1972	IR	Hollandia Trophy, Medemblik, Ijsselmeer (Niederlande), 28 Boote am Start.
1973	EM	Medemblik, Ijsselmeer (Niederlande), 50 Boote am Start. In der Gesamtwertung 9. Platz.
1974	EM	Championship of Europe and North Africa. Laredo, Biskaya (Spanien), 51 Boote am Start. In der Gesamtwertung 30. Platz.
	WM	World Championship, Laredo, Biskaya (Spanien), 51 Boote am Start. Platz 22 im 1. Rennen, Platz 9 im 2. Rennen, Platz 6 im 3. Rennen, Platz 1 im 5. Rennen, Platz 16 im 6. Rennen. In der Gesamtwertung 8. Platz.
1975	EM	Travemünde, Ostsee (Deutschland). 38 Boote am Start. In der Gesamtwertung 27. Platz.
	WM	Lake Michigan, Chicago, Illinois (USA). 73 Boote am Start. In der Gesamtwertung 22. Platz.
1976	EM	Marstrand bei Göteborg (Schweden). 54 Boote am Start. In der Gesamtwertung 19. Platz.
	WM	Nassau (Bahamas). 64 Boote am Start. In der Gesamtwertung 28. Platz.
1977	EM	Kiel, Ostsee (Deutschland). 87 Boote am Start. In der Gesamtwertung 34. Platz.
	WM	*„16. Juni 76 kg – 18. Juni Abflug Kiel 75 kg"* (Heinz Nixdorfs Körpergewicht).
1978	IR	*„28.-30. März Hyères"* (Cóte d' Azur, Frankreich). 25 Boote am Start. In der Gesamtwertung 2. Platz.
	IR	*„21./22. Mai Medemblik"* (Ijsselmeer, Niederlande)
	DIS	*„26./27. Mai Aarhus"* (Dänemark). 58 Boote am Start. In der Gesamtwertung 13. Platz.
	IR	Kieler Woche. 65 Boote am Start. In der Gesamtwertung 8. Platz. *„24. Juni Anreise Kiel – 25. Juni 1. Rennen Windstärke 7 Puls unregel: 100, 102 – 26.06. 2. Rennen, Windstärke 7 – 27.06. 3. Rennen Wind 6 – 28.06. 4. Rennen Wind 4 – 29.06. Wind ausgefallen – 30.06. 5. u. 6. Rennen – 31.06. 7. Rennen – 01.07. letztes Rennen Kiel"*
	IR	*„09. Juli Int.-Regatta Wörther See 6. Platz"*

	EM	Medemblik, Ijsselmeer (Niederlande), 68 Boote am Start. „21. Juli Abfahrt Europa-Meisterschaft Medemblik 23.07. 5. Platz – 24.07. 41. Platz – 25.07. und 26.07. nicht gestartet, kein Wind – 27.07. 2 Läufe 17. u.29. Platz, 28.07. 19. Platz". In der Gesamtwertung 23. Platz.
	WM	San Francisco (USA), 99 Boote am Start. In der Gesamtwertung 37. Platz.
	IR	„12. August Hollandia Herbst 7. Platz, 4 Holländer, 2 Deutsche vor."
1979	IR	„23./24. März Chiemsee"
	IR	„08. April Edersee"
		„18.-20. Mai 79 Berlin, Training Kiel"
	DIS	Gotskär bei Göteborg (Schweden) „24. Mai – 26. Mai Schweden Distriktmeisterschaft 23. Platz". 54 Boote am Start.
	IR	Hollandia Spring and First German Olympic Qualification Series. 23 Boote am Start. 10. Platz in der Gesamtwertung. „02. – 08. Juni Olympiaausscheidung Medemblik"
	IR	„Kiel 1979 16. bis 23. Juni"
	IR	„14. Juli Glücksburg 1. Platz, 2. Uwe Mares, 3. Hartmut [Voigt], 15. Juli 6. Platz, Gesamt 3. Platz". 17 Boote am Start.
	WM	Marstrand bei Göteborg (Schweden). 78 Boote am Start. 46. Platz in der Gesamtwertung.
	EM	Palamos, Costa Brava (Spanien) „08. Sept. 10. Platz, 09. Sept. 12. Platz, 10. Sept. Gammelgewitter, 11. Sept. 2 Läufe 21. + 17. Platz, 12. Sept. 21. Platz, 13. Sept. 18. Platz, 14. Sept. berührt" (disqualifiziert). 56 Boote am Start. 21. Platz in der Gesamtwertung.
	IR	„22. Sept. Anfahrt Travemünde"
	IR	Hollandia Trophy, Herbst. 22 Boote am Start. 2. Platz in der Gesamtwertung.
	IR	Commodore Senator Dr. Luer Preis. „06. Okt. – 08. Okt. Baldeneyseeregatta". 37 Boote am Start. 23 Platz in der Gesamtwertung.
1980	IR	Open Scandinavian Championship. „03./04. Mai Aarhus 3. Platz". 17 Boote am Start.
	DM	„Kiel 12. Mai 11. Platz, 13. Mai 14. Platz, aber besser gesegelt, 14. Mai 12. Platz, noch besser gesegelt, 15. Mai 7. Platz, 16. Mai Flaute."
	IR	„25.05.-26.05. Kiel, Pfingstbusch"
	IR	Hollandia Spring Trophy. „31.05.-01.06. Hollandia, Medemblik". 29 Boote am Start. 10. Platz in der Gesamtwertung.
	EM	La Rochelle, Atlantikküste (Frankreich) „08.-12. Juni La Rochelle 13. Platz EM". 40 Boote am Start.

	IR	Kieler Woche. 44 Boote am Start „....bis 29.06. Kieler Woche 1. Raudaschl, 5 Ausländer + 5 Deutsche vor uns. 11. Platz"
	IR	„Hollandia Trophy Medemblik". 33 Boote am Start. 3. Platz in der Gesamtwertung. „27. August – 31. Aug. 1. Ben 3.0 Punkte, 2. Bondervyn 5.7, 3. Wir 8.7 4. 26.0."
	IR	(Boykott der Olympischen Wettkämpfe in Moskau) Nordamerikanische Meisterschaften in Milford, USA. Bei 7 Regatten gewinnen H.N./J.P. zwei Tagessiege. Die Deutschen Alexander Hagen und Vincent Hösch holen vier Tagessiege und werden mit dem 1. Platz in der Gesamtwertung Nordamerikanische Meister. 46 Schiffe im Wettkampf, darunter fünf ehemalige Weltmeister mit Goldstern im Segelzeichen.
1981	IR	17.-20. April „Coppa Internationale" auf dem Gardasee. „Ostern Torbole, schwere Regatten"
	DIS	Kiel, Distriktmeisterschaften. 39 Boote am Start. „17.-26. Juni, Distriktmeisterschaften, 7. Platz"
	IR	„Kieler Woche, 33. Platz". 56 Boote am Start
	EM	Balatonfüred (Balaton= Plattensee, Ungarn) 69 Boote am Start. „19.-29. August, Balaton, 22. Platz"
	WM	Marblehead (bei Boston). Massachusetts, USA. 84 Boote am Start. „15.-28. Sept. Weltmeisterschaften Marblehead, 1. Alex [Alexander Hagen/Vincent Hoesch] " „12. Dez. Fete Segler, Alex – Vinci"
1982	IR	Palma Week, Mallorca, Spanien. „2.-9. April, Majorka Palma Week. 5. Platz [Wir], Hartmut 6. Platz, Gorostegui 4. Platz"
	IR	Hollandia Spring Trophy. 24 Boote am Start. „8./9. Mai Medemblik 3. Platz"
	DIS	Glücksburg, Flensburger Förde, Ostsee, Deutschland. 44 Boote am Start. „19.,20.,21. Mai, Glücksburg Distrikt: 14. Platz"
	IR	„16.06.-27.06. Kieler Woche, 21. Platz von 70 Teilnehmern. 23. Platz Hartmut [Voigt]. Ein 7. Platz wurde gestrichen wegen Frühstart mit 14 anderen."
	EM	Aarhus, Dänemark. 65 Boote am Start. 19. Platz in der Gesamtwertung.
	IR	Hollandia Trophy. „17/18. August, Medemblik, 10. Platz von 40"
	WM	Medemblick, Ijsselmeer, Niederlande. 81 Boote am Start. „Weltmeisterschaft Medemblick. 1. Gorostegui [Laredo, Spanien], 2. Alex [Alexander Hagen], 3. [William M.] Buchan, 4. [Jens-Peter] Wrede, 5. [Andrew] Menkart, 11. Blacky [Jochen Schwarz], 20. [Fritz] Geis, 20./21. H.N. [punktgleich], 23. [Uwe von] Below, 25. Hartmut Voigt"

	IR	„16.,17.,18. September, Starnberger See, Kein Lauf, Flaute"
	IR	Commodore Senator Dr. Lüer Preis. „2./3. Oktober Baldeney. 19. Platz von ca. 40, kein Wind." „10./11. Dez. Berlin Bk Kohl. Seglertreffen, Skat in Gesseln."
1983	IR	„06.-9. Mai, Medemblik, 4. Platz"
	IR	„13./14.Mai Medemblik, Unterlick gerissen"
	IR	„21./22. Mai Pfingstbusch, 10. Platz, Hartmut [Voigt] 4. fast punktgleich"
	EM	Kiel, Ostsee „10.-27. Juni Europameisterschaft 45. Platz, Kieler Woche 8. Platz"
	WM	Marina del Rey, Los Angeles (USA)78 Boote am Start. „06.08. Abfahrt zur WM in Marina del Rey. 31. Platz nach 3 von 6 Läufen. Im 1. Lauf wie Achim [Griese] 17. Platz. Aufgeholt von Platz 45. Dann 2 Läufe Lotterie. Bis 22.08."
	DM	„14.-23. Sept. Deutsche Meisterschaft Tutzing. Nach 5. Lauf an 6. Stelle gesamt. Im 6. Lauf auf Platz 1 vorgefahren, damit an 3. Stelle gesamt, aber in Flaute anderen hineingefahren, auch vor Windloch. 10. Platz gesamt."
	IR	„15./16. Okt. Herbst/Möhne. 1. Platz gegen Achim + Bondervyn" „17./18./19./20./21. November. Letztes Training in Kiel mit Achim Griese. Unser Boot so gut, daß Achim es haben möchte." „2./3. Dez. Segler + 10 Kämpfer + Skat Treffen bis 3.30 Uhr. Gute Stimmung aller."
1984	EM	European Spring Championship, Vilamoura, Algarve (Portugal). 79 Boote am Start. „22. März – 31. März, Villa Moura. 1. Buchan, 2. Achim [Griese], 9. Werner Fritz, 12. Alex [Alexander Hagen], 18. Peter Wrede, 39. H.N. J.P., 38. Platz Uwe v. B. [von Below] 42. Blacky [Jochen Schwarz], 50. Hartmut Voigt. – 5. in deutscher Mannschaft."
	IR	„16.-20.04. Palma Week"
	DM	Kiel, Ostsee. 43 Boote am Start. „06.-12. Mai DM in Kiel. 1. Hubert Raudaschl, 2. Peter Wrede, 3. Achim Griese, 19. H.N., 16. Hartmut [Voigt]."
	IR	„7.-13. Juni [Goldener] Pfingstbusch. 7. Endplatz." 31 Boote am Start.
	IR	„15.-21. Juni Kieler Woche, 12. Platz theoretisch. Berlin Beauftragte; Kanzler Kohl besucht. 8.,11.,17.,14. Plätze praktisch."
	EM	Europameisterschaft Palamos (Spanien). 71 Boote am Start. 48. Platz in der Gesamtwertung.

1985	IR	Travemünder Woche. 21. Boote am Start. 4. Platz in der Gesamtwertung.
	IR	Kieler Woche. 49 Boote am Start. 22. Platz in der Gesamtwertung
	EM	„17.-24.08. Hellerup, [Kopenhagen Dänemark] 11., 8., [beim 3. Rennen nicht gestartet], 29., 13., 14.". 60 Boote am Start. 39. Platz in der Gesamtwertung
	WM	„Star World's" Nassau (Bahamas). 80 Boote am Start. 56. Platz in der Gesamtwertung. H.N. mit „Kitti" = Gerd Borowy statt des verletzten Josef Pieper als Vorschoter am Start.

Quellen/Literatur

Eigene Erinnerungen und Notizen sowie zahlreiche Notizen von Heinz Nixdorf. Mündliche Informationen und schriftliche Aufzeichnungen insbesondere von Josef Pieper. Sodann weitere Informationen von Renate Nixdorf und dem Sohn Martin sowie von Dierk und Ingrid Thomsen, Otto Schlenzka, Hartmut Voigt u.a.

Bunte, Fritz: Mein Mitschüler Heinz Nixdorf. In: Hemmen, Wilhelm (Hrsg.): 100 Jahre Reismann-Schule Paderborn. Paderborn 1988

Log of the International Star Class Yacht Racing Association. Official Rule Book. 1975, 2003 und 2004, Glenview, Illinois (USA)

Faßbender, Heribert: Sporttagebuch des 20. Jahrhunderts. Düsseldorf, Wien. 1984.

Lamprecht, Wiebke/Marie-Luise Klein. Siehe: Allgemeine Literatur. Zu Heinz Nixdorf S. 109f. – Paderborner Yacht-Club S. 260f.

Teil 3: Bereiche, Organisationen, Einrichtungen und Stätten für den Sport

Sport für Azubis, Betriebssport, Nixdorfer in Sportvereinen 401

Heinz Nixdorf und die ArGe Sport, 1971–1975 427

Das Sportzentrum des SC Grün-Weiß und die vertrackte Vorgeschichte 451

Der multifunktionale Ahorn-Sportpark 487

Lehrerausbildung im Fach Sport und das Sportmedizinische Institut 531

Die Golfakademie an der Universität Paderborn 569

Sport für Azubis, Betriebssport, Nixdorfer in Sportvereinen

Die „Ersatzberufsschule"

1970 war die Zahl der Auszubildenden in der Paderborner Firmenzentrale der Nixdorf Computer AG auf ca. 360 angestiegen. Da beim deutschen „Dualen System" sowohl praktische Ausbildung als auch Schulunterricht vorgeschrieben sind, ergab sich bei dieser Größenordnung eine eigene Berufsschule, anstelle einer öffentlichen eine private „Ersatzberufsschule". Daher wurden Azubis von nun an bei Nixdorf in ganzen Klassenverbänden eingestellt.

Es lag im Interesse des Unternehmens, nicht überaltert – sprichwörtlich zu „Faßdaubenschmieden" – ausbilden zu lassen, sondern in branchenspezifischen Berufsfeldern und dem neuesten Entwicklungsstand entsprechend selbst für reichlich Nachwuchs zu sorgen. Dies ging mit Heinz Nixdorfs Willen zum Wachsen des Unternehmens einher. Während in Deutschland im Schnitt ca. 4% der Belegschaft Azubis waren, hatte die „Nixdorf Computer AG" ca. 11%, die in der Regel alle als Mitarbeiter übernommen wurden. Das Nachrichtenmagazin „SPIEGEL" überschrieb einen ausführlichen Bericht über den Paderborner Computer-Fabrikanten mit dem Zitat *„Wir müssen wachsen, wachsen, wachsen."* (Nr. 31, 1984.)

Der Schulunterricht für die Azubis konnte an 1–2 Tagen pro Woche oder in größeren Zeitblöcken abwechselnd mit der praktischen Ausbildung erfolgen. Für Elektronikberufe wurde seinerzeit (um 1970ff.) in öffentlichen Schulen noch kein fachspezifischer Unterricht angeboten – nur für allgemeine Elektro-Technik. Entsprechende Rahmenlehrpläne und Fachlehrer für Elektronik gab es noch nicht.

Neu in Deutschland: Sport für Azubis

Die Nixdorf-Ersatzberufsschule und die Ausbildung erarbeiteten neue Rahmenpläne und ein neues Zeitkonzept: In Blöcken aufgeteilt 1/3 der Zeit im Ausbildungszentrum, 1/3 in der Schule, 1/3 im Betrieb. Die Schule handelte in Abstimmung mit der Ausbildung weiterhin selbständig und vor allem fortschrittlich. So wurde auch Sport schrittweise eingeführt. Das war in Deutschland einsame Spitze!

Für alle Nixdorf-Azubis wurden ab 1970 Sportfeste im Inselbadstadion veranstaltet. Nachdem 1972/73 das b.i.b. (Bildungszentrum für informationsverarbeitende Berufe e.V.) die Werkberufsschule als Trägerverein von der Nixdorf Computer AG übernommen hatte, wurden gemeinsame Schul- und Ausbildungs-Sportfeste organisiert. Erst 1975 wurde Sport amtlich in den Rahmenlehrplänen für Berufsschulen als Fach vorgesehen. Doch schon vorher gab es Sport für Nixdorf-Azubis.

Die Schützenhalle in Dahl, Mehrzweckhalle für Azubisport

Für den Schulunterricht der firmeneigenen „Ersatzberufsschule" waren zunächst Räume einer ehemaligen Kleiderfabrik, zwischendurch Hotel „Berliner Hof", im Mönkelohgebiet gemietet worden (von 1970–1972). Für einen Sportunterricht waren die Räume ungeeignet, und, da in Paderborn seinerzeit noch großer Mangel an Sportstätten bestand, mietete die Nixdorf-Ausbildung die Schützenhalle im einige Kilometer entfernten Dorf Dahl an (eingemeindet 1975). Die Azubis wurden dorthin anfangs mit Bussen des örtlichen Verkehrsunternehmens PESAG (Paderborner Elektrizitäts- und Straßenbahn-AG) und auch privater Busunternehmer (Koller, Borauke) befördert. Das war wegen der relativ langen Wartezeiten während der Sportstunden teuer. Also ließ Heinz Nixdorf zwei Kleinbusse mit je 18 Sitzplätzen und einen Bulli kaufen und die Ausbilder hatten den entsprechenden Führerschein zu machen.

Berufsausbilder werden zusätzlich Sport-Übungsleiter

Für die große, zunehmende Anzahl der Lehrlinge fehlten für einen Sportunterricht Übungsleiter. An examinierte Sportlehrer war zunächst noch nicht zu denken. Der Sport konnte nur in Gruppen von max. 50 Lehrlingen durchgeführt werden. Die Schützenhalle war den ganzen Tag belegt: 50 Lehrlinge morgens, 50 am Nachmittag. Ziel war, daß sich je ein Übungsleiter einer Gruppe von 25 Azubis annahm. Die Ausbilder erklärten sich auf freiwilliger Basis bereit, selbst quasi als Auszubildende Übungsleiter- und Erste-Hilfe-Kurse zu absolvieren. An 10 Wochenenden, samstags und sonntags, wurde von lizensierten Trainern des Leichtathletik Club Paderborn die Fähigkeit vermittelt, in Übungseinheiten Sportunterricht sowie Kurse für körperliche Fitness zu geben. Bei der Einstellung neuer Ausbilder wurde zum Kriterium, ob sie selbst sportlich aktiv waren.

Es war außergewöhnlich, wieviel Wert Heinz Nixdorf auf den Sportunterricht seiner Azubis legte. Manch anderer Unternehmer hätte ihn mit dem Hinweis: „*keine Turnhalle da, kein Sportlehrer da*", um Jahre verzögert eingerichtet.

Seit 1969 gab es per Gesetz „Auszubildende". Heinz Nixdorf blieb bei der abgeschafften Bezeichnung und sprach von seinen bzw. unseren „Lehrlingen".

Die „Grüne Halle" in den Werksgebäuden

1972 hatten sich für die Schule neue und mehr Unterrichtsräume im Neubaukomplex der Firma an der Pontanusstraße ergeben, insgesamt 1.500 m^2. Die Zahl der Azubis wuchs weiter. 1979 auf 710 und die Schule bekam mit dem Umzug in die neuen Fabrikationsgebäude an der Alme 1978/79 insgesamt 3.000 m^2 für Unterrichtsräume und ein Ausbildungszentrum. Für den Sport wurde nun hier im Gebäudekomplex D eine große, noch nicht für die Produktion benötigte Werkhalle als mittelfristiges Provisorium hergerichtet. Damit waren praktische Ausbildung, Schulunterricht und Sporthalle ohne zeitraubende Wege unmittelbar benachbart, und Rasenflächen für den Sport kamen im Freien dazu. In der großen Werkhalle wurden auf den Betonestrich Spanplatten und darüber grüner Teppichboden verlegt. Da sich dieser vom grauen Fußboden in allen anderen Hallen und Räumen unterschied, wurde die Bezeichnung „Grüne Halle" üblich. (Über einige Bahnen des grünen Teppichs verfügt noch heute der Ahorn-Sportpark.)

Verdoppelung der Sportstunden für die Azubis

Heinz Nixdorfs tiefe Überzeugung, daß Sport zu Fitness und Gesundheit entscheidend beiträgt und beide Voraussetzung ganz allgemein zur Lebensfreude und speziell auch für Leistungsbereitschaft im Beruf sind, führten zu seiner besonderen Förderung des Sports für Azubis. Vor dem Eintritt der jungen Leute in das Berufsleben sah der Unternehmer und mit ihm Kurt Bendlin die Chance, diese für Sport zu gewinnen und zu begeistern.

Zwei Wochenstunden waren seit 1979 während der Schulzeiten Pflicht. Das Unternehmen wurde beim Kultusministerium vorstellig und erreichte eine Verdoppelung des Sportunterrichts! Sodann wurde den Azubis angeboten, in den Zeitblöcken praktischer Ausbildung freiwillig zwei Stunden Sport statt Arbeit zu wählen. Und es gab eine wachsende Gruppe von Azubis über 18 Jahren. Dies waren Abiturienten, die als Informatik-Techniker ausgebildet und anschließend im Kundendienst eingesetzt werden sollten. Nach 13 Schuljahrgangsstufen hört die Schule auf, doch auch für diejenigen Azubis, die in der Regel 13 Jahre Schule oder gar mehr hinter sich hatten, wurden seit 1978 Sportstunden eingerichtet.

Die Ersatzberufsschule war in dieser Zeit in der Bundesrepublik Deutschland die einzige Berufsschule, die vier Stunden Sport (4 a 45 Min.) pro Woche als Pflichtfach eingeführt hatte und die Firma war die einzige, die allen Azubis obendrein während der Arbeitszeit als Betriebssport zwei Stunden (2 a 60 Min.) Sport anbot. Dieser freiwillige Sportunterricht wurde von allen Azubis angenommen.

Die jährlichen Azubi-Sportfeste

Bei den allgemeinbildenden Schulen war es Regel, einmal im Jahr mit sämtlichen Klassen leichtathletische Vergleichswettkämpfe zu veranstalten. Heinz Nixdorf machte hieraus für seine „Lehrlinge", einschließlich der Kölner und Berliner, von 1970 bis 1983 im Inselbadstadion, dann im Ahorn-Sportpark, Sportfeste, indem ein üppiges Rahmenprogramm organisiert und nicht nur Eltern, sondern die

Paderborner Bevölkerung als Zuschauer eingeladen wurden.

Als Grundprogramm absolvierten alle Azubis in der Regel bei den Sportfesten einen Dreikampf: 100-m-Lauf, Weitsprung und Kugelstoßen. Wer es von den Azubis wollte, konnte diesen Drei- zum Fünfkampf durch 1000-m-Lauf und 50-m-Schwimmen erweitern. Von den technischen Azubis machten immerhin rund die Hälfte, von den kaufmännischen weniger den Fünfkampf mit.

Die Leistungssportler unter den Azubis, die für ihren Sport bei der Arbeitszeit Privilegien eingeräumt bekamen, traten in einer Sonderriege zu den Wettkämpfen an und ermittelten die herausragenden Ergebnisse.

Sodann trugen Azubis in verschiedenen Sportarten Mannschaftswettbewerbe aus. Dabei wurden die besten Jahrgangsmannschaften mit Preisen bedacht: Im Fußball, Volleyball, Basketball und im Rasenhockey.

Hinzu kam ein mit eingeladenen Sportlern – die also keine Azubis waren – erweitertes Rahmenprogramm.

So startete z. B. 1971 unmittelbar nach den Europameisterschaften in Helsinki eine größere Anzahl von Spitzenathleten im Inselbadstadion wie bei einem nationalen Leichtathletik-Sportfest. (Siehe Kap. Leichtathletik.)

Üblicherweise gehörte zum Rahmenprogramm auch ein Extra-Fußballspiel. So trat z. B. eine Betriebsmannschaft gegen die am Ort dominierenden Fußballer des 1. FC Paderborn an. Oder es spielte eine „Prominentenmannschaft" des Betriebes gegen die Azubis. Dabei mußte sich auch der Chef, Heinz Nixdorf, gelegentlich ehrenhalber, aber unfreiwillig beteiligen.

Ansporn und Belohnung für sportliche Leistungen der Azubis

Der Unternehmer befolgte bei den Azubiwettkämpfen seinen Grundsatz „Leistungen müssen belohnt werden" und dachte sich Besonderes aus. Im Hinblick auf die olympischen Sommerspiele 1972 in München war der Preis für die ersten bis dritten Plätze in den je drei Altersklassen bei den Sportwettkämpfen im Inselbadstadion in den drei Jahren 1970/71/72 eine Reise zu den olympischen Wettkämpfen, also für 27 Azubis, davon für die 9 Erstplazierten für acht, für die 18 Zweit- und Drittplazierten für drei Tage.

Auch in den folgenden Jahren hatten die Abteilungen Sportförderung und Ausbildung besondere Preise bereitzustellen. Da gab es z. B. außer Urkunden und Pokalen Frottiertücher, die mit dem Slogan „Fit mit Nixdorf" bestickt und mit einem Sprungseil zusammengewickelt waren, Fahrten zu Fußball-Länderspielen, zu Deutschen-Leichtathletikmeisterschaften, achttägige Ferienreisen, Bücher etc..

Die Azubisportfeste nahmen an Dimensionen so zu, daß sie für die gewerblich-technischen und kaufmännischen Azubis nur noch separat zu veranstalten waren. Im Juli 1987 z. B. registrierte der Ahornsportpark ca. 890 gewerblich-technische und im September ca. 500 kaufmännische Azubis im Stadion. Alle sollten in min-

Fortsetzung S. 408

Leichtathletik-Wettkämpfe der Azubis Anfang der 1970er Jahre. Bevor der Ahorn-Sportpark entstanden war, fanden die jährlichen Schulwettkämpfe für die „Ersatzberufsschule" der von der Nixdorf Computer AG Auszubildenden und der nicht schulpflichtigen Azubis sowie der Azubis aus Köln und Berlin im Inselbadstadion statt. Hier Ziel und Zeitmessung beim 100 m-Lauf.

Azubi-Leichtathletik-Wettkämpfe im neuen Sportpark. Seit 1984 konnten die Wettkämpfe der Azubis auf den Anlagen der firmeneigenen Ahorn-Sportpark GmbH ausgetragen werden. Hier Start zum 100-m-Lauf. Im Hintergrund der Eckpavillon der Sporthalle, 1987.

Tisch mit Preisen und Trophäen. Bei den Sportfesten sowohl der technischen als auch der kaufmännischen Azubis der Nixdorf Computer AG galt es, gemäß der Maxime des Firmengründers, „Leistungen müssen belohnt werden", die Sieger reichlich auszuzeichnen. Hier Azubi-Sportfest 1987.

50-m-Schwimmen bei Azubi-Sportfest. Den Dreikampf (100-m-Lauf, Weitsprung, Kugelstoßen) erweiterte etwa die Hälfte der Azubis mit Schwimmen und 1.500-m-Lauf zum Fünfkampf. Gestartet und gewertet wurde in drei Altersklassen. Hier Startsprung in die acht Bahnen des Paderborner Freibades am Schützenplatz.

Rahmenprogramm der Azubi-Sportfeste. Neben Mannschaftswettbewerben, zu denen Azubis antraten, gehörten sportliche Schauveranstaltungen zum Programm, das viele Zuschauer anzog. Hier eine Aerobic-Gruppe in rot-weißem Dress, Anspielung auf die Farben des Firmenlogos. Im Hintergrund der Eckpavillon der Ahorn-Sporthalle.

Azubisport bei Nixdorf in Paderborn. Hier Lauftraining mit Kurt Bendlin (links) im Ahorn-Sportpark, 1987.

Azubisport bei Nixdorf in Paderborn. Hier Dehnübungen unter der Leitung von Kurt Bendlin (vorne) im Ahorn-Sportpark, 1987.

destens drei Disziplinen antreten, die Besten ermittelt und ausgezeichnet werden. Ohne Computer der Firma war die EDV-Wettkampfauswertung nicht zu bewältigen.

Wütende Kritik des obersten Lehrherrn

Kurt Bendlin, der sich selbst reichlich quälen mußte – freiwillig –, um einen Weltrekord im Zehnkampf zu erkämpfen und der für Manager ein hartes Überlebenstraining in seinem Camp in Malente veranstaltete, versuchte, die Azubis mit spielerischen Methoden für den Sport zu gewinnen. Diese Methode war nach Heinz Nixdorfs Vorstellungen bei den Ausbildern und Übungsleitern aus dem Ruder gelaufen. Bei einem Sportfest der kaufmännischen Azubis 1985 kam der Unternehmens-Chef unerwartet im Ahorn-Sportpark vorbei, stellte beim Weitsprung fest, daß einzelne Lehrlinge keine Weite schafften, beobachtete dann ihm unbekannte Sportdisziplinen: Aktenkoffer-Weitwurf und Aktenkoffer-Staffellauf. *„Pfänderspiele!"* Die Kritik wurde öffentlich.

Als Heinz Nixdorf im folgenden Dezember zum „Manager des Jahres 1985" gewählt worden war, gab er dem „Industriemagazin" (19. Jg. Nr. 12, 1985) ein Interview, erwähnte den *„ehemaligen Weltrekordler Kurt Bendlin"*, redete „Tacheles", und die Frage des Reporters, ob die Lehrlinge wie ihr großes Vorbild Boris Becker Tennis lernen, wischte er beiseite.

> Nixdorf: *„...Wir messen außerdem der sportlichen Betätigung unserer Auszubildenden großes Gewicht bei. Wir haben auf dem Betriebsgelände eine große Sportanlage gebaut, die sowohl für Freizeit- und Breitensport als auch als Trainings- und Wettkampfstätte gedacht ist. Hier erhalten unsere jungen Auszubildenden unter Anleitung des ehemaligen Zehnkampf-Weltrekordlers Kurt Bendlin regelmäßig Sportunterricht."*
> Industriemagazin: *„Lernen die Lehrlinge Tennis wie ihr Vorbild Boris Becker?"*
> Nixdorf: *„Ich verlange, daß jeder Auszubildende sich zunächst einmal fit macht, das heißt beispielsweise Dauerlauf über fünf Kilometer trainiert. Mich hat eines bei unserem letzten Sportfest richtiggehend wütend gemacht. Da gab es keine Laufwettbewerbe, kein Springen, kein Werfen, nur heitere Spiele nach dem Motto: Wer reicht am schnellsten Köfferchen weiter?"*
> Industriemagazin: *„Ist denn die körperliche Verfassung unserer Jugend so schlecht?"*
> Nixdorf: *„Die ist zum Teil ganz entsetzlich. Es kommt wirklich vor, daß ein Lehrling bei uns im Weitsprung nur 3,08 Meter erzielt. Deshalb muß ich zunächst diesen Dauerlauf verlangen: da müssen die Lehrlinge durch."*

Die öffentliche Kritik des Chefs kam bei den Mitarbeitern an. Bendlin bot seinem „väterlichen Freund" unter vier Augen an, zu kündigen. Dieser schwieg vielsagend.

Der Manager des Jahres 1985. Heinz Nixdorf ging im Interview mit dem „Industriemagazin" über seine Unternehmenserfolge auf das Thema Sport ein, forderte für seine Lehrlinge leistungsorientierten Sport. Bei den Berichten über die auf die Plätze 2 bis 5 gekommenen „Manager" kommt dagegen Sport mit keinem Wort zur Sprache. (2. Platz Veba-Chef Rudolf von Bennigsen-Foerder, 3. Platz Daimler-Chef Prof. Dr. Werner Breitschwerdt, 4. Platz Allianz-Chef Dr. Wolfgang Schieren, 5. Platz VW-Chef Dr. Carl Horst Hahn.)

Fortbildungslehrgang für Übungsleiter des Azubi-Sports. In Malente (in dessen Nähe Kurt Bendlin Überlebenstraining anbot, Schleswig Holstein) demonstriert der ehemalige Weltrekordler im Zehnkampf, wie Anfänger methodisch an den Stabhochsprung herangeführt werden können. In einer normalen Weitsprunganlage wird der Stab in den Sand gesteckt und der Körper ein Stück in die Höhe gebracht. Das haben die Übungsleiter sodann zunächst einmal selbst zu üben. Bei einem Abendessen gesellte sich Heinz Nixdorf überraschend zu den Lehrgangsteilnehmern. Er hatte einen kurzen Abstecher von der Kieler Woche nach Malente gemacht.

Azubi-Werkstücke für den Sport

Neu eingestellte Azubis wurden zu einführenden, 14-tägigen Bildungsseminaren geschickt, die etliche Jahre im „Christlichen Jugenddorfwerk" in Berchtesgaden stattfanden. Während dieser Seminare stand jeden Tag Sport auf der Stundentafel: Gymnastik, Jogging u. a., geleitet von den zu Übungsleitern ausgebildeten Ausbildern. Alternativ wurde für Azubis, die ihre Räder mitgebracht hatten, Radfahren in den schönen steilen Bergen angeboten. Außer Flächen für Rasensport und ein paar Bällen verfügte das Jugenddorf über keine Sportgeräte. In den Werkstätten des Ausbildungszentrums in Paderborn bohrten, schraubten, schweißten, lackierten Azubis einige Kraftmaschinen für das Berchtesgadener Jugenddorf. Als der Ahornsportpark entstand, sägten, leimten, schraubten, lackierten die „Lehrlinge" Tore für Fußball- und Kleinspielfelder, Bänke für Umkleideräume sowie Regale für die Lagerung von Sportgeräten. Ferner gebogene Balken für die Abwurfkreise der Diskurswerfer und Kugelstoßer und Startblöcke für die Kurzstreckler. Der Stolz über diese gelungenen Arbeiten verband die jungen Leute mit dem Sport.

Probleme mit dem Trägerverein für Schule und Sportlehrer

Die 1970 eingerichtete firmeneigene „Ersatzberufsschule" erhielt im Unterschied zu den öffentlichen Berufsschulen als private zunächst nur 60% und erst nach vier Jahren Bewährung nur 80% ihrer Kosten von der öffentlichen Hand, auch für Sportunterricht, und wurde daher 1972 in das „b.i.b." (Bildungszentrum für informationsverarbeitende Berufe) integriert. Dieses hatte als gemeinnütziger e. V. Steuervorteile, bekam Zuschüsse von der Bundesanstalt für Arbeit und vom Wirtschaftsministerium und wurde u. a. Trägerverein der Schule für die Nixdorf Azubis. Die Werkberufsschule sollte nach dem Willen des Unternehmers nicht 100% Leistung einer öffentlichen Schule erbringen, sondern 120 bis 130%. Dafür zahlte die Nixdorf Computer AG an das b.i.b. einen zusätzlichen Beitrag als Schulgeld. Im Sport forderte Heinz Nixdorf 200% für seine „Lehrlinge".

Nach dem Recht braucht ein eingetragener Verein nur sechs Mitglieder zu haben, die beim b.i.b. anfangs vom Vorstand und anderen Führungskräften der Nixdorf Computer AG gestellt wurden. Heinz Nixdorf wollte u. a. durchsetzen, daß die Lehrer, wie andere Angestellte, seinerzeit die üblichen 40 Wochenarbeitsstunden im Betrieb, hier in der Schule, mit Unterricht, Vor- und Nachbereitung beschäftigt werden, maximal 30 Tage Urlaub bekommen und in darüber hinausreichenden Schüler-Ferienzeiten zu Fortbildungskursen verpflichtet werden. Ein Teil der Lehrer machte das mit, viele hatten die üblichen Lehrer-Beamten-Vorstellungen und wurden schlauerweise Mitglieder im Trägerverein, konnten so die dem Vorstand der Nixdorf Computer AG Nahestehenden überstimmen und sich quasi selbst regieren. Das drohte im besonderen Maße auch den Sportunterricht und die Sportlehrer zu tangieren. Zur Zeit der „Grünen Halle" waren dies sechs Sportlehrer inklusive einer Lehrerin (Kurt Bendlin,Uwe Florczak, Jörg Leweling, Jens Schulze, Monika Schulze, Willi Wiehager), die durch eine Reihe von Übungsleitern, insbesondere aus dem Kreis der Ausbilder, unterstützt wurden. Die Sportlehrer hatten mehr als eine 40 Stunden-Woche, da sie für Schul-, Betriebs- und Vereinssport tätig waren. Das b.i.b. war formell als Schulträgerverein für den Schulsport der „Ersatzberufsschule" zuständig.

Am 24. Oktober 1982 notierte Heinz Nixdorf *„Ärger Berufsschule"*. Aus Verärgerung über die Entwicklung im Trägerverein betrieb der Unternehmer seit 1982/83 eine neue Lösung, die infolge aller möglichen Kündigungsfristen erst 1986 in Kraft trat. Die Ersatzberufsschule inklusive ihres Sportangebotes wurde vom b.i.b. abgekoppelt und kam zur ATIW (Ausbildungsstätte für Technik, Informatik und Wirtschaft).

1985 wurden an die 1.050 junge Leute in den technischen und an die 750 in den kaufmännischen Berufen ausgebildet. Es bekamen also über 1.800 Azubis in den Schulzeiten Sportunterricht und während der praktischen Ausbildungszeiten hatten sie Sport im Rahmen des Betriebssports.

Kooperation von Schul- und Betriebssport

Für Sportlehrer und Übungsleiter wurde eine Übersicht erstellt über Sportarten, die methodischen Unterricht erfordern, die vorrangig als Schul- oder aber als Betriebssport zu betreiben waren. Trimmsport, Tischtennis und Fußball zählten z. B. vorrangig nicht zum Schul- sondern zum Betriebssport. Qualifikationen gemäß DLRG (Deutsche Lebens-Rettungs-Gesellschaft) waren Sache des Schul- und nicht des Betriebssports. Der Schulsport hatte durch die Lehrpläne je nach den zur Verfügung stehenden Anlagen – Hallen, Rasenflächen, Laufbahnen, Frei- oder Hallenbad – einigen Spielraum für etliche Sportarten. Der Betriebssport war viel weniger eingeengt.

Multifunktionale Sportlehrer und Übungsleiter

Ein fruchtbares Zusammenspiel von Sportunterricht der Azubis, von Betriebs-, Vereins- und individuellem Freizeitsport war für Heinz Nixdorf eine ideale Vorstellung. Die Vernetzung sollten in erster Linie die Sportlehrer und Übungsleiter erwirken, die für den Azubi-Unterricht tätig waren und obendrein für Azubis, alle Betriebsangestellten und -manager Betriebssport, insbesondere Fitnessprogramme, anboten, und sich in den Sportvereinen engagierten. Und obendrein für Freizeitsportler, wie z. B. Jogger Einführungskurse gaben.

Im Blickfeld stand hier insbesondere der als erster Dipl. Sportlehrer einge-

Angebotspalette des Schul- und des Betriebssportes für Azubis				
	Sportarten	methodisches Erarbeiten erforderlich	vorrangig Schule	vorrangig Betriebssport
1.	**Leichtathletik** Lauf, Sprung, Wurf, Trimmsport	ja ja nein nein	z.T. z.T. nein nein	z.T. z.T. ja ja
2.	**Schwimmen** Schwimmtechniken Tauchen Springen DLRG Wasserball Schwimmen allgemein	ja ja ja ja z.T. nein	ja ja z.T. ja ja nein	nein nein z.T. nein z.T. ja
3.	**Ballspiele** Kleine Spiele Tischtennis Fußball Badminton Basketball Handball Volleyball Hockey (Feldhockey)	nein nein nein ja ja ja ja ja	z.T. nein nein ja ja ja ja ja	ja ja ja z.T. z.T. z.T. z.T. nein
4.	**Gymnastik**	nein	z.T.	ja
5.	**Theoretische Grundlagen der Gesundheits- erziehung**	ja	ja	z.T.
6.	**Theoretische Grundlagen des Trainings**	ja	z.T.	ja
7.	**Alternative Sportarten** z.B. Segeln, Rudern, Orientierungslauf u.a.	ja	nein	ja

stellte, ehemalige Weltmeister im Zehnkampf, Kurt Bendlin. Als es darum ging, diesen vom ASV in Köln nach Paderborn zu holen, schickte Heinz Nixdorf zwei Emissäre, einen, der die Interessen des Azubi-Sportunterrichts vertrat, Hubert Schäfers, Ausbildungsleiter bei der Nixdorf Computer AG, und einen, der den Vereinssport vertrat, Jürgen Wegwart, Vorsitzender des Leichtathletik Club Paderborn.

Bei einer freiwilligen, medizinischen Reihenuntersuchung von Azubis durch Dr.

med. Richard Ammenwerth, 1979, wurde u. a. erhoben, wieviele von ihnen sich außer dem Schul- und Betriebssport zusätzlich – vereinsorientiert oder nicht – sportlich betätigen und gefragt, ob dies für die gesundheitliche Konstitution relevant ist.

Betriebssport, nicht in Konkurrenz gegen Vereinssport

Immer wieder beharrte Heinz Nixdorf darauf, keine firmeneigenen Sportvereine zuzulassen. (siehe Kap. Vergleich Bayer- und Nixdorf-Sportförderung.) Er wollte den historisch gewachsenen Strukturen der zahlreichen etablierten Sportvereine mit ihrem vielfältigen Angebot keine Konkurrenz machen, im Gegenteil: *„Wenn es durch unsere Aktivitäten gelingen sollte, den Klubs wieder mehr Mitglieder zuzuführen und damit eine stärkere Basis zu schaffen, würde ich das sehr begrüßen."* Und anstelle einer Finanzierung von firmeneigenen Vereinen, wie bei Bayer Leverkusen, leisteten Heinz Nixdorf und seine AG punktuelle Förderungen bestehender, firmenunabhängiger Sportvereine.

Nur ansatzweise konnte das Verdikt für Sportvereine, in deren Namen „Nixdorf" enthalten ist, umgangen werden. Statt Verein hieß es dann BSG (Betriebssportgemeinschaft) in Verbindung mit dem Firmennamen. Mit der Gründung eines „Rot-Weiß Paderborn e.V." wurde Annäherung an die Farben des Firmenlogos gesucht. Dieser Verein, der aus einer „BSG Kickers Nixdorf" hervorging, kam in der Absicht zustande, Badminton, Fußball und Gymnastik im Ahorn-Sportpark durch einen Verein organisiert anzubieten, zu etablieren (seit 1986).

Firmen bzw. Behördensportvereine oder -gemeinschaften hatten auch in Paderborn Geschichte gemacht: Sportvereine von Eisenbahnern, Post, Zementwerken Atlas etc., Fußballer-Betriebssportgemeinschaften von Klingenthal, Kreissparkasse, Steinberg & Grünebaum, PESAG, Ferdinand Schöningh u.a.. Für Heinz Nixdorf, der diese Aktivitäten kannte, war es genug, daß die Firma seinen Namen trug. Er wollte also nicht obendrein, indirekt, auch noch „Nixdorf"-Vereine.

Betriebssport, Betriebssportgemeinschaften

Innerhalb der Computer-Firma galt die Weisung des Chefs, die Azubis für den Sport zu „motivieren" und Betriebssport zu „inszenieren". Neben diversen Fitness- und Gymnastikkursen für Mitarbeiter gab es zahlreiche Einzelveranstaltungen auf Initiativen von Mitarbeitern. Solches war auch bei anderen, kleineren Betrieben üblich. Z. B. trugen Hobbyfußballer von drei Paderborner Verlagen und Druckereibetrieben, von Ferdinand Schöningh, Bonifacius und Junfermann, etliche Jahre Vergleichsturniere aus und hatten dabei viel Spaß. Fast mehr als der Sport bewegte Aktive und Fans eine Streitfrage: Welches ist das beste Bier und soll herbeigeschafft werden? Veltins, Bitburger, Kulm- oder Krombacher?

Von Sportaktivitäten der Nixdorf-Mitarbeiter seien hier einige Beispiele erwähnt: Vojmil Vastic, seines Zeichens Dipl.-Ing. und Eumel Wachstisch genannt, spielte z. B. Tennis im TC Blau-Rot, andere Mitarbeiter in anderen Vereinen, z. B. Dieter Streib in der Tennisabteilung SC Grün-Weiß. Also wurde angeregt, ein Firmenturnier in Paderborn zu inszenieren und Willi Lenz, der bei Nixdorf für Kommunikation/Service zuständig war, organisierte dieses in der Halle der Tennisabteilung Grün-Weiß und hatte für Trophäen und einen passenden Rahmen für die Siegerehrung im Clubhaus zu sorgen, inkl. Bier.

Sodann ergab sich z.b. ein Tennisturnier von Mitarbeitern aus Paderborn gegen Kollegen der Münchener Geschäftsstelle in der bayerischen Metropole, das bezeichnender Weise „Münchner Kind'l Turnier" hieß, nicht nach dem Christkind'l sondern nach dem nach diesem benannten Bier.

Nixdorf-Mitarbeiter trafen gelegentlich im Dunetal zum Skifahren zusammen, zum Slalom-Pokal-Wettbewerb. Dabei hatte sich herumgesprochen, wer den Schlepplift gesponsert hatte. (Siehe Kap. Skifahren.)

Der Bereich Technische Ausbildung in Paderborn z. B. inszenierte gemeinsam für die Ausbilder und die Azubis 1984 und in den folgenden Jahren Triathlonwettkämpfe. Die Azubis haben ihren Ausbildungsleiter auf den dritten Platz verwiesen, was er selbst beurkunden konnte.

Auf Anregung eines der Ausbilder für kaufmännische Berufe, Ulrich Plattmann (heute in der Siemens AG verantwortlich für die zahlreichen Ausbildungsstätten, Schulen, Akademien etc. in Deutschland), wurden anfangs der 1980er Jahre jährlich Fußballturniere organisiert. Mitarbeiter von Geschäftsstellen in Köln, Berlin, München, Frankfurt a. M. u. a. und die kaufmännische sowie die technische Ausbildung stellen Hobby-Fußballmannschaften zusammen. In der Mannschaft der Paderborner kaufmännischen Ausbildung traten neben Azubis auch drei Ausbilder an. Die Auswärtigen kamen mit Bussen angereist. Zwischen der ehemaligen Mülldeponie und dem Unteren-Frankfurter-Weg (jetzt Heinz-Nixdorf-Ring), dort wo nun Baseball gespielt wird, waren Fußballfelder angelegt. Ein Getränkewagen und ein großes Hauszelt dienten dem leiblichen Wohl. – Heinz Nixdorf befürwortete jede sportliche Aktivität seiner Mitarbeiter, unterzeichnete die Urkunden für die erfolgreichen Mannschaften, gratulierte und überreichte die Siegerpokale.

Einen beachtlichen Umfang erreichten Squash-Turniere, die nach Art der in diesem Sport üblichen Städtevergleichswettkämpfe 1984 und in den folgenden Jahren ausgetragen wurden. 1986 z. B. nahmen elf Mannschaften daran teil. In den Niederlassungen z. B. in Hamburg hatten sich Betriebs-Sport-Gemeinschaften (BSG) gebildet und führten ihr eigenes Logo.

Durch Geschäftsstellen und Niederlassungen im Ausland kam es sogar zu internationalen Betriebssport-Ereignissen.

Von Mitarbeitern initiierte sportliche Aktivitäten wurden von Heinz Nixdorf begrüßt und mit kleineren Zuwendungen für entstehende Kosten, für Trophäen,

Fortsetzung S. 421

Kurt Bendlin in seinem Büro in der Zentrale der Nixdorf Computer AG an der Fürstenallee in Paderborn. Der ehemalige Weltrekordler (1967), bislang nur Sportler, Sportstudent und Sportlehrer, hatte sich als Leiter der „Sport- und Ausbildungsförderung" mit ungewohnter Büroarbeit vertraut zu machen.

Betriebssport an der Front der Firmenzentrale zur Pader hin. Kurt Bendlin mit einer Gruppe Betriebsangehöriger beim „Trimm-Trab"(1981). In dem hohen Gebäudeteil befindet sich heute das Heinz Nixdorf MuseumsForum, HNF.

Tennisturnier von Nixdorf-Mitarbeitern. Anfang der 1980er Jahre wurden für Mitarbeiter, die in Paderborn beschäftigt und in verschiedenen Vereinen Mitglieder waren, als Betriebssport Wettkämpfe veranstaltet. Hier in der Tennishalle des SC Grün-Weiß am Fürstenweg, Nov. 1982. Der Bau der Halle war von Heinz Nixdorf gefördert worden.

Die Teilnehmer eines Mitarbeiter-Turniers in München. Auf der Anlage in Oberschleißheim stellen sich die Mannschaften dem Fotografen, 1983. Rechte Seite: **Mannschaftsaufstellung**

Nixdorf Computer AG · Postfach 801309 · 8000 München 80   Geschäftsstelle Privat-Versicherungen Süd

M Ü N C H N E R - K I N D 'L - T U R N I E R

1. Externes NIXDORF TENNIS-TURNIER am 1. Oktober 1983 in München

Teilnehmer:

Paderborn   München

Thomas Dziewanowski   Gerhard Birg
Michael Fröhlich   Peter Hauch
Dieter Gottschling   Gunter Köhler
Willi Lenz   Wolfgang Patzer
Dieter Streib   Georg Vitzthum
Vojmil Vastic   Peter Winkler

Vorsitzender   Vorstand   Sitz der Gesellschaft   Geschäftsstelle
des Aufsichtsrates   Heinz Nixdorf, Vorsitzender   Paderborn   Privat-Versicherungen Süd
Dr. Gerhard Schmidt   Klaus Luft, stellv. Vorsitzender Eingetragen   Hörselbergstraße 3
                        Arno Bohn   im Handelsregister   8000 München 80
                        Helmut Rausch   Paderborn B 138   Telefon (089) 41181
                        Karlheinz Voll   Telex 0522235
                        Dr. Hartmut Fetzer, stellv.

Fit mit Nixdorf. Willi Lenz präsentiert im Clubhaus der Tennisabteilung des SC Grün-Weiß Trophäen und Preise für ein Tennisturnier. Typisch für Nixdorf das Sprungseil mit Frottiertuch: keine Trophäe für eine Vitrine, sondern Herausforderung, für eigene Fitness aktiv zu sein (1982).

Das 3. Mitarbeiter-Tennisturnier 1983. Werbung und Trophäen. *„Auch in diesem Jahr möchten wir die besten Tennisspieler aus allen Paderborner Unternehmensbereichen ermitteln. Ausgeschrieben sind diesmal Einzel- und Doppelwettbewerbe für Damen und Herren."*

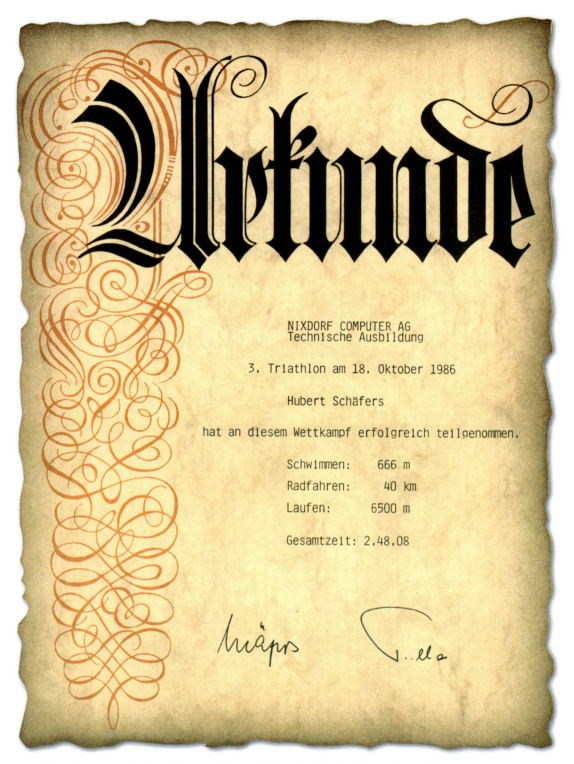

Betriebssport für Ausbilder und Auszubildende. Urkunde für erfolgreiche Teilnahme am Triathlon-Wettkampf, der 1984 erstmals ausgetragen wurde.

NIXDORF Computer AG
3. Squash Meisterschaft 1986

Mannschaftsmeisterschaft 8. – 9. Mai 1986

Plazierungen

1. Paderborn I
2. Paderborn II
3. Paderborn III
4. Bayern Express
5. Hamburg BSG I
6. Duesseldorf II
7. PM – IGD – OEV Muenchen
8. Duesseldorf I
9. Hamburg BSG III
10. Hamburg BSG II
11. Duesseldorf III

Oben:
Squash-Meisterschaften der Nixdorf-Mitarbeiter. 1984 war die Squash Anlage im Ahorn-Sportpark in Betrieb gegangen. Im selben Jahr wurden die Meisterschaften erstmals ausgetragen. 1986 nahmen 11 Mannschaften aus Paderborn und Niederlassungen in anderen Städten an diesem Turnier teil.

Links:
Aufkleber einer Betriebssportgemeinschaft. Hier von der BSG-Squash der Nixdorf-Computer-Niederlassung in Hamburg, in Rot-Weiß-Schwarz wie das Firmenlogo. 10 x 10 cm.

Internationaler Betriebssport. Von links: Der Spanier Señor Alcover, der Deutsche Peter Hascher, der Österreicher Janda im T-Shirt einer „Association Nixdorf Computer Sportive" und ein Mitarbeiter, der Mitglied eines Vereins namens „grasshoppers" ist, vermutlich ein Schweizer von der Niederlassung in Zürich-Kloten.

Bewirtung etc. gerne unterstützt. Wettkampf war nicht alles. Menschliche Kontakte sollten sich ergeben und gepflegt werden.

Viele Nixdorfer in Sportvereinen aktiv

Nach der Einstellung des Firmenchefs fing der eigene Sport bei ihm selbst und seiner Familie an. Bevor er anderen gute Ratschläge gab, war er Vorbild. Er und seine Familie waren z. B. Mitglieder im Sport-Club Grün-Weiß, in der Tennisabteilung desselben Vereins, in der Luftsportgemeinschaft Paderborn, im Reiterverein Hövelhof, im Segel-Club Deleke, im Leichtathletik Club Paderborn etc.

Viele Nixdorf Mitarbeiter, 1985 ca. 24.000, waren in Paderborn, Köln, Hamburg, Berlin etc. Mitglieder in Sportvereinen. Zu einigen dieser Vereine hatte die Firmenzentrale Kontakte. So konnte z. B. Sportunterricht der Kölner Azubis auf Anlagen des dortigen ASV stattfinden. Die internationalen Leichtathletik Meetings des ASV unterstützte die Nixdorf Computer AG mit fünfstelligen DM-Spenden. Eine ähnli-

Fortsetzung S. 425

Squash
1. Deutsche Meisterschaft der Firmenmannschaften 1983

Die Spieler der Nixdorf Computer AG, die mit dem Team I deutscher Meister und dem Team II Fünfter der deutschen Meisterschaft wurden.

Stehend v. l.: Karl-Uwe Schneider, David Godden, Gernot Rönisch, Erich Schön, Bertram Westhoven, Detlev Henke, Jörn Güther, Eduard Wehner, Lutz Franke
Knieend v. l.: Peter Hascher, Andre Bourdoux

Betriebssport: **Die 1. Deutsche Meisterschaft von Squash-Firmenmannschaften.** Organisiert wurde dieser erste Wettbewerb von Peter Hascher, Mitarbeiter der „Nixdorf Computer AG".

Rechts oben: Betriebssport in der Halle des Ahorn-Sportparks. Der Weltrekordler im Zehnkampf (1967), Kurt Bendlin, mit dem Rücken zum Betrachter und roten Streifen am Trainingsanzug, mit einer Gruppe von Nixdorf-Mitarbeitern beim Gymnastik-Kurs (um 1985).

Rechts unten: Jogging mit Kurt Bendlin auf Feldwegen. Bei Einführungs- und Fortbildungsseminaren für Nixdorf-Mitarbeiter, die häufig in Bad Driburg stattfanden, stand stets Sport auf dem Tagungsprogramm. Kurt Bendlin, mit roten Streifen am blauen Sportdress inmitten einer Gruppe von Seminarteilnehmern beim morgendlichen Fittnessprogramm, das vor den Sitzungen in den Tagungsräumen den Kreislauf mobilisierte (um 1985).

che Verbindung bestand in Berlin zum OSC, der für das internationale Leichtathletik-Meeting 1986 großzügige Unterstützung fand.

Wenn es um die Förderung hiesiger Sportvereine ging, war Heinz Nixdorfs Frage, wieviele unserer Mitarbeiter treiben in dem betreffenden Verein Sport? Etliche Nixdorfer engagierten sich in Vorständen von Sportvereinen. Einige Beispiele:

› Jürgen Appenowitz war im Vorstand des Leichtathletik Club Paderborn, Schatzmeister.
› Karl-Otto Becker leitete die Turnabteilung des TSV Schloß Neuhaus und war Vorstandsmitglied.
› Kurt Bendlin war Angestellter der Nixdorf Computer AG und hat maßgeblich im sportlichen Bereich des LC Paderborn viele Jahre mitgewirkt.
› Uwe Florczak war angestellter Sportlehrer für den Sportunterricht der Azubis und wirkte maßgeblich im Leichtathletik-Club Paderborn mit.
› Peter Hascher war Mitbegründer des PSC (Paderborner Squash Club) und viele Jahre 1. Vorsitzender.
› Willi Lenz war im Vorstand des Fußballclubs 1. FC Paderborn 06/13.
› Manfred Herzog war Vorstandsmitglied des VfL Schlangen und Leiter der Handballabteilung.
› Frank Riedmüller war Gründungspräsident des Golfclubs Paderborner Land (Thüle).
› Hubert Schäfers war Jugendwart und Geschäftsführer des Leichtathletik Clubs Paderborn.
› Jens Schulze war angestellter Sportlehrer für den Sportunterricht der Azubis und wirkte im Leichtathletik-Club Paderborn mit.
› Dieter Streib war eine zeitlang als Sportwart im Vorstand der Tennisabteilung des SC Grün-Weiß.
› Udo Tewes war im Vorstand des TURA Elsen, Leiter der Tennisabteilung.
› Jürgen Wegwart war maßgeblich an der Gründung des Leichtathletik-Gemeinschaft und des folgenden Leichtathletik Clubs (LC) e.V. beteiligt, lange Jahres dessen Vorsitzender.
› Bernhard Wöbker war Gründungsmitglied des PSC und nach seinem Wechsel zur Münchener Niederlassung Präsident des Europäischen Squash Verbandes.

Linke Seite oben: **Betriebssport-Fußball.** Mitarbeiter von Nixdorf Niederlassungen in Köln, Frankfurt a. M., München, Berlin und Ausbilder und Azubis der kaufmännischen und der gewerblich-technischen Ausbildung in Paderborn bildeten Mannschaften und trugen Wettkämpfe aus. Diese fanden anfangs der 1980er Jahre auf Spielfeldern zwischen Oberem-Frankfurter-Weg und der alten Müllhalde statt. (Heute Baseball-Anlage.)

Linke Seite unten: **Leistungssportler im Kraftraum des Ahorn-Sportparks.** Die Nixdorf Computer AG räumte Leistungssportlern Zeit für Training und Wettkämpfe ein. Hier ein Athlet mit dem Logo der Firma auf dem T-Shirt beim Krafttraining vor der Spiegelwand, die der Selbstkontrolle dient.

Für leistungsorientierte, junge Sportler: Azubistellen

Den Personalchef, Karlheinz Voll, und insbesondere die Leiter der Ausbildung, Hubert Schäfers für die gewerblich-technischen und Dr. Hubert Jungemann für die kaufmännischen Berufe, hatte Heinz Nixdorf angewiesen, leistungsorientierte junge Sportler bevorzugt einzustellen. Begabte Nachwuchstalente für Leichtathletik, Squash, Fußball u. a. sollten in Zusammenarbeit mit den Vorständen der betreffenden Vereine, Leichtathletik Club Paderborn (LC), Paderborner Squash Club (PSC), Fußball-Club Paderborn (FC) u. a. nach Paderborn geholt und, natürlich auch Paderbornern, bei Interesse und Eignung sportliche wie berufliche Perspektiven aufgezeigt werden. Nicht nur bei Sportarten und -disziplinen war die Palette reichhaltig. Bei Nixdorf waren es folgende Berufe im gewerblich-technischen Bereich: Feinmechaniker, Werkzeugmacher, Betriebsschlosser, Teilezurichter, Holzmechaniker, Rohrinstallateur, Maler und Lackierer, Technischer Zeichner, Bauzeichner, Nachrichtengerätemechaniker – Informations-Elektroniker, Elektroanlageninstallateur, Energieanlagen-Elektroniker sowie Kommunikations-Elektroniker der Fachrichtung Informationstechnik. Ferner kaufmännische Berufe: Datenverarbeitungskaufmann bzw. -kauffrau, Industriekaufmann bzw. -kauffrau etc..

Die sportgeförderten Azubis hatten folgende Vorteile: Erstens brauchten sie nicht am allgemeinen Azubi-Sport teilzunehmen, sondern konnten in den betreffenden Stunden für ihren speziellen Leistungssport trainieren. Zweitens bekamen sie Sonderurlaub für Sportlehrgänge, Trainingslager und Wettkämpfe.

Als ein Vorzeigebeispiel für die Kooperation von Leistungssport und Ausbildung gilt Hansi Wiens (Jg. 1968). Als 10-jähriger fing er im PSC mit Squash an, in der Altersklasse U 16 errang er bei der NRW-Meisterschaft den 3. Platz. Bei der Nixdorf Computer AG machte er eine (technische) Ausbildung mit den Vorteilen der Sportförderung für Nachwuchstalente. Mit 20 wurde er erstmals Deutscher Meister, errang diesen Titel acht mal und stand in der Weltrangliste auf Platz 12.

Die bevorzugte Einstellung und die besonderen Vergünstigungen von bzw. für Leistungssportler wie -sportlerinnen bei der Ausbildung und im Beruf, die Heinz Nixdorf eingeführt hatte, wollte er nicht als „Nixdorf-Modell" bezeichnet wissen, sondern als „Paderborner Modell". Weitere Firmen mit anderen Berufen sollten so nicht ausgegrenzt werden, sondern miteifern, Leistungssport in Paderborn zu fördern.

Quellen/Literatur

Eigene Erinnerungen an Gespräche mit Heinz Nixdorf. Informationen von Kurt Bendlin, Hubert Schäfers, Willi Lenz, Andreas Preising, Jürgen Wegwart, Ulrich Plattmann u. a.

Lamprecht Wiebke/Marie-Luise Klein. Siehe: Allgemeine Literatur. Firmensport, S. 36 ff.

Heinz Nixdorf und die ArGe Sport, 1971–1975

Ein Netzwerk von Beziehungen zu Sport-Organisationen und -Funktionären

Das Thema mag etwas abgelegen und spröde erscheinen – die Schweizer sagen harzig – doch speziell die „Arbeitsgemeinschaft Paderborner Sportvereine e.V." hatte für Heinz Nixdorf einen hohen Stellenwert. Sie trug, als Paderborn noch keineswegs als „Sportstadt" bezeichnet werden konnte, wesentlich mehr zur Sportförderung bei als die desolate Vorgängerorganisation.

Während viele Sporttreibende nicht in einen Verein wollen, und viele, die in Vereinen Sport treiben, zwar ihre Liga und Mannschaftskameraden/innen kennen, aber kaum Verständnis für Vorstandsarbeit, noch weniger für Fachverbände, Übungsleiterausbildung oder höhere Funktionäre haben, interessierte sich Heinz Nixdorf allenthalben für Organisation von Sport. In diesem Zusammenhang ist auch die Forderung an seine, für Sport zuständigen Mitarbeiter zu verstehen: *„Sport organisieren, nicht veranstalten!"*

Als der Paderborner mit 43 Jahren, 1969, mit dem Segelsport begonnen hatte, beschäftigte er sich sogleich mit der Organisation des Fachverbandes der Starbootsegler. Er stellte fest, daß Voraussetzung zur Teilnahme an offiziellen Wettbewerben die Mitgliedschaft in einer registrierten „Flotte" ist, der untersten Ebene des internationalen Verbandes. Also bewirkte er, der Anfänger und nicht die „alten" Segler, sehr schnell die Gründung und Registrierung einer „Flotte" auf dem Möhnesee (Moh). Und wie kam Heinz Nixdorf von der Jolle auf das Starboot? Durch eine zufällige Begegnung auf einem Badesteg mit einem hohen Funktionär, Otto Slenzka, einem der weltbesten Wettkampfleiter internationaler Regatten. Als einfaches Mitglied unter den Starbootseglern, das infolge seiner beruflichen Belastung im Verein oder Fachverband kein Amt übernahm, war der Sportler Heinz Nixdorf an der Organisation dieser Sportart und sodann daran interessiert, daß auch Deutsche sich für hohe Ämter zur Verfügung stellten. Er animierte hierzu einen seiner Freunde, Dierk Thomsen, der etliche Jahre Präsident der Weltorganisation (ISCYRA) mit Sitz in Glenview (bei Chicago) war.

Ein besonderes Interesse an Organisationen, Zuständigkeiten, Einrichtungen etc. für Sport ergab sich für den Unternehmer Nixdorf mit dem von ihm ungemein intensiv geförderten Sport seiner Mitarbeiter, allem voran der Auszubildenden. (Siehe Kap. Sport für Azubis ...). Heinz Nixdorf knüpfte persönlich ein ganzes Netzwerk von Kontakten zu Sportorganisationen von den untersten bis zu den obersten Ebenen, ebenso zu den in den Regierungen für Sport Verantwortlichen von der Kommune bis zu Bundesministern und zum Kanzler. (Kohl war zweimal im Ahorn-Sportpark.) Mit Willi Weyer (FDP), Innenminister in NRW von 1962 bis 1975, 30 Jahre, von 1957 bis 1987, Vorsitzender des Landessportbundes NRW und obendrein von 1974 bis 1986 Präsident des Deutschen Sportbundes (DSB), der Dachorganisation von über 60.000 Sportvereinen mit ca. 20 Millionen Mitgliedern (1985), pflegte der Paderborner Unternehmer eine intensive Verbindung, kaufte z.B. mit ihm und für ihn, den hochgestellten Funktionär, in einem Paderborner Porzellangeschäft Präsente, die der hohe Sportsherr an verdiente Sportler oder ihm untergeordnete Funktionäre als Zeichen der Anerkennung überreichen konnte.

Das „Subsidiaritätsprinzip" bei der Organisation von Sport

Seit der Zeit nach dem Zweiten Weltkrieg herrschte im Unterschied zum „Führerprinzip" der vorausgegangenen Diktatur von staatlicher Seite in der Bundesrepublik Deutschland auch für den organisierten Sport das „Subsidiaritätsprinzip": Von oben, von Seiten des Staates, d. h. der Regierungen – des Bundes bis zu den Kommunen – sollten nur Rahmenbedingungen, d. h. Rückhalt und Hilfen gegeben werden für Aktivitäten, die sich von unten durch Initiativen der Bürger ergeben, die sich vor Ort möglichst in Eigenverantwortung entfalten und die sich eigene hierarchische Organisationen schaffen, wie z. B. die vielen Fußballvereine vom kleinsten Dorfverein bis zum mächtigen „Deutschen Fußballbund" (DFB).

Die katholische Soziallehre hatte schon Ende des 19. Jhs. dem Lateinischen das Wort subsidia=Hilfstruppen entnommen und das Prinzip postuliert. Bildlich gesprochen organisieren die Bürger durch eigene Initiative die Truppen, die Regierungen stellen lediglich Hilfstruppen, um eben nur dort, wo es notwendig erscheint, Hilfen zu geben. Die deutsche Übertragung „Hilfe zur Selbsthilfe" läßt stete Hilfsbedürftigkeit der Bürger vermuten und ist bei Entwicklungsländern angebracht. Die Fremdwortbezeichnung Subsidiaritätsprinzip, die einer freien Bürgergesellschaft gegenüber staatlichem Regieren den Vorrang gibt, wurde wenig populär und ging manchem Politiker, selbst in Paderborn, schwer von der Zunge. Wenn Heinz Nixdorf adverblos von „Marktwirtschaft" und nicht von sozialer oder freier sprach, mahnte der Unternehmer damit das „Subsidiaritätsprinzip" an, desgleichen, wenn er als Sportförderer erklärte: „... diese Ämter fallen uns auf den Wecker!"

Für den Sport ergab sich mit diesem Prinzip ein Spannungsverhältnis zwischen regierungsamtlichen Sportzuständigkeiten vom Bund (Innenminister) über Bundesländer, Regierungsbezirke bis zu Kreisen und Gemeinden auf der einen und auf der anderen Seite den in den Vereinsregistern der Amtsgerichte eingetragenen, unendlich vielen autonomen, d. h. sich selbst regierenden Sportvereinen, mit ihren Fachverbänden für die verschiedenen Sportarten auf Bezirks-, Landes- und Bundesebene – ebenfalls eingetragene Vereine – mit dem „Deutschen Sportbund e.V." (DSB), in besonderer Stellung der „Deutschen Olympischen Gesellschaft e.V." (DOG), und den Sportfachverbänden in Europa und der Welt.

Nicht die UN oder die Bundesregierung haben die Segelflugweltmeisterschaft 1981 in Paderborn veranstaltet, sondern die „Fédération Aéronautique Internationale" (F.A.J.). Nicht die Europäische Kommission oder die Stadt Paderborn, auch nicht der Paderborner Squash-Club (PSC) haben den Wettbewerb der Squash-Landesmeister um den Europapokal 2005 veranstaltet, sondern die „European Squash Rackets Federation" (ISRF), der ca. 25 nationale Squashverbände angehören. Die Ausrichter sind nicht die Veranstalter. Das trifft nur zusammen bei Vereinsmeisterschaften. Stadt-, Kreis- oder Bezirksmeisterschaften sind nicht Sache der Städte, Kreise bzw. Bezirksregierungen, sondern der Sportorganisationen auf entsprechender Ebene. Die öffentlichen Hände haben Hilfsfunktionen und die Macht, Gelder aus den Taschen der steuerzahlenden Bürger als Hilfen, als Fördergelder zu verteilen.

Mit dem Subsidiaritätsprinzip bzw. der entsprechenden Organisation des Sports haderten manche, die der Bundesrepublik Deutschland die Höchstleistungen der „Staatssportler" der DDR vorhielten oder die großen Erfolge der deutschen Sportler im Dritten Reich bei den Olympischen Spielen 1936 in Berlin.

Bevor Heinz Nixdorf 1971 mit Prof. Dr. Hermann Josef Kramer die Gründung der ArGe Sport erreichte, hatte sich dieser zehn Jahre indirekt mit dem Gegenteil des Subsidiaritätsprinzips beschäftigt, nämlich der staatlich gelenkten Sportorganisation in der DDR, und mit dem Thema „Körpererziehung im System der marxistisch-sozialistischen Pädagogik" 1968 promoviert. In der Konkurrenz politischer Systeme spielte zwischen den USA und der UdSSR die Raumfahrt die erste Rolle, im Vergleich DDR und BRD standen die Erfolge bei internationalen Sportwettkämpfen im Rampenlicht.

Desolate Eigenvertretung der Paderborner Sportler bis 1971

In Paderborn gab es seitens der Sportvereine – 1970 waren es ca. 22, teils mit mehreren Sportarten in vielen Abteilungen – als Interessenvertretung von 1949 bis 1971 einen „Stadtverband für Leibesübungen" (SVL). Der Name konnte zu Mißverständnis führen, denn es war keine Einrichtung der Stadt. Dieser Verband der in der Stadt angesiedelten Sportvereine hatte schon 1966 seine Aufgaben oder den Rest davon dem Kreissportbund (KSB) – gleicherweise keine Einrichtung des Kreises – überlassen. Der KSB war insbesondere im Auftrag des Landessportbundes (LSB) für die Austragung der Wettkämpfe zum Erwerb des „Deutschen Sportabzeichens" sowie für Ausbildung und Prüfungen der Übungsleiter zuständig, konnte aber sonst zur Förderung der Sportvereine in der Stadt, die zwar zum Kreis gehört, aber eigene Kompetenzen hat, wenig beitragen und hatte beim städtischen Hallenbau und der Hallenvergabe als Interessenvertreter der Vereine in der Stadt zu wenig mitzureden. Als Geschäftsführer des Kreis-, Turn- und Sportverbandes (KTSB, später KSB) war 1950 der Kreisjugendpfleger Karl Schreckenberg berufen worden, der sich bemühte, nachdem der „Stadtverband für Leibesübungen" seine Arbeit 1966 eingestellt hatte, auch den Vereinen in der Stadt zu helfen, bis 1971 endlich die ArGe Sport entstand.

Daß ein in der Kreisverwaltung u. a. für Sport zuständiger Amtsinhaber zugleich die Interessenvertretung der autonomen Sportvereine übernommen hatte, widersprach dem Subsidiaritätsprinzip so sehr, wie wenn ein Wirtschaftsminister zugleich Präsident der Unternehmensverbände oder der Gewerkschaftsvorsitzende gewesen wäre. Das war also nur eine gut gemeinte, aber im Prinzip falsche Sache!

Unbefriedigende Sport-Instanzen bei Stadt und Kreis bis in die 1970er Jahre

Um bei Fragen, die Sport in der Stadt betreffen, konzentrierter entscheiden oder helfen zu können, regte bereits 1947 der Ratsherr Josef Schütte in einer Sitzung des Bauausschusses des Rates die Einrichtung eines eigenen Sportamtes in der Stadtverwaltung an. So könnten Sportstättenplanung, -errichtung und -nutzung, bei denen zunächst an Schulsport gedacht war, und alle anderen Fragen, die Vereinssport in der Stadt betreffen, mit den Sportlern besser geregelt werden. Das war wie ein Ruf in der Wüste. (Protokoll 12.09.1947, Stadt A PB A 5514)

Wenig später, bereits 1949, forderte der Kultusminister von Nordrhein-Westfalen, der seinerzeit für Sport zuständig war, in einem umfangreichen Erlaß u. a. die Einrichtung von Sportämtern in den Kreis- und Stadtverwaltungen, um Sportvereine und Sport insgesamt gezielter unterstützen zu können. Und bei den Parlamenten, in den Kreistagen und in den Stadträten, sollten Sportausschüsse gebildet werden. Bis es in Kreis und Stadt Paderborn soweit kam, vergingen ca. 30 Jahre! Dem Vorwurf kann man entgegenhalten, daß Kreis und Stadt bemüht waren, ihre Verwaltungen nicht allzu sehr aufzublähen.

Im Rat der Stadt erfolgte die Einrichtung eines eigenständigen „Sportausschusses" erst 1975. Vorsitzender wurde der Ratsherr Karl Tüshaus. Vorstufe war nach vorheriger Zuständigkeit des „Bauausschusses" seit 1954 ein „Jugendwohlfahrtsausschuß", der nebenbei Sportangelegenheiten zu beraten hatte.

In der Verwaltung der Stadt erfolgte die Einrichtung eines eigenständigen „Sport- und Bäderamtes" noch später, erst 1978. Vorstufen waren seit 1954 ein dem Wohlfahrtsamt unterstelltes Jugendamt, das auch für Sport zuständig war. Vom Grundstücksamt wurde der Verwaltungsangestellte Helmut Berge als Sachbearbeiter Sport in das Jugendamt versetzt. (Stadt A PB B 26 34).

Im Kreistag wurde erst spät ein eigener Sportausschuß gebildet, dessen Vorsitz übernahm der Kreistagsabgeordnete Ludwig Fletcher. (Zu diesem hatte Heinz Nixdorf guten Kontakt, da er zu seinen Skatfreunden gehörte.)

In der Kreisverwaltung war seit 1950 für Jugend und Sport Karl Schreckenberg zuständig, der auch nebenamtlich Vorsitzender des Kreissportbundes war (bis 1974) und, wie oben erwähnt, sich als solcher auch um die Paderborner Vereine kümmerte, nachdem der „Stadtverband für Leibesübungen" 1966 seine Arbeit eingestellt hatte.

Aus heutiger Sicht, nachdem die Stadt im Verlauf der 1970er und 80er Jahre den Ruf einer „Sportstadt" gewonnen hat, ist die Rückständigkeit in den 1950er und 60er Jahren bei den sporteigenen Organisationen auf der einen und andererseits in den politischen Gremien und Verwaltungen von Stadt und Kreis kaum zu verstehen.

Faktum war, in Paderborn waren um 1970 nur 10% der Bevölkerung in Sportvereinen aktiv, während es im Landesdurchschnitt 100% mehr, also 20% waren. Am konkreten Beispiel zeigt sich, was der Chef (Vorstandssprecher) der Deutschen Bank, Dr. Friedrich Wilhelm Christians, der auf dem Paderborner Theodorianum sein Abitur gemacht hatte, mit „Dornröschenschlaf" meinte, in dem sich die Paderborner – „Wir sind wir!" und sich selbst überzeugend – lange Zeit gefielen, bis einer von ihnen, Heinz Nixdorf, sie wach gemacht hat. (Westfälisches Volksblatt vom 05.09.1987.)

Heinz Nixdorf und Hermann Josef Kramer, die Initiatoren der ArGe Sport

Nach einigen Vorgesprächen ergriffen Ende 1970 Hermann Josef Kramer, Begründer des VBC 69, der erste Professor für Sportwissenschaften an der Pädagogischen Hochschule Westfalen/Lippe, und der sportbegeisterte Unternehmer Heinz Nixdorf die Initiative, die Interessenvertretung nicht nur der vereinsgebundenen Sportler, sondern insgesamt des Vereins- und Freizeitsports wie des Breiten- und Leistungssports gegenüber der Stadt neu und besser zu organisieren. Beide hatten Weitblick und ihre Erfahrungen und Heinz Nixdorfs Spruch war: *„Ich will meine Erfahrungen benutzen."*

Der Unternehmer, *born* at Pader*born*, war in seiner Heimatstadt mit Vereinssport seit seiner Jugend vertraut (Fußball und Leichtathletik im SC Grün-Weiß 1920 e.V., Tennis in der Tennisabteilung desselben Vereins, zuvor im Tennis-Club Grün Weiß 1923 e. V., umbenannt in Blau Weiß 1923 e. V., Mitglied in der Luftsportgemeinschaft Paderborn, mit seiner Familie im Reiterverein Hövelhof, Mitglied im Westfälischen Yachtclub Delecke, etc.).

Insbesondere setzte Heinz Nixdorf für seine Auszubildenden mehr Sport durch als alle anderen deutschen Unternehmer. Dabei war er z. B. auf die Knappheit des Hallenangebots gestoßen. Statt sich hier mit der Stadt herumzurangeln und Sportvereinen Konkurrenz zu machen, nahm er seinen eigenen Weg: Anmietung der Schützenhalle im nahegelegenen Dorf Dahl (offiziell Mehrzweckhalle), als nächste Stufe Nutzung einer neuen, eigenen Werkhalle (sog. Grüne Halle) in der Produktionsstätte an der Alme und dann der Bau des firmeneigenen Ahornsportparks mit der großen Sporthalle.

Sodann wollte Heinz Nixdorf ein verbessertes und vermehrtes Angebot der Sportvereine auch für seine Mitarbeiter. Lebens- und Wohnqualität der Stadt sollten gesteigert werden. Es ist schlicht falsch, was das Westfälische Volksblatt schrieb: *„Für sein Unternehmen lehnte Nixdorf jede Art von Betriebssport ab, ..."* (WV vom 24.01.1985). Der Sport für Azubis war nur zu einem Drittel Schulsport, zwei Drittel, während der beiden Zeitblöcke im Ausbildungszentrum und im Betrieb, waren Betriebssport. Der Firmenchef begrüßte zudem jede Art von sportlichen Aktivitäten seiner Mitarbeiter. Betriebssportgemeinschaften rangierten unter zwischenmenschlichen Beziehungen und sollten, dem Subsidiaritätsprinzip entsprechend, Eigeninitiativen von Mitarbeitern sein. Seitens der Firma gab es folglich dafür zwar kleine Summen für Ankündigungen und Pokale, aber auch nicht mehr.

Kein Nixdorf-Werk-Sportverein und kein Universitäts-Sport-Club

Heinz Nixdorf wollte, daß sich seine Mitarbeiter in ihrer Freizeit in die bestehenden Sportvereine integrieren. Er förderte daher den Vereinssport punktuell mit großen Summen und achtete mit Argusaugen darauf, daß im Unterschied z. B. zur Bayer AG keine Nixdorf-Werk-Sportvereine als e.V. gegründet wurden.

In diesem Punkt traf er mit Hajo Kramer zusammen. Der lehnte einen eigenen Hochschulsportverein als e.V. ab. Die Studenten, Leistungssportler insbesondere, sollten sich in die bestehenden Vereine integrieren, z. B. in den VBC 69 e. V.. Mit gegenteiligen Beispielen wurde die 1. Bundesliga-Mannschaft des VBC 69 oft in Wettkämpfen konfrontiert: mit den Universitäts-Sport-Clubs USC Münster und USC Gießen, die zu den stärksten Gegnern gehörten. Das Beispiel USA war kein Vorbild. Hier findet Leistungssport, weil er Stipendien bringt, vor allem an Universitäten (im Campus) statt. Das macht sich mit Erfolgen bei internationalen Wettbewerben – Olympischen Spielen, Weltmeisterschaften etc. – bemerkbar, doch nach dem Studium ist Schluß mit Sport, es sei denn, damit wird Geld verdient.

Für die Heimatzeitschrift „Die Warte" (Heft 1, 1971) verfaßte Kramer einen Beitrag über den Sport an der Gesamthochschule unter der Überschrift: „In Paderborn kein USC" – also kein Universitäts-Sport-Club. Dabei unterschied der Sportwissenschaftler zwei Bereiche. Einmal die Sportlehrerausbildung mit Lehre und Forschung und zum anderen den allgemeinen Hochschulsport für alle Studenten, Mitarbeiter, Hochschullehrer sowie deren Angehörige und Freunde. Diesem Hochschulsport wurde eine hohe, zweifache soziale Funktion beigemessen. *„Er soll als integrierendes Moment innerhalb der Studentenschaft wirksam werden und zur Verflechtung zwischen Hochschule und Bevölkerung beitragen und helfen, die Distanz zwischen Hochschule und Bevölkerung zu überwinden."*

Daß der Unternehmer Heinz Nixdorf aus vergleichbaren Überlegungen für sein Unternehmen und der Sportprofessor Dr. Kramer für die Universität eigene Sportvereine ablehnten und daher den bestehenden Vereinen nicht Konkurrenz machten, sondern sie im Gegenteil unterstützten, war für den Vereinssport in Paderborn eine gravierende Entscheidung. Das verdeutlichen folgende Größenordnungen: Von Nixdorf Mitarbeitern in Paderborn und ihren Familienmitgliedern waren ein paar Tausend in den zahlreichen allgemeinen Sportvereinen aktiv. Diesen hätte ein eigener Nixdorf-Sportverein ein paar tausend Mitglieder entzogen. Am allgemeinen Hochschulsport beteiligten sich 1982 in Spitzenzeiten unter der Leitung von fast 100 Kursleitern über 6.000 Hochschulangehörige mit ihren Familien und Freunden. Die vielen Sportvereine in der Stadt haben kaum registriert, was die Verzichte auf einen Nixdorf- und einen Universitäts-Sportverein ihnen als Zugewinn gebracht haben und haben die Initiative von Nixdorf und Kramer für eine ArGe Sport zugunsten der Vereine kaum verstanden und geschätzt.

Studenten der Paderborner Gesamthochschule/Universität beteiligten sich erfolgreich an Vergleichswettkämpfen der Hochschulen. So wurde z. B. die Volleyballmannschaft der Paderborner 1973 Universitäts-Landesmeister (NRW). Dessen Stärke resultierte aus der Mitgliedschaft einiger Paderborner Studenten in der Bundesligamannschaft des VBC 69. Das Beispiel zeigt, daß Kramers Konzept, keinen USC in Paderborn aufzumachen, Erfolge von Studentenmannschaften und Hochschulsport nicht ausschloß. In den 1990er Jahren holten Studenten der Uni Paderborn Titel bei den Deutschen Hochschulmeisterschaften z. B. im Basketball und im Springreiten – im Springreiten obwohl es keinen Universitäts-Reitstall gab. 1999 fanden die Internationalen deutschen Hochschulmeisterschaften im Orientierungslauf in Paderborn statt. Studenten aus vier Nationen nahmen teil.

Im Vordergrund ihrer Überlegungen zur Förderung sportlicher Leistungen standen für Heinz Nixdorf wie für Hajo Kramer die Angebote, die Leistungssportlern durch Ausbildungs- bzw. Studienplätze für ihr berufliches Leben nach den Leistungssportjahren geboten werden konnten. Auch in diesem entsprechenden Bemühen stimmen der Unternehmer und der Sportprofessor überein.

Die ArGe Sport bei der Nutzung und Planung von Sportstätten

Unterstützung für ihre Initiative zu einer Arbeitsgemeinschaft Sport fanden Nixdorf und Kramer bei den Vorständen der meisten, kleineren und größeren Paderborner Sportvereine, die Schwierigkeiten mit der Stadtverwaltung infolge der Kompetenzzersplitterung hatten. In der Verwaltung ergab sich mit einem 1971 neu eingesetzten Sportsachbearbeiter im „Jugend- und Sportamt" der Stadt, Heinz Bergmann, ein verständiger Ansprechpartner und Mitstreiter für eine neue Sportselbstverwaltung der Vereine. Bergmann war Mitglied im DJK/SSG Paderborn e. V. und erfolgreicher Mittelstreckler.

In der Gaststätte Libori-Eck in Paderborn wurde die ArGe Sport am 01.03.1971 aus der Taufe gehoben. Dabei waren 15 Paderborner Sportvereine von insgesamt ca. 22 vertreten. Zum 1. Vorsitzenden wurde Udo Hillebrand vom VBC 69, zum Stellvertreter Gerhard Wasserkordt vom TV 1875 gewählt. Beisitzender wurden

Herrn

Heinz Nixdorf

479 Paderborn

Pontanusstraße

Hi.   5. 9. 1971

Sehr geehrter Herr Nixdorf!

Im Namen der Arbeitsgemeinschaft Paderborner Sportvereine darf ich mich bei Ihnen auf das herzlichste für die großzügige Spende bedanken. Ohne diese Spende wäre es kaum möglich gewesen, die Arbeitsgemeinschaft so schnell aus der Taufe zu heben und sie zu dem zu machen, was sie heute - knapp 3/4 Jahr nach ihrer Gründung - ist. Sie hat sich in dieser Zeit schon einen Namen gemacht und ist ständiger Partner der Stadt Paderborn, wenn es um sportliche Belange geht.

Wir freuen uns, daß Sie dem Paderborner Sport so aufgeschlossen gegenüberstehen, ohne daß Sie Beispielen anderer folgend die daraus resultierenden Möglichkeiten direkter Einflußnahme auf das Sportgeschehen ausnutzen.

Wenn wir in Paderborn auch noch an einem Neubeginn stehen, so darf ich doch der Hoffnung Ausdruck verleihen, daß der eingeschlagene Weg zu einem Aufleben des sportlichen Geschehens sowohl in der Breite wie auch in der Leistung führen wird.

Dieses ist das von uns angestrebte Ziel, und wir danken Ihnen nochmals, daß Sie uns hierbei geholfen haben.

Mit herzlichen Grüßen

(Vorsitzender)

Jochen Spilker vom SC Grün Weiß 1920 e.V., Hermann Temme von der Paderborner Sektion des Deutschen Alpenvereins und Hermann Römhild vom 1. Paderborner Schwimmverein. Neben der Mitgliederversammlung als oberstem Gremium und dem Vorstand sah die Satzung ein Kuratorium vor, das aber erst 1973 zustande kam.

Ein erstes Ziel der ArGe Sport war eine gerechtere und unter allen Sportvereinen abgestimmte Verteilung der Stunden, die von der Stadt in den städtischen Sportanlagen, insbesondere den Schulturnhallen, den Vereinen zur Verfügung gestellt wurden. Da gab es Gewohnheitsrechte und Vorteile infolge persönlicher Beziehungen („Vitamin B"). Ein neuer Verein, wie z. B. der VBC 69, dessen 1. Herrenmannschaft bald in die 1. Bundesliga aufstieg, hatte es offensichtlich nicht leicht, bei der Hallenvergabe dazwischen zu kommen. Die ArGe Sport forderte von den einzelnen Vereinen, von allen, Solidarität und einigte sich auf Kriterien. Die Stundentafeln für die Sportstättennutzung durch die Sportvereine wurde neu geregelt. Der Geschäftsbericht der ArGe Sport für 1971 führt dazu aus: *„Es war ein hartes Stück Arbeit; aber es ist geschafft, und die Paderborner Sportvereine haben bewiesen, daß sie in echter Selbstverwaltung ihre Interessen koordinieren können. Dies hat uns allen die Achtung der Verwaltung eingebracht."* (Geschäftsbericht der ArGe Sport für 1971.)

Mit dem Ansehen, das die ArGe Sport bald erreicht hatte, konnte sie nun mit geballter Kraft gegenüber der Stadt die Interessen der Vereine wirkungsvoller vertreten, als wenn einzelne Vereine mit ihren speziellen Wünschen alleine aufgetreten wären. Umgekehrt konnte die Stadtverwaltung mit einzelnen Vereinen nicht mehr so leicht umspringen wie zuvor.

Für den Schulsport tat z. B. eine Schwimmhallenplanung Not. Aus Sicht des Schulschwimmunterrichts wurden zunächst zwei Hallen mit je einem 25m-Becken an zwei auseinanderliegenden Standorten geplant. Das hätte für die Schulklassen kürzere Wege, bei den Folgekosten zwei Schwimmmeister bedeutet. Die ArGe Sport, und nicht allein der 1. Paderborner Schwimmverein e. V., setzte sich im Interesse des Schwimmsports für nur eine Halle jedoch mit 50m-Becken und acht Bahnen ein, weil sonst keine hochrangigen Schwimm-Wettkämpfe hätten ausgetragen werden können. Ende 1975 wurde Richtfest für die große Schwimmhalle im Sportzentrum am Maspernplatz gefeiert. Als das große Schwimmbecken fertig war und festgestellt wurde, daß es ein oder zwei Zentimeter zu lang war, war dies für den Schwimmunterricht belanglos, aber nicht für die Schwimmsportverbände als Ausrichter hochrangiger Wettbewerbe, bei denen es auf hundertstel Sekunden ankommt. Also unterstützte die ArGe Sport die Forderung, bei der 50,02m langen Bahn eine Kachelschicht aufzukleben, damit die

Links:
Uneigennützige Spende von Heinz Nixdorf an die ArGe Sport. Brief des Vorsitzenden Udo Hillebrand.

Selbstverwaltung und Interessenvertretung des Sports (der Vereine u. a.)

Left side vertical text: Allgemeine Sportverbände auf Bezirks- Länder- und Bundesebene. Weltorganisation: Internationales Olympisches Com. (IOC). Auf nationaler Ebene haben sich der 1950 gegr. Deutsche Sportbund (DSB) und die Deutsche Olympische Gesellschaft (DOG) 2006 zum Deutschen Olympischen Sportbund zusammengeschlossen. Landessportbund (NRW), Bezirks-, Turn- und Sportverband (Detmold) Olympische Gesellschaft des Hochstiftes Paderborn, gegr. 1952.

Left side vertical text (lower): Fachverbände für Sportarten und Einzeldisziplinen, unterschiedlich von Kreisebene bis zu europäischen und Weltorganisationen. Insbesondere auf Bezirks- und Landesebene vielfach nicht mit politischen Grenzen übereinstimmend. (Westfälischer Fußball- und Leichtathletik-Verband/FiFa/Diverse Welt-Boxverbände etc.)

	im Kreis Paderborn	in der Stadt Paderborn
		1919 gehörten 4 Turnvereine der Deutschen Turnerschaft an, 12 Sportvereine diversen Verbänden. Die 1919 gegr. 4 Pfarrvereine traten dem 1920 gegr. Kath. Reichsverband DJK bei. Anschlüsse u. a. beim Deutschen Reichsausschuß für Leibesübungen (DRA) 1920 gegr. Stadtverband für Leibesübungen. Eingegangen. 1926 neu gegr. Vors. 1926–1929 Rudolf Baudisch 1929–1933 Ferdinand Rodenkirchen. 1930 Beitritt zum Deutschen Reichsausschuß für Leibesübungen.
	1933 Deutscher Reichsbund für Leibesübungen (D.R.L.) Kreis Paderborn. 1936 umbenannt: Nationalsozialistischer Reichsbund (NSRL). Turnkreis Paderborn im Turngau IX	1933 Vors. Hubert Coprian. 1934 Bekenntnis zum Führer Adolf Hitler namens der Gemeinschaft der Turn- u. Sportvereine der Stadt Paderborn 1935–1945 Reichsbund für Leibesübungen (D.R.L.) Ortsgruppe PB. 1936 umbenannt: Nationalsozialistischer Reichsbund (NSRL). Vors. 1935–1937 R. Baudisch 1937–(?1945) Ferdinand Rodenkirchen
	1945: Sportring (Kreis) Paderborn e. V. Leiter Hans Hammelbeck 1945 umbenannt: Turn- und Sportgemeinschaft Kreis Paderborn 1946–1949: Kreis-Turn- und Sportverband (KTSV) Vorsitzender Ferdinand Jacobmeier 1946 19 Vereine 1949 KTSV aufgelöst 1949 Interessengemeinschaft der Sportvereine im Kreis Paderborn	
	1950 neu- bzw. wiedergegründet: Kreis Turn- und Sportverband (KTSV) mit 25 Vereinen. 1950–1955 1. Vors. Anton Makowiak. Geschäftsf. Karl Schreckenberg	1949–1966 (1971) Stadtverband für Leibesübungen. 1. Vors.: 1949–1955 Konrad Trienens 1955–1956 Josef Schäfers 1956–1962 Dr. Hans Wienold 1962–1966 (1971) Heinrich Stratmann
	1955–1960 Vakuum	
	1960 KTSV erneuert, umbenannt in Kreissportbund (KSB). Zuständigkeit im gesamten Kreis (auch in der Stadt) für Übungsleiterprüfung und Auszeichnung mit dem Dt. Sportabzeichen Der KSB übernimmt 1966 auch die Aufgaben des Stadtverbandes bis 1970	Stadtverband 1966 praktisch aufgelöst. Aufgaben an den KSB abgetreten. Stadtverband 1966–1971 ohne Funktion
		1966–1971 Vakuum
		1970 neues Konzept, Initiatoren Prof. Dr. H. J. Kramer, Heinz Nixdorf, u. a. 1971–1975 Arbeitsgemeinschaft Paderborner Sportvereine = ArGe Sport Kein Anhängsel der Stadtverwaltung! Auch selbständig gegenüber dem KSB. 1971–73 1. Vors. Udo Hillebrand 1973–75 1. Vors. Dieter Beller 1973–75 Kuratorium. Vorsitzender Gründungsrektor der Uni. Prof. Dr. B. Carstensen. Mitglied u. a. Heinz Nixdorf
	1975 Die Vereine des ehem. Kreises Büren kommen in den erweiterten Kreis Paderborn, Kreissportbund (KSB), im Kreis Paderborn	1975 Auflösung der ArGe Sport im Zusammenhang mit der kommunalen Neugliederung.
	KSB nach der Gebietsreform 1975 mit ca. 46 Vereinen in der Stadt und ca. 18 im übrigen Kreisgebiet, insg. ca. 66 Vereine im Kreis 1989 Vors. Ludwig Fletcher 1991 ca. 115 Sportvereine im Kreisgebiet	1975 Neugründung Stadtsportverband (SSV). Im bisherigen Stadtgebiet 26 Vereine, nach den Eingemeindungen ca. 46. Vors.: 1975–77 Bernhard Hunstig 1977–91 Hubertus Werner Seit 1992 Eva Kremliczeck Seit 1978 Sportjugend im SSV, Leitung Mathias Hornberger Dem Kuratorium folgen nach 1975 diverse Organisationen und Vereine für Leistungssportförderung

Zuständigkeiten für Sport auf den politischen und administrativen Ebenen

Stadt Paderborn		Kreis Paderborn		
Stadtverwaltung	**Stadtrat**	**Kreisverwaltung**	**Kreistag**	
Seit 1918 Jugendamt ohne besondere Zuständigkeit für Sport		1930 Vertreter des Stadtverbandes für Leibesübungen beim Kreisjugendamt		
1933–1945 Sport zentral gesteuert von der Reichsregierung in Berlin, durch den D.R.L., seit 1936 Nationalsozialistischer Reichsbund für Leibesübungen (NSRL). Sport in NS-Organisationen: SA. SS und Untergliederungen der Hitlerjugend		1933 Kreisjugendpfleger Ferdinand Rodenkirchen (1. Vors. des Ostwestfälischen Turngaus) 1934 Bekenntnis zum Führer Adolf Hitler, Sonderbeauftragter beim Landratsamt: SA Standartenführer Jostmeyer. NS-Kreisleiter: Meyer		Reichssportführer
1952 Einrichtung eines dem Wohlfahrtsamt angegliederten Jugendamtes, das u. a. für Sport zuständig ist. Für Bäder zuständig der Bade-, Fuhrparks- und Feuerwehrausschuß, seit 1960 der Ausschuß für öffentliche Einrichtungen 1971 erste Planstelle im Jugend- und Sportamt: Heinz Bergmann Für Sportangelegenheiten zuständig: Jugendamt, Amt für öffentliche Einrichtungen, Schulverwaltungsamt, Garten-Forst und Friedhofsamt, Bauordnungs- und Hochbauamt, Stadtplanungsamt.	1947 Bauausschuß für Sportstätten zuständig Seit 1954 Jugendwohlfahrtsausschuß 1 Vertreter für Sport seit 60er Jahren 3 Vertreter	1945 Militärregierung. Sportbeauftragter Captain Fraymouth 1950 Kreisjugendpfleger Karl Schreckenberg, u. a. für Sport zuständig bis 1974		Bezirksregierung für Ostwestfalen-Lippe in Detmold ↔ Landesregierung Nordrhein-Westfalen in Düsseldorf (Sport bei versch. Ministerien) ↔ Deutscher Bundestag: Sportausschuß des Bundestages Deutsche Bundesregierung: Innenminister
Infolge kommunaler Neugliederungen werden Marienloh und Wewer 1969 sowie Benhausen, Dahl, Elsen, Neuenbeken, Sande und Schloß Neuhaus (incl. Sennelager) 1975 mit Paderborn vereint		Infolge der Kreisgebietsreform 1975 kommt fast der ganze Kreis Büren zum Kreis Paderborn		
1978 eigenständiges Sport- und Bäderamt Leiter: 1978–80 Heinz Bergmann Seit 1980 Reinhard Rasch	1975 Einrichtung eines eigenen Sportausschusses. Vors.: 1975–84 Karl Tüshaus 1984/85 Helmut Pütter 1985–93 Hans Thöne 1993–94 Heinrich Kortebusch Seit 1994 Detlef Klaholt-Heiermeyer		Kreisausschuß für Schulsport. Vors.: Ludwig Fletcher	

Synopse für ca. 1918 bis ca. 1990 angelegt, in einigen Details noch lückenhaft.

Wettkampfvoraussetzungen o. k. waren.

Einige Jahre zuvor sollte für den Schulsport eine Dreifachsporthalle am Schützenweg gebaut werden. Für den Sportunterricht hätte das gereicht. Die ArGe Sport drängte jedoch auf eine Vierfachhalle, weil sie an Sportveranstaltungen in Paderborn mit größeren Zuschauerzahlen dachte. So wurde eine größere Halle gebaut und der VBC 69 konnte seine Spiele in der 1. Volleyball-Bundesliga vor einer größeren Zuschauermenge – max. 4.500 – austragen und mit entsprechenden Einnahmen rechnen. Auch in anderen Sportarten oder für Konzerte waren Veranstaltungen mit großen Zuschauerzahlen möglich geworden.

In den 1970er Jahren war die Stadt bemüht, die Vorgaben des „Goldenen Plans" von 1960 zu erfüllen und entsprechende Fördermittel in Anspruch zu nehmen. So war ein „Sporthallenboom" mit 17 neuen Sporthallen zu verzeichnen, und dabei sollte nicht nur an den Schulsport gedacht, sondern auch für den Vereins- und damit für den Leistungssport geplant und gebaut werden. Hierbei war die ArGe Sport die Interessenvertretung, die gegenüber der Stadt auftreten konnte.

Hier ist auch die Entstehung einer besonderen Sportstätte in der Stadt zu erwähnen, die Sportanlagen der Gesamthochschule/Universität. Das Land NRW hatte für den Neubau aller fünf neu gegründeten Gesamthochschulen eine Norm festgelegt und entsprechende Mittel eingeplant. Diese Norm erschien dem Fachbereich Sportwissenschaften in Paderborn allzu dürftig und die ArGe Sport drängte die Stadt frühzeitig, die vom Land gewährten Mittel erheblich aufzustocken, damit mehr und bessere Sportanlagen entstehen könnten. Drahtzieher hinter den Kulissen waren Heinz Nixdorf und Prof. Dr. Hermann Josef Kramer. Der sportbegeisterte Unternehmer wirkte mit seinem hohen Ansehen auf die Stadt ein und unterstützte Kramers Konzepte zum verstärkten Ausbau der Sportwissenschaften in Paderborn und eines Hochschulsports, der nicht isoliert stattfindet, sondern sich in das allgemeine Sportgeschehen in der Stadt einbindet. Die Hochschule machte wegen der größeren, neuen Sportanlagen zahlreiche Eingaben beim Wissenschaftsministerium, heimische Landtags-Abgeordnete wurden ins Feld geschickt und Paderborner Studenten demonstrierten in Düsseldorf. Schließlich, nach vielen Jahren, wurden die Sportanlagen so gebaut, wie sie in Paderborn von Hochschule, ArGe Sport und Stadt konzipiert waren. Die Stadt gab einen Zuschuß von 2,3 Millionen DM. So war 1982 u. a. die erste 400m-Tartan-Laufbahn entstanden und dort konnten auch die Mitglieder des Leichtathletik Club Paderborn (LC) qualifizierter als vorher trainieren, bevor sich 1984 mit dem Ahorn-Sportpark noch bessere Trainingsmöglichkeiten ergaben.

Erwähnenswert ist, daß die in der ArGe Sport zusammengeschlossenen Vereine der Stadt für den Sportstättenbau die Anregung gaben, *„daß diese Einrichtungen auch für Behinderte mit Rollstühlen leicht erreichbar sein müssten"*. (Protokoll der Mitgliederversammlung der ArGe Sport e. V. am 02.05.1974.)

Die ArGe Sport bewirkt erstmalig „Ferienspiele" und „Feriensport"

Die ArGe Sport begann 1971 in Zusammenarbeit mit dem Jugend- und Sportamt der Stadt für 4- bis 9jährige Jugendliche, also insbesondere für Schüler und Schülerinnen, „Ferienspiele" und für 9- bis 15jährige „Feriensport" anzubieten. Dahinter stand Heinz Nixdorf. Er war dem Volksschullehrerberuf entronnen und zeitlebens wetterte er gegen die Lehrerkaste, die sich mehr Urlaub und Freizeitgestaltung leiste als die anderen Berufe. Dementsprechend machten auch die Schulturnhallen dicht, obgleich die Schüler/innen in den Ferien mehr Zeit als sonst für Sport gehabt hätten. In diesen Zusammenhang gehört die von Heinz Nixdorf veranlaßte Einrichtung einer Arbeitszeit wie in anderen Berufen für die Lehrer im b.i.b. (der sie sich nach einigen Jahren entziehen konnten) wie auch die ganzjährige Öffnungszeit des Ahorn-Sportparks.

Nun, im Juli 1971, organisierte die junge ArGe Sport erstmals Spiele und Sport für die daheimgebliebenen Schüler und Schülerinnen, wobei besonders auch an die gedacht war, deren Familien sich keine Urlaubsreisen leisten konnten. Die Stadt war Veranstalter und mußte Hilfestellung geben. Der eine Mann in der Stadtverwaltung, der neue „Sportsachbearbeiter", reichte für die Durchführung nicht aus. Die ArGe Sport mobilisierte als Ausrichter Übungsleiter vom SC Grün-Weiß 1920 e. V., vom VBC 69 e. V., vom 1. Paderborner Schwimmverein e. V. und Studenten von der Höheren Fachschule für Sozialpädagogik. Der Sportprofessor Dr. Kramer arrangierte einen Kinonachmittag mit Sportfilmen in der Aula der Pädagogischen Hochschule am Fürstenweg – Eintritt frei. Viele Jugendliche errangen in den Ferien das Kindersportabzeichen in Bronze oder Silber bzw. das silberne oder goldene Mehrkampfabzeichen für Jugendliche.

Mit der Aktion 1971 hatte die ArGe Sport Ferienspiele und Feriensport für die folgenden Jahre in Gang gebracht.

Die ArGe Sport bei der Ausrichtung des nationalen Sportfestes 1971

Nach dem erfolgreichen ersten größeren Azubi-Sportfest 1970 im Inselbadstadion wollte Heinz Nixdorf im folgenden Jahr dieses Sportfest zu einem öffentlichen Sportfest mit nationalem Rang ausweiten (siehe Kap. Leichtathletik). Veranstalter war die Nixdorf Computer AG, die z. B. mit den Spitzenleichtathleten, wie Harald Norpoth u. a., die üblichen Startgelder aushandelte und zahlte. (Seinerzeit „Aufwandsentschädigungen" noch unter 1.000 DM.) Die Schirmherrschaft für das von der Presse als „nationales Sportfest" gefeierte „Großereignis" hatte Heinz Nixdorf übernommen und als Ausrichter „seinen" traditionsreichen SC Grün-Weiß 1920 e. V. und die neue ArGe Sport gewonnen. Zu Beginn der Veranstaltung hieß Karl Johannwerner, der Grün-Weiß-Vorsitzende, alle Aktiven und Zuschauer willkommen. Während der Wettkämpfe war Heinz Nixdorf eine Zeitlang vorbeigekommen. Beim abschließenden großen Bankett im Restaurant „Zu den Fischteichen" sprach Udo Hillebrand, Vorsitzender der ArGe Sport (und im Vorstand VBC 69) allen Beteiligten den Dank aus, den Aktiven, da sie die Sportbegeisterung in Paderborn gemehrt hatten, den Kampfrichtern, die durch ihren Einsatz die Wettkämpfe reibungslos abgewickelt haben und schließlich dem Schirmherrn Heinz Nixdorf, der trotz Arbeitsüberlastung sein Herz für die Leichtathletik, die er selbst früher betrieben hat, bis heute nicht verloren habe. Heinz Nixdorf, der sich persönlich in der ArGe Sport engagierte, hatte diese bei dem nationalen Sportfest in Szene gesetzt. (Westf. Volksblatt vom 11.08.1971 und 21.08.1971.)

Die ArGe Sport mahnt Sportkompetenz in der Stadtverwaltung an

Heinz Nixdorf war infolge der Expansion seines Unternehmens nicht in der Lage, an all den Sitzungen und Versammlungen der ArGe Sport teilzunehmen. Doch war er durch die Protokolle und Geschäftsberichte und viele Einzelgespräche zwischen Tür und Angel gut informiert und wichtig war für die ArGe Sport, daß der angesehene Unternehmer und Sportförderer ihr den Rücken stärkte. Wenn der Unternehmer nicht selbst an den Sitzungen teilnehmen konnte, schickte er stets eine Vertretung.

Beim Azubi-Sport der Nixdorf Computer AG machte sich ein Mangel an Übungsleitern bemerkbar. So unterstützte die ArGe Sport z. B. finanziell eine vermehrte Ausbildung von Übungsleitern, wofür der Kreissportbund zuständig war.

Die ArGe Sport bündelte die Interessen der Sporttreibenden, insbesondere der Sportvereine, vor allem gegenüber der Stadtverwaltung, da sich die Vereine in Sachen Sport mit sechs Ämtern herumschlagen mußten. Der Brief der ArGe Sport vom 08.01.1972 an den I. Stadtdirektor, Wilhelm Fehrlings, gibt hierzu detaillierte Auskunft (siehe Abb.).

Als Heinz Nixdorf Jahre später spontan den Vorschlag für eine Beleuchtung des „Waldsportpfades" an den Fischteichen aufgriff und das Geld dafür gab, kümmerte er sich nicht weiter darum, welche Ämter in der Stadtverwaltung alle zuständig waren. Trotz Kompetenzgerangel – Garten-, Forst- und Friedhofsamt, Amt für öffentliche Einrichtungen, Stadtplanungsamt, Bauordnungs- und Tiefbauamt – da es um öffentliche Wege ging – und schließlich der Frage, wer die Stromkosten zu zahlen hat, ging die Beleuchtungsanlage, die der Stromversorger PESAG zu Selbstkostenpreisen erstellte, in Betrieb. Über den Ämtern stand als Chef der Erste Stadtdirektor, Wilhelm Ferlings, der war selbst Sportler (Tischtennisspieler)

Rechts:
Brief der ArGe Sport an den I. Stadtdirektor, 08.01.1972. Da in Sportangelegenheiten alle möglichen Ämter zuständig waren, forderte die ArGe Sport eine insgesamt kompetente Instanz. 1978 erfolgte die Einrichtung eines „Sport- und Bäderamtes".

An den
Herrn 1. Stadtdirektor der
Stadt Paderborn

4790 / Paderborn
Postfach 1060

  -        -   hi-wa.   8. Januar 1972

Betr.: Künftige Organisation eines Sportamtes und Sport-
bauamtes

Sehr geehrter Herr Stadtdirektor Ferlings !

Angesichts der Tatsache, daß Paderborn sich anschickt eine
Universitäts- und Großstadt zu werden, erachtet es die ARGE
Sport e.V. für notwendig, ihre Gedanken zur Organisation der
städt. Sportverwaltung darzulegen.
Die Behandlung der anstehenden Sportfragen in letzter Zeit
durch die Stadtverwaltung hat deutlich gezeigt, daß durch
die Kompetenzzersplitterung (Jugend- und Sportamt, Amt für
öffentliche Einrichtungen, Schulverwaltungsamt, Garten-,
Forst-u. Friedhofsamt, Bauordnungs- u. Hochbauamt, Stadtplanungsamt) eine von der Verwaltung sicherlich nicht gewollte
Verzögerung eintritt.
Die Stadt Paderborn sollte nun, um ihrem Anspruch auf Sport-
freundlichkeit gerecht zu werden, e i n e verantwortliche
Instanz zu schaffen, dem Vorbild weniger bedeutender Städte
folgend.
Die Paderborner Sportvereine versprechen sich von der Fort-
führung des beschrittenen Weges (1. Schritt war der Sportsachbearbeiter) eine sachkundigere Behandlung ihrer Probleme.
Eine fachkundige, mit Weisungsbefugnis ausgestattete Instanz
könnte in Zusammenarbeit mit den schon bestehenden Sportorganisationen den Sport in Paderborn dorthin führen, wo er, der
Größe Paderborns entsprechend, stehen könnte und sollte.
Dem Schul- und Vereinssport könnten Impulse gegeben werden,
die aus den bisher bestehenden einzelnen Schwerpunkten ein
ansehnliches Ganzes formen.
Die ARGE SPORT e.V. würde sich freuen, wenn es zu diesem Thema
bald zu einem Gespräch kommen würde, das uns die Lösung dieses
Problems näher bringt.
Mit sportlichen Grüßen

                          ARBEITSGEMEINSCHAFT PADERBORNER
                          SPORTVEREINE e.V.
                            - Der Vorstand -

                          i.A.
                                    (stellvertr. Vorsitzender)

und hatte die Kompetenzen der diversen Ämter zu bündeln. Der Sponsor der Beleuchtung war auch ihm wohlbekannt.

Das Kuratorium der ArGe Sport

Es war wohl nicht ganz leicht, das als Organ des Vereins vorgesehene Kuratorium zum Leben zu bringen. Die Zusammensetzung zeigt, daß durch angesehene Persönlichkeiten aus allen möglichen Bereichen Einfluß zugunsten des Sports sowie Sportförderung mit Geld erreicht werden sollte: Prof. Dr. Hermann Josef Kramer, Bürgermeister Herbert Schwiete (CDU), I. Stadtdirektor Wilhelm Fehrlings, II. Stadtdirektor Dr. Bernward Löwenberg, MdL Aloys Schwarze (SPD, Redakteur der „Neuen Westfälischen"), Ratherrin Ellen Rost (FDP), RA Dr. Gerd Wessel (Vorstand Tennisclub Blau-Rot), Jochen Spilker sen. (SC Grün-Weiß), Heinz Nixdorf, Friedrich Wilhelm Dany (Kaufmann, Dany-Kaufhaus, Südring-Center – die westl. Hälfte), Friedrich Wesche (Teppichgroßhandel, CDU, Vertrauter von Heinz Nixdorf), RA Ronald Vieth (Geschäftsführung Paderborner Brauerei, Vorstand SC Grün-Weiß), sowie als geborene Mitglieder die Vorstände der Stadtsparkasse und der Volksbank Paderborn.

Die Mitglieder des Kuratoriums waren am 16. Oktober 1973 zu einer öffentlichen Gründungsversammlung im großen Saal des historischen Rathauses zusammengekommen. Die vorgesehene Wahl fiel aus, weil die Satzung der ArGe Sport e. V. vorschrieb, daß deren Vorstand die Kuratoriumsmitglieder beruft. Die Neue Westfälische berichtete: *„Dennoch war der Abend keine verlorene Zeit. Es kam zu einer munteren Diskussion über die große Bandbreite des Sports, wie sie in Paderborn durch mannigfaltige Sorgen und Probleme gegeben ist. Prof. Kramer zeigte die vier Hauptwünsche auf:"*
1. Bau einer großen Sporthalle am Maspernplatz
2. Bau von Schwimmhallen, weil das alte Kaiser-Karls-Bad und die Kleinschwimmhalle in der Kilianschule unzulänglich waren
3. Bau von Leichtathletikanlagen, vordringlich eine Kunststoffbahn, und
4. Integration des Hochschulsports durch Zusammenarbeit von Stadt, Vereinen und Hochschule.

Der Bürgermeister Herbert Schwiete, als Bürgermeister selbst Mitglied des Kuratoriums, betonte in seiner Eigenschaft als Bürgermeister der Stadt, daß die Stadt die vier von der ArGe Sport angesprochenen Punkte genau so sehe.

Hiermit zeigte sich deutlich, daß die ArGe Sport als Interessenvertretung eine führende Rolle eingenommen hatte und die Stadt sich anschloß. Zugleich zeigte sich auch der Konstruktionsfehler des Kuratoriums. Alle Köche saßen im selben Topf und das Kuratorium sollte im eigenen Saft dahinschmoren. Es gab kein klar abgegrenztes und effektives Spannungsverhältnis zwischen den drei Faktoren: Der Interessenvertretung des Sports (ArGe Sport), der Stadt, die alle möglichen

Bürgerinteressen beachten muß, und als dritter Kraft den sportfördernden Sponsoren aus der Wirtschaft.

Als Präsident des Kuratoriums in der ArGe Sport e. V. wurde der ordentliche (o.) Prof. Dr. Broder Carstensen, der Gründungsrektor der Gesamthochschule gewonnen, die zunächst noch nicht als Universität firmierte. Carstensen kam von einer richtigen Universität (Mainz) und war eigenwillig, was infolge von Auseinandersetzungen mit dem Kanzler der Gesamthochschule durch etliche Zeitungsberichte publik wurde. Auch als Präsident des Kuratoriums war Carstensen aus Sicht zumindest eines in der ArGe Sport vertretenen Vereins zu eigenwillig. Das Kuratorium sollte Fördermittel mobilisieren. Bei deren Verteilung fühlten sich einige Vereine benachteiligt, weil die Kriterien für sie nicht durchschaubar waren. Zudem war die Rolle des Kuratoriums innerhalb der ArGe Sport nicht befriedigend geklärt. Also wurde 1974 beschlossen, Kompetenz und Aufgabenbereiche des Kuratoriums durch Satzungsänderung klarer zu stellen. Diese Änderung kam bis zur Auflösung der ArGe Sport im Jahre 1975 nicht mehr zustande. Die Satzungsänderung sah z. B. vor, daß der Vorsitzende der ArGe Sport zugleich der Vorsitzende des Kuratoriums ist. Damit wäre Kompetenzgerangel vermieden.

Kritik und Streitereien in der ArGe Sport

Von Anfang an hatte der Großverein SC Grün-Weiß – der in der ArGe Sport auch vertreten war, damit nicht über seinen Kopf entschieden werde – eine distanzierte und kritische Haltung gegenüber dieser Interessenvertretung aller Vereine und des gesamten Sports in der Stadt eingenommen. In kleineren Vereinen wurde kolportiert, der neue Grün-Weiß-Vorsitzende (seit 1971), Karl Johannwerner, residiere als Kreisoberamtsrat in der Kreisverwaltung quasi Tür an Tür mit dem Kreisoberamtsrat Karl Schreckenberg. Der war als Beamter, als Kreisjugendpfleger für Sport zuständig und zugleich Vorsitzender des „Kreissportbundes" (KSB), der seit 1966 die Aufgabe des eingeschlafenen „Stadtverbandes für Leibesübungen" (SVL) mit übernommen hatte. Infolge der „Verdrahtung" im Kreishaus sahen kleinere Vereine den „Großverein" in der Rolle eines Platzhirsches, der an der ArGe Sport und z. B. einer Neuregelung der Sportstättenvergabe wenig Interesse gehabt hätte.

In einer ArGe Sport-Versammlung forderte Karl Johannwerner eine Satzungsänderung, eine andere ArGe Sport, weil sie z. B. bei der Sportstättenvergabe ihre Kompetenzen überschreite. Auf Wunsch des 1. FC (Fußball-Clubs) hatte es zwischen diesem und der ArGe Sport Gespräche über die Nutzung des Inselbadstadions gegeben. Eigentümer des Stadions war die Stadt, vertraglicher Hauptnutznießer der SC Grün-Weiß, aber nicht alleine nutzungsberechtigt. (Protokoll ArGe Sport 02.05.1974.)

Als Prof. Dr. Carstensen wenig später eine der von Karl Johannwerner or-

Mitgliederversammlung der ArGe-Sport e.V. am 2. Mai 1974
Anwesenheitsliste

Name	Anschrift	Verein
Buch	P. born	
Caspersen	Corveyer Weg 22, P.	Unidentierium
Ulrich	Richtleiste 8	"
Henne	Dr. Dörig-Damm 25	V.F.V. in ArGe
Spilker	PB, Ulmenweg 4	ArGe
Roscke	PB, Piependurmweg 5	ArGe
Schäfer	PB, Steinkämer Weg 19	1.FC Paderborn
Leiz Louck	PB, Leuscher Str. 28	VSC 69 PB-Elsolega
Kramer	PB Weinberg 16	VBC
Lis Bernhard	" Heinichstr. 17a	Sportfreunde PBorn
Unze Walter	" Stephanistr. 67	Sportfreunde
F. Sommer	" Neuhäuser Str. 68c	DJK/SSG
Hans Arnold	" Ludwigstr. 78	DJK-SSG
Hermann Altmücke	Paderb, Wiener Zuschauer 36	P.V. Blau-Weiß Wewer
SCHRÖDER	PPB. ANNETTE v. DROSTE 5	LUFTSPORTGEMEINSCHA
Fischer	PB. Heinichstr. 17	ArGe
Rupst	PB. Im Siechenfeld 10	TV 1875
Hohenborn	PB, Schwaneyer Weg 1	SC Grün-Weiß Paderb.
Schwarze	Münster, Max Paderborn	NL
Quintmeyer	PB. Leuschner 32	Police-70 PB
Horstlieb, Heinrich	Paderborn, Julius-Leber-Str. 3	Versehrtensportgemeinschaft
Itzger jüten	" Schön-Ausschnitt	SSV SÜD-OST
Boner	" Friedr. v. Spechtstr. 20	J. PST, Paderborn
Pottkost	Pdb., Christian Persen Weg 36	SK Heide

ganisierten Weltreisen der Grün-Weiß-Fußballer öffentlich als „KdF.-Reise" apostrophierte, war das ein Eklat, der eine Entschuldigung erforderte. Die „KdF." = „Kraft durch Freude" hatte für die nationalsozialistische „Deutsche Arbeitsfront" (ca. 20 Millionen Mitglieder) mit viel Reklame durch das „Reichspropagandaministerium" Urlaubsreisen z. B. mit komfortablen Kreuzfahrtschiffen veranstaltet.

In einer breiteren Diskussion wurde von einigen in der ArGe Sport zusammengeschlossenen Vereinen die Sportlerehrung durch die Stadt in Frage gestellt. Es wurde moniert, daß die Rasenkraftsportler des SC Grün-Weiß, die von Heinz Nixdorf gefördert wurden (siehe Kap. Leichtathletik), nur deshalb in übergroßer Zahl geehrt würden, weil es sich um Erfolge in einer selten ausgeübten, keinesfalls Olympischen Disziplin handle. Zum Vergleich wurde auf seltene Sportarten, auf Weltmeistertitel im Elefantenpolo (in Indien) oder Kuhfladenweitwurf (in den USA) verwiesen.

Es wurde sogar die Frage gestellt, wieso Bürgermeister, die selbst keine großen Sportler sind und deren Frühsport darin bestehe, ihren eigenen Kopf in der Lokalpresse zu suchen, die Sportlerehrung vornehmen. Die Oscarverleihungen nähmen auch nicht die Präsidenten der USA vor, sondern Männer und Frauen, die in der Filmbranche zuvor hohes Ansehen erreicht hatten. Auf Heinz Nixdorf wurde verwiesen, der bei seinem Azubi-Sportfest die Siegerehrung mit angesehenen Sportgrößen vorgenommen habe. Und obendrein wurde gefragt, warum die Stadt- und Kreisoberhäupter sich getrennte Sportlerehrungen leisten. Der Sachbearbeiter im Jugend- und Sportamt der Stadt nahm in einem Schreiben an die ArGe Sport Stellung zur Kritik an der Ehrung der Rasenkraftsportler. Diese erfolgte nach dem Regelement. (Siehe Faksimile des Briefes.)

Wegen ihrer Fachkompetenz nahm die ArGe Sport ihrerseits auch Sportlerehrungen für sich in Anspruch. Der 1. und der 2. Vorsitzende, Udo Hillebrand (VBC 69) und Gerhard Wasserkordt (TV 1875) ehrten den bei den Olympischen Spielen 1972 erfolgreichen Paderborner Hans-Günther Vosseler (1. PSV), Silbermedaillengewinner mit der 200m Freistilstaffel, und den bei deutschen Meisterschaften erfolgreichen Wolfgang Hillemeier, ebenfalls vom 1. PSV, im Ratskeller. Da wurde etwas am Stuhl des Bürgermeisters gesägt, der den Silbermedaillengewinner so nicht ausschließlich ehrte, doch zwei Etagen höher im großen Saal des Rathauses. Jahre später wurde ein anderer Silbermedaillengewinner in Paderborn im Kreishaus geehrt, da er nicht Paderborner, sondern Hövelhofer war. Heinz Nixdorf hielt sich aus der Diskussion über Sportlerehrungen völlig heraus. Seine Vorstellungen gingen in eine andere Richtung, die sich gelegentlich andeutete.

Links:
Mitgliederversammlung der ArGe Sport e. V. vom 2. Mai 1974. Anwesenheitsliste, Seite 1.

Stadt Paderborn

Stadt Paderborn · 4790 Paderborn · Postfach 1060

An den
Vorstand der Arbeitsgemeinschaft
der Paderborner Sportvereine

479o Paderborn
Postfach 121

Der Stadtdirektor

Dienststelle	Jugend- u. Sportamt
Sachbearbeiter	Herr Bergmann
Zimmer	1o6
Durchwahl (0 52 51) 206-	25o

Geschäftszeichen: 51-Be.
Tag: 3.5.1974

Mit der Bitte um Vorlage

Arbeitsgemeinschaft
PADERBORNER SPORTVEREINE E. V.
479 PADERBORN-GIERSWALL 4
POSTF. 121

Betr.: Sportlerehrung

Sehr geehrte Herren!

Durch die Stadt Paderborn werden am Ende eines jeden Jahres erfolgreiche Sportler und verdiente Personen aus dem Paderborner Sportleben geehrt. Hierbei wurde nach folgenden vom Jugendwohlfahrtsausschuß gefaßten Richtlinien ausgegangen:

"Für besondere Erfolge werden durch die Stadt Paderborn jährlich ungeachtet der Leistungen in den Vorjahren die Sportler geehrt, die bei den Westfalen- bzw. Westdeutschen oder Landesmeisterschaften den 1. bis 3. Platz oder bei den Deutschen Meisterschaften den 1. bis 6. Platz erreicht haben. Dieses gilt auch für eine Mannschaftswertung (Addition der Einzeldisziplinen). In der Sportart, bei der keine Westfalenmeisterschaften stattfinden, gilt das Ergebnis der Westdeutschen Meisterschaften. Hierbei haben die Vereine unter Vorlage der Ergebnisliste nachzuweisen, daß der Sportler zu den drei Bestplazierten in Ostwestfalen gehört. Bei einer Berufung in eine Nationalmannschaft ist aufgrund der besonderen Leistungen ebenfalls eine Ehrung vorzunehmen.

Für den Mannschaftssport soll die gleiche Regelung Anwendung finden, d.h., es kann eine Ehrung vorgenommen werden, wenn die betreffende Mannschaft in der westfälischen Spitzenklasse den Platz 1 - 3 oder bei einer Gruppenteilung den Platz 1 oder 2 in der jeweiligen Gruppe belegt.

Darüber hinaus sollen jährlich Männer oder Frauen für eine mehrjährige verdienstvolle Arbeit im Sport geehrt werden, die vorher von den Vereinen benannt und vom Jugendwohlfahrtsausschuß ausgewählt werden.

Hierauf wurde im vergangenen Jahr eine Meldung der Rasenkraftsportabteilung des SC Grün-Weiß Paderborn zur Ehrung von 25 Einzelsportlern und eine Mannschaft abgegeben. Diese Sportler hatten bei den Westfalen-Meisterschaften und Westdeutsche Meisterschaften im Rasenkraftsport die Plätze 1 - 3 und bei den Deutschen Rasenkraftsportmeisterschaften die Plätze 1 - 6 belegt. Der Unterausschuß

"Sportlerehrung" hatte hierzu dem Jugendwohlfahrtsausschuß empfohlen, die Richtlinien im Hinblick auf künftige Ehrungen insofern weiter zu straffen, als für eine Ehrung nur die Sportarten in Frage kommen, die entweder zu den olympischen Diszipiln gehören oder international besonders verbreitet sind. Daraufhin wurde der Rasenkraftsportabteilung des Vereins lediglich eine Ehrung als Mannschaft unter Überreichung eines Mannschaftspräsentes zuteil.

Der Jugendwohlfahrtsausschuß hat weiter empfohlen, in Verbindung mit der ArGe-Sport die Richtlinien bzw. Leitlinien zur Ehrung der Sportler für die Zukunft zu straffen. Neben der angeschnittenen Frage zur Ehrung von Rasenkraftsportlern wäre auch zu klären, ob bei der angegebenen Plazierung nicht eine Straffung erfolgen sollte, wie dieses in größeren Städten bereits der Fall ist.

Ich wäre Ihnen sehr zu Dank verbunden, wenn Sie sich hierzu einmal äußern könnten und stehe für weitere Fragen gern zur Verfügung.

Mit freundlichen Grüßen
I.A.

(Bergmann)

Brief der Stadt Paderborn an die ArGe Sport, 03.05.1974. Zur Kritik an der Sportlerehrung, speziell der Rasenkraftsportler des SC Grün-Weiß, nimmt der Sachbearbeiter im „Jugend- und Sportamt" Stellung.

Das Ende der ArGe Sport 1975

Für die ArGe Sport ergab sich mit der Gebietsreform eine neue Situation. Auf Kreisebene kam der Kreis Büren zum Kreis Paderborn. Die Stadt wurde durch die Eingemeindungen Großstadt. Die Zahl der Sportvereine stieg damit von 26 auf 46 im erweiterten Stadtgebiet, vergleiche Tabelle S. 436/437. Durch die Gebietsreform war eine Neuorganisation der Vertretung der Sportvereine der Stadt sowie des Kreises notwendig. Das gleiche traf zu, auf die „Regierungen" von Kreis und Stadt, im Kreistag wie im Stadtrat, in der Kreis- wie in der Stadtverwaltung.

Diese Umbruchsituation nutzte der Kreissportbund (KSB) als treibende Kraft, die insgesamt sehr erfolgreiche, aber auch mit Kritik und Selbstkritik befaßte ArGe Sport durch eine neue Organisation abzulösen. Die „Arbeitsgemeinschaft Paderborner Sportvereine" hatte gegenüber dem früheren „Stadtverband für Leibesübungen" mit ihrer neuen Bezeichnung deutlich gemacht, daß sie nicht als Anhängsel der Stadt, d. h. des Rates und der Verwaltung, funktionieren wollte. Nun wurde Parallelität in den Bezeichnungen „Landessportbund", „Kreissportbund" mit einem neuen „Stadtsportverband" (SSV) hergestellt. Nicht alle Vereine waren von dieser Nachfolgeorganisation begeistert. Auf der Gründungsversammlung am 19.03.1975 in der Gaststätte Bürgerverein waren 28 Sportvereine vertreten,

Die ArGe Sport macht selbst Sportlerehrung. Der Vorstand der ArGe Sport, der 1. Vorsitzende Udo Hillebrand (VBC 69), rechts außen, und der 2. Vorsitzende Gerhard Wasserkordt (TV 1875), links außen, ehren die zwei Spitzenschwimmer des 1. PSV, Wolfgang Hillemeier (helle Jacke), der bei den Olympischen Spielen 1972 zur Deutschen Mannschaft gehörte, aber nicht zum Einsatz kam, und Hans-Günther Vosseler (zweiter von rechts), Silbermedaillengewinner mit der 200m-Freistilstaffel. Zwischen den beiden Athleten der Vorsitzende ihres Vereins, Hermann Römhild. Die Veranstaltung fand im Ratskeller statt. (Spiele in München 26.08.–11.09.1972.)

Der Bürgermeister ehrt Heinz-Günther Vosseler zwei Etagen höher. Im großen Saal des Rathauses gab Bürgermeister Herbert Schwiete (mit Amtskette) einen Empfang für den Silbermedaillengewinner bei den Olympischen Spielen 1972 in München.

18 blieben unentschuldigt fern.

Das Kuratorium der ArGe Sport, in dem auch Heinz Nixdorf Mitglied war, hatte bereits am 25.02.1975 seine Arbeit eingestellt. Später gab es diverse Nachfolgeorganisationen, die das Thema Leistungssportförderung aufgriffen.

Die beiden führenden Köpfe, die „Galionsfiguren" der ArGe Sport zogen sich zurück. Sie hatten mit anderen Vereinsvorständen eine selbstbewußte Eigenvertretung des Sports in Gang gebracht. Prof. Dr. Kramer konzentrierte sich nun mit viel Arbeit und Erfolg auf den Ausbau der Sportwissenschaften an der Gesamthochschule/Universität, auf die Betreuung der Bundesligamannschaft des VBC 69 und als „sachkundiger Bürger" auf sportpolitische Fragen, auf Bundes- und Landesebene.

Heinz Nixdorf hatte mit der rapiden Entwicklung seines Unternehmens reichlich zu tun und er betrieb eine vielfältige und effektive Sportförderung ohne Gremien in eigener Verantwortung. (Siehe dazu die Kap. „Sportförderung – das große Vorbild Bayer und eigene Wege", „Sport für alle! – Breiten- und Leistungssport", „Sport für Azubis ...", „Das Sportzentrum SC Grün-Weiß", „Der Ahorn-Sportpark", „Lehrerausbildung im Fach Sport und das Sportmedizinische Institut".)

Quellen/Literatur

Eigene Erinnerungen, insbesondere an Gespräche mit Prof. Dr. Broder Carstensen, Prof. Dr. Hermann Josef Kramer, Heinz Nixdorf, Karl Tüshaus, Fritz Wesche. Gespräch, 2006, mit Gerhard Wasserkordt (TV 1875).

Protokolle bzw. Niederschriften der Gründungsversammlung und von Mitgliederversammlungen der ArGe Sport sowie des Kuratoriums der ArGe Sport.

Kramer, Hermann Josef: In Paderborn kein USC. Sport an der Gesamthochschule. In: Die Warte, Zeitschrift für Landschaft, Wirtschaft und Kultur des Paderborner und Corveyer Landes. Heft 1, 1971, S. 21ff. (Der dort gedruckte Vorname des Autors „Franz-Josef" ist nicht richtig.)

Lamprecht, Wiebke/Marie-Luise Klein. Siehe Allgemeine Literatur. Stadtverband für Leibesübungen S. 158, ArGe Sport S. 159ff, Stadtsportverband S. 163ff.

Das Sportzentrum SC Grün-Weiß und die vertrackte Vorgeschichte

65 Jahre! Rechnet Heinz Nixdorf nicht genau?

Zum 18. Mai 1984 hatte der Präsident des SC Grün-Weiß 1920 e. V., Karl Johannwerner, die Vertreter der Stadt – Bürgermeister, Rat und Verwaltung – , den Oberst der Schützen, Karl Auffenberg, Mitglieder des eigenen Vereins etc. zur feierlichen Grundsteinlegung des neuen Sportzentrums auf dem Schützenplatz eingeladen. Gleichzeitig konnte auch Richtfest gefeiert werden, denn der größte Teil, Mauerwerk und Dachgebälk der umzubauenden, vormaligen Reitsportanlage stand schon längere Zeit, war bereits errichtet. Ein Doppelfest also! Nach der Festansprache des Vereinspräsidenten kamen der Architekt, Josef Vöcking, und Heinz Nixdorf, als Vereinsmitglied mit hohem Ansehen und als besonders geschätzter Förderer, zu Wort. Der Unternehmer hob die Bedeutung vereinseigener Sport- und Heimstätten hervor. Es sei daher sehr bedauerlich, daß seit der Vereinsgründung 65 Jahre hätten vergehen müssen, bevor der Großverein mit eigenen Räumlichkeiten aufwarten könne.

Da der SC Grün-Weiß als Gründungsjahr 1920 in seiner Bezeichnung führt und auf der, wie ein Grundstein eben eingemauerten Steinplatte „1984" eingemeißelt zu lesen stand, vermuteten die meisten Zuhörer, Heinz Nixdorf habe die 64 Jahre schlicht auf 65 gerundet. Doch der kannte die Geschichte dieses, „seines" Vereins zu genau, nagelte in seiner Ansprache beharrlich das Gründungsjahr 1919 fest und forderte damit Kenntnisse der Vereinsgeschichte heraus.

Denn mit deren Verquickung oder Verstrickung in die zeitgeschichtlichen Entwicklungen nach dem Ende des Kaiserreiches, vom Beginn der Weimarer Republik über die Nationalsozialistische Herrschaft und die Entnazifizierung hinweg, bis in die Wiederaufbaujahre der Nachkriegszeit, hing zusammen, daß der Verein erst und nun endlich nach 65 Jahren zu dieser Lösung einer eigenen Heimstätte kam.

Verbindungen zu SC Grün-Weiß und zu DJK-Vereinen

Nicht bei der Doppelfeier, aber gelegentlich bezeichnete Heinz Nixdorf das Verhältnis des SC Grün-Weiß zur eigenen Vergangenheit als „Eiertanz" und bediente sich damit nicht, wie einige weniger Wohlgesonnene, des unfreundlichen Begriffs „Geschichtsklitterei". Der frühere Leichtathlet (s. Kap. Leichtathletik) und der nun bekannte Unternehmer war schon lange Mitglied des Vereins, und wußte als Leser der SCer-Nachrichten, daß der SC Grün-Weiß 1934 aus dem DJK-Verein „Mark" „hervorgegangen" war – wie die unverfängliche Sprachregelung lautete – und die

Grundsteinlegung und Richtfest des neuen Sportzentrums „SC Grün-Weiß 1920 e. V. Paderborn". Links am Mikrophon der Architekt Josef Vöcking (Bau- und Haustechnik der Nixdorf Computer AG), rechts Präsident Karl Johannwerner und Sportförderer Heinz Nixdorf (18.05.1984).

Vereinsgründung vor 65 Jahren, 1919! Die „Neue Westfälische Zeitung" hat Heinz Nixdorfs Aussagen mit dem Gründungsjahr festgehalten (NW, 19.05.1984).

Neues Sportzentrum des SC Grün-Weiß gestern abend „gerichtet"

Mit zehn Bowlingbahnen auch für nationale Wettkämpfe geeignet

Paderborn (WS) Der SC Grün-Weiß Paderborn ist hierzulande sicherlich einer der schnellsten Sportvereine. Dafür zeichnen nicht nur die Resultate der Aktiven verantwortlich, sondern auch das rasche Fortschreiten des neuen klubeigenen Sportzentrums, das derzeit im ehemaligen Reiterdomizil auf dem Schützenplatz entsteht. Zwar wurde bereits im Februar mit dem Umbau begonnen, aber erst am gestrigen Abend bat Präsident Karl Johannwerner zur offiziellen Grundsteinlegung des künftigen Sportlermekkas. Ein echter Beweis für die Geschwindigkeit der SCer: Das Richtfest konnte ob des baulichen Zustandes gleich mitgefeiert werden. Sicherlich ein kleines Kuriosum, aber Johannwerner betonte im Rahmen seiner Festansprache vor zahlreichen Vertretern des Rates, der Verwaltung und des öffentlichen Lebens noch einmal, daß man es mit diesem Projekt auch weiterhin sehr eilig habe. Überdies, so der Präsident, gehe der 18. Mai als denkwürdiges Datum in die Vereinsgeschichte ein.

Heinz Nixdorf, dessen firmeneigenes Architekturbüro die Anlage plante, machte ebenfalls auf die Bedeutung derartiger Sportzentren aufmerksam und bedauerte, daß seit der Vereinsgründung im Jahre 1919 erst 65 Jahre hätten vergehen müssen, bevor der SC GW endlich mit eigenen Räumlichkeiten aufwarten könne.

Wettkämpfe. Darüber hinaus komplettieren eine Sport- und Kraftsporthalle sowie ein Billardraum mit drei Anlagen dieses ... Das „Herz" bildet ein ...onomiebereich.

...ahnen müssen ihre ...im Juli mit einer ge...stellung bestehen. ...ist eine Spezialfirma ...it vorgestern schon ...tion der Bahnen be...

Hauptrolle bei den ...eiten bildete allerdings ...mit symbolischen ...igens vorgesehen ...wurde von Karl ... Schatulle mit der aktuellen Mitgliederliste (2 654 an der Anzahl) und der jüngsten Ausgabe der SCer Nachrichten eingemauert.

Ansprüche dieses und noch drei weiterer DJK-Vereine bei seinem Sportstättenanspruch verquicklich mit einbezog. Heinz Nixdorf hatte sowohl alte, geschätzte Sportkameraden im Grün-Weiß, die vor 1934 Mitglieder in einem DJK-Verein waren, und er hatte auch Freunde, die alte, treue DJK-ler geblieben waren. Nicht Kritisieren war Heinz Nixdorfs Metier, sondern Helfen, Sport fördern! Daher war es für den Sportförderer z. B. ein Anliegen, die HG Paderborn zu unterstützen. Zur HG, = Handball-Gemeinschaft, hatten sich die Abteilungen des SC Grün-Weiß und der „Spiel- und Sportgemeinschaft", der SSG des 1947/8 wieder erstandenen Dachverbandes DJK, 1974 zusammengeschlossen. Die HG konnte durch Bündelung der Kräfte und auch durch Heinz Nixdorfs Helfen große Erfolge verzeichnen. Zeitweise nahmen über 15 Mannschaften an Turnieren teil, von der untersten Kreisklasse bis zur Landesliga. An der Vorstandsarbeit beteiligten sich abwechselnd SCer und DJK-ler. Der Computerunternehmer wußte, daß etliche seiner Mitarbeiter in der Handballgemeinschaft aktiv waren. So engagierte sich z. B. der Nixdorfer Reinhard („Collo") Rabenstein als Trainer der 1. Herrenmannschaft. Dreiwöchige Ferienaufenthalte der erfolgreichen Jugendmannschaften, z. B. an der französischen Atlantikküste, kamen ohne eine Förderung nicht zustande. Der Turnverein TV 1875 war auf ein Angebot, seine Handballabteilung zur weiteren Bündelung der Kräfte in die HG einzubringen, nicht eingegangen. Heinz Nixdorf hat dies im Sinne des Leistungssports bedauert.

Ein weiterer Kontakt zur DJK: Die Entwicklung der Leichtathletik-Gemeinschaft Paderborn, zu der sich die Abteilungen des SC Grün-Weiß und der DJK/SSG sowie von zwei weiteren Vereinen zusammengeschlossen hatten, hat Heinz Nixdorf sehr unterstützt und aufmerksam verfolgt. Er kannte den Widerwillen des Grün-Weiß-Vorstandes und half, dennoch oder eben deshalb, aus der LG den als e. V. selbständigen Leichtathletik Club, den LC Paderborn zu machen (s. Kap. Leichtathletik).

Es gab weiter eine dritte Verbindung zur DJK/SSG. Heinz Nixdorf freute sich, als er der Tanzsportabteilung dieses Vereins die neue Ahorn-Sporthalle für Training und Turniere zur Verfügung stellen konnte (s. Kap. Tanzsport).

Neben vielen Informationen aus Gesprächen mit Sportlern, z. B. mit Karl Tüshaus (ehemals DJK/SSG-Segelfluggemeinschaft, im Rat Vorsitzender des Sportausschusses), hatte Heinz Nixdorf für seine Kenntnisse der Grün-Weiß-Vereinsgeschichte und der Vorgeschichte mit dem Gründungsjahr 1919 noch eine andere Quelle. Er war kein Weihwasserfrosch, doch fand er in der Kirche einen Gesprächspartner, den er mochte und mit dem er sich gelegentlich über Gott und die Welt unterhielt: Pfarrer Jürgens. Dieser Gottesmann war der Pastor der Marktkirchgemeinde, die bis 1930 offiziell Markkirche hieß und in der 1919 der Sportverein „Mark" entstanden war. Die Mitglieder des nach ihrer Gemeinde benannten Vereins hießen die „Markaner" und ihr Infoblatt hatte den Titel „Markaner Wellen". Im Rückgriff auf diese Tradition waren 1952 die „SCer-Nachrichten" entstanden.

Bei dem Doppelfest für das neue Sportzentrum des „SC Grün-Weiß 1920

e. V." wurde das von Heinz Nixdorf herausgestellte Gründungsjahr 1919 schnell übergangen, denn sonst hätte es Peinlichkeiten gegeben. So hätten die vielen Stiftungsfeste, zum 30sten, zum 40sten, zum 50sten, zum 60sten, alle möglichen Jubiläen des auf Tradition stehenden Vereins je ein Jahr früher gefeiert werden müssen! Alle Feiern sind ein Jahr zu spät angesetzt worden. Die Jahreszahl 1920 war erst und schon seit 1948 längst und beharrlich eingeprägt worden! Freude war angebracht bei dem Doppelfest, und Dankbarkeit für die großzügige Unterstützung durch Heinz Nixdorf, dem Sportsmann und Förderer des Sports. Wenn über Summen gesprochen worden wäre, hätte dessen Zahl 1919 vielleicht mehr Beachtung gefunden. Die „Neue Westfälische Zeitung" hielt in ihrem Bericht die Erwähnung von 65 Jahren und die 1919 fest.

1919, das Gründungsjahr des Sportvereins „Mark", Paderborn

Schon vor dem Ersten Weltkrieg (1914-1918) hatten sich im Kaiserreich zusätzlich zu den bestehenden Sportvereinen in katholischen wie in evangelischen Pfarreien vereinzelt Sportgruppen gebildet. In den Paderborner kath. Pfarreien sind seit 1904 Fußball, Schleuderball, Turnen, Akrobatik und Leichtathletik nachzuweisen, auch in den inzwischen eingemeindeten Vororten, z. B. in Elsen. Gleich nach dem

Die vier 1919 in den Paderborner kath. Pfarreien gegründeten Sportvereine				
Pfarreien	Vereine mit Sportabteilungen	Vorsitzende (1926/27)	Leiter (1926/27)	Mitglieder *** 23.07.1935
Herz-Jesu-Pfarre	„Elmar". Turnen, Akrobatik, Handball	Vikar Rosin	H. Blume	90
Markkirche*	„Mark". Leichtathletik, Turnen, Handball	Vikar Stracke	J. Müller	---
Gaukirche	„Spiel-Vereinigung" (SV). Fußball, Turnen, Handball	Vikar Köster	J. Schröder	70
Dompfarre und Bußdorfpfarre**	„Turn- und Sportfreunde" (TuS). Turnen, Fußball, Schleuderball, Handball, Leichtathletik	Domvikar Weskamm	J. Sandforth	130

*Die Markkirche wurde seit 1930 in Marktkirche umbenannt.
**Die beiden Pfarreien hatten nur eine gemeinsame Jünglingssodalität und folglich einen gemeinsamen Sportverein gegründet. Neuere Schreibweise: Busdorf.
***Zahl der bei der Auflösung noch gemeldeten, bis dahin treu gebliebenen Mitglieder.

Krieg, nach Ende des Kaiserreiches mit dem bei den Katholiken, insbesondere in der Diözese Paderborn nicht vergessenen, von Bismarck, von Berlin aus geführten Kulturkampf, und nach Ausrufen einer demokratischen Republik, wurden im neuen Reich nun in vielen Pfarreien vehement die Sportvereine organisiert.

In der Stadt Paderborn gab es vier, je von einem Präses, einem Kaplan = Vikar geleitete „Jünglings-" bzw. „Jungmänner-Sodalitäten". Das war die männliche Pfarrjugend, die regelmäßig zu gemeinsamen Aktionen, insbesondere an den Sonntagnachmittagen, zusammenkam.

In diesen Sodalitäten wurden 1919 zugleich mit der Gründung eines kath. „Sportbezirks Paderborn-Lippstadt" vier Turn- und Sportgruppen gebildet. Sie wurden in ihrer Zugehörigkeit zu den Sodalitären zunächst als „Abteilungen" bezeichnet, aber bald im Einklang mit anderen Sportvereinen Vereine genannt und der Begriff Abteilungen bezog sich nun auf die betriebenen Sportarten. „Vorsitzende" waren Vikare, und „Leiter" sportbeflissene Laien. (Siehe Tabelle!)

Als Untergliederungen der Pfarrgemeinden waren deren Sportvereine rechtlich in der Kirche als Körperschaft des öffentlichen Rechts eingebunden, nicht selbständig und so auch nicht in das Vereinsregister beim Amtsgericht einzutragen. Auf das Gründungsjahr speziell des Vereins „Mark", auf 1919, pochte Heinz Nixdorf.

1920, das Gründungsjahr des Reichsverbandes DJK

Auf der „Katholischen Woche" 1920 in Würzburg, dem ersten Kirchentag nach dem Ersten Weltkrieg, prallten beim Thema, wie soll die Kirche Sport für Jünglinge und jungen Männer organisieren, die Meinungen der verschiedenen, in Zentralverbänden organisierten kath. Vereine aufeinander: Jünglings- bzw. Jungmänner-, Männer-, Arbeiter-, Gesellen=Kolping- und Kath. Kaufmännische Vereine (KKV), Neudeutschland, Kreuzfahrer, Sturmschärler etc.. Doch dann kam es mit großer Begeisterung zur Gründung des „Reichsverbandes für Leibesübungen in Katholischen Vereinen" mit der Bezeichnung „Deutsche Jugendkraft". Mit „Deutsche" war Nationalgesinnung eingebracht und mit „Jugendkraft" der von vielen als zu weichlich empfundene Begriff „Jünglinge" übertroffen. Diesem 1920 gegründeten Reichsverband schlossen sich sogleich die vier 1919 in den Paderborner Pfarreien gegründeten Sportvereine an und firmierten nun folglich als DJK/Mark, DJK/Elmar, DJK/Spielvereinigung (SV) und DJK/Turn- und Sportfreunde (TuS) Paderborn.

Die in den Pfarreien der umliegenden Dörfer Benhausen, Dahl, Elsen, Neuhaus und Marienloh entstandenen Sportvereine traten in den folgenden Jahren ebenso dem Reichsverband bei. So wurde z. B. der Pfarrverein „Grün-Weiß" in Dahl als der „DJK/Grün-Weiß, Dahl" gegründet.

Die Turnbewegung, elementarer Faktor der Jugendemanzipation, hatten in Preußen der Turnvater Jahn und andere in Gang brachte. Mit der Einführung von Turnunterricht haben die Knabenschulen in Paderborn 1835 am Gymnasium Theodorianum begonnen. Schließlich bezeichnete das aus dem Griechischen stammende Wort Gymnasion im alten Hellas jene Schulen, bei denen die Hälfte der Unterrichtszeit auf Sport entfiel. Außerschulisches Turnen, zunächst noch nicht in Vereinen, ist in der Provinzstadt Paderborn seit 1848 nachzuweisen. Schon lange, bevor hier 1919 vier kath. Sportvereine gebildet wurden, gab es bürgerliche, die sich nach Schichten – Kaufmannschaft, Handwerker, Gehilfen, Arbeiter – formierten, fusionierten oder bald wieder auflösten und teils in Neugründungen aufgingen. Als Vereine mit Beständigkeit entwickelten sich der 1875 gegründete „Allgemeine Paderborner Turnverein", der 1890 in „TV Germania 1875" umbenannt wurde, und der „TV Jahn 1890".

Zum deutschen „Turnen" – an Geräten und auf Matten in Sälen und Turnhallen, aber auch im Freien – war aus England „Sport" gekommen, Freizeitbeschäftigung mit Wettkämpfen, vor allem Ballspiele von Mannschaften, auf Rasen Fußball, auch Handball, Schlagball, Schleuderball u. a.. Sodann kam Leichtathletik hinzu – von Olympia. Die „Turner" – mit den zum Kreuz geformten vier großen F-Buchstaben (Frisch, Fromm, Fröhlich, Frei) – hielten mit strammer Gesinnung Distanz zum „Sport". Denn mit Freizeitbeschäftigung und Wettbewerb waren bei diesem Begriff auch die Brieftaubenzüchter inbegriffen. In Paderborn allein 10 Vereine, die in den Einwohnerbüchern unter „Sportvereinen" verzeichnet waren (1924/25; 1934/35).

Bei dem Artenreichtum und der zersplitterten Vielfalt von Turnen und Sport in den unzähligen Vereinen und deren unterschiedlichen Gesinnungen und Ausrichtungen nach sozialen Schichten und Gruppen, Glaubensbekenntnissen und lokalen Bindungen gab es andererseits ein Bestreben nach starken Zusammenschlüssen. Neben der „Deutschen Turnerschaft" mit ca. 12.000 Vereinen (!) und 1,65 Millionen Mitgliedern (1927) und dem „Deutschen Fußballbund" mit 827.000 Mitgliedern (1927) war der kath. Reichsverband DJK 1927 mit 703.000 Mitgliedern zur dritten Kraft aufgestiegen und an vierter oder fünfter Stelle folgte der 1922 entstandene evangelische Verband „Eichkreuz", der 1930 in 5.780 Gemeinde-Vereinen 227.000 Mitglieder zählte. (Die angegebenen Zahlen beziehen sich mal nur auf aktive Mitglieder, mal wurden passive mitgezählt.) In allen gesellschaftlichen Ecken und Kreisen war im Deutschen Reich zu Kaisers- und zu Weimarer-Zeiten Sport als Massenphänomen aufgestiegen. Die Kirchen waren auf einen fahrenden Zug gesprungen.

Aus dem 1895 gegründeten „Komitee für die Beteiligung Deutschlands an den Olympischen Spielen", bald umbenannt in „Deutscher Reichsausschuß für Olympische Spiele", ging 1917 der „Deutsche Reichsausschuß für Leibesübungen" hervor. Mit dem Begriff „Leibesübungen" wurden Turnen, Sportarten wie Fußball und Handball, sowie Leichtathletik, Schwerathletik, Schwimmen, Bootsport, Reitsport, Tennis etc. zusammengefaßt. Das Geistige oder gar Geistliche blieb beim Begriff „Leibesübungen" außen vor und man sprach von „reinen Leibesübungen", womit schichtenspezifische, politische oder religiöse Bindungen „neutralisiert" werden sollten.

Drei Stationen: Sportstätten der Paderborner DJK-Vereine

Die 1919 in Paderborn gegründeten vier kath. Vereine mit diversen Abteilungen konnten zunächst in Sälen von Pfarrheimen oder Gaststätten und dann in den Turnhallen der Karlschule oder der Theodorschule turnen. Für Fußball, Handball, Leichtathletik – im Freien also – durften sie, wie Sportgruppen anderer Vereine, den Sportplatz mitbenutzen, den das Militär auf der Heide hinter der Eisenbahnwerkstätte (Nord) angelegt hatte. In der Gegend zwischen Dubeloh und der Straße „Am Schinkendamme" (Dr. Rörig-Damm) hatte das Militär eine „Galoppierbahn", Scheibenschießstände (heute Tennis-Club Blau-Rot) und einen Exerzierplatz, der später zum Reitplatz umfunktioniert wurde, angelegt. Am Rande des Exerzierplatzes entstand 1920 ein Ballspielfeld (Fußball u.a.) und hierum 1923 die erste Rundlaufbahn in hiesiger Gegend, Länge 360 m. Heinz Nixdorf wußte, daß hier sein aus Sachsen stammender Vater, der als Soldat der Reichswehr in der Infanteriekaserne an der Elsener Straße stationiert war, unter Leitung eines Unteroffiziers namens Christian Strauch Sport getrieben hatte. Der Vater war 1924 bei einem Volkslauf „Rund um Paderborn" – wie der Sohn Heinz formulierte – an seiner Mutter und dieser Provinzstadt „hängengeblieben" (s. Kap. Leichtathletik). Auf dem Exerziergelände waren sporttreibende Zivilisten, auch die Mitglieder der DJK-Vereine nur Gäste. Die Stadt hat den vier DJK-Vereinen bald nach deren Gründung hinter dem Schützenplatz, zwischen diesem und dem Löffelmannweg, ein Gelände zur Verfügung gestellt, das diese für ihren Sport in Eigenarbeit herrichteten, einsäten und die „Dreieckswiese" nannten. In Nachbarschaft baute der „Tennisclub Grün-Weiß 1923 e. V." seine Anlage. Das Dreieck, wenig konform mit rechteckigen Spielfeldern, reichte bald nicht mehr aus.

Nächste Station wurde die Konviktwiese zwischen Heiers-Mauer und -Wall. Da dort zuvor der Pferdehändler- und -metzger Bickhoff die Weide nutzte, war sie als „Bickhoff'sche Wiese" bekannt. Der Teil an der Hathumarstraße war 1920 der „Spielvereinigung" SV 1913 verpachtet worden, den westlichen Teil bekamen 1922 die DJK-Vereine. In mühsamer Eigenarbeit legten die Mitglieder das sumpfige Gelände trocken, faßten eine Quelle, leiteten das Wasser in Gräben am Rande, ebneten die Fläche mit Bauschutt und Kohlenschlacke ein, säten Gras, bauten Tore, Umzäunung etc.. Ein Gauturmfest der DJK fand hier bereits 1922 statt. Da die Stadt das Gelände als erweiterten Maspernplatz für Veranstaltungen und Märkte wie Zirkusse, Viehmärkte, Lunapark und Aufmärsche nutzen wollte, mußte der SV 13 bereits 1928 wegziehen und die DJK Vereine nach entsprechender Kündigung, nach nur zehnjähriger Nutzung, 1932 ihren Sportplatz aufgeben. Nun kam für deren eigene Sportstätte die dritte Station.

Die vier DJK-Vereine konnten 1931 jenseits der ehemaligen Kuranstalt Inselbad, jenseits des Löffelmannweges (das Stück heißt heute Hans-Humpert-Str.) am Fürstenweg neun Morgen städtische Wiesen pachten. Den Vieren

Deutsche Jugendkraft Sportplatz „Konviktwiese". Nach der „Dreieckwiese" hinter dem Schützenplatz war dies für die vier 1919 gegründeten Pfarrvereine der zweite Sportplatz, für 10 Jahre von 1922 bis 1932. Links der Sportplatz des SV 13, rechts mit Tor und Entwässerungsgraben der DJK-Sportplatz. Heute Parkplatz Maspernplatz mit PaderHalle im Hintergrund.

Ankündigung: Das 1. Gauturnfest der DJK, 1922. Es findet in Paderborn auf dem neuen DJK-Sportplatz Konviktwiese statt. Der Reichsverband gliedert sich in Kreise, diese in Gaue, deren Untergliederungen Bezirke mit jeweils mehreren Vereinen sind.

> Jünglings-Sodalität der Gaukirche. Präses: Gerke, Kaplan. Versammlungslokal: Pius-Arbeitervereinshaus.
> Jünglings-Sodalität der Herz-Jesu-Pfarre. Präses: ~~Richard~~ *Hertling Hellweg*, Kaplan.
> Junggesellen-Sodalität der Marktkirche. Präses: ~~Fürstenberg~~ *Strake*, Kaplan. Beide Sodalitäten tagen im Junggesellenhause, Schulstraße 3. Kastellan: ~~Rudolf~~ Kliever.
> Junggesellen-Sodalität der Dompfarre für die Jünglinge der Dom- und Bußdorf-pfarre, gegr. 1901. Präses; Domvikar Schulte. Versammlungslokal: Kleiner Saal des Gesellenhauses. Im Winter jeden Sonntag nachmittag Versammlung. Im Sommer eine Versammlung mit Vortrag im Monat, an den übrigen Sonn- und Feiertagen gemeinschaftliche Veranstaltungen im Freien.
> Katholischer Erziehungsverein (E. V.). Sitz Paderborn. Vorstand: C. Bartels, Domkapitular, Zentralpräses; F. Kühlmann, Domkapitular, Verl, Stell-

Die vier „Jünglings-" und „Junggesellen-Sodalitäten". Einwohnerbuch der Stadt Paderborn, 1914, Ausschnitt. In den nächsten Jahren wird die Bezeichnung einheitlich „Jünglings-Sodalitäten". Diese gründen 1919 vier Sportabteilungen, die bald als Vereine bezeichnet werden. Unten: Einwohnerbuch 1930/31. Die vier Vereine waren dem 1920 gegründeten Reichsverband DJK beigetreten.

> **Sportvereine.**
> Arbeitersportverein „Vorwärts". Vorsitzender: Georg Gruber, Roonstraße 57.
> Brieftaubenzüchter-Reisevereinigung für Paderborn und Umgegend, gegründet 1930. Vorsitzender: Carl Lohmann, Grunigerstraße 14.
> Brieftauben-Reisevereinigung Paderborn-Süd. Geschäftsstelle und 1. Geschäftsführer: B. Stegerhoff, Leostraße 47.
> Brieftaubenverein „Gut Flug". Vereinsadresse: Franz Grewe, Giersstraße 4.
> Brieftaubenverein „Edeltaube". Vereinsadresse: B. Stegerhoff, Leostraße 47.
> Brieftaubenverein „Reiselust". Vereinsadresse: Alois Schwarze, Kötterhagen 19.
> Brieftaubenverein „Paderbote". Vereinsadresse: Joseph Borghof, Ferdinandstr. 21.
> Brieftaubenverein „Luftpost". Vereinsadresse; Fritz Roderfeld, Imadstraße 33.
> Brieftaubenverein „Westfalia". Vereinsadresse: Alois Schwarze, Kötterhagen 19.
> Brieftaubenverein „Fortuna". Vereinsadresse: Adolf Wegener, Kasselerstraße 36.
> Brieftaubenzüchter-Reisevereinigung für Paderborn und Umgegend. Vorsitzender: Jos. Schulte, Ludwigstraße 67.
> Damenschwimmverein „Blau-Weiß" Paderborn. Vorsitzende: Frl. Spieker, Rolands-weg 90.
> Deutsche Jugendkraft, Gau Ostfalen. Vorsitzender: Vikar Hellweg, Schulstraße 3 ☎ 3051. Leiter: A. Knode, Ferrariweg 11. 1. Geschäftsführer: A. Schwarze, Salentinstr. 6. 2. Geschäftsführer: H. Schlenger, Ferdinandstr. 31. Bezirk Paderborn. Vorsitzender: Vikar Hellweg, Schulstraße 3 ☎ 3051. Leiter: Jakobsmeier, Elsen (Paderborn-Land). 1. Geschäftsführer: A. Schwarze, Salentinstraße 6. 2. Geschäftsführer: H. Schlenger, Ferdinandstr. 31. Vereine: „Elmar". Vorsitzender: Vikar Belke, Riemekestraße 3. Leiter: H. Schlenger, Ferdinandstr. 31. „Mark". Vorsitzender: Vikar Strake, Rosenstraße 29. Leiter: Hubert Coprian, Weberstraße 6. „Spielvereinigung Paderborn". Vorsitzender: Vikar Belke, Riemekestraße 3. Leiter: Jos. Schröder, Mühlenstraße 9. „Turn- u. Sportfreunde". Vorsitzender: Domvikar Westamm, Domplatz 13. Leiter: Franz Gödde, Hathumarstraße 24.
> D. J. K. Wasserfreunde. Vorsitzender: Vikar Hellweg, Schulstraße 3 ☎ 3051. Leiter: Franz Schopohl, Ludwigstraße 82.
> Deutsche Lebensrettungsgesellschaft. Vorsitzender: Turnlehrer J. Rodenkirchen, Neu-bäuserstraße 37
> Inselbad-Gemeinschaft e. V. Vorsitzender: Vikar Hellweg, Schulstraße 3 ☎ 3051
> Jugendgruppe Marine-Verein. Vorsitzender: Werkmeister Trentmann, Nordstraße 19.
> Klub für Motorsport. (A. D. A. C.) Vorsitzender: J. M. Brockmann, Nordstraße 2. ☎ 2404.
> Kraftsport-Verein 1901, Paderborn. Vorsitzender: Franz Schmitz, Franz-Egonstr. 15.
> Kreuzfahrer-Jungenschaft. Vorsitzender: August Thiele, Markt 11.
> Radfahrer-Verein „Wanderfalk", Paderborn. Vorsitzender: J. Heyink, Königstr. 78.
> Radsport-Verein 08, Paderborn, Ortsgruppe des Bundes deutscher Radfahrer. Vorsitzender: Hermann Köppelmann, Westernstraße 45 ☎ 2433.
> Reit- und Fahrverein Paderborn. Vorsitzender: Oberstabsveterinär a. D. Dr. Heuß, Neubäuserstraße 42 ☎ 3450. Schriftführer: Dr. Schöningh, Am Hart-bauſen Hofe 2 ☎ 3004. Vereinsheim: Rud. Koch, Kamp 25 ☎ 2188.
> 1. Paderborner Schwimmverein von 1911 u. Neptun e. V. Vorsitz.: Walter Budde,

> Damenschwimmverein „Blau-Weiß" Paderborn. Geschäftsstelle: Finchen Ostermann, Detmolderstr. 5.
> Deutsche Jugendkraft, Gau Ostfalen. Vors.: Vikar Hallerbach, Kasselerstr. 9 ☎ 3124. Leiter: A. Knode, Ferrariweg 11. 1. Geschäftsführer: A. Schwarze, Salentinstraße 6. Pressewart: Conrad Junker, Riemekestr. 95 ☎ 3123. Bezirk Paderborn. Vorsitzender: Vikar Münch, Schulstr. 3 ☎ 3051. Leiter: Jakobsmeier, Elsen (Paderborn-Land). 1. Geschäftsführer: A. Schwarze, Salentinstr. 6. 2. Geschäftsführer: H. Finke, Jühengasse 2. ==Verein „Elmar": Vorsitzender: Vikar Münch, Schulstr. 3 ☎ 3051. Leiter: F. Teipel, Schulstr. 9. „Mark". Vorsitzender: Vikar Eggers, Rosenstr. 29. Leiter: Hans Wienold, Bleichstr. 56. „Spielvereinigung Paderborn". Vorsitzender: Vikar Hallerbach, Kasselerstr. 9 ☎ 3124. Leiter: Jos. Schröder, Mühlenstr. 9. „Turn- u. Sportfreunde". Vorsitzender: Domvikar Wittler, Domplatz 13. Leiter: Franz Gödde, Hathumarstr. 24.==
> D. J. K. Wasserfreunde. Vorsitzender: Vikar Eggers, Rosenstr. 29.
> Deutsche Lebensrettungsgesellschaft. Geschäftsführer: Fritz Henning, Kamp 51.
> Deutscher Luftsport-Verband. Flieger-Untergruppe „Groß Paderborn". Geschäftsstelle: B. Stegerhoff, Paderborn, Leostr. 47.
> Fischerei-Verein Paderborn 1932 e. V. Vorsitzender: Wilhelm Hils, Karlstr. 45.
> Fliegerortsgruppe Paderborn. Geschäftsstelle: B. Steyerhoff, Leostr. 47 ☎ 2609.
> Inselbad-Gemeinschaft e. V. Vorsitzender: Vikar Schröder, Rosenstr. 29 ☎ 3328.
> Kanu-Club Paderborn e. V. Geschäftsstelle: B. Klaholt, Westernstr. 28. Bootshaus: Rolandsweg 4.
> Kleinkaliber-Schießverein „Hubertus". Führer: Wilhelm Nolte, Justizsupernumerar, Bleichstraße 18.
> Klub für Motorsport (A. D. A. C.). Vorsitzender Dr. Wilh. Röper, Kasselerstr. 37 ☎ 3166.
> Kneipp-Verein. Vorsitzender: C. Buschmann, Oberpostsekretär a. D., Luise-Hensel-Str. 3.
> Kraftsport-Verein 1901, Paderborn. Führer: Anton Peters, Markt 11.
> Kreis-Fischerei-Verein für die Kreise Paderborn, Büren, Warburg und Höxter.

Sportvereine in Einwohnerbüchern der Stadt Paderborn. Oben Ausschnitt vom Jahrgang 1933/34. Verein „Mark", Vorsitzender: Vikar Eggers, Leiter: Hans Wienold. Unten Ausschnitt vom Jahrgang 1935/36. Die DJK-Vereine sind verschwunden, neu: Sportklub „Grün-Weiß" e. V. (ohne das Gründungsjahr 1934!) Vereinsführer: Hans Wienold. Neu auch der von Nationalsozialisten beherrschte „Reichsbund für Leibesübungen", (NS-Reichsbund ..., NSRL).

> ==Reichsbund für Leibesübungen, Ortsgruppe Paderborn e. V.== Ortsgruppenleiter: Rudolf Baudisch, Bleichstr. 36. Stellvertreter: Ferd. Rodenkirchen, Neuhäuserstraße 37. Geschäftsführer: Konrad Trienens, Widukindstr. 30.
> Fachamt 1 Turnen. Leiter: Ferd. Rodenkirchen, Neuhäuserstr. 37.
> „ 2 Fußball. Leiter: Rudolf Baudisch, Bleichstr. 36.
> „ 3 Leichtathletik. Leiter: Wilh. Buschmeyer, Friedrichstr. 51.
> „ 4 Handball. Leiter: Heinr. Höischen, Glasbüttenstr. 9.
> „ 5 Schwimmen. Leiter: Christian Ostermann, Warburgerstr. 25.
> „ 6 Schwerathletik. Leiter: Hans Otto, Brüderstr. 36.
> „ 9 Schießen. Leiter: Wilh. Nolte, Konrad Martinstr. 23.
> „ 11 Tennis. Leiter: Rudolf Reich, Kettelerstr. 36.
> „ 15 Kanu. Leiter: Hermann Klaas, Ferdinandstr. 19.
> „ 20 Skilauf. Leiter: Hans Schneider, Rathausplatz 14.
> „ 22 Kegeln. Leiter: Heinrich Mannel, Sertürnerstr. 7.
> Schießsportverein „Hubertus". Führer: Wilh. Nolte, Konrad Martinstr. 23.
> Skiklub Sauerland, Ortsgruppe Paderborn. Vorsitzender: Karl Dierkes, Steuerinspekt., Ferdinandstr. 16.
> ==Sportklub „Grün-Weiß" e. V. Vereinsführer: Hans Wienold, Winfriedstr. 70.==
> Tennisklub „Grün-Weiß" e. V. Paderborn, Mitgl. des Deutschen Tennisbundes. Vorsitzender: Fritz Wolff, Ingenieur, Schützenweg 1 ☎ 3141.
> Tennisklub „Rot-Weiß" e. V. Paderborn. Vereinsführer: Willi Berg, Buchhändler, Bahnhofstr. 7 ☎ 2060.
> Turnverein „Germania", gegr. 1875. Vereinsführer: Joseph Heydeck, Ükern 15.
> Verein für Jugendpflege „08" e. V. Vorsitzender: Wilh. Buschmeyer, Werkmeister, Friedrichstr. 51.

Der Sportverein „Mark" der Markkirchgemeinde. Vermutlich 1932. In der Mitte, im dunklen Mantel der „Leiter" Hans Wienold. Auf dem grün-weißen Vereinswimpel das Zeichen für „Mark" = M im Kreis, Zusatz: Paderborn. Auf dem kleinen Wimpel „Dem Sieger im Klubkampf, 1931".

„Markaner", Leichtathleten des 1919 gegründeten Vereins „Mark". Vereinszeichen ein „M" im Kreis. Zusätzlich aufgenäht das Zeichen des 1920 gegründeten Reichsverbandes DJK.

Akrobaten im 1934 neu gegründeten Sportclub Grün-Weiß. Nicht nur ehemalige Mitglieder des Vereins „Mark" trugen nun das SC-Zeichen mit einem schwach geschlängeltem S über einem C im Kreis. Hier Mitglieder der Akrobaten-Abteilung des ehemaligen DJK-Vereins „Elmar" im Hof der Karlschule (Turnhalle), 1936.

reichte ein Spielfeld nicht, das Gelände wurde in zwei Teile geteilt. DJK/Elmar und DJK/TuS (Turn- und Spielgemeinschaft) wollten für sich lediglich ein Ballspielfeld für Fußball, Handball etc. anlegen. Das entstand zur Kläranlage hin. DJK/Mark und DJK/SV (Spielvereinigung), wollten für ihre Leichtathleten zusätzlich eine Rundlaufbahn. Auf begrenztem Grundstück kam knapp an den Ecken des Spielfeldes herumgezogen eine 350 m Laufbahn mit vier Bahnen zustande.

Wieder war Eigenleistung von Nöten und einige Unterstützung gab es durch den von der Reichsregierung eingeführten „Freiwilligen Arbeitsdienst". Der Aushub für die Laufbahn wurde für zwei niedrige Zuschauerwälle genutzt, einer entlang des Fürstenweges, der andere zwischen den beiden Sportfeldern. Die flachen Wälle wurden in Paderborn im Freien die erste Einrichtung für „Zuschauersport", 1933.

Die städtischen Wiesen, von denen es in der Paderniederung viele gab, wurden früher durch Gräben bewässert. Die Stadt versteigerte das Gras zur Mahd (Heuernte) und hatte die nun der DJK verpachtete Wiese zuvor von der in ehemaligen Gebäuden der Kuranstalt eingerichteten ländlichen Frauenschule als Kuhweide nutzen lassen. Für die DJK-Vereine ergaben sich für das neun Morgen große Stück „Fürstenwiesen" folgende Kosten: Pacht 342,68 RM; Grasausfallgeld 380,- RM; Beihilfe der Stadt für Sportvereine 175,- RM, per Saldo waren 547,68 RM an die Stadt zu zahlen.

Das neue Stadion bekam den Namen „DJK-Stadion ‚Inselbad' ". Es lag weder auf einer Insel noch hatte es ein Bad. Der Name Insel ging zurück auf die Benediktiner-Insel. Dies war das Dreieck (heute Schulen: Westfalen-Kolleg etc.). zwischen Pader, Rothe und einem Wassergraben, der zwischen dem Fluß und dem Bach am Fürstenweg entlang lief. Auf dieser Insel betrieben die Mönche des Abdinghofklosters in einem See Teichwirtschaft. Am Freitag gab es kein Fleisch, nur Fisch. Nach der Aufhebung des Klosters richtete ein privater Besitzer 1841 eine Badeanstalt mit Gartenwirtschaft ein. Gebadet wurde in diesem „Inselbad" in der Pader – ähnlich wie im Almebad – und in einem Bassin (Teich). Ein neuer Besitzer kaufte ein ebenso großes Terrain nördlich der Rothe hinzu, auf dem zwei Mineralquellen lagen, gründete hier mit der Marien- und der nun so genannten Ottilienquelle eine Kuranstalt, für die der Name „Inselbad" übernommen wurde, die „Curanstalt Inselbad" (seit 1857). In dieser Kuranstalt gab es auch Möglichkeiten für Leibesübungen: einen Tennisplatz, ein Schwimmbecken im Freien, eine große Halle, die ebenso wie eine Festwiese auch für Turnvorführungen und -wettkämpfe von Vereinen genutzt werden konnte. Nach weiteren Besitzerwechseln wurde aus der offenen Kuranstalt letzthin ein geschlossenes Sanatorium, das 1912 am Ende war. Das Schwimmbassin blieb als Freibad erhalten. Der bekannte Namen der Kuranstalt und des verbliebenen Freibades wurde als Lagebezeichnung für das nahebei angelegte „DJK-Stadion ‚Inselbad' " übernommen.

1933 – trotz Hitler und Verbot – Einweihung des „DJK-Stadion ‚Inselbad' "

Die seit dem 30.01.1933, dem Tag der „Machtergreifung", vom Reichskanzler Adolf Hitler geführte Regierung konnte mit der vom Reichspräsidenten erlassenen „Notverordnung" (28.02.1933) und dem vom Reichstag, dem Parlament, beschlossenen „Ermächtigungsgesetz" (23.03.1933) wie mit einem vorgeschalteten Grundgesetz einzelne Artikel der Weimarer Verfassung aushebeln, willkürlich Gesetze erlassen und eine Diktatur, einen Führerstaat durchsetzen. Bald wurden durch die „Gleichschaltung" alle im öffentlichen Leben wirkenden Verbände und Vereine in zentral von Parteigenossen beherrschte Organisationen gezwungen oder verboten. Die Kirchen hatten sich ausschließlich auf religiöse und karitative Betätigung zu beschränken. (Ausgenommen Kindergärten, denn es blieb, wie in der Weimarer Republik, bei der staatlichen Schulaufsicht erst ab dem 6. Lebensjahr.) Auch der „Reichsverband für Leibesübungen in Katholischen Vereinen", die „Deutsche Jugendkraft" (DJK), war seit 1933 als Verband generell verboten. Doch dieses Verbot war nicht überall bei den vielen Vereinen in der Provinz sogleich durchzusetzen. Es gab Widerstand, insbesondere auch im katholischen Paderborn, gegen die neue Reichsregierung in Berlin. Im Kulturkampf war Bischof Konrad Martin 1874 gefangen genommen und in Festungshaft außer Landes gebracht worden. Aberkennung der preußischen Staatsangehörigkeit, verstorben 1879. Paderborn war eine Hochburg des politischen Katholizismus.

Zu der Zeit, als die Nationalsozialisten an die Macht gekommen waren, im Januar 1933, war das „DJK-Stadion ‚Inselbad' " noch im Bau. Die Einweihung am 28. Mai 1933 wurde zu einer machtvollen Demonstration des Widerstandes gegen das neue Regime. Über 100 kath. Vereine trafen mit ihren Fahnen und mit ca. 4.000 abgeordneten Mitgliedern im Dom zusammen und marschierten von da vorbei am Erzbischöflichen Palais am Kamp zur Einweihung ins neue DJK-Stadion. Es geht gegen den Führer Adolf Hitler. Dem Erzbischof wird als dem „Führer des katholischen Deutschen Volkes im Paderborner Lande" – so der Redetext – mit einem tosenden „Treu Heil!" zugejubelt. Als „Bekenntnismarsch der Viertausend" geht das Ereignis in die Geschichte Paderborns und des „DJK-Stadions ‚Inselbad' " ein.

Doch die Lage wird für die DJK-Sportvereine mehr und mehr brenzlig. Am 01. Juli 1933 in der Frühe befiehlt der SSD. Berlin (Staatssicherheitsdienst [?], in Gestapo = Geheime Staatspolizei aufgegangen) per Funk allen Staatspolizeistellen, die Geschäftsstellen der kath. Jugendvereine zu schließen, Schriftwechsel, Sportgeräte und sonstiges Vermögen zu beschlagnahmen. Das erfolgt am selben Vormittag z. B. im gesamten Amt Neuhaus bei den DJK-Vereinen im Flecken Neuhaus, in Elsen, in Sennelager etc..

Elf Tage später, am 11. Juli 1933, wird der Reichsführer der „Deutschen Jugend Kraft", des „Reichsverbandes für Leibesübungen in Katholischen Vereinen", Adalbert Probst, von Nationalsozialisten gefangengenommen und, wie erst acht Tage später offiziell verlautet, „auf der Flucht erschossen", d. h. ermordet.

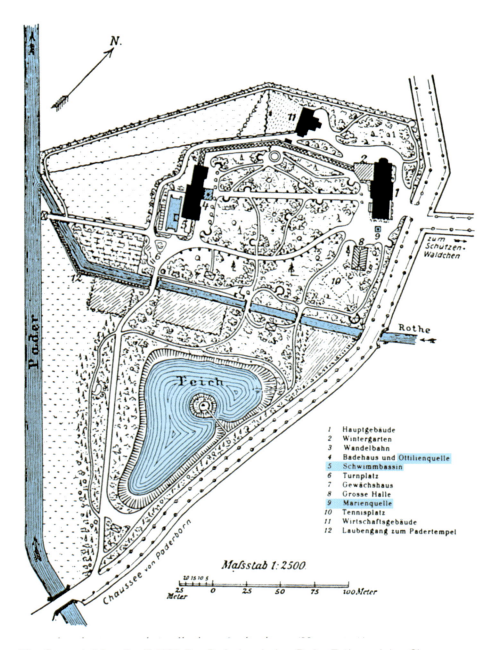

Die „Curanstalt Inselbad" 1903. Das Dreieck zwischen Pader, Rothe und der „Chaussee von Paderborn" (Fürstenweg) war bis 1802 die „Benediktiner Insel". Hier entstand 1841 ein Freibad am Paderstrand mit einem Bassin und Gartenwirtschaft, das „Inselbad". 1856 wurde jenseits der Rothe, unter Einbeziehung der „Insel" als Park, die „Curanstalt Inselbad" errichtet. Nördlich davon legten die DJK-Vereine 1932/33 ihr „DJK-Stadion ‚Inselbad' " an.

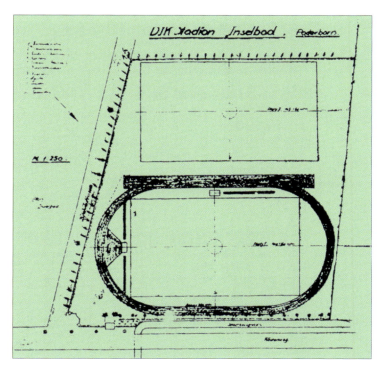

Das „DJK-Stadion ‚Inselbad' ". Plan 1932. Von den vier DJK-Vereinen richteten „Elmar" und „TuS" (Turn- und Spielgemeinschaft) das obere Spielfeld für ihre Hand-, Schleuder- und Fußballer her, während „Mark" und „SV" (Spielvereinigung) obendrein für ihre Leichtathletikabteilungen Laufbahn, Sprunggruben etc. anlegten. Bei den Ausmaßen des Terrains war nur eine 350-m-Rundbahn möglich, die knapp um die Ecke des Spielfeldes herumgeführt wurde.

Einweihung des „DJK-Stadion ‚Inselbad' " am 28. Mai 1933. Dieses Ereignis wurde eine große Demonstration der Katholischen Kirche gegen die „Machtergreifung" durch die „Nationalsozialistische Deutsche Arbeiterpartei" (NSDAP) mit ihrem Führer Adolf Hitler als Führer des deutschen Volkes. Im Bild: Erzbischof Dr. Caspar Klein auf der Aschenbahn.

Der Tag der katholischen Jugend

Schlageter-Gedenkfeier – Weihe des neuen DJK-Stadions durch Erzbischof Dr. Caspar Klein
Mächtige Kundgebungen der Treue zu Kirche, Volk und Staat

Bekenntnismarsch der Viertausend

Nach dem Aufmarsch der Fahnen, wohl über hundert an der Zahl, nimmt

Bezirkspräses Münch

das Wort zu folgender Begrüßungsansprache:

Die zahlreichen Männer und Jungmänner der Arbeitsgemeinschaft der Paderborner DJK-Abteilungen heißen Euch katholische Männer und Jungmänner herzlich willkommen. Herzlichste Grüße den Herren Ehrengästen zum heutigen Bezirks-Turn- und Sportfest. Meine lieben Freunde in Deutscher Jugendkraft! Ich grüße Euch, die Ihr hierher gekommen seid, Gewandtheit und Kraft des Körpers im idealen Ringen zu messen. Ich grüße Euch, die Ihr herbeigeströmt seid, mit uns im Verein ein neues Sportgelände, ein Werk unserer eigenen Hände, im deutschen Geist und in deutscher Kraft katholischer Jugend zu weihen. Ganz besonders innigst und ehrfurchtsvoll begrüßen wir in unserer Mitte den Führer des katholischen Volkes unserer Erzdiözese, unseren hochwürdigsten Herrn Erzbischof Dr. Kaspar Klein. Die Wende, die in den vergangenen Zeiten unser gesamtes deutsches Volk erfaßt hat, hat auch uns erkennen lassen, daß eine starke zielbewußte Führung allein ein großes und einiges Volk zur Tatkraft, zum Siege führen kann, und so gab am vergangenen Sonntag der erste Vorsitzende des Reichsverbandes der Deutschen Jugendkraft, Generalpräses Wolker, für die gesamte katholische Jugend die Parole:

Wir wollen zusammenstehen und unserer Führung Folge leisten.

Was Wolker vor acht Tagen gefordert hat, in Paderborn auf dem DJK-Stadion ist es Wirklichkeit geworden. Wir stehen zusammen. Jungen, Jungmänner und Männer, wir stehen zusammen, Handwerker, Arbeiter und Studenten.

Körperkultur und Seelenkultur

Sichtlich bewegt ergreift dann der Hochwürdigste Herr

Erzbischof Dr. Caspar Klein

das Wort zu seiner Weiherede, in der er etwa folgendes ausführte: Meine lieben Männer und Jungmänner des Paderborner Landes!

Seid mir alle aus ganzer Seele gegrüßt. Wenn ich könnte, würde ich jedem einzelnen aus Euch meine Bischofshand reichen und ihm ein besonderes Willkomm entbieten. Bei der großen Anzahl von Teilnehmern ist dieses jedoch nicht möglich. Ich begrüße Euch darum mit dem oben ausgesprochenen allen geltenden Bischofsgruß.

daß auch der Sport etwas Gutes, etwas Nützliches, etwas Zweckdienliches, ja, etwas Heiliges, ja, etwas Gottgewolltes ist. Es soll bekundet werden, daß auch der Sport in der katholischen Weltanschauung begründet ist, daß auch der Sport Werte erzeugen kann und auch wirklich erzeugt hat, die Bedeutung haben für Zeit und Ewigkeit.

daß der Sport wirklich auch im guten Geiste Pflege erhält. Daß wirklich nicht bloß Körperkultur, sondern auch Seelenkultur mit maßgebendem Eifer betrieben wird. Körperkultur und Seelenkultur nicht gesondert, sondern vereint.

Schlagzeilen. Ganzseitig berichtete das „Westfälische Volksblatt" über den „Bekenntnismarsch der Viertausend" am 28. Mai 1933 anläßlich der Weihe des „DJK Stadions ‚Inselbad' ".

Einmarsch ins Stadion – auf der Ehrentribüne u. a. Erzbischof Dr. Caspar Klein und Offiziere der Paderborner Reichswehr-Regimenter.

> S S D. Berlin Nr. 1 vom 1. 7. 1933.
> An alle Staatspolizeistellen.
> Am 1. 7. 1933 10 Uhr vorm. sind durch Polizeikräfte die
> Geschäftsstellen folgender Verbände zu schließen und der
> Schriftwechsel und sonstiges Vermögen sicherzustellen.
> a. Friedensbund deutscher Katholiken.
> b. Windhorstbund.
> c. Kreuzschar.
> d. Sturmschar.
> e. Volksverein zur das kath. Deutschland. Volksverlag G.m.b.H.
> f. Kath. Jungmännerverband.
> g. Sonstige Personenvereinigungen, die als Fortsetzung dieser
>   Vereinigungen und Verbände anzusehen sind. Da Verdacht straf-
>   barer Handlungen, insbesondere Vermögensverschiebungen
>   besteht, ist mit Nachdruck vorzugehen.
>   Ersuche um sofortigen Bericht.
>   Geheimes Staatspolizeiamt Berlin.
> Zusatz: Landrat Paderborn.
> Ersuche um umgehenden Bericht über Durchführung bis 12 Uhr.

Funkspruch des SSD. Berlin Nr. 1 vom 01.07.1933. (Staatssicherheitsdienst [?], in Gestapo aufgegangen.) Frühmorgens trifft der Befehl bei allen Staatspolizeistellen ein. Die Beschlagnahme hat zwischen 10- und 12-Uhr zu erfolgen. Unten: Die vom Landrat geforderte Vollzugsmeldung. Beispiel über die Konfiszierung bei der DJK im Flecken Neuhaus wie sie im gesamten Amt Neuhaus, also auch in Elsen, Sennelager etc. erfolgte.

> Bericht.   Neuhaus, den 3. Juli 1933.
> Auf Grund des Funkspruches S.S.D. Berlin Nr. 1, vom 1.7.1933
> wurden folgende Beschlagnahmen vorgenommen:
> Kath. Jungmännerverein Neuhaus:
> 15,05 RM Bargeld, 1 Sparkassenbuch der Kreissparkasse Paderborn,
> Zweigstelle Neuhaus über 4,72 RM, 1 Sparkassenbuch der Spar-und
> Darlehnskasse Neuhaus über 40,-RM, 1 Bescheinigung der Spar-u.
> Darlehnskasse Neuhaus über einen Bestand von 12,39 RM, Das übrige
> Vereinsvermögen (Trommeln, Bücher, Schriften usw.) sind in einem
> Schrank im Baromäusverein sichergestellt und versiegelt. Gleich-
> zeitig wurden in dem Raum 10 Stühle sichergestellt. 1 Christus-
> banner und ein Wimpel wurden bei dem Vikar Stamm in Neuhaus
> sichergestellt.
> Deutsche Jugendkraft Neuhaus.
> Bargeld 88,50 RM, 1 Gegenkontobuch der Kreissparkasse Paderborn
> über 144,80 RM, 1 Kassabuch, 1 Mappe Schriftverkehr 1930/33,
> 1 Mappe Schriftverkehr älteren Datums, 1 Kontogegenbuch von der
> Spar-u.Darlehnskasse Neuhaus über 3,10 RM, 7 Kassiererbücher,
> 2 Mitgliederverzeichnisse, 1 Tagebuch über Preisschießen, 1 Pak-
> kungen Eintrittskarten, 1 Paket Mitgliedskarten, 1 Protokoll-
> buch, 3 Hefte Deutsche Jugendkraft, cr. 200 Geschäftsbogen der
> D.J.K., cr. 300 Versammlungsplakate, cr. 300 Postkarten, cr.
> 50 Briefumschläge. Bei dem Gerätewart Kemper sichergestellt
> 3 Handbälle, 1 Luftpumpe, 1 Stange für Stabhochsprung.
> Kath. Jungmännerverein mit Untergruppe Deutsche Jugendkraft
> Sennelager.
> 1 Kassenbuch, 1 Kassenquittungsbuch, 2 Obmännerbücher, 1 Konto-
> buch über Ausgaben, 1 Kassenbuch Abt.D.J.K., 1 Protokollbuch
> Abt.D.J.K., 1 Buch Schriftverkehr Volksverein für das kath.
> Deutschland.

1934 Gründung des Sportklub Grün-Weiß e. V., Paderborn

In der Stadt Paderborn scheint es für die DJK-Vereine noch schützende Hände und Widerstand gegeben zu haben. In der Stadtverordneten-Versammlung (Rat) hat das kath. Zentrum eine größere, absolute Mehrheit als in jeder anderen Bischofsstadt. Doch auch hier muß zunehmend mit Konfiszierung gerechnet werden, um die „Gleichschaltung" durchzusetzen. Die Mitglieder eines Vereins, der DJK/ „Mark", suchen einen Sonderweg. Sie gründen einen neuen Verein, den „Sportklub Grün-Weiß Paderborn". Dieser wird im Vereinsregister des Amtsgerichts am 23. Februar 1934 eingetragen, als e.V. eigene Rechtspersönlichkeit. Der Verein meldet sich bei dem von Nationalsozialisten beherrschten Zentralverband, dem „Deutschen Reichsbund für Leibesübungen" an, der bald in „Nationalsozialistischer-Reichsbund ..." umbenannt wird (DRL, später NSRL). Die Satzung des „SC Grün-Weiß, Paderborn" wird am 07./08. März 1935 in einigen Punkten den nationalsozialistischen Zielen und Mustersatzungen weiter angepaßt.

Viele Jahre war der „Vorsitzende" des Vereins DJK/Mark der Kaplan der Markkirche, Vikar Josef Stracke, und „Leiter" war 1930 Hubert Coprian. An dessen Stelle hatte der im Sport aktivere, junge Hans Wienold (Johannes Wienold, Staatl. gepr. Dentist) 1931 mit 26 Jahren die Leitung übernommen. In der kritischen Lage seit der „Machtübernahme" wurde der „Vorsitzende" der „Markaner", Vikar Stracke, als Pastor nach Marienloh versetzt und sein Nachfolger als Vorsitzender des Vereins „Mark", Vikar Eggers, scheint nur auf dem Papier gestanden zu haben. In diesem Vakuum trat Wienold als „Leiter" zurück und seine Stelle nahm sein Vorgänger Coprian wieder ein. Der war im Jahr der Machtübernahme, 1933, Vorsitzender des Stadtverbandes für Leibesübungen geworden, und vor allem war er Parteigenosse (PG), d. h. Mitglied der NSDAP, der Nationalsozialistischen Deutschen Arbeiterpartei geworden, trug braune Uniform und war „unverdächtig" bei der Gründung des SC Grün-Weiß. Bald nach dessen Anerkennung übernahm Hans Wienold wieder und weiterhin die Führung, nun als „Vorsitzender". Einen geistlichen Vorsitzenden gab es nicht mehr. Die Mitglieder des neuen Vereins brauchten sich nicht an andere Farben zu gewöhnen. Denn die DJK-Standarte, der sie bislang gefolgt waren, und die DJK-Vereinswimpel hatten bereits die Farben Grün und Weiß.

Zum neuen Verein kamen auch etliche Mitglieder anderer DJK-Vereine, so z. B. die Akrobatenabteilung von „Elmar". Statt des M (=Mark) und des E (=Elmar) auf kreisrunden Feldern wurden nun die verschlungenen Buchstaben S und C im Kreis als Vereinszeichen auf die Trikots genäht. Die Turnübungen, die leichtathletischen Disziplinen, Fußball-Regeln etc. blieben dieselben, die offizielle Begrüßung wurde zwangsläufig „Heil Hitler!" und das „Treu Heil!" der DJK unterblieb.

Zwei Monate nach Gründung des neuen Vereins erklärte die DJK/„Mark" offiziell ihren Austritt aus dem Verband „Deutsche Jugendkraft". Diejenigen DJK-ler, die ihre Vereine nicht auflösen und einer Nazi-Dachorganisation unterordnen wollten, ihrer Kirche Treue gelobt hatten, hielten sich für „treu" und sprachen von den anderen als „Verräter". Im neuen Regime durften die „Treuen" diesen Vorwurf jedoch nicht laut äußern, denn sie riskierten damit als Regimegegner, als „Volksverräter", Kopf und Kragen. So waren die „Verräter" der kirchlichen Sportvereine vor öffentlich geäußerten Vorwürfen gut geschützt.

Am 22. Juli 1935 werden alle Sportvereine, die der DJK angehört haben, endgültig verboten. Die in der Stadt Paderborn von sechs noch verbliebenen fünf Vereine müssen Vollzug anmelden. Zu den vier 1919 in der Stadt gegründeten Pfarrvereinen waren 1928 der Bezirksverein DJK/Wasserfreunde und 1931 in der Bonifatiuspfarrei die DJK/Heide hinzugekommen. Trotz mehrfachen Verbots waren von den fünf Vereinen, die bis zum äußerst kritischen Punkt Widerstand geleistet hatten, insgesamt noch fast 400 Mitglieder bis zum Ende „treu" geblieben. (Siehe Tabelle S. 454 „Die vier 1919 in den Paderborner kath. Pfarreien gegründeten Sportvereine". DJK/Wasserfreunde und DJK/Heide hatten noch je 50 Mitglieder.)

Das „Inselbadstadion". Anspruch, Zerstörung, Wiederaufbau der Heimstätte

Von den geänderten politischen Machtstrukturen war auch des DJK-Stadion betroffen, das nun nur noch ohne DJK-Erwähnung „Inselbadstadion" hieß. Die DJK-Vereine, Inhaber, gab es nicht mehr. Grundeigentümer war die Stadt.

Am 01. Oktober 1935 beantragt der 1934 gegründete SC Grün-Weiß, alleiniger Pächter der Paderwiesen d. h. des Inselbadstadions zu werden. Bald zehn Monate braucht die Stadt für ihre Entscheidung. Sie lehnt den Antrag am 29. August 1936 ab und regelt selbst die Nutzung der Sportanlage: durch Sportvereine, Schulsport, für den zunehmenden Sport in der Staatsjugendorganisation, mit der Zwangsmitgliedschaft ab 10 Jahren bei Jungvolk und Jungmädel, ab 14 Jahren in Hitlerjugend (HJ) und Bund Deutscher Mädel (BDM) und für die über 18-21jährigen jungen Frauen, die nicht zum Arbeitsdienst und zum Militär mußten, in „Glaube und Schönheit". Sodann diente das Stadion für Aufmärsche der NS-Organisationen. Aber auch der SC Grün-Weiß kann die Anlage nach Vereinbarung zu bestimmten Zeiten für Training und Wettkämpfe nutzen.

Den 1935 gestellten Antrag des SC Grün-Weiß e.V., alleiniger Pächter der Paderwiesen, d. h. des Stadions zu werden, konnte die Stadt ablehnen, denn dieser neue Verein war kein Rechtsnachfolger der vier DJK-Vereine, für die 1931 mit der Stadt der Pachtvertrag abgeschlossen worden war. Diese Vereine – allen voran „Mark" – hatten sich aufgelöst. Für den neuen SC Grün-Weiß wäre es im Naziregime riskant gewesen, sich als ehemaliger DJK-Verein „Mark" darzustellen, zu entlarven. Einige Passagen in der Satzung, z. B. das „Führerprinzip" standen dem entgegen und ein „1920" konnte es im Vereinsnamen nicht geben, da die Gründung 1934 erfolgt war.

Die nationalsozialistischen Pflichtorganisationen für Jugendliche vermochten es, vor allem mit ihrem Sportbetrieb, aber auch mit Wandern, Fahrten und Zelten,

Jungen und Mädel für sich zu gewinnen. Hiermit wurden Bereiche übernommen, zusammengefaßt und fortgeführt, die sich in der vielfältig strukturierten Jugendbewegung zuvor herausgebildet hatten. Sport hatte aus Sicht der Regimegegner und der Reservierten weniger mit Parteipolitik zu tun, als deren Liedertexte, Aufmärsche und Veranstaltungen zur Vermittlung der nationalsozialistischen Weltanschauung. Mit der Zunahme von Sport, von Training und Wettkampforganisation in den NS-Organisationen – bis hin z. B. zur SS-Reiterstandarte – nahm der Sport in den eigentlichen Sportvereinen bald ab und ging mit Ausbruch des Krieges, als fast alle jungen Männer zum Wehrdienst eingezogen wurden, von Kriegsjahr zu Kriegsjahr bis zum Erliegen zurück.

Kurz vor Ende des Krieges wurde bei den vernichtenden Luftangriffen auf Paderborn auch das Inselbadstadion zerstört. Es war im März 1945 von mehr oder weniger großen Bombentrichtern übersät.

Nach der Kapitulation im Mai 1945 konnten unter der Militärregierung einzelne Vereine, die nicht als Vereine der NSDAP entnazifiziert wurden, auf örtlicher Ebene ihrer Tätigkeit wieder aufnehmen, überregionale Verbände und Organisationen, wie die DJK, dagegen nicht.

Die übriggebliebenen und aus dem Krieg heimgekehrten Mitglieder des SC Grün-Weiß machten sich 1945 sogleich an die Wiederherstellung „ihres" Inselbadstadions. Die Stadt bestätigte dem SC Grün-Weiß die Überlassung des Stadions, wenn er es wieder herrichtet, und unter der Voraussetzung, daß es Schulen unentgeltlich nutzen können. Der Pachtvertrag wird für zehn Jahre, bis Ende 1956, geschlossen. Auch Heinz Nixdorf, der sich nach der Kapitulation, ohne als Soldat in Kriegsgefangenschaft zu geraten, von der Tschechoslowakei in seine Heimatstadt durchgeschlagen hatte, war bei der Eigenleistung des Vereins mit Hacke, Schaufel und Harke und beim Einsäen dabei. Als Schüler der „Oberschule für Jungen, Paderborn" (Reismann) machte er als Kriegsteilnehmer erst 1947 sein Abitur. Die 350-m-Laufbahn des Stadions, in der ein großer Bombentrichter klaffte, wurde repariert und durch Verlegung des Bogens in Richtung Neuhaus auf 400 m gebracht.

Als Clubräume hatte der SC Grün-Weiß auf der anderen Seite der Hans-Humpert-Straße (damals Löffelmannweg), auf dem Gelände der ehemaligen Kuranstalt, von dem Pächter, der die Ottilienquelle in Flaschen abfüllte, vor dem Kriege zwei kleine Gebäude mieten können. Eines war für Umkleiden, Duschen und Toiletten hergerichtet, das andere für Clubräume. Dies hatte im Zusammenhang mit dem Stadion die „Heimstätte" Inselbad-Stadion ergeben. Doch die Gebäude waren gegen Ende des Krieges von ausgebombten Bürgern als Wohnungen belegt worden. Beim Bemühen um ein neues Clubhaus konnte eine große Holzbaracke des aufgelösten SS-Konzentrationslagers bei Wewelsburg ergattert und nahe beim Stadion in Eigenleistung der SCer aufgestellt werden. Der Verein konnte das von ihm hergerichtete Stadion seit 1946 nutzen. Neues Leben war auferstanden aus Ruinen, wie es so poetisch hieß. All dies hat natürlich auch Heinz Nixdorf als ganz einfaches Mitglied miterlebt, und, als er der bekannte Computerpionier war, nicht vergessen.

Ein neues, größeres Inselbadstadion mit SC Grün-Weiß und DJK/SSG

Doch bald kam Ungemach auf das Leben in der neuen Heimstätte, auf das Inselbadstadion und den SC Grün-Weiß zu. Im Protokoll der Ratsversammlung vom 12.09.1947 steht: *„Stadtrat Lücking betonte, daß es schwer hielte, die sportlichen Gedanken in Paderborn auf einen Nenner zu bringen. Es müßte nun entschieden werden, ob die Stadtheide oder die Paderwiesen in Verbindung mit der Schutträumung für ein großes Stadion gefüllt werden sollen."* Paderwiesen – das war das eben wiederhergerichtete Inselbadstadion. Einen größeren Ausbau hatte die Stadt schon einmal, 1939, geplant.

Zur Zeit, als nun über ein größeres Stadion entschieden werden sollte, hatte die Militärregierung 1947/48 überregionale Verbände und Organisationen wieder zugelassen, so daß auch der katholische Reichsverband nun als Bundesverband „Deutsche Jugendkraft", sodaß die DJK 1947 wiedererstehen konnte. In Paderborn bildete sich 1948 nun eine „Spiel- und Sportgemeinschaft", die DJK/SSG 1920 e.V.. Als eine von den Nazis unterdrückte Organisation hatte die DJK Anspruch auf Wiedergutmachung. Der SC Grün-Weiß e. V. konnte sich in diesen Anspruch nicht einbeziehen, denn er war 1934 rechtmäßig und als Mitglied des Nationalsozialistischen Reichsbundes für Leibesübungen gegründet worden. Der SC Grün-Weiß e. V. mogelte nun, um deutlich zu machen, daß er aus dem 1919 gegründeten „Mark" hervorgegangen war, das Gründungsjahr des kath. Reichsverbandes DJK, das Jahr 1920 zu seinem Vereinsnamen bei einer Satzungsänderung hinzu: „Sport-Club Grün-Weiß Paderborn e. V. (Gründung 1920)". Manchen alten DJK-lern gab das Hoffnung, der SC Grün-Weiß könne in die DJK-Organisation zurückfinden, doch Hans Wienold gab für seine „Sportgemeinschaft", für den SC Grün-Weiß, die Parole aus, *„Wir machen weiter so!"* Der Begriff Verein wurde vermieden, mit „Sportgemeinschaft" waren alle SCer gemeint, gleich ob sie zuvor im DJK „Mark" oder „Elmar" Mitglied waren, und nun gemeinsam mit jüngeren Mitgliedern wegen der vielen Eigenleistungen 1932/33 und 1945/46 einen moralischen Anspruch auf das Inselbadstadion erheben konnten. Ein Bild im Kapitel „Leichtathletik" zeigt die „Sportgemeinschaft" des SC Grün-Weiß, Heinz Nixdorf vorne links.

Im Amtsgericht waren die Akten mit Vereinssatzungen beim Luftangriff im März 1945 zerstört worden (?). Der „SC Grün-Weiß e. V." hatte am 27.01.46 eine Satzungsänderung beschlossen. Ein Passus, bezogen auf das nationalsozialistische „Führerprinzip", entfiel völlig und in dem Satz *„Der Verein steht auf christlicher demokratischer Grundlage"* wurde das „christliche" gestrichen. Das „christliche" war in der Nazizeit gewählt worden, um das „katholische", das der DJK anhaftete, herauszuhalten. In der Satzung vom 25.01.1948 wurde dann deutlicher formuliert:

Plakat: Einweihung des neuen Inselbadstadions der Stadt Paderborn, 1951. Die Stadt läd die Bürger zur Einweihung des Stadions ein, das nun zum dritten Mal erbaut wurde. Miterbauer und Hauptmieter des vergrößerten Stadions war die „Arbeitsgemeinschaft Inselbadstadion", zu der sich die Spiel- und Sportgemeinschaft im Verband DJK (DJK/SSG 1920 e. V.) und der SC Grün-Weiß 1920 e. V. gleichberechtigt zusammengeschlossen hatten.

Deutsche Leichtathletik-Jugend-Meisterschaften 1956. Plakat wie auch Postkartenmotiv des Paderborner Künstlers Josef Dominicus. Diese Meisterschaften gehörten zu den großen Leichtathletik-Ereignissen im Paderborner Inselbadstadion in den 1950er Jahren.

Das 3. Bundessportfest des Verbandes Deutsche Jugendkraft (DJK) und des Bundes Katholischer Jugend Deutschlands, 1957 in Paderborn. Auf der Ehrentribüne neben hoher Geistlichkeit und Regionalpolitikern der Präsident des DSB, Willi Daume, rechts im Bild.

3000 katholische Sportler in Paderborn

Rund 10 000 Menschen erlebten am Nachmittag des 11. August den festlichen Höhepunkt und Ausklang des 3. Bundessportfestes der DJK und des Bundes der Katholischen Jugend Deutschlands im Paderborner Inselbad-Stadion. Über 3000 Sportler und Sportlerinnen aus allen Diözesen der Bundesrepublik und Berlin nahmen daran teil. Die Ehrentribüne war dicht gefüllt von hohen Gästen aus dem In- und Ausland, an ihrer Spitze der Päpstliche Nuntius Erzbischof Aloysius Muench, Erzbischof Dr. Lorenz Jaeger, der Protektor dieser Veranstaltung, Bischof Dr. Stohr (Mainz), Weihbischof und heutiger Bischof von Essen Dr. Hengsbach, Ministerpräsident a. D. Arnold und der Präsident des Deutschen Sportbundes, Willi Daume. Unser Bild zeigt einen Ausschnitt aus der ersten Reihe der Ehrentribüne (von links nach rechts): Bischof Dr. Stohr (am Mikrofon), Ministerpräsident a. D. Arnold, Nuntius Muench, Vizepräsident des DJK-Bundesverbandes Sampels, Bischof Dr. Hengsbach und DSB-Präsident Daume. (WV-Foto)

Das Inselbadstadion. Im Hintergrund Errichtung der Firmenzentrale der Nixdorf Computer AG zwischen Pader und Fürstenallee. Im Bild: Start des Paderborner Osterlaufs im Jahr 1971.

"Der Verein steht auf demokratischer Grundlage und lehnt eine politische und konfessionelle Bindung ab." Damit wurde eine Rückkehr in den wieder aufgelebten kath. Verband DJK ausgeschlossen, dessen Gründungsjahr, zunächst einmal in Klammern, jedoch in Anspruch genommen. Das gehörte zu dem, was Heinz Nixdorf als „Eiertanz" bezeichnete und was er mit dem Hinweis auf die Jahreszahl 1919 fragwürdig machte.

Die Entscheidung für die Schuttablade und den Bau eines neuen großen Stadions fiel 1948 auf die Paderwiesen, das Inselbadstadion, das ehemalige „DJK-Stadion ‚Inselbad' ". Dieses beanspruchten, nachdem die DJK mit einer „Spiel- und Sportgemeinschaft" in Paderborn 1948 wieder aufleben konnte, zwei Väter. 1932/33 hatten die vier DJK-Vereine das Stadion angelegt, 1945/46 der SC Grün-Weiß das zerstörte Stadion neu aufgebaut. Bei der dritten Geburt mußten sich die beiden Vereine die Vaterschaft teilen. So bekam das neue Stadion zwei Väter. Die Mutter war quasi die Stadt.

Die DJK/SSV 1920 e. V. und der SC Grün-Weiß 1920 e. V. bilden 1949 zwangsläufig eine „Arbeitsgemeinschaft Inselbadstadion", in der beide gleichberechtigte Partner waren. Diese AG vereinbart als künftiger Mieter mit der Stadt als Grundeigentümer den Neubau und die Erweiterung der Sportanlage mittels der Schuttabladung. Die AG besteht auf Drängen der DJK darauf, wie 1932/33 wieder ein zweites Spielfeld anzulegen. Das frühere zweite Spielfeld, zur Kläranlage hin, war in den Hungerjahren 1944/45 unter den Pflug genommen worden. Nun wird ein zweites Spielfeld, insbesondere für Training, als Hartplatz mit rotem Aschenbelag statt Rasen, Richtung Neuhaus hinzugefügt. Die Stadt bringt mit einer Feldbahn die riesigen Schuttmassen (228.000 m^3) heran. Das Gelände der ehemaligen Paderwiese wird zunächst insgesamt erheblich aufgefüllt, im Niveau angehoben, und mit weiteren Schuttmassen wird auf dem vorderen Platz für das Fußball- und Leichtathletikstadion der ca. 3 m hohe Zuschauerwall angehäuft. Die Stadt vollbringt zusätzlich die Abdeckung mit Mutterboden. Die AG hat laut Vereinbarung den Bau der Aschenlaufbahn, der Sprunggruben etc., der Tore sowie das Einsäen des Rasens und das Anpflanzen von Bäumen und Sträuchern und die Umzäunung zu bewerkstelligen.

Für die AG erfordert dies eine große Anstrengung und das 1945/46 wiederhergestellte Stadion fehlt, bis nach einigen Jahren Bauzeit das neue zur Verfügung steht. Fußball- und Handballmannschaften der beiden Vereine sind währenddessen Gäste auf anderen Sportplätzen und die Leichtathleten spezialisieren sich auf Straßenläufe, insbesondere auf den Wegen nahe der Fischteiche. Zu den Straßenläufen zählte auch der Lauf „Rund um Paderborn" bei dem Heinz Nixdorf 1948 zur Siegermannschaft gehörte (s. Kap. Leichtathletik).

Bei der Veranstaltung zur Eröffnung des neuen, städtischen Stadions am 27. Mai 1951 konnte Bürgermeister Christoph Tölle 6.000 begeisterte Zuschauer begrüßen. Die Einweihung durch den Erzbischof Dr. Lorenz Jaeger (den späteren Kardinal) war ein normales Ereignis – ganz im Unterschied zu dem „Protestmarsch der 4000" im Jahre 1933. Bei der Einweihungsveranstaltung wurde den Zuschauern Fußball, Handball und Leichtathletik geboten. Der erste Sieger beim ersten Leichtathletik-Wettbewerb im neuen Stadion war Heinz Nixdorfs jüngster Bruder, Willi, der für den TV Paderborn 1875 startete und den 100-m-Lauf gewann. Im neuen Stadion zieht sich die Vollendung mit Tribünengebäude, Umkleidekabinen, Wohnung für den Stadionwart etc. noch bis 1954 hin. Das neue Inselbadstadion, das weithin seinesgleichen sucht, wird als Errungenschaft der Paderborner Sportwelt gefeiert.

Bereits am 14. April 1952 wurde der Paderborner Osterlauf hier erstmals gestartet. Am 22. April 1952 erlebte die Paderborner Sportwelt die nationalen Prüfungskämpfe der Leichtathleten für die Teilnahme an den Olympischen Sommerspielen 1952 in Helsinki. Nach dem Ausfall der Spiele 1940 und 1944 in den XII. und XIII. Olympiaden wegen des Zweiten Weltkrieges und der Nichtzulassung des ehemaligen Nazi-Deutschlands 1948 in London, konnte die Elite deutscher Sportler nach 16 Jahren in einer gesamtdeutschen Mannschaft erst 1952 wieder an Olympischen Spielen teilnehmen. Insofern gehören die Prüfungswettkämpfe der Leichtathleten in Paderborn zu einem historischen Ereignis.

1956 finden im Inselbadstadion zwei Großereignisse statt, die ebenfalls vom Deutschen Leichtathletik-Verband (DLV) veranstaltet werden: Im Frühjahr Ausscheidungswettbewerbe für die Teilnahme an den Olympischen Spielen 1956 in Melbourne, an denen die Deutschen, noch nicht getrennt nach BRD und DDR, teilnahmen. Im August folgen in Paderborn die „Deutschen Leichtathletik Jugendmeisterschaften" des DLV. Der erfolgreichste Paderborner war Ulrich Schwenke von der SSG/DJK. Er wurde deutscher Jugendmeister im 3.000-m-Lauf. Im folgenden Jahr, 1957, zeigt die DJK in der Bischofsstadt Flagge. Sie trägt im Inselbadstadion ihr „3. Bundessportfest der DJK" aus.

Das Verhältnis des „SC Grün-Weiß 1920 e. V." und der „DJK/SSG 1920 e. V." zu ihrem Stadion als Heimstätte hat sich jedoch nicht stabilisiert. Deren „Arbeitsgemeinschaft Inselbadstadion" hatte von sich aus fristgemäß zum Ende 1956 den Mietvertrag mit der Stadt gekündigt, da die vereinbarte Unterhaltung des Stadions von der AG nicht zu leisten war: Rasenmähen und -pflege, Schneeräumen für Sport und Zuschauer im Stadion und auf den anliegenden, öffentlichen Fußwegen, Reinigung und Instandhaltung des Tribünengebäudes mit Umkleiden und Toiletten, Haftpflicht für Stadionbesucher etc. und obendrein war die kostenfreie Nutzung durch den Schulsport zu ertragen.

Es kommt zu einem neuen Mietvertrag mit der Stadt als alleiniger Eigentümerin des Stadions. Die AG kauft sich einerseits von den Unterhaltsverpflichtungen frei, indem sie ihre Leistungen beim Bau des Stadions in Zahlung gibt und noch 50.000 DM in bar draufsattelt, andererseits einen günstigen Mietzins für ein bevorzugtes Nutzungsrecht eingeräumt bekommt.

Die große Zeit der Leichtatheltik in Paderborn schwindet gegen Ende der 1950er Jahre dahin. Sie erfährt noch einen Höhepunkt durch die Reise der SCer zu den Olympischen Spielen 1960 nach Rom. Dieser Reise seiner Sportkameraden hatte sich Heinz Nixdorf angeschlossen. Die Leichtathletik steht bei den Paderbornern, insbesondere bei dem Jungunternehmer Heinz Nixdorf, in der Heiligen Stadt im Mittelpunkt des Interesses (s. Kap. Leichtatheltik).

In den 1960er Jahren dümpelt die Leichtathletik im Inselbadstadion nur noch vor sich hin. Folglich kommt es 1971 zur Bündelung der Kräfte, zur LG, die ohne Heinz Nixdorfs Förderung kaum durchgehalten hätte, und die am 18.10.1974 zum Leichtathletik Club, zum LC Paderborn e. V. umgewandelt wurde. Die Animosität des einen Stammvereins, des „SC Grün-Weiß 1920 e. V.", zur LG und dem LC zeigt sich in der Meidung des vom Stammverein als „sein" Stadion beanspruchten Inselbadstadions. Die LG und der LC trainieren auf der „Paderkampfbahn" am Maspernplatz, dann auf dem Uni-Sportgelände, bis der Ahorn-Sportpark zur Verfügung steht.

Das Inselbadstadion sticht in den 1960er Jahren bei sportlichen Großveranstaltungen mit König Fußball hervor. Die Fußballmannschaften des SC Grün-Weiß 1920 e. V. nutzen das Stadion zwar regelmäßig für Training und mäßige Ligaspiele, sind aber bei den großen Freundschaftsspielen als Mannschaft selbst nicht dabei:

1967 VfJ 08 Paderborn gegen den 1. FC Bayern München
1968 VfJ 08 Paderborn gegen den 1. FC Kaiserslautern
1971 1. FC Paderborn gegen Hertha BSC Berlin
1973 1. FC Paderborn gegen den 1. FC Köln
(1969 fusionierte der VfJ 08 mit dem SV 13 zum 1. FC Paderborn 08/13)

1970 und 1971 erlebt das Inselbadstadion die vom Unternehmenschef persönlich arrangierten Azubi-Sportfeste der Nixdorf-Computer AG (s. Kap. „Leichtathletik" und „Sport für Azubis ..."). Bis zur Fertigstellung des Ahorn-Sportparks, 1984, werden diese Feste jährlich im Inselbadstadion ausgetragen. Als in der von 1971 bis 1975 erfolgreich arbeitenden „Arbeitsgemeinschaft Paderborner Sportvereine", in der alle Vereine gleichberechtigt vertreten waren und hinter der Heinz Nixdorf stand, über eine Nutzung des Inselbadstadions durch den 1. FC Paderborn gesprochen wurde, protestiert der Präsident des SC Grün-Weiß, Karl Johannwerner. Es sei unerträglich, daß sich die ArGe Sport mit diesem Thema befasse und sich in die Ansprüche und inneren Angelegenheiten des „SC Grün-Weiß 1920 e. V." einmische. Das sei Kompetenzüberschreitung und Johannwerner beantragt Satzungsänderung für die ArGe Sport. Heinz Nixdorf ist durch die Protokolle informiert. (s. Kap. „H.N. und die ArGe Sport")

Die Stadt zeigt im Laufe der 1970er Jahre immer weniger Neigung, den 1949 für 30 Jahre mit dem „SC Grün-Weiß 1920 e. V." und der „DJK/SSV 1920 e. V.", also mit der „AG Inselbadstadion" geschlossenen Mietvertrag zu verlängern. Sie will sich alle möglichen Optionen offenhalten: Falls ein Fußballverein, Paderborner oder Neuhäuser, in der 2. Bundesliga beständig spielen sollte, ließe sich nur das Inselbadstadion den Anforderungen des DFB entsprechend kurzfristig herrichten.

Zum Zweiten: Der Zentrale der „Nixdorf Computer AG" wurden durch das Anlegen des Padersees für eine Ausdehnung Richtung Neuhaus Grenzen gesetzt. Zur anderen Richtung konnte nur das Inselbadstadion zur Disposition gestellt werden.

So entschließt sich der Großverein bereits 1976 zur Planung eines neuen, großen „Sport- und Freizeitparks SC Grün-Weiß 1920 e. V. Paderborn" am Springbach zwischen Dörener Weg und Benhauserstraße.

Das Großprojekt des Großvereins:
Der Sport- und Freizeitpark am Springbach

Der Vorstand des Großvereins erinnert nun daran, daß er bereits 1964 eine Heimstätte nahe des Inselbadstadions hätte bauen wollen. Das vorgesehene Grundstück nutzte die Stadt jedoch für die Overbergschule und das Projekt war im Sande verlaufen. Zwölf Jahre später, 1976, sollte es nun endlich zum ganz großen Wurf kommen. Planung und Bauleitung: Architekturbüro Prof. Krawinkel u. Partner, Paderborn. Planung der Freianlagen: Gartenarchitekt G. Fischer, Paderborn-Sennelager. Der SC Grün-Weiß gibt einen vielseitigen Prospekt heraus, adressiert mit der Anrede: *„Liebe Mitbürgerinnen und Mitbürger, liebe SCer Freunde!"* Der *„Park"* soll, neben einem vielfältigen Sportbetrieb, zur allgemeinen Freizeitgestaltung nicht nur der Vereinsmitglieder sondern aller Bürger, insbesondere der Jugend, und obendrein mit kommerziellen Anteilen zum Vereinsetat beitragen. Kostenvoranschlag für den ersten Bauabschnitt: 6 Millionen DM. Der Großvereinsvorstand rechnet mit einem sonst ungewohnten, finanziellen Engagement seiner Mitglieder und Sponsoren, vor allem aber mit Zuschüssen seitens der öffentlichen Hände (Bezirk 50%, Kreis und Stadt je 10%) in Höhe von 70% = 4,2 Millionen DM.

Die Mitglieder von 16 der seinerzeit 17 Abteilungen des Großvereins waren daran gewöhnt worden, nichteigene Sportstätten, wie Schulturnhallen, das Inselbadstadion etc. für möglichst wenig Geld zu nutzen und Vereine bekamen obendrein für eine ganze Liste von Leistungen, wie für Übungsleiter, Jubiläen, Sportgeräte etc., Zuschüsse von den öffentlichen Händen. Nur wenige Vereine oder Abteilungen waren gewohnt, sich eigene Sportstätten zu schaffen, wie z. B. die Turnvereine in der Zeit, als es noch keine Schulturnhallen gab. Anfang der 1980er Jahre förderte Heinz Nixdorf z. B. die Renovierung der Turnhalle des TV Jahn in Bad Lippspringe. Die Mitglieder vollbrachten die Arbeiten in Eigenleistung. Für das von Heinz Nixdorf gespendete Geld, in einem Jahr 20.000 DM, im nächsten 15.000, wurde Material für die Renovierung des Eigentums gekauft. Auch Tennis- oder Reitsportvereine konnten nicht Sportanlagen von Schulen benutzen und schafften sich eigene Sport- und Heimstätten. So auch die Tennisabteilung des SC Grün-Weiß 1920 e. V.. Das erste Clubhaus, 1948 bei Gründung, bestand aus einem großen Betonrohr, das beim Bau der Kanalisation Richtung Kläranlage übriggeblieben war und am Fürstenweg am Rande des ersten Tennisplatzes lag. In diesem „Club-

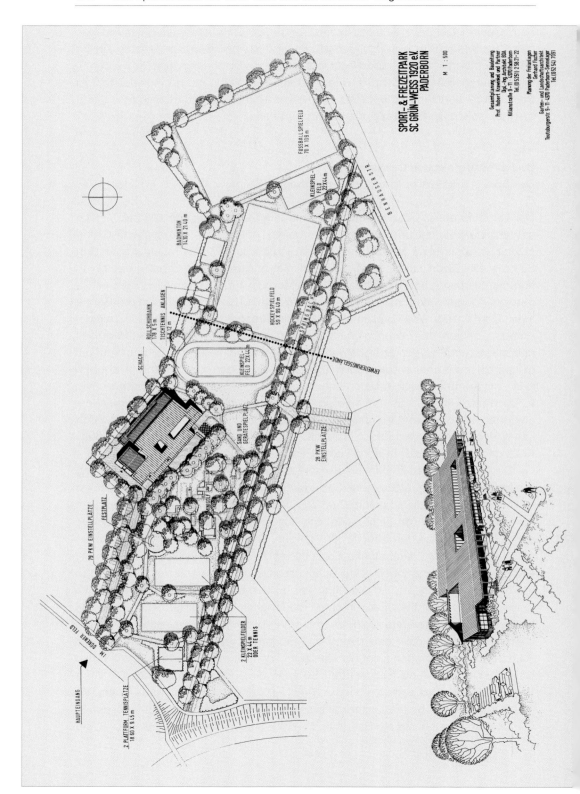

haus" fanden bei Regen Kleidung, Tennisschläger und auch Spieler Unterschlupf. Nach und nach, Stück um Stück hatten die Mitglieder der Abteilung ihre Anlage erweitert. Letzthin hatte Heinz Nixdorf das, was die anderen Mitglieder an Mitteln für Erweiterungen (Halle und Clubhaus) aufbrachten, verdoppelt (s. Kap. Tennis). Bei dem neuen Großvorhaben des Großvereins stellte sich für die anderen 16 Abteilungen die ungewohnte Frage, was den Mitgliedern ihr eigener Sport wert ist. Verfügbares Einkommen kann man für bessere Autos, besseres Wohnen, einen besseren Frisör, schöneren Urlaub etc. ausgeben. Doch eigener Sport sollte eben deshalb möglichst wenig kosten. Es war schwierig, Mentalitäten zu ändern.

Das vom Vereinsvorstand 1976 propagierte Vorhaben eines Sport- und Freizeitparks am Springbach nahm konkretere Form mit der Veröffentlichung der Pläne und Gesprächen mit der Stadt im Jahre 1978 an. 1979 wurde bei der Bezirksregierung der Antrag auf den Zuschuß gestellt.

Als die Gelder seitens der öffentlichen Hände nicht sogleich sprudeln, macht der Verein 1979 mit einer „Dokumentation" den Versuch, das Inselbad-Stadion für den Großverein zu beanspruchen, um Kündigung und Auslaufen des Mietvertrages 1980 abzuwehren. In dieser Dokumentation wird aus Sicht der DJK und der Stadt alles, was an der Geschichte des Stadions, des „DJK-Stadion ‚Inselbad' " zurechtzubiegen ist, zugunsten des „SC Grün-Weiß 1920 e. V." zurechtgelegt. Es gibt einen moralischen, aber keinen Rechts-Anspruch! Heinz Nixdorf hat diese Dokumentation genau gelesen und dieses hat auch dazu beigetragen, dem Jahr 1920 als Gründungsjahr des SC Grün-Weiß mit dem Hinweis auf 1919 zu widersprechen.

1980 – den Mietvertrag über das Inselbadstadion hatte die Stadt gekündigt – stellt der Vorstand des Großvereins fest, daß die öffentlichen Hände leider zum Rotstift greifen müssen und Zuschüsse für den neuen „Sport- und Freizeitpark" nicht so schnell wie erhofft bewilligt werden. Wieder zwei Jahre später entscheidet die Bezirksregierung, daß sie für das Großprojekt den erwarteten Zuschuß – immerhin 50 % der Gesamtkosten – nicht gibt. Also stellt der Vorstand des SC Grün-Weiß den Plan zunächst einmal zurück. Neue Überlegungen sollen 1983 erfolgen.

Die Bowling-Abteilung bringt den Großverein in Not

Just im selben Jahr, 1983, wird der Verein durch die Kündigung der Bowling-Anlage im Freizeitcenter der Fa. Klingenthal im Südring-Einkaufs-Center überrascht. Die Kündigung wird wirksam bereits zum 10.01.1984. Der Vorstand des Großvereins, zu dessen Selbstverständnis möglichst viele Abteilungen und möglichst viele

Links: **Plan des „Sport- und Freizeitparks SC Grün-Weiß 1920 e. V. Paderborn".** Das zwischen Benhauserstraße und Dörener Weg geplante Projekt wurde 1976 vom Großverein vorgestellt, 1982 zunächst zurückgestellt und dann bald vergessen.

Mitglieder gehören, kommt unter Druck. Hatte der Verein 1971 erst acht Sportarten-Abteilungen, so waren es inzwischen stolze siebzehn geworden, und weitere Sportarten sind anvisiert. So waren z. B. im Plan des neuen „Sport- und Freizeitparks" auch Feldhockey, Rasenschach und Minigolf vorgesehen. Der Vorstand will der Bowlingabteilung nicht adieu sagen, nachdem es bei zwei oder gar drei anderen Abteilungen zuvor gewackelt hatte. Die Leichtathletikabteilung, einst eine Hauptattraktion des Vereins, war durch Gründung der LG und des LC Paderborn abhanden gekommen. Mit 15 Mitgliedern in der Leichtathletik-Abteilung des Großvereins konnte nur noch von Abteilung gesprochen werden, weil die Veranstaltung des Osterlaufs zur Leichtathletik zählt. Die Handballabteilung gehörte formell noch ganz zum Verein, de facto aber nur noch halbwegs, da sie mit der Abteilung der DJK/SSG in der Handball-Gemeinschaft aufgegangen war. Die Tennisabteilung, die sich als einzige von 17 Abteilungen mit ihrer beachtlichen Anlage – mit Tennisplätzen im Freien, einer Halle und einem Clubhaus – eine Sport- und Heimstätte geschaffen hatte, stellte fest, daß ihr die Anlage gar nicht gehört, da sie eben nur eine Abteilung und keine Rechtsperson war. Die Anlage, ein Vermögen, gehört dem Großverein. Wenn nun die Mitglieder der Tennisabteilung aus dem Großverein ausgetreten wären, um einen eigenständigen Tennisverein zu gründen, wäre das Vermögen Tennisanlage beim Großverein geblieben. Dieser müßte so oder so bei Sicherheiten oder Überschuldung damit haften. Nur mit einer Satzungsänderung konnten sich Großverein und Tennisabteilung dahingehend verständigen, daß der Großverein über die Tennisanlage nur verfügen kann, wenn Dreiviertel der anwesenden Mitglieder der Tennisabteilung zustimmen. Eigentümer der Tennisanlage ist der Großverein.

Im Unterschied zu jüngeren Sportvereinen, die sich auf ein oder zwei Sportarten konzentrieren, wie z. B. der Volley- und Basketball-Club (VBC e. V.) oder der Paderborner Squash-Club (PSC e. V.), und die schnell in die obersten Ligen aufstiegen, gehörte zur Identität des Großvereins, mit immer neuen Abteilungen und immer größerer Mitgliederzahl, in die Breite zu gehen, im Breitensport zu wachsen. „Nr. 1 im Breitensport im Hochstift Paderborn", das war Anspruch und Werbung.

Der Computer-Unternehmer fördert eine *„Heimstätte für den Breitensport"*

Heinz Nixdorf hatte mit seiner Entscheidung, *„ich fördere die Reitsportanlage, die nicht am Schützenplatz steht"*, bewirkt, daß eine völlig neue Reitsportanlage, „Vüllersheide", gebaut wurde. Nun war es 1983 die Idee des SC Grün-Weiß-Präsidiums, die ehemalige Reitanlage und einen Teil der Viehversteigerungshalle (Bullenhalle) in Pacht zu übernehmen, zu einem „Sportzentrum SC Grün-Weiß 1920 e. V. Paderborn" umzubauen und so u. a. auch die Bowling-Abteilung zu retten.
Die Fa. Klingenthal bot die Sporteinrichtungen ihres Freizeitcenters zum Kauf. Die Kegelbahnen gingen nach Holland. Die Bowlinganlage kaufte der SC Grün-Weiß

und lagerte sie ein. Baubeginn für das neue Sportzentrum 30.01.1984, Grundsteinlegung und Richtfest 18.05.1984 und bereits ab Januar 1985 ging das neue Sportzentrum mit 10 Bowlingbahnen, Gastronomie, Turnhalle (32 x 20 m), Kraftraum, Geschäftsstelle etc. in Betrieb – nicht ohne eine weitere Sportart, Billard – und mit einem vielfältigen Kursangebot. Heinz Nixdorf hatte zugesagt, seinem Verein bei der Erstellung einer eigenen Sport- und Heimstätte unter die Arme zu greifen. Mit der Lösung am Schützenplatz war er keineswegs einverstanden, da er hier bereits für die Reiter langfristig keine Ausdehnungs- und Entwicklungsmöglichkeiten sah. Doch der Unternehmer war nicht im Vorstand des SC Grün-Weiß, wollte da auch nicht rein, und hatte großen Respekt vor der ehrenamtlichen Arbeit der Vereinsvorstände. Also stellte er seine Bedenken hintan. Das Projekt war auf 1,2 Millionen DM veranschlagt. Da wegen der Eilbedürftigkeit – um die Bowlingabteilung nicht zu verlieren – zeitgleich gebaut, noch weiter geplant und weiter gebaut wurde, konnten die Kosten nicht im vorgesehenen Rahmen gehalten werden. Immerhin gab es erhebliche Zuschüsse der öffentlichen Hände, Stadt etc.. Ausgenommen war die Bowling-Anlage, die als kommerzieller Betrieb eingestuft wurde. Der Vorsitzende der Bowlingabteilung wurde Pächter, d. h. Inhaber der Anlage, inclusive der Gastronomie. Neben der Bereitschaft, in Treue zu seinem Verein diesem endlich – wie der Unternehmer rechnete – nach 65 Jahren zu einer eigenen Sport- und Heimstätte zu verhelfen, fühlte sich Heinz Nixdorf auch etwas in der Schuld. Das Abdriften der Leichtathletikabteilung hatte er unterstützt. Und er konnte sich nicht für einen neuen Pachtvertrag der Stadt mit dem „SC Grün-Weiß 1920 e. V." zur Überlassung des Inselbadstadions einsetzen. Mit der Errichtung des Padersees blieb für die von dem Unternehmer von der Stadt geforderte Erweiterungsmöglichkeit der Firmenzentrale an der Fürstenallee (heute HNF) das große Gelände des Inselbadstadions und der Kläranlage die einzige Option. So hatte die Stadt 1980 beide Objekte als Erweiterung des Flächennutzungsplans „Padersee" erneut in ihre Planungshoheit einbezogen.

Heinz Nixdorf veranlaßte folgende Spenden zum Bau des „Sportzentrums SC Grün-Weiß 1920 e. V." am Schützenplatz: 1984: 226.000 DM, 1985: 223.000 DM, 1986: 252.000 DM. Nach dem Tod des Unternehmers kamen von der Nixdorf Computer AG 1987 60.000 DM und 1988 50.000 DM hinzu, zusammen 810.000 DM. Der große Sportförderer vermied die Bezeichnung „Sportzentrum" und sprach mehr und überlegt von einer „Heimstätte für den Breitensport". Das war seine Einschätzung, bei der er Leistungssport nicht mehr erwähnte.

Der Hinweis auf das Gründungsjahr 1919 und das 65-jährige Bestehen schmeckte dem Großverein gar nicht. Er folgte, wie 1948, als er das „1920" in den Namen nahm und nicht mehr in den DJK-Verband zurück wollte, Hans Wienolds Parole: *„Wir machen weiter so!"* Also feierte der Verein erst 1985 sein 65-jähriges Bestehen anläßlich des 80. Geburtstages seines hochverdienten Mitglieds, des langjährigen Obersportwarts etc. Heinrich Vockel. Dieser „Sportpionier" war, wie Hans Wienold, im Gründungsjahr 1919 „Markaner" geworden, also vor 66 Jahren.

Fortsetzung S. 485

Die alte Reitsportanlage am Rande des Schützenplatzes. Heinz Nixdorf verhinderte die Erweiterung dieser Anlage, indem er das neue Reitsportzentrum Vüllersheide förderte.

Die eingelagerte Bowlinganlage. Die Kündigung der Anlage im „Freizeitcenter Südring" der Fa. Klingenthal löste die Übernahme der ehemaligen Reitsportanlage durch den SC Grün-Weiß 1920 e. V. und den Bau seines Sportzentrums aus. (Neue Westfälische, 27.02.1984)

Lagert noch ein paar Tage im Schalander der alten Brauerei: Die Bowlingbahn, die im Südring abgebaut und an den SC Grün-Weiß verkauft wurde, damit sie jetzt im neuen Sportzentrum am Schützenplatz wieder aufgebaut werden kann.
Foto: rep.

Das 1984 entstandene „Sportzentrum des SC Grün-Weiß 1920 e. V. Paderborn". Rechts die Sporthalle, ehemals Reithalle. Die Stallgasse ist überdacht. Im linken Teil des Baukomplexes wurde die Bowlingbahn mit Gastronomie eingerichtet.

Beim Doppelfest: Grundsteinlegung und Richtfest, 1984. Von rechts, stehend: Gastgeber Präsident Karl Johannwerner, Karl Tüshaus, CDU-Ratsmitglied, Vorsitzender des Sportausschusses (1975–1984) und ein „treuer" DJK-ler, Heinz Nixdorf, der bekannte Unternehmer und Sportförderer und Herbert Schwiete, Bürgermeister von 1966 bis 1986.

gez. Oleynik. 04.08.1948 ?

Satzungen

I. Name
§ 1

Sport-Club Grün-Weiss Paderborn e. V. (Gründung 1920) Der Verein hat seinen Sitz in Paderborn.

II. Zweck
§ 2

Der Club bezweckt durch eine planmässige Pflege der Leibesübungen insbesondere Turnen, Leichtathletik, Handball, Fussball, Schwerathletik, Schwimmen und Wandern seine Mitglieder zu geistig sowie körperlich starken Frauen und Männern heranzubilden.
Er betreibt so vielseitigen Sport, um seinen Mitgliedern eine allgemeine und gründliche Körperausbildung zu geben, und um den Mitgliedern die Mitgliedschaft zu weiteren Sportvereinen zu ersparen.
Falls das Bedürfnis für weitere Sportarten vorhanden ist, so können diese ebenfalls im Club betrieben werden.

§ 3

Der Verein steht auf demokratischer Grundlage und lehnt eine politische und konfessionelle Bindung ab.
Ferner lehnt er den Berufs-, Zweck- und Firmensport ab.

§ 4

Der Sportclub ist dem Verband:
angeschlossen.

III. Mitgliedschaft
§ 5

Der Beitritt zum Verein kann nur durch schriftliche Anmeldung erfolgen. Die Mitgliedschaft beginnt von dem Tage, an dem dem Mitglied eine schriftliche Bestätigung oder die Mitgliedskarte ausgehändigt wird.

§ 6

Der Club führt Aktive- Unterstützende- und Ehrenmitglieder.
a) Aktive Mitglieder geniessen alle Rechte des Clubs und haben die sich aus den Satzungen und dem Zweck des Clubs ergehenden Pflichten gewissenhaft zu erfüllen. Die gleichzeitige Mitgliedschaft zu einem anderen Sportverein bedarf der Genehmigung des Vorstandes. Eine Genehmigung kann für Sportarten, die im Club selbst betrieben werden, nicht erteilt werden.
b) Unterstützende Mitglieder: sind solche Mitglieder, die keinen aktiven Sport mehr betreiben. Sie unterstützen den Club finanziell, fördern seine Bestrebungen und haben die gleichen Rechte des aktiven Mitgliedes.
c) Ehrenmitglieder werden von dem Ältestenrat ernannt. Ihre Ernennung kann erfolgen auf Grund einer langjährigen Mitgliedschaft oder wenn sie sich besondere Verdienste bei der Erreichung des Clubzieles erworben haben. Sie sind von der Beitrags-

Beide hatten 1934 eine Neugründung, die Gründung eines „SC Grün-Weiß e. V." betrieben, eingebettet in die nationalsozialistische Sportorganisation. Im „SC Grün-Weiß e. V." fanden sich dieselben Sportler wieder, die zuvor im DJK/"Mark" waren – aber es war rechtlich nicht derselbe Verein! Von Heinrich Vockel wurde dies rückblickend in seiner Dokumentation über die Geschichte des Inselbadstadions als „kluger Schachzug" bezeichnet, im Widerspruch zu denen, die damals versucht hatten, ihren DJK-Vereinen die Treue zu halten. Hans Wienold (1905–1975), „Leiter" des Vereins „Mark" und nach dem Umbruch viele Jahre der Vorsitzende des „SC Grün-Weiß e. V.", war der führende Kopf. Er wollte nach den Erfahrungen und der allgemeinen Tendenz entsprechend Sport von religiösen und weltanschaulichen Bindungen lösen und hatte sich vollends der Olympischen Idee verpflichtet. So war Hans Wienold der antreibende Vertreter dieser Idee und lange Jahre Vorsitzender der Deutschen Olympischen Gesellschaft (DOG) im Hochstift Paderborn.

Das „Sportzentrum SC Grün-Weiß 1920 e. V." verlagerte im Laufe seines Bestehens, seit 1984, seine Aufgaben-Schwerpunkte. Die Bowling-Anlage ist inzwischen hops. Vom Breitensport ging es weiter in Richtung Gesundheit. Seit 2004 erfreut sich die Sportgemeinschaft neben bewährtem Breitensportbetrieb des „mediFit Gesundheits-, Reha- und Fitnesszentrums des SC Grün-Weiß 1920 e. V. Paderborn". Den Leistungssport des Vereins hatte dessen großer Förderer bereits 1984 nicht mehr hervorgehoben.

Linke Seite: **Satzungs-Dokument im Amtsgericht.** Im § 1 des 1934 gegründeten Vereins „SC Grün-Weiß Paderborn e. V." ist – vermutlich nach Zulassung von überörtlichen Verbänden und Vereinen 1947/48 durch die Militärregierung – das Gründungsjahr 1920 des Reichsverbandes DJK dem Vereinsnamen in Klammern hinzugefügt worden. In § 3 wurde statt „christlicher Grundlage" „demokratischer Grundlage" formuliert und in § 4 entfiel die Nennung des Nationalsozialistischen Reichsverbandes für Leibesübungen. Heinz Nixdorf hat die Richtigkeit des Gründungsjahres 1920 in Frage gestellt, da der SC Grün-Weiß dem Verband DJK, gegründet 1920, nie angehört und sich diesem auch 1948 nicht angeschlossen habe. Am 22.02.1948 konnte in Paderborn ein DJK-Verein wiedergegründet werden, die „DJK- Spiel- und Sportgemeinschaft 1920 e.V. Paderborn" mit ca. 300 Mitgliedern in mehreren Abteilungen (DJK/SSG 1920 e.V.).

Quellen/Literatur

Erinnerungen an Gespräche mit Heinz Koch, Josef Niggemeyer, Heinz Nixdorf, Karl Tüshaus, Hans Wienold. Informationen von Lothar von dem Bottlenberg, Theodor Fockele, Prof. Hubert Krawinkel, Willi Lenz.

Bottlenberg, Lothar von dem: Paderborner Leichtatlethik. Chronik und Geschichten 1947 bis 2002. Paderborn. 2003.

Fockele, Theodor: Paderborner Jugend in Bünden und Verbänden, 1850–1945. Paderborn, Geschichte in Bildern – Dokumenten – Zeugnissen, Heft 11. Paderborn. 1997.

ders.: 75 Jahre DJK in Paderborn. Vortrag beim Jubiläumstreffen 1995. Mskpt. Stadt A Paderborn S 2/295.

Lamprecht, Wiebke / Marie-Luise Klein. Siehe: Allgemeine Literatur. Inselbadstadion S. 142ff.

SC Grün-Weiß 1920 e. V. Paderborn (Hrsg.): SCer-Nachrichten. Jahrgänge 1952 bis 2005.

ders, (Hrsg.): Sport- und Freizeitpark SC Grün-Weiß 1920 e. V. Paderborn. Prospekt. Paderborn o. J. (1978). (Vorgestellt wird das Großprojekt am Springbach.)

Vockel, Heinrich: Entstehung und Ausbau des Inselbadstadions. Hrsg. SC Grün-Weiß 1920 e. V. Paderborn. Paderborn 1979. Mskpt. Stadt A Paderborn Dienstbibliothek, Nr. 6981.

Wienold, Hans: Aus den Annalen des SC Grün-Weiß Paderborn. In: 50 Jahre Grün-Weiß Paderborn 1920–1970. Stadt A Paderborn. Dienstbibliothek Nr. 1637.

Neue Westfälische Zeitung: 22.02.1983, 27.01.1984, 12.03.1984, 19.05.1984.

Westfälisches Volksblatt: 19.03.1979, 28.01.1984, 28.06.1984.

Der multifunktionale Ahorn-Sportpark

Heinz Nixdorfs größtes Sportförderungsprojekt

Den Ahorn-Sportpark, seine größte Investition für Sport, sein größtes Sportförderungsprojekt, hat Heinz Nixdorf nicht von heut auf morgen aus dem Hut gezaubert. Wie in seiner Heimatstadt die Wasser aus vielen Quellen in vier oder fünf Quellbecken entspringen, ihre Verläufe nehmen und dann zu einem beachtlichen Fluß zusammenkommen, so ähnlich gingen bei dem Paderborner Unternehmer viele Erfahrungen, Beobachtungen und Überlegungen voraus, nahmen ihren Verlauf und wurden bei der Realisierung des eigenen Sportparks von ihm zusammengeführt, gebündelt. Das Entstehungsprinzip der Pader war Heinz Nixdorf seit seiner frühen Jugend bekannt, vor allem aus den Jahren, in denen die Familie direkt an einem der Quellbecken wohnte, „An der warmen Pader", Haus Nr. 7. Die entscheidenden Ursprünge für das Sportparkprojekt sind fünf Bereichen entsprungen, deren Bedarf sich teils seit über zehn Jahren, teils erst kurz vor Beginn der Bauplanung, teils erst im Laufe der Fertigstellung abzeichnete.

Ursprung 1: Der Bedarf für den Azubi-Sport

Wie kein anderer Unternehmer in Deutschland hat Heinz Nixdorf für die Schüler der firmeneigenen Berufsschule früher und mehr Sport durchgesetzt als dies durch die amtlichen Lehrpläne vorgeschrieben war. Die Zahl der schulpflichtigen Azubis stieg permanent an, allein in Paderborn waren es 1984 über 800, die als Schüler Sportunterricht bekamen. In den beiden anderen Dritteln der Ausbildungszeitblöcke, in denen die jungen Leute zum einen im Ausbildungszentrum, zum anderen im Betrieb durch praktisches Arbeiten ausgebildet wurden, sind ebenfalls Sportstunden eingerichtet worden. Als Turnhallen für den Azubi-Sport hatten zunächst, seit 1970, die Schützenhalle in Dahl (Mehrzweckhalle) und dann, seit 1980, die „Grüne Halle", eine neue, noch nicht für die Produktion beanspruchte Werkhalle im Industriepark der Nixdorf Computer AG an der Alme gedient. Der gegenüber den anderen Werkhallen ungewöhnliche, grüne Teppichboden hatte zur Bezeichnung geführt. Für Sport im Freien konnten unmittelbar neben den Werkhallen Ackerflächen mit Rasen eingesät werden und durch Aufstellen von Torpfosten u. a. genutzt werden. Die Sportfeste der Azubis mit Lauf-, Sprung- und anderen Wettbewerben wurden seit 1970 im Inselbadstadion ausgetragen.

Der Sportstättenbedarf für den Azubi-Sport wurde mit dem Ahorn-Sportpark ideal gelöst. Hier konnte Sport in der Halle oder im Freien zu jeder Jahreszeit organisiert werden. Halle und Stadion waren eine Einheit und lagen in unmittelbarer Nähe bei der großen Produktionsstätte. Dort war die Mehrzahl der Azubis stationiert und es gab nur noch geringen Zeitaufwand für den Weg zum Sport. Der Bedarf für den Sport der Azubis, deren Zahl von 1970 bis 1985 von ca. 360 auf über 1.700 gestiegen war, stand für den Großunternehmer beim Projekt Ahorn-Sportpark wie selbstverständlich an erster Stelle. Die Sportstätten für die Azubis waren schon seit 1970 ein Thema (s. Kap. „Sport für Azubis ..." und „Leichtathletik"). Die Anforderungen an eine Sporthalle für den Azubi-Sport waren nichts besonderes, sondern die gleichen wie bei normalen Schulturnhallen. Das Besondere war eben die Einheit von Stadion und Halle und deren Nähe zur Ausbildungsstätte.

In Paderborn gab es 1987 ca. 1.050 Azubis im gewerblich-technischen und ca. 750 im kaufmännischen Bereich, insgesamt ca. 1.800, von denen die mit Abitur nicht mehr schulpflichtig waren. Überschlägig betrachtet ergab sich für den Sport der ca. 800 schulpflichtigen Azubis, bei angestrebten Sportgruppen von je 25 Azubis mit einem Übungsleiter oder Sportbetreuer, pro Woche folgender Hallenbedarf:
1. Ca. 266 Azubis in der Berufsschule : 25 = 11 Gruppen mit 4 Stunden, ergibt 44 Hallenstunden.
2. Ca. 266 Azubis im Ausbildungszentrum : 25 = 11 Gruppen mit 2 Stunden, ergibt 22 Hallenstunden.
3. Ca. 266 Azubis in der Berufspraxis : 25 = 11 Gruppen mit 2 Stunden, ergibt 22 Hallenstunden.

Für die ca. 1.000 nicht mehr schulpflichtigen Azubis mit Abitur, davon jeweils ein Drittel in den auswärtigen Geschäftsstellen und ca. 666 in Paderborn, wurden pro Woche zwei Stunden Sport auf freiwilliger Basis eingerichtet. Hieraus errechnet sich ein Bedarf von 54 Hallenstunden.

Zusammen ergab sich für den Azubi-Sport ein Bedarf von 142 Hallenstunden pro Woche. Wenn jeweils vier Sportflächen in der Vierfach-Turnhalle belegt werden, ist die Halle pro Woche 35,5 Stunden, bei der Fünftagewoche pro Tag ca. 7 Stunden belegt. Das ist zwar nur eine theoretische Bedarfsrechnung, da z. B. bei gutem Wetter Sport ins Freie verlegt werden kann und manche Sportgruppen mehr, manche weniger als 25 Azubis zählten, vermittelt aber immerhin eine Größenvorstellung.

Ursprung 2: Der Bedarf für allgemeinen Betriebssport

Genau genommen, doch grob gerechnet, war der gesamte Azubi-Sport zu einem Drittel Unterricht im Fach Leibeserziehung, also Schulsport, die beiden anderen Drittel waren Betriebssport. Daneben entwickelte sich Betriebssport noch in zwei anderen Bereichen.

Heinz Nixdorf ließ keinen Firmensportverein zu, da er wollte, daß sich seine sporttreibenden Mitarbeiter in die allgemeinen Vereine integrieren sollten. Doch von unten entwickelten sich Betriebssportgemeinschaften, die punktuell zu Wettkämpfen zusammentrafen (z. B. Squash, Fußball, Tennis, Tischtennis, Skat u. a.). Der Unternehmer begrüßte diese Aktivitäten sehr, sie sollten sich jedoch orginär als mitmenschliche Beziehungen unter Arbeitskollegen entfalten und nicht durch besondere finanzielle Förderung motiviert sein. Ein Sportstättenangebot sollte den Betriebssportgemeinschaften allerdings als Hilfe geboten werden.

Besonderen Wert legte der Unternehmer auf Aus- und Weiterbildungsangebote auf dem seinerzeit neuen, aber für das stete Wachsen seiner Firma unverzichtbaren Fachgebieten Informatik, Elektronik, EDV, Computer-Hard- und Software. So wurden z. B. Schulen wie das „Bildungszentrum für informationsverarbeitende Berufe" (b.i.b.), das „InBIT" (Institut für Betriebsorganisation und Informations-Technik) und das ATIW (Ausbildungsstätte für Technik, Informatik und Wirtschaft) gegründet. Und neu gewonnene Mitarbeiter hatten prinzipiell zunächst mehrwöchige Kurse zu absolvieren. In Abständen wurden fast alle Mitarbeiter zu Weiterbildungskursen einberufen. In all den zahlreichen Lehrgängen und steten Aus- und Weiterbildungsseminaren versuchte Heinz Nixdorf sportliche Betätigung anzubieten, nahezulegen. Das Tagungsprogramm begann mit Frühsport. Auch hieraus ergab sich, wie für Betriebssportgemeinschaften, ein zusätzlicher Sportstättenbedarf für allgemeinen Betriebssport.

Ursprung 3: Der Bedarf für den Leichtathletik Club (LC), Paderborn

Ein Bedarf Nr. 3 ergab sich mit der Gründung der Leichtathletik Gemeinschaft (LG) seit 1971 und dann verstärkt seit 1974 mit dem autonomen Leichtathletik Club (LC). Die Vorstände der vier Stammvereine der LG waren von deren Gründung infolge von Initiativen ihrer Leichtathletik-Abteilungen nicht begeistert (s. Kap. „Leichtathletik") und drückten die LG im Gerangel um die Nutzung öffentlicher Sportstätten an die Seite. So stand der LG und dem daraus hervorgegangenen LC das Inselbadstadion kaum zur Verfügung, sondern zunehmend die Paderkampfbahn am Maspernplatz und anschließend, seit 1980, die neuen Sportanlagen mit einer Tartanbahn auf dem Campus der Universität/Gesamthochschule. Die heimatlosen LCer hatten sich von Anfang an um das Erstellen einer Sporthalle als eigener Heimstätte bemüht. Ihr großer Förderer, Heinz Nixdorf, hat diese Anstrengungen im Detail begleitet. Einer seiner Mitarbeiter, Jürgen Wegwart, war Vorsitzender des LC und zwei weitere Nixdorfer, Hubert Schäfers und Jürgen Appenowitz, waren als Geschäftsführer und als Schatzmeister ebenfalls im Vorstand aktiv. Verstärkung erfuhr der LC bei seinen Bemühungen um eine eigene Heimstätte seit 1979 durch den ehemaligen Weltrekordler im Zehnkampf, Kurt Bendlin, der hohes Ansehen genoß und nebenamtlich Trainer beim LC war.

Die Suche des LC nach einem Pacht- und Baugrundstück verzeichnete wegen aller möglichen Bedenken von verschiedensten Seiten allein fünf Standorte: 1. In der Nähe der Fischteiche, zwischen diesen und dem Padersee, 2. beim Inselbadstadion und der Kläranlage, 3. „An der Kapelle", 4. nahe dem „Wäldchen" und 5. zwischen der ehemaligen städtischen Mülldeponie und dem Unteren Frankfurter Weg (heute Heinz-Nixdorf-Ring). Im Laufe der Standortsuche nahmen die Bauplanungen konkretere Gestalt an. Heinz Nixdorf beauftragte den Architekten und Ingenieur Hans Mohr, der für die Nixdorf Computer AG viele andere Bauprojekte realisierte, mit einer detaillierten Planung für den LC, die auch eine Grundlage für Zuschußanträge darstellen sollte. Charakteristisch war eine Halle mit besonderen Einrichtungen für die Leichtathletik, u. a. eine 60-m-Sprintstrecke und eine 200-m-Rundlaufbahn. Daraus ergab sich mindestens die Größenordnung einer Vierfach-Turnhalle.

Ursprung 4: Der Bedarf für den Paderborner Squash Club (PSC)

Zeitlich gesehen war der Bedarf für Squash der jüngste. Durch Zeitungsberichte und durch Gespräche mit einem jungen Freund wurde Heinz Nixdorf auf eine in Paderborn neue Sportart, auf Squash aufmerksam gemacht. Was den leistungsorientierten Sportförderer sogleich einnahm, war der Aufstieg des PSC in die obersten Ligen, was ihn bewegte, war die Information, daß diesem Paderborner Bundesligaverein (seit 1981/82) lediglich eine verhältnismäßig kleine kommerzielle Sportanlage zur Verfügung stand (s. Kap. „Squash"). So wollte Heinz Nixdorf dem PSC zu einer eigenen Sportanlage verhelfen. Ein erster Vorschlag, an der Hans-Humpert-Straße in Kombination mit einer Erweiterung der am Fürstenweg gelegenen Tennisanlage eine große Squash-Anlage entstehen zu lassen, scheiterte. Dann kam der Bauherr bei der Planung der Ahorn-Sporthalle auf eine Idee, die er selbst realisieren konnte: Zehn Squash-Courts quasi als Untergeschoß in der Länge der neuen Sporthalle zu bauen und damit die Geländestufe der Uferterrasse an der Alme auszunutzen (s. die Zeichnung im Kap. „Squash").

Ursprung 5: Der postulierte Bedarf infolge einer optimalen Sportstätte

Da Heinz Nixdorf hätte Lehrer werden sollen, und aus seiner Sicht diesem Berufsstand mit Mühe entkommen war, hatte er zeitlebens ein gespanntes Verhältnis zum Schulbetrieb. Was ihn stets aufregte, waren z. B. die von Lehrern beanspruchten langen Ferienzeiten und insbesondere, daß während dieser die Turnhallen nicht genutzt wurden und in der Regel auch für Jugend- und Vereinssport nicht zur Verfügung standen – von der Nutzung durch einzelne Freizeitsportler ganz zu schweigen. Unter betriebswirtschaftlichen Gesichtspunkten gehörte daher für den Unternehmer zum Konzept des eigenen Sportzentrums die Forderung, das investierte Kapital maximal zu nutzen: Von früh morgens bis spät abends und – abgesehen von wenigen Feiertagen – an 340 Tagen im Jahr, für Sport der Azubis und weiteren

Betriebssport, für Vereine, insbesondere den LC und den PSC, für Sportgruppen, die kein e. V. sind, für Gruppen von Behinderten und Rekonvaleszenten, für Kinder, für Schulsportfeste wie für jeden einzelnen Freizeitsportler, der hier seinen eigenen Sport treiben will. „Sport für alle", auch in Ferienzeiten, zur optimalen Auslastung der Sportstätte. Das bedingte optimale Sporteinrichtungen bis ins Detail und für die Organisation ein offenes System. Dieses spielte auch bei der Bauplanung eine Rolle. Der Bauherr verlangte „Transparenz", keine Abschottungen, und ließ z. B. während der Bauphase im Eingangsbereich eine Mauer einreißen, die seiner Forderung widersprach.

Insgesamt sollte eine perfekte Sportstätte den Bedarf wecken bis zu einer maximalen Auslastung. In dieser Hinsicht war Heinz Nixdorf sehr zuversichtlich. Als der Bundestagsfraktionsvorsitzende der F.D.P. (seinerzeit Regierungspartei), Wolfgang Mischnick, als Vorsitzender des Sportausschusses des Deutschen Bundestags die Sporthalle im Rohbau besichtigte und bemerkte: *„Ich sehe hier bald deutsche Meisterschaften stattfinden!"*, erklärte der Bauherr: *„Ich bin ganz sicher, daß hier künftig Meisterschaften abgehalten werden. Darum werden wir uns gar nicht kümmern, das kommt von selbst!"*

Lebensdauer von Sportanlagen – Bauen auf eigenem Grund und Boden

Bei der Sportstättenentwicklung in Paderborn hatte Heinz Nixdorf – auch durch Erzählungen seines sportbeflissenen Vaters – ca. 65 Jahre Geschichte im Blickfeld. (s. Kap. „Das Sportzentrum SC Grün-Weiß und die vertrackte Vorgeschichte".) So fiel dem sportbegeisterten Unternehmer und Bauherrn auch die Lebensdauer von Sportstätten auf. Da gab es solche, die von Vereinsmitgliedern hergerichtet wurden und schon nach wenigen Jahren wieder aufgegeben werden mußten. Die DJK-Vereine hatten ihren ersten Sportplatz, das „Dreieck" hinter dem Schützenplatz, nur zwei, drei Jahre, und ihren zweiten Sportplatz auf der Konviktwiese nur zehn Jahre nützen können. Das 1946 wieder hergestellte Inselbadstadion hatte zunächst nur zwei Jahre Bestand, da das Gelände der Schuttablade diente und das Stadion dann neu und größer gebaut wurde. Bei der Tennisanlage des SC Grün-Weiß 1920 e. V. am Fürstenweg hatte die Stadt die Möglichkeit, das Pachtverhältnis nach zehn Jahren zu lösen. Als die Bezirksregierung nach der Flutkatastrophe 1965 Zuschüsse geben sollte, stellte sie die Bedingung, daß die Stadt den Pachtvertrag verlängert und der Bestand der wieder aufgebauten und erweiterten Anlage für 30 Jahre gesichert wird.

Als es um die Erweiterung der alten Reitsportanlage am Schützenplatz ging, erfuhr Heinz Nixdorf u. a., daß die Stadt 1923 dem Schützenverein den Schützenplatz vertraglich für 100 Jahre überlassen hat. Für das dort entstandene Sportzentrum SC Grün-Weiß e. V. wurde eine Erbpacht für 50 Jahre vereinbart.

Die Konsequenz für Heinz Nixdorf: Wie jeder Häuslebauer die Lebensdauer eines Bauvorhabens notfalls durch 99 Jahre Erbpacht oder besser, wie es die Regel ist, durch Bauen auf eigenem Grund und Boden zu sichern! Im Austausch für links der Alme gelegenes Ackerland konnte die Nixdorf Computer AG das Gelände erwerben, das sich im Anschluß an die Produktionsstätte „Almepark" an dem Fluß entlang zwischen diesem und der nun still gelegten ehemaligen städtischen Mülldeponie erstreckt. Einerseits konnte Heinz Nixdorf genügend Platz lassen für eine Erweiterung der Produktionsstätten, andererseits lag der nun für das neue Sportzentrum vorgesehene Standort nahe bei.

Ein kreativer, leidenschaftlicher Bauherr mit Interessen für Sportstätten

Heinz Nixdorf war ein ungemein engagierter Bauherr, der Stil und Funktion bis ins kleinste bestimmen konnte. Das begann mit dem Bau an der Pontanusstraße, in dem Produktion und Verwaltung untergebracht wurden und mit den Erweiterungen an diesem Standort. Es folgten die Firmenzentrale an der Fürstenallee und die zahlreichen Niederlassungen z. B. in Zürich (Kloten), in Dortmund, München, Berlin, Toledo, Boston, Singapur etc. sowie die neuen Poduktionsstätten im „Industriepark Alme". Alle diese Bauwerke tragen die Handschrift des Bauherrn sowohl in der äußeren Gestaltung als auch bei der Inneneinrichtung. Während seines Studiums – u. a. im Fach Betriebswirtschaft – hatte sich Heinz Nixdorf mit dem beschäftigt, was Carl Duisberg für die Bayer-Werke bereits um 1900 als Forderung postulierte: 1. Nur so bauen, daß bei weiterem Bedarf mindestens nach einer Richtung weitere Bauabschnitte angefügt werden können, 2. Normen für Inneneinrichtungen festzulegen, die Vereinfachung und serienmäßige Vervielfältigung, also rationelles Wachstum und Kompatibilität ermöglichen. Das Prinzip Erweiterungsmöglichkeiten wurde auch beim Ahorn-Sportpark bedacht.

Als begeistertem Sportler und kreativem Bauherrn fiel Heinz Nixdorf wo immer er bei Veranstaltungen Sportstätten oder andere Zuschaueranlagen in Augenschein nahm, irgend etwas auf:
• Beim Fußballspiel auf dem Dorfe erlebte er ein „echtes Fußballstadion", weil die Zuschauer nicht durch die Bedürfnisse der Leichtathletik, wie Laufbahnen, Hochsprunganlagen und Wurfkreise, vom Spielfeld ferngehalten wurden und gar mit einem Schritt über den Kreidestrich im Spielfeld standen. Eine solche Erfahrung trug dazu bei, nicht zugleich ein Leichtathletik-Stadion mit einem Fußballstadion zu kombinieren.
• Bei einer Griechenlandreise fiel ihm auf, wie die antiken Theater für die Zuschauerränge die Berghänge nutzten und deren Halbkreise mit zunehmender Höhe größer wurden, mehr Zuschauerplätze boten.
• Bei griechischen Stadien ermittelte er das Ausnutzen von Hanglagen für die Zuschauerstufen, ermittelte die Himmelsrichtung, um festzustellen, ob die Zuschauer ihre Blicke mit der oder gegen die Sonne richten mußten.

- Im Amphitheater von Pompeji wollte er die maximale Zuschauerzahl wissen und das Verhältnis zur Einwohnerzahl der Stadt. Und er zählte die Ein- und Ausgänge, teilte hiermit die Zuschauerzahl, um zu schätzen, wie schnell sich nach einer Veranstaltung das Amphitheater leert.

In die Landschaft einbetten, Bodenrelief ausnutzen, das hat Heinz Nixdorf beim Ahorn-Sportpark wohl bedacht – beim Stadion und bei der Sporthalle – Stichworte: Lage der Squash-Courts, beim Stadion zur einen Seite eine Hanglage für Zuschauerränge, beim Trimmpfad Steigungen und Gefälle ähnlich einer Crosslaufstrecke.

Der Ahorn-Sportpark in der Paderborner Sportstättenentwicklung

Die Sportstättenentwicklung in Paderborn war Heinz Nixdorf sehr genau bekannt. Zum einen hatte er etliche Anlagen durch „eigenen Sport" kennengelernt, zum anderen war er als Förderer bei zahlreichen Sportstätten involviert. Hinzu kam, daß Heinz Nixdorf über das Thema Sportstättenentwicklung durch sein Engagement in der ArGe Sport bestens unterrichtet wurde. Entstanden waren z. B. ein Freibad und ein Hallenbad mit 50-m-Bahnen, eine große neue Reitsportanlage, ausreichend Tennisanlagen, im Sportzentrum am Maspernplatz eine Vierfachhalle, die ein paar tausend Zuschauer faßte, ein neuer Sportflughafen und mehrere Schulturnhallen als Dreifachhallen. Ein größeres Fußballstadion war nicht das Bier von Heinz Nixdorf, wenn er sich auch über einen geeigneten Standort Gedanken machte: Nicht weit von der Alme und der Straße von Paderborn nach Elsen mit Anbindung an den Autobahn-Anschluß Paderborn-Elsen.

Im Konzert der Paderborner Sportstättenentwicklung sah Heinz Nixdorf – auch in Abstimmung mit der Stadt – die Chance, bestehende Defizite zu beheben. Das betraf eine Sportanlage, die speziell für die Leichtathleten eine optimale Trainings- und Wettkampfstätte ist, desgleichen die Sportart Squash mit Bundesliga-Niveau. 1979 hatte die Stadt einen „Sportstättenleitplan" mit den Vorständen der Sportvereine erörtert. Durch Jürgen Wegwart, seinen Mitarbeiter und Vorsitzenden des LC, war Heinz Nixdorf indirekt beteiligt. Die Erörterung löste eine Konkretisierung des LC-Projektes Leichtathletik-Sporthalle aus. Heinz Nixdorf sprach nun von einer *„Abrundung"* des Sportstättenangebots in Paderborn. Hierzu wollte er beitragen.

Beginn mit dem Trimmpfad und die Probefahrt

Indem Heinz Nixdorf im August 1979 Kurt Bendlin, den ehemaligen Weltrekordler im Zehnkampf, als „Leiter der Sport- und Ausbildungsförderung" einstellte, gab er dem Sport für die Azubis, dem allgemeinen Betriebssport und dem LC Paderborn, bei dem Bendlin sogleich nebenamtlich als Trainer aktiv wurde, einen mächtigen

Fortsetzung S. 498

Der mehrstämmige Ahornbaum am Rande des oberen Uferterrasse des Almetales, 1981. Zwischen den Zweigen ist links im Mittelgrund an der engen Reihe der Pappelbäume der Verlauf des kleinen Flusses auszumachen. Der üppige Ahornbaum, der Heinz Nixdorf auf die Idee brachte, den Sportpark an der Alme als „Ahorn-Sportpark" zu bezeichnen, ist inzwischen leider eingegangen. Dazu mögen Erdarbeiten, wie z. B. Kabelverlegungen, und verschmutztes Wasser von der ehemaligen Mülldeponie sowie das Alter des Baumes beigetragen haben.

Sport an der Alme, Almebad 1935. Hier war auch Heinz Nixdorf in jungen Jahren zu finden und das Almebad gehörte zu den schönen Erinnerungen an seine Jugendzeit. Die Obrigkeit kämpfte wegen drohenden Sittenverfalls vergeblich für eine strickte Trennung in Damen- und Herrenbad. Doch die Bevölkerung ließ sich ihr geselliges Badevergnügen nicht nehmen.

Der Ahorn-Sportpark entstand an der Alme. Hier links das Almetal. Zwischen den Pappelreihen verläuft der kleine Fluß. Rechts die Sporthalle in der Bauphase, 1984. Die Grünen hatten vergeblich versucht, den Sportpark in der Almeaue zu verhindern.

Bau des Trimmpfades, 1982. Bevor das Stadion angelegt und die große Halle errichtet wurden, entstand zunächst der Trimmpfad mit freiwilligen Arbeitseinsätzen von Mitgliedern des Leichtathletik-Club (LC) Paderborn. Heinz Nixdorf hatte herausgefordert: „*Strengt Euch mal an!*" In der linken Dreiergruppe der hintere Arbeiter Kurt Bendlin, der „Bauunternehmer".

Der Bauherr und das Stadion während der Bauphase, 1984. Am Rande des Zuschauerwalles der solitäre Ahornbaum, den Heinz Nixdorf als Namengeber für den „Ahorn-Sportpark" ausmachte. Dieser Baum ging inzwischen ein, doch es waren hunderte von jungen Ahornbäumen gepflanzt worden.

Der multifunktionale Ahorn-Sportpark 497

Der Sportpark an der Alme und der „Industriepark Alme" der Nixdorf Computer AG um 1986. Blick von Norden. Der kleine Fluß Alme ist von Baumreihen eingefaßt. Links von der Sporthalle und vom Stadion Parkplätze und die ehemalige Mülldeponie mit dem „Ahorn-Plateau". Dahinter verläuft der Untere Frankfurter Weg, heute Heinz-Nixdorf-Ring. Zwischen diesem und dem kleinen Fluß die ausgedehnten Werkgebäude des Industrieparks Alme. Die Nähe des Sportparks zur Hauptproduktionsstätte der ehemaligen Nixdorf Computer AG wird deutlich.

Impuls. Das betraf auch die Planung und den Bau eines firmeneigenen „Sportzentrums Almepark". Nach dem Provisorium der Grünen (Werk-) Halle standen für den Azubi-Sport im Freien bald nahegelegene Rasenflächen zur Verfügung mit Toren, die von Azubis im Ausbildungszentrum produziert wurden. Im Oktober 1980 hatte der Architekt Hans Mohr die Pläne für die Sporthalle des LC am Standort zwischen Unterem Frankfurter Weg (Heinz Nixdorf Ring) und ehemaliger Mülldeponie nochmals überarbeitet, doch dann liefen Heinz Nixdorfs Überlegungen gezielt auf ein firmeneigenes „Sportzentrum Almepark" zu. In einer Grobplanung wurde Ende 1981 die Lage des Stadions und der Sporthalle festgelegt.

Als erster Bauabschnitt dieses Sportzentrums sollte – da waren sich Heinz Nixdorf und Kurt Bendlin einig – bald ein Trimmpfad entstehen, zunächst in einer Länge von ca. 1 km. Das Angebot einer Baufirma belief sich auf 135.000,- DM. Ganz im Sinne des Bauherrn erklärte sich Kurt Bendlin bereit, mit Hilfe seines Bruders Reinhold als Führer eines Tiefladers und weiteren freiwilligen Hilfskräften mit Hacken, Schaufeln, Rechen und Walzen den Trimmpfad selbst zu bauen. Heinz Nixdorf hatte von Mitgliedern des LC gefordert: *„Strengt Euch mal an!"* Aus der Konkursmasse einer Baufirma waren für wenig Geld ein kleiner Lastwagen und eine Raupe (Tieflader) gekauft worden. Nach genauem Plan wurden zunächst mit der Motorsäge die Schneisen im gestrüppigen Gelände angelegt. Ins Geld schlugen im wesentlichen die Kosten für Schotter und Splitt: Pro Tonne 9,50 DM, bei Anlieferung frei Baustelle. Nach einem Urlaub, als ein Teil des Trimmpfades fertig war, kam Heinz Nixdorf mit seinem Auto, dem blauen RO 80, zur Inspektion vorbei. Nachdem er das Werk in Augenschein genommen hatte, bat er Kurt Bendlin im RO 80 auf dem Beifahrersitz Platz zu nehmen. Kurt dachte, es solle noch etwas besprochen werden, doch der Chef gab Gas und machte mit ihm eine Probefahrt auf dem Trimmpfad, der sich im Unterschied zum ebenen Laufpfad an den Fischteichen, für den Heinz Nixdorf die Beleuchtung gestiftet hatte, mit Steigungen und Gefälle für ein Konditionstraining besonders eignen sollte. Die abgefahrene Strecke des Trimmpfades mit Schotteruntergrund und Splitt bestand die Probefahrt. Der Bauherr war zufrieden: *„O. k.! Weiter so!"* Nach der Fertigstellung des Trimmpfades gab es einen besonderen Grund zur Freude des Bauherrn und zum Stolz seines ehrenamtlichen Bauunternehmers: Statt der veranschlagten 135.000,- DM waren Kosten von nur 35.000,- DM entstanden.

Gefühle: *„Ich liebe diese kleinen Flüsse!"*

Ostern 1982 stand unmittelbar bevor, da kam Heinz Nixdorf spontan auf die Idee, mit einigem, beim Entstehen des Trimmpfades angefallenem, trockenen Gestrüpp ein kleines Osterfeuer zu veranstalten. Schnell organisierte er ein Aufhäufen von Astwerk, Material zum Anzünden, Bier, Wein, einen kleinen Grill, Bratwürste und Brötchen. Von heut auf morgen waren geladen: – Selbstverständlich seine Frau

Renate –, seine Mutter Änne, von ihm stets liebevoll Mama genannt, sein Bruder Walter mit Frau, Schulfreund und Skatbruder Paul Seiffert sowie die vertrauten Freunde, das Ehepaar Rosemarie und Volker Werb. Es war kühl und Heinz Nixdorf war in seiner braunen Schaf-Fellmütze gekommen, die er auch stets beim Wintersport dabei hatte und in der er, wie seine Frau meinte, wie ein Rußlandheimkehrer aussah. In familiärer, gemütlicher wie anregender Runde blickte der Gastgeber frohbereit auf das Gelände, auf dem bald eine große Sporthalle entstehen sollte. Das lodernde Osterfeuer schien neues Entstehen und Gedeihen zu verheißen. Zu mir gewandt erklärte der Bauherr: *„Ich liebe diese kleinen Flüsse!"* Das bezog sich auf die Standorte seiner Bautätigkeit in Paderborn und war ein Hinweis auf das, was man bei einem tatkräftigen Mann nicht im Blick hat, auf Gefühle, die Entscheidungen beeinflussen. Heinz Nixdorf hatte fast sentimentale, nachhaltige Erinnerungen an Erlebnisse in den Entwicklungsjahren, in denen Jugendliche besonders empfindsam sein können. Dazu gehörte bei ihm z. B. aus der Torgauer Zeit die Erinnerung an das stundenlange, verträumte Schauen von einer Brücke herab auf die vorbeiziehenden Schiffe auf der Elbe. In dieser Erinnerung konnte er in Medenblik noch als Sechzigjähriger beim Vorbeifahren von Booten schwelgen. Auch der Jugendzeit in seiner Heimatstadt Paderborn blieb er mit vielen Erinnerungen empfindsam verbunden. Heinz Nixdorf hatte sein Unternehmen in Essen begonnen. Bald zog es ihn zurück in seine Heimatstadt, wo seine Mutter und seine Geschwister wohnten und wo er viele Freunde seit der Schulzeit hatte. Andere Freunde zog es eher weg aus der Provinzstadt in größere Zentren, in Großstädte oder das rheinisch-westfälische Industriegebiet, wie z. B. seinen Freund Fritz Wesche. Heinz Nixdorf hatte infolge seiner gefühlsmäßigen Bindungen einen umgekehrten Weg genommen. An der Warmen Pader und in der Roonstraße (Erzbergerstraße) hatte er in seiner Jugend mit der Familie gewohnt und am Rande des Riemekeviertels, an der Pontanusstraße, hat er sein erstes großes Bauvorhaben realisiert. Die anschließend an der Fürstenallee gebaute Firmenzentrale (heute HNF) hat dort Adresse und Zufahrt. Gebaut hat Heinz Nixdorf jedoch unmittelbar an der Pader. Von seinem Büro aus schaute er auf den kleinen Fluß und die Aue, die heute seinen Namen trägt. Das Spielen an der Pader in Kindertagen, das Herumspringen auf den Brettern in der Wäschepader vor der Haustür, das Fangen von Stichlitzen und deren Halten in Einmachgläsern, das Aussetzen von Flaschenpost zu deren Wettschwimmen in der Pader, das waren unvergeßliche Kindheitserlebnisse. Wenn Raufkumpane in eines der Quellbecken geworfen wurden, waren diese Christen zusätzlich als Paderborner getauft. Dann gab es das verbotene Baden in Syrings Teich und den Reiz des Almebades im Wasser und am Strand. Dort sorgte die Obrigkeit durch ihr verzweifeltes Bemühen, Männlein und Weiblein strikt zu trennen, für besonderen Spaß. In abschottende Bretterwände bohrten die Lausbuben Gucklöcher, um der Anziehungskraft weiblicher Körper frönen zu können. Welch ein Sittenverfall! Hah, hah!! (Siehe „Paderborner Sportgeschichte S. 134.)

Nach der Firmenzentrale an der Pader wählte Heinz Nixdorf für eine neue, größere Produktionsstätte nicht – wie es nahegelegen hätte – einen Standort in einem der Industrie- bzw. Gewerbegebiete wie z. B. Mönkeloh, Dörener- oder Benhauserfeld, sondern einen Standort am kleinen Fluß Alme. So ergab sich auch für das seinerzeit noch so bezeichnete „Sportzentrum Almepark" dieser Standort, und eben nicht, wie zuvor für die LC-Halle vorgesehen, das Gelände zwischen Mülldeponie und Unterem Frankfurter Weg (Heinz Nixdorf Ring).

„*Ich liebe diese kleinen Flüsse!*" Diese Bemerkung verriet etwas von großen Gefühlen, von sentimentalen Erinnerungen an Kindheit und Jugendzeit, die konventionell tätkräftigen Männern nicht zustehen. Bei seiner ungewöhnlichen, allgemeinen Ausdauer, Beharrlichkeit, Beständigkeit und Treue waren bei dem Unternehmer, dem Menschen Heinz Nixdorf, seine Gefühle inbegriffen. Auch die Liebe zu alten Fachwerkhäusern war kein Zufall (s. u. Athletendorf).

Baukostenzuschüsse von Bund und Land

Bereits im Juni 1980 hatte die Nixdorf Computer AG beim Regierungspräsidenten in Detmold einen Antrag auf Bedarfsanerkennung für eine firmeneigene Sporthalle gestellt. Dabei stand der Bereich Schulsport der firmeneigenen Berufsschule im Vordergrund, so daß gegenüber einer 200-m-Laufbahn in der Baubeschreibung Bedenken laut wurden. Im Unterschied dazu wurden beim jahrelangen Bemühen des LC Paderborn um eine eigene „Heimstätte" argumentativ die Förderung des Leistungssports und spezielle Leichtathletikeinrichtungen, die es im Raum Paderborn noch nicht gab, an erste Stelle gerückt. Durch die Anerkennung des LC Paderborn als Landesleistungsstützpunkt Leichtathletik (seit dem 01.01.1979, wie üblich für drei Jahre) war für Förderanträge beim Land und in der Folge beim Bund eine erste Stufe genommen.

Mit den Personen Jürgen Wegwart, Jürgen Appenowitz und Hubert Schäfers als leitenden Mitarbeitern der Nixdorf Computer AG und zugleich als ehrenamtlichen Vorstandsmitgliedern des LC Paderborn war quasi eine Personalunion gegeben. So konnte Heinz Nixdorf die verschiedenen Aspekte, wie Bauplanung, mögliche Bezuschussung und Baugenehmigung zusammenfassen und seine drei oben genannten Leute, seinen jüngeren Mitarbeiter Willi Lenz und vorweg den bekannten ehemaligen Weltrekordler Kurt Bendlin als Vertreter der Nixdorf Computer AG und des LC Paderborn zu den Regierungen und Ämtern von Stadt, Kreis, Regierungsbezirk Ostwestfalen-Lippe, Land NRW und Bundesregierung sowie zu Sportverbänden auf allen Ebenen bis zum Deutschen Leichtathletikverband (DLV) und zum Deutschen Sportbund (DSB) schicken und verhandeln lassen.

Mit dem Renommee von Kurt Bendlin und einer sich abzeichnenden Leistungssteigerung beim LC sowie einem zügigen Vorgehen bei der Realisierung des „Sportparks Alme" wurde durch Befürwortung des Direktors im Bundesausschuß Leistungssport, Helmut Meyer, eine Anerkennung als Bundesleistungsstützpunkt

Leichtathletik für 1984 erreicht. Mit dieser Anerkennung konnte der Bund einen Zuschuß von 3 Mio. DM bewilligen und das Land mußte mit gleicher Summe fördern. Die Grundsatzentscheidung fiel im September 1983, als schon mächtig gebaut wurde und das Richtfest bevorstand.

Bauen ohne Genehmigung und das Richtfest

Heinz Nixdorf hatte am 08. Oktober 1982 notiert *„Ratsbesuch, Sportplatzärger"* und entschied – ohne die Genehmigungsverfahren abzuwarten – Ende des Monats, an der von ihm vorgesehenen Lage von Stadion und Halle, deren Maße und Konstruktion festzuhalten. Im November 1982 ließ er bereits mit den Erdarbeiten für Halle und Stadion beginnen. Die Pläne für die Halle und die Kostenermittlung waren zuvor vom Architekten Hans Mohr im Auftrag der Nixdorf Computer AG für den LC erstellt worden. Um diese Zeit hatte Heinz Nixdorf angeboten, von seiner Firma das gesamte Architekturbüro Hans Mohr zu übernehmen. Die betriebseigene „Bau- und Haustechnik" zählte immerhin schon ein paar Hundert Mitarbeiter. Aus dem Hause Mohr kam heftiger Widerstand und es gab zwischendurch eine Verstimmung zwischen beiden Geschäftspartnern. Heinz Nixdorf beauftragte jedenfalls nun den Offenbacher Architekten Jochen F. Buschmann. Für den sprach als Begründung, daß er im Sporthallenbau mehr Erfahrung hatte. Am neuen, endgültigen Standort gab es infolge des Bodenreliefs Planänderungen, die insbesondere zu den ursprünglich nicht vorgesehenen zehn Squashcourts und zu einem mehrgeschossigen, oktogonalen Eckpavillon führten. Überdies ließ Heinz Nixdorf das Flächenmaß der Halle von 50 x 80 m auf 50 x 100 m erweitern. Erste Fundamente wurden am 24.01.1983 von der Fa. Bernhard Köthenbürger gegossen. Im Februar entschied der Bauherr über die Dachkonstruktion. Nicht Stahl, sondern Holz. Ein offenes Fachwerk für die den weiten Raum überspannenden Binder. Die Gesamtplanung inclusive des Innenausbaus war im Detail erst im Juni 1983 abgeschlossen. Vorher war regulär gar kein endgültiges Baugenehmigungsverfahren möglich, da hierzu die kompletten Pläne und die statischen Berechnungen hätten vorliegen müssen.

Doch schon am 21.10.1983 veranstaltete der zufriedene Bauherr mit ca. 500 geladenen Gästen ein zünftiges Richt- und Besichtigungsfest. Der monumentale Baukörper stand. Vom Dachgebälk herab tönte in lautstarkem Westfälisch der Richtspruch des Zimmermeisters Heinrich Lippegaus. Das Fest sollte auch ein Friedensfest werden. Mit dem Agieren auf obersten Regierungsebenen bei der Projektierung und der Realisierung „seines" Sportparks, mit einem Darauflosbauen ohne Baugenehmigungen hatte Heinz Nixdorf die Stadt, d. h. den Rat und die Verwaltung mit ihren vielen Ämtern, mächtig unter Druck gesetzt. Er hatte von *„Lahmärschen"* gesprochen und bei Gelegenheit einer Gruppe von Ratsherren erklärt: *„Diese Ämter fallen uns auf den Wecker!"* Die Stadt lief Gefahr, daß ein

Beim Richtfest am 21.10.1983.

Oben:
Der Zimmermeister Heinrich Lippegaus, in Begleitung seiner Tochter, prostete von hoch oben im Gebälk nach seinem zünftigen Richtspruch-Gedicht dem Bauherrn und den zahlreichen Gästen zu.

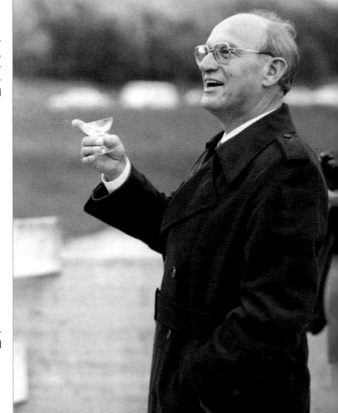

Unten:
Der Bauherr erfreut sich der gelungenen Richtfest-Zeremonie und prostet zurück.

Der Bauherr bei seiner Ansprache anläßlich des Richtfestes. Ca. 500 Gäste hatten sich eingefunden. Im Hintergrund zwei Festzelte, wie sie bei Schützenfesten üblich waren.

Hoher Besuch während der Bauphase. Dem Vorsitzenden des Sportausschusses des Deutschen Bundestages, Wolfgang Mischnick (Mitte), stellt Heinz Nixdorf (rechts) in Begleitung des ehemaligen Weltrekordlers im Zehnkampf, Kurt Bendlin (links), das Konzept der Halle vor (23.09.1984).

Vorgehen wie beim Bau dieser Sporthalle Schule macht und von anderen auf Gleichbehandlung gepocht wird. Das hätte dem der Stadt zustehenden hoheitlichen Herrschaftsanspruch böse zusetzten können.

In seiner Ansprache dankte Heinz Nixdorf dem Bezirk, dem Land, dem Bund und den Sportverbänden, richtete sich dann an den Bürgermeister Herbert Schwiete und prägte den bemerkenswerten Satz: *„Ich danke der Stadt dafür"*, – kurze Denkpause – *„daß sie mich hat gewähren lassen!"* Neben mir, in der Menge der 500 Gäste, stand ein Ratsherr und sprach vernehmlich vor sich hin: *„Wie sollte diese Qual uns quälen, da sie vermehrt das ganze Land?"* Der Ratsherr war vermutlich ein Lehrer, der sich mit diesem Zitat aus Goethes West-Östlichem Divan trösten konnte.

Der Bürgermeister bedankte sich bei dem *„sehr, sehr geehrten, lieben Herrn Nixdorf"* für das Geschenk, das dieser mit der Halle unserer Stadt macht und sprach von der Hoffnung, daß noch viele *„Modelle Nixdorf"* folgen.

Den Wert des Geschenkes bezifferte Heinz Nixdorf insgesamt mit 20 Mio. DM. Vom Bund und Land kämen je 3 Mio. DM, sodaß die Nixdorf Computer AG 70% = 14 Mio. DM für diese Sportförderung aufbringe.

Die Sportorganisationen und die in Regierungen und Verwaltungen für Sport Zuständigen, bis hin zum Dezernenten Dr. Rudolf Salmen in der Stadtverwaltung, hatten sich leicht getan bei der Befürwortung eines Projektes für den Sport. Sie wollten Fakten schaffen lassen, bevor die Grünen, die Landschafts- und Umweltschützer ihre Heere aufstellen und die für Gewässer- und Landschaftsschutz zuständigen Behörden und Ämter zum Verhindern in Bewegung setzen konnten. Der Chef der Paderborner Verwaltung, Stadtdirektor Wilhelm Fehrlings, wußte, daß die Stadt dem Unternehmer Heinz Nixdorf sehr viel zu verdanken hatte und unterstützte dessen Sportprojekt. Manch aufkeimender Widerstand wurde ausmanövriert. Beim Richtfest dankte Kurt Bendlin als Sprecher der Sportler dem Sportförderer dafür, daß er *„dieses Tal mit Leben erfüllt hat, ... auch wenn es vorher ökologisch wertvoll war."* Ein Pressedienst bestätigte, daß der Sportpark landschaftlich zwischen Almetal und der durch Begrünung schön gemachten, ehemals häßlichen Mülldeponie gut gelegen ist.

Gründung einer gemeinnützigen GmbH als Tochter und die Namengebung

Die Zuschüsse von Bund und Land konnten nicht einem Wirtschaftsunternehmen, sondern nur einer gemeinnützigen Sporteinrichtung zugute kommen. So handelte die Nixdorf Computer AG zunächst für eine in Entstehung begriffene, gemeinnützige GmbH. Das Kind, eine 100%ige Tochter der AG, mußte einen Namen bekommen. Bislang wurde in Anlehnung an den „Industriepark Alme" die Bezeichnung „Sportpark Alme" oder „Sportzentrum Almepark" benutzt, in der Öffentlichkeit jedoch fast ausschließlich von der „Nixdorf-Halle" gesprochen. Die Erwartungen gingen in diese Richtung. Heinz Nixdorf beendete das Rätselraten. Er wollte sich selbst keinesfalls hervorheben, was durch Übertragung des Firmennamens auf den Sportpark geschehen wäre. So kreierte er spontan: „Ahorn-Sportpark". Die Idee entsprang einem solitären, vielstämmigen, mächtigen Ahornbaum, der wie ein Wahrzeichen am Rande des Sportplatzes stand, bezog sich aber auch auf die Neuanpflanzung von hunderten junger Ahornbäume auf dem Gelände des Sportparks, insbesondere an den hohen Böschungen der ehemaligen Mülldeponie. Diese war von der Stadt der Nixdorf Computer AG für 1 DM verkauft, d. h. geschenkt, und von ihr begrünt worden. Insgesamt wurden 3.600 Ahornbäume, Schwarz- und Weißdornbüsche gepflanzt. Die Zufahrtsstraße vom Unteren Frankfurter Weg (Heinz Nixdorf Ring) wurde von der Stadt bald als „Ahornallee" getauft und für die ehemalige Mülldeponie ist neuerdings die schönere Bezeichnung „Ahorn-Plateau" erfunden worden. Die Benennung mit „Ahorn" war von Heinz Nixdorf eine Versöhnungsgeste gegenüber den Grünen, die gegen den Standort der Sporthalle an der Alme aus ökologischen Gründen heftig zu Felde gezogen waren, und für die „Alme-Sportpark" ein Reizwort war.

Als Geschäftsführer der „Ahorn-Sportpark GmbH" wurden nebenberuflich Jürgen Appenowitz und Willi Lenz verpflichtet. In der Nixdorf Computer AG war Appenowitz Leiter des betrieblichen Rechnungswesen, Lenz Leiter der Abteilung „Kommunikation-Service". Lenz wurde in der Presse als aktiver Fußballer vorgestellt, der als „eiserner Abwehrrecke" in Warburg, bei Arminia Bielefeld, beim TuS Schloß Neuhaus und schließlich beim 1. FC Paderborn kein Unbekannter war. Hier sei vorweggenommen: Nachdem Appenowitz Geschäftsführer des Verkehrsflughafens Paderborn-Lippstadt geworden war, wurde Willi Lenz im Juli 1984 als alleiniger, hauptamtlicher Geschäftsführer der „Ahorn-Sportpark GmbH" bestellt.

Der Traum: Ein Athletendorf mit alten Fachwerkhäusern im Ahorn-Sportpark

Zu Heinz Nixdorfs früher Jugend gehörte – ähnlich wie das Spielen und Herumtollen an den kleinen Flüssen Pader und Alme – auch das Wohnen im Milieu alter Fachwerkhäuser. Die Blicke aus der Mietwohnung in einer oberen Etage des Hauses Warme Pader 7, über die schwätzenden Frauen in der sogenannten Wäschepader hinweg, trafen gegenüber auf alte Fachwerkhäuser, die dort am Quellbecken der Dammpader eng an eng standen. Sie wurden 1945 beim Luftangriff ein Opfer der Feuersbrunst und nicht durch Neubauten ersetzt. Dort erstrecken sich heute Grünanlagen.

„Das malerische und romantische Westphalen" – so der Titel eines berühmten Buches von L. Schücking und F. Freiligrath – gab es auch in Paderborn, insbesondere in den Quartieren um die Quellbecken herum mit engen Straßen, stillen Winkeln und malerischen Fachwerkgebäuden.

Es waren glückliche Kindheitserinnerungen an das Leben in diesem unzerstör-

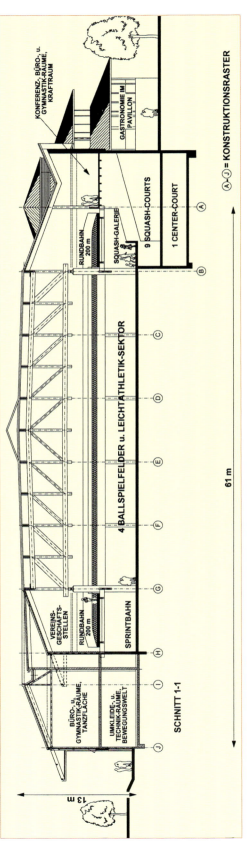

SCHNITT 1-1

A–J = KONSTRUKTIONSRASTER

Querschnitt der Ahorn-Sporthalle. Die Breite mißt nach der 2. Ausbaustufe 61 m, der Eckpavillon ragt darüber hinaus. Länge der Halle 100 m. Linkes Foto: Blick in das offene Holzfachwerk der dachtragenden Konstruktion. Rechtes Foto: Schwarz

gestrichene Holzelemente und naturfarbig belassene gliedern die konstruktiven Elemente. Bei der aufgestelzten 200-m-Laufbahn mit dem blauen Geländer wurde die äußere Bahn angestückt.

Rechts:
Quellbecken der Warmen Pader, auch Wäschepader genannt. In der obersten Etage – leider nicht im Bild - des Fachwerkhauses links, Warme Pader 7, hat die Familie Walter Nixdorf nach der Rückkehr aus Torgau, 1930, einige Jahre gewohnt. Der Sohn Heinz Nixdorf erinnerte sich lebhaft an diese Jugendzeit. Die Fachwerkhäuser brannten beim Luftangriff im Frühjahr 1945 völlig nieder.

Mitte:
Das Milieu der Fachwerkhäuser in der Stadt an den Paderquellen. Frühe Kindheitserinnerungen verbanden sich für Heinz Nixdorf mit diesem malerischen und romantischen Paderborn vor dessen Zerstörung. (Zeichnung von Hans Herbert Weiß, um 1930.)

Unten:
Der lippische Meierhof in Grießem, Baujahr 1689, Foto 1984. Dies war das erste von vier Fachwerkhäusern, die der Sportförderer für sein Projekt „Athletendorf aus Niederdeutschen Fachwerkhäusern in der Almeaue" für den Ahorn-Sportpark gekauft hat. (Nicht im Bild der schöne Torbogen an der Straßenseite.)

ten Paderborn, die Jahrzehnte später im Zuge historischer Rückbesinnung oder gar Nostalgie Heinz Nixdorfs Interesse an alten Fachwerkhäusern geweckt haben. Die Entscheidung für den Standort eines „Westfälischen Freilichtmuseums bäuerlicher Kulturdenkmale" fiel 1960 auf Detmold, den Sitz der Bezirksregierung, und der Computer-Pionier bedauerte als Paderborner, daß Dalheim unterlag. Hauptsache, das Museum kam zustande und es lag in dem lippischen Residenzstädtchen näher bei Paderborn als z. B. im Raum Siegen ganz im Süden oder im Raum Bocholt ganz im Westen von Westfalen-Lippe. Trotz engen Terminkalenders besichtigte Heinz Nixdorf das 1966 eröffnete Museum einige Male. Eines Sonntagsnachmittags, es war im Jahr 1983, kamen wir - Ehepaare Nixdorf und Werb – zu spät. Einlaß geschlossen! Pech! Wir trollten von dannen. Als meine Frau Rosemarie das enttäuschte, traurige Gesicht unseres Freundes Heinz sah, rannte sie zurück und redete ungemein heftig auf die Wärter ein. Heinz Nixdorf bewundernd: *„Wie sie kämpfen kann!"* – Wir wurden ohne Eintrittskarten hineingelassen, da die Kasse bereits geschlossen war und weil wir versprachen, rechtzeitig vor Schließung des Ausgangs zurückzukehren.

Damals lag der Ein- und Ausgang noch ganz in Westen des weiten Museumsgeländes. Mit schnellen Schritten strebte Heinz Nixdorf seinem Hauptziel zu, das am anderen Ende lag, zum „Valepagenhof". Das Prachtstück war sein ganzer Stolz, denn das Haus stammte aus der Bauernschaft Delbrück und der Hof gehörte zum Besitz des Benediktinerklosters Abdinghof in Paderborn. Der „Valepagenhof" war eines der ersten Gebäude des „Paderborner Dorfes", das im Freilichtmuseum angelegt wurde. Zuvor waren, in dem weiten Gelände verteilt, Einzelgehöfte incl. Nebengebäuden und andere einzelne Bauwerke, wie Windmühlen, Backhäuser u. ä. wieder errichtet worden. Ca. 70 Gebäude standen, ca. 100 waren noch eingelagert. Das „Paderborner Dorf" war das erste Ensemble, das aus ca. 60 Gebäuden, die aus verschiedenen Orten und Randgebieten des ehemaligen Hochstiftes stammten, mit einer Kirche im Mittelpunkt zusammengesetzt wurde. Die Entstehung dieses „Paderborner Dorfes" brachte Heinz Nixdorf auf die Idee, im Ahorn-Sportpark ein Athleten-Dorf aus alten Fachwerkhäusern zu errichten.

Die Liebe zu Fachwerkhäusern war bei Heinz Nixdorf schon im Vorfeld ganz allgemein festzustellen. So arrangierte er im „Kunst- und Heimathaus Mertesmeyer" in Gesseln, im Ambiente dieses alten Fachwerkbaus, zahlreiche private Feten jährlich um Nikolaus herum, mit seinen Starbootseglern, mit Zehnkämpfern, und seine Skatwettbewerbe „Westfalen gegen Schleswig-Holstein" mit den skatfreudigen Seglern von der Küste im Norden und Skatbrüdern und -freunden aus Westfalen.

Von allen Gaststätten in Paderborn war dem Computerpionier die liebste das gemütliche Weinlokal in dem stattlichen Fachwerkgebäude neben dem Adam- und Eva-Haus an der Hathumarstraße (siehe Kap. Volleyball). Mit Gästen oder Geschäftsfreunden fuhr er gelegentlich in Atteln vorbei, um den prachtvollen, alten „Spieker" (Speicher) aus der reichen Zeit vor dem 30jährigen Krieg vorzuführen und bewundern zu lassen.

Wenn Heinz Nixdorf etwas interessierte, war er lernwillig und lernfähig wie kaum ein anderer. Er lernte jedoch nicht wie ein Gelehrter aus reiner Wißbegierde, sondern um sein Wissen umzusetzen, um etwas zu machen oder zu bewirken. Im Freilichtmuseum hatte er gelernt, daß man alte Fachwerkhäuser erwerben, mit System das Balkenwerk durchnumerieren, ein Gebäude abtragen, einlagern und an anderer Stelle wieder aufbauen kann. Weiter hatte er erfahren, daß alte Gebäude im Laufe von Jahrhunderten z. B. wegen anderer Nutzung oft erweitert und im Inneren umgebaut wurden, sodaß selbst ein Museum keine Rekonstruktion des ursprünglichen Zustandes anstreben konnte. In Detmold bestimmten museale Aspekte die Erhaltung eines alten Zustandes, doch es war auch legitim, wie die Beispiele Heimathaus in Gesseln oder Weinlokal in Paderborn zeigten, bei Wahrung der Bausubstanz das Innere für eine neue Nutzung umzugestalten.

Im März 1984, auf der Hinfahrt mit dem Auto zur „Hannover Messe Industrie" und der anschließenden CeBIT bekam Heinz Nixdorf beim Durchfahren des Dorfes Grießem (vor Aerzen) mit, daß dort ein verhältnismäßig großes, altes Fachwerkhaus zum Verkauf stand. Er bat seinen Fahrer und Vorschoter Josef Pieper, der in Hannover sogleich nach Paderborn umkehrte, wegen eines Kaufs vorzufühlen und näheres zu erkunden. Das 1689 errichtete, also 295 Jahre alte Gebäude war ein lippischer Meierhof, was am prächtigen Torbogen die lippische Rose und ein Wappen mit Stern der Grafschaft Sternberg auswies. Das Haus war seit 1938, seit über 40 Jahren nicht mehr bewohnt und nur noch als Schuppen für landwirtschaftliche Maschinen und als Lager genutzt worden. Auf seiner Rückreise von der, für sein Unternehmen sehr lukrativen CeBIT ließ Heinz Nixdorf bei dem Besitzer, dem Bauern Heinrich Kropp vorfahren und sagte zu Jupp Pieper: *„Das Haus muß ich haben!"* Um keine Zeit zu verlieren und der Gefahr zu entgehen, daß ein anderer Interessent das Haus vor ihm wegschnappt, bot der Computerunternehmer dem Bauern eine Summe, die diesem vor Erstaunen und Freude die Kinnlade herunterfallen ließ. Per Handschlag war der Kauf sofort perfekt. Alles weitere hatten ein Notar und die Abteilung „Bau- und Haustechnik" abzuwickeln. Der Landeskonservator in Hannover konnte das Haus nicht erwerben und herrichten und folglich seine Zustimmung nicht verweigern. Auf dem Gelände des Ahorn-Sportparks wurden die Balken gestapelt und provisorisch gegen Niederschlag abgedeckt. Als der Pressesprecher der „Nixdorf Computer AG" von Journalisten gefragt wurde, was die „Fachwerkhaus-Verpflanzung" koste, konnte der nur antworten: *„Das ist ein so persönliches Projekt von Herrn Nixdorf, daß ich dazu noch nichts sagen kann."*

Nach dem Kauf des ersten Hauses für sein Athletendorf beschäftigte sich Heinz Nixdorf noch sehr viel intensiver an konkreten Beispielen mit der Renovierung und neuer Ausgestaltung alter Fachwerkhäuser. An einem Wochenende hatte ich beruflich in Münster i. W. zu tun, Heinz Nixdorf war in der Nähe, und wir trafen uns anschließend im Hotel „Schloss Wilkinghege". In einem ehemals landwirtschaftlich genutzten, stattlichen Anwesen, das mit seinen Nebengebäuden ein Milieu westfälischer Fachwerkhauskultur ausstrahlte, war hier ein renommierter Hotelbetrieb entstanden. Nicht nur dieses Hotel, auch eine Reihe anderer und einige Restaurants in Münster und Umgebung wurden besichtigt, u. a. das Hotel Thier-Hülsmann, ein Fachwerkhaus, das wie der von Heinz Nixdorf gekaufte lippische Meierhof (1689) aus dem Ende des 17. Jahrhunderts stammte (1676). Heinz Nixdorf prägte sich bei solchen Besichtigungen eine Fülle von Anregungen ein und fühlte sich zunehmend bestätigt, seinen Traum zu realisieren.

Als der Paderborner erfuhr, daß ein Liebhaber alter Fachwerkhäuser irgendwo in der Senne des Ravensberger Landes einen einzeln gelegenen Fachwerkhof gekauft hatte und zu seinem Domizil herrichtete, wurde dort eines Sonntagnachmittags ein Besuch mit unseren Frauen arrangiert. Der Besitzer war Fabrikant von Knöpfen, von tausend verschiedenen für die Bekleidungsindustrie, war Bastler und das Herrichten und Gestalten seiner Fachwerkhäuser – Haupt- und Nebengebäude – war sein Hobby. Heinz Nixdorf interessierte sich für alle Arbeitsgänge: Wie morsche Stücke von Balken ersetzt werden und daß hierbei das Schwindmaß neuen Holzes laut Tabelle zu berechnen ist. Was bei den mehr als fingerdicken Holznägeln und der Verzapfung zu beachten ist. Wie man an alte Dachpfannen kommt, um schadhafte und fehlende zu ersetzen. Wie Wärmedämmungen bei Wänden, Fenstern und unter dem Dach erfolgen können. Wie Küche, Hauswirtschaftsraum, Bäder, Toiletten, Schlaf- und Wohnräume dort installiert werden können, wo es früher Ställe für Pferde, Kühe oder Schweine gab. Wir begaben uns ins Nebenhaus, in dem der Hausherr seine Werkstatt eingerichtet hatte. Unsere Frauen langweilten sich, störten, und wir Männer waren froh, daß die Dame des Hauses sie zu Kaffee und Kuchen abholte. *„Die Damen können mit einem Ständer etwas anfangen, aber von einem Zweiständer- oder Vierständerhaus wollen sie nichts verstehen!"* Heinz Nixdorf dagegen eignete sich ein erstaunliches Fachwissen an und wußte, was Schwellen, Ständer, Riegel, Rähme und Kraggen sind, wie Gefächer mit gewundenem Weidengeflecht und Lehm ausgefüllt werden, welche Qualität der Lehm haben soll und was ihm zuzusetzen ist, wie verputzt und gekälkt wird. Er kannte eckige und halbrunde Ständerstützen, Torbögen mit Eck- oder Flächenornament, Andreaskreuze, Brüstungsplatten mit Fächerornament etc..

Wenn irgendwo in der Ferne ein Fachwerkhaus auftauchte, bot Heinz Nixdorf eine Wette über die Entstehungszeit an. Mit seinem Sinn für Wirtschaft stellte er schon von weitem fest, ob reiches Schnitzwerk mit Rosetten etc. auf den Wohlstand vor dem 30jährigen Krieg schließen ließ, oder ob die durch diesen Krieg verursachte Verarmung an einem sehr sparsamen Zierwerk auszumachen war. Das war für die Datierung sein Hauptkriterium.

Heinz Nixdorf konnte noch drei weitere Fachwerkhäuser kaufen. Alle vier wurden in einer Scheune des Gutes Warte eingelagert. Es gab keinen zweiten Heinz Nixdorf, der den Verstand, den Willen und das Vermögen hatte und der die Idee von einem Athletendorf aus Niederdeutschen Fachwerkhäusern realisieren konnte. Nachdem die Nixdorf Computer AG in der „Siemens Nixdorf Informationssysteme AG" aufgegangen war, wurden die eingelagerten Häuser verscherbelt, bevor die

Stiftung Westfalen 1999 die Verantwortung für die „Ahorn-Sportpark GmbH" als einer Tochter der Stiftung übernahm.

Über eine zu geringe, nicht lohnende Auslastung seines Athletendorfes hatte sich Heinz Nixdorf überhaupt keine Sorgen gemacht. Eine solche Hotel- oder Hotel-Garni-Anlage aus schönen Fachwerkhäusern in der Almeaue hätte ohne Werbekosten als besondere Attraktion des Sportparks schnell einen hohen Bekanntheitsgrad gewonnen. Die nahegelegene Unterbringung von Sportlern, die von auswärts zum Training, zu Wettkämpfen und Meisterschaften kommen, hätte dem Sportbetrieb Auftrieb gegeben. Zu den Bedingungen des von dem Sportförderer und Unternehmer angestrebten Olympia-Leistungsstützpunktes Ostwestfalen-Lippe gehörte neben qualifizierten Sportstätten eine sport-medizinische Betreuung und das Unterbringen der Kaderathleten/innen. Obendrein hatte die Nixdorf Computer AG einen großen Bedarf an Unterbringung von Gästen und von Mitarbeitern, die aus aller Welt zu Tagungen, zu Aus- und Fortbildungen am Ort der Firmenzentrale zusammenkamen. – Tempi passati!

Als Heinz Nixdorf im fortgeschrittenen Baustadium der Halle bei der Dachkonstruktion, bei Treppen etc. sich für viel Holz entschied, hatte er eine optische Verbindung zum geplanten Athletendorf mit den Fachwerkhäusern im Sinn. Einige Holzelemente in der Begrenzung des weiten Innenraumes, an Außenwänden und unter dem Dach, wurden dunkel gebeizt, damit sich hiervon der Naturton der Hölzer im eigentlichen Binnenbereich abhebt. In den Gastronomieräumen wurden Fachwerkwände und Deckenbalken das beherrschende Gestaltungselement. Eine Zeitung bemerkte, daß sich die Halle mit dem *„abgestuften Pagodendach und dem Schwarz-Weiß der Westfälischen Fachwerkfassade in das landschaftlich reizvolle Gelände"* einfügt. Die Fassade ist inzwischen modern verkleidet, da eine Anspielung auf das Athletendorf hinfällig wurde.

Der Kauf des ersten Fachwerkhauses datiert im April 1984, das folgende Thema im September darauf.

Die 195,80-m-Laufbahn – „Ich bin nur von Arschlöchern umgeben!"

Kurz bevor in der Sporthalle die vierspurige 200-m-Rundlaufbahn hätte in Betrieb genommen werden sollen, wird bekannt: Die Innenbahn ist zu kurz, ihre Länge beträgt nicht 200 m sondern nur 195,80. Die Nachricht gelangt nicht bloß an das Ohr von Heinz Nixdorf, sie wird öffentlich verbreitet (Neue Westfälische 15.09.1984). Was tun, fragen sich alle möglichen, am Bau Beteiligten, in erster Linie der Bauherr. Nun werden ihm diverse Ratschläge unterbreitet. Die für die Konstruktion der Bahn Verantwortlichen erklären schlicht, sie hätten sich nach dem Baukörper richten müssen. Einige der Beteiligten behaupten, exakte 200 m seien gar keine Bedingung gewesen. In Deutschland gäbe es nur eine einzige Hallenlaufbahn mit genau 200 m – angeblich in München, was gar nicht stimmte. Die anderen seien

Die Erweiterung der 195,80-m-Bahn auf 200m. Die Innenbahn war mit 195,80 m zu kurz geraten. Heinz Nixdorf setzte eine Korrektur durch. Eine weitere Bahn wurde außen angestückt und so eine exakte 200-m-Bahn hergestellt. Die ursprüngliche, zu kurze Innenbahn wurde zur Trainingsbahn umfunktioniert.

Langstreckenlauf auf der aufgestelzten 200-m-Laufbahn. Die eigentliche Bahn hat vier Spuren. Die durch eine gelbe Linie abgetrennte Innenbahn wird für Trainingsläufe über längere Strecken, auch von Rollstuhlfahrer, gern genutzt.

zwischen 160 und 200 m lang. Insofern gäbe es kein sonderliches Problem. Obendrein messe lediglich die Innenbahn keine 200 m, jedoch die zweite Bahn hat das genaue Maß. Und dann: der erste Läufer im Ziel sei jeweils so oder so als Sieger zu feiern und die Plätze zwei, drei, vier wären zweifelsfrei zu ermitteln. Bei 200 m spielen die fehlenden 4,20, also nur 2 %, so gut wie keine Rolle im Verhältnis zum möglichen Rückenwind in Freien. Wer pingelig sei, könne 2 % zur gemessenen Zeit hinzurechnen. Und überhaupt sei es nur eine Kleinigkeit, den Start auf der Innenbahn 4,20 m vor die Ziellinie zu verlegen. Es könnten also durchaus internationale Wettkämpfe ausgetragen werden!

Solche und eine Anzahl weiterer Vor- und Ratschläge kamen von Baumenschen und von Sportlern mit provinziellem Liganiveau, denen die Exaktheit eines Computerbauers, des Bauherrn fremd war. Dieser hatte z. B. in der Anfangsphase seines Unternehmens eines Morgens verfügt, das Raster von Leiterplatten (Platinen) von 2,5 auf 1,875 mm zu komprimieren. Kopfschütteln bei den Mitarbeitern. Fünftausendstel Millimeter? Der Alte spinnt! Doch der rechnete vor: 2 x 1,875 mm = 3,75 mm. Diese multipliziert mit 2 ergibt 7,5 mm, so daß das neue, engere Nixdorf-Raster von 1,875 mm jedenfalls mit den internationalen Rastern von 2,5 mm und auch von 1,25 mm kompatibel war. Bei den eigenen Produkten konnte eine höhere Packungsdichte erreicht werden.

Auf all die gut gemeinten Ratschläge, die den Bauherrn Heinz Nixdorf bewegen sollten, die 195,80-m-Bahn hinzunehmen, reagierte dieser wütend: *„Ich bin nur von Arschlöchern umgeben!"* Was den Bauherrn wahnsinnig machte, war nicht die Tatsache, daß ein Fehler passiert war, sondern das Bemühen seiner Umgebenen, er solle diesen als Schönheitsfehler akzeptieren.

Der Bauherr ließ keinen Zweifel aufkommen. Er wollte, daß eine Lösung gefunden wird. Die Kosten standen gar nicht in Rede. Die zweite Bahn mit exakt 200 m wurde nun die Innenbahn, Bahn 1. Und nach außen wurde eine fünfte, nun die Bahn 4, angestückt. Bei vorgegebenem Baukörper mit Betonsäulen und der dachtragenden Holzbinderkonstruktion waren die Korbbögen der Laufbahn – so der vermessungstechnische Ausdruck für die Kurvenüberhöhungen – und die seitliche Begrenzung mit Geländern in ca. 5 m Höhe über den Ballspielflächen nachzubessern. Kopfbinder mußten gestutzt werden, um den Läufern genügend Kopffreiheit auf der angestückelten Außenbahn zu geben. Die vormalige, zu kurze Innenbahn mit 195,80 m wurde abgeflacht. So kann sie ohne Kurvenüberhöhungen, die bei langsamem Laufen die Gelenke traktieren, von Langstreckenläufern, Joggern und zum Aufwärmtrab sowie auch von Rollstuhlfahrern sehr gut genutzt werden. Kein Zweifel, im Unterschied zu 400-m-Laufbahnen im Freien, die keine Kurvenüberhöhungen kennen, ist die vierspurige 200-m-Bahn in der Halle eine Attraktion, weil die engen Kurven bei schnellem Laufen ausgezeichnet zu bewältigen sind. Und mit dem Abflachen der ehemals ersten Innenbahn nun als „Traberbahn" wurde aus der Not eine Tugend gemacht.

In Erinnerung an den legendären Ausspruch: *„Ich bin nur von Arschlöchern* *umgeben!"*, sei auf einen Beitrag in der FAZ vom 06.12.2004 verwiesen: *"Klarheit der Sprache ist ein Zeichen guter Führung"*. Obgleich die Überschrift dieses Beitrags unmittelbar mit Heinz Nixdorf nichts zu tun hatte, ist ihr als Kommentar nichts hinzuzufügen.

Die hervorragende Infrastruktur der Immobilie Ahorn-Sportpark

Was inzwischen längst als Selbstverständlichkeit erscheint, war, als dieser Sportpark von Heinz Nixdorf „erfunden" wurde, etwas besonderes in der Sportstättenentwicklung, nicht nur in Paderborn, sondern weit darüber hinaus. Das größte Stadion in der Stadt, das Inselbadstadion, hatte keine unmittelbare Verbindung mit einer Sporthalle. Für die Leichtathletik im Bereich Vereins- und Schulsport waren indoor und outdoor weit getrennt. Auch eine Gastronomie und Büros für Geschäftsführung innerhalb einer Sportanlage waren bei der Vielzahl von Schulturnhallen für die Sportvereine keine Norm. Der größte Verein, der SC Grün-Weiß 1920 e. V., der das Inselbadstadion als seine „Heimstätte" beanspruchte, hatte dort keine Infrastruktur. Das Vereinslokal, seit 60 Jahren das Hotel Krawinkel, lag am Karlsplatz irgendwo in der Stadt. Ebenso isoliert war die Geschäftstelle des Vereins zufällig und unscheinbar in einem Wohnhaus in der Jesuitenmauer untergebracht. Zum Konzept des Ahorn-Sportparks gehörte eine komplexe Infrastruktur nicht nur durch die Kombination Stadion, Halle, Trimmpfad, sondern mit Rezeption, Gastronomie, Umkleideräumen, Toiletten, Krafträumen, Sauna, Wettkampfbüros, Büros für die Verwaltung, für Vereine oder Organisationen, Konferenzräume, Räume für Gymnastik, Tanzsport oder Tischtennis etc.. Zur Infrastruktur gehört auch die Verkehrsanbindung mit Parkplätzen, Fahrradboxen und die Omnibushaltestelle „Ahorn-Sportpark" der Linie 4. Neben den speziellen Einrichtungen für Squash und für Leichtathletik sollten möglichst viele Sportarten eine Heimat finden.

Die große Sporthalle – auch eine Versammlungshalle

Heinz Nixdorf bemühte sich um eine maximale Auslastung der Halle, so auch durch Tanzsportveranstaltungen (s. Kap. Tanzsport), die offenen Nixdorf-Skatturniere (s. Kap. Skat), durch Betriebs- und Aktionärsversammlungen. Für die Ahorn-Sportpark GmbH war es eine Aufgabe, derartige Veranstaltungen mit dem laufenden Sportbetrieb in Einklang zu bringen. Die größte Bestuhlung auf den Ballspielflächen der Halle, für ca. 6.500 Personen, erfolgte aus einem bestürzenden Anlaß, zur offiziellen Trauerfeier am 23. März 1986 für den auf der CeBIT in Hannover verstorbenen Heinz Nixdorf. 1990 fand die letzte Betriebsversammlung der „Nixdorf Computer AG" in der Ahorn-Sporthalle statt. Dann gab es diese Firma nicht mehr. Es folgten Betriebsversammlungen der „Siemens Nixdorf Informationssysteme AG" (SNI). Nach einiger Zeit verschwand, wie früher schon bei „Siemens & Halske" und bei „Siemens u. Schuckert", der zweite Name, Nixdorf, und der Name Siemens lebte solo weiter. Finanzinvestoren kauften den Teilbereich Kassen- und Bankautomaten. Erst als diese Firma, zunächst eine GmbH, und dann als AG an die Börse gebracht wurde, tauchte der Name Nixdorf wieder auf: „Wincor-Nixdorf AG" mit dem früheren Mitarbeiter der „Nixdorf-Computer AG" Karl Heinz Stiller als führendem Kopf und Vorstandsvorsitzendem.

Ausbaustufen der Immobilie Ahorn-Sportpark

Der Geschäftsführung der GmbH fiel als Immobilien-Betriebsgesellschaft von Anfang an die Aufgabe zu, für laufende Reparaturen und Erneuerungen zu sorgen und sich um Erweiterungen zu bemühen. Nach der Fertigstellung der Halle (1984) kam es infolge des Todes von Heinz Nixdorf zu keiner nennenswerten Erweiterung, erst recht nicht zum Bau des Atlethendorfes, einer größeren Veranstaltungshalle mit mehreren tausend Zuschauerplätzen oder einer Eissporthalle, Projekte die Heinz Nixdorf nach und nach, stufenweise gern realisiert hätte. Der Geschäftsführer der GmbH, Willi Lenz, legte dem verbliebenen Vorstand der Nixdorf Computer AG 1987 eine Projektplanung in Höhe von ca. 20 Mio. DM vor. Hinzu kamen einige Millionen Betriebskosten. Nach Übernahme durch Siemens waren solche Pläne mit der „Siemens Nixdorf Informationssysteme AG" (SNI) nicht zu realisieren. Gegen Ende der 1990er zogen sich Verhandlungen über die Zukunft des Sportparks zwischen SNI, Stadt und der Stiftung Westfalen über drei Jahre hin. Im Juni 1999 wurde die Ahorn-Sportpark GmbH, die der SNI gehörte, als eine 100%ige Tochter von der Stiftung Westfalen übernommen. Diese hat mit dem Heinz Nixdorf MuseumsForum (HNF) und dem Sportpark zwei Töchter, die gedeihen sollen und bezuschußt werden wollen. Der Grundbesitz des Sportparks wurde gestutzt. So ging u. a. das Ahorn-Plateau in den Besitz der Stadt zurück. Beim Ahorn-Sportpark verblieben immerhin ca. 100.000 m^2 als eigener Grund und Boden.

Mit Mitteln aus der Stiftung und dank eines Zuschußes der Stadt konnten im Stadionbereich und bei der Halle 2003/04 eine zweite und 2006/07 eine dritte Ausbaustufe realisiert werden (s. Plan mit Ausbaustufen und Querschnitt der Halle).

Große Besucherzahlen und der Breitensport

Im Ahorn-Sportpark dominiert allein zahlenmäßig der Breitensport. Durch ein Drehkreuz im Eingang des Sportparkes werden die Besucher gezählt. Im November 1998 konnte Geschäftsführer Willi Lenz bereits den dreimillionsten Besucher mit einem Präsent begrüßen. Inzwischen ist die Zahl auf weit über fünf Millionen gestiegen. Weitaus die meisten „Besucher" treiben hier ihren Sport. Geringer ist

Fortsetzung S. 528

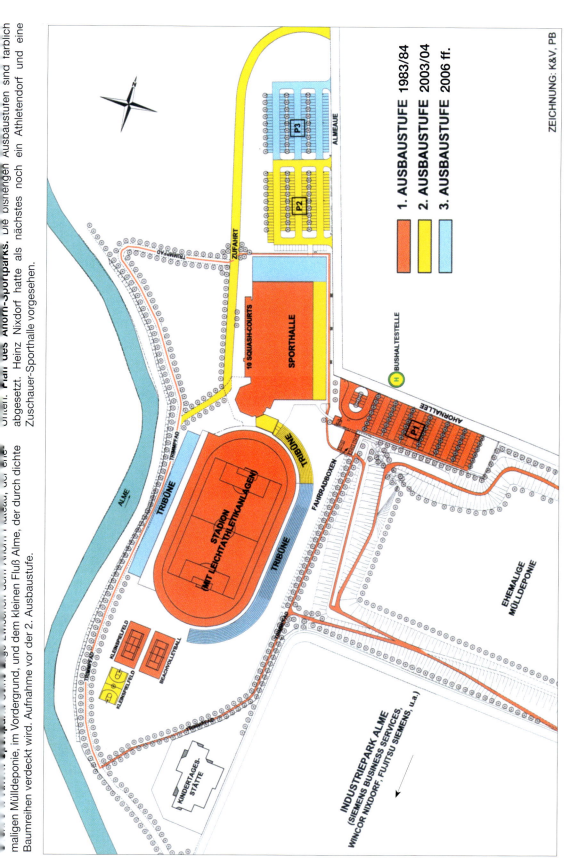

Zur Infrastruktur des Ahorn-Sportparks trägt die Verkehrsanbindung bei. Dazu gehören neben Parkplätzen und Bushaltestelle (Linie 4) auch Fahrradboxen. Hier deren Einweihung. In der Mitte der Geschäftsführer des Sportparks, Willi Lenz, rechts Sportlerin Regina Ahlke, links Sportler Sven Leiwesmeyer.

Zur Infrastruktur gehört die Rezeption. Bei der Vielzahl der Vereine, Sportgruppen und einzelnen Freizeitsportlern können hier die Sporttreibenden sich Auskünfte holen und eingewiesen werden. (Rezeption vor dem Umbau 2003/04.)

Zur Infrastruktur gehört auch das Restaurant. Hier oder bei schönem Wetter auf der Terrasse können sich Sportgruppen nach ihrem Sport zusammenfinden. Das Restaurant ist öffentlich. Alle Besucher sind willkommen.

Zur Infrastruktur gehört der Kraftraum. Für Muskelaufbau, Kraft-, Schnelligkeits- und Ausdauertraining steht eine Vielzahl verschiedenartiger Geräte zur Verfügung. Im lichtdurchfluteten Raum kommt nicht das Gefühl auf, in einer „Folterkammer" unter Stress zu stehen.

Blick in die Halle auf die sog. Ballspielflächen. Auf den Flächen 2 bis 4 können z. B. je zwei Badminton-Spielfelder eingerichtet werden, auf Fläche 1 wegen der Einschränkung durch die 200-m-Bahn ein weiteres, insgesamt sieben. Durch Linien sind auch Spielfelder für Volley- und Basketball markiert. Im Hintergrund rechts die rote 60-m-Sprintstrecke, links (grüner Belag) der Sprungbereich.

Stabhochsprung in der Halle. In diesem Bereich finden auch Weit- und Hochsprung statt.

Kugelstoßen in der Halle. Auf einer der sog. Ballspielflächen (hier Fläche 3) kann Kugelstoßen ausgeübt werden. Zum Schutz des flächen- und punktelastischen Hallenbodens werden blaue Matten ausgelegt.

Die 60-m-Sprintstrecke in der Halle. Hier Läuferinnen vor dem Start auf den fünf Bahnen.

Blick auf die Rasenfläche des Stadions. Für den Speerwurf ist das Wurffeld abgesteckt. Im Hintergrund die Halle des Ahorn-Sportparks. Das Stadion verfügt über eine Flutlichtanlage. (Aufnahmen auf dieser Doppelseite bei den Westfälischen Leichtathletikmeisterschaften 1999). Inzwischen ist die Zuschauertribüne auf der Westseite erstellt.

Anlauf zum Stabhochsprung der Damen. 1999 war diese Disziplin noch verhältnismäßig jung. Die Anlaufstrecke muß mindestens 45 m lang sein.

Über die Hürden des Ahorn-Sportparks. Eine Athletin des Leichtathletik-Club-LC Paderborn, Lilli Schwarzkopf, mit einer Konkurrentin beim 100-m-Hürdenlauf der Damen, 1999. Bei den Europameisterschaften 2006 gewann Lilli Schwarzkopf im Siebenkampf die Bronzemedaille.

Der 3.000-m-Hindernislauf der Herren. Hier die massive Hürde mit dem Wassergraben. Dieses Hindernis liegt regelgerecht innerhalb der Kurve vor dem 100-m-Startplatz.

Ferienspiele organisiert vom LC und der AOK, um 1990. Hier Akrobatik: Immer höher stapeln von Getränkekisten und immer höher steigen.

Nixdorf-Sommerfeste. Hier Heißluftballonstart, 1987. Bei diesen Festen waren bis zu 16.000 Menschen anwesend, Mitarbeiter, Familienangehörige und andere Zuschauer.

Beach-Volleyball, eine Sommerspezialität. Daneben gibt es zwei Kleinspielfelder mit Tartanbelag und Flutlicht, die fast das ganze Jahr und auch nach Einbruch der Dunkelheit für Fußball u. a. genutzt werden können.

Der multifunktionale Ahorn-Sportpark 525

Der gläserne Squash-Court in der Ahorn-Sporthalle. Für hochrangige Turniere reichen die Zuschauerplätze des Center-Courts im Squashbereich der Halle nicht aus. So wird die Austragung der Wettkämpfe ausnahmsweise mit gläsernem Court und Zuschauertribünen auf den „Ballspielflächen" der Halle organisiert. Die World Squash Federation veranstaltete in Paderborn 1990 die Einzel- und Mannschafts-Weltmeisterschaften der Junioren und 2005 veranstaltete der Europäische Squashverband hier die Endrunde um den Europapokal der Landesmeister der Vereinsmannschaften. Ausrichter war jeweils der Paderborner Squash-Club, PSC. Am Heimatort konnte die Mannschaft des PSC zum dritten Mal nach Odense 2003 und Linz 2004 den Titel Europameister erringen. Der Hattrick war ein Triumph vor ca. 600 begeisterten Zuschauern. Bei den Herren waren 20, bei den Damen 16 Landesmeister-Mannschaften zur Austragung der Europameisterschaften im Ahorn-Sportpark dabei.

Betriebsversammlungen der Nixdorf-Computer AG. Heinz Nixdorf legte Wert auf Multifunktionalität und optimale Auslastung der Sporthalle, u. a. auch durch nationale Tanzturniere und die offenen „Nixdorf-Skat-Turniere". Er verlegte auch Vorstandssitzungen seines Weltunternehmens in einen der Konferenzräume mit dem Argument, dort ungestört beraten, planen und entscheiden zu können. Im Bild: Betriebsversammlung am 09.07.1986 in der Sporthalle.

Die letzte Hauptversammlung des Nixdorf-Computer AG am 23.08.1990. Ca. 1.800 Aktionäre nahmen in der umfunktionierten Ahorn-Sporthalle an der Versammlung teil, die vom Aufsichtsratsvorsitzenden Dr. Gerhard Schmidt geleitet wurde. Am 06.12. desselben Jahres kamen hier ca. 4.000 Mitarbeiter zur ersten Betriebsversammlung der „Siemens Nixdorf Informationssysteme AG" (SNI) zusammen.

Der multifunktionale Ahorn-Sportpark 527

Sportler-Auszeichnung im Ahorn-Sportpark. Anläßlich des 10jährigen Jubiläums stiftete Renate Nixdorf, die Frau des verstorbenen Sportparkerbauers, als besondere Auszeichnung für Leistungssportler, die hier zuhause sind oder waren, die bronzene Skulptur „Stafettenläufer". Im Bild von links nach rechts: Martin Nixdorf, der als Vorstandsmitglied der beiden, von seinem Vater hinterlassenen Stiftungen die Preise an Leichtathleten und Squasher überreichte; Jens Schulze, LA; Edgar Schneider, Squash; dahinter Klaus Isekenmeier, LA; Martine Le Moignan, Squash; Simone Leifels, Squash; Michael Klute, LA; Regina Ahlke, LA; Rolf Müller, LA; Birgit Horak (geb. Schmidt), LA, Renate Nixdorf und Geschäftsführer Willi Lenz. Wegen Wettkampfteilnahmen nicht anwesend: Bernhard Bensch, LA; und Hansi Wiens, Squash.

Dr. Thomas Bach anläßlich des 10jährigen Jubiläums im Ahorn-Sportpark. Der Olympiasieger von 1976 und Weltmeister im Florettfechten, seit 1982 Mitglied des NOK und seit 1991 des IOC sprach zum Thema „Olympia quo vadis?" Dr. Bach links im Bild mit der Squashweltmeisterin Martine Le Moignan, rechts mit der Mittelstrecklerin Birgit Schmidt/Horak.

Fortsetzung von S. 515

der Anteil der Begleiter, Zuschauer und der prominenten Politiker und Sportfunktionäre. Der Besuch der Prominenten, deren Liste lang ist, gereicht dem außergewöhnlichen Sportpark zur Ehre. Kontakt- und Imagepflege muß sein!

Zum Breitensport tragen in den vielen Sportarten und Disziplinen die Bereiche Schulsport, Betriebssport, Vereinssport, die Sportgruppen und die einzelnen Freizeitsportler bei. Waren es anfangs ca. 20 Vereine und Sportgruppen, so hat sich deren Zahl mehr als verdoppelt. Zur Erfüllung der Forderung „Sport für alle!" trägt der Ahorn-Sportpark vorbildlich bei. Jährlich werden ca. 300.000 Besuche von Sportlerinnen und Sportlern gezählt, die in der Halle, im Stadion, auf den Kleinspielfeldern oder auf dem Trimmpfad ihren „eigenen Sport" betreiben.

Gemischte Erfolge im Leistungssport

Monate bevor die großen Sport- und Spielflächen in der mittleren und in der oberen Etage die 200-m-Laufbahn, die repräsentativen Büro- und Konferenzräume etc. genutzt werden konnten, startete als erstes der Squash-Bereich und zwar gleich mit der Ausrichtung einer hochrangigen NRW-Landesmeisterschaft der Junioren. Von Anfang an nahm Squash durch das professionelle Vereinsmanagement des PSC im Sportpark eine Sonderstellung ein. In den Mannschaften konnten drei Weltmeisterinnen und zwei Weltmeister und am laufenden Band Europa- und Deutsche Meister verzeichnet werden. Im Einklang damit konnten neben vielen Bundesligaturnieren viele Meisterschaftsspiele und 2005 ein Europapokalturnier ausgerichtet und gewonnen werden. Da die Squashanlage eine ureigene Idee von Heinz Nixdorf war und der PSC dessen Leistungswillen folgen kann, ist in diesem Buch der Sportart „Squash" ein eigenes Kapitel gewidmet.

Bei der Feier des 20jährigen Bestehens des Ahorn-Sportparkes und Einweihung der 2. Ausbaustufe, 2004, gab Martin Nixdorf Einblicke in das, was ihn als Vorstandsmitglied der beiden, von seinem Vater hinterlassenen Stiftungen bewegt. Der Auftrag, Breitensport für Gesundheit und Beweglichkeit der Bevölkerung zu fördern, wird erfüllt. Namentlich hat Heinz Nixdorf in seinem Vermächtnis zwei Sportarten hervorgehoben, das Segeln und die Leichtathletik. Das Bemühen, defizitäre Bootsklassen zu fördern, hat keinesfalls zu Leistungen geführt, wie sie insbesondere die deutschen Starbootsegler in der Weltspitze mit Weltmeistern und Vizeweltmeistern in der Epoche um 1980, als Heinz Nixdorf dabei war, errungen haben.

Und was war mit der Leichtathletik? Schweigen. Beim Richtfest der Halle, 1983, hatte der Bürgermeister im Sinne des Bauherrn die Hoffnung ausgesprochen, daß im Eingang das Schild „Bundesleistungsstützpunkt Leichtathletik" angebracht wird. Und Heinz Nixdorf nahm die ersten Stufen Richtung „Olympia-leistungsstützpunkt" mit dem Bau des Ahorn-Sportparks und der Stiftung eines Sportmedizinischen Lehrstuhls an der Gesamthochschule/Universität Paderborn. (S. Kap. Lehrerausbildung im Fach Sport und das Sportmedizinische Institut.) Zum strategischen, komplexen Anstreben eines hochrangigen Leistungsstützpunktes gehörten weiter ein Athletendorf und das von Heinz Nixdorf konzipierte und praktizierte „Paderborner Modell", das es Leistungssportlern – im Unterschied zu den vom Staat unterhaltenen Leistungssportlern in der DDR – in der Marktwirtschaft ermöglichte, die Aktivitäten für den Leistungssport mit beruflicher Ausbildung bzw. Beruf zeitlich zu vereinbaren.

Der vorgesehene Leistungsstützpunkt sollte sich auf folgende leichtathletische Disziplinen konzentrieren: Zehnkampf der Herren, Siebenkampf der Damen und auf die Wurfdisziplinen. Bei letzteren sollte an die in Paderborn beheimatete Rasenkraftsport-Bundesliga angeknüpft werden (s. Kap. Leichtathletik). Mit den Mehrkämpfen wären die meisten leichtathletischen Einzeldisziplinen abgedeckt.

Das führende Fachblatt „Leichtathletik" (Heft 43, Jg. 1984) hatte eingehend über die neue Sporthalle in Paderborn und ihre Spezifica für die Leichtathletik, insbesondere die 200-m-Laufbahn berichtet, zumal diese nicht nur gelegentlich aufgebaut wird, sondern ständige Einrichtung ist. Die Trainingshallen in München, Böblingen und Stadtallendorf entsprächen nicht der 200-m-Norm. Paderborn

Heinz Nixdorf während der Bauphase 1984. Fast täglich hatte der Bauherr den weiteren Fortschritt der Arbeiten inspiziert. Hier im Hintergrund der dreigeschossige oktogonale Eckpavillon der Sporthalle. Der Ahorn-Sportpark war das größte Sportförderungsprojekt des Paderborner Unternehmers.

hatte in Deutschland nach Hannover, Berlin, Dortmund, Düsseldorf, Sindelfingen, Stuttgart und Karlsruhe eine 200-m-Bahn mit internationalem Standardmaß in der Halle bekommen. Bei insgesamt schätzungsweise ca. 15.000 Sport- und Turnhallen in Deutschland hatte der Paderborner Computerpionier eine Leichtathletik-Halle geschaffen, die sich unter die top ten einreihte.

Beim Pflanzen der „Zehnkämpfereichen" anläßlich des Richtfestes der Ahorn-Sporthalle (s. Kap. Leichtathletik) hat Heinz Nixdorf nicht selber mit angepackt, um Kosten für den Gärtner zu sparen. Er hat bei der Lebensdauer der Eichen ein langlebendes Zeichen gesetzt.

Die speziellen Sporteinrichtungen im Ahorn-Sportpark für die Leichtathletik sind Denkmäler für den Wunsch des Bauherrn, sich hier auf eine Förderung der Leichtathletik zu konzentrieren. Einzelne hervorragende Leistungen von Sportlerinnen und Sportlern des LC haben nicht zu einer Zahl von A-, B-, C-, D-Kadern geführt, wie sie für eine Anerkennung als Bundesleistungsstützpunkt oder gar Olympiastützpunkt erforderlich ist. Es bleibt noch viel zu tun!

Quellen/Literatur

Erinnerungen an viele Gespräche mit Heinz Nixdorf, Informationen von Kurt Bendlin, Willi Lenz, Martin Nixdorf, Renate Nixdorf, Ralf Palsmeier und Hubert Schäfers.

Bottlenberg, Lothar von dem: Paderborner Leichtathletik. Chronik und Geschichten 1947 bis 2002. Selbstverlag. Paderborn 2003.

Chronik Ahorn-Sportpark GmbH. Manuskripte. 1. Entwurf 1973–1993. 2. Fassung 1973–2003. Ahorn-Sportpark GmbH, Paderborn.

Lamprecht, Wiebke/Marie-Luise Klein. Siehe Allgemeine Literatur. Der Ahorn-Sportpark, S. 146.

Leichtathletik. Heft 43/1984. Beitrag „Ahorn-Sportpark in Paderborn strebt seiner Vollendung entgegen."

sport intern. The International Inside Sports Newsletter. Deutsche Ausgabe, 20. Jg., Nr. 8, 12.04.1988. Dossier: Olympia Stützpunkte.

Lehrerausbildung im Fach Sport und das Sportmedizinische Institut

Zwei Entwicklungsstränge

Bevor es durch Heinz Nixdorf 1985 zur Stiftung eines Lehrstuhls für Sportmedizin kam, gab es zwei Entwicklungsstränge, die langhin auf diese für die Gesamthochschule/Universität Paderborn außerordentliche Einrichtung hingeführt haben. Ein Strang war der Ausbau des Faches Turnen/Leibeserziehung/Sportwissenschaften bei der Ausbildung von Lehrern/innen. Der andere war das breitgefächerte Interesse des Unternehmers Heinz Nixdorf an Sport/Gesundheit/Fitness, speziell auch an der Sportmedizin. Diese beiden Entwicklungsstränge bündelten sich, als mit der Fertigstellung des Ahorn-Sportparks auch die Bemühungen um einen Olympiastützpunkt intensiv einsetzten und hierbei in einem sportmedizinischen Lehrstuhl am Ort eine wichtige Voraussetzung gesehen wurde.

In der Paderborner Sportgeschichte jener Zeit, in der zweiten Hälfte des 20. Jahrhunderts, übernahmen zwei Persönlichkeiten eine führende Rolle: Prof. Dr. Hermann Josef Kramer und Heinz Nixdorf. Diese Aussage schmälert nicht das

Prof. Dr. Hermann Josef Kramer (1928–1993) und Heinz Nixdorf (1925–1986). Die beiden führenden Persönlichkeiten der Paderborner Sportgeschichte in der 2. Hälfte des 20. Jahrhunderts. (Das Foto von Prof. Dr. Kramer entstand, als er bereits schwer erkrankt war.)

Ansehen all der anderen, die bei der Organisation von Sport und in der Sportförderung aktiv waren und die unabhängig von den beiden Galionsfiguren etwas geleistet haben bzw. ihnen folgen konnten. Kramer und Nixdorf verband ein gemeinsamer Nenner: Die tiefe Überzeugung von der großen Bedeutung des Sports für jeden Menschen in der modernen Gesellschaft.

Die drei Fragestellungen dieses Kapitels sind: 1. Wie konnte es überhaupt zur Stiftung eines sportmedizinischen Lehrstuhls in Paderborn durch Heinz Nixdorf kommen? 2. Welche Bedeutung hat die Sportmedizin für unsere Gesellschaft? Und 3. Was ist aus der Stiftung geworden, d. h. wie hat sich das Sportmedizinische Institut der Universität Paderborn entwickelt?

Ein Anfang mit Turnlehrerinnen-Ausbildung

Vorbemerkung zu Turnlehrerinnen: Ungefähr zu gleichen Zeiten kamen in der modernen Gesellschaft seit dem ausgehenden 19. Jahrhundert die Sportbewegung und die Emanzipation der Frauen hoch. Infolgedessen entwickelte sich etwas völlig Neues: Sport für Mädchen und Frauen. Diesen hatte es weder im Ursprungsland des Sports, im alten Griechenland – Stichwort Olympia – noch sonst irgendwo in der Welt so gegeben. Übungen zur Wehrertüchtigung bei den Amazonen oder bei Brunhilde waren nur viel beachtete Ausnahmen und kein Sport in unserem Sinne. Das Heiligtum des Zeus in Olympia war den berühmten Wettspielen der Männer vorbehalten. Im Heiligtum der Hera liefen nur gelegentlich ein paar Jungfrauen zu Ehren der Göttin um die Wette, immerhin.

Die Gründerin einer ersten, weder kirchlichen noch städtischen oder staatlichen, sondern rein privaten „Katholischen Höheren Töchterschule" (1859, 1908 GmbH) in Paderborn, das Fräulein Johanna Pelizaeus, war bemüht, den Emanzipationsbestrebungen entsprechend, Mädchen Zugänge zur Berufswelt, insbesondere auch zu Frauenberufen wie denen der Kindergärtnerin oder Lehrerin zu eröffnen. Von 1912 bis 1933 konnten Töchter nach dem Schulabschluß, nach dem 10. Schuljahr, in Kursen „am Pelizaeus" Lehrkräfte – amtlich Cursistinnen – für Nadelarbeit, Kochen und Turnen werden. Die Kurse dauerten zunächst je Fach ein halbes, später jeder ein ganzes Jahr. Aus Nadelarbeit wurde Handarbeit, aus Kochen Hauswirtschaft und zum Turnen kam das Schwimmen. In dem gegenüber den offiziellen Lehrerinnen minder eingestuften Berufsstand der HHT-Curistinnen – später im Unterschied zu den wissenschaftlichen als technische Lehrerinnen bezeichnet – wurden am Pelizaeus ca. 550 ausgebildet. Da die Teilnehmerinnen an den Turnkursen als angehende Lehrkräfte auch Unterrichtspraxis einüben sollten, gab es für die Schulklassen der Höheren Töchterschule fortschrittlich viele Turnstunden. Die HHT-Kurse mußten eingestellt werden als das nationalsozialistische Regime 1933 „die bisherigen halbwissenschaftlichen Bildungsanstalten für Lehrerbildung" (im ehemaligen Preußen „Akademien", sonst „Seminare" oder „Institute") im Großdeutschen Reich durch die Neugründung von 28 „Hochschulen für Lehrerbildung" ablöste.

Der Abschluß des vierjährigen Internatskurses, den Heinz Nixdorf mit 17 Jahren 1942 abbrach (siehe Kap. Luftsport), hätte ihn zum Studium an einer dieser Hochschulen geführt. Das katholische Paderborn hatte im 3. Reich keine Chance, Standort einer dieser neuen Hochschulen zu werden. Die nächstgelegene gab es in Dortmund.

Vom Schulturnen zur Sportwissenschaft, von der PA zur Uni

Doch nach Kriegsende und Zusammenbruch des Nazireiches wurden von der Britischen Besatzungsmacht im Zuge der „reeducation" des Deutschen Volkes auch in Paderborn zunächst für Kriegsteilnehmer ein Sonderlehrgang zur Ausbildung als Volksschullehrer und im Dezember 1946 eine neue katholische „Pädagogische Akademie" eingerichtet.

Für alle angehenden Volksschullehrer/innen wurde neben der Beherrschung eines Musikinstrumentes die „Theorie und Praxis des Turnunterrichts" ein Mini-Pflichtfach und ohne einen entsprechenden „Teilnahmeschein" gab es kein Abschlußzeugnis. 1947 war ein erster nebenamtlicher Lehrauftrag für das Fachgebiet erteilt worden und 1956 wurde eine erste Dozentin, Hella Peters, angestellt. Einen nebenamtlichen Lehrauftrag erhielt Hermann Josef Kramer, der zunächst Referendar und dann Studienrat mit den Fächern Geschichte, kath. Religion und Sport am Gymnasium Theodorianum war. 1959 wurde Kramer hauptberuflich an der PA Dozent für „Theorie und Praxis des Turnunterrichts". Fachräume gab es hierfür noch nicht. Die Stadt gestattete zunächst für zwei, dann für vier Stunden die Nutzung des Inselbadstadions. Erst mit dem 1962 eingeweihten Neubaukomplex am Fürstenweg bekam das Fach eine Turnhalle, ein Lehrschwimmbecken und einen Gymnastikraum.

Die „Pädagogischen Akademien" erhielten im Rückgriff auf die Bezeichnung in der Zeit von 1933 bis 1945 im Jahr 1962 den Titel „Pädagogische Hochschulen", eine anspruchsvolle Umbenennung. Als 1964 diese 15 ehemaligen Akademien in NRW zu drei größeren Einheiten zusammengefaßt wurden, um einen verbesserten wissenschaftlichen Status mit Seminardirektoren, Professoren, Assistenten und Präsenzbibliotheken zu erreichen, kam die PH Paderborn als eine von fünf Abteilungen zur PH Westfalen/Lippe. Kramer kämpfte im Zuge dieser Entwicklung – ähnlich wie auch die Kolleginnen der beiden anderen HHT-Fächer – um die Gleichrangigkeit seines Randfaches mit den Geisteswissenschaften. Deshalb forschte er auch neben seiner Dozententätigkeit wissenschaftlich und wurde 1968 an der Uni Münster zum Dr. phil. promoviert. Kramer hatte in Münster u. a. Sport studiert. Das „Hochschulinstitut für Leibesübungen an der Universität Münster" genoß ein hohes Ansehen. Der Leiter, Prof. Dr. Hugo Wagner, war Verfasser des zweibändigen Werkes „Pädagogik und Methodik in der Leibeserziehung" das 1964/67 im Verlag Ferdinand Schöningh Paderborn in 3. Auflage erschienen war. Es war das Standardwerk für Lehramtsstudenten mit dem Fach „Leibesübungen" an Gymnasien, das als eines von drei Fächern, in denen Studienräte/innen zu unterrichten hatten, ausgewählt werden konnte. Kramer schrieb seine Doktorarbeit jedoch nicht im Fach „Leibeserziehung", sondern im Fach „Pädagogik" und sein als Buch erschienenes Werk „Körpererziehung und Sportunterricht in der DDR" informierte maßgeblich über Schulsport im anderen Teil Deutschlands, im DDR-Regime.

Dr. Kramer erhielt 1970 nach einem ordentlichen Berufungsverfahren als erster seines Faches einen Lehrstuhl für Leibesübungen und den Titel Professor an der Pädagogischen Hochschule Westfalen/Lippe. Er wurde Sprecher der Fachschaft „Leibeserziehung" aller drei Pädagogischen Hochschulen in NRW mit deren 15 Abteilungen.

Als 1965 in Ostwestfalen/Lippe eine neue Universität gegründet werden sollte, war Paderborn Bielefeld unterlegen. Wenn es um eine katholische Universität gegangen wäre, so lautete ein Urteil des entscheidenden Gutachters, Prof. Dr. Helmut Schelsky, wäre Paderborn der bessere Standort gewesen. Das schon 1945 in Paderborn aufgekommene Streben, in Anknüpfung an die fürstbischöfliche Universität (1614–1818) wieder eine Universität zu bekommen, blieb trotz der Niederlage nachdrücklich lebendig. Auch Heinz Nixdorf engagierte sich sehr.

So gelang es Paderborn, 1972 Standort einer der fünf neuen in NRW gegründeten Gesamthochschulen zu werden. In diese wurden als Grundstock die Abteilung Paderborn der PH Westfalen/Lippe und die 1963 gegründete Staatliche Ingenieurschule für Maschinenwesen eingebracht sowie die 1970 eingerichtete Höhere Wirtschaftsfachschule, die 1971 mit den Abteilungen in Höxter, Soest und Meschede als „Fachhochschule für Südostwestfalen" zusammengefügt worden war.

Sportwissenschaft mit vier Arbeitsbereichen

Kramer erreichte bei dem Gründungsprozess, die „Leibeserziehung" nun aus dem minderen HHT-Ansehen – aus Handarbeit war Textilgestaltung, aus Hauswirtschaft Ökotrophologie geworden – endgültig zu lösen und als Sportwissenschaft gemeinsam mit den altangesehenen geisteswissenschaftlichen Fächern Erziehungswissenschaft und Psychologie in einem Fachbereich 2 zu etablieren. Kramer hatte darum gekämpft, ein Randfach von den Übungen des Leibes oder der Erziehung des Leibes nun als Sportwissenschaft in einen humanwissenschaftlichen Kontext einzubinden.

Nach dem Grundsatz, Fortschritt in den Wissenschaften wird durch Differenzierung erreicht, gliederte Kramer die Sportwissenschaft in vier Arbeitsbereiche:
1. Sport und Erziehung (Professur seit 1979, erster Lehrstuhlinhaber Prof. Dr. Wolf-Dietrich Brettschneider)

2. Bewegung und Training (zunächst Lernen und Bewegung, Professur seit 1985, erster Lehrstuhlinhaber Prof. Dr. Günther Hagedorn)
3. Training und Gesundheit (zunächst lehrbeauftragt Dr. med. Pieprzyk, Salzkotten. Lehrstuhl 1985 von Heinz Nixdorf gestiftet. Arbeitsbeginn 1987, Prof. Dr. med. Heinz Liesen)
4. Sport und Gesellschaft (Prof. Dr. Hermann Josef Kramer [1928–1993], Lehrstuhl Sportwissenschaften seit 1970, incl. seiner Dozententätigkeit an der PA 70 Semester Hochschullehrer für Sport in Paderborn)

Zu diesem viergliedrigen, allgemeinen sportwissenschaftlichen Studienbereich kam die „Praxis und Theorie der Sportarten", die Methodik, die aus der Theorie und Praxis des Turnunterrichts an der PH hervorgegangen war. Mit der Spezialisierung durch die vier genannten Arbeitsbereiche hatte Kramer zugleich die Stellung des Sports im Bildungs- und Kulturbereich durch Vernetzung mit anderen Wissenschaften verstärkt, wie mit der Pädagogik/Erziehungswissenschaft, Psychologie, Medizin, Ernährungswissenschaft, Soziologie, Politikwissenschaft und Geschichte.

Das von Kramer in Paderborn entwickelte Konzept der Sportwissenschaft wurde als Vorbild von etlichen anderen Hochschulen/Universitäten aufgegriffen und auch vom Deutschen Sportbund übernommen. Prof. Dr. Brettschneider, der bei der Entwicklung dieses Konzeptes als Jüngerer dabei war, hat in seiner Traueransprache bei der akademischen Gedenkfeier für den verstorbenen Prof. Dr. Kramer, 1993, das Konzept der vier Arbeitsbereiche als dessen besondere Leistung hervorgehoben. Heinz Nixdorf, der als junger Mensch eine Fokussierung der „Leibeserziehung" auf Wehrertüchtigung erlebte, sah in späteren Jahren dagegen Sport als ein Humanum an und förderte ihn entsprechend. In dem Konzept von Kramer fand er sich bestätigt.

Die Sportwissenschaft war nicht Selbstzweck. Durch die Ausbildung von Lehrern wurde Sport in den Schulen jedem jungen Menschen vermittelt. Ging es in den Anfängen der PA um das Randfach Turnen der Allround-Volksschullehrer/innen, so ergaben sich seit 1976 mit der Neuregelung der Schulgliederung die Studiengänge für das Fachlehramt Sport in der Primarstufe, in der Sekundarstufe I und als Nebenfach in der Sek. II. In die Sek. II waren neben der gymnasialen Oberstufe die berufsbildenden Schulen einbezogen. 1980 folgte der Studiengang Erstfach Sport in der Sek. II und schließlich, mit dem weiteren Ausbau der Sportwissenschaft an der Uni Paderborn – das sei hier vorweggenommen –, wurde 1990 in Kooperation mit der Uni Bielefeld der Studiengang Diplom-Sportwissenschaftler/in eröffnet.

Des Unternehmers gesammelte Interessen an Sportwissenschaft und im speziellen an der Sportmedizin

Mit dem Arbeitsbereich 3 „Training und Gesundheit" eröffnete sich für Heinz Nixdorf die Chance zu einem sportmedizinischen Engagement. Diesem ging als Vorgeschichte eine Vielfalt von Entwicklungen, Erfahrungen und Ereignissen voraus, die sich vermengten und zeitlich überschnitten, so daß die numerische Reihung keine chronologische ist:

1. Mit der progressiven Entwicklung von Schul- und Betriebssport für Azubis und Mitarbeiter der Nixdorf Computer AG ergab sich auch hier die Notwendigkeit, sich für die Ausbildung von Sportlehrern und Übungsleitern zu interessieren. Das gleiche ergab sich mit der leistungsorientierten, neu gegründeten Leichtathletik-Gemeinschaft (LG) und dem folgenden Leichtathletik-Club (LC) Paderborn, hinter dem Heinz Nixdorf stand.

2. Spätestens seit seinem ersten Herzinfarkt, 1976, war für Heinz Nixdorf Sportmedizin ein Thema, mit dem er, ein Laie, sich intensiv befaßte. (Siehe Kap. „Sport für Gesundheit, Fitness für Leistungsbereitschaft".) Er interessierte sich z. B. für Themen wie Behebung von Sauerstoffmangelzuständen, für Zellatmung und für Intermediärstoffwechsel. Mit diesen Interessen hing nebenbei auch die Einladung an einen der bedeutendsten deutschen Physiker und Erfinder, Prof. Dr. Manfred Baron von Ardenne (1907–1997), zusammen, der im Ahorn-Sportpark einen Vortrag über die umstrittene Oxidationstherapie und speziell über die „Mehrschritt-Sauerstofftherapie bei Krebs" hielt (01.12.1985). Dieser hochverehrte Wissenschaftler hatte die Bildübertragung per Funk (Fernsehen) und das Elektronenmikroskop erfunden, und – weltpolitisch wahrlich bedeutsam – in der Sowjetunion die Anlagen zur Isotopentrennung, d. h. zur Anreicherung spaltbaren Urans für Atombomben und Kernkraftwerke entwickelt. Es kam zum atomaren Gleichgewicht der beiden Weltmächte und nur zum „Kalten Krieg". Um Ardenne für einen Vortrag in Paderborn zu gewinnen, hatte Heinz Nixdorf Mitarbeiter, u. a. Karl Heinz Stiller, nach Dresden (DDR) gesandt. In Manfred von Ardennes Buch „Ich bin ihnen begegnet" gibt es einen Beitrag über Heinz Nixdorf. Beide waren studierte Physiker, die sich in zunehmendem Alter mit medizinischen Problemen beschäftigten.

3. Als Unternehmer veranlaßte Heinz Nixdorf 1979 eine sportmedizinische Reihenuntersuchung an Auszubildenden und Ausbildern seines Betriebes durch Dr. med. Richard Ammenwerth. Als Facharzt für Orthopädie und als Sportarzt war dieser im Rahmen der Zusammenarbeit zwischen der Orthopädischen Klinik und dem Sportmedizinischen Institut der Universität Münster mit Untersuchungen und Behandlungen von Sportlern betraut. Heinz Nixdorf hatte Kontakt mit dem Sportmedizinischen Institut, dessen Leiter Prof. Dr. Zipf war, und erfuhr, daß Dr. Ammenwerth die Absicht habe, sich in Paderborn niederzulassen. Das gab Anlaß, Dr. Ammenwerth über einen Vertrag mit dem Werkarztzentrum Paderborn für die Nixdorf Computer AG zu gewinnen. Die Teilnahme an den Untersuchungen war

Rechts:
Sportmedizinische Untersuchungen in der Nixdorf Computer AG, 1979. Auszubildende und Ausbilder ließen sich freiwillig unter sportmedizinischen Aspekten von Dr. med. Richard Ammenwerth untersuchen und befragen. Hier abgebildet Seite 1 von 14 Seiten des Ergebnisberichtes.

SPORTMEDIZINISCHE UNTERSUCHUNGEN AN AUSZUBILDENDEN UND AUSBILDERN DER
NIXDORF COMPUTER AG   VON DR. MED. RICHARD AMMENWERTH

A   Einleitung und Methodik

Vom 10.09.79 bis zum 12.12.79 führte ich an 326 Auszubildenden und   342 !
16 Ausbildern sportmedizinische Untersuchungen durch. Diese setzten
sich zusammen aus:

- der Krankengeschichte
- dem klinisch-internistischen Befund (einschl. Abhören von Herz und
  Lunge und Blutdruckmessung)
- der Prüfung der Lungenfunktion (Vica-Test)
- dem Fahrradergometer-Test (Hettinger und Rodahl)
- dem klinisch-orthopädischen Befund.

Die sportmedizinische Bedeutung der Untersuchungsreihe ergibt sich daraus,
daß alle Untersuchten an Betriebssportveranstaltungen der Firma Nixdorf
Computer AG teilnehmen und ein großer Teil der Mitarbeiter außerbetrieblich
bis zu 5 x pro Woche aktiv Sport treibt.

Im Falle positiver (krankhafter, behandlungsbedürftiger bzw. abklärungs-
würdiger) Befunde, wurden die Personen entweder zu weiterführenden Untersuchungen an den Hausarzt überwiesen oder entsprechend beraten. Die Untersuchungen waren freiwillig. Den untersuchten Personen wurde Schutz der
persönlichen Daten zugesichert. Die schriftlich niedergelegten Befunde
sind im Werksarzt-Zentrum Paderborn archiviert.

Neben den Untersuchungen führte ich sportmedizinische Informationen durch.
Mit 15 Vorträgen von 1 - 2 Stunden Dauer wurden die Teilnehmer über Wirkungen vom Sport auf den Organismus aufgeklärt. Hierbei wurden Schwerpunkte
auf Herz, Kreislauf, Lungen und Bewegungsapparat gelegt. Die Grundformen
der Bewegung (Ausdauer, Kraft, Schnelligkeit, Koordination und Flexibilität)
wurden ausführlich dargestellt. Anhand des biologischen Naturgesetzes
zwischen Form und Funktion wurden die durch Sport erzielbaren Wirkungen
der Bewegungen auf den Organismus erläutert.

Über die möglicherweise mit dem Sport verbundenen Gefahren wurde jeweils
in der zweiten Hälfte der Vorträge gesprochen. Hier fand der Bewegungsapparat besondere Berücksichtigung.

Das Interesse der Teilnehmer an den dargestellten medizinischen Fragen
war insgesamt gut. Auffallend war die lebhafte Teilnahme der jüngeren
Auszubildenden an den Diskussionen.

Insgesamt wurden 342 Personen untersucht. Mit Ausnahme der 16 Ausbilder
handelte es sich ausschließlich um Auszubildende folgender Berufsgruppen:

16 - Ausbilder
38 - Info-Elektroniker
36 - Nachrichtengeräte-Mechaniker
105 - Feinmechaniker
23 - Werkzeugmacher
13 - Teilezurichter
11 - Techn. Zeichner
40 - Industrie-Kaufmann
60 - EDV-Kaufmann
───
342

freiwillig. Insgesamt 342 Auszubildende und Ausbilder waren dazu bereit. Die Untersuchungen, die sich über drei Monate hinzogen, sollten Erkenntnisse für den Schul- und Betriebssport der Azubis liefern. Unterschiede bei den Berufsgruppen sowie gesundheitliche Risiken durch Ernährung, Übergewicht und Rauchen wurden festgestellt und die Relevanz außerbetrieblicher sportlicher Aktivitäten zu Gesundheit und Leistungsfähigkeit ermittelt.

4. Das Thema Sportmedizin tauchte bei Gesprächen unter den Starbootseglern wiederholt auf, da einige der Freunde von Heinz Nixdorf Mitglieder in den Leistungskadern des Deutschen Seglerverbandes (DSV) waren und sich in regelmäßigen Abständen eingehend sportmedizinisch untersuchen lassen mußten.

5. Das Thema Sportmedizin spielte anläßlich der Segelflugweltmeisterschaften, die von Heinz Nixdorf gefördert wurden, in Paderborn eine Rolle. Hier fand vom 27.05. bis 06.06.1981 der 17. Weltkongress der OSTIV statt (Organisation Scientifique et Technique du Vol à Voile). Dabei waren auch die Vorträge und Diskussionen der Luftsportmediziner unter Vorsitz von Dr. Günther Stedtfeld in der nahegelegenen Universität Paderborn ein internationales Ereignis, parallel zu den Wettbewerben auf dem Haxterberg, an denen 29 Nationen beteiligt waren.

6. Die zunehmende Betreuung der immer mehr sporttreibenden Bevölkerung durch praktische Ärzte (Ärzte für Allgemeinmedizin) und Orthopäden ließ eine sportmedizinisch qualifiziertere Schulung oder Fortbildung von Ärzten wie Sportlehrern wünschenswert erscheinen. Zudem hatte der Sport der Versehrten (durch Krieg oder Unfall) und der Behinderten- und Rehabilitationssport stark zugenommen, nicht nur in Paderborn, sondern auch in den benachbarten Bad Lippspringe und Bad Driburg. Heinz Nixdorf hat einige Sondersportgruppen besonders intensiv gefördert, z. B. von Herzpatienten, Behinderten, Rollstuhlfahrern und die Ahorn-Panther.

7. Der Unternehmer kannte und schätzte Prof. Dr. Kramer seit vielen Jahren (siehe Kap. „Volleyball" und „Heinz Nixdorf und die ArGe Sport") und wollte die Leistung des Sportprofessors beim Aufbau der Sportwissenschaft in Paderborn anerkennen und dessen Initiative für einen eigenen Bereich „Training und Gesundheit" fördern. Mit einem Lehrstuhl für Sportmedizin würde diesem Aus- und Aufbau der Sportwissenschaft die Krone aufgesetzt.

8. Bei den Bemühungen, in Paderborn einen Olympiastützpunkt einzurichten, tauchte die Forderung nach einem Lehrstuhl für Sportmedizin am Ort auf. Es war klar, daß das Land NRW in den Gesamthochschulen-Universitäten für die Lehrerausbildung keine medizinischen Institute einrichten und es für Paderborn keinen Grund für eine Ausnahme geben konnte. Doch Heinz Nixdorf „träumte", wie er bei fernen Zielen formulierte, schon seit 1977 von einem Lehrstuhl für Sportmedizin in Paderborn. Die Sportmedizin an der „Deutschen Sporthochschule" in Köln war sein Vorbild.

9. Last, not least: Heinz Nixdorf hat sich in Abständen von Prof. Dr. Hollmann im „Institut für Kreislaufforschung und Sportmedizin" der Deutschen Sporthochschule

in Köln untersuchen und beraten lassen und mahnte bei einem Wiederkommen an, man habe wohl übersehen, ihm nach dem vorigen Mal die Rechnung zu schicken. Der Chef des Instituts erklärte als Arzt, es sei keine aufwendige Sache gewesen und daher keine Rechnung ausgestellt worden. Nun wollte Heinz Nixdorf wissen, ob er als Entgeld etwas für die Sportmedizin tun könne. Daraus entwickelte sich die Frage, ob auch in Paderborn, das lediglich eine Gesamthochschule und keine medizinische Fakultät hatte, ein Lehrstuhl für Sportmedizin möglich sei. Professor Hollmann hatte als international geschätzter Experte – als Präsident des Weltverbandes für Sportmedizin – und Kraft seiner Persönlichkeit direkten Kontakt zu den Ministerpräsidenten des Landes NRW, zu Franz Meyers, Heinz Kühn und nun zu Johannes Rau (von 1978 bis 1998). Heinz Nixdorf dagegen hatte die Landesregierung wegen der Bevorzugung der rheinischen Landesteile und Benachteiligung Westfalens attackiert. Im Rheinischen drei Verkehrsflughäfen, in Westfalen kein einziger! Mit dem Vorwurf, in der Düsseldorfer Regierung walte Kölscher Klüngel – das war der permanente Vorwurf der rivalisierenden Düsseldorfer an die Kölner – hatte er Rau vors Schienbein getreten. Dessen versöhnliche, beschwichtigende Art („Bruder Johannes") lag dem ungeduldig vorwärts drängenden Unternehmer nicht. Prof. Hollmann sprach mit Rau über einen Lehrstuhl für Sportmedizin in Paderborn. Als ehemaliger Wissenschaftsminister (von 1970 bis 1978) hatte Rau im Hochschulbereich eine Reform durch Neugründung von fünf Gesamthochschulen erreicht und kannte auch die Paderborner genau. Nach kurzer Zeit bekam der Fürsprecher Hollmann Antwort: Der Ministerpräsident signalisierte grünes Licht. Der Segen von oben war da. Nun ging es ums Geld.

Fördermittel für den Ahorn-Sportpark und die Folgerung

Als der Unternehmer den Ahorn-Sportpark baute, ging es auch um Finanzierung und Zuschüsse. Heinz Nixdorf hätte dieses ihm persönlich besonders naheliegende Großprojekt als sein Werk selbst dann realisiert, wenn es von den öffentlichen Händen keine Zuschüsse gegeben hätte. Doch er kämpfte um möglichst große Fördermittel. Das Land NRW – der Kultusminster war für Sport zuständig – lehnte einen Landeszuschuß für eine firmeneigene Sportanlage ab, da hierfür keine Mittel im Haushalt vorgesehen waren. Allerdings wurde erklärt, das Land sei verpflichtet, den Neubau einer Sportstätte in NRW zu fördern, wenn der Träger gemeinnützig sei – e.V. oder gemeinnützige GmbH – und der Bund im Rahmen seiner Leistungssportförderung das Projekt bezuschusse. Wenn der Bund 3 Mio DM bereitstellte, müsse das Land die gleiche Summe geben. Doch für dieses Szenario sah das Kultusministerium keine Chance im Sinne des Antragstellers.

Heinz Nixdorf mobilisierte seine vielfältigen Kontakte zu Landtags- und Bundestagsabgeordneten, zum Deutschen Sportbund (DSB), zum Deutschen Leichtathletikverband (DLV) etc. Als seinen Gesandten, quasi als Türöffner, schickte er den bekannten ehemaligen Weltrekordler im Zehnkampf, Kurt Bendlin, zu den Bundesministern nach Bonn, insbesondere dem für Sport zuständigen Innenminister Friedrich Zimmermann (von 1982–1989, CSU), zum Bundesminister der Finanzen, Gerhard Stoltenberg (1982–1989, CDU), zum Fraktionsvorsitzenden der FDP (von 1968–1990), Wolfgang Mischnik, Mitglied des Innenausschusses des Bundestages, und zu vielen anderen hochrangigen Politikern. Des weiteren führten die Nixdorf-Mitarbeiter Jürgen Appenowitz, Jürgen Wegwart und Willi Lenz Gespräche mit dem Deutschen Leichtathletik-Verband (DLV), dem Fußball- und Leichtathletik-Verband Westfalen (FLVW) und Ministerialbeamten des Bundes in Bonn und des Landes in Düsseldorf. Zimmermann war dagegen. Helmut Meyer, Leitender Direktor des Bereichs Leistungssport im Deutschen Sportbund, unterstützte den Förderantrag. Auch der Paderborner Sportwissenschaftler Prof. Dr. Kramer setzte sich ein. Er war beratendes Mitglied im Sportausschuß der CDU-Bundestagsfraktion. Die Nixdorf-Sport-Lobbyisten hatten Erfolg: Der Bund bewilligte einen Zuschuß von 3 Mio DM, das Land hatte gleichermaßen zu fördern, zusammen 6 Mio DM.

Die Zusage erfolgte ca. zwei Monate nachdem bereits das Richtfest für die Sporthalle gefeiert worden war. Sonst wurde über Zuschüsse für neue Sportanlagen nur entschieden, wenn mit Bauarbeiten noch nicht begonnen war!

Heinz Nixdorfs Reaktion ist typisch für sein stetes Weiterdenken: *„Nachdem wir diesen Betrag für den Sportpark bekommen und so entlastet sind, können wir einen sportmedizinischen Lehrstuhl hinkriegen."*

Die Stiftung des Sportmedizinischen Instituts. Der Stiftungsvertrag

Der Gesamthochschule-Uni Paderborn versprach Heinz Nixdorf nun, zur Einrichtung eines Sportmedizinischen Lehrstuhls drei Millionen DM zu geben. Demzufolge konnte die Hochschule die rechtlichen Fragen mit dem für Hochschuleinrichtungen zuständigen Ministerium für Wissenschaft und Forschung klären. Der Unternehmer dachte nicht daran, einen so hohen Betrag einfach zu schenken. Nach seinem allgemeinen Prinzip bei der Förderung von Sportvereinen – *„ich gebe eine DM, wenn ihr zwei DM daraus macht"* – wurde ein Vertrag ausgehandelt, der aus dem Stiftungsgeld eine Anschubfinanzierung machte, indem sich das Land NRW und die Hochschule verpflichten, den Lehrstuhl als ständige Einrichtung – nicht als eine befristete Gastprofessur, sondern als C 4 Professur auf Lebenszeit – „auf Dauer" zu unterhalten und auch von Anfang an Kosten für zwei Mitarbeiter am Lehrstuhl, für dessen sächliche Ausstattung und Geschäftsbedarf zu übernehmen. Weitere Punkte waren die Beteiligung des Stifters am Berufungsverfahren sowie die Erklärung, auf dem Gebiet Sport weiterhin zusammenzuarbeiten. Diese Erklärung, das erwies sich in den Folgejahren, war nicht nur Papier, sondern wurde von den Stiftungen, die Heinz Nixdorf hinterließ, als Verpflichtung übernommen.

Bereits 1978 hatte Heinz Nixdorf Vorstandsmitglied Helmut Rausch zu einem ersten Sondierungsgespräch mit dem Kanzler der Gesamthochschule-Universität, Ulrich Hintze, geschickt. Hierbei wurden mögliche Förderungen des Arbeitsbereichs „Training und Gesundheit" erörtert. Die ersten Verhandlungen der Nixdorf Computer AG mit der Hochschule über einen sportmedizinischen Lehrstuhl hatte Kurt Bendlin 1983 geführt. Dann wurden Jürgen Appenowitz und Willi Lenz eingeschaltet als es um konkrete Einzelheiten wie steuerliche Aspekte, Zahlungsmodi u. ä. ging. Heinz Nixdorf mischte sich persönlich ein und wollte im Vertrag festgelegt wissen, daß nach dem Kölner Vorbild die zweite Stelle durch einen Mediziner, Oberarzt, besetzt wird und nicht etwa von einem Soziologen oder Sportpädagogen wahrgenommen werden könne oder gar von einem Psychologen, der Hochleistungssportlern zur spirituellen Aufladung verhilft. Des weiteren wünschte der Stifter, daß bei der Aufgabenwidmung in der Präambel Präventions-, Reha- und Behindertensport sowie „Herz- und Kreislaufphysiologie" berücksichtigt werde. Man einigte sich darauf, nicht zuviel Details festzulegen. Zur vorgeschlagenen Formulierung *„auf dem Gebiet von Prävention und Training und Gesundheit im Hochleistungs- und Breitensport"* erklärte Heinz Nixdorf: *„Ist mir recht!"*

In einem Gespräch am 29.02.1984 einigten sich Heinz Nixdorf, der Minister für Wissenschaft und Forschung, Dr. Rolf Krumsiek, und der Rektor der Universität-GH, Prof. Dr. Friedrich Buttler, über die Grundsätze des Vertrages. Die Unterzeichnung des endgültig formulierten Vertrages, der zwischen der Nixdorf Computer AG und dem Land NRW im Einvernehmen mit der Universität-Gesamthochschule Paderborn geschlossen wurde, erfolgte am 31.05.1985. Der Lehrstuhl bezog sich auf die von den zuständigen Gremien der Hochschule beschlossenen Lehr- und Studienbereiche, hier auf den von Kramer konzipierten Bereich „Training und Gesundheit". (Siehe Wiedergabe des Vertrages S. 543 ff..)

Schon vor der Vertragsunterzeichnung erfolgte die öffentliche Ausschreibung durch das Land NRW. Vorsitzender der Berufungskommission war der Dekan des Fachbereichs 2, Prof. Dr. Wolf-Dietrich Brettschneider. Von Seiten der Nixdorf Computer AG waren Kurt Bendlin und Willi Lenz an den Beratungen beteiligt.

Der auf Platz 1 gesetzte Wunschkandidat war Prof. Dr. med. Heinz Liesen von der Sporthochschule Köln. Heinz Nixdorf wurde darüber am 31.01.1986 informiert (siehe Abb. Dokument S. 548).

Der Stifter und Unternehmer hatte den Nestor der deutschen Sportmedizin, Prof. Dr. med. Wildor Hollmann von der Deutschen Sporthochschule Köln, der ihm schon lange als Autor des Standardwerkes über Sportmedizin und als Arzt bekannt war, zu einem Vortrag in den Ahorn-Sportpark eingeladen. Hollmann, Präsident des Weltverbandes der Sportmedizin, sprach souverän, umfassend und allgemeinverständlich zum Thema: „Die Sportmedizin heute". Anläßlich dieses Vortrags kam es zwischen Heinz Nixdorf und Prof. Hollmann zu einem Gespräch, bei dem auch die im Berufungsverfahren getroffene Wahl beredet werden konnte. Den an die 1. Stelle gesetzten Prof. Dr. Liesen konnte Prof. Hollmann als seinen ältesten Schüler, Mitarbeiter und langjährigen Oberarzt nur empfehlen, und sah

Fortsetzung S. 547

Unterzeichnung der Stiftungsurkunde für den Sportmedizinischen Lehrstuhl. Links der Rektor der Universität-Gesamthochschule-Paderborn, Prof. Dr. Friedrich Buttler, in der Mitte Heinz Nixdorf, rechts Dr. Rolf Krumsiek, der Minister für Wissenschaft und Forschung des Landes Nordrhein-Westfalen. 31. Mai 1985.

Die Unterzeichnungszeremonie im erweiterten Kreis. Nach dem Vertrag über die Stiftungsprofessur Sportmedizin wurde auch ein allgemeiner Kooperationsvertrag zwischen der Nixdorf Computer AG und der Universität-Gesamthochschule-Paderborn auf dem Gebiet der „Informatik und Elektrotechnik" abgeschlossen. Daher waren anwesend von links Dr. Hartmut Fetzer, Berlin, Vorstandsmitglied der Nixdorf Computer AG, Prof. Dr. Georg Hartmann, Fachbereich 14 und Konrektor der Gesamthochschule-Universität. Rechts außen deren Kanzler Ulrich Hintze.

Vertrag
zwischen der Nixdorf Computer AG und dem Land Nordrhein-Westfalen
über die Einrichtung und Stiftung des sportwissenschaftlichen
Arbeitsbereiches "Training und Gesundheit"
in der Universität-Gesamthochschule-Paderborn

Das Land Nordrhein-Westfalen, die Firma Nixdorf Computer AG und die Universität-Gesamthochschule-Paderborn kommen überein, innerhalb der Sportwissenschaft an der Universität-Gesamthochschule-Paderborn zur Förderung der Forschung insbesondere auf dem Gebiet von Prävention und Training und Gesundheit im Hochleistungs- und Breitensport sowie zur sportmedizinischen Ausbildung der Studenten einen sportmedizinischen Arbeitsbereich "Training und Gesundheit" einzurichten und zu finanzieren. Mit der Einrichtung dieses Fachgebiets beabsichtigen die Vertragspartner auch eine längerfristige Zusammenarbeit auf dem Gebiet des Sports zwischen der Universität-Gesamthochschule-Paderborn und der Firma Nixdorf Computer AG.

Zu diesem Zweck wird zwischen

      der Firma Nixdorf Computer AG, vertreten durch
      ihren Vorstand,
      - nachfolgend "Stifter" genannt -

und

      dem Land Nordrhein-Westfalen, vertreten durch den
      Minister für Wissenschaft und Forschung,
      - nachfolgend "Land" genannt -

im Einvernehmen mit der Universität-Gesamthochschule-Paderborn folgender Vertrag geschlossen:

§ 1

(1) Das Land verpflichtet sich, ab 1985 im Fachbereich "Erziehungswissenschaft, Psychologie, Sportwissenschaft" der Universität-Gesamthochschule-Paderborn einen sportwissenschaftlichen Arbeitsbereich "Training und Gesundheit" einzurichten.

Der Arbeitsbereich soll durch einen Professor auf Lebenszeit (besoldet nach Besoldungsgruppe C 4) vertreten werden. Zur Ausstattung des Arbeitsbereichs gehören die erforderlichen Stellen für wissenschaftliche und nichtwissenschaftliche Mitarbeiter.

- 2 -

Der Stiftungsvertrag für den „Sportmedizinischen Lehrstuhl", 1985.

(2) Der Stifter finanziert den Arbeitsbereich während der ersten fünf Jahre nach Maßgabe der folgenden Bestimmungen. Die Anschlußfinanzierung übernimmt das Land nach Maßgabe des jeweiligen Haushaltsplanes für die Universität-Gesamthochschule-Paderborn.

§ 2

Die Stelleninhaber im sportwissenschaftlichen Arbeitsbereich "Training und Gesundheit" stehen im Dienst des Landes und sind zugleich Mitglieder der Universität-Gesamthochschule-Paderborn mit allen damit verbundenen Rechten und Pflichten.

§ 3

Die angestrebte personelle Ausstattung des sportwissenschaftlichen Arbeitsbereiches "Training und Gesundheit" ergibt sich aus dem als Anlage beigefügten Stellenplan, wobei innerhalb des vorgegebenen qualitativen und quantitativen Stellenrahmens eine den Forschungs- und Lehrbedürfnissen entsprechende Stellennutzung und Stellenbesetzung bei nichtwissenschaftlichem Personal vorgenommen werden kann.

§ 4

(1) Das Land wird vor der Ausschreibung und innerhalb des Berufungsverfahrens für die Professur für Sportwissenschaft "Training und Gesundheit" den Stifter beteiligen.

(2) Die Stellenbesetzung erfolgt gemäß den Bestimmungen des Gesetzes über die wissenschaftlichen Hochschulen des Landes Nordrhein-Westfalen nach der Berufungssatzung der Universität-Gesamthochschule-Paderborn.

(3) Der Stifter hat das Recht, zwei beratende Mitglieder für die Berufungskommission zu benennen.

(4) Die Absätze 1 bis 3 gelten innerhalb der ersten fünf Jahre nach Abschluß des ersten Berufungsverfahrens auch für ggf. erforderliche Neubesetzungen der Professur für Sportwissenschaft "Training und Gesundheit".

§ 5

Der Fachvertreter und die Mitarbeiter des Arbeitsbereiches "Training und Gesundheit" beziehen Räume des Fachbereichs 2 (Erziehungswissenschaft, Psychologie, Sportwissenschaft) der Universität-Gesamthochschule-Paderborn.

§ 6

Das Land stellt für den sportwissenschaftlichen Arbeitsbereich "Training und Gesundheit" nach Maßgabe des Haushaltsplanes für die Universität-Gesamthochschule-Paderborn die im Rahmen der Fachbereichszuweisungen üblichen Mittel für Lehre und Forschung zur Verfügung.

§ 7

(1) Der Stifter stellt dem Land bis zur Obergrenze von insgesamt drei Millionen Deutsche Mark
    1. für die Dauer von fünf Jahren von 1985 an die Mittel bereit, die für die in der Anlage 1 Buchstabe a) genannten Stellen erforderlich sind,
    2. die Mittel für die notwendige Grundausstattung des Aufgabenbereiches, für die Folgekosten während der Laufzeit von fünf Jahren sowie ggf. für ergänzende Umbauarbeiten zur räumlichen Unterbringung des Aufgabenbereiches bereit.

(2) Die Mittel zur Deckung der Personalkosten werden zu Beginn eines jeden Quartals bereitgestellt; die Mittel für die Grundausstattung werden gemäß der Abstimmung bei der Gestaltung des Einrichtungsprogrammes abgerufen; Mittel für ggf. erforderliche ergänzende Umbauten werden nach vorheriger Abstimmung, die übrigen Mittel quartalsweise abgerufen.

(3) Stiftungsmittel können nach Abschluß des Berufungsverfahrens zur erstmaligen Besetzung der Professur abgerufen werden.

- 4 -

§ 8

(1) Die vom Stifter zur Verfügung gestellten Mittel sind gegenseitig deckungsfähig und übertragbar. Die mit Stiftungsmitteln beschafften Sachen gehen in das Eigentum des Landes über.

(2) Der Verwendungsnachweis wird in Anlehnung an das Verfahren bei der Bewirtschaftung sonstiger Drittmittel geführt. Der Stifter kann jederzeit Einsicht in die bei der Universität-Gesamthochschule-Paderborn über die Verwaltung der Stiftungsmittel geführten Unterlagen nehmen.

§ 9

Gerichtsstand für Streitigkeiten aus diesem Vertragsverhältnis ist nach Wahl des Klägers Düsseldorf oder Essen.

§ 10

Die Vertragsparteien werden die sich bei der Auslegung und Durchführung dieses Vertrages ergebenen Fragen in partnerschaftlicher Zusammenarbeit lösen.

Paderborn, den 31. Mai 1985

Für die
Nixdorf Computer AG

....
(Heinz Nixdorf)

Für das
Land Nordrhein-Westfalen
Der Minister
für Wissenschaft und Forschung

....
(Dr. Rolf Krumsiek)

Im Einvernehmen mit der Universität-Gesamthochschule-Paderborn:

Für die
Universität-Gesamthochschule-Paderborn
Der Rektor

....
(Prof. Dr. Friedrich Buttler)

- 5 -

```
Anlage

zum Vertrag zwischen dem Land Nordrhein-Westfalen und der Nixdorf
Computer AG


                              Stellenplan

                            für das Fachgebiet

                "Sportwissenschaft, Training und Gesundheit"

a)

1 Stelle Bes.-Gruppe   C 4 - Professor      (Finanzierung durch Stifter)
1 Stelle Verg.-Gruppe  I b - Oberarzt       (Finanzierung durch Stifter)


b)

1 Stelle Verg.-Gruppe VII - Vb - Med.tech.
                              Assistent/in  (Finanzierung durch Land)
1 Stelle Verg.-Gruppe VIb/VII  (0,5)
                            - Schreibkraft  (Finanzierung durch Land)
```

Der Stiftungsvertrag für den „Sportmedizinischen Lehrstuhl", 1985.

ihn bei einer Kooperation des Paderborner Lehrstuhls mit der Deutschen Sporthochschule für die Kölner nicht als verloren an. In der Deutschen Sporthochschule Köln zeichnete sich ein Trend gegen die Sportmedizin ab. Die von Prof. Dr. Liesen freigemachte Professur sollte zugunsten der Sozio-Ökonomie des Sports umgewidmet werden. Daher hatte Heinz Nixdorf im Vertrag die Fixierung der zweiten Stelle verlangt, *„Oberarzt"*!

Bei den Berufungsverhandlungen mit der Hochschule, mit dem Kanzler Ulrich Hintze im Herbst 1986, konnte Prof. Dr. Liesen als renommierter Sportwissenschaftler noch eine verbesserte Ausstattung des Lehrstuhls mit Personal, Sachmitteln für medizinische Geräte und beim Vorhaben des Anbaus für die Sportmedizin an das sportwissenschaftliche Institutsgebäude erreichen. Eine beachtliche Rolle spielte bei den Verhandlungen, daß Prof. Dr. Liesen einen verhältnismäßig hohen Anteil an Drittmitteln einbringen konnte sowie die von Heinz Nixdorf angestrengten Bemühungen, einen Olympiastützpunkt nach Paderborn zu bekommen.

INTERNE MITTEILUNG

VON	ÜBER	AN
Ahorn-Sportpark GmbH		Vorstand

NAME	NAME	NAME
Willi Lenz		Herr Nixdorf

TELEFON		DATUM
10-3120		31.01.86

VERTEILER:

Sehr geehrter Herr Nixdorf,

die Berufskommission "Lehrstuhl Training und Gesundheit" hat in ihrer abschließenden Sitzung am 20.01.86 folgende Vorschlagsliste verabschiedet:

Platz 1 : Prof. Liesen, Sportwissenschaftliches Institut Köln
Platz 2 : Prof. Mader , Sportwissenschaftliches Institut Köln
Platz 3 : Prof. Böning, Universität Hannover

Dieser Vorschlag wird u.a. noch vom Fachbereichsrat der Gesamthochschule Paderborn gewürdigt und letztlich dem nordrhein-westfälischen Kultusminister zugeleitet.

Herr Prof. Liesen tritt Anfang Februar einen längeren Urlaub an. Danach haben wir ein Informationsgespräch bei Ihnen geplant.

Mit freundlichen Grüßrn

Willi Lenz

Anlage

Oben und rechts:
Heinz Nixdorf im Gespräch mit dem bekannten Sportmediziner Prof. mult. Dr. med. Dr. h. c. Wildor Hollmann, Präsident des Weltverbandes der Sportmediziner und Präsident des Deutschen Sportärztebundes. Anlaß war ein Vortrag des Wissenschaftlers im Ahorn-Sportpark zum Thema „Sportmedizin heute" und die Ausschreibung und die Verhandlungen für den von Heinz Nixdorf gestifteten Lehrstuhl „Training und Gesundheit" an der Uni Paderborn. Gespräch am 20.02.1986.

Links:
Herr Nixdorf wird über die Arbeit der Berufungskommission informiert. Interne Mitteilung von Willi Lenz an den Vorsitzenden des Vorstandes der Nixdorf Computer AG, vom 31.01.1986.

Die Bedeutung der Stiftung des sportmedizinischen Lehrstuhls

Im September 1986 hatte Prof. Dr. Liesen den Ruf angenommen. Da die laufenden Vorhaben an der Deutschen Sporthochschule in Köln nicht abrupt abzubrechen und der Anbau an das Gebäude der Sportwissenschaften für das Sportmedizinische Institut noch nicht fertig waren, sowie die apperativen Einrichtungen beschafft und installiert werden mußten, hat die Arbeit im neuen Institut offiziell ein Jahr später, im September 1987 begonnen. Ein weiteres Jahr darauf, im September 1988, konnte Prof. Dr. Liesen sein neues Institut einem großen Kreis geladener Gäste in feierlichem Rahmen vorstellen. Dabei gab der Präsident des Weltverbandes der Sportmedizin, Prof. mult. Dr. med. Dr. h. c. Wildor Hollmann in seiner denkwürdigen Festansprache einen allgemein verständlichen Überblick über das Fachgebiet, auch vor dem Hintergrund der im Hochleistungssport aufkommenden Dopingskandale. Dieser Vortrag wird hier dank der spontanen Zustimmung des Autors publiziert. Denn mit den Ausführungen über „Die Bedeutung der Sportmedizin für unsere Gesellschaft" wird auch die Bedeutung von Heinz Nixdorfs Stiftung des sportmedizinischen Lehrstuhls in Paderborn in helles Licht gerückt:

„Eine Stiftungsprofessur ist ein verdienstvolles Werk an sich. Wenn darüberhinaus in einer nunmehr 76-jährigen Geschichte organisierter deutscher Sportmedizin die erste Einrichtung dieser Art eröffnet wird, dann ist das in besonderem Maße bemerkenswert. Herrn Nixdorf, den Herren des Vorstandes und der gesamten Nixdorf AG gilt deshalb der spezielle Dank nicht nur der hiesigen, sondern der gesamten deutschen Sportmedizin. Mir persönlich ist es eine kleine Genugtuung, daß ich noch 14 Tage vor dem viel zu frühen Hinscheiden von Herrn Nixdorf ihm persönlich diesen meinen Dank aussprechen konnte.

Eine besondere Freude ist mir natürlich auch, lieber Herr Liesen, daß nun gerade Sie berufen worden sind, diese erste Stiftungsprofessur in der Geschichte der deutschen Sportmedizin einzunehmen. Herr Liesen, meine Damen und Herren, ist mein ältester Schüler, Mitarbeiter und langjähriger Oberarzt, und unsere persönliche und sachbezogene Verbundenheit wird Garantie dafür sein, daß in Zukunft eine enge gegenseitige Förderung der sportmedizinischen Institutionen in Köln und Paderborn stattfinden wird.

Das Thema, welches Herr Liesen von mir wünschte, lautet: „Die Bedeutung der Sportmedizin für unsere Gesellschaft". In der gebotenen Kürze befasse ich mich mit folgenden Hauptpunkten:
1. ein kurzer historischer Abriß der sportmedizinischen Entwicklung;
2. die Bedeutung der Sportmedizin im Breitensport,
3. Die sportmedizinische Bedeutung im Gesundheitssport;
4. Die Bedeutung der Sportmedizin im Leistungs- und Hochleistungssport.

ad 1: Ein kurzer historischer Abriß der sportmedizinischen Entwicklung:

Man gibt heute das Jahr 1883 als den Beginn einer naturwissenschaftlich fundierten sportmedizinischen Tätigkeit an. Es war damals ein Magdeburger Arzt und Universitätsprofessor mit dem klangvollen Namen Speck, welcher das erste schon offenbar recht gut brauchbare Ergometer schuf. Es diente ausschließlich Forschungszwecken. 1899 beschrieb der finnische Arzt Henschen die Vergrößerung des Herzens durch bestimmte Ausdauersportarten, insbesondere Skilanglauf, und prägte das Wort „Sportherz". 1911 war es ein Forscher namens Douglas, der mittels einer Luftsammelmethode in einem Beutel Voraussetzungen schuf, exakt den Gasstoffwechsel des Menschen messen zu können. Ein Jahr später, 1912, wurde in Oberhof in Thüringen der erste Sportärztebund der Welt gegründet. Die damalige offizielle Bezeichnung lautete: „Deutsches Reichskomitee zur medizinischen und wissenschaftlichen Erforschung der Leibesübungen." Es folgte der 15. Mai 1920, der Gründungstag der ersten Sporthochschule für Leibesübungen, ausgestattet mit einer eigenen sportmedizinischen Abteilung. Der damalige Reichspräsident Ebert war persönlich in der Aula der Universität Berlin bei der feierlichen Eröffnung anwesend.

1924 schuf der britische Nobelpreisträger A.V. Hill stoffwechselmäßige Grundlagen zum Verständnis des menschlichen Belastungsverhaltens im biochemischen Bereich. Er schuf Bezeichnungen wie maximale Sauerstoffaufnahme, steady state, O2-deficit und O2-debt. 1928 gründeten 14 Nationen in St. Moritz/Schweiz die erste internationale sportmedizinische Vereinigung, den heutigen Weltverband für Sportmedizin, genannt FIMS. 1929 schufen Knipping und Brauer in Hamburg die Spiroergometrie, die Grundlage für eine klinische Leistungsdiagnostik. Im selben Jahr erprobte Forssmann an sich selbst die Möglichkeiten einer Katheterung des Herzens, wofür er 1956 mit dem Nobelpreis ausgezeichnet wurde. Auch diese Untersuchungsmethode wurde z.B. zur Beurteilung der physiologischen Bedeutung des Sportherzens von entscheidender Bedeutung für sportmedizinische Fragestellungen.

Im Jahre 1954 führte unser Arbeitskreis die Fahrradergometrie in die medizinische Universitätsklinik Köln ein, und zwar als eine Methode der klinischen Routineuntersuchung zur Beurteilung der kardio-pulmonalen Leistungsfähigkeit. Ein Jahr später erfolgte die Verbindung der Fahrradergometrie mit der halbautomatischen Blutdruckmessung, wodurch erstmals bei spiroergometrischen Untersuchungen routinemäßig Blutdruckwerte unter ansteigenden Belastungsbedingungen gemessen werden konnten. 1959 schloß sich unsere erste Publikation über die Existenz einer sogenannten O2-Dauerleistungsgrenze wie auch über einen Punkt des optimalen Wirkungsgrades der Atmung an, sowohl über den Anstieg des Atemminutenvolumens als auch über den des Milchsäurespiegels im arteriellen Blut ermittelt. Die spätere sprachliche Bezeichnung, aus den USA zu uns zurückkommend, nämlich die Bestimmung der aerob-anaeroben Schwelle, wurde zum heute international am meisten benutzten Leistungskriterium.

1962 führte der Schwede Bergström die Nadelbiopsie der Skelettmuskulatur ein. Damit konnte erstmals ohne nennenswerte Belästigung des Probanten z.B. der Arbeits- und Trainingseinfluß auf die Skelettmuskulatur physikalisch wie chemisch untersucht werden. Mit Beginn der 2. Hälfte der 60er Jahre trat die Methode der Gefäßkathederung hinzu, von der in unserem Institut dann schon ab 1969 z.B. Herr Liesen weitgehenden Gebrauch machte. Hiermit konnten zahlreiche Stoffwechselfragen während dosierter Arbeit untersucht werden.

Schon 1954 begannen wir in der Medizinischen Universitätsklinik Köln im Arbeitskreis um Enrath mit dem Einsatz von radioaktiven Isotopen für sportmedizinische Fragestellungen. Heute stellt bekanntlich die Nuklearmedizin einen gewaltigen eigenen medizinischen Bereich dar mit vielen Forschungsmöglichkeiten auch im Bereich der Sportmedizin.

ad 2: Die Bedeutung der Sportmedizin im Breitensport:
Technisierung und Automation haben das menschliche Dasein in wenigen Jahrzehnten grundsätzlicher verändert als in der gesamten, Millionen Jahre alten Menschheitsgeschichte zuvor. Immer neue Methoden und Möglichkeiten wurden ersonnen, uns vor muskulären Beanspruchungen zu schützen. Andererseits stiegen die nerval-geistigen Belastungen. Wir unterliegen aber unverändert der biologischen Grundregel: Struktur und Leistungsfähigkeit eines Organs werden bestimmt vom Erbgut sowie von der Qualität und der Quantität seiner Beanspruchung. Je intensiver innerhalb physiologischer Grenzen ein Organ gefordert wird, desto besser paßt es sich an, desto widerstandsfähiger wird es. Aus dieser Sicht ist Sport in einer Industriegesellschaft heutiger Art nicht mehr „zweckfreies, lustbetontes Tun" oder „die schönste Nebensache der Welt", sondern eine gesundheitliche Notwendigkeit als Hygienebestandteil unseres Alltagslebens.

Es waren sportmedizinische Forschungsergebnisse besonders aus der Bundesrepublik Deutschland, die in den 50er und 60er Jahren die gesundheitlich positiven Effekte unterschiedlicher Qualität und Quantität von Training und Sport wissenschaftlich absicherten. Damit waren für den Deutschen Sportbund Voraussetzungen geschaffen worden, die zu Einrichtungen wie der „Trimm-Aktion" und der „Trimming 130"-Aktion führten. Durch diese Maßnahme ist im wahrsten Sinne des Wortes mehr Bewegung in die Masse unserer Gesellschaft gebracht worden als durch irgendeinen anderen Vorgang. So hat die Sportmedizin der heute auch politisch ganz in den Vordergrund tretenden Präventivmedizin in unerhörter Tiefe und Breite zur Anwengung verholfen.

ad 3: Die sportmedizinische Bedeutung im Gesundheitssport:
Die Motivation zum Gesundheitssport besteht in der Absicht, vorhandene Gesundheit durch Sport zu festigen oder verloren gegangene Gesundheit durch Übung, Training oder Sport wiedergewinnen zu wollen. Die präventiven Aspekte von Gesundheitssport wurden schon beim Breitensport erwähnt. Aus der Sicht der rehabilitativen Medizin war es die Sportmedizin, welche 1965 erstmals damit begann,

systematisch ambulante koronare und Herzinfarktsportgruppen zusammenzustellen und unter ärztlicher Aufsicht einem streng dosierten Training zuzuführen. Heute gibt es vermutlich über 2.000 solcher Herzsportgruppen in der Bundesrepublik Deutschland, die erweitert worden sind durch Hypertoniepatienten, Patienten im Zustand nach Bypass-Operationen und nach Herzklappenersatz sowie durch Diabetes-Sportgruppen. Die Bedeutung dieser auch heute noch maßgeblich von Sportärzten durchgeführten Tätigkeit ist heute sowohl von wissenschaftlicher als auch von politischer Seite anerkannt.

ad 4: Die Sportmedizin im Leistungs- und Hochleistungssport:
Unter Leistungssportler verstehen wir eine Person, welche einen Trainingsplan zur systematischen Steigerung der körperlichen Leistungsfähigkeit folgt und sich regelmäßig an Wettkämpfen zwecks Abprüfung des erreichten Leistungsstandes beteiligt. Die erreichte Leistung entspricht aber noch nicht nationalem oder internationalem Niveau. Eine solche Definition des Leistungssportlers kann also auch auf einen 70- oder 80jährigen zutreffen.

Diese Kategorie von Sporttreibenden stellt heute oft ein Grund zu sportmedizinischer Besorgnis dar. Vielfach sind die Betreffenden vor Aufnahme eines solchen Leistungssports ungenügend untersucht; sportärztliche Kontrolluntersuchungen werden nur selten vorgenommen. Wir müssen aber jenseits des 35. Lebensjahres mit einer statistisch signifikanten Häufung z.B. von konoraren Durchblutungsstörungen rechnen. Betreibt eine derartige Person einen Leistungssport, droht die Gefahr einer akuten Herz-Kreislauf-Katastrophe. Die größte Zahl der Todesfälle im Sport entstammt dieser Sportkategorie. Umso bedauerlicher ist es, daß die in früheren Zeiten von den Ländern finanziell bestrittenen Sport-Vorsorgeuntersuchungen in den meisten Ländern der Bundesrepublik schon längst dem Rotstift zum Opfer gefallen sind. Politiker sollten immer auf diesen Punkt hingewiesen werden mit der Fragestellung, ob in einem Lande mit mehr als 20 Millionen Sporttreibenden die Einsparung einer solchen Ausgabe von jährlich einigen Millionen DM zu rechtfertigen ist.

Ein spezielles Sorgenkind in sich stellen zahlreiche Sportdisziplinen dar, wenn sie die Kategorie des Hochleistungssports erreicht haben. Darunter verstehen wir solche Sportler, welche ihr gesamtes Alltagsleben dem einen Ziel der Leistungssteigerung unterworfen haben, als Profi oder in profiähnlicher Weise dafür tätig sind und leistungsmäßig den nationalen oder internationalen Leistungsstandards entsprechen. Um heute international ernsthaft zur Kenntnis genommene Leistungen zu erzielen, bedarf es neben einem ungewöhnlichen Erbgut eines täglich 4- bis 6-stündigen Trainings. Dafür aber ist der menschliche Organismus nicht konstruiert. Der leistungsschwache Punkt sind nicht die inneren Organe, sondern der orthopädische Bereich mit Knochen, Gelenken, Muskeln, Sehnen und Bändern. Wir gehen heute im Weltverband für Sportmedizin davon aus, daß in zahlreichen Sportarten zwischen 30 und 70 % der Spitzensportler chronisch verletzt sind. Als Ärzte können wir bei einer solchen Feststellung nicht zur Tagesordnung übergehen. Die in den letzten Jahren vollzogene Merkantilisierung mit absoluter Professionalisierung fast des gesamten Spitzensports hat zusätzliche Anreize zu Dopingmaßnahmen im chemischen und physikalischen Bereich geschaffen. Der bedauerlich fortschreitende Verlust an Fair Play tut das übrige, um die Verletzungszahlen und vor allem -folgen zu vergrößern.

Unsere diesbezüglichen sportmedizinischen Empfehlungen lauten deshalb:
1. Die Zahl nennenswerter internationaler Wettkämpfe sollte in manchen Sportarten reduziert werden, um dem schon im Training überstrapazierten Organismus mehr Zeit für die Regeneration zu gewähren.
2. Das Mindestalter zur Teilnahme an internationalen Wettkämpfen sollte in einigen Sportarten drastisch erhöht werden. Hierdurch könnte der Druck des Kinder-Hochleistungssports vermindert werden.
3. In einigen Sportarten sollten Regeländerungen vorgenommen werden, wenn hierdurch gesundheitliche Gefahren vermindert werden können.
4. Die Sportmedizin muß Teil der ärztlichen Approbationsordnung werden. Nur auf diesem Wege wird gewährleistet, daß jeder Arzt zumindest Mindestkenntnisse im sportmedizinischen Bereich besitzt. Die Nichtbeachtung dieses Gesichtspunkts stellt in meinen Augen eine Brüskierung der gesundheitlichen Interessen von mehr als 20 Millionen Sporttreibenden in der Bundesrepublik dar.

Meine Damen und Herren, lieber Herr Liesen, ich wünsche Ihnen und Ihrem Institut Glück und Erfolg in Forschung, Lehre und Praxis, vor allem jene Zufriedenheit, ohne die das menschliche Leben nicht lebenswert ist."   Wildor Hollmann

Der zügige Ausbau des Sportmedizinischen Instituts

Prof. Dr. Liesen selbst stand nach über 15 Jahren am „Institut für Kreislaufforschung und Sportmedizin" der Deutschen Sporthochschule Köln – dort seit 1979 als Oberarzt und C3-Professor – in dem ihm zuvor unbekannten Paderborn nicht am Anfang. Er brachte eine Menge von Projekten mit und bewirkte sogleich den Ausbau des Lehrstuhls „Training und Gesundheit" zu einem leistungsstarken Sportmedizinischen Institut. Waren im Stiftungsvertrag (1985) inclusive der C4-Professur drei und eine halbe Stelle vorgesehen, so hatte sich deren Zahl bereits 1988 mit neun Stellen und sechs halben mehr als verdreifacht. Als sich Dr. sc. med. Hartmut Riedel, einer der qualifizierten DDR-Sportärzte 1987 in die BRD abgesetzt hatte, bekam er im Paderborner Institut eine mit Drittmitteln finanzierte Stelle. Der Versuch, für ihn hier eine C 3-Professur einzurichten, scheiterte u. a., weil der DDR-Spitzensport wegen seiner Dopingpraktiken pauschal in Mißkredit kam. Riedel folgte 1989 einem Ruf an die 1975 neu entstandene Universität Bayreuth. In Paderborn konnte aufgrund einer Stiftung 1990 eine zweite Professur (C3) eingerichtet und 1992 mit Prof. Dr. Michael Weiß, zuvor Heidelberg, besetzt werden.

Stifter war der „Verein zur Förderung der sportwissenschaftlichen und sportmedizinischen Forschung e.V." den Prof. Dr. Liesen 1987 in Paderborn gegründet hatte. Die Stiftung übernahm als Anschubfinanzierung die Kosten für drei Jahre, zur Anschlußfinanzierung verpflichtete sich das Land für die Universität.

Zu den Einrichtungen des Sportmedizinischen Instituts hatte die Nixdorf-Lehrstuhlstiftung beigetragen. Etwa die Hälfte des Gesamtbetrages von 3 Mio. DM war hierfür vorgesehen. Bereits 1989 konnte hierüber die „Deutsche Zeitschrift für Sportmedizin" berichten. (Heft 9, S. 335 f.).

> Das Institut besitzt neben einer kompletten sportmedizinischen apparativen Grundausstattung wie Laufband- und Fahrradergometrie mit spiroergometrischem und kardiologischem Meßplatz modernste Geräte für seine wissenschaftlichen Schwerpunkte.
> Im klinisch-chemischen Labor sind Analysen aller Parameter eines Routinelabors der Klinik möglich. Darüber hinaus können zahlreiche wissenschaftlich interessante Meßgrößen mit modernsten Verfahren bestimmt werden.
> Die Labors sind z. B. ausgestattet mit: Autoanalyser für ca. 40 Substrate und Enzyme, Nephelometrie, Atomabsorptionsspektrometrie, Enzym-Immuno-Assay-Analytik u. a. mit einem Mikroplattenreader, Zell-Counter einschließlich der Möglichkeit der Zelldifferenzierung, FACS-Scan-Durchflußzytometrie zur Differenzierung der Lymphozytensubpopulationen und γ-Counter. Außerdem stehen mehrere mobile Geräte zur Bestimmung von Blutparametern und zur Trainingssteuerung während Trainingslagern und Wettkämpfen zur Verfügung.

Inzwischen hat sich die apparative Ausstattung weiter verbessert und die Räume sind durch Aufstockung erheblich erweitert worden. Im Dezember 1994 konnte der Um- und Erweiterungsbau festlich in Betrieb genommen werden.
Die insgesamt beachtliche Ausweitung des Instituts beim Personal, der apparativen Ausstattung und den Räumlichkeiten gelang im Zuge der Aufgabenvermehrung in Zusammenarbeit mit der Universitätsverwaltung nur, weil viele Projekte ganz oder teilweise durch Drittmittel finanziert wurden. Deren Anteil lag im Verhältnis zum Landesdurchschnitt um 90% darüber. Hierin erwies sich der von allen Wissenschaftlern geforderte Praxisbezug anstelle eines „Einkapselns" oder „Austobens auf Spielwiesen". Andererseits warnten manche vor allzu großen Abhängigkeiten von rein komerziellen Interessen. Wie für die medizinischen Wissenschaften insgesamt, waren auch für die Sportmedizin – im Unterschied zu den Geisteswissenschaften – unmittelbarer Praxisbezug und Nutzanwendungen ein stetes Regulativ für Forschungsvorhaben.

Sportmedizinische Forschung und Wissenschaft

Während der Lehre sowie der sportmedizinischen Praxis bei betreuenden Maßnahmen der allgemeine Wissenstand des Fachgebietes und seiner Nachbardisziplinen zugute kommen, sind bei der Forschung Ergebnisse nur durch Spezialisierung zu erzielen. Von seiner früheren Tätigkeit in Köln und als Internisten waren das für Prof. Dr. Liesen in der Grundlagenforschung der Stoffwechselregulation vor allem die Gebiete Sport und Immunologie, Sport und Endokrinologie (Hormone), Sport-Neurophysiologie (Gehirn und Bewegung) sowie Sport und Physiologie der Mikronährstoffe (Vitamine, Mineralstoffe, Spurenelemente). Forschungsergebnisse, in der Regel in Teamarbeit, sind in einer großen Zahl von Veröffentlichungen, in wissenschaftlichen Büchern und Zeitschriften, in Vorträgen und per Internet bekannt gemacht.

1997 erschien das Werk des Autors Heinz Liesen: „Sport und Immunsystem. Praktische Einführung in die Sportimmunologie." Von den Kongressen, die vom Paderborner Institut, auch in Zusammenarbeit mit anderen Instituten bzw. Einrichtungen organisiert, und Gründungen, die von ihm initiiert wurden, sind hier einige hervorgehoben.

18./19.11.1989	„Sport und Immunsystem". 1. Internationales Symposion des Deutschen Sportärztebundes. In Paderborn
11.–24.03.1990	„Sport zur Prävention und Therapie" (Insbesondere beim älteren Menschen). Deutscher Sportärztebund e. V. und Sportärztebund Nordrhein e. V. – Leitung Prof. Dr. H. Liesen, Paderborn, und Prof. Dr. K. Weber, Köln. Kongress in St. Moritz.
14.–17.10.1993	„Regulations- und Repairmechanismen". 33. Deutscher Sportärztekongress. In Paderborn
15.10.1993	„Metabolic Interactions, Nutritional Aspects and the Immune System". 2. International Heinz Nixdorf Symposium on Applied Immunologie: Exercise and Sports. In Paderborn Gründungsversammlung der „International Society of Exercise and Immunologie" (ISEI). Sitz von 1993 bis 2003 Paderborn
25.–28.10.1995	„Rehabilitation durch Sport". 1. Internationaler Kongress des Deutschen Behindertensportverbandes. In Düsseldorf. Organisation Sportmedizinisches Institut Paderborn.
1999	Gründung der Golfakademie Universität Paderborn. (Siehe Kap. „Golfakademie ...")
2000	„Stiftung Jugendfußball". Gründung der Stiftung als e.V., Sitz in Paderborn.
2001	„Gesundheits- und Trainingszentrum" (GTZ) an der Universität Paderborn. Konzept Sportmedizinisches Institut, Betreiber Universität-Hochschulsport.

Rechts: **Plakat für das 2. Heinz Nixdorf Symposion 1993.**

Sportmedizinische Lehre für Studium, Fort- und Weiterbildung

Aus Sicht der sportinteressierten Bevölkerung findet die Lehre – naheliegend – zuvorderst innerhalb der Universität statt und bezieht sich mit Vorlesungen, Seminarveranstaltungen, Praktika und Prüfungen auf die öfter reformierten Studiengänge für das Lehramtsfach Sport in den verschiedenen Schulstufen und auf den Studiengang Diplom-Wissenschaftler mit unterschiedlichen Schwerpunkten. Die Sportmedizin ist dabei in Paderborn einer der vier sportwissenschaftlichen Arbeitsbereiche. Sie hat jedoch mit der Zunahme des Aspektes Gesundheit hohen Stellenwert. Sport ist im Lehramt nur ein Fach neben einem oder zwei anderen, während der Studiengang Dipl. Sportwissenschaftler/in sich ausschließlich und umfassender allein auf Sport konzentriert. Die Informationsmaterialien der Universität geben über Studiengänge Auskünfte. 1988 zählte die Universität ca. 200 Studenten/innen für das Lehramtsfach Sport. 2005 waren in den Sportwissenschaften insgesamt 700 Studierende zu verzeichnen, davon fast 500 in den Lehramtsstudiengängen und über 200 in den 1990 eingerichteten Studiengängen Dipl. Sportwissenschaftler/in, bei insgesamt ca. 15.000 Studenten/innen an der Universität Paderborn. Seit 2003 ist bundeseinheitlich der Begriff Gesamthochschule, der Zusatz GH, offiziell entfallen.

Weiter- und Fortbildung haben ihre Adressaten in der Regel außerhalb der Universität und sind speziell für die Sportmedizin, auch hier unter dem zunehmenden Aspekt Gesundheit, ein weites Betätigungsfeld geworden. In Verbindung mit Organisationen von Berufen (Ärzten, Physiotherapeuten, Chiropraktikern, Sportlehrern, Trainern, Übungsleitern), mit Regierungsstellen des Bundes, des Landes, der Bezirke und Schulaufsichtsbehörden oder mit Verbänden verschiedener Sportarten auf Bundes-, Landes- oder Bezirksebene hat das Paderborner Sportmedizinische Institut seit seiner Einrichtung eine fast unübersehbare Zahl von Veranstaltungen hier am Ort oder auch andernorts bewerkstelligt. Die Adressaten der Kurse und Vorträge haben in der Regel eine abgeschlossene Ausbildung. Entweder werden Teilnehmer nach größeren Zeitabständen von ihren Ausbildungsabschlüssen durch Vermittlung neuester wissenschaftlicher Erkenntnisse fortgebildet oder andere werden in Anknüpfung an vorhandene Kompetenzen auf einem für sie neuen Gebiet weitergebildet und so zusätzlich qualifiziert.

Für die Fort- und Weiterbildung werden in Zusammenarbeit mit dem Institut für Informatik zahlreiche EDV-gestützte Programme erarbeitet.

Sportmedizinische Praxis: Die Betreuung von Sportlern

Die Sportmedizinischen Institute nehmen eine Spitzenposition ein, wenn es darum geht, mittels wissenschaftlicher Untersuchungsmethoden wissenschaftliche Erkenntnisse zum Nutzen der Sportler und der Gesundheit der Bevölkerung um-

Sportmedizinische Untersuchungen durch das Sportmedizinische Institut der Universität Paderborn 1987 bis 2005. Verbände, Vereine, Organisationen usw.

A-Nationalmannschaft Fussball	Hockey A-C Kader Damen	Sportfr. Siegen
Ahorn-Sportpark Lauftreff	HSG Wuppertal	Sportärzte Weiterbildung
Alemania Aachen	Isländischer Fußballverband	Spvg. Bad Homburg
AOK Paderborn Höxter	Kickers Emden	Spvg. Unterhaching
Arminia Bielefeld	Krefelder HTC	SpVg. Greuther Fürth
Athletico Bilbao	Kölner EC	SSV Meschede
Bad Driburg Rennrad	Laufgruppe Attendorn	SSV Reutlingen
BAL-Untersuchungen Bundesausschuss für Leistungssport	Laufgruppe Salzkotten	SSV Ulm
	Lauftreff Ahorn	Stuttgarter Kickers
Baskets Paderborn	Lauftreff Lieth	SuS Dinslaken 09
Bayer 04 Leverkusen	Lauftreff Lieth Walking	SV Enger-Westerenger
Bessel Gymnasium Jgst. 13	Lauftreff Olsberg	SV Extra Klein
Blau-Weiß Köln	Lauftreff Warstein	SV Magdeburg
Borussia Dortmund	LC Paderborn	SV Meppen
BSC Old Boys Basel	Lemgo Laufgruppe	SV Neuenheerse
BTHC Braunschweig	LG Lippe	SV Rotthausen
D-Kader-Rodeln	LK Limburg	SV Waldhof Mannheim
Deutscher Handball Bund C-Kader weiblich	Landessportbund NRW - D-Kader-Untersuchungsstelle	SV Werder Bremen
		SV Wiesbaden
Deutscher Leichtathletikverband 400m Hürden A-C-Kader weiblich	LT Suck	TBV Lamgo
	Ludwigsfelder FC	Tennis Borussia Berlin
	MSV Duisburg	Tri Club Lemgo
Deutscher Leichtathletikverband Mittel-Langstrecken A-C-Kader weiblich	Nixdorf-Betriebssport	Tri Club Paderborn
	Nordic Walking Büren	Tri Witten
	Nordic Walking Delbrück	Triathlon A-D-Kader
Deutscher Leichtathletikverband Diskuswurf A-Kader männlich	Nordic Walking Höxter	Triathlonclub Lemgo
	Nordic Walking Paderborn	TriTeam Münster
	Nordic Walking Salzkotten	TSV 1860 München
Dynamo Dresden	Nordic Walking Steinheim	TSV Bayer 04 Leverkusen
EC Hedos München	Nordic Walking Willebadessen	TCV Buke
EC Ratingen	Orientierungslauf A-D-Kader	TSV Ellerbeck
Eintracht Frankfurt	Paderborner Squash-Club	TSV Trudering
Fussball-Lehrer-Lehrgang	Paderborner Triathlonclub	Turbine Potsdam
FC Bayern München	Polizeischule Stukenbrock	TV Salzkotten
FC Gütersloh	Preußen Münster	Uni Golf
1. FC Kaiserslautern	Rad Verein PB	Union Oldesloe
1. FC Kleve	RMC Lauffen	VBC Paderborn
1. FC Köln	Rot-Weiß München	VfB Lübeck
1. FC Nürnberg	RRK Rüsselsheim	VfB Salzkotten
FC Schalke	RTHC Bayer Leverkusen	VfB Stuttgart
FC St. Pauli	RW Essen	VfL Bad Oldesloe
FC Zürich	RW Oberhausen	VfL Bad Schwartau
Fortuna Düsseldorf	Sauerland Kurier	VFL Bochum
Fortuna Köln	SBK Bremen	VfL Fredenbeck
Galatasaray Istanbul	SBK Duisburg	VfL Osnabrück
Galatasaray Köln	SBK Mühlheim	VFL Wolfsburg
Gastamis Bayer	SC Paderborn 07	Viktoria Aschaffenburg
Gladbacher HTC	SC Frankfurt 1880	Viktoria Köln
Golf Herren A-D Kader	SC Verl	Volleyball Damen Bayer 04 Leverkusen
Golf Damen A-D Kader	Schulgruppe ASP	
Hamburger SC	Schulklasse Limburg	Volleyball-Beach National-Mannschaft Damen
Hannover 96	Schwarz-Weiß Köln	
Hansa Rostock	Schweinfurt 05	Volleball-Beach National-Mannschaft Herren
Hassia Bingen	SFG Großgundlach	
Hertha BSC Berlin	SG 08 Praunheim	Volleyballnationalmannschaft Damen
Herzsportgruppe Paderborn	SG Wattenscheid 09	
HG Nürnberg	Ski Club PB	Westdeutscher Skiverband
Hockey A-C Kader Herren	Sparkasse Detmold Gruppe	Wuppertaler SV

Vom Sportmedizinischen Institut Universität Paderborn betreute Sportarten und Bereiche 1987–2006

Baseball	Jogging	Rudern
Basketball	Kanu	Schwimmen
Behindertensport	Karate	Squash
Bob	Kunstturnen	Tanzen
Eiskunstlauf	Leichtathelik	Tennis
Fechten	Nordic Walking	Thai-Chi
Fitness	Orientierungslauf	Triathlon
Fussball	Krafttraining	Volleyball
Golf	Radfahren	Voltigieren
Handball	Rodeln	Wasserski
Hockey	Rollstuhl Rugby	

zusetzen. Nach der Breitensportbewegung der 1960er Jahre stand in den 1980er und 90er Jahren der Hochleistungssport im Blickfeld, in Deutschland, weil der Leistungsvergleich im Sport zum Vergleich der politischen Systeme in der DDR und der BRD hochgepuscht wurde (Doping!). Über die vom Sportmedizinischen Institut Universität Paderborn seit 1987 betreuten Sportarten und über die betreuten Vereine und Organisationen geben zwei Tabellen Auskunft. Das jeweilige Ausmaß der Betreuungen ist nicht leicht zu gewichten. So ist in beiden Tabellen nach Alphabet geordnet. Deutlich wird, daß nicht nur große Vereine oder Organisationen, sondern auch kleinere vom Sportmedizinischen Institut profitieren können.

Das Credo von Prof. Dr. Liesen: Sportmedizinische Praxis ist angewandte Wissenschaft im Dienste des Sportlers.

Kein Olympiastützpunkt in Paderborn

Bei der Stiftung des Lehrstuhls Sportmedizin spielte Heinz Nixdorfs Traum, in Paderborn einen Olympiastützpunkt hinzubekommen, eine wichtige Rolle – auch in den Köpfen der hiesigen Sportler und der irgendwie mit Sport befaßten Funktionäre, Politiker u.a.. Nach dem Tode des sportbegeisterten, potenten Unternehmers jedoch hatten die vielfältigen Anstrengungen, die insbesondere durch Willi Lenz, den Geschäftsführer des Ahorn-Sportparks, angetrieben und in die auch Prof. Dr. Liesen und Prof. Dr. Brettschneider einbezogen wurden, wenig Aussicht auf Erfolg. Es rächte sich, daß die von Prof. Dr. Kramer und Heinz Nixdorf initiierte und in Gang gebrachte ArGe Sport, nachdem sich die beiden führenden Köpfe wegen anderer Aufgaben zurückziehen mußten, nicht weiterentwickelt wurde. Mit der Gebietsreform und dem erweiterten Stadtgebiet war die Chance zu einer noch mächtigeren Eigenvertretung des Sports gegeben, insbesondere durch eine Bündelung der Kräfte der erweiterten Stadt mit denen des erweiterten Kreises. Statt dessen machten sich Eigenbrödelei und Verwaltungsdenken breit. Prof. Dr. Liesen, der die ArGe Sport nicht miterlebt hatte, formulierte beim Bemühen um einen Olympiastützpunkt, er habe den Eindruck, vergeblich gegen Windmühlenflügel anzukämpfen. Und, „es fehlen die Galionsfiguren".

Von vier Voraussetzungen für einen Olympiastützpunkt waren zwei gegeben. Gute Trainingsmöglichkeiten, d. h. Sportstätten, waren vorhanden und letzthin mit dem Ahorn-Sportpark wesentlich verbessert worden. Eine qualifizierte sportmedizinische Betreuung konnte nach der Stiftung des Lehrstuhls vom Sportmedizinischen Institut geboten werden. An den beiden anderen Voraussetzungen haperte es. Erstens an speziellen Unterbringungsmöglichkeiten für Sportler, Trainer und andere Betreuer. Das von Heinz Nixdorf angegangene Athletendorf aus alten westfälischen Fachwerkhäusern kam nicht zustande. Einige Jahre nach dem Tod des Unternehmers wurden die eingelagerten Fachwerke von der „Siemens-Nixdorf-Informationssysteme AG" verkauft. Gravierender jedoch war die noch unzureichende Zahl der Kaderathlethen. 50 wurden gefordert. In den leistungsorientierten Paderborner Vereinen kamen in den Sportarten Leichtathletik, Volleyball, Schwimmen, Basketball ca. 20, allenfalls 25 zusammen, die zu den A-B-C-D-Kadern oder den großen Nachwuchstalenten gehörten. Die in Paderborn herausragende Stellung von Squash konnte als nichtolympische Sportart für einen Olympiastützupunkt nicht zum Tragen kommen. Und Olympiamedaillengewinner aus Hövelhof, Bad Lippspringe oder Borchen haben in einem Paderborner Medaillenspiegel nichts zu suchen.

Von 14 Olympiastützpunkten in der BRD (1988) waren vier in NRW angesiedelt:
- Warendorf – Standort der Bundeswehr Sportschule – (Träger: Verein Olympiastützpunkt Münsterland),
- Köln/Leverkusen (Träger: „Gesellschaft für präventivmedizinische und sportmedizinische Forschung und Weiterbildung e. V.")
- Ruhr-West (Träger: „Verein pro Ruhrgebiet")
- Ruhr-Ost (Träger: Städte Bochum und Dortmund).

Die Übersicht macht deutlich, für einen Olympiastützpunkt mit Standort Paderborn müßte das sportliche Potential von ganz Ostwestfalen-Lippe mobilisiert werden.

Die von vielen heimischen Sportinteressierten erwartete besondere Präsenz von Prof. Dr. Liesen als Lehrstuhlinhaber an der Universität Paderborn in einem Olympiastützpunkt Paderborn blieb gegenstandslos und manche waren darüber enttäuscht.

Der Sportmediziner hatte aus seiner Kölner Zeit etliche Mannschaftsbetreuungen mitgebracht, die er von Paderborn aus fortführte. Er war Mannschafts- und Verbandsarzt des Deutschen Hockeybundes, der Nordischen Kombination im Deutschen Skiverband und des Deutschen Fußballbundes. Und von 1980 bis 1989 war Liesen Mitglied der medizinischen Kommission des IOC. In Berichten, auch wenn es um das heiße Thema Doping ging, z. B. bei einer Anhörung im Deutschen

Bundestag 1987, wurde Prof. Dr. Liesen häufig als „der bekannteste Deutsche Sportmediziner von der Universität Paderborn" vorgestellt. So etwas schafft unnötig Neider. Nicht nur die Kärrnerarbeit, sondern einige spektakuläre Ereignisse, wie das Knallen eines Sektkorkens, wurden von der Presse hochgespielt und trugen auch zum Adverb „der bekannteste" bei.

Internationaler Ruf durch knallenden Sektkorken

Im Februar 1987 gewann die BRD-Mannschaft in der Nordischen Kombination in Oberstdorf die Weltmeisterschaft, vor 2. Norwegen, 3. Sowjetunion, 4. Österreich. Der Mannschaftsarzt der „Goldjungen", Prof. Dr. Liesen, Paderborn, stürmte vor überschäumender Freude zu den Athleten ins Zielfeld, ließ, wie von den Siegern nach vorheriger Absprache erwartet, einen Sektkorken knallen und den Schampus hochgehen. Der FIS-Generalsekretär schrie voller Empörung: *„Wir sind doch nicht in der Formel 1!"* Verstoß gegen das Alkoholverbot!? Liesen bekam für zwei Jahre das Verbot, den Zielraum zu betreten. Sollte hinterrücks die siegreiche deutsche Mannschaft getroffen werden? Der Schuß der FIS ging nach hinten los. Die Sperre hatte praktisch keine Auswirkung auf die weitere sportmedizinische Betreuung der Nordischen Kombinierer durch Prof. Dr. Liesen und seinen Oberarzt Dr. Willi Widemayer. Nicht nur die Kombinierer, auch die Kader der Skilangläufer wurden im Paderborner Institut eingehend sportmedizinisch untersucht, die Werte jedes einzelnen Athleten für eine Folge künftiger Vergleichswerte dokumentiert. Vor den nächsten Olympischen Wettkämpfen in Kanada begleitete der Oberarzt Dr. Widemayer die Mannschaften mit transportablen Meßinstrumenten im Trainingslager in Finnland. Bei den XV. Olympischen Winterspielen in Calgary erkämpfte die bundesdeutsche Nationalmannschaft in der Nordischen Kombination die Goldmedaille! Mannschaftsarzt wie bei der Weltmeisterschaft 1987 Prof. Dr. Liesen. Der Knall mit dem Sektkorken hat dem Paderborner Medizinmann einen höheren Bekanntheitsgrad beschert als seine eigentliche ärztliche Kunst. (FAZ 21.02.87, WV 21.02.87, FAZ 26.05.87, NW 28.10.87, WV 29.10.87.)

Der aufgeblähte Toni Schumacher und Franz Beckenbauers Dank

Unter dem „Teamchef" Franz Beckenbauer, Bundestrainer von 1985 bis 1990, war Prof. Dr. Liesen, neben einem Kollegen für Orthopädie, Mannschaftsarzt der bundesdeutschen Fußball Nationalmannschaft. Diese erreichte bei der WM in Mexiko 1986 den 2. Platz. Anschließend kritisierte der Torwart und Mannschaftskapitän

Rechts: **Schlagzeilen zur Sportmedizinischen Betreuung durch Prof. Dr. Liesen, Universität Paderborn.**

Sonntag, 19. November 1989

Wissenschaftler aus aller Welt tagten in Paderborn
Leistungssport schwächt das Immunsystem!

Von Franz-Josef Hosch

Paderborn. Der ehemalige Weltm...
...Wochen vor einem unbek...
...und Bakte...

Überschäumende Freude nach dem Kombinations-Triumph: Doch Professor Heinz Liesen (rechts) soll jetzt mit einer Sperre dafür bezahlen, weil er die Sektkorken knallen ließ ... Foto: dpa

WV 21.08.87

Doping? Professor Liesen hat damit nichts am Hut. Mit „normalen" Methoden versucht er, bei Sportlern die Belastbarkeit — auch unter Extrembedingungen — zu verbessern.

Kicker 28.08.87

Schampus im Ziel: Sperre für Liesen

Oberstdorf (sid) Gorbatschow an der Bande erlaubt, Löwenbräu im Zielraum verboten: Prof. Heinz Liesen, Mannschaftsarzt der Gold-Jungen in der Nordischen Kombination, ließ nach der erfolgreichen Titelverteidigung im Zielraum die Sektkorken knallen — und wurde deshalb vom FIS-Vorstand für zwei Jahre gesperrt, darf die Kombinierer also nicht bei den Olympischen Winterspielen 1988 in Calgary betreuen.

Seit Professor Dr. Heinz Liesen (46) auf der Mannschaftsbank der deutschen Fußball-Nationalmannschaft unmittelbar neben DFB-Teamchef Franz Beckenbauer Platz genommen hat, ist sein Konterfei bundesweit via Bildschirm fast in jedem Fernsehhaushalt bekannt.

In der Tat ist Feldhockey a... internationalem Niveau — u... die Deutschen befinden sich d... in der absoluten Elitegruppe... ein ideales Forschungsfeld. D... Anforderungen, die an die best... deutschen Hockeymänner geste... werden, liegen weit über jene... die von höchstbezahlten Fußba...

Gestern liebe Gäste bei Prof. Heinz Liesen
„Nordische" gut gecheckt

(p.p.). Prominenten und gleichzeitig lieben Besuch hatte gestern Prof. Heinz Liesen vom Sportinstitut der Uni Paderborn. Zu Gast am Südring war die komplette DSV-Auswahl der „Nordischen", die sich vorgestern von Bayern aus auf den Weg zum Training nach Finnland gemacht hatten und die ihren „Hausarzt" Liesen sozusagen auf der Durchreise aufsuchten. Anlaß des Besuchs: Liesen unternahm eine gründliche sportmedizinische Untersuchung der Herren Angerer & Co., um nach den ersten Übungseinheiten des Winters wichtige Fakten zur gegebenenfalls erforderlichen Korrektur des Rest-Trainingsplanes sowie der Wettkampf-Marschroute in der Hand zu haben.

Kostendämpfung
durch Sportmedizin
Prof. Heinz Liesen: Einsatz für Breitensport

Professor Liesen und Karl-Heinz Rummenigge: Mit „Montezumas Rache" gab es in Mexiko keine Probleme.

Streit der Sportmediziner:
Liesen »schießt« zurück

Appell von Liesen:
Rät zu maßvollem Training: Professor Heinz Liesen.

Profis müssen drei Wochen Urlaub haben

Viel Arbeit für Professor Liesen und Team
„Laktat-Touristen" geben sich Türklinke in die Hand

Der Paderborner Verkehrsverein... Universität und der Laufstrecke an...

Harald („Toni") Schumacher Prof. Dr. Liesen öffentlich. Während der WM seien *„die deutschen Spieler vollgepumpt worden mit Vitaminen, Aufbaumitteln und Spritzen. Ich fühle mich wie ein Luftballon, vier Wochen dick und prall aufgeblasen"*. (FAZ 29.09.1986.) Solch aufgeblasene Äußerungen waren PR-Maßnahme für Schumachers angekündigtes Buch „Anpfiff". Der Teamchef der Nationalmannschaft, Beckenbauer, lobte dagegen: *„Bis zu 50 % unseres Erfolges in Mexiko haben wir der Arbeit von Heinz Liesen zu verdanken."* Nun war Toni Schumacher der Torsteher und hätte im Unterschied zu den übers Feld rackernden Spielern vermutlich nur die Hälfte an substituierenden Mitteln benötigt. Immerhin war es eine alle Kräfte beanspruchende Leistung der Deutschen, im subtropischen Höhenklima jedes Spiel von den Vorrunden bis zum Endspiel gut durchgestanden zu haben. Und keiner der Spieler wurde dank des Medizinmannes durch „Montezumas Rache" außer Gefecht gesetzt. Franz Beckenbauer vertraute als Teamchef weiterhin unbeirrt auf die Betreuung der Nationalmannschaft durch den Paderborner Professor. Viele neue Aspekte in der Trainingsgestaltung wurden durch Liesen eingeführt.

1990 Weltmeisterschaft in Italien. Durch die Zeitungen ging u. a., daß Prof. Dr. Liesen den Mannschaftskoch gedrängt hatte, Fette und Proteine zu reduzieren und mehr leichtresorbierbare, energieliefernde Kohlenhydrate aufzutischen. Kein fettes Fleisch, umso mehr Spaghetti! Die bundesdeutsche Nationalmannschaft wurde Weltmeister! Infolge der ganzheitlichen Betreuung bei Training, Ernährung, Regeneration u.s.w. war sie fähig, die kräfteraubende Verlängerung im Halbfinale durchzuhalten, sich bis zum Endspiel zu regenerieren und dieses zu gewinnen. Es war ein Triumph für die Nationalmannschaft, für Deutschland und für Franz Beckenbauer. In der Kabine bedankte dieser sich auch beim Mannschaftsarzt.

Nach dem Erringen des Weltmeistertitels 1990 trat Franz Beckenbauer als Bundestrainer zurück, sein bisheriger Assistent wurde sein Nachfolger. Ein Pressedienst verbreitete: *„Der neue Fußball-Bundestrainer Berti Vogts verzichtet in Zukunft auf Prof. Dr. Heinz Liesen."* Der Mannschaftsarzt sah in der Zusammenarbeit mit dem neuen Bundestrainer wenig Chancen, neue Erkenntnisse in das Fußballtraining einzubringen und verzichtete seinerseits auf eine weitere Betreuung der Nationalmannschaft. Vogts, das sei hier schlicht konstatiert, konnte die großen Erfolge seines Vorgängers nicht wiederholen.

Eine Zusammenarbeit zwischen dem deutschen Fußball und Prof. Dr. Liesen blieb auf einigen Gebieten, z. B. bei der Ausbildung von Fußballlehrern, weiterhin bestehen. Der Paderborner Sportmediziner betreute einige Bundesligamannschaften, auch Borussia Dortmund, den Deutschen Meister 2002.

Die bereitwilligen, erfolgreichen Hockeyspieler

Die langjährige Betreuung der deutschen Hockey-Nationalmannschaften, seit 1973, bezeichnete Prof. Dr. Liesen als seine Leidenschaft. Dazu trugen zum einen die vielen Erfolgserlebnisse bei internationalen Wettkämpfen bei, zum anderen die Mentalität der Spieler. Hockey zählte wie Tennis, Golfen und Reiten zu den elitären Sportarten, deren Vereinsmitglieder ihre Anlagen und Geräte in der Regel selbst finanzieren mußten und deren Sportler im Schnitt ein gehobenes Bildungsniveau hatten. So etwas ist Tabu. Doch Prof. Dr. Liesen stellte fest, daß die Hockeymannschaften aufgeschlossener gegenüber neuen wissenschaftlichen Erkenntnissen waren als z. B. die Fußballer. Und so konnte der Arzt mit den Hockeyspielern außerordentlich praxisnah erarbeiten, was auch den Fußballprofis und den Nordischen Kombinierern und schließlich allen sportmedizinisch Betreuten zugute kam. Die Anforderungen sind – was die Anzahl der Spiele betrifft – im Hockey in der Regel größer als z. B. im Fußball. Neben der Feldhockeybundesliga im Sommer wird im Winter die Hallenhockeymeisterschaft gespielt. Zudem werden jährlich meist zwei große internationale Turniere ausgespielt mit nur kurzen Regenerationspausen zwischen den Spielen, und das häufig in Ländern wie Pakistan, Indien, Malaysia oder Australien, mit großen gesundheitlichen Strapazen. Liesen nutzte dabei fast alle Gelegenheiten, durch wissenschaftliche, begleitende Untersuchungen die Turniervorbereitung und -betreuung zu verbessern. Neue Trainingsmethoden für die Grundlagenleistungsfähigkeit, Regeneration und immunologische Kompetenz wurden entwickelt. Sie wurden in Zusammenarbeit mit Franz Beckenbauer als Bundestrainer auch im Fußball eingeführt und stellten die Basis für die gemeinsamen Erfolge dar (s.o.). Die Belastungen im Fußball sind durch den z. T. extremen psychischen Stress deutlich höher als im Hockey, so daß zur Gesunderhaltung und Regeneration Disziplin bei der Ernährung und dosierte Substitution von Vitaminen, Mineralstoffen, Arminosäuren und Immunmodulatoren erforderlich sind. Dies ist ein gut entwickeltes Gebiet der Paderborner Sportmedizin.

Die Gründung der Stiftung Jugendfußball

Die „Stiftung Jugendfußball" hat zum Ziel, Kinder und Jugendliche durch das Fußballspielen in der körperlichen und geistigen Entwicklung zu fördern. Sie entwickelt wissenschaftlich die hierzu notwendigen Grundkenntnisse und Strategien und führt diese zur Anwendung. Gründungs- und Kuratoriumsmitglieder der im Jahr 2000 eingerichteten Stiftung sind vor allem ehemalige Fußballstars wie Jürgen Klinsmann, Guido Buchwald, Matthias Sammer, Joachim Löw, Pierre Littbarski, Stefan Reuter, Doris Fitschen, Bettina Wiegmann, Andreas Köpke, Stefan Kuntz etc. und die Dozenten ihres Sonderlehrgangs zum Fußballlehrer im Jahr 2000. Sitz und Geschäftsstelle hat die Stiftung im Sportmedizinischen Institut der Universität Paderborn. Ein solides Grundkapital trägt zur Handlungsfähigkeit der Stiftung bei.

19.08.2002

Satzung

Stiftung Jugendfußball

Präambel

Der Fußball ist weltweit der bedeutendste Breiten- und Leistungssport. Im Fußballsport finden Kinder, Jugendliche, Erwachsene und ältere Menschen aktiv oder als „Zuschauer" einen Teil ihrer sportlichen Identifikation. Seine Beliebtheit erklärt sich auch daraus, dass - obwohl die Leistungsfähigkeit im Spiel biologischen Gesetzmäßigkeiten unterliegt - das erfolgreiche Spiel wie kein anderes verbunden ist mit Spontaneität, Kreativität und Individualität der Spieler. Voraussetzung ist ein hohes Maß an konditioneller, motorischer, kognitiver und psychischer Leistungsfähigkeit, die die Realisierung dieser Eigenschaften unter Belastung erst ermöglicht.

Aufgabe der Wissenschaft muss es sein, diese Komplexität der vielfältigen Anforderungen einer systematischen wissenschaftlichen Analyse zu unterziehen und die Ergebnisse so aufzuarbeiten, dass der Einzelne nach seinen Wünschen zur optimalen Eigenrealisierung und zur fußballspezifischen Höchstleistungsfähigkeit kommen kann - ohne gesundheitliches Risiko oder gesundheitlichen Schaden.

Ferner hat sie Multimedia unterstützte und durch neue Medien alle fußballspielenden Menschen erreichbare Methoden und Programme zu entwickeln, die die körperliche und Persönlichkeitsentwicklung des jungen Menschen fördern und eine bestmögliche Leistungsentwicklung bei Erhalt der körperlichen und psychischen Gesundheit des heranwachsenden und des erwachsenen Menschen unterstützt.

Die Stiftung Jugendfußball soll Grundlagen- und vor allem angewandte Forschung unter trainingswissenschaftlichen, sportmedizinischen, sportpsychologischen und sport-pädagogischen Aspekten fördern. Sie soll die Erkenntnisse wissenschaftlicher Untersuchungen und wissenschaftlich hinterfragter Erfahrungen so aufarbeiten, dass sie allen Interessierten und Fußballspielenden, vor allem jedoch den Kindern und Jugendlichen, verfügbar werden. Dies soll insbesondere über die neuen Medien wie z.B. das Internet erfolgen.

Sie soll z.B. die Talentsichtung und –förderung und eine wissenschaftliche Begleitung zur fußballerischen und Persönlichkeits-Entwicklung von Kindern und Jugendlichen (z.B. mit Datenbanksystemen) aufbauen und zum Wohle des Menschen betreiben.

Prof. Dr. Heinz Liesen mit Fußball. Als Betreuer der Deutschen Nationalmannschaft hat der Paderborner Sportmediziner zum Erringen der Titel „Vizeweltmeister" 1986 und „Weltmeister" 1990 laut Beckenbauer entscheidend beigetragen.

linke Seite:
Präambel der im Jahr 2000 gegründeten „Stiftung Jugendfußball". Sitz der Stiftung ist Paderborn. Stand 2005, Präsident: Andreas Köpke, Vizepräsidenten: Doris Fitschen, Jürgen Klinsmann, Heinz Liesen, Joachim Löw, Rene Müller.

Quellen/Literatur

Eigene Erinnerungen an Gespräche mit Heinz Nixdorf, Prof. Dr. Hermann Josef Kramer und Prof. Dr. Maria Schmidt. Informationen von Dr. med. Richard Ammenwerth, Kurt Bendlin, Prof. Dr. Wolf-Dietrich Brettschneider, Prof. mult. Dr. med. Dr. h. c. Wildor Hollmann, Mathias Hornberger, Willi Lenz, Prof. Dr. med. Heinz Liesen, Hubert Schäfers.

Dolch, Josef: Lehrplan des Abendlandes. Zweieinhalb Jahrtausende seiner Geschichte. Ratingen [2]1965. (Sachverzeichnis Stichwort Leibesübungen).

Euler, Carl (Hrsg.): Enzyklopädisches Handbuch des gesamten Turnwesens und der verwandten Gebiete. 3 Bde. Wien und Leipzig 1894 ff. (Stichworte Mädchenturnen, Kraftmesser, Ermüdung, Heilgymnastik, Blindenanstalten, Idiotenanstalten, Physik des Turnens, Photographieren übender Turner, Anatomie, Physiologie etc. Systematisches Inhaltsverzeichnis im Bd. 3).

Gedenkschrift. Reden bei der Akademischen Feier anläßlich der Emeritierung von Prof. Dr. Hermann Josef Kramer. 1993. Unveröffentlichtes Manuskript. (Die Feier wurde zur Trauerfeier, da Kramer kurz vor dem festgelegten Termin verstarb. Seine Rede wurde vorgelesen. Die Laudatio, die Traueransprache hielt Prof. Dr. Wolf-Dietrich Brettschneider.)

Hollmann, Wildor/T. Hettinger; Sportmedizin. Stuttgart. 1976. (Inzwischen zahlreiche Neuauflagen)

Lamprecht, Wiebke/Marie-Luise Klein. Siehe: Allgemeine Literatur. Sportlehrerausbildung und Sportwissenschaft in Paderborn. S. 177 ff.

Middeler, Margarethe (Hrsg.): Festschrift der Staatlichen Pelizaeusschule Paderborn, 1859–1959. Paderborn. 1959.

Wagner, Hugo: Pädagogik und Methodik in der Leibeserziehung. 2 Bde. Paderborn, Bd. 1 1964^3, Bd. 2 1967^2.

ders.: Schulsport. Grundriß der Methodik in 7 Teilen. Paderborn 1951 ff.

Die Golfakademie
an der Universität Paderborn

Die „Heinz Nixdorf Stiftung" hilft entscheidend

Als offizielles Lehr- und Forschungszentrum des „Deutschen Golfverbandes" (DGV) mit Sitz in Wiesbaden und als Weiterbildungsakademie der „Deutschen Gesellschaft für Sportmedizin und Prävention" konnte im Juni 1999 die Golfakademie feierlich eröffnet werden. Diese ebenso einmalige wie innovataive Einrichtung ist der Initiative des Leiters des Sportmedizinischen Instituts der Universität Paderborn, Prof. Dr. med. Heinz Liesen, zu verdanken und kam mit der entscheidenden finanziellen Hilfe der „Heinz Nixdorf-Stiftung" und weiteren Zuwendungen einer ganzen Reihe von Sponsoren zustande.

Die Universitäts-Selbstverwaltung tat sich zunächst mit dem Gedanken an eine ungewöhnliche Akademie ziemlich schwer. Martin Nixdorf, im Vorstand der Heinz Nixdorf-Stiftung, die einen großen Betrag schon länger zugesagt hatte, mahnte in einem Brief eine positive Entscheidung der Universität an. Es vergingen weitere Monate, bevor diese 1998 eine Zusage für die Pacht der Grundstücksflächen zum Bau der Golfakademie über einen Zeitraum von zehn Jahren, bis 2008, geben konnte.

Was hat Heinz Nixdorf mit Golfen zu tun?

Der Computerpionier war – um das vorweg anzumerken – selbst kein Golfer. Nur gelegentlich spielte er Golf zum geselligen Zeitvertreib, was das englische „desport" im ursprünglichen Sinne bedeutete, bevor sich in der Leistungsgesellschaft mit dem Begriff Sport insbesondere das Wettbewerbsdenken und der Wille zum Gewinnen verbunden haben. Bei Aufenthalten in den USA, z. B. auf Long Island vor New York, arrangierten Freunde für Heinz Nixdorf und weitere Freunde etliche Male eine Runde Golf und es wurden neun oder achtzehn Bahnen gespielt. Wie kleine Jungen gern auf Spielzeugtreckern fahren, so ließ es sich der, auch in den USA bekannte, Paderborner Computerproduzent nicht nehmen, selbst und mit strahlender Miene den in den Staaten üblichen Elektrokarren auf den Wegen zum nächsten Schlag möglichst nahe an den Ball zu chauffieren. Dazu erklärte er spöttelnd: *„Hauptsache kein Schritt zuviel!"* Etwas mehr Sport schien es ihm zu sein, wenn Golfer ihre Ausrüstung auf dem zweirädrigen Caddie hinter sich herziehen oder gar ihr Schlägersortiment selbst im Bag am Gurt über der Schulter mitschleppen. Dies war *„very british"*! Und dann beanspruchte Golf zu viel Zeit. Bei solch geringem Verständnis oder gar unzureichender Ehrfurcht schätzte Heinz Nixdorf jedoch gemäß seiner Maxime: *„Der eigene Sport ist der beste!"* die Sportart Golf für jeden, der diese mit Passion und mit Gewinn für seine Gesundheit betreibt.

Gründe für die Gründung und die Aufgaben der Golfakademie

Der Gründer der Golfakademie, Prof. Dr. med. Liesen, seit 1987 an der Uni Paderborn, war gelegentlich zum Golfspielen gekommen, u. a. im nahen gräflichen Bad Driburg. Wenn er sein Handicap mit 28 angab, war das vermutlich untertrieben. Doch eines fiel dem forschenden Internisten mit Schwerpunkten in den Bereichen Neurologie und Immunulogie sogleich auf: Golf ist ein Sport, bei dem die entscheidenden Aktionen jeweils auf einem Standpunkt erfolgen. So lassen sich bei einem Golfer die meßbaren Hirnströme, Hautreaktionen und Muskelkraftaufwendungen mittels Kabeln an Aufzeichnungsgeräte und Computer anschließen. Eine solche „Verkabelung" ist bei den eigentlichen sportlichen Aktionen etwa von 400-m-Läufern, Stabhochspringern oder Fußballern gar nicht möglich. Golf eignet sich so in bestimmten Bereichen für eine Grundlagenforschung, die auch anderen Sportarten zugute kommt. Bei der Gründung der Golfakademie kam noch eine Reihe weiterer Überlegungen und Faktoren hinzu, die in die Realisierung eingegangen sind:

▸ Das Golf war seit den 1980er und ′90er Jahren in Deutschland eine Sportart in ungebremstem Aufschwung, nachweisbar mit den zunehmenden Zahlen der Plätze, Clubs, Clubmitglieder und den Umsätzen des Golftourismus. Wie etwa ein Jahrzehnt zuvor das Tennis – beflügelt obendrein durch die Weltstars Boris Becker und Steffi Graf – so entwickelte sich das Golfen – auch im Sog von Bernhard Langer – vom elitären zum Volks-Sport. „Golf, a royal ancient game", das war einmal ein Buchtitel 1883.
▸ 1999, im Gründungsjahr der Golfakademie, zählte der Deutsche Golfverband bereits – oder erst – 252.000 Mitglieder. Im Unterschied zu manch anderen Sportarten, bei denen Höchstleistungen nur mit äußerster Kraft und größter Ausdauer zu erzielen sind, war Golf eine sportmedizinisch wenig erforschte und betreute Sportart. Beim Tennisboom hatte es an sportwissenschaftlicher, speziell an sportmedizinischer Forschung, Lehre und Betreuung gemangelt. Aus diesem Fehler konnte für den Golfsport gelernt werden.
▸ Ein Forschungsschwerpunkt des Sportmedizinischen Instituts der Uni Paderborn war und ist das Thema „Bewegung und Gehirn" (Exercise and Brain). Bei allen möglichen Sportarten werden die Steuerungen von Bewegungsabläufen, die mittels des Nervensystems durch Gehirn und Hormone erfolgen, erforscht. Ein weiterer Schwerpunkt sind die Relationen zwischen sportlichen Aktivitäten und dem Immunsystem. In diesen Zusammenhängen kann speziell auch Golf z. B. in seinen Wirkungen auf die Gesundheit wissenschaftlich untersucht werden. Durch Sport kann das Immunsystem geschwächt oder gestärkt werden.

- Da die Qualität des Golfspielens in hohem Maße von der mentalen Steuerung der Bewegungsabläufe und den Rückkopplungen abhängig ist, konnte speziell das Golfen ein ergiebiges Forschungsfeld werden, zumal dieser Sport bei Amateuren in hohem Maße zum Streßabbau und mentaler Ausgeglichenheit beitragen soll.
- Als „milde" Sportart ist Golf ein interessantes Forschungsgebiet im Hinblick auf seine therapeutischen Effekte für Prävention und Rehabilitation sowie bei Behinderungen. Hier gab es einen Nachholbedarf verglichen z. B. mit dem therapeutischem Reiten oder Bewegungsübungen im Wasser.
- Bei der zunehmenden Verbreitung und Bedeutung von Golf konnte diese Sportart bei der sportwissenschaftlichen Lehre sinnvoll in das Ausbildungsangebot für Lehramtsstudenten und angehende Diplom-Sportwissenschaftler sowie für Übungsleiter aufgenommen werden. Das gleiche trifft zu auf Fortbildungsveranstaltungen für Golftrainer, Greenkeeper, Sportlehrer, Physiotherapeuten oder Sportärzte.
- Den vielen tausend Studenten und Mitarbeitern der Universität konnten im Rahmen des Hochschulsports nun auch Golfkurse angeboten werden. Außer im Ursprungsland Großbritannien verfügt keine andere Universität in Europa über eine Golfanlage auf ihrem Campus.
- Die Nutzung der Golf-Sportanlagen beschränkt sich gemäß dem Konzept des Paderborner Hochschulsports nicht auf Hochschulangehörige, sondern steht der Bevölkerung, d. h. jedermann, offen. Um hier lernen, trainieren und spielen zu können, bedarf es keiner hohen Aufnahmegebühren und Jahresbeiträge, wie diese bei Golfclubs, deren Mitglieder die eigene Anlage finanzieren, erforderlich ist. Die Devise der Golfakademie ist: Golf als Sport für jedermann zu fördern. Und mit der eigenen Anlage sollte dies praktiziert werden. So gibt es wohlfeile Tageskarten, Zehnerkarten oder eine Mitgliedschaft im Universitäts-Golfclub, der ca. 600 Mitglieder zählt. Die Gewinne des Golfbetriebs kommen ausschließlich der wissenschaftlichen Forschung zugute.
- Clubmitglieder von anderen Vereinen können an der Golfakademie ihre Spielweise hochqualifiziert analysieren lassen und konkrete Ratschläge für eine Verbesserung ihres Spielens (Handicaps) bekommen. Nach sportmedizinischer Anamnese können Therapieanweisungen gegeben werden, wenn durch das Golfspielen Beschwerden an den beanspruchten Körperteilen auftreten, z. B. an Wirbelsäule, Gelenken, Schultern, Rücken, Rumpf. Die Golfakademie ist für die zahlreichen, ca. 20 Golfclubs in der Region, aber auch darüber hinaus, z. B. für Spieler der Nationalkader, eine wirkungsvolle, betreuende Einrichtung.
- Die Bedeutung von Sport als Freizeitgestalter kann dem Golfspielen in hohem Maße zugesprochen werden. Eine Runde mit achtzehn Löchern nimmt ca. vier Stunden in Anspruch. Golf ist einfach zu verstehen. Es kommt lediglich darauf an, mit möglichst wenig Schlägen den Ball einzulochen. Doch das ist ein schwieriges Unterfangen, zu dessen besserem Gelingen die Golfakademie beitragen will.

Wir danken der **Heinz Nixdorf Stiftung** für ihre wesentliche Förderung zum Aufbau des Lehr- und Forschungszentrums.

Darüber hinaus haben uns unterstützt:

Brehmer und Kooistra GmbH, Epenwöhrden
Rain Bird Deutschland-GmbH, Gäufelden-Nebringen
Die Torffrau Ingrid Reinkemeyer GmbH, Diepenau
RANSOMES, Münster
Fa. Georg Stavermann, Wallenhorst-Rulle
OPTIMAX Saatenvertriebs-GmbH, Dusslingen
COMPO GmbH, Münster
Desso DLW Sports Systems Int., Bietigheim-Bissingen

Sparkasse Paderborn
Volksbank Paderborn
PESAG AG, Paderborn
Stadt Paderborn

Ahorn Sportpark, Paderborn
Einrichtungshaus Finke, Paderborn
Fa. formaplan, Hövelhof

Private Sponsorschaft
Frau Elvira Peuckert, Paderborn
Herr Hans Henning, Paderborn

Die Golfakademie an der Universität Paderborn 573

Feierliche Eröffnung der Golfakademie, 18. Juni 1999. Von rechts: Prof. Dr. med. Heinz Liesen, Direktor des Sportmedizinischen Instituts der Universität Paderborn, der Gründer und Leiter der Golfakademie. – Prof. mult. Dr. med. Dr. h. c. Wildor Hollmann, Ehrenpräsident des Weltverbandes für Sportmedizin, Nestor der Deutschen Sportmediziner, Lehrer und Freund von Prof. Liesen. – Renate Nixdorf, Frau von Heinz Nixdorf, der die Stiftungen hinterließ, die zur Gründung der Golfakademie entscheidend beigetragen haben. – Dr. Wolfgang Scheuer, der Präsident des Deutschen Golfverbandes mit über 300.000 Mitgliedern. – Dr. jur. Gerhard Schmidt, der Vorstandsvorsitzende der „Heinz Nixdorf Stiftung" und der „Stiftung Westfalen". – Prof. Dr. Wolfgang Weber, Rektor der Universität-GH Paderborn. – Wilhelm Lüke, Bürgermeister der Stadt Paderborn. Im Hintergrund das Gebäude der Golfakademie.

Linke Seite: **Die Sponsoren-Tafel bei der Eröffnung der Golfakademie.**

Die relative Autonomie der Golfakademie

In unmittelbarer Nähe zum Sportwissenschaftlichen und Sportmedizinischen Institut der Universität konnte die Golfakademie ein Gelände, das zuvor für Parkflächen vorgehalten war, vom Land NRW in Erbpacht übernehmen. Im Ausgleich für die Pacht (115.000 DM pro Jahr) unterhält die Universität eine wissenschaftliche Kraft an der Golfakademie, die ihre weiteren, z. Zt. fünf Mitarbeiter, selbst bezahlt.

Das Bauprojekt war auf 3,5 Millionen DM veranschlagt. Die „Heinz Nixdorf Stiftung" konnte in Verbindung mit der ebenfalls von Heinz Nixdorf errichteten „Stiftung Westfalen", einen Betrag von 1 Million DM zusagen. Der Vorstandsvorsitzende beider Stiftungen, Dr. jur. Gerhard Schmidt, war als ehemaliges Vorstandsmitglied des „Deutschen Golfverbandes" dem Golfsport verbunden. Prof. Dr. med. Liesen gelang es als hochangesehenem Sportmediziner, der Bundesligamannschaften, Nationalmannschaften und A-Kader verschiedener Sportarten betreut, noch eine Anzahl weiterer Sponsoren zu gewinnen. Der Deutsche Golfverband war gern zur Zusammenarbeit mit dem für den Golfsport einzigartigen Lehr- und Forschungszentrum bereit. Träger und Betreiber der Akademie ist der „Verein zur Förderung sportwissenschaftlicher und sportmedizinischer Forschung e. V." mit Sitz in Paderborn. Hierdurch ist die Golfakademie quasi autonom, unabhängig von hochschulspezifischen, teils langwierigen Verwaltungsstrukturen und neben ihrer Anbindung an die Universität frei für Kooperationen mit Verbänden und allen möglichen Einrichtungen, z. B. solchen, die der gesundheitlichen Rehabilitation oder der Betreuung Behinderter dienen, oder mit anderen sportmedizinischen Instituten in Deutschland und in aller Welt. Die zahlreichen Forschungsergebnisse und -vorhaben und das erfolgreiche Arbeiten in Lehre und Betreuung verdankt die Golfakademie nicht zuletzt der mit der Konstruktion der Trägerschaft geschaffenen Aktionsfreiheit.

Die Anlagen und Einrichtungen

Das Akademiegebäude ist 67 m breit. Unmittelbar davor befinden sich – überdacht oder ins Freie vorzuverlegen – die 20 Abschlagboxen bzw. -Plätze der Drivingrange mit einem Abschlagfeld von ca. 260 m Länge. Neben den Abschlagplätzen und dem Akademiegebäude sind auf Kunst- und Naturrasen zum Lernen und Üben Putting- und Pitchinggreens, eine „Pyramide" sowie mehrere Bunker angelegt. Jenseits der Drivingrange liegt der in einer Erweiterungsphase mit Hilfe von Sponsoren entstandene 9-Loch-Golfplatz, der bald auf 18-Loch gebracht werden soll.

Im Akademiegebäude sind für sportmedizinische, insbesondere für biomechanische, bewegungsanalytische und neurophysiologische Untersuchungen die Labors sowie Büroräume, ein Seminarraum und eine Cafeteria untergebracht. Zur

Ausstattung der Labors gehören u. a.:
- High-Speed-Kameras. Bewegungsabläufe können damit aufgezeichnet, dreidimensional, in Zeitlupe oder in fortlaufenden Standbildern wiedergegeben und analysiert werden. Hinzu kommt die Möglichkeit der Verbindung mit anderen Meßdaten.
- Digimax Kraftaufnehmer. Die aufgewendete Kraft kann gemessen und im Zusammenhang mit dem Bewegungsablauf interpretiert werden.
- Druckmeßgeräte. Die Verlagerung des Körperschwerpunktes (KSP) während der Abschlagbewegung von einem auf das andere Bein und auf verschiedene Zonen der Fußsohlen wird am Druckverlauf als „Handschrift" des Golfspielers ermittelt und analysiert.
- Geräte zur Messung von Hirnströmen (EEG). Die Neutronentransmitter (Hormone des Gehirns) können biomechanisch durch die Elektrosympathikographie (ESG) gemessen und in Verbindung mit anderen Werten golfspezifisch erforscht und analysiert werden.

Verschiedene Meßdaten werden nach Typ und Reihenfolge miteinander in Verbindung gebracht und ergeben so Parameter, die z. B. unterschiedliche Kraftaufwendungen und Bewegungsabläufe bei unterschiedlichem Spielniveau aufweisen.

Neben diesen golfspezifischen Einrichtungen stehen im nahegelegenen Sportmedizinischen Institut alle für eine qualifizierte, klassische sportmedizinische Leistungsdiagnostik erforderlichen Labors und Geräte zur Verfügung. Durch Glasfaserkabel sind die Labors der Golfakademie mit denen des Sportmedizinischen Instituts verbunden. Mit der Eingliederung der Sportwissenschaften in das Department „Sport und Gesundheit" der Uni können auch ernährungswissenschaftliche Forschungsergebnisse einbezogen werden. Eine Kooperation auf dem Gebiete der Herz- und Kreislaufdiagnostik ergibt sich mit der Kardiologie des St. Vincenz-Krankenhauses, die inzwischen in der Stadtmitte liegt. Zu deren Geräteausstattung z. B. für die Koronarangiografie (Herzkatheder) hatte Heinz Nixdorf 1986 durch eine großzügige Spende beigetragen und etliche Jahre zuvor ein computergesteuertes Ergometer (Dynavit) geschenkt.

Zusammenfassend hat sich die Golfakademie vier Aufgaben gestellt:

1. Golf allgemein unter sportmedizinischen Aspekten detailliert zu erforschen und so wissenschaftlich fundierte Trainingsmethoden für Golf als Sport für jedermann und als Leistungssport effektiv zu machen. Dem entsprechend werden auch Computerprogramme entwickelt und bereitgestellt.

2. Golf unter sportmedizinischen Aspekten zur Prävention und Rehabilitation sowie zur Therapie von Behinderten durch Forschung und Lehre zu fördern.

3. Golf als eine inzwischen verbreitete Sportart neben vielen anderen Sportarten in das Lehr- und Fortbildungsangebot der Sportwissenschaft einzubeziehen, und

4. mit den Sportanlagen der Akademie die Ausübung von Golf für jedermann, allen interessierten Hochschulangehörigen und den Mitbürgern, zu ermöglichen.

Diese vier golfspezifischen Aufgaben tragen unterschiedlich zu den vier all-

Das Gebäude der Goldakademie. Davor Abschlagplätze. Im Gebäude Labors, Büros, Seminarraum, Cafeteria.

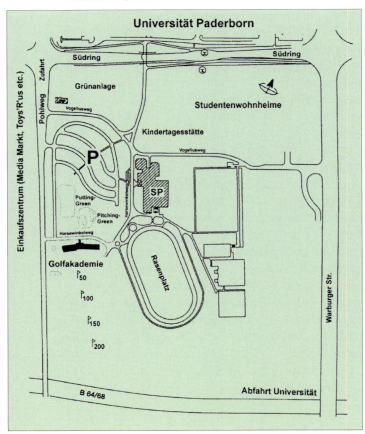

Lageplan: Sportanlagen der Universität Paderborn. SP= Institutsgebäude der SPortwissenschaft und der SPortmedizin. Rechts vom Gebäude der Golfakademie und der Drivingrange das Stadion mit 400 m Tartanbahn, Rasenspielfeld etc. Rechts vom Stadion Hartspielplatz, Kleinspielfeld und Tennisplätze. Hinter und neben dem Akademiegebäude Putting-Green, Pitching-Green und Übungsbunker.

Messungen und Aufzeichnungen beim Abschlag. Hier Schlägerkopfgeschwindigkeit, Schulter- und Hüftdrehung sowie Kurve der Kraft, die mit dem linken und rechten Fuß auf den Boden ausgeübt wird, von einem Rechtshänder.

Messungen im Freien. Da beim Golfen die Hauptaktion jeweils im Stand erfolgt, sind bei dieser Sportart elektrische Messungen und Aufzeichnungen z. B. von Hirnströmen mit tragbaren Geräten allerorts möglich. Golf eignet sich daher besonders gut für sportmedizinische Forschungen.

gemeinen Aufgaben der Universität bei, zur Forschung, zur Lehre, zum Praxisbezug, unter dem hier insbesondere sportmedizinische, betreuende Maßnahmen zu verstehen sind, und schließlich zur Einbindung der Universität in die Gesellschaft, insbesondere zur Verflechtung der Bevölkerung von Stadt und Umland mit „ihrer" Universität.

Forschungsergebnisse und -vorhaben

Die Broschüre „Forschung und Wissenschaft der Golfakademie Universität Paderborn" (2004) konnte bereits fünf Jahre nach Gründung der Akademie sechzehn wissenschaftliche Veröffentlichungen in Fachzeitschriften und Kongresspublikationen aufweisen. Hinzu kamen ebensoviele Diplomarbeiten, zwei Dissertationen und die Habilitationsarbeit des Oberarztes Dr. med. Holger Herwegen. Dieser ist für den Bereich Forschung und Wissenschaft der Golfakademie zuständig. Die Kompetenz von Prof. Dr. med. Liesen, dem Leiter des Sportmedizinischen Instituts und der Golfakademie, der eine internistische Fachausbildung hat, wird durch Dr. Herwegen als Facharzt für Chirurgie und Chirotherapie ergänzt. So ergeben sich auch thematische Akzente, z. B. bei den Diplomarbeiten. Um zu wissenschaftlich fundierten Ergebnissen zu kommen, werden u. a. erforscht: Die optimale Schwungdurchführung beim Abschlag, die Auswirkung eines Ausdauertrainings auf die Leistungen beim Golfspiel, Über- und Fehlbelastungen von Muskeln und Gelenken beim Golfschwung, die Relationen der Beanspruchung von Psyche und Physis, Stressfaktoren beim Golfspielen, die Wirkung eines golfspezifischen Aufwärmtrainings, Trainingsoptimierung für Kadergolfer, Reha- und Behindertengolf etc. etc. Einbezogen in fast alle Forschungsvorhaben ist auch das Interesse, Methoden und Geräte für bessere Erfassung, d. h. zur Messung des neuropsychischen Leistungssystems, des Kreislaufs und der Muskeltraktionen beim Golfschlag zu entwickeln.

Lehre, Fortbildung, sportmedizinische Betreuung

Die Sportart Golf gehört in Theorie und Praxis zum Lehrangebot für Studenten, die das Lehramtfach Sport gewählt haben und für angehende Diplom-Sportwissenschaftler. Die Nachfrage hat sich sogleich mit der Einrichtung der Golfakademie eingestellt. Das gleiche trifft auch auf die Fortbildung und auf die Betreuung zu. Für alle drei Sektoren werden auf Grund der Forschungsergebnisse zur Umsetzung in Lehre und Praxis Standards entwickelt in Form von Lehrschriften, Formularen und insbesondere von EDV-Software.

Luftbild und Lageplan des 9-Loch-Golfplatzes, 2006. Die Erweiterung dieser stadtnahen Anlage auf 18-Loch soll bald erfolgen. Auf dem Luftbild unten rechts das Einkaufszentrum „Südring", links das Uni-Sportstadion. Dazwischen, am Pohlweg, das Gebäude der Golfakademie.

Akademiegebäude, Drivingrange und die Bahnen 1 bis 9.

Die Golfakademie – ein Kronjuwel der Universität

Wenn dem Fachbereich Sportwissenschaften der Universität Paderborn durch Heinz Nixdorfs Stiftung eines sportmedizinischen Lehrstuhl eine Krone aufgesetzt wurde, so ist mit der durch Prof. Dr. Liesen und entscheidender Hilfe der Heinz Nixdorf-Stiftung gegründeten Golfakademie ein weiteres Kronjuwel hinzugekommen. Für den Golfsport in Deutschland ist die Golfakademie an der Universität Paderborn eine einzigartige Errungenschaft, das zentrale Forschungsinstitut und die zentrale Lehr- und Schulungsakademie. Sie verdient weiterhin eine nachhaltige Förderung, um zu einer Einrichtung von internationalem Rang weiterentwickelt zu werden.

Quellen/Literatur

Gespräche mit und Informationen von Prof. Dr. Heinz Liesen, Mathias Hornberger, Renate Nixdorf, Martin Nixdorf.

Golfakademie Universität Paderborn (Hrsg.): Forschung und Wissenschaft. Paderborn. o. J. (2004).

Neue Westfälische 06.05. und 19.06.1999.

Rheinische Post 13.08.1999.

Westfälisches Volksblatt 06.05. und 19.06.1999.

Teil 4: Ehrungen und Gedenken

Die „Ehrenplakette für besondere Verdienste im Sport", 1984 583

Gedenken und Verpflichtung 593

Die „Ehrenplakette für besondere Verdienste im Sport", 1984

Sportlerehrungen und -auszeichnung in Paderborn

Nach Ablauf eines Kalenderjahres ehrt Paderborn seit 1957 in einer feierlichen Veranstaltung im großen Saal des historischen Rathauses zum einen die erfolgreichen Sportler und Sportlerinnen und darüber hinaus Personen, die sich um den Sport in der Stadt in besonderem Maße verdient gemacht haben. In den Anfangsjahren wurden gerade mal ca. zwanzig Aktive geehrt. Bald kamen gut hundert und inzwischen über zweihundert zusammen, die im Einzel oder Doppel oder als Mannschaft in zahlreichen Sportarten und den unterschiedlichen Altersklassen Hervorragendes geleistet haben – von Westfälischen Meisterschaften aufwärts bis zu Europa-Pokalwettbewerben und zu Weltmeisterschaften. Wie aus einem Füllhorn werden vom Bürgermeister die „Sportplaketten" in Gold, Silber und Bronze überreicht.

Sodann ist die herausragende Auszeichnung die Verleihung der „Ehrenplakette für besondere Verdienste im Sport". Auserwählt werden jährlich nur eine oder sehr wenige Personen, die sich nicht hauptberuflich, also auch nicht von Amts wegen, sondern ehrenamtlich in besonderem Maße für den Sport eingesetzt haben. Vornehmlich wird hier die ehrenamtliche Vorstandsarbeit in den Sportvereinen gewürdigt. Die Ehrenplakette wird den Ausgezeichneten nur einmalig verliehen, also kein zweites Mal in ihrem Leben. Die Zusammenstellung der mit diesem Preis seit 1957 Bedachten liest sich wie eine Ehrentafel, die allerdings auch einige umstrittene Nominierungen vermuten läßt. (Tabelle am Schluß dieses Kapitels.)

Ein Vorschlagsrecht hat seitens der Sportvereine deren gebündelte Interessenvertretung. Das war zunächst der „Stadtverband für Leibesübungen" (SVL), der bis 1966 funktionierte und formell bis 1971 bestand, von 1971 bis 1975 die „Arbeitsgemeinschaft Paderborner Sportvereine e.V." (ArGe Sport), zu deren Initiatoren Heinz Nixdorf gehörte, und anschließend, seit 1975, der „Stadtsportverband" (SSV). Seitens der Stadtregierung haben die Verwaltung, d.h. das „Sport- und Bäderamt" bzw. vor 1978 dessen diverse, nebenher für Sport zuständigen Ämter sowie der für den Sport zuständige Ausschuß des Rates ein Vorschlagsrecht. Erst seit 1975 war das ein eigener Sportausschuß, in den, wie auch bei anderen Ausschüssen, Ratsmitglieder und sachkundige Bürger gewählt werden. Mit seinem Ausschuß trifft der Rat die Entscheidung.

Nimmt Heinz Nixdorf die Ehrung an?

In der Regel gibt es pro Jahr seitens der Vereine für die besondere Auszeichnung mit der „Ehrenplakette" zahlreiche Vorschläge und diese werden in den diversen Gremien oft lange diskutiert. Der Vorsitzende des Stadtsportverbandes (SSV) von 1977 bis 1991, Hubertus Werner, CDU-Ratsmitglied von 1975 bis 1999, berichtet:

> *„Anders im Jahr 1984. Vorstand des SSV, Sportverwaltung und Sportausschuß waren sich schnell einig. Für diese hohe Ehrung kommt in diesem Jahr nur Heinz Nixdorf infrage.*
> *Ist er aber auch bereit, die Ehrung anzunehmen?*
> *Als Vorsitzender des SSV wurde ich beauftragt, diese Frage zu klären.*
> *Am nächsten Tag griff ich zum Telefon. Über sein Sekretariat wurde ich mit Herrn Nixdorf verbunden, dem ich unser Anliegen, nämlich ihn zur Ehrung vorschlagen zu dürfen, vortrug.*
> *Nach ein paar Verständigungsfragen, versprach er, mir seine Entscheidung schnellstens mitzuteilen.*
> *Bereits 15 Minuten später rief er zurück und erklärte, er habe sich über seine Sekretärin die Liste der geehrten Persönlichkeiten der vergangenen Jahre vorlegen lassen. Es sei ihm eine Ehre, in diese Reihe aufgenommen zu werden.*
> *Selbstverständlich stimmte der Sportausschuß ein paar Tage später unserem Vorschlag einstimmig zu."*

Heinz Nixdorf und sein Vorschoter waren, nachdem sie bei den Weltmeisterschaften der Starbootsegler 1974 vor Laredo (Spanien) eine Regatta gewonnen, einen Tagessieg errungen hatten, in ihrer Heimatstadt mit der Sportplakette in Gold ausgezeichnet worden. Der mit seinem Unternehmen vielbeschäftigte Skipper war damals nicht ins Rathaus gekommen, jedoch seine Crew, Josef Pieper, hatte die Auszeichnung entgegengenommen. Desgleichen nach zwei gewonnenen Regatten bei den Nordamerikanischen Meisterschaften 1980.

Als Heinz Nixdorf nun Ende 1984 gefragt wurde, ob er für die „Ehrenplakette" vorgeschlagen werden dürfe und sich Bedenkzeit erbat, hatte er sehr wohl bedacht, daß ein Orden oder Preis nicht vom Metallwert des Ordens oder der Höhe einer Geldsumme seinen Rang erhält, sondern durch das Ansehen der damit Ausgezeichneten, ob beim Pour le mérite oder dem Nobelpreis. Und Heinz Nixdorf wußte bei aller Bescheidenheit und dem Bemühen, sich selbst nicht hervorzuheben, daß es den vor oder nach ihm Ausgezeichneten zur Ehre gereicht, wenn er sich mit ihnen in eine Reihe begibt.

Mit Preisen, die ihm verliehen worden waren, hatte der Computerpionier jüngste Erfahrungen. Bevor er sich z. B. mit dem in der Schweiz hochgeschätzten Preis des „Prognos Forums für Zukunftsfragen" auszeichnen ließ, wollte er wissen, in welche Preisträger-Gesellschaft er sich begibt. Drei Preisträger waren für dasselbe Jahr vorgesehen. Neben dem Paderborner Unternehmer die „Schweizerische Eidgenössische Kommission für Jugendfragen" – das war o.k. – und die SPIEGEL-Redakteurin Dr. Renate Merklein. Heinz Nixdorf las zunächst – quer, aber intensiv

– deren im SPIEGEL-Verlag erschienenes Buch „Der Griff in die eigene Tasche". Erst dann erklärte er, daß die vorgesehene Auszeichnung für ihn eine Ehre sei. Bei dem quergelesenen Buch hatte er bei Seiten, deren Gedanken er zustimmen konnte oder die er für diskussionswert hielt, eine Menge Eselsohren eingeknickt, bevor er in Begleitung seiner Frau und des Ehepaares Werb mit der Firmenmaschine zur Preisverleihung nach Basel flog, am 23. Oktober 1981.

Als es um die Verleihung des „Ludwig Erhard Preises" ging, brauchte Heinz Nixdorf zuvor nicht überlegen, in welche Reihe von ebenso Ausgezeichneten er sich begibt. Denn er war der erste, dem diese Auszeichnung überreicht wurde, vom Bundespräsidenten, Richard von Weizsäcker, im Bad Godesberger Kursaal (Redoute) am 20.01.1984.

Die Ehrungsveranstaltung im Paderborner Rathaus

Nun, ein Jahr später, im Januar 1985, sollte im Paderborner Rathaus die Verleihung der „Ehrenplakette für besonderer Verdienste im Sport" wie üblich im Rahmen der Sportlerehrung an einem Freitag erfolgen, doch Heinz Nixdorf wollte nicht auf das Starboottraining verzichten, das er für eine Auswahl deutscher Segler an den beiden letzten Wochenenden der ersten drei Monate im Jahr vor Mallorca organisierte. (Siehe Kap. Segeln.) Also fand die Verleihung der „Ehrenplakette" separat am Tage zuvor, am Donnerstag statt (24.01.1985).

Der Bürgermeister, Herbert Schwiete, der von den allgemeinen Auszeichnungen, die der Unternehmer erhalten hatte, wußte, hob in seiner Laudatio einleitend zunächst hervor: *„Heinz Nixdorf hat mit seiner unternehmerischen Persönlichkeit die wirtschaftliche Entwicklung Paderborns wesentlich beeinflußt und im Bereich der Zukunftsindustrien sein Unternehmen in eine Höhe gebracht, die von entscheidender Bedeutung für die technologische und wirtschaftliche Zukunft Europas ist."*

Darauf würdigte Schwiete den Sportförderer: *„Seine positiven Erfahrungen im Sport machten Heinz Nixdorf zum Gönner und Förderer der Ziele des Sports. Vielen Vereinen unserer Stadt hat er durch seine Aufgeschlossenheit und Unterstützung die Möglichkeit gegeben, ihren sportlichen Dienst für die Allgemeinheit auf eine breite Basis zu stellen."*

Als Beispiele führte der Bürgermeister die Beleuchtung des Trimmpfades an den Fischteichen, die finanzielle Unterstützung beim Sportstättenbau und großer Sportveranstaltungen, wie der Segelflug-Weltmeisterschaft 1981 in Paderborn, den Bau des Ahorn-Sportparks mit der großen Leichtathletikhalle, die Errichtung der Squashplätze für den Bundesligisten PSC sowie die allgemeine Förderung des Breiten-, Behinderten- und Leistungssports an.

Der Bürgermeister erklärte abschließend: *„Der Sport in der Stadt Paderborn hat Heinz Nixdorf für seine Hilfe zu danken, er hat sich um den Sport in unserer Stadt verdient gemacht!"*

Heinz Nixdorf wird mit dem Preis des „Prognos Forums für Zukunftsfragen" ausgezeichnet. Dieser Preis des schweizerischen Forums war für den Paderborner Unternehmer eine besondere internationale Anerkennung. Im Bild: Heinz Nixdorf während der Laudatio in Basel. Zu seiner Linken, in Begleitung, seine Frau Renate, Dr. Volker Werb und – nicht im Bild – Rosemarie Werb (23.10.1981).

Die „Ludwig-Erhard-Medaille" für Heinz Nixdorf. Der Bundespräsident, Richard von Weizsäcker, hielt die Laudatio und überreichte die Auszeichnung, die hier erstmals verliehen wurde. Im Bild: Heinz Nixdorf dankt für die besondere Ehrung (20.01.1984). – Der Paderborner Unternehmer empfand für Richard von Weizsäcker persönlich große Sympathien, da dieser noch im Alter jährlich die Prüfung für das „Deutsche Sportabzeichen" bestand.

Bürgermeister Herbert Schwiete würdigt Heinz Nixdorf als großen Mäzen des Paderborner Sports. Anschließend überreichte er ihm die „Ehrenplakette für besondere Verdienste im Sport" und die dazugehörende Urkunde.

Heinz Nixdorf liest den Ratsmitgliedern und der Verwaltungsspitze die Leviten. Seine Ehrung als Sportförderer nutzte der Unternehmer als Gelegenheit, um öffentlich seitens der Stadt Beschlüsse zur Erweiterung seiner drei Standorte in Paderborn, besonders auch der Unternehmenszentrale an der Fürstenallee, zu fordern. Er ließ durchblicken, daß er den handelsrechtlichen Firmensitz ruck-zuck verlagern könne – z. B. nach München. Die Zuhörer waren „ganz Ohr", wie das „Westfälische Volksblatt" bemerkte.

Der lobende und attackierte Bürgermeister, der gelobte Sportförderer und attackierende Unternehmer. Beide stoßen zum Schluß der Veranstaltung mit einem Glas Wein an. Als Friedensengel fungiert Heinz Nixdorfs Frau. Sie hält die Verleihungsurkunde in der Hand. – Renate Nixdorf wurde von der Stadt 1998 ebenfalls mit der „Ehrenplakette" ausgezeichnet.

Als nun Heinz Nixdorf das Wort hatte, würdigte er zunächst generell die in den Sportvereinen ehrenamtlich tätigen, aktiven Vorstandsmitglieder, von denen etliche bei der Feier anwesend waren und von denen einige vor ihm die gleiche Auszeichnung für jene Arbeit erfahren hatten, die sie für den Sport geleistet haben.

Sodann ging Heinz Nixdorf nicht auf seine länger zurückliegenden Sportförderungen ein, sondern wies mit einem gewissen Stolz auf drei neue, beispielhafte Sportstätten hin, auf die *„Heimstatt für den Breitensport des SC Grün-Weiß auf dem Schützenplatz"*, auf das Reitsportzentrum Vüllersheide und auf den Ahorn-Sportpark, dessen Halle insbesondere den Leichtathleten optimale Trainingsmöglichkeiten bietet.

Von Geld wurde bei der Feier nicht gesprochen. Doch hier sei angemerkt: Für das Reitsportzentrum hatte Heinz Nixdorf neben den großen Summen für die internationalen Hallenturniere dem Verein Spenden über 200.000 DM, für die *„Heimstätte für den Breitensport"* dem SC Grün-Weiß ca. 800.000 DM zukommen lassen und für den firmeneigenen, jedoch gemeinnützigen Ahorn-Sportpark an der Alme inclusive Fördermitteln ca. 20.000.000 DM aufgewendet. Das waren Förderungen, die Heinz Nixdorf infolge der großen Erfolge seines Unternehmens leisten konnte.

Nebeneffekt der Ehrung: Levitenlesung für die Stadtregierung

In jener, der allgemeinen Sportlerehrung um einen Tag vorgezogenen Feierstunde sah sich Heinz Nixdorf im Rathaussaal der Creme von Rat und Verwaltung gegenüber und hatte die Pressereporter als Öffentlichkeit und etliche Sportvereinsvorstände als Zeugen. Er wäre nicht Heinz Nixdorf gewesen, hätte er die Gelegenheit nicht wahrgenommen, die Stadtregierung ins Visier zu nehmen, um dem Rat und der Verwaltung die Leviten zu lesen. Im Rahmen allgemeiner Perspektiven für sein Unternehmen ging Heinz Nixdorf auf seine baulichen Erweiterungspläne in Paderborn ein. Er werde nur dann ein weiteres Verwaltungsgebäude auf seinem 30.000 m² großen Grundstück an der Fürstenallee bauen, wenn alle drei Fraktionen zustimmen – CDU, SPD und FDP! (Die CDU hatte die absolute Mehrheit und die Grünen überging der Unternehmer.) Das Verhalten der Ratsmitglieder nannte er *„schlicht skandalös"*. Ihm werde Palaver geboten und gar ein vierter Standort vorgeschlagen. Er wolle bei drei bleiben und an der Alme, an der Pontanusstraße und an der Fürstenallee erweitern und, das war an die „Grünen" gerichtet, *„jede Menge Grün pflanzen"*.

Spätestens in einem Jahr erwartete der Unternehmer von der Stadt positive Entscheidungen zu seinen Plänen. Entweder eine Erweiterung der Unternehmenszentrale an der Fürstenallee oder Verlagerung in eine andere Stadt.

Heinz Nixdorf hatte seine Ehrung als Sportförderer zur Nebensache gemacht und als Unternehmer das Heft in die Hand genommen, um die Stadtregierung auf Trapp zu bringen. Davon erfuhr die Öffentlichkeit am nächsten Tag. So berichtete das „Westfälische Volksblatt" über die Veranstaltung: Mit 65 Zeilen von der Verleihung der „Ehrenplakette" und mit 110 Zeilen von Nixdorfs Erweiterungsplänen für seinen Betrieb und von den Beschlüssen, die der Unternehmer seitens der Stadt erwartet.

Die Ausgezeichneten, die von der Stadt Paderborn die „Ehrenplakette für besondere Verdienste im Sport" seit 1957 erhalten haben.
(Nach „Paderborner Sportgeschichte", siehe Allgemeine Literatur. S. 184/5, ergänzt.)

Jahr	Name	Verein
1957	Josef Spieker Arnold Knocke	
1958	Theodor Honekamp Josef Schonlau	 TV 1875 Paderborn
1959	Konrad Trienens Willi Watermeyer	TV 1875 Paderborn VfJ 08 Paderborn
1960	Anton Frese	VfJ 08 Paderborn
1961	Josef Lohmann Johannes Lippegaus Liesel Wächter Josef Wächter	SV 13 Paderborn VfJ 08 Paderborn TV 1875 Paderborn TV 1875 Paderborn
1962	Josef Schäfers Wilhelm Rumphorst Stephan Wibbe Heinrich Steinkuhle Hans Wienhold	TV 1875 Paderborn TV 1875 Paderborn TV 1875 Paderborn SV 13 Paderborn SC Grün-Weiß Paderborn
1963	Heinrich Vockel Josef Isenbort	SC Grün-Weiß Paderborn SC Grün-Weiß Paderborn
1964	Dietrich Hunold Friedrich Röhl Willi Voigt Hugo Engert Fritz Hempel	TV 1875 Paderborn VfJ 08 Paderborn VfJ 08 Paderborn VfJ 08 Paderborn TV 1875 Paderborn
1965	Adolf Mertens Carola Amelunxen Robert Bank	DJK/SSG Paderborn TV 1875 Paderborn Ski-Club Paderborn
1966	Hans Tillmann Hermann Römhild Heinrich Becker	SV 13 Paderborn 1. Paderborner Schwimmverein TV 1875 Paderborn
1967	August Potthast Fritz Junkermann Otto Sziedat	TV 1875 Paderborn SV 13 Paderborn SC Grün-Weiß Paderborn
1968	Ferdinande Isermann Heinrich Weighardt	SV PB-Marienloh, SV Atlas TV 1875 Paderborn

Die „Ehrenplakette für besondere Verdienste im Sport", 1984

Jahr	Name	Verein/Organisation
1969	Meinolf Leniger Heinrich Stratmann Heinrich Hansjürgen	SV Blau-Weiß Wewer TV 1975 Paderborn SC Grün-Weiß Paderborn
1970	Gustav Lipinski Hans Schröder	SC Grün-Weiß Paderborn 1. FC Paderborn
1971	Christian v. d. Lippe Dr. med. Oskar Kinne	SC Grün-Weiß Paderborn Versehrten-Sport
1972	Prof. Dr. Hermann- Josef Kramer	VBC 69 Paderborn
1973	Willi Fingerhut Hermann Wolbring Hermann Hellmich	TV 1875 Paderborn FLVW Kreis 26 SC Grün-Weiß Paderborn
1974	Hermann Altmiks	SV Blau-Weiß Wewer
1975	Gerhard Wasserkordt Josef Brune	TV 1875 Paderborn Reiterverein Paderborn
1976	Karl Johannwerner Anton Lengeling	SC Grün-Weiß Paderborn TuRa Elsen
1977	Josef Löhr Willi Cramer	DJK/SSG Paderborn SC Grün-Weiß Paderborn
1978	Heinrich Hartleb Paul Hartmann	Behindertensportgemeinschaft Paderborn TuRa Elsen
1979	Ursula Dorth Hans Lippe	DJK/SSG Paderborn SC Grün-Weiß Paderborn
1980	Ferdinand Budde Bernhard Hunstig	DJK/SSG Paderborn SSV, Stadtsportverband
1981	Hans Wirth	SC Grün-Weiß Paderborn
1982	Herbert Hirche	DLRG/DOG
1983	Margot Temme Heinz Eikel	SV Heide Paderborn/KSB RMC Schloß Neuhaus
1984	**Heinz Nixdorf**	Sportförderung
1985	Karl Tüshaus	Luftsportgemeinschaft Paderborn
1986	Marianne Gees Horst Wiczynski	TuRa Elsen SC Grün-Weiß Paderborn
1988	Fritz Buhr	VBC 69 Paderborn
1989	Heinz Hunstiger	RSV Germania Schloß Neuhaus
1991	Michael Buschmeyer	SC Grün-Weiß Paderborn
1995	Reinhard Abels	Sportförderung, Sparkasse
1996	Helga Herchenbach	TC Blau-Rot Paderborn
1998	**Renate Nixdorf**	Sportförderung

1999	Wilhelm Lüke	Bürgermeister
2000	Dietmar Westemeyer	Ausschuß für Schulsport
2001	Hans Peter Götz	Paderborn Baskets 91
2002	Hubertus Werner	SSV, Stadtsportverband
2003	Andreas Preising Rainer Tohermes	PSC, Paderborner Squash Club 1. Paderborner Schwimmverein (1. PSV)

Quellen/Literatur

Eigene Erinnerungen. Bericht von Hubertus Werner, Informationen von Lothar von dem Bottlenberg, Mathias Hornberger, Prognos AG, Basel u.a.

Paderborner Sportgeschichte. Siehe: Allgemeine Literatur. S. 176, 184 f.

Basler Zeitung vom 24.10.1981.

Westfälisches Volksblatt vom 08.12.1974, 31.12.1984 und vom 25.01.1985.

Ehrungen des Sportförderers Heinz Nixdorf

H. N. wird Ehrenmitglied der „Luftsportgemeinschaft Paderborn e. V." Überreichung der Urkunde 1981 durch den Vorsitzenden Walter Hofmann

H. N. erhält die „Ehrenplakette für besondere Verdienste im Sport" der Stadt Paderborn, 1984. Verleihung durch den Bürgermeister Herbert Schwiete.

H. N. wird für seine herausragende Förderung des „Leichtathletik Club Paderborn" anläßlich dessen 10jährigen Gründungsjubiläums, 1984, mit einer besonderen Ehrenurkunde ausgezeichnet, überreicht durch den Vorsitzenden Jürgen Wegwart.

H. N. wird Ehrenspieler mit der Nr. 12 der 1. Herren-Volleyball-Mannschaft des „Volley- und Basketball Club 69", VBC 69 Paderborn, die 1986 in der 1. Bundesliga erneut um den Meistertitel kämpft. Das Trikot mit der Nr. 12 überreicht der Vorsitzende Prof. Dr. Hermann Josef Kramer.

Nixdorf-Wanderpokale

NIXDORF POKAL. Paderborner Damen-Doppel-Turnier um den Nixdorf Computer Pokal. Einladungs-Tennisturnier, jährlich ausgerichtet von 1976 bis 1985 von der Tennisabteilung des „SC Grün-Weiß 1920 e. V. Paderborn".

HEINZ NIXDORF GEDÄCHTNISPREIS. Seit 1986 jährlich bei den Hövelhofer Reitertagen ausgeritten. Veranstalter des Springwettbewerbs ist der „Reit- und Fahrverein Hövelhof e. V.".

HEINZ NIXDORF POKAL. Offenes Skatturnier, begründet von Heinz Nixdorf 1985. Als „Heinz Nixdorf Gedächtnis Turnier" von 1987 bis 2002 jährlich veranstaltet vom „Skat-Club AHORN ASSE Paderborn".

HEINZ NIXDORF POKAL. Starbootregatta, jährlich seit 1987 veranstaltet auf dem Möhnesee von der Möhneseeflotte (Moh) der International Star Class Yacht Racing Association.

HEINZ NIXDORF MEMORIAL TROPHY. Awarded to winner of the fifth race of the World Championship. Seit 1987 ausgesegelt bei den jährlich stattfindenden Weltmeisterschaften der Starbootsegler, veranstaltet von der ISCYRA (International Star Class Yacht Racing Association, Glenview/Chicago).

Gedenken und Verpflichtung

Als ich an dem Manuskript für dieses Buch arbeitete, baten mich Freunde, die Traueransprache abzudrucken. Trotz einiger Bedenken folge ich dieser Bitte.

> Heinz Nixdorf. Geb. 9. April 1925. Gest. 17. März 1986.
> Ansprache zum Gedenken
> bei der Trauerfeier in der Kapelle des Waldfriedhofs
> von Paderborn-Schloß Neuhaus. 21. März 1986.
> Volker Werb:

„In der Ohnmacht tiefster Trauer möchte ich als einer der Freunde Worte des Gedenkens finden für jene, die Heinz Nixdorf privat am nächsten stehen, seine Mutter, seine Frau, seine Söhne und die anderen hier versammelten Verwandten und die Freunde, die ihm nahe verbunden sind. Alle, die ihn im privaten Leben, das er wie ein Reservat hütete, ein sehr langes oder kürzeres Stück seines Weges begleiten durften, haben seine Aufrichtigkeit und Direktheit im Umgang mit seinen Mitmenschen erfahren. Große Treue im umfassenden Sinne, seinen Mitmenschen wie sich selbst gegenüber, zeichnete ihn aus – gemäß dem Dichterwort*:

> ‚Dies über alles: sei selbst dir treu,
> Und daraus folgt, so wie die Nacht dem Tage,
> Du kannst nicht falsch sein gegen irgendwen!'

So hielt er denn auch Jugendfreunden die Treue, als er selbst durch seine beruflichen Erfolge und in seiner menschlichen Entfaltung weit über sie hinaus gewachsen war.

Nicht, daß er sich kein Urteil über ihm Nahestehende gebildet hätte. Nein, es war stets klar und treffend, manchmal in doppeltem Sinne. Doch nicht dies war das Ungewöhnliche, sondern die hieraus für den anderen und sich gefolgerten Anforderungen und besonders die Konsequenz für sich selbst, wenn er sagte: ‚Dem Schwächsten muß ich am meisten helfen.'

Nie hat er vergessen, daß er aus einer Familie stammte, die nicht mit materiellen Gütern gesegnet war. Unverblümt sagte er: ‚Wo wir dort wohnten, waren nach der Sprachregelung der Betuchten die Asozialen.' Für ihn waren nicht jene asozial, die wenig hatten, sondern jene Wohlhabenden, die sich durch Eigentum nicht zur Hilfe für die Schwächeren verpflichtet fühlen. Er selbst war in seinen persönlichen Bedürfnissen genügsam. Von ihm aus mußte es nicht Kaviar sein. Er war glücklich, wenn es im Kreise der Familie oder von Freunden nur Bratkartoffeln und ein kühles

*William Shakespeare: Hamlet I, 3

Bier oder einen Harzer Käse, ein Stück trockenen Brotes und ein Glas Wein gab. Und er konnte sich königlich freuen, wenn er beim Skat oder Doppelkopf auch nur wenige Groschen gewonnen hat. Sein Hobby war das Starbootsegeln. Die Dynamik des Windes kombiniert mit dem Wettbewerb waren ihm Faszination und Leidenschaft.

Uns fehlen die Worte, das Außergewöhnliche des Menschen Heinz Nixdorf zu bezeichnen. Das Wort Genie ist durch den Geniekult abgegriffen und der abgeleitete Begriff Ingenieur zu flach. Robert Michel, einer der Pioniere konstruktiver Kunst, sagte daher nach Begegnungen mit Heinz Nixdorf:

‚Es ist das Ingenium, das Ingeniöse, das mich in seinen Bann zieht.'

In seinem Innersten war Heinz Nixdorf wie die Erde voller Glut, von der gelegentlich unerwartet etwas hervorbricht. Es war vor 14 Tagen im Engadin beim Langlaufen. Wir sprachen vom Wetter, vom Wachsen und anderem Belanglosen. Da hielt er inne, sagte unverhofft und kurz: ‚Ich habe darüber nachgedacht. Wenn etwas nicht aus Liebe getan ist, dann wird nichts bewirkt. Das ist meine Überzeugung!'

Neben vielen Fähigkeiten, die ihn auch zum bedeutenden Unternehmer machten, war es seine moralische Kraft, die seinem Handeln die Wucht gab und durch die er wahrlich ein ganz großer Mensch ist. Wir haben dies eher nur ahnen als begreifen können.

In diesen Tagen und Stunden tiefster Trauer muß ich in seinem Sinne sagen: Es darf nicht die Zeit sein, die die Tränen trocknet. Die Ohnmacht kann sich nur lösen durch tiefe Dankbarkeit für das, was er getan und geleistet hat, für das, was er uns bedeutet, und – vor allem durch die Pflicht, in die wir uns nehmen, seinen Geist lebendig zu halten und in seinem Sinne zu wirken."

Acht Sportler brachten den Sarg zu Grabe

Nach dieser Ansprache nahmen acht Männer, die Heinz Nixdorf als Sportler in Freundschaft verbunden waren, den Sarg auf und trugen ihren verstorbenen Freund, den Sportler und Sportförderer, zum Grabe. Vier Starbootsegler: Sein Vorschoter, der 16 Jahre im Boot mit ihm Wettkämpfe bestritt, Josef Pieper; Hartmut Voigt, sein engster Freund unter den deutschen Seglern; der Weltmeister von 1981 und Vizeweltmeister 1982, Alexander Hagen; und der Vizeweltmeister von 1983, Achim Griese. Sowie vier Leichtathleten: Der Weltrekordler von 1967 im Zehnkampf, Kurt Bendlin, sowie die NRW-Landesmeister Rainer Stehmann, im Diskuswerfen, Michael Wächter, im Kugelstoßen und der Zehnkämpfer Andreas Bensch.

Gedenken und Verpflichtung

Das letzte Geleit am 21. März 1986. Vier Starbootsegler und vier Leichtathleten – darunter Weltmeister und Weltrekordler – nahmen nach der Traueransprache in der Kapelle des Schloß Neuhäuser Waldfriedhofs den mit roten Rosen und weißem Flieder, in den Farben des Firmenlogos geschmückten Sarg auf und brachten den verstorbenen großen Sportler, Sportförderer und hochgeschätzten Unternehmer zu Grabe. Dem Sarg folgten zunächst die Witwe, die Söhne, die Mutter und nahe Verwandte, sodann Mitglieder des Aufsichtsrates und des Vorstandes sowie ein kleiner Kreis persönlicher Freunde.

Es folgte die Trauergemeinde, zunächst die Familie, die Witwe, Renate Nixdorf, mit den drei Söhnen, Martin, Michael und Matthias, die Mutter Änne, seine geliebte Mama, die Schwestern und Brüder und die anderen nahen Verwandten. Sodann Mitglieder von Aufsichtsrat und Vorstand sowie nahestehende Freunde. Am Grab ließen die acht Sportler den Sarg hinab. Der von Heinz Nixdorf hochgeschätzte Pfarrer Jürgens von der Marktkirchpfarrei sprach die Gebete.

Zwei Tage später, am 23. März 1986, fand eine große, offizielle Trauerfeier in Anwesenheit des Bundespräsidenten, Richard von Weizsäcker, in der von dem Paderborner Unternehmer erbauten Sporthalle des Ahorn-Sportparks statt. Über 5.000 Trauernde hatten sich hier versammelt.

In der Todesanzeige hatte die Familie veröffentlicht: *„Es ist im Sinne des Verstorbenen, anstelle zugedachter Kranzspenden die Behinderten-Sportgemeinschaft Paderborn von 1953 e.V. zu bedenken."* So erfuhr der Behindertensport eine weitere, beachtliche Förderung.

Mit seinen großzügigen Stiftungen hat Heinz Nixdorf auch über seinen Tod hinaus für eine nachhaltige Sportförderung gesorgt.

Heinz Nixdorf. Das Antlitz des Verstorbenen. (Gesichtsabguß, gefertigt von dem Bildhauer Heinrich Gerhard Bücker. Bronze, 1986.)

Gedenken und Verpflichtung 597

Die offizielle Trauerfeier in der Halle des von Heinz Nixdorf erbauten Ahorn-Sportparks. Der Bundespräsident, Richard von Weizsäcker, erkenntlich am weißen Haar, trifft ein, gefolgt vom Aufsichtsrat und Vorstand der „Nixdorf Computer AG". Über den Versammelten die, für die von Heinz Nixdorf gebaute Sporthalle typische, aufgestockte 200-m-Bahn (23. März 1986).

Titelzeilen. Abendpost/Nachtausgabe 21. März 1986.

Teil 5: Anhang

Allgemeine Literatur 601

Bildquellen 602

Personenregister 603

Allgemeine Literatur

Vorbemerkung: Literatur, die sich speziell auf einzelne Kapitel bezieht, ist jeweils nur dort an deren Schluß aufgeführt.

Ardenne, Manfred von:
> Ich bin ihnen begegnet. Wegweiser der Wissenschaft, Pioniere der Technik, Köpfe der Politik. Düsseldorf, ²1997.

Bendlin, Kurt:
> Fitness für Manager. Die sanfte Methode zu Ausdauer, Gesundheit und mentaler Frische. Düsseldorf/Wien, 1986.

Bethmann, Johannes Philipp Freiherr von:
> Die Wettbewerbswirtschaft ist die einzige Voraussetzung für eine humane Gesellschaft. In: „Blick durch die Welt", 21.02.1971.

Dreesbach, Lutz E.:
> Die kleinen Seitensprünge großer Unternehmen. Töchter, über die man nur selten spricht. Düsseldorf, 1983.

Faßbender, Heribert (Hrsg.)/Peter Gödeke/Martin Chromik/Thomas Kommer:
> Sporttagebuch des 20. Jahrhunderts. Düsseldorf/Wien, 1984.

Göttmann, Frank/Karl Hüser/Jörg Janut (Hrsg.):
> Paderborn. Geschichte der Stadt in ihrer Region. Bd. 3, Das 19. und 20. Jahrhundert. Paderborn, 1999.

Heinz Nixdorf Stiftung, München (Hrsg.):
> Heinz Nixdorf-Lebensbilder. 2004 (28 S., Bezugsquelle HNF, Paderborn).

Kemper, Klaus:
> Heinz Nixdorf - Eine deutsche Karriere. Landsberg, 1986. (Unveränderter, nicht völlig seitenidentischer Nachdruck 2001).

Lamprecht, Wiebke/Marie-Luise Klein:
> Paderborner Sportgeschichte. Paderborn/München/Wien/Zürich, 2000.

Natan, Alex:
> Sport aus Leidenschaft. Zürich/Paderborn, 1956.

Preuß, Joachim:
> „Wir müssen wachsen, wachsen, wachsen." Spiegel-Redakteur J. Preuß über den Paderborner Computer-Fabrikanten Heinz Nixdorf. SPIEGEL, 30.07.1984, Nr. 31.

TSV Bayer 04 Leverkusen e.V. (Hrsg.):
> 100 Jahre Bayer 04. Die Geschichte eines einzigartigen Sportvereins. Leverkusen, 2004.

Umminger, Walter:
> Die Chronik des Sports. Dortmund, 1990.

Bildquellen

Vorbemerkungen: Ein großer Teil der Bilder wurde aus Privatbesitz zur Verfügung gestellt. Dabei konnten in vielen Fällen die Urheber (Photographen) nicht ermittelt werden, zumal seit Entstehung der Aufnahmen oft Jahrzehnte vergangen sind. Der Autor bittet also um Nachsicht bei lückenhaften Angaben. Seitenzahlen ggfls. mit Zusätzen: o. = oben; u. = unten; M. = in der Mitte; li. = links; re. = rechts. Bei mehr als einem Bild an der betreffenden Stelle ist die Anzahl in Klammern vermerkt, = (2).

Ahorn-Sportpark GmbH: *54 (2), 103, 104, 107, 109 (2), 152 o. (2), 228, 229 o., 405 M. und u., 416 (2), 417, 418 (2), 424 (2), 495 u., 496 u., 497, 502 (2), 503 u., 506 (3), 507 u., 512 (2), 516, 517, 518 (2), 519 (2), 520 (2), 521 (2), 522 (2), 523 (2), 524 (3), 525, 526 (2), 527 o. und u. re., 529, 548, 549 (2), 597 o., hint. Vorsatz*
Ammenwerth, Richard: *71 o. (dynavit), 537*
Bendlin, Kurt: *86 (2), 122 (2), 123 (2), 152 u., 407 (2), 415 (2), 423 (2), 494*
Bottlenberg, Lothar von dem: *113, 114, 115, 129 u., 135 u., 138, 145 u., 158–162, 288, 289 (2), 295 u.–297, 299 (2), 322 u., 363, 448 o., 452 o., 472 o., 482 o., 483 (2), 496 o., 531 li.*
Darchinger, J.H.: *2 (Titelbild)*
dynavit Vertriebs- und Service GmbH: *71 u.*
Faßbender, Heribert, Sporttagebuch des 20. Jh. (Keystone): *118 (2)*
Fockele, Theodor: *461 (3), 465 u., 466 u., 467 (2), 473 o.*
Gockeln, Günter (Reit- und Fahrverein Hövelhof e. V.): *236 (2), 237 (3), 240 (2), 241 o.*
Golfakademie an der Universität Paderborn e. V.: *572, 573, 576 (2), 577 (2), 579 (2)*
Halbig, Dietmar (Luftsportgemeinschaft Paderborn e. V.): *166, 174, 176/177 (3), 178 (4), 180 (2), 181 o., 185, 187, 190 (2), 191 (2), 192 (2), 193, 202, 203 (2)*
Hensiek, Dieter: *252, 259 (2), 262/263*
HNF – Heinz Nixdorf MuseumsForum: *109 (2), 358 o., 385 u., 406 u., 409 u., 531 re., 586 u., 595*
Hornberger, Mathias: *434, 441, 444, 446/447*
Huttrop-Hage, Gerd: *255 (2)*
Jänsch, Hubert: *188*
Keese, Horst: *168 (2)*
Kluth, Hermann-Josef (DJK/SSG Paderborn): *344, 345 (2), 346, 347*
König & Vedder: *506 o., 517*
Köpping, Werner H.: *57, 58*
Krawinkel, Hubert: *478*
Müller, Kurt: *268 u., 269 (4), 270*
Neue Westfälische Zeitung: *214, 253, 256 M., 306 o. und u., 333 r., 452 u., 482 u., 503 o.*
Paderborner Squasch Club, PSC (Andreas Preising): *307 o., 310 u., 311 (2), 314, 320 (3), 321 (3), 322 o., 323 (2), 328 (6), 329 (6), 330 (2), 331 (2), 333 li. (2), 339, 420 (2), 421, 422*
Pieper, Josef: *25 (2), 221, 353 o., 354, 358 u., 364, 365, 368/369, 370, 371 (2), 372/373, 374 (2), 375 u., 380/381, 390, 391, 409 o., Vord. Vorsatz*
Privatbesitz: *6 (Dalda), 20, 34 o., 35 (2), 42 o., 43–49 (8), 63 o., 64, 68–70, 88 (2), 163, 212, 216 (2), 244 o., 284, 353 u., 355, 375 o., 376 (3), 377 (2), 378, 379, 384, 385 M., 387 (Dalda), 389 o., 392 u.*
prognoss AG, Basel: *586*
Sander, Gerhard (INNOVA): *183, 216 o., 217, 219, 264, 272, 294*
SC Grün-Weiß Paderborn 1920 e. V. (SCer Nachrichten): *105, 134, 145 o., 229 u.*
Schäfers, Hubert: *126/127 (3), 128 (2), 129 o., 405 o., 406 o., 419, 537, 597 u.*
Schmidt, Rudolf: *62 u., 206 u. (2)*
Sportmedizinisches Institut, Universität Paderborn: *542 (2), 543–547, 555, 557, 566, 567*
Stadtarchiv Paderborn: *182, 186, 245 o. li., 257 u. (2), 448 (2), 458 (2), 459 (2), 460 (2), 465 o., 472 u., 473 u., 495 o.*
Teutopress GmbH: *392 u.*
TSV Bayer 04 Leverkusen e. V.: *135 o., 148 (3)*
Verlag Ferdinand Schöningh: *507 o. und M.*
Werb, Volker: *27, 55, 97, 142, 149, 195, 196, 198 (2), 206 o. (2), 208/209, 211, 218, 222 (3), 225 (2), 226, 244 o., 268 o., 273 (2), 275 (2), 276, 278, 279 (2), 283, 394, 305, 307 u., 310 o., 315 (2), 324, 359 (3), 385 o., 389 o., 464, 484, 563, 596*
Westfälisches Volksblatt: *62 u., 181 u., 200, 245 u., 247, 254 u., 256 o. und u., 257 o., 258 u., 295 o., 306 M., 466 o., 529 u. li., 587 (3)*
Winkler, Andreas: *232 (2), 241 u., 245 o. re., 248 (3), 254 o., 258 o.*

Personenregister

Vorbemerkungen: Die Erwähnung von Heinz Nixdorf ist nicht registriert, da dessen Name fast auf jeder Seite vorkommt. Die Autoren der vermerkten Literatur und der Name des Verfassers dieses Buches sind ebenfalls nicht verzeichnet. Bei den wenigen chinesischen und koreanischen Namen bleiben die Vornamen ohne Komma nachgestellt. Zwischen der Erwähnung von Personen im laufenden Text, in Bildunterschriften oder bei Quellenangaben wird nicht, wie oft praktiziert, durch Seitenziffern in Normal- oder Kursivschrift unterschieden. N.N. = nomen nescio, Vorname nicht genannt bzw. bekannt.

A
Abebe, Bikila 120
Abels, Reinhard 590
Adams, N.N. (NB) 391
Adams, Tom 373
Ahlers, Werner 288
Ahlke, Regina 518, 527
Ahmed, Mobin 319
Alcover, N.N. 421
Allroggen, Irmtraut 211
Alt, Robert 330
Altmiks, Hermann 590
Amedick, Josef 113
Amelunxen, Carola 589
Ammenwerth, Richard
    413, 536, 567
Andersen, N.N. (DF) 391
Appenowitz, Jürgen
    74, 136, 140, 425, 489, 500, 505, 540f.
Ardenne, Manfred von 536
Auffenberg, Karl 451
Ax, Göran 178f.

B
Bach, Thomas 527
Balkenhol, Wilhelm 268
Bandisch, Walter 390
Bank, Robert 589
Bartel, Rene 338
Bartel, Silke 338
Bartels, Günther 215, 309
Barnewold, Karin 219
Baum, Sabine 338
Bayer, Friedrich 75
Bayer, N.N. (M.R.) 390
Beckenbauer, Franz
    562, 564
Becker, Boris 235
Becker, Heinrich 589
Becker, Karl-Heinz 119
Becker, Karl-Otto 425
Beek, Barton 373
Behrends, Wolf-Rüdiger
    304f.
Beller, Dieter 436

Below, Uwe von 366, 396f.
Benamati, N.N. (Gar) 391
Bendlin, Kolja Heinz 84
Bendlin, Kurt
    7, 50, 74, 77, 83, 85–87, 89–91, 94, 109, 119, 121– 124, 135, 137, 146f., 149, 152–155, 163f., 293, 403, 407–409, 411f., 415, 422, 425f., 489, 493, 496, 500, 503f., 530, 540f., 567, 594
Bendlin, Martina 83
Bendlin, Reinhold 498
Bennigsen-Foerder,
    Rudolf von 409
Bensch, Andreas 594
Bensch, Bernhard 527
Benscheid, Brunhilde (Tutti)
    218
Bensmann, Fritz 134
Berenbrinker, Mathias 265
Berge, Helmut 430
Bergmann, Heinz
    433, 437, 447
Berke, Dore 113
Berke, Edmund (Etu) 112f.
Bernard, Alfons 77, 81
Bethmann, Johannes Philipp
    Freiherr von 31
Birg, Gerhard 417
Blackaller, Tom 366
Blask, Erwin 119
Blix, Herbert 207
Blume, H. 454
Bode, Klaus 390
Bock, Manfred 124, 153
Böhner, Bernd 143, 145, 164
Bondervyn, N.N. 397
Böning, N.N. 548
Borbet, Jochen 390
Borchmeyer, Erich 119
Borg, Björn 223
Borowy, Gerd (Kid, Kitti)
    66, 359, 367, 398

Böttcher, Peter 7
Bottlenberg, Lothar von dem
    7, 74, 117, 139, 164, 266, 300, 486, 591
Botur, Annegret
    212, 220, 225, 271
Botur, Freddy
    65, 212, 220f., 244, 271, 276
Botz, Hans-Martin 390
Bourdoux, Andre 422
Boytier, Eddy 135
Brand, Carolin 330
Brandt, Wolfgang 241
Braun, Hans 227
Bräutigam, Franz 115
Breitschwerdt, Werner 409
Bremer, Wilhelm 173
Brettschneider, Wolf-Dietrich
    534, 541, 560, 567
Brinkmann, Werner 135
Bromby, N.N. (Ber) 391
Brun, V. (SDB) 391
Brune, Josef 254, 590
Brunner, Guido 387
Buchan, William M. 396
Buchwald, Guido 565
Budde, Ferdinand 590
Budde, Manfred 135
Bühner, Siegfried 288
Buhr, Fritz 590
Bulk, Heribert 135
Bunte, Fritz (Fitti)
    37, 112f., 115, 165, 352, 356, 366
Bunte (Engelke), Greti 113
Burton, Lesly 304
Buschmann, Jochen F.
    152f., 501
Buschmeyer, Michael 590
Buttler, Friedrich 541f., 546

C
Campion, Cassie 319f.
Carnegie, Andrew 95
Carstens, Karl 176

Carstensen, Broder
  436, 443, 449
Chenevay, Gabriel 178
Chieffi, N.N. (PDV) 391
Christians, F. Wilhelm 84, 431
Ciesla, Monika 219
Connors, Kevin 304f.
Coprian, Hubert 436, 468
Cramer, Willi 590

D

Dany, Friedrich Wilhelm 442
Dassler, Arthur 220
Daub, Ulli 390
Daume, Willi 473
Davis, Adrian 319
Delius, Wolf-Christian 266
Dellwig, Andreas 390
Deriu, Diego 258
Dickinson, Helena 258
Diem, Carl 97
Dijksterhuis, M. 390
Dominicus, Josef 472
Dönhoff, Gustav
  166, 173, 180
Dorth, Ursula 590
Dougan, Martina 318
Douglas, N.N. 551
Dreesbach, Lutz E. 73
Dretzko, Sören 390
Drewes, Bernd 265
Düchting, Gaby 275
Ducken, Mücki 66
Dulling, Jürgen 135
Dulling, Werner 135
Dupre, Garvin 319
Dziewanowski, Thomas 417

E

Ebbesmeyer, Olaf 135
Eberlein, Heinz 113
Ebert, Friedrich 551
Egen, Claudia 216, 219
Eggers, Vikar 460, 468
Ehl, Klaus 129, 137
Eikel, Heinz 590
Eickel, Heribert 117, 164
Eilermann, Christian 330
El Batran, Wael 319
Elfert, Dirk 157, 159
Elsbett, Günter 201, 204
Elsbett, Klaus 201, 204
Elsbett, Ludwig 199, 201
Engert, Hugo 589
Espert, Paul-Elmar 205
Esterhues, Fritz 274
Eyles, Rodne 319, 321

F

Fabrizius, Fritz 120, 164

Farthing, Norman
  317, 331, 339
Fehrlings, Wilhelm
  141, 173, 440, 442, 504
Feininger, Lyonel 33, 35
Fendt, Helmut 194, 203
Fest, Joachim 32
Fetzer, Hartmut 542
Fieseler, Gerhard 184, 187
Fingerhut, Willi 590
Fischer, Gerhard 478
Fitschen, Doris 565, 567
Fletcher, Kim 366
Fletcher, Ludwig
  40–42, 44f., 430, 437
Florczak, Uwe 411, 425
Fockele, Theodor 486
Föcking, Joef 452
Franke, Gretel 211, 214
Franke, Klaus
  7, 78, 120, 164, 210, 230
Franke, Lutz 422
Francese, Sandra 337f.
Francisco, Robert 387
Frese, Anton 589
Friederici, Karl (Kalle) 172
Fritz, Werner 386, 397
Fröhlich, Michael 417
Fröling, Georg 305
Fuchs, Markus 258
Furlkröger, Raymund 233
Fürstenberg, Egon von 243

G

Gantenbrink, Bruno 178
Garner, Ben 331
Garner, Tim 331
Gees, Marianne 590
Geis, Fritz 396
Germar, Manfred
  83, 94, 124, 155
Getty, Paul 95
Giovanoli, Dumeg 277
Gockel, Ann-Kathrin 330
Gockeln, Günter
  7, 234, 237, 266
Gockeln, Michael 234
Godden, David 422
Gödeke, Paul 302
Görder, Herbert 198
Göke, Andreas 296
Göke, Franz 113
Gorostegui, 386, 396
Gottschling, Dieter 417
Götz, Hans Peter 591
Grade, Hans 194, 196
Grael, N.N. (Gua) 391
Graf, Steffi 235
Gregori, Michael 288

Grewatta, Roland 135
Griese, Joachim (Achim)
  383, 386, 397, 594
Griffiths, Keith 319
Grosse, Jochen 227f., 230
Grosse, Werner 173
Grote-Fleischer, Tilly 119
Grundig, Max 29
Grünewald, Herbert 79f.
Grzenia, Daniela 338
Gülke, Thomas 288
Gülle, Heinz 113
Gülle, Karl-Heinz 114f.
Güllenstein, Kurt 113
Günther, Jörn 422

H

Hachmann, Franz 236
Hagedorn, Günther 535
Hagen, Alexander
  373, 382f., 386, 396f., 594
Hagen, N.N. (Glu) 391
Hahn, Carl-Horst
  277, 279f., 409
Halbig, Dietmar
  7, 179, 197, 200, 204
Hammelbeck, Hans 436
Hansen, M. 33–35
Hansen, W. 213
Hansjürgen, Heinrich 590
Harms, Lars 338
Hartleb, Heinrich 590
Hartmann, Georg 542
Hartmann, Paul 590
Hary, Armin 118, 120, 155
Hascher, Marianne 304
Hascher, Peter
  301f., 304f., 307f., 310, 317, 334, 421f., 425
Hauch, Peter 417
Hegemann, Markus 241
Heine, Jutta 120
Heinemann, Klaus 135
Hellmann, Rainer 390
Hellmich, Hermann 590
Hellmich, Joachim 386, 390
Helmert, Thorsten 390
Hempel, Fritz 589
Hengstenberg, Edvard 390
Henke, Detlev 422
Hensiek, Dieter 251f., 266
Hentze, Fritz 173
Henniges, Ingo 288
Henning, Hans 572
Henning, Willi 131
Henschen, N.N. 551
Herchenbach, Helga
  214, 590
Herwegen, Holger 578

Herzog, Manfred 425
Hesse, Josef 113
Hesse, Franz-Josef 115
Heyden-Linden,
  Baronin von 246
Heyden-Linden,
  General von 246, 248
Hilker, Paul 287f., 297
Hill, A. V. 551
Hillebrand, Udo
  433–436, 440, 448
Hillemeier, Karl 205
Hillemeier, Wolfgang 448
Hingsen, Jürgen
  83, 91, 149f., 153
Hintze, Ulrich 541f., 547
Hirche, Herbert 590
Hitler, Adolf 245f., 463, 465
Hoesch, N.N. (CBM) 391
Hoffmann, Frl. 113
Hofmann, Peter 194, 203
Hofmann, Walter 173, 181
Hoidis, Heinz 135
Hoischen, Hans 135, 139
Holdorf, Willi
  91, 124, 148, 150,
  152–155
Holighaus, Klaus 173, 178
Hollmann, Wildor
  7, 67, 71, 538f., 541,
  549f., 567, 573
Honekamp, Theodor 589
Horak (Schmidt), Birgit
  157f, 527
Hornberger, Martin 135
Hornberger, Mathias
  7, 135, 164, 567, 580,
  591
Hösch, Vincent 382f., 396
Hunold, Dietrich 589
Hunstig, Bernhard 436, 590
Hunstiger, Heinz 590
Huttrop-Hage, Gerd
  7, 254, 257, 260, 266

I
Isekenmeier, Klaus 527
Isenbort, Josef 589
Isermann, Ferdinande 589

J
Jacobmeier, Ferdinand 436
Jaeger, Lorenz 474
Janda, N.N. 421
Jänsch, Hubert
  180, 189f., 192–194,
  203
Jardin, Stuart 360f.
Jauer, Jannik 330
Jellinghaus, Martin 125, 129

Jensen, Jonny 390
Jittenmeier, Claudia 219
Johannsson, N.N. (Vin) 391
Johannwerner, Karl
  105, 133f., 439, 443,
  451f., 476, 483, 590
Johannwerner, Sofie 113
Johannwerner, Willi 113
Jolmes, Heinz (Heinrich)
  39, 40–42, 44f., 47, 52,
  63, 117
Joyce, Leilani 319f.
Juan Carlos I., König
  6, 387–389
Jungemann, Hubert
  325, 426
Junkermann, Fritz 589
Jürgens, Wilhelm K. (Pastor)
  97, 453, 595

K
Kampa, Ulrich
  288, 291, 295f.
Kass, Toni 296
Keck, Martin 288, 296f.
Keese, Horst 7, 204
Keimer, Hubert 233f.
Kemper, Franz-Josef
  125f., 128
Kemper, Gabi 219
Kemper, Klaus 29
Kesselmeier, Franz
  236, 239f.
Kesselmeier, Manfred 236
Keßler, Marcel 330
Kettelgerdes, Dirk 241
Keysers, Ludger 229
Khan, Jahangir 315
Kim Ho Chul 295
King (Moffit-), Billie Jean
  223
King, Dave 304
King, Linda 304
Kinne, Oskar 590
Kirschschläger, Rudolf 226
Kirwald, Willi 113
Kischel, Julian 330
Klein, Caspar 465, 466
Kleymann, Hans Wilhelm
  275, 277–279
Klinsmann, Jürgen 565, 567
Klute, Michael 527
Kluth, Hermann-Joseph
  7, 343, 345–347
Knocke, Arnold 589
Knowles, Durwood 373
Koch, Heinrich (Heinz)
  141, 486
Kohl, Helmut 86, 397, 427
Köhler, Gunter 417

Köhler, Hermann 129
König, Martin 7, 517
Köpke, Andreas 565, 567
Köpping, Werner H.
  7, 50, 54, 56, 59
Köster, Vikar 454
Köthenbürger, Bernhard 501
Krämeier, Norbert 390
Kramer 155,
Kramer, Hermann-Josef
  (Hajo) 155, 274, 285–
  287, 290, 298f., 429,
  431f.,436, 438f., 442,
  449, 531, 533–535, 538,
  540f., 560, 567, 590
Kratschmer, Guido
  91, 152–154
Krawinkel, Hubert
  477f., 486
Kretschmer, J. 113
Kreutzer, N.N. 24
Kristiansen, Svein-Eric 178
Krogmeier, Rene 265
Krüger, Guido 331
Krüger, Luise 119
Krumsiek, Rolf 541f., 546
Kühn, Heinz 539
Kuntz, Stefan 565
Kürpig, Ferdi 277
Kürpig, Maria 277
Kürschner, Dietmar (Carlo)
  288, 297

L
Lamers, Kersten 296
Lammerskötter, Josef 207
Lanz, jr. 196
Laue, Ulrike 304
Lauer, Martin 94, 120, 155
Leakey, David 305f.
Lebbing, Helga 125
Lee Hee Wan 288, 296f.
Lee, Georg 178f.
Leifels, Simone
  324, 327, 329, 338, 527
Leifels, Stefan
  316, 327, 329, 331, 338
Leiwesmeyer, Sven 518
Le Moignan, Martine
  318–320, 322, 527
Lengeling, Anton 590
Leninger, Meinolf 590
Lenz, Cederic 330
Lenz, Willi
  7, 54, 59, 74, 77, 81, 94,
  108, 119, 164, 339, 417f.,
  425f., 486, 500, 505, 515,
  518, 527, 530, 540, 541,
  548f., 560, 567
Lesen, Gerd 310

Leverkus, Carl 75
Leweling, Jörg
 288, 296, 411
Liemke, Thomas 265
Liersch-Albus, Emmi 119
Liesen, Heinz
 7, 72, 535, 541, 547f., 550, 552, 554–556, 560–562, 564–567, 569f., 573f., 580
Lipinski, Gustav 590
Lippe, Christian von der 590
Lippe, Hans 590
Lippegaus, Heinrich 501f.
Lippegaus, Johannes 589
Littbarski, Pierre 565
Lohberger, Leo 226
Lohmann, Josef 589
Lohmann, Ursula (Uschi) 211, 214
Löhr, Josef 590
Lolkertsen, Peer 390
Löw, Joachim 565, 567
Löwenberg, Bernhard 442
Luft, Klaus 296
Lücking, Stadtrat 471
Lüke, Wilhelm 291, 573, 591
Luxa, Claus-Peter 390

M
Macdonald, N.N. (EB) 391
Macken, Steven 265
Mader, N.N. 548
Mains, Jerremy 304
Manegold, Norbert 135
Mannemann, Uwe 390
Marcour, Michael 383
Mares, Uwe 395
Markus, Dieter 288
Martin, Konrad 463
März, Veronika 330
Mauermeyer, Gisela 119
McEnroe, John 223f.
McNeil, Robert 373
Meier, Dirk 241, 265
Meine, Ina 338
Melges, Buddy 373
Mellis, Jörg 390
Mendel, Flugkapitän 274
Menkart, Andrew 396
Mennemann, Ute 147
Merkelbach, N.N. 386
Merklein, Renate 584
Mersch, Rudolf 134
Mertens, Adolf 589
Mertens-Blömeke, Sefa 113
Meyer, Helmut 500, 540
Meyer zu Bexten, Lars 265
Meyer zu Bexten, Ulrich 239

Meyers, Franz 539
Meyfarth, Ulrike 135
Michel, Robert 33, 194–196
Mies van der Rohe, Ludwig 33
Mischnick, Wolfgang 491, 503, 540
Mohr, Hans
 140, 210, 235, 240, 312, 501
Moltke, Werner von
 91, 124, 152–154
Mommert, Nils 330
Mulder, Sven 337
Müllemann, Thorsten 390
Müller, J. 454
Müller, Kurt 269, 284
Müller, Norbert 106
Müller, Rene 567
Müller, Rolf 527
Müller, Wolf-Dietrich 7
Murek, Udo 390

N
Natan (Nathan), Alex 32, 96f.
Neckermann, Josef 29, 94
Neitzel, Franz-Josef 166, 173
Nickel, Günther 129
Nicol, Peter 319, 321, 331
Niggemeyer, Josef 486
Nissen, Murks 386
Nitzlaff, Ralf 288, 291, 297
Nixdorf, Änne
 30, 116, 267, 499, 594f.
Nixdorf, Martin
 7, 81, 102, 164, 229, 233, 390, 398, 528, 530, 569, 580, 594f.
Nixdorf, Matthias
 233f., 238, 243, 594f.
Nixdorf, Michael
 233f., 236, 238, 241, 243f., 248, 250, 388f., 594f.
Nixdorf, Renate (Nate)
 7, 41, 59, 72, 81, 94, 102, 150, 164, 166, 171, 180, 191, 197, 200, 203, 211f., 214, 222, 225, 230, 239, 248, 254, 259, 261, 271, 273, 275, 345, 371, 389, 392, 398, 499, 527, 530, 573, 580, 585–587, 590, 594f.
Nixdorf, Walter (Bruder)
 101, 267, 349, 499
Nixdorf, Walter (Vater)
 30, 111, 116
Nixdorf, Willi 101, 111, 475

Norpoth, Harald 130

O
O′Brian, John 304
O'Connor, Barry 319
Ohlendiek, Monika 219
Ommer, Manfred 125
Oppermann, Willi 113, 115
Osthoff, Lars
 316, 331, 338
Osthoff, Lennart 338
Owens, Jesse
 118, 121, 155, 220

P
Palsmeier, Ralf 7, 164, 530
Papenbreer, Carola
 216, 219
Paré, Dan 178
Park Dai Hee 297f.
Parr, John 304
Paschen, Christian 390
Patzer, Wolfgang 417
Peitz, Josef 105
Pelizaeus, Johanna 532
Peters, Erich 37
Peters, Gerd 135
Peters, Hella 533
Peterson, Pelle 366
Petterssen, Ahe 178
Peuckert, Elvira 572
Pfannschmidt, Cordula 337
Pferdekämper, Bärbel 307
Pflug, Erhard 119
Pieper, Ellen 221
Pieper, Elisabeth 221
Pieper, Josef (Jupp, Jüppi)
 IV, 7, 20, 26, 39, 66, 230, 267, 274, 284, 349, 353, 356–359, 364, 366, 371–376, 378, 382, 388, 390, 392–394, 398, 509, 584, 594
Pieprzyk, N.N. 535
Pius VII., Papst 246
Plattmann, Ulrich
 26, 109, 414, 426
Ploghaus, Klaus 144, 145
Pohle, Thobias 330
Poltrock, Kerstin 147
Poschmann, Wolf-Dieter 139
Post, Karl 131
Potthast, August 589
Prebble, Mike 302, 304
Preising, Andreas
 7, 307, 310, 317, 331, 339, 426, 591
Probst, Adalbert 463

R

Raab, Anni 211, 214
Rahn-Kaun, Elfriede 119
Ramon y Soler, Erika 229
Rasch, Reinhard 135, 437
Rau, Johannes 31, 539
Raudaschel, Hubert 397
Rausch, Helmut 171, 540
Rehländer, Bernd 287
Reichmann, Helmut 173
Reinke, Martin 296
Reinke, Michael 288, 297
Reinkemeyer, Ingrid 572
Reker, Ferdi 113, 115
Reuter, Stefan 565
Reynolds, N.N. (SDB) 391
Riedel, Hartmut 554
Riedmüller, Frank 425
Riehm, Karl-Hans 145
Riehs, Peter 304f.
Riem, Karl-Hans 144
Riem, Karl-Heinz 146
Rimrod, Toni
    7, 288, 291, 293, 295f., 300
Rodenkirchen, Ferdinand 436
Röhl, Friedrich 589
Römhild, Hermann 435, 589
Rönisch, Gernot 422
Rösner, Simon 338
Rosin, Vikar 454
Rost, Ellen 442
Rudolph, Wilma 118, 120f.
Ruhe, Seppel 173
Rumphorst, Wilhelm 589
Runzheimer-Eckart, Doris 119
Ruttloh, August 145

S

Saake, Willi 293, 299
Saegert, Jan-Niklas 330
Sakautzky, Günter
    157, 160–162, 164
Salmen, Rudolf 291
Sammer, Matthias 565
Sandforth, J. 454
Sasse, N.N. 113
Sasse, Wilhelm 231
Sauerland, Willi 115
Schade, Herbert 119
Schäfermeyer, Friedrich 287
Schäfers, Ernst 296
Schäfers, Hubert
    7, 74, 125–127, 136f., 140, 164, 325, 412, 419, 425f., 489, 500, 530, 567
Schäfers, Josef 589
Schappeler, I. 390
Schärzel, Dirk 390
Scheel, Walter 79
Schelsky, Helmut 31f., 534
Scherf, Uli 305
Scheuer, Wolfgang 573
Schier, Frau 277
Schieren, Wolfgang 409
Schirmer, Friedel 121, 152f.
Schlenzka, Otto 350, 398
Schlichting, N.N. 113
Schliep, Joachim 288
Schmid, Les 304
Schmidt (Horak), Birgit 157f., 527
Schmidt, Brigitte 147
Schmidt, Gerhard
    113, 526, 573f.
Schmidt, Karin 216, 219
Schmidt, Maria 567
Schmidt, Rainer 145
Schmidt, Rudolf 7, 205, 230
Schmidt, Willi Paul 141
Schmücker, Toni 280
Schneider, Alexander 390
Schneider, Edgar
    316, 327f., 331, 337f., 527
Schneider, Hans 268
Schneider, Karl-Uwe 337, 422
Schnierp, Claus 390
Schnitz, Hans 172
Schockemöhle, Frau 259
Schomberg, Franz-Josef 145
Schön, Erich 422
Schonlau, Josef 589
Schoonmaker, Ding 373
Schreckenberg, Karl 429f., 437
Schreiner, Rolf 145
Schröder, Hans 590
Schröder, J. 454
Schroeder, Marc 178f.
Schulte, Gerd 390
Schulte-Übbing, Lutz
    288, 291, 296f.
Schulze, Franz 113
Schulze, Jens 411, 425, 527
Schulze, Monika 411
Schumacher, Harald (Toni) 562, 564
Schütte, Josef
    113, 143f., 430
Schwarz, Heiner 125
Schwarz, Jochen (Blacky) 396f.
Schwarze, Aloys 113, 442
Schwarzkopf, Lilli 523
Schwenke, Ulrich 475
Schwier, Hans 314
Schwiete, Herbert
    141, 442, 448, 483, 504, 585, 587
Seemann, David 330
Seidler, Beate 322, 337f.
Seiffert (General) 243
Seiffert, Paul
    7, 21, 39, 41f., 44f., 52, 63, 150, 165f., 204, 499
Selassi, Kaiser Haile 120
Shakespeare, William 593
Slenzka, Otto 427
Sloothaak, Franke 259
Smith, Kelvin 315, 319
Sophia, Span. Königin 387–389
Sötebier, Wilfried 265
Speck, N.N. 551
Spee von Langenfeld, Friedrich 95
Spee, Maximilian von (Admiral) 96
Spieker, Josef 589
Spilker, Jochen
    136, 435, 442
Stavermann, Georg 572
Stedtfeld, Günther 538
Stehmann, Rainer 594
Steilmann, Klaus 74, 137
Steinkuhle, Heinrich 589
Steinmayer, Josi 366
Stendebach (Pater) 117
Sticht, Diethelm 166
Stiegler, Jürgen 288
Stiller, Karl Heinz 515, 536
Stock, Dagmar 265
Stöck, Gerhard 118
Stoltenberg, Gerhard 540
Stracke, Josef Vikar
    454, 468
Strakerjahn, Ute 219
Strasser, Anja 219
Strasser, Susanne 219
Stratmann, Heinrich 590
Strauch, Christian 457
Strauß, Franz-Josef 95
Streib, Dieter 414, 417, 425
Ströhmeier, Änne 116
Stüwe-Weissenberg, 348
Sund, Norbert 288
Sünkler, Frl. 113
Suray, Hartmut 126, 130
Surtees, David 305f.
Sziedat, Otto
    128, 143, 145, 589

T

Taylor, Denise 219

Tebbe, Theo 310
Temme, Hermann 435
Temme, Margot 590
Tewes, Udo 425
Thiel, Udo 74, 125, 137
Thiele, Michael 135
Thiesbrummel, Klaus 265
Thiesbrummel, Tina 265
Thompson, Daley 153
Thomsen, Dierk
    26, 398, 427
Thomsen, Ingrid
    26f., 36, 266, 398
Thurn und Taxis, Gloria
    Fürstin von 280
Tillmann, Hans 589
Tohermes, Rainer 591
Tölle, Christoph 474
Tonne, Felix 390
Toomey Bill 153
Treeck, Ulla 219
Trienens, Konrad 589
Trncic, Peter 135
Tusch, Frank 390
Tüshaus, Karl
    173, 430, 437, 449, 453,
    483, 486, 590

U
Uffelmann, Hans 143
Uhlenbruck, G. 557
Umlauft, Andreas 288
Untersberger, Franz 26
Ursinus, Oskar 194
Uternmöhle, David 330

V
Vahle, Huberta 265
Vastic, Vojmil 414, 417
Vieth, Ronald 442
Vitzthum, Georg 417
Vockel, Georg 113
Vockel, Hans 113
Vockel, Heinrich
    113, 139, 481, 485, 589
Vockel, Hella 113
Vöcking, Josef 452
Vogt, Hansi 386
Vogt, Ulrich 342
Vogts, Berti 564
Voigt, Harry 119
Voigt, Hartmut
    7, 72, 366ff., 386, 395–
    398, 594
Voigt, Jutta 386
Voigt, Willi 589
Volke, Frank 265
Volkmer, Horst 300
Voll, Karlheinz
    119, 121, 325, 426

Volmert, Jöschen 113
Vössing, Hendrik 330
Voß, Niklas 330

W
Wächter, Josef 589
Wächter, Liesel 589
Wächter, Michael 594
Wagener, Herbert 250
Wagner, Fr.-W. 169
Wagner, Hugo 533
Walbaum, Rosel 211, 214
Walde, Hans Joachim
    124, 152–154
Wankel, Felix 199
Wasserkordt, Dieter
    190, 192, 194
Wasserkordt, Gerhard
    134, 433, 441, 448f.,
    590
Wassmuth, Walter 135
Wastall, J. 361
Watermeyer, Willi 589
Webber, Derek 304
Weber, Franz-Josef 127
Weber, Gerhard 288
Weber, K. 556
Weber, Wolfgang 573
Wegwart, Jürgen
    7, 24, 74, 135–137, 139f.,
    164, 412, 425f., 489, 493,
    500, 540
Wehner, Eduard 422
Weidner, Peter 135
Weighardt, Heinrich 589
Weinholz, Fred 173
Weissenberg, Gerd 342, 344
Weiß, Michael 554
Weiße, Julian 330
Weizsäcker, Richard von
    29, 586, 595f.
Welle, Josef 205, 207
Wenk, Erhard 135
Wentz, Siegfried (Siggi) 153f.
Werb, Andreas
    226, 275, 277, 279, 301,
    303, 305–308, 315
Werb, Rosemarie
    41, 53, 207, 211, 214,
    218, 222, 273, 275, 389,
    499, 508, 585, 586
Werner, Hubertus
    436, 584, 591
Wesche, Fritz (Friedrich)
    207, 442, 449
Weskamm, Domvikar 454
Wessel, Gerd 442
Wessel, Susanne 219
Westermann, Lieselotte
    (Liesel) 123f.

Westermeyer, Dietmar 591
Westhoven, Bertram 422
Weyer, Willi
    37, 77, 173, 314, 427
Wibbe, Stephan 589
Wiczynski, Horst
    7, 138, 590
Widemayer, Willi 562
Wiegmann, Bettina 565
Wiehager, Willi 411
Wienhold, Hans 589
Wienold, Hans (Johannes)
    112f., 117, 133, 460f.,
    468, 471, 481, 485f.,
Wienke, Martin 390
Wiens, Hansi
    327f., 337f., 426, 527
Wiese, Annika 338
Wilber, Richard 373
Wilhlem II., Kaiser 246
Willeke, Franz Josef
    205, 207, 268
Wiltfang, Gert 256
Winkelmann, Svenn 390
Winkler, Andreas
    243, 254, 260, 266
Winkler, Hans Günter 235
Winkler, Peter 417
Wirth, Hans 143, 590
Witt, Carsten 390
Wittenborn, Monika
    216, 219
Witzmann, Hendrik 390
Wischer (-Mosses), Beate
    72, 274, 361
Wöbker, Bernhard
    302, 304, 317, 425
Wolbring, Hermann 590
Wolf, Anneliese 7, 111, 164
Wolf, Hans-Dieter
    111f., 129f.,
Wrede, Jens-Peter 396f.
Wrenger, Albert 113
Wrenger, Klaus 135
Wright, Mark 304
Wright, Peter 373
Wülbeck, Willi 129
Wundt, Josef 104

Z
Zandetra, F. 390
Zimmermann, Friedrich 540
Zipf, N.N. 536
Zurmühl, Birgit 219
Zuse, Konrad 95

Bild auf dem hinteren Vorsatzpapier:
Der Ahorn-Sportpark, Paderborn.
Hier Hürdenlauf auf der Tartanbahn. Im Hintergrund die Ahorn-Sporthalle. Um 1990.

Volker Werb

HEINZ NIXDORF – Der Sportsmann und der Förderer des Sports

Ein Stück Biographie

Lieber Jürgen,

"Schnell sein heißt langsam gehen"

herzlichst Dein

Kitt Bendlin

Weihnacht 07

Bild auf der Einbandvorderseite:
Heinz Nixdorf beim Wintersport im Oberengadin, 1983.
Am Ziel des Engadiner Skimarathon erwartet er den Einlauf seiner Paderborner Freunde.

Bild auf dem vorderen Vorsatzpapier:
Im vorderen Boot, in Führung Heinz Nixdorf (rechts mit Schirmkappe) und sein Vorschoter Josef Pieper. Starbootregatta vor Miami, Florida, USA, um den „Bacardi Cup". Anfang der 1980er Jahre.